U0824592

担保纠纷疑难问题及胜诉实战指南

——典型案件办案思路和实务要点解析

李　舒　唐青林　李元元 / 编著

GUARANTEE LAW
CASES AND
RULES

中国法制出版社
CHINA LEGAL PUBLISHING HOUSE

序　言

担保法是关于担保制度的法律规范的总称，是民商事法律的重要组成部分，也是融通社会资本，促进经济发展的重要制度保障。正如《中华人民共和国担保法》（以下简称《担保法》）第一条所言，“为促进资金融通和商品流通，保障债权实现，发展社会主义市场经济，制定本法”。担保法的重要性在市场经济条件下体现得尤为明显。

在市场经济条件下，“一手交钱一手交货”的交易模式已经是远去的童话，更多的交易行为，是通过授予信用的方式完成的，市场经济是信用经济。现代社会，几乎所有的市场交易行为都是通过签订合同，即建立债权债务关系的形式来完成，合同发挥着组织社会经济的功能，而合同签订履行的过程其实就是信用授予的过程。此处所谓的信用，即债权人以取得债权的方式给予债务人一定的资金、货物、服务等作为融通，而债务人则以负担债务的方式提前取得债权人提供的资金、货物、服务用于生产经营。

在此过程中，债权人实际获得履行利益的时间点与债务人负担债务时间点之间的差，就是信用。但正是因为这一时间差的存在，导致债权人可能面临债务人违约的风险，而担保法的制度设计初衷就是为了保障债权的实现，促使债务人积极履行债务。因此，从某种意义上讲，合同法必须与担保法配合，才能真正发挥组织经济的功能。没有担保法的合同法，如同开车不握方向盘一样危险。

在众多的信用授予方式中，市场主体为筹集资金向金融机构等借款融资是最主要、最重要的方式。而金融机构等为确保债权能够得以实现，最佳手段就是要求市场主体以自身固有资产向金融机构设立担保，包括但不限于担保物权。当然，资金的融通并不仅仅限于借贷，但可以毫不夸张地说，所有的资金融通方式（金融）的创新，从本质上讲都是担保模式的创新。担保与金融相伴而生，对于活络资本、诱导债权发生、促进经济繁荣具有重要意义。

另外，现代社会是消费型社会，物质财富的极大丰富反过来也刺激了人们的消费需求。对于一些高价值的消费品，如商业住宅，许多人因为财力不支望而却步，此时采取担保物权的手段可以有效地解决这一问题。因此，担保法还具有刺激消费、高效地满足人们日益增长的消费需求的作用。

担保法律关系，相较于一般的民事法律关系而言更为复杂。其原因在于，一般的民事法律关系往往为双方当事人之间的权利义务关系，而担保法律关系则涉及债权人、债务人、担保人三方法律关系。因此，在法律理解与适用上，担保法专业技术性更强，往往并非一般交易主体通过自学或简单咨询所能掌握。法律人作为“手艺人”的称谓，在担保法这一领域被表现得淋漓尽致。

从近些年担保法的司法实践上看，担保纠纷所涉及的问题较为复杂，各级法院对于担保类案件的处理也存在一定程度的不统一。本书所评析的98个案例，基本上都是最高人民法院和地方高级人民法院作出的判决，具有相当的代表性，在某种意义上可以全面反映目前国内关于担保的司法实践现状。这不仅为研究担保法的学者提供了丰富的实践素材，更为众多的企业家、司法实务工作者提供了最全面、最权威的指引。

本书突破了体系严谨的传统的教科书式编写方式，也打破了《担保法》的规范体系，着眼于具体问题，在内容、方法及体例上形成了自己的特色：

一、力求简明扼要地介绍我国担保法的相关理论与实践。本书不是一般意义上的教科书，因此，对于担保法上的基本原理与概念内涵的介绍较少。一方面是为了缩小本书篇幅，另一方面是为了突出司法实践中的基本问题及与之相关的裁判观点。本书案例的选取、论述的角度及行文的方式都并非着眼于学术意义上的担保法基本制度的探讨，而是更侧重于从实务的角度以案说法，剖析、介绍担保法的相关理论。对于与实践脱节，尤其是在司法实践中并未表现出来的“死了的法律规范”，本书不予介绍。

二、以问题为导向，突出实践研究。本书所引用的案例多为最高人民法院和地方高级人民法院的经典案例，具有权威性。针对每一个案例，以问题为导向，明确所要解决的实际问题。一方面是为了更为有效地启发读者的思考，揭示实际的法律问题，探讨案例本身所要解决的实际难题；另一方面也是对裁判规则的梳理与总结，了解法官如何裁判现行法无明文规定的案件和疑难案件，从裁判实务的角度看现行法存在的问题，从民法理论和裁判方法的角度看现今裁判实务存在的不足。同时，给出权威法院的裁判依据，为实践中遇到的类似案例提供参考。以问题带动案例，以案例剖析法理，以法理指导实践，不仅能够激发读者的问题意识，也能提高读者的阅读体验。

三、从败诉的角度分析问题。本书最大的特色，是所有的案例评析均从败诉的角度进行了分析，并结合败诉原因提出了对应的避免败诉的方案建议。之所以选取这一角度，是因为败诉对于当事人的警醒作用远大于胜诉。同时，对于败诉原因的分析，能够真正起到防微杜渐的作用，也更能凸显担保法所涉法律问题的复杂性和多变性。正是基于这一点，本书作者认为，当事人在遇到与担保相关的法律问题时，应交给对担保纠纷处理有丰富经验的律师团队处理，这是避免败诉的关键一招。律师能够提供的不仅仅是专业的技术分析，更重要的是全面的诉讼策划及商业决策指导。

本书完成期间，我们注意到中国当前民法典的编纂对众多的担保法律制度进行了若干有益的修改，但由于目前民法典并未最终颁布实施，相关规则尚有进一步变动的可能，故本书并非反映民法典关于担保法部分的最新立法动态。但我们对于担保法司法实务的关注并不会因为本书的完成而终止，我们将在民法典正式颁布实施后对本书所涉的所有法律问题、案例重新进行全面的审视，以期与时俱进。

本书的完成，一方面受益于丰富、权威司法实践判例及各位前辈先贤丰富的理论研究成果，另一方面也是作者司法实务工作的客观需求。由于作者水平有限，难免存在疏漏，所涉及的问题也难免挂一漏万，请各位读者予以批评指正！我们也非常欢迎学者、律师界前辈同侪、法官及其他司法实务工作者就本书涉及的相关问题、观点同我们进行探讨。

李 舒 唐青林 李元元

2019年2月22日

目　录

Contents

第一章　担保法总论

第二章 保证担保

第三章 抵押担保

第四章　其他担保形式

第一章 担保法总论

第一节 担保合同的成立与生效

001［公报案例］债权人能否以“不知法”为由主张对担保合同无效没有过错？

因违反法律法规的强制性规定导致担保合同无效的，应认定双方当事人均有过错

裁判要旨

根据《最高人民法院关于适用〈中华人民共和国担保法〉若干问题的解释》（以下简称《担保法司法解释》）的规定，抵押合同被确认无效后，当事人之间责任的承担应当根据其过错程度确认。对于因违反我国法律、行政法规而认定无效的抵押合同，因我国法律、行政法规均对外公开，各方当事人都应当了解我国法律、行政法规的相关规定，故应认定各方当事人对于抵押合同的无效均存在一定的过错。

案情简介

一、农银公司（香港注册的企业）与俊兴公司从1995年至1996年在香港签订了两份《抵押贷款协议》和两份《信用证融资抵押协议》。对前述各《抵押贷款协议》和《信用证融资抵押协议》所规定的融资，三星车桥公司作为担保人提供了担保。担保方式包括连带责任保证和提供土地使用权抵押。在上述各协议签订后，农银公司根据协议约定发放了贷款，以上贷款期满后，俊兴公司未按期全额还本付息。

二、1998 年 7 月 18 日，农银公司向广东高院起诉，请求判令三星车桥公司对俊兴公司拖欠的债务承担连带保证责任并以三星车桥公司用作抵押的土地使用权优先受偿。

三、广东高院一审判决以上担保合同无效，对俊兴公司在本案所涉两份《抵押贷款协议》和两份《信用证融资抵押协议》项下欠款本金及利息不能清偿的部分，三星车桥公司向农银公司承担二分之一的赔偿责任。

四、农银公司不服，上诉至最高法院，最高法院二审判决驳回上诉，维持原判。

败诉原因

本案中农银公司的败诉原因在于：农银公司为香港法人，三星车桥公司与其签订的担保合同属于对外提供担保但未经外汇主管部门批准，因而无效。农银公司主张对于担保合同无效没有过错，三星车桥公司应对主债务未获清偿的部分承担连带责任，未获法院支持。法院不予支持的一个重要理由即在于：由于我国实行的是外汇管制制度，关于外汇担保的管理办法也是向社会公开的，因此各方当事人都应当知道我国的法律规定。上诉人以批准手续应当由被上诉人办理为由，认为自己没有过错的主张是不成立的。农银公司因此败诉。

败诉教训、经验总结

前事不忘，后事之师。为避免未来发生类似败诉，提出如下建议：

1. 担保合同无效后，各方当事人应根据过错程度承担相应的责任。根据《担保法司法解释》第七条的规定，担保合同无效并非表示担保人可以就此免责，也并不代表债权人可以当然要求保证人对主债务未获清偿的部分承担连带责任，而是应当结合双方当事人的过错程度，确定不同的责任分担方式。具体而言，主合同有效而担保合同无效的：（1）在债权人对于担保合同无效没有过错时，债权人可主张担保人对未获清偿的债务承担连带责任；（2）在债权人、担保人均有过错时，债权人仅得要求担保人承担不超过主债务未获清偿部分二分之一的按份责任。

2. 担保合同因违反法律法规的强制性规定而无效，应认定债权人、担保人均有过错。根据《中华人民共和国合同法》（以下简称《合同法》）第五十二条第五项之规定，违反法律法规的强制性规定的合同无效。《最高人民法院关于适用〈中华人民共和国合同法〉若干问题的解释（二）》（以下简称《合同法司法解释二》）第十四条规定，此处规定的“强制性规定”是指“效力性强制性规定”。我国是成文法国家，所有的正在有效实施的法律法规均已经对社会公布，在我国范围内从事民事活动的一切组织和个人均有知晓并遵守法律的义务。因此，当事人不得以不知晓法律为由，主张对合同无效不存在过错。本案中的数份担保合同因违反《境内机构对外提供外汇担保管理办法》[①] 的规定，未经审批而无效，属于因违反法律法规的效力性强制性规定导致合同无效的情形，应认定双方当事人对担保合同无效均存在过错。故最高法院最终认定三星车桥公司仅需承担不超过主债务未获清偿部分二分之一的责任。

相关法条

《合同法》

第五十二条　有下列情形之一的，合同无效：

（一）一方以欺诈、胁迫的手段订立合同，损害国家利益；

（二）恶意串通，损害国家、集体或者第三人利益；

（三）以合法形式掩盖非法目的；

（四）损害社会公共利益；

（五）违反法律、行政法规的强制性规定。

《中华人民共和国民法总则》（以下简称《民法总则》）

第一百四十六条　行为人与相对人以虚假的意思表示实施的民事法律行为无效。

以虚假的意思表示隐藏的民事法律行为的效力，依照有关法律规定处理。

第一百五十三条　违反法律、行政法规的强制性规定的民事法律行为无效，但是该强制性规定不导致该民事法律行为无效的除外。

违背公序良俗的民事法律行为无效。

第一百五十四条　行为人与相对人恶意串通，损害他人合法权益的民事法律行为无效。

《担保法》

第五条　担保合同是主合同的从合同，主合同无效，担保合同无效。担保合同另有约定的，按照约定。

---

① 已失效。

担保合同被确认无效后，债务人、担保人、债权人有过错的，应当根据其过错各自承担相应的民事责任。

《担保法司法解释》

第六条 有下列情形之一的，对外担保合同无效：

（一）未经国家有关主管部门批准或者登记对外担保的；

（二）未经国家有关主管部门批准或者登记，为境外机构向境内债权人提供担保的；

（三）为外商投资企业注册资本、外商投资企业中的外方投资部分的对外债务提供担保的；

（四）无权经营外汇担保业务的金融机构、无外汇收入的非金融性质的企业法人提供外汇担保的；

（五）主合同变更或者债权人将对外担保合同项下的权利转让，未经担保人同意和国家有关主管部门批准的，担保人不再承担担保责任。但法律、法规另有规定的除外。

第七条 主合同有效而担保合同无效，债权人无过错的，担保人与债务人对主合同债权人的经济损失，承担连带赔偿责任；债权人、担保人有过错的，担保人承担民事责任的部分，不应超过债务人不能清偿部分的二分之一。

以下为最高法院在判决书"本院认为"部分就此问题发表的意见：

根据《担保法司法解释》的规定，抵押合同被确认无效后，当事人之间责任的承担应当根据其过错程度来确认。由于我国实行的是外汇管制制度，关于外汇担保的管理办法也是向社会公开的，因此各方当事人都应当知道我国的法律规定。上诉人以批准手续应当由被上诉人办理为由，认为自己没有过错的主张是不成立的。如果仅以批准手续的办理来确定担保合同无效后的责任，则境外债权人就可以不顾我国的外汇管制政策和规定，可以因没有过错而不承担责任，最终将导致虽然抵押担保无效，但是实体处理与有效合同一致的后果。原审法院认为三星车桥公司和农银公司未经内地外汇管理部门批准提供和接受担保，对担保合同的无效均具有过错是正确的。根据《担保法司法解释》第七条的规定，"在主合同有效而担保合同无效的情形下，债权人和担保人都有过错的，担保人承担民事责任的部分，不应超过债务人不能清偿部分的二分之一"，据此，原审法院判决担保人三星车桥公司应对债务人俊兴公司不能清偿部分的二分之一向债权人农银公司承担赔偿责任并无不当。

案件来源

农银财务有限公司与广东三星企业（集团）公司车桥股份有限公司担保合同纠纷二审民事判决书［最高人民法院（2004）民四终字第23号，《中华人民共和国最高人民法院公报》2007年第2期（总第124期）］

延伸阅读

因违反法律法规的强制性规定导致担保合同无效，认定担保合同双方当事人均有过错的案例：

案例一：温州信托公司清算组诉幸福实业公司等债权债务转让合同纠纷二审民事判决书［最高人民法院（2002）民二终字第67号、《中华人民共和国最高人民法院公报》2004年第2期（总第88期）］，最高法院认为："依照《中华人民共和国公司法》第六十条关于'董事、经理不得以公司资产为本公司的股东或者其他个人债务提供担保'以及本院《关于适用〈中华人民共和国担保法〉若干问题的解释》第四条关于'董事、经理违反《中华人民共和国公司法》第六十条的规定，以公司资产为本公司的股东或者其他个人债务提供担保的，担保合同无效。除债权人知道或者应当知道的外，债务人、担保人应当对债权人的损失承担连带赔偿责任'的规定，集团公司作为当时实业公司的第一大股东，实业公司为其提供的担保应认定为无效。因转让协议中明确规定集团公司到期不能清偿温州国投该笔债务的，由其持有的实业公司的法人股股票折抵债务，故债权人温州国投对实业公司为其股东集团公司提供担保应是明知的，鉴于温州国投和实业公司违反法律禁止性规定签订保证合同，对该担保无效均具有过错，故依照本院《关于适用〈中华人民共和国担保法〉若干问题的解释》第七条关于'主合同有效而担保合同无效，债权人无过错的，担保人与债务人对主合同债权人的经济损失，承担连带赔偿责任；债权人、担保人有过错的，担保人承担民事责任的部分，不应超过债务人不能清偿部分的二分之一'的规定，对担保无效所造成的损失，即债务人集团公司不能清偿债务部分，实业公司应在50%范围内承担赔偿责任，其余损失温州国投应自行承担。"

案例二：佛山市人民政府与交通银行香港分行担保纠纷二审民事判决书［最高人民法院（2004）民四终字第5号、《中华人民共和国最高人民法院公报》2005年第11期（总第109期）］，最高法院认为："佛山市政府基于其1994年5月8日、1996年10月30日出具的佛府函（1994）030号《承诺函》和佛府函（1996）144

号《承诺函》、佛府函（1996）146号《承诺函》确立的最高额保证属于对外担保。佛山市政府系国家政府机关，其对外提供担保违背了《中华人民共和国担保法》第八条国家机关不得作为保证人的禁止性规定。同时，根据1991年国家外汇管理局公布的《境内机构对外提供外汇担保管理办法》[①] 第六条第二款‘为中国驻外企业提供外汇担保，由国家外汇管理局审批’的规定，对外担保需经过审批方可生效，由于本案未办理对外担保审批手续，违反了《中华人民共和国民法通则》第五十八条关于‘下列行为无效：……（五）违反法律或社会公共利益的；……’的规定和最高人民法院《关于适用〈中华人民共和国担保法〉的若干问题的解释》第六条关于“有下列情形之一的，对外担保无效：（一）未经国家有关主管部门批准或者登记对外担保的”的规定，上述《承诺函》所构成的保证行为均不具有有效担保的法律约束力。造成本案担保无效的责任在于香港交行和佛山市政府。根据《中华人民共和国民法通则》第六十一条第一款关于‘民事行为被确认无效或者被撤销后，当事人因该行为取得的财产，应当返还给受损失的一方。有过错的一方应当赔偿对方因此而受到的损失，双方都有过错的，应当各自承担相应的责任’和最高人民法院《关于适用〈中华人民共和国担保法〉若干问题的解释》第七条关于‘主合同有效而担保合同无效，债权人无过错的，担保人与债务人对主合同债权人的经济损失，承担连带赔偿责任；债权人、担保人有过错的，担保人承担民事责任的部分，不应超过债务人不能清偿部分的二分之一’的规定，佛山市政府应承担债务人不能清偿部分的二分之一的赔偿责任。”

案例三：郭淑凤、河北汇源炼焦制气集团有限公司与鹤岗市东山区人民政府、鸡西龙嘉投资集团有限公司合同纠纷二审民事判决书［最高人民法院（2016）最高法民终623号］，最高法院认为：“东山区政府作为该款的保证人，因其违反《中华人民共和国担保法》第八条关于‘国家机关不得为保证人’的规定，应认定《项目转让委托协议》中有关东山区政府承担保证责任的约定无效。同时根据《最高人民法院关于适用〈中华人民共和国担保法〉若干问题的解释》第七条关于‘主合同有效而担保合同无效，债权人无过错的，担保人与债务人对主合同债权人的经济损失，承担连带赔偿责任；债权人、担保人有过错的，担保人承担民事责任的部分，不应超过债务人不能清偿部分的二分之一’的规定，东山区政府应对鸡西龙嘉公司不能清偿5100万元及相应利息部分，承担二分之一的清偿责任。”

案例四：中国工商银行福建省分行营业部与福建省中福实业股份有限公司、中

① 已失效。

国福建国际经济技术合作公司、福建省中福劳务公司、福建省中福出国人员物资供应公司、中福技术服务（澳门）有限公司借款合同纠纷二审民事判决书［最高人民法院（2001）民二终字第109号］，最高法院认为："本案中福实业的担保行为发生在《中华人民共和国担保法》生效之后，对该担保合同的效力认定及处理应适用《中华人民共和国担保法》及《担保法司法解释》的相关规定。中福实业以该公司财产为其股东中福公司1500万港元的借款提供担保，违反了法律关于禁止此类关联交易的强制性规定，该担保合同为无效合同。中福实业系一家上市公司，依其公开披露的信息，国际业务部对中福公司作为中福实业之最大股东的控股地位，应当明知。故国际业务部与中福实业对造成上述担保合同无效均有过错，应当承担相应责任。本案事实清楚，双方当事人对此无异议。上诉人工行营业部关于中福实业应对中福公司1500万港元借款的本金及利息承担连带清偿责任的上诉理由，没有法律依据，本院不予支持。"

案例五：关志祥与福建莆田农村商业银行股份有限公司抵押合同纠纷二审民事判决书［福建省高级人民法院（2013）闽民终字第126号］，该院认为："上诉人关志祥以集体所有土地上的房地产设定抵押导致担保合同无效，其明显有过错，本案双方对此亦无异议。本案的关键是莆田农商行对担保合同无效是否有过错。本院认为，莆田农商行作为银行金融机构对外开展贷款业务，在对贷款的发放及抵押物的审查上有专业的判断，其在接受关志祥的抵押时，也应充分地认识到集体土地上的房地产作为抵押物违反法律、行政法规的强制性规定所带来的抵押无效的法律后果，对此风险莆田农商行应是明知的，换言之，莆田农商行对本案抵押无效亦负有一定的过错。因此，本案属于主合同有效而担保合同无效，债权人、担保人均有过错的情形，根据《最高人民法院关于适用〈中华人民共和国担保法〉若干问题的解释》第七条'债权人、担保人有过错的，担保人承担民事责任的部分，不应超过债务人不能清偿部分的二分之一'之规定，莆田农商行以关志祥保证办妥抵押手续的《承诺书》作为支持其在接受抵押时并无过错的依据，本院认为，关志祥的承诺不足以排除莆田农商行对抵押物审查不严的客观过错，故对莆田农商行的抗辩理由，本院不予采纳。综上，原审关于上诉人关志祥所承担的连带责任性质及份额的认定有误，本院予以纠正，关志祥应承担达祥电子公司不能清偿部分债务二分之一的连带赔偿责任。"

002［公报案例］如何认定担保人对主合同无效存在过错？

担保人的过错不是指担保人在主合同无效上的过错

裁判要旨

因主合同无效而导致担保合同无效，担保人无过错的，不承担民事责任；担保人有过错的，应当依法承担民事责任。所谓担保人的过错，是指担保人明知主合同无效仍为之提供担保，或者明知主合同无效仍促使主合同成立或为主合同的签订作中介等情形。

案情简介

一、1997 年 3 月 20 日，外贸公司与科瑞德公司签订了五份《代理进口协议》，双方约定：外贸公司受科瑞德公司委托，代理其进口镍板和铝锭。同日，樊东农行向江北中行出具了相应《不可撤销担保书》，对以上债务承担连带责任保证。

二、1997 年 3 月至 4 月间，外贸公司以履行铝锭买卖合同为由，向江北中行申请开立了四份不可撤销信用证，其受益人为 MARCO INTERNATIONAL（HK）LTD.。江北中行为上述四单信用证累计垫款金额为 16037646.34 美元。外贸公司于 1998 年 6 月 25 日、26 日，两次共偿还 1991000 美元，故外贸公司尚欠江北中行垫款 14046646.34 美元。

三、1999 年 9 月 6 日，江北中行向重庆高院提起诉讼，请求外贸公司偿付信用证垫款 14046646.34 美元及利息、罚息和主张债权的费用；樊东农行承担连带责任。重庆高院以担保合同不生效力为由一审判决：外贸公司还本付息，驳回江北中行的其他诉讼请求。

四、江北中行不服，上诉至最高法院。最高法院以樊东农行不存在过错为由二审判决：外贸公司还本付息，驳回江北中行的其他诉讼请求。

败诉原因

本案中江北中行要求樊东农行承担保证责任的诉请未获法院支持，理由在于樊东农行对于本案主合同的无效不存在过错。根据《担保法司法解释》第八条的规定，主合同无效而导致担保合同无效的，担保人不存在过错的，不承担责任。本案的主合同签订在《合同法》实施之前，最高法院根据《中华人民共和国民法通则》（以下简称《民法通则》）第五十八条关于“一方以欺诈、胁迫的手段或者乘人之危，使对方在违背真实意思的情况下所为的民事行为无效”的规定认定案涉开立信用证的行为即主合同无效。樊东农行不是本案中主合同的当事人，不可能在开立信用证时知晓外贸公司存在欺诈的行为，故最高法院最终认定樊东农行对于主合同无效不存在过错，不必承担责任。江北中行要求樊东农行承担连带保证责任的诉请未获法院支持，因此败诉。

败诉教训、经验总结

前事不忘，后事之师。为避免未来发生类似败诉，提出如下建议：

1. 担保合同与主合同之间具有效力上的从属性。具体而言，是指除法律明确规定外（独立担保、最高额担保），主合同无效担保合同亦无效。但主合同无效导致担保合同无效并不代表担保人必然不必承担担保责任。根据《担保法》第五条、《担保法司法解释》第八条的规定，担保人对主合同无效存在过错的，应承担不超过主债务不能清偿部分三分之一的损害赔偿责任。因此，对于担保合同效力的审查，不仅要审查担保合同本身是否存在无效的情形，还要审查主合同是否存在无效的情形。

2. 担保人对于主合同无效是否存在过错，并非是指担保人在主合同无效这一本身的问题上是否存在过错。鉴于主合同是债权人与债务人之间签订的合同，具有相对性，担保人并非主合同的当事人之一，因此担保人一般并不能左右主合同的效力，主合同是否有效在某种意义上与担保人的意志无关。因此，最高法院认为，担保人对主合同无效存在过错，“不应是指担保人在主合同无效上的过错”，而应指“担保人明知主合同无效仍为之提供担保，或者明知主合同无效仍促使主合同成立或为主合同的签订作中介等情形”。简而言之，即明知主合同无效而仍提供担保或促成主合同签订。因此，在主合同无效而导致担保合同无效的场合，债权人要求担保人承担责任的，不应着眼于担保人对于主合同效力的影响，而应着眼于担保人是否知晓主合同存在无效的情形。

相关法条

《担保法》

第五条 担保合同是主合同的从合同，主合同无效，担保合同无效。担保合同另有约定的，按照约定。

担保合同被确认无效后，债务人、担保人、债权人有过错的，应当根据其过错各自承担相应的民事责任。

《担保法司法解释》

第八条 主合同无效而导致担保合同无效，担保人无过错的，担保人不承担民事责任；担保人有过错的，担保人承担民事责任的部分，不应超过债务人不能清偿部分的三分之一。

以下为最高法院在判决书“本院认为”部分就此问题发表的意见：

关于本案担保法律关系

根据《中华人民共和国担保法》第五条即“担保合同是主合同的从合同，主合同无效，担保合同无效”的规定，由于本案开证法律关系无效，故本案担保法律关系亦应认定无效。根据本院《关于适用〈中华人民共和国担保法〉若干问题的解释》第八条，即“主合同无效而导致担保合同无效，担保人无过错的，担保人不承担民事责任；担保人有过错的，担保人承担民事责任的部分，不应超过债务人不能清偿部分的三分之一”的规定，本案担保人即樊东农行是否应承担民事责任，应考察樊东农行是否有过错。对担保合同所附条件是否成就进行认定，其前提应该是肯定担保合同的效力。原审判决以担保合同所附条件未成就认定本案担保行为不生效力从而认定樊东农行不承担担保责任属适用法律错误。

关于樊东农行是否存在过错的问题。在主合同无效导致担保合同无效的情形下，担保人并非主合同的当事人，主合同无效不应当要求非合同当事人的担保人承担无效结果。因此，担保人的过错不应是指担保人在主合同无效上的过错。担保人的过错应当包括：担保人明知主合同无效仍为之提供担保、担保人明知主合同无效仍促使主合同成立或为主合同的签订作中介等。就本案而言，开证法律关系无效是由于外贸公司欺诈开证行开立没有贸易背景的信用证造成的，担保人樊东农行从申请开证环节上无法获知合同的违法性。因此，应认定樊东农行无过错。根据前述规定，樊东农行不承担民事责任。

案件来源

江北中行与樊东农行等信用证垫款纠纷二审民事判决书［最高人民法院（2005）民四终字第21号，《中华人民共和国最高人民法院公报》2006年第3期（总第113期）］

延伸阅读

一、担保人负有对主合同效力进行审查的义务

案例一：泰安市商业银行股份有限公司与沂南县农村信用合作社联合社返还票据垫付款纠纷二审民事判决书［最高人民法院（2005）民二终字第171号］，最高法院认为："沂南信用联社违反《农村信用联社章程》和授权管理制度规定，在未对中花公司与泰安信用社签订银行承兑协议的真实目的以及中花公司的资信情况进行审查的情况下，违规为中花公司提供担保，上述行为使泰安信用社对中花公司与其签订银行承兑协议的真实目的和中花公司的资信情况作出了错误的判断。泰安信用社在为中花公司办理银行承兑汇票业务的过程中，对中花公司与其签订银行承兑协议的真实目的、中花公司的资信情况等未尽到认真审慎的审查义务，对主合同无效负有过错，也应承担相应责任。根据本院《关于适用〈中华人民共和国担保法〉若干问题的解释》第八条关于'主合同无效而导致担保合同无效，担保人无过错的，担保人不承担民事责任；担保人有过错的，担保人承担民事责任的部分，不应超过债务人不能清偿部分的三分之一'的规定，沂南信用联社应对泰安信用社尚未收回的款项及利息（自最后一次还款之次日起至款项付清之日止）承担1/3的赔偿责任。"

案例二：无锡汇源投资担保有限公司与陆梅芳、崔阳、陆三平、中国银行股份有限公司无锡惠山支行、无锡富民置业有限公司借款合同纠纷审判监督民事判决书［最高人民法院（2014）民抗字第67号］，最高法院认为："汇源公司作为担保人对其担保的事项包括借款人、主债权种类等的真实性负有审查义务……原审判决认定汇源公司在签订《保证合同》以及出具《个人住房贷款担保通知书》时未对借款人主体资格等进行审查，存在过错，且其授权惠山中行签发《个人住房贷款担保通知书》，无条件同意惠山中行对借款人主体资格的审查意见，并收取了担保费用，系放任担保后果的发生亦存在过错，并无不当。《中华人民共和国担保法》第五条规定，'担保合同是主合同的从合同，主合同无效，担保合同无效。担保合同另有

约定的，按照约定。担保合同被确认无效后，债务人、担保人、债权人有过错的，应当根据其过错各自承担相应的民事责任’，该规定明确规定担保合同无效后，担保人有过错的，应承担民事责任。汇源公司以其不是主合同的当事人，不应对主合同无效承担责任，只对保证合同因保证人的过错导致保证合同无效承担责任的主张，不符合上述法律规定。在汇源公司对本案借款的发生存在过错的情形下，原审判决参照最高人民法院《关于适用〈中华人民共和国担保法〉若干问题的解释》第八条的规定，判决汇源公司对本案债务不能清偿部分承担三分之一的赔偿责任，并无不当。”

二、担保人促成无效主合同签订的，应认定为担保人存在过错

案例三：新疆五元实业发展中心、新疆昆仑股份有限公司与中国工商银行新疆分行及新疆鹏博高科技开发有限公司借款担保纠纷二审民事判决书［最高人民法院（2000）经终字第187号］，最高法院认为：“借款合同无效，鹏博公司应当返还其基于无效合同所占用的新疆分行的贷款，并承担由此造成的占用贷款期间的利息损失。五元中心、昆仑公司与新疆分行之间的保证合同是鹏博公司与新疆分行之间的借款合同的从合同，借款合同无效，保证合同也无效。五元中心和昆仑公司提供保证虽有新疆分行工作人员的介绍，但在不了解鹏博公司真实情况的情形下为鹏博公司出具保证，五元中心和昆仑公司对无效借款合同的签订和履行起到了促成的作用，因此五元中心和昆仑公司均有过错，应当承担相应的民事责任。”

三、担保人明知主合同无效仍提供担保的，应认定为担保人存在过错

案例四：沈阳东方钢铁有限公司、沈阳金属材料总厂等买卖合同纠纷申请再审民事裁定书［最高人民法院（2015）民申字第2581号］，最高法院认为：“关于担保人所应承担的责任问题。根据《中华人民共和国担保法》第五条以及《最高人民法院关于适用〈中华人民共和国担保法〉若干问题的解释》第八条的规定，主合同无效而导致担保合同无效，担保人有过错的，应承担相应的民事责任。根据二审查明的事实，金属总厂、延吉东方、鸡东北方、宇晨创新作为担保人对案涉商品销售实为融资贷款的事实是明知的，二审判决据此认定上述担保人存在过错，并根据过错程度判令上述担保人对沈阳东方不能返还部分的三分之一承担连带清偿责任，并无不当。沈阳东方等再审申请人认为担保合同无效则其不应承担担保责任，该申请理由于法无据，不应予以支持。”

四、不知主合同存在无效事由的，应认定担保人不存在过错

案例五：中国电力投资有限公司诉福州生融仓储有限公司、中国商业对外贸易总公司委托代开信用证、保证合同纠纷二审民事判决书［最高人民法院（2003）

民四终字第 12 号]，最高法院认为："根据《中华人民共和国担保法》第五条即'担保合同是主合同的从合同，主合同无效，担保合同无效'的规定，本案三方当事人之间签订的《债务担保合同》应认定无效。中商外贸对于委托协议的违法性并不当然清楚，目前亦无证据证明中商外贸知晓生融公司与中电公司之间的融资行为，应认定中商外贸无过错。因此，根据《关于适用〈中华人民共和国担保法〉若干问题的解释》第八条即'主合同无效导致担保合同无效，担保人无过错的，担保人不承担民事责任'的规定，中商外贸不承担民事责任。"

003［公报案例］按照政府指令提供担保，能否主张担保意思不真实？

担保人根据第三人指令所作担保意思表示，不影响担保合同的效力

裁判要旨

保证人作为具有完全民事行为能力的法人，应依法对其所从事民事法律行为独立承担民事责任，其所作保证是否受合同以外第三人影响的问题不涉及合同当事人之间的权利义务关系，亦不影响保证合同的效力。

案情简介

一、2003 年 8 月 29 日，和顺公司向工行五四支行借款，双方签订 2003（五四）工银（短）总字第 13 号《流动资金借款合同》，金额为人民币 2800 万元整。同日，自来水公司与工行五四支行签订《最高额保证合同》，自来水公司为和顺公司本案 2800 万元贷款提供连带保证担保。该担保合同是基于长乐市政府的指令而签订。

二、2003 年 9 月 5 日，工行五四支行向和顺公司发放 2800 万元贷款。和顺公司自 2003 年 9 月 20 日起就开始欠息，至今未支付分文利息。

三、2004 年 7 月 28 日，工行五四支行向福建高院提起诉讼，请求依法判令：1. 和顺公司还本付息；2. 自来水公司对和顺公司的上述欠款承担连带还款责任。福建高院一审判决还本付息，自来水公司承担连带还款责任。

四、自来水公司不服，上诉至最高法院，最高法院二审判决驳回上诉，维持原判。

败诉原因

本案中自来水公司的败诉原因在于，其不得主张基于政府指令所作的担保意思并非自己真实的意思表示。自来水公司作为具有完全民事行为能力的法人，应当独立对外承担民事责任，对于其所签订的相关协议、文件的法律后果应当有独立的判断能力。虽然在本案中，自来水公司与工行五四支行签订的担保合同是基于长乐市政府的指令而签订，但作为第三人的长乐市政府对于自来水公司所施加的影响，并不能就此成为自来水公司否认其意思表示真实性的理由。因此，最高法院最终认为："自来水公司是否受合同以外第三人影响的问题并不涉及合同当事人之间的权利义务关系。由于合同一方当事人没有义务了解合同相对人签约行为以外的其他因素，自来水公司一方面承认其在本案保证合同上盖章的事实，另一方面否认该签约行为是其真实意思表示，这对被保证人工行五四支行是不公平的。保证合同不应仅因保证人的保证系因地方政府指令而确认无效。"自来水公司因此败诉。

败诉教训、经验总结

前事不忘，后事之师。为避免未来发生类似败诉，提出如下建议：

1. 基于第三人的指令对外签订的担保合同如不存在其他效力瑕疵事由，即为有效。因此在对外签订担保合同时，担保人应当结合自身实际情况对是否对外作出担保作出独立的判断。切莫因为第三人的怂恿、哥们义气、履行所谓的行政指令或上级命令等即对外作出担保的意思表示。因为这些表面上出于"意气用事"或"身不由己"签订的合同，很难被法院最终认定为无效或者意思表示不真实。

2. 虽然在通常情形下，第三人对担保人是否作出担保意思表示的影响不会影响到担保合同的效力，但也并非没有例外。根据《民法总则》第一百四十九条的规定，表意人基于第三人的欺诈对外作出意思表示而相对人对此知情或应当知情的，表意人可主张撤销该意思表示；根据《民法总则》第一百五十条规定，表意人基于第三人的胁迫对外作出意思表示，不论相对人是否知情，表意人均可主张撤销该意思表示。因此，如果担保人基于第三人的胁迫而签订担保合同，则可主张撤销该担保合同。但如果是因第三人的欺诈而签订担保合同，则只有在债权人知晓或者应当知晓欺诈事实存在时，方可主张撤销担保合同。

3. 在处理法律纠纷时，应坚持“内外有别，彼此区分”的原则。具体而言，当事人与第三人的法律关系，原则上不能对抗相对人；当事人之间的纠纷应基于不同的法律关系进行分割并分别处理，切忌“胡子眉毛一把抓”。从本案来看，自来水公司主张其是基于长乐市政府的指令才签订担保合同的，并意图以此否认担保意思表示的真实性。但非常遗憾的是，所谓的“行政指令”仅是自来水公司与长乐市政府之间的法律关系，除非存在法定的事由，否则不能以之对抗工行五四支行，更不得以此为由否认担保合同效力。如果自来水公司能够在第三人欺诈或第三人胁迫上多做文章，而不是咬着所谓的“行政指令”不放，说不定本案还有一丝转机。

相关法条

《民法总则》

第一百四十九条 第三人实施欺诈行为，使一方在违背真实意思的情况下实施的民事法律行为，对方知道或者应当知道该欺诈行为的，受欺诈方有权请求人民法院或者仲裁机构予以撤销。

第一百五十条 一方或者第三人以胁迫手段，使对方在违背真实意思的情况下实施的民事法律行为，受胁迫方有权请求人民法院或者仲裁机构予以撤销。

《最高人民法院关于正确确认企业借款合同纠纷案件中有关保证合同效力问题的通知》

各省、自治区、直辖市高级人民法院，新疆维吾尔自治区高级人民法院生产建设兵团分院：

近来发现一些地方人民法院在审理企业破产案件或者与破产企业相关的银行贷款合同纠纷案件中，对所涉及的债权保证问题，未能准确地理解和适用有关法律规定，致使在确认保证合同的效力问题上出现偏差，为此特作如下通知：

各级人民法院在处理上述有关保证问题时，应当准确理解法律，严格依法确认保证合同（包括主合同中的保证条款）的效力。除确系因违反担保法及有关司法解释的规定等应当依法确认为无效的情况外，不应仅以保证人的保证系因地方政府指令而违背了保证人的意志，或该保证人已无财产承担保证责任等原因，而确认保证合同无效，并以此免除保证责任。

以下为最高法院在本案二审期间就此问题发表的意见：

本院认为，本案工行五四支行与和顺公司签订的借款合同系双方当事人真实意思表示，且不违反法律、行政法规的禁止性规定，应为有效。借款人和顺公司在合同到期后未能全部履行合同义务，应当依法承担向工行五四支行偿还借款本息的民事责任。自来水公司与工行五四支行签订书面保证合同，明确承诺为和顺公司上述借款提供连带保证义务。现和顺公司到期未能偿还债务，保证人自来水公司应就上述债务向工行五四支行承担连带清偿责任。自来水公司作为具有完全民事行为能力的法人，应依法对其所作民事法律行为独立承担民事责任。自来水公司关于其在地方政府的行政指令下所作担保，应免除其向工行五四支行承担保证责任的上诉理由不能成立。因为，本案保证合同系自来水公司与工行五四支行之间签订，自来水公司没有证据证明工行五四支行在与之签订保证合同时采取了欺诈、胁迫等手段。自来水公司是否受合同以外第三人影响的问题并不涉及合同当事人之间的权利义务关系。由于合同一方当事人没有义务了解合同相对人签约行为以外的其他因素，自来水公司一方面承认其在本案保证合同上盖章的事实，另一方面否认该签约行为是其真实意思表示，这对被保证人工行五四支行是不公平的。保证合同不应仅因保证人的保证系因地方政府指令而确认无效。自来水公司领取的是企业法人执照，属于以营利为目的的企业法人，其经营活动虽具有一定的公共服务性质，但不属于以公益为目的的事业单位。自来水公司关于其不符合保证主体资格的上诉主张没有事实依据，本院不予支持。原审判决关于本案保证合同应为有效，自来水公司应当承担连带责任的判决并无不当，本院应予维持。自来水公司关于本案可能涉及经济犯罪应当中止审理的上诉主张，没有事实和法律依据，本院依法不予支持。借款人和顺公司的股东是否缴足注册资本的问题与本案借款担保纠纷并无直接的法律关系，自来水公司关于应当追加和顺公司股东参加本案诉讼的上诉理由没有法律依据，本院依法不予支持。

案件来源

长乐自来水公司与工行五四支行借款担保纠纷二审民事判决书［最高人民法院（2004）民二终字第262号，《中华人民共和国最高人民法院公报》2005年第9期（总第107期）］

延伸阅读

地方政府干预所签订的担保合同效力的判例：

案例：正阳县电业公司与中国长城资产管理公司郑州办事处保证合同纠纷申请再审民事裁定书［最高人民法院（2013）民申字第215号］，最高法院认为："本案《借款合同》以及《保证合同》均是双方当事人的真实意思表示，不违反法律和行政法规的效力性强制性规定，应当认定为有效合同。虽然中国工商银行正阳县支行违反《同业拆借管理试行办法》[1] 和《中华人民共和国商业银行法》的有关规定，从驻马店信用联社越权拆借资金违规贷给正阳县化工总厂，违背了上述法律、行政法规的规定，但其违反的是管理性强制性规定，并不影响《借款合同》的效力。《保证合同》的签订，虽然有地方政府的干预，但正阳县电业公司并未表示反对。根据《最高人民法院关于正确确认企业借款合同纠纷案件中有关保证合同效力问题的通知》的规定，除确系因违反担保法及有关司法解释的规定等应当依法确认为无效的情况外，不应仅以保证人的保证系因地方政府指令而违背了保证人的意志，而确认保证合同无效，并以此免除保证责任。因此，《保证合同》亦为有效合同。二审判决依据合同签订时施行的法律、行政法规认定《借款合同》以及《保证合同》合法有效，适用法律并无不当。”

第二节 担保的范围

004［最高法院］律师费是否属于担保物权担保的范围?

律师费为实现担保物权的费用，属于担保物权的担保范围

裁判要旨

律师费为实现担保物权的费用，因此如无相反约定，合理的律师费属于担保物权所担保的范围。

案情简介

一、2011年12月23日，云南铜业公司与江磁电工公司分别签订《电工用铜线坯买卖合同》和《阴极铜买卖合同》。2012年8月24日，云南铜业公司与江磁电工公司签订《货款结算确认书》，双方确认：江磁电工公司尚欠云南铜业公司货款66619535.28元。2013年1月11日，江磁电工公司给云南铜业公司出具《债权确

---

① 已失效。

认书》，确认：截至2013年1月11日，江磁电工公司尚欠云南铜业公司货款本金83240245.55元。

二、为担保以上债权，2012年7月25日、2012年7月30日，云南铜业公司与江磁电工公司签订三份动产的《抵押担保协议》，并办理了动产抵押登记。2013年1月18日，云南铜业公司与江磁电工公司签订《股份质押合同》，并办理了股权质押登记。《股份质押合同》约定："本合同所担保的债权为：乙方（江磁电工公司）基于《阴极铜买卖合同》《电工用铜线坯买卖合同》和《债权确认书》而对甲方（云南铜业公司）的全部欠款本金、利息、违约金、损害赔偿金及实现债权、质权的费用"。

三、2013年1月23日，因江磁电工公司一直未偿还所欠货款，云南铜业公司向云南高院起诉，诉请判令：（1）江磁电工公司支付所欠货款本金83240245.55元及利息，并支付违约金；（2）云南铜业公司对抵押动产和股权享有优先受偿权，范围包括本金、利息、违约金、诉讼费及律师代理费等。

四、云南高院一审判决支持了原告的部分诉请，判决云南铜业公司支付的63万元律师费属于担保物权所担保的范围。

五、江磁电工公司不服，上诉至最高法院，要求不承担律师费，律师费不属于《股份质押合同》担保的范围。最高法院判决驳回上诉，维持原判。

败诉原因

本案中江磁电工公司败诉的原因在于虽然《股份质押合同》没有明确约定律师费属于担保的范围，但律师费属于"为实现债权、质权"所支付的费用，应属于担保物权所担保的范围。因此，最高法院认为，江磁电工公司应承担律师费，且律师费属于股权质押担保的范围。根据《中华人民共和国物权法》（以下简称《物权法》）第一百七十三条有关"担保物权的担保范围包括主债权及其利息、违约金、损害赔偿金、保管担保财产和实现担保物权的费用"的规定，云南铜业公司诉请江磁电工公司承担本案律师代理费63万元且律师费属于担保物权所担保的范围有法律依据。江磁电工公司因此败诉。

败诉教训、经验总结

前事不忘，后事之师。为避免未来发生类似败诉，提出如下建议：

1.《物权法》第一百七十三条关于担保物权所担保的债权范围的规定，属于任意性规定，当事人可就担保物权的担保范围作出相关约定，明确排除或者确认相关费用是否属于担保物权的担保范围。如当事人可通过担保合同约定“利息、违约金、损害赔偿金、保管担保财产和实现担保物权的费用”等不属于担保物权所担保的范围。因此，签订担保合同时，应明确约定所担保的债权的范围，防止未来因所担保的债权的范围发生争议。如果没有就此问题作出约定，则担保物权所担保的债权范围包括“主债权及其利息、违约金、损害赔偿金、保管担保财产和实现担保物权的费用”。

2. 根据最高法院的观点，律师费属于实现债权或者担保物权的费用。因此如无特别约定，根据《物权法》第一百七十三条的规定，律师费属于担保物权所担保的范围，也即律师费可从担保物的变价所得中优先受偿。但担保物权所担保的律师费的范围，并非毫无边际，只有“合理的”律师费，才是担保物权所担保的范围。关于律师费合理性的判断，应以当地物价部门制定的律师费收费标准作为参考标准。

3. 作为担保人，在签订担保物权合同时，应充分认识到所担保的范围不仅仅是主债权本身，还可能包括诸如律师费、拍卖费、评估费在内的一系列为实现担保物权的费用。为了防止所担保的范围因为债务的迟延履行而被不断扩大，在符合担保物权的实现条件时，担保人应及时督促债权人实现担保物权或者主动要求实现担保物权，切勿抱有“能躲一时是一时”的心态。

4. 律师费属于实现债权或者担保物权的费用，因此，只要债权人的诉讼请求获得支持，哪怕是部分支持，也都可以全额主张要求对方承担合理的律师费。

相关法条

《物权法》

第一百七十三条　担保物权的担保范围包括主债权及其利息、违约金、损害赔偿金、保管担保财产和实现担保物权的费用。当事人另有约定的，按照约定。

《担保法》

第二十一条　保证担保的范围包括主债权及利息、违约金、损害赔偿金和实现债权的费用。保证合同另有约定的，按照约定。

当事人对保证担保的范围没有约定或者约定不明确的，保证人应当对全部债务承担责任。

以下为最高法院在判决书“本院认为”部分就此问题发表的裁判观点：

云南铜业公司与江磁电工公司 2013 年 1 月 18 日签订的《股份质押合同》是双

方当事人的真实意思表示，亦不违反法律行政法规的强制性规定，是合法有效的合同。根据该合同第一条有关“本合同所担保的债权为：乙方（江磁电工公司）基于《阴极铜买卖合同》和《电工用铜线坯买卖合同》和《债权确认书》而对甲方（云南铜业公司）的全部欠款本金、利息、违约金、损害赔偿金及实现债权、质权的费用”的约定，江磁电工公司逾期仍未付款，云南铜业公司通过诉讼途径向江磁电工公司主张权益，其委托律师代理诉讼所支付的费用系为实现该债权而支付的合理费用。云南铜业公司为本案支付的律师代理费63万元亦未超过《云南省律师服务收费暂行标准》所规定的收费限额，故云南铜业公司以案涉《股份质押合同》为据，诉请江磁电工公司承担本案律师代理费63万元有事实依据。根据《中华人民共和国物权法》第一百七十三条有关“担保物权的担保范围包括主债权及其利息、违约金、损害赔偿金、保管担保财产和实现担保物权的费用”的规定，云南铜业公司诉请江磁电工公司承担本案律师代理费63万元有法律依据。

案件来源

云南铜业股份有限公司与江门市江磁电工企业有限公司买卖合同纠纷二审民事判决书［最高人民法院（2015）民二终字第74号］

延伸阅读

以下几则是关于律师费是否为担保物权所担保的范围的案例，供读者参考。我们发现，对于此问题各地裁判观点并不统一。有公报案例认为，律师费属于实现担保物权的费用，应属于担保物权所担保的范围。但也有法院认为，如果主合同未就律师费的负担作出约定，则担保合同中关于律师费属于担保范围的约定无效。

案例一：香港上海汇丰银行有限公司上海分行与景轩大酒店（深圳）有限公司、万轩置业有限公司金融借款合同纠纷二审民事判决书［最高人民法院（2010）民四终字第12号、《中华人民共和国最高人民法院公报》2014年第6期（总第212期）］，最高法院认为：“本案抵押担保合同不存在依法应认定无效的情形，上海高院关于案涉抵押担保合同合法有效的结论是正确的。同时，上海高院关于‘景轩公司在贷款代偿催收函回函上的确认应视为对抵押担保责任范围的确认。故景轩公司在本案中应承担的抵押担保范围包括主债权及利息、违约金（即违约利息）和实现抵押权的费用，即万轩置业所欠的贷款本金港币118354000元及相应利息和上述律师费损失’的意见亦是正确的，根据担保法的相关规定，景轩公司应当对万轩置业所欠主债务承担抵押担保责任。景轩公司关于本案对外担保无效的上诉理由不能成立。”

案例二：盐城经济开发区祥欣农村小额贷款有限公司与盐城金隆化纤机械有限公司、盐城市盐州实业总公司等借款合同纠纷二审民事判决书［江苏省高级人民法院（2015）苏商终字第00148号］，该院认为：“根据《中华人民共和国担保法》第十五条的规定，保证合同应当包括被保证的主债权种类及数额、债务人履行债务的期限、保证的方式、保证担保的范围、保证的期间、双方认为需要约定的其他事项。第二十一条规定，保证担保的范围包括主债权及利息、违约金、损害赔偿金和实现债权的费用。保证合同另有约定的，按照约定。当事人对保证担保的范围没有约定或者约定不明确的，保证人应当对全部债务承担责任。根据上述法条可见，‘主债权的种类及数额’与‘保证担保的范围’系不同的概念，无论主债权种类中有无列明实现债权的费用，除非合同特别约定将该部分费用从保证担保范围内剔除，实现债权的费用均属于保证担保的范围。本案中，保证合同并无除外的特别约定，相反，还再次列明了包括律师费在内的实现债权的费用属于保证担保范围。故盐州公司应对祥欣公司实际支付的律师费承担保证责任。盐州公司以《保证合同》载明的主债权种类中未列明律师费为由，要求仅对本金及利息承担保证责任，与法律规定不符，本院不予支持。”

案例三：安徽肥东农村合作银行与合肥康宝衣帽有限公司借款合同纠纷二审民事判决书［安徽省高级人民法院（2014）皖民二终字第00655号］，该院认为：“本案《承兑协议》并未对律师代理费的承担作出明确约定。虽然《最高额抵押合同》中担保范围包括律师代理费，但鉴于《最高额抵押合同》是依附于主合同《承兑协议》的从合同，是为主合同债务提供担保，而主合同的债务并不包括律师代理费，故原审判决未支持肥东农合行律师代理费的请求并无不当，肥东农合行此节上诉理由不能成立，本院不予支持。”

案例四：江苏融众投资担保有限公司与赵欣元、潘林生等追偿权纠纷二审民事判决书［江苏省高级人民法院（2015）苏商外终字第00023号］，该院认为：“赵欣元、潘林生、薛亚敏上诉称，《房地产抵押协议》并未约定抵押的担保范围，因此不应就利息、律师费用等承担担保责任。对此本院认为，根据《中华人民共和国物权法》第一百七十三条的规定：‘担保物权的担保范围包括主债权及其利息、违约金、损害赔偿金、保管担保财产和实现担保物权的费用。当事人另有约定的，按照约定。’本案中，《房地产抵押协议》并未约定抵押的担保范围，依据上述规定，涉案抵押的担保范围应包括融众公司已经代德马公司向浦发银行偿还的代偿款本金及其利息、融众公司支付的律师费。赵欣元等人的上述主张没有法律依据，本院不予支持。”

案例五：江苏银行股份有限公司南京城东支行与南京福地房地产开发有限公司、南京阅江商贸有限公司、张从春、徐瑾金融借款合同纠纷一审民事判决书［南京市中级人民法院（2013）宁商初字第137号］，该院认为：“关于江苏银行城东支行主张的律师费。本院认为，担保合同是主债权债务合同的从合同，担保范围应以主债务为限。本案中，《南京市六合区房地产抵押合同》《保证担保合同》及《个人连带责任保证书》虽约定担保范围包括实现债权的费用，但主合同《法人委托贷款借款合同》对律师费未作约定，故江苏银行城东支行主张福地公司支付律师费无合同及法律依据，应不予支持，进而该支行要求阅江公司、张某对律师费承担连带清偿责任亦不应予以支持。”

005［吉林高院］债权人能否要求担保人在担保范围之外承担违约责任？

债权人不能要求担保人在担保范围之外承担违约责任

裁判要旨

在债权人与担保人既约定了担保责任又约定了违约责任的场合，约定担保人违约责任的目的是督促担保人维护和保持其良好的偿还能力，进而保证主债权的实现。此类担保人违约责任的意义在于主债权尚未到期、担保责任尚未产生时，可先行追究担保人违约责任的方式既制约担保人又保证债权的安全性。而在主债务履行期间届满、担保责任产生后，担保人最终承担的责任仍应以约定的担保责任范围为限，如担保人已先行承担违约责任，则在确定其担保责任时，应将已承担的违约责任予以扣减。

案情简介

一、2014年1月15日，农行白城分行与东佳谷物公司签订第一份《流动资金借款合同》，约定：东佳谷物公司向农行白城分行借款4000万元。农行白城分行发放了贷款，该笔借款于 2015 年 1 月到期。

二、2014 年 1 月 15 日，农行白城分行与陈坤兵签订了《最高额保证合同》，约定：陈坤兵（东佳谷物公司总经理）为农行白城分行的债权提供担保，担保债权最高余额 14000 万元。担保合同还约定，保证人存在违反约定或者影响债权人实现债权的行为，应按本合同所担保债权最高余额的 10% 向债权人支付违约金。同日，农行白城分行与东佳矿业有限公司签订了《最高额保证合同》，约定：东佳矿业有限公司为农行白城分行的债权提供担保，担保债权最高余额 14000 万元；农行白城分行与东佳谷物公司签订了《最高额抵押合同》，约定：东佳谷物公司以综合楼、办公楼、仓库、土地使用权作为抵押，担保以上债权，并办理了他项权利抵押登记。

三、2014 年 5 月 8 日，农行白城分行与东佳谷物公司签订了第二份《流动资金借款合同》，东佳谷物公司向农行白城分行借款 2000 万元。农行白城分行发放了贷款，该笔借款于 2015 年 5 月到期。

四、东佳谷物公司到期未还款，农行白城分行向白城中院起诉，要求：（1）东佳谷物公司还本付息；（2）农行白城分行对抵押物土地及房产等享有优先受偿权；（3）东佳矿业公司、陈坤兵承担连带保证责任；（4）陈坤兵承担债权余额 10% 的违约金。一审法院主持调解，农行白城分行与东佳谷物公司、东佳矿业公司、陈坤兵对农行白城分行诉讼请求中的（1）至（3）达成一致调解意见，法院制作了调解书予以确认，但对于第（4）项未达成调解意见。一审法院判决驳回农行白城分行该诉请。

五、农行白城分行不服白城中院判决，上诉至吉林高院，吉林高院二审判决驳回上诉，维持原判。

败诉原因

本案中农行白城分行的败诉原因在于其要求陈坤兵承担违约责任的诉请超过了保证合同所担保的债权的范围。根据一审调解书，陈坤兵已经根据保证合同承担了保证责任。虽然根据保证合同的约定，保证人陈坤兵作为东佳谷物公司的总经理，未积极督促债务人履行债务，存在违约行为，理应根据保证合同约定承担违约责任。但两审法院均认为，农行白城分行与陈坤兵另行负担违约金的约定与保证合同的目的、本质不相符合，超出了保证合同的保证范围。因此，对于农行白城分行要求陈坤兵承担违约责任的诉请不予支持。本案二审的吉林高院更是从担保合同约定违约责任的目的出发，否定了农行白城分行的诉请。该院认为：“担保人违约责任的意义在于主债权尚未到期、担保责任尚未产生时，可先行追究担保人违约责任的方式既制约担保人又保证债权的安全性。而在主债务履行期间届满、担保责任产生后，担保人最终承担的责任仍应以约定的担保责任范围为限，如担保人已先行承担违约责任，则在确定其担保责任时，应将已承担的违约责任予以扣减。”农行白城分行因此败诉。

败诉教训、经验总结

前事不忘，后事之师。为避免未来发生类似败诉，提出如下建议：

1. 担保合同具有从属性，担保人承担担保责任的范围以主债权为限。

担保合同具有从属性，主要体现在担保成立、效力、存续、转让、消灭五个方面。其中，效力上的从属性，不仅指主合同无效，担保合同无效，而且还体现在担保合同所担保的债权范围不得超过主债权的范围。《担保法》第二十一条规定：“保证担保的范围包括主债权及利息、违约金、损害赔偿金和实现债权的费用。保证合同另有约定的，按照约定。当事人对保证担保的范围没有约定或者约定不明确的，保证人应当对全部债务承担责任。”保证合同对保证责任范围的约定，虽实行意思自治，但因保证合同是主合同的从合同，保证责任是主债务的从债务，基于从属性原则，保证责任的范围及强度不能超过主债务的范围及强度。本案中，农行白城分行的债务已经通过债务人履行、担保人承担担保责任的方式实现。如果支持农行白城分行要求陈坤兵承担10%的违约责任的请求，即代表农行白城分行通过担保合同取得了超出主债权范围之外的利益，有违担保合同的从属性。

2. 违约责任的承担，应遵循“填平原则”，不得超过合同的履行利益。

本案中，两审法院均认为如果支持农行白城分行要求陈坤兵承担10%的违约责任的请求，有失公允。但在论证的说理上，两审法院却有所不同：一审法院认为支持该诉请加重了保证人、债权人的义务；但二审法院则认为支持该诉请后，保证人承担责任后无法向债务人追偿。我们认为，两审法院对于此问题的说理，均有一定道理，但未把握住问题的关键——违约责任承担的“填平原则”。

“填平原则”具体而言是指：除法律另有规定外，守约方要求违约方承担违约责任，一般应当按照“有损失才有赔偿，损失多少，补偿多少”的原则来确定损害赔偿的数额。守约方通过要求违约方承担违约责任而取得的利益不得超过合同被正常履行时可获得的利益，也即违约责任的承担范围以履行利益为限。对此，《合同法》第一百一十三条第一款有明确规定。

具体到本案中，农行白城分行对于陈坤兵有两项诉请：一为要求承担保证责任，二为要求承担 10%违约金。第一项诉请相当于《合同法》第一百零七条规定的继续履行的违约责任，该项请求已通过一审调解书的方式得到实现，通过该项责任的承担，农行白城分行在担保合同中的履行利益已经实现。第二项则为《合同法》第一百一十四条规定的给付违约金的责任。如果允许农行白城分行同时主张两项诉请，则无异于允许其在担保合同约定的履行利益范围之外可要求其他额外利益，不符合损害赔偿的“填平原则”。

合同的一方当事人违约，对于守约方而言并不是“中彩票”，守约方不应当期望能够通过要求违约方承担违约责任的方式，取得大于合同正常履行时所能得到的额外利益。当然损害赔偿的“填平原则”不仅体现在合同领域，也能体现在侵害损害赔偿领域。也即不仅违约对于守约方而言不是“中彩票”，出现人身财产损害，对于受损方而言也不是“中彩票”。

3. 担保合同约定违约责任的意义在于提前实现对主债权的部分清偿。

虽然担保合同具有从属性，债权人不能要求担保人在主债权范围之外承担违约责任，但这并不代表担保合同约定违约责任毫无意义。我们认为，在合理设计相关违约责任条款的前提下，担保合同约定违约责任，可以起到在特定情形下预先实现部分债权的功效。具体而言，可以通过在担保合同中约定违约责任，促使担保人监督、督促债务人履行债务，防止债务人或者担保人（主要是保证人）财产状况恶化或者隐匿、转移财产等。如果担保人未履行担保合同约定义务，可以要求担保人承担违约责任。在不满足实现担保条件的情况下提前要求担保人承担责任，可有效缩小损失或者防止损失的进一步扩大。

相关法条

《合同法》

第一百零七条　当事人一方不履行合同义务或者履行合同义务不符合约定的，应当承担继续履行、采取补救措施或者赔偿损失等违约责任。

第一百一十三条　当事人一方不履行合同义务或者履行合同义务不符合约定，给对方造成损失的，损失赔偿额应当相当于因违约所造成的损失，包括合同履行后可以获得的利益，但不得超过违反合同一方订立合同时预见到或者应当预见到的因违反合同可能造成的损失。

经营者对消费者提供商品或者服务有欺诈行为的，依照《中华人民共和国消费者权益保护法》的规定承担损害赔偿责任。

第一百一十四条　当事人可以约定一方违约时应当根据违约情况向对方支付一

定数额的违约金，也可以约定因违约产生的损失赔偿额的计算方法。

约定的违约金低于造成的损失的，当事人可以请求人民法院或者仲裁机构予以增加；约定的违约金过分高于造成的损失的，当事人可以请求人民法院或者仲裁机构予以适当减少。

当事人就迟延履行约定违约金的，违约方支付违约金后，还应当履行债务。

《担保法》

第二十一条 保证担保的范围包括主债权及利息、违约金、损害赔偿金和实现债权的费用。保证合同另有约定的，按照约定。

当事人对保证担保的范围没有约定或者约定不明确的，保证人应当对全部债务承担责任。

第三十一条 保证人承担保证责任后，有权向债务人追偿。

《担保法司法解释》

第四十三条 保证人自行履行保证责任时，其实际清偿额大于主债权范围的，保证人只能在主债权范围内对债务人行使追偿权。

以下为吉林高院在判决书“本院认为”部分就此问题发表的意见：

在债权人与担保人既约定了担保责任又约定了违约责任的场合，约定担保人违约责任的目的是督促和制约担保人维护和保持其良好的偿还能力，进而保证主债权的实现。此类担保人违约责任的意义在于主债权尚未到期、担保责任尚未产生时，可先行追究担保人违约责任的方式既制约担保人又保证债权的安全性。而在主债务履行期间届满、担保责任产生后，担保人最终承担的责任仍应以约定的担保责任范围为限，如担保人已先行承担违约责任，则在确定其担保责任时，应将已承担的违约责任予以扣减。主要理由如下：首先，《中华人民共和国担保法》第五条规定：“担保合同是主合同的从合同，主合同无效，担保合同无效。”担保合同是主合同的从合同，其宗旨系为担保主债务的履行，担保责任的实质是对债务人义务的替代履行，承担主债务的最终责任主体是债务人。因此，没有债务人的责任，担保责任也就无从谈起。如担保人已经对主债务承担了担保责任，则已完全保障了债权人的利益，亦已实现了担保制度的目的。因此，担保人在担保责任之外另行承担违约责任，根本上悖离了我国担保制度的本质及法律价值。其次，《中华人民共和国担保法》第二十一条规定：“保证担保的范围包括主债权及利息、违约金、损害赔偿金和实现债权的费用。保证合同另有约定的，按照约定。当事人对保证担保的范围没有约定或者约定不明确的，保证人应当对全部债务承担责任。”第四十六条规定：“抵押担保的范围包括主债权及利息、违约金、损害赔偿金和实现抵押权的费用。

抵押合同另有约定的，按照约定。”前述条款是对担保人承担担保责任范围的规定，应理解为担保人的最大责任范围为主债务的全部债务，在当事人另有约定的情况下，担保责任可小于主债务范围。故担保人以各种形式承担的责任范围不应超过主债务范围。本案中，东佳谷物公司与陈坤兵已经对案涉主债务承担了完全的担保责任，故其不应再行承担违约责任。再次，《中华人民共和国担保法》第五十七条规定：“为债务人抵押担保的第三人，在抵押权人实现抵押权后，有权向债务人追偿。”《最高人民法院关于适用〈中华人民共和国担保法〉若干问题的解释》第四十三条规定：“保证人自行履行保证责任时，其实际清偿额大于主债权范围的，保证人只能在主债权范围内对债务人行使追偿权。”依据上述法律规定，如保证人最终承担的责任超过主债务范围，超过部分不能向主债务人追索，有失公允。

案件来源

中国农业银行股份有限公司白城分行与陈坤兵、被告白城东佳谷物综合开发有限公司等金融借款合同纠纷、担保合同纠纷二审民事判决书［吉林省高级人民法院（2016）吉民终 527 号］

006［最高法院］公司同意对外提供担保的决议被确认为无效，是否影响担保合同效力？

公司对外提供担保的决议无效不影响担保合同效力

裁判要旨

公司通过决议的方式同意对外提供担保，该意思表示的形成属于公司内部的事情，即使董事会和股东会决议被法院确认无效，也仅在公司内部发生效力，不影响其对外形成的法律关系效力。

案情简介

一、2004 年 8 月 27 日，陕县农行与惠能热电公司签订了农银借字（2004）第 08001 号借款合同，惠能热电公司向陕县农行借款 1 亿元整。同日，海龙科技公司与陕县农行签订保证合同，为上述借款提供担保，担保方式为连带责任保证。

二、2004 年 12 月 10 日，惠能热电公司与陕县农行又签订了农银借字（2004）第 12002 号借款合同，惠能热电公司向陕县农行借款 1 亿元整。同日，海龙科技公司与陕县农行签订保证合同，为上述借款提供担保，担保方式为连带责任保证。海龙科技公司提交给陕县农行的资料有：同意为惠能热电公司 1 亿元贷款提供担保的董事会决议、担保函等。

三、2006 年，辽宁方大集团收购海龙科技公司，并将其更名为方大炭素公司。2009 年，辽宁方大集团以方大炭素公司为被告，通过诉讼方式确认方大炭素公司提供担保决议无效。

四、因惠能热电公司和方大炭素公司没有按约定支付利息，经陕县农行多次催要，方大炭素公司归还了 1300 万元，余额 1.87 亿元一直未能收回。2010 年 3 月，陕县农行诉至河南高院，请求判令惠能热电公司还本付息，方大炭素承担连带保证责任。河南高院一审判决支持了陕县农行诉请。

五、方大炭素公司不服，上诉至最高法院，以公司同意提供担保的董事会决议已经被确认为无效为由主张免责，最高法院二审判决驳回了该诉请。

败诉原因

本案中方大炭素公司败诉的原因在于，公司内部作出意思表示的决议被确认为无效，并不能影响外部法律关系的效力。根据《中华人民共和国公司法》（以下简称《公司法》）第十六条的规定，公司对外提供担保的，应经公司股东会、董事会作出决议。关于这一规定的理解与适用，各地裁判观点并不统一。有法院认为该条规定是公司内部管理性规范，是否违反不影响公司对外合同的效力。另一种观点认为，该条规定具有相应的外部效力，根据该条规定合同相对人负有对公司内部决议的形式审查义务，即合同相对方应当要求公司提供内部决议书。本案中，最高法院采用的裁判观点即为第二种裁判观点。即债权人仅需对作为公司的担保人提供的关于同意担保的决议作形式上的审查，而不必作实质上的审查。因此，最高法院认为："方大炭素公司为惠能热电公司提供担保出于真实意思表示，该真实意思的形成属于公司内部的事情，即使董事会和股东会决议被法院确认无效，也只是在方大炭素公司内部发生效力，不影响其对外形成的法律关系效力。"方大炭素公司因此败诉。

败诉教训、经验总结

前事不忘，后事之师。为避免未来发生类似败诉，提出如下建议：

1. 鉴于目前各地法院对于《公司法》第十六条的理解与适用存在不同的裁判观点，为保险起见，建议债权人在接受以公司为主体的单位提供担保时，要求该公司根据《公司法》第十六条的规定提供相应的决议文件，以尽到必要的形式审查义务，防止债权担保被确认为无效。

2. 债权人接受公司提供的担保时，仅需对公司同意担保的决议文件作形式审查即可，而不必深究该决议是否真实有效。提供担保的公司到时候也不能以该担保决议无效、被撤销或者系伪造为由，主张撤销担保或者确认担保无效，进而免除自己的担保责任。

3. 当事人在判断公司对外作出的意思表示的效力时，应坚持内外有别的思路。具体而言：公司内部作出意思表示的过程、程序、效力等应与公司对外作出意思表示的过程、程序、效力等相区别。不能以公司的内部行为效力影响公司对外作出的意思表示的效力，更不能以公司对外作出的意思表示的效力反向否定公司内部作出的决议的效力。但当事人另有约定的除外。

相关法条

《公司法》

第十六条　公司向其他企业投资或者为他人提供担保，依照公司章程的规定，由董事会或者股东会、股东大会决议；公司章程对投资或者担保的总额及单项投资或者担保的数额有限额规定的，不得超过规定的限额。

公司为公司股东或者实际控制人提供担保的，必须经股东会或者股东大会决议。

前款规定的股东或者受前款规定的实际控制人支配的股东，不得参加前款规定事项的表决。该项表决由出席会议的其他股东所持表决权的过半数通过。

第一百四十八条　董事、高级管理人员不得有下列行为：

……

（三）违反公司章程的规定，未经股东会、股东大会或者董事会同意，将公司资金借贷给他人或者以公司财产为他人提供担保；

……

《合同法》

第五十条 法人或者其他组织的法定代表人、负责人超越权限订立的合同，除相对人知道或者应当知道其超越权限的以外，该代表行为有效。

第五十二条 有下列情形之一的，合同无效：

（一）一方以欺诈、胁迫的手段订立合同，损害国家利益；

（二）恶意串通，损害国家、集体或者第三人利益；

（三）以合法形式掩盖非法目的；

（四）损害社会公共利益；

（五）违反法律、行政法规的强制性规定。

以下为最高法院在二审判决书“本院认为”部分就此问题发表的意见：

关于董事会和股东会决议被法院确认无效，是否影响其对外形成的法律关系效力。方大炭素公司为惠能热电公司提供担保出于真实意思表示，该真实意思的形成属于公司内部的事情，即使董事会和股东会决议被法院确认无效，也只是在方大炭素公司内部发生效力，不影响其对外形成的法律关系效力。方大炭素公司上诉认为董事会和股东会决议被法院确认无效直接导致保证合同无效的理由，本院不予支持。

案件来源

方大炭素新材料科技股份有限公司与中国农业银行股份有限公司陕县支行等保证合同纠纷二审民事判决书［最高人民法院（2012）民二终字第35号］

延伸阅读

公司同意提供担保的决议真实与否不影响担保合同效力的判例：

案例一：浙江爱信宏达汽车零部件有限公司、中国光大银行股份有限公司台州支行、台州中诚机电有限公司、江西经源矿业发展有限公司、陈泠斌金融借款合同纠纷二审民事判决书［浙江省高级人民法院（2010）浙商终字第73号］，该院认为：“商业银行接受担保时对股东会或董事会的决议仅负形式审查的义务，不应要求其进行实质审查。原审法院对当事人申请的对《董事会同意担保决议书》上‘川田武司’等人的签名真实性进行司法鉴定不予准许，有其合理性。”

案例二：桂林鑫伟锡业有限公司诉广西贺州桂东农村合作银行、伟达公司、福利公司、潘伟才、彭萍抵押借款合同纠纷二审民事判决书［广西壮族自治区高级人民法院（2011）桂民一终字第57号］，该院认为："桂东农合行对鑫伟公司提交的《桂林鑫伟锡业有限公司股东会决议》只负有形式审查义务，在鑫伟公司对外加盖公章真实的情形下，本案讼争合同的效力不受鑫伟公司内部的法律关系影响，应当认定鑫伟公司与桂东农合行签订的抵押担保合同及为抵押物办理了抵押登记手续的行为均合法有效。鑫伟公司应当承担抵押担保责任。"

案例三：中信银行股份有限公司青岛分行与青岛迪生集团有限公司、青岛义得利行销有限公司等金融借款合同纠纷二审民事判决书［山东省高级人民法院（2016）鲁民终2156号］，该院认为："上诉人迪生公司称，因其董事会决议缺少董事顾少民签字，董事李裕明签字非其本人所签，认为该决议并非上诉人迪生公司的真实意思表示，因此其作出的对外担保事项无效。本院认为，首先，根据《中华人民共和国公司法》第十六条第一款的规定，公司为他人提供担保，依照公司章程的规定，由董事会或者股东会、股东大会决议。但该项规定的内容主要指的是对公司在提供担保前进行内部决策时的权力配置和审议程序，只是属于对担保人单方的公司内部关系的管理性规定。即使上诉人迪生公司的董事会决议存在瑕疵，也并不违反法律、行政法规的效力性强制性规定，并不因此当然导致抵押担保合同无效。"

007［最高法院］主合同被解除，担保人能否免责？

主合同解除后，担保人仍应对债务人应承担的民事责任承担担保责任

裁判要旨

主合同解除后，除担保合同另有约定外，担保人并不当然免责。担保人对债务人应当承担的民事责任仍应承担担保责任。

案情简介

一、2007年1月8日，和记黄埔温江公司与中建五局签订《建设工程施工协议书》，和记黄埔温江公司将位于成都市温江区温江新城光华大道住宅发展项目的地块一（1A期）总包工程发包给中建五局。合同总价188902623.10元。

二、2006年12月13日，中建五局作为总承包方与担保人中行湖南省分行签署

《履约保证书》，约定：如果总承包方违约时，担保人需向发包方赔偿因此而蒙受的损失。中建五局在上述《履约保证书》签署后将其提交给了和记黄埔温江公司。

三、2009 年 9 月 15 日，和记黄埔温江公司与中建五局签订《解除合同协议》。该《解除合同协议》签订后，中建五局和和记黄埔温江公司并未就因工期延误以致双方蒙受的直接损失另行协商达成一致。

四、2012 年 2 月 14 日，和记黄埔温江公司向中行湖南省分行发出《关于 LGC97006001001 号〈履约保证书〉之索款通知》，和记黄埔公司认为保函约定的担保事由现已发生，通知中行湖南省分行依据保函赔偿因中建五局违约造成的损失共计 1889 万元。

五、2012 年 2 月 17 日，中行湖南省分行将和记黄埔温江公司提出的上述索赔通知事项告知了中建五局。后经多次信函往来，2012 年 3 月 19 日，中行湖南省分行向和记黄埔温江公司支付了《履行保证书》项下的索赔款项 1889 万元。

六、中建五局得知中行湖南省分行向和记黄埔温江公司支付 1889 万元并依据双方建立的保证金质押关系将上述等额资金从其账户予以扣划后，于 2012 年 4 月 6 日向成都中院提起诉讼，要求和记黄埔温江公司返还 1889 万元并支付相应利息。成都中院一审判决支持中建五局诉请，和记黄埔温江公司应返还 1889 万元并支付相应利息。

七、和记黄埔温江公司不服，上诉至四川高院，四川高院二审改判驳回中建五局诉请。中建五局不服，向最高法院申请再审，最高法院裁定驳回再审申请。最终和记黄埔温江公司不必返还 1889 万元并支付相应利息。

败诉原因

本案中中建五局的败诉原因在于，虽然主合同已经解除，但担保人并不能就此免除担保责任，担保人仍需就主合同被解除后的债务人应承担的民事责任承担担保责任。在本案中，主合同协议书的担保人为中行湖南省分行，在中建五局与和记黄埔温江公司协议解除协议书后，债权人和记黄埔温江公司依据担保合同《履约保证书》向担保人主张承担保证责任。中行湖南省分行根据其与中建五局的约定，从保证金账户中划扣资金支付给和记黄埔温江公司以履行担保义务。中建五局主张“《履约保证书》仅为双方施工合同项下的担保条款，应当随着主合同的解除而终止履行”的诉请没有获得最高法院的支持，和记黄埔温江公司取得 1889 万元的款项及其利息有法律上的原因，不构成不当得利。中建五局因此败诉。

败诉教训、经验总结

前事不忘，后事之师。为避免未来发生类似败诉，提出如下建议：

1. 主合同解除，担保合同并不一并随之解除。根据《担保法司法解释》第十条的规定，“主合同解除后，担保人对债务人应当承担的民事责任仍应承担担保责任”。由此可知，主合同解除后，担保合同并不当然解除，担保人仍需承担担保责任。此处主合同的解除方式不以《合同法》第九十四条规定的法定解除为限，也包括《合同法》第九十三条规定的约定解除的情形，本案即属于约定解除的情形。主合同解除而担保合同效力不受影响，不构成担保从属性的例外情形。原因在于合同解除后产生的民事责任为主合同债务的一种变形，在债权债务关系上并不丧失同一性，故担保该债权债务关系的担保合同效力不因此受影响。因此，在主合同解除后，担保人仍需对主合同解除后债务人应承担民事责任承担担保责任。

2. 担保人需对主合同解除后的民事责任承担担保责任，并非绝对。根据《担保法司法解释》第十条的规定，上述责任可以通过约定予以排除。因此，为保证担保人担保的债权数额在可预知的范围内，建议担保人在担保合同中约定如担保合同被解除，担保人不承担担保责任。即使不能排除所有主合同解除时的担保责任，也应尽最大可能争取在约定解除的场合排除担保责任。因为约定解除的损害赔偿范围往往是不可预知的。

3. 担保人应正确认识担保合同的从属性，对于主合同债权债务关系的变形，如违约金、损害赔偿金、解除合同的返还财产、恢复原状或者采取其他补救措施的民事责任，都属于主合同债权债务关系的变形，在债权债务关系上与主合同债权债务不丧失其同一性。因此，如无特别约定，担保人不得以担保合同的从属性为由主张对以上民事责任不承担担保责任。

相关法条

《担保法》

第二十一条　保证担保的范围包括主债权及利息、违约金、损害赔偿金和实现债权的费用。保证合同另有约定的，按照约定。

当事人对保证担保的范围没有约定或者约定不明确的，保证人应当对全部债务承担责任。

第四十六条　抵押担保的范围包括主债权及利息、违约金、损害赔偿金和实现抵押权的费用。抵押合同另有约定的，按照约定。

第六十七条 质押担保的范围包括主债权及利息、违约金、损害赔偿金、质物保管费用和实现质权的费用。质押合同另有约定的，按照约定。

第八十三条 留置担保的范围包括主债权及利息、违约金、损害赔偿金、留置物保管费用和实现留置权的费用。

《担保法司法解释》

第十条 主合同解除后，担保人对债务人应当承担的民事责任仍应承担担保责任。但是，担保合同另有约定的除外。

《合同法》

第九十三条 当事人协商一致，可以解除合同。

当事人可以约定一方解除合同的条件。解除合同的条件成就时，解除权人可以解除合同。

第九十四条 有下列情形之一的，当事人可以解除合同：

（一）因不可抗力致使不能实现合同目的；

（二）在履行期限届满之前，当事人一方明确表示或者以自己的行为表明不履行主要债务；

（三）当事人一方迟延履行主要债务，经催告后在合理期限内仍未履行；

（四）当事人一方迟延履行债务或者有其他违约行为致使不能实现合同目的；

（五）法律规定的其他情形。

以下是最高法院在裁定书“本院认为”部分就此问题发表的意见：

（一）关于《履约保证书》是否已变更或解除的问题。中建五局认为《履约保证书》仅为双方施工合同项下的担保条款，应当随着主合同的解除而终止履行。最高人民法院《关于适用〈中华人民共和国担保法〉若干问题的解释》第十条规定：“主合同解除后，担保人对债务人应当承担的民事责任仍应承担担保责任。但是，担保合同另有约定的除外”。2006 年 12 月 13 日，中行湖南省分行应中建五局申请向和记黄埔温江公司出具《履约保证书》，第 5 项约定：“此履约保证书对总承包方及担保人双方本身、其继任人及受让人均共同和分别地有不可撤销的约束力”。2009 年 9 月 15 日，中建五局与和记黄埔温江公司签订的《解除合同协议》，对担保事宜亦未作任何说明。综上，中建五局的该项再审申请理由不能成立。

案件来源

中国建筑第五工程局有限公司与和记黄埔地产（成都）温江有限公司不当得利纠纷申请再审民事裁定书［最高人民法院（2014）民申字第 418 号］

延伸阅读

一、主合同解除后担保人仍需承担担保责任

案例一：中国新型建筑材料（集团）公司与中国信达资产管理公司借款担保合同纠纷二审民事判决书［最高人民法院（2001）民二终字第68号］，最高法院认为：“建材纸厂与南县建行、建材集团签订的四份借款担保合同系当事人真实意思表示，内容合法，原审判决认定为合法有效是正确的，当事人应当严格按照合同约定履行各自的义务。债权人南县建行已按约履行了全部贷款义务，但债务人建材纸厂在第一、二份合同还款期限届满后，不履行还款义务，应承担还款及违约责任。第三、四份借款合同虽尚未到期，但由于建材纸厂始终未能按期偿还任何贷款并已濒临破产，被列入2000年全国企业兼并破产第三批审查项目名单，建材纸厂的行为已构成了根本违约，依据《中华人民共和国合同法》第九十四条第四款之规定，南县建行有权要求解除尚未到期的第三、四份借款合同。建行集团与南县建行签订的保证合同系本案借款合同的从合同，而南县建行已将上述债权合法转让给信达公司，参照本院《关于适用〈中华人民共和国担保法〉若干问题的解释》第十条‘主合同解除后，担保人对债务人应当承担的民事责任仍应承担担保责任’之规定，信达公司要求解除合同、提前收贷是符合法律规定的，建材集团关于一审判决判令偿还未到期的债务缺乏合同及法律依据的上诉理由并不成立，本院不予支持。”

案例二：李明礼与杨大光、重庆市北碚区小湾园区土地整治有限公司等借款合同纠纷再审民事判决书［重庆市高级人民法院（2016）渝民再5号］，该院认为：“《最高人民法院关于适用〈中华人民共和国担保法〉若干问题的解释》第十条规定：主合同解除后，担保人对债务人应当承担的民事责任仍应承担担保责任，但是，担保合同另有约定的除外。根据该规定，除了担保合同有特别约定外，主合同解除后，担保人仍需承担担保责任，而非其他替代责任，如赔偿责任。所谓担保责任，是指按照担保合同约定的担保方式履行担保义务。抵押合同的担保责任就是抵押人通过法院拍卖抵押标的物等方式履行对抵押权人优先受偿的担保债务。可见主合同解除并不影响担保合同的效力，否则，将违背担保法律制度的目的。故本案《借款协议》中担保条款的解除，并非因主合同即《借款协议》的解除而解除。原二审判决以‘主合同解除的效力及于从合同，本案抵押合同随借款合同解除而解除’的理由，认定《借款协议》中的担保条款解除，适用法律错误。”

案例三：王炎元与郭华土地承包经营权转包合同纠纷再审民事裁定书［福建省高级人民法院（2015）闽民申字第1653号］，该院认为：“再审申请人王炎元与原

一审被告郭秋德分别于2012年6月1日及2013年12月31日签订的两份《协议书》系双方真实意思表示，且未违反国家法律、行政法规的强制性规定，应认定为合法有效。原二审判决认为，根据王炎元与郭秋德于2012年6月1日签订的《协议书》，被申请人郭华对该份合同中涉及的借款提供担保是建立在郭秋德正常经营的基础上，但王炎元与郭秋德未经担保人郭华同意，在郭秋德承包经营仅一年多即2013年12月31日签订第二份《协议书》，终止双方的承包关系及转包合同的履行，变动了第一份合同的主要内容，并且其中的返还承包地部分已经实际履行，使郭华失去提供担保时所基于的条件和基础，故王炎元与郭秋德签订的第二份《协议书》不能对郭华产生约束力，郭华不应承担担保责任。上述认定缺乏事实依据和法律依据，依据最高人民法院《关于适用〈中华人民共和国担保法〉若干问题的解释》第十条的规定：'主合同解除后，担保人对债务人应当承担的民事责任仍应承担担保责任。但是，担保合同另有约定的除外。'故原二审判决适用法律错误。"

二、《担保法司法解释》第十条的"另有约定"仅应理解为对主合同解除后担保人是否承担担保责任的约定

案例四：美国倍合德国际有限公司与张德玉等民间借贷纠纷二审民事判决书[江苏省高级人民法院（2010）苏商外终字第0028号]，该院认为："《最高人民法院关于适用〈中华人民共和国担保法〉若干问题的解释》第十条规定'主合同解除后，担保人对债务人应当承担的民事责任仍应承担担保责任。但是，担保合同另有约定的除外。'上述'另有约定'是指在主合同解除的情形下，担保合同中关于担保人免责或担保人仍承担担保责任范围的约定，并非是指此时担保人仍按原主合同约定的履行期限来承担担保责任。因此倍合德公司关于张德玉在原约定的履行期限前要求其承担担保责任，加重其担保负担的主张，本院不予支持。涉案借款合同虽予解除，但担保人倍合德公司上海代表处仍应按照法律规定承担相应责任。"

三、担保合同可约定主合同解除后担保人不承担担保责任

案例五：江河创建集团股份有限公司等与鑫宏达集团有限公司建设工程施工合同纠纷二审民事判决书[江苏省高级人民法院（2015）苏民终字第00384号]，该院认为："关于江河创建公司是否可以依据履约保函要求建行城中支行承担保证责任的问题。本院认为，2012年2月8日建行城中支行开具的履约保函第七条约定：'本保函项下的合同或基础交易不成立、不生效、无效、被撤销、被解除，本保函无效。'《最高人民法院关于适用〈中华人民共和国担保法〉若干问题的解释》第十条规定：'主合同解除后，担保人对债务人应当承担的民事责任仍应承担担保责任。但是，担保合同另有约定的除外。'本案中，由于双方已在履约保函中明确约定，保函项下合同被解除，保函即无效，故江河创建公司 2013 年 1 月 22 日向鑫宏达公司发出合同解除通知书后，于 2013 年 1 月 24 日再向建行城中支行发出履约保函索赔通知，因保函已失效，故其依据履约保函主张建行城中支行承担保证责任，因缺乏合同依据，不能成立，本院不予支持。”

第三节 共同担保

008［最高法院］第三人提供的物保与人保并存时，债权人如何行使担保权利？

第三人提供的物保与人保并存时，债权人可任意选择担保人实现债权

裁判要旨

被担保的债权既有物的担保又有人的担保的，债务人不履行到期债务或者发生当事人约定的实现担保物权的情形，债权人应当按照约定实现债权；没有约定或者约定不明确，债务人自己提供物的担保的，债权人应当先就该物的担保实现债权；第三人提供物的担保的，债权人可以就物的担保实现债权，也可以要求保证人承担保证责任。

案情简介

一、2014 年 9 月 13 日，海尔财务公司作为贷款人，威乃达公司作为借款人，共同签订 WY20140901 号《借款合同》，海尔财务公司贷给威乃达公司 4 亿元。借款担保情况如下：（1）威乃达公司以其所有的青岛市市北区延安路十五大街项目 A1 区 122 套商业网点房产作为抵押；（2）赛赛集团公司以其所持有的威乃达公司全部股权提供质押担保；（3）宋学、韩春玲、全统旅游公司提供连带责任保证。

二、2014 年 10 月 11 日，海尔财务公司向威乃达公司发放贷款 4 亿元，《借款借据》中注明借款利率为年利率 12. 1175%。贷款发放后，威乃达公司按期支付了截至 2015 年 7 月 20 日的利息，贷款本金没有偿还。

三、海尔财务公司向山东高院起诉，请求：1. 威乃达公司立即偿还借款本金 4

亿元及利息（利息按合同约定的标准继续计算至实际给付之日止）；2. 海尔财务公司对威乃达公司设定的抵押物享有优先受偿权；3. 海尔财务公司对赛赛集团公司设定的质押物享有优先受偿权；4. 宋学、韩春玲、全统旅游公司对上述债务承担连带保证责任。山东高院一审判决支持了海尔财务公司的诉请。

四、威乃达公司、赛赛公司、宋学、韩春玲、青岛全统旅游公司不服，上诉至最高院，最高院二审判决驳回上诉，维持原判。

五、威乃达公司、赛赛公司、宋学、韩春玲、青岛全统旅游公司仍不服，向最高法院申请再审，最高法院裁定驳回再审申请。

败诉原因

本案中宋学、韩春玲、全统旅游公司、赛赛公司认为一审判决在认定各担保人承担担保责任的法律适用上存在错误，且未对债务清偿的顺序作出判决。但最高法院认为，本案中的担保，既涉及债务人自己提供的物保，也涉及第三人提供的物保、第三人提供的人保，是典型的多种担保方式并存的情形。宋学、韩春玲、全统旅游公司根据《担保法》第二十八条的规定认为“同一债权既有保证又有物的担保的，保证人对物的担保以外的债权承担保证责任”。但最高法院认为，根据《物权法》第一百七十八条的规定：“担保法与本法的规定不一致的，适用本法。”而《物权法》第一百七十六条规定，“被担保的债权既有物的担保又有人的担保的，债务人不履行到期债务或者发生当事人约定的实现担保物权的情形，债权人应当按照约定实现债权；没有约定或者约定不明确，债务人自己提供物的担保的，债权人应当先就该物的担保实现债权；第三人提供物的担保的，债权人可以就物的担保实现债权，也可以要求保证人承担保证责任”。也即，在第三人提供担保，既有人保又有物保的情况下，债权人可以要求所有的担保人同时承担担保责任，而不必先行实现担保物权。本案宋学、韩春玲、全统旅游公司作为连带责任保证人，赛赛公司作为质押人，法院判决各保证人承担连带责任，同时判决对质押股权享有优先权，符合上述法律规定。宋学、韩春玲、全统旅游公司、赛赛公司因此败诉。

败诉教训、经验总结

前事不忘，后事之师。为避免未来发生类似败诉，提出如下建议：

1. 第三人提供的人保和物保并存时，债权人可任意选择行使担保权利。

根据《担保法》第二十八条规定，当人保和物保并存时，如无特别约定，债权人在行使担保权利时，应先行行使担保物权，保证人仅在担保物权不能清偿的范围内承担保证责任。这一规定有违各担保人之间的平等原则，是对“物权优先于债权”的曲解，实际上是将提供物保的第三人置于更为不利的法律地位之上。《物权法》制定过程中看到了该条存在的问题，对其进行了修改，具体规定在《物权法》第一百七十六条。根据该条，人保和物保并存时，实现担保权利的顺序按如下原则确定：有约定的，从其约定，此处的“约定”应理解为债权人与各担保人之间的约定，而非各担保人之间的自行约定。没有约定的，首先实现债务人自己提供的担保物权；其他担保人承担的担保责任，不区分顺序，债权人可自由选择。此处的“自由选择”既包括选择担保人（一人、数人或者全部）的自由，也包括选择担保方式（人保、物保或者人保加物保）的自由。

2. 在存在多个担保人时，担保人可与债权人约定实现担保的顺序。

根据《物权法》第一百七十六条的规定，关于债权人行使担保权利的顺序，有约定的从其约定。具体可约定内容如下：(1) 担保人在提供担保时，如果知晓同时存在多个担保人的，可与债权人约定其担保义务后于其他担保人。(2) 在不知晓是否有其他担保人或者未来是否有其他新的担保人时，可以与债权人约定，如存在其他担保人的，仅在其他担保人不能清偿的范围内承担担保责任。通过以上约定，可以最大限度地降低担保人承担担保责任的范围及其可能性。但在共同连带担保的场合，处于连带担保关系中的个别担保人与债权人所作的约定，不能损害处于同一连带担保关系中的其他担保人的利益。

3. 应注意《担保法》与《物权法》存在的不同。

本案中，宋学、韩春玲、全统旅游公司、赛赛公司败诉的一个重要原因在于，其主张法院应当适用《担保法》第二十八条，但一审法院及最高法院均最终适用《物权法》第一百七十六条。而《物权法》第一百七十八条明确规定，《担保法》与《物权法》不一致的，适用《物权法》，故宋学、韩春玲、全统旅游公司、赛赛公司认为一二审法院适用法律错误的主张未获支持。因此，在今后处理案件及审查合同时，对于涉及担保的问题，尤其是担保物权的问题，应重点关注《物权法》而非《担保法》及其司法解释，尤其应当关注《担保法》与《物权法》的不同。防止选择适用法律错误，导致案件面临败诉风险或相关合同存在不可控的法律风险。

相关法条

《物权法》

第一百七十六条　被担保的债权既有物的担保又有人的担保的，债务人不履行到期债务或者发生当事人约定的实现担保物权的情形，债权人应当按照约定实现债权；没有约定或者约定不明确，债务人自己提供物的担保的，债权人应当先就该物的担保实现债权；第三人提供物的担保的，债权人可以就物的担保实现债权，也可以要求保证人承担保证责任。提供担保的第三人承担担保责任后，有权向债务人追偿。

第一百七十八条 担保法与本法的规定不一致的，适用本法。

《担保法》

第二十八条① 同一债权既有保证又有物的担保的，保证人对物的担保以外的债权承担保证责任。

债权人放弃物的担保的，保证人在债权人放弃权利的范围内免除保证责任。

《担保法司法解释》

第三十八条 同一债权既有保证又有第三人提供物的担保的，债权人可以请求保证人或者物的担保人承担担保责任。当事人对保证担保的范围或者物的担保的范围没有约定或者约定不明的，承担了担保责任的担保人，可以向债务人追偿，也可以要求其他担保人清偿其应当分担的份额。

同一债权既有保证又有物的担保的，物的担保合同被确认无效或者被撤销，或者担保物因不可抗力的原因灭失而没有代位物的，保证人仍应当按合同的约定或者法律的规定承担保证责任。

债权人在主合同履行期届满后怠于行使担保物权，致使担保物的价值减少或者毁损、灭失的，视为债权人放弃部分或者全部物的担保。保证人在债权人放弃权利的范围内减轻或者免除保证责任。

以下为最高法院在裁判文书“本院认为”部分就此问题发表的意见：

二审判决书：

关于各担保人应对威乃达公司的全部债务还是除房产抵押之外不能偿还的债务承担担保责任的问题。本案中海尔财务公司的债权既存在债务人威乃达公司自行提供的房产抵押担保，也存在第三人提供的保证担保。在物的担保和保证共存的情况下，担保责任如何承担，《中华人民共和国担保法》第二十八条和《物权法》第一百七十六条均有规定，但两者并不一致。根据《物权法》第一百七十八条的规定，此时应适用《物权法》的规定。海尔财务公司与赛赛公司签订的《质押合同》，与宋学、韩春玲签订的《个人连带保证合同》，与全统旅游公司签订的《保证合同》均明确约定，无论海尔财务公司对主合同项下的债权是否拥有其他担保，海尔公司

---

① 本条已为《物权法》第一百七十六条所替代。

均有权处置质押财产或直接要求宋学、韩春玲、全统旅游公司在其保证范围内承担保证责任。在海尔财务公司与各担保人之间已就如何承担担保责任有明确约定的情况下，根据《物权法》第一百七十六条之规定，赛赛集团、宋学、韩春玲、全统旅游公司应当对威乃达公司的全部债务承担担保责任，不受威乃达公司自行提供的房产抵押的影响。赛赛集团、宋学、韩春玲、全统旅游公司主张仅对抵押房产以外不能偿还的债务承担担保责任的理由不能成立，本院不予支持。

再审裁定书：

关于原审判令各担保人对威乃达公司的全部债务承担担保责任是否适用法律错误的问题。本案中，海尔财务公司的债权既存在债务人威乃达公司自行提供的房产抵押担保，也存在第三人提供的保证担保。在物的担保和保证共存的情况下，担保责任如何承担，《中华人民共和国担保法》第二十八条和《中华人民共和国物权法》第一百七十六条均有规定。根据《中华人民共和国物权法》第一百七十八条的规定，担保法与物权法的规定不一致的，适用物权法。海尔财务公司与赛赛公司签订的《质押合同》，与宋学、韩春玲签订的《个人连带保证合同》，与全统旅游公司签订的《保证合同》均明确约定，无论海尔财务公司对主合同项下的债权是否拥有其他担保，海尔公司均有权处置质押财产或直接要求宋学、韩春玲、全统旅游公司在其保证范围内承担保证责任。在海尔财务公司与各担保人之间已就如何承担担保责任有明确约定的情况下，原审判决根据《中华人民共和国物权法》第一百七十六条之规定，判令赛赛集团、宋学、韩春玲、全统旅游公司应当对威乃达公司的全部债务承担担保责任，适用法律并无不当。

案件来源

二审：海尔集团财务集团有限责任公司与青岛威乃达投资有限公司、山东赛赛集团有限公司等企业借贷纠纷二审民事判决书［最高人民法院（2016）最高法民终55号］

再审：海尔集团财务有限责任公司与青岛威乃达投资有限公司、山东赛赛集团有限公司等企业借贷纠纷申诉、申请民事裁定书［最高人民法院（2016）最高法民申2561号］

延伸阅读

案例一：中国长城资产管理公司贵阳办事处与六枝特区佳顺焦化有限公司、贵州路鑫喜义工矿股份有限公司等债权转让合同纠纷、保证合同纠纷二审民事判决书

[最高人民法院（2015）民二终字第280号]，最高法院认为：“关于担保权实现的顺序问题，本案债权既有债务人六枝佳顺公司自己提供物的担保，又有第三人提供的物的担保和保证人提供的连带保证责任，根据《物权法》第一百七十六条‘被担保的债权既有物的担保又有人的担保的，债务人不履行到期债务或者发生当事人约定的实现担保物权的情形，债权人应当按照约定实现债权；没有约定或者约定不明确，债务人自己提供物的担保的，债权人应当先就该物的担保实现债权；第三人提供物的担保的，债权人可以就物的担保实现债权，也可以要求保证人承担保证责任。提供担保的第三人承担担保责任后，有权向债务人追偿’之规定，本案当事人签订的《抵押合同》《质押合同》《连带保证合同》并未明确约定实现担保权的顺序，应属约定不明的情形，根据《物权法》的上述规定，债权人贵阳长城公司应以六枝佳顺公司提供的抵押物在拍卖、变卖后所得价款实现债权并优先受偿；不足部分再以源鑫洗煤公司、溢鑫科技公司、路鑫矿业公司提供的抵押物以及山西路鑫公司、张泽斌提供的质押物在拍卖、变卖后所得价款继续实现债权且优先受偿；如仍不足以完全实现债权时，山西路鑫公司、张泽斌、郑一群、朱其诚、王荣荣才对不足部分承担连带保证责任。源鑫洗煤公司、溢鑫科技公司、路鑫矿业公司、山西路鑫公司、张泽斌、郑一群、朱其诚、王荣荣在承担保证责任后，有权向债务人六枝佳顺公司、贵州路鑫公司、贵州长城酒店追偿。”

案例二：中国长城资产管理公司广州办事处与广州云山大酒店有限公司、兰燕等合同纠纷二审民事判决书[最高人民法院（2016）最高法民终554号]，最高法院认为：“根据《中华人民共和国物权法》第一百七十六条关于‘被担保的债权既有物的担保又有人的担保的，债务人不履行到期债务或者发生当事人约定的实现担保物权的情形，债权人应当按照约定实现债权；没有约定或者约定不明确，债务人自己提供物的担保的，债权人应当先就该物的担保实现债权；第三人提供物的担保的，债权人可以就物的担保实现债权，也可以要求保证人承担保证责任。提供担保的第三人承担担保责任后，有权向债务人追偿’的规定，《连带保证合同》《股权质押合同》已明确约定该两合同所涉担保在实现债权的顺位上不受主合同项下其他担保的影响，即提供担保的一方放弃了在实现债权时位于债务人自己提供物的担保的顺位之后等相关权利，因此长城公司可以要求抵押人云山公司，质押人百特公司、兰燕，以及保证人百特公司、兰燕、廖振新、潘国山、王慧对涉案债务直接承担担保责任，而无担保责任顺位的限制。故原审判决关于长城公司先行使抵押权实现涉案债权，行使抵押权后仍不能实现的部分由质押人百特公司、兰燕及保证人百特公司、兰燕、廖振新、潘国山、王慧承担担保责任的认定不当，本院予以纠正。对长城公司关于质押人百特公司、兰燕及保证人百特公司、兰燕、廖振新、潘国山、王慧已在涉案担保合同中约定放弃在后担保顺位权利的上诉请求，本院予以支持。”

案例三：中国农业发展银行潜江市支行与吕仁伦、陈必秀等金融借款合同纠纷二审民事判决书［最高人民法院（2016）最高法民终294号］，最高法院认为：“十上诉人称本案应适用《担保法》第二十八条的规定，但该条规定已经被《物权法》第一百七十六条补充完善。《物权法》第一百七十六条规定：被担保的债权既有物的担保又有人的担保的，债务人不履行到期债务或者发生当事人约定的实现担保物权的情形，债权人应当按照约定实现债权；没有约定或者约定不明确，债务人自己提供物的担保的，债权人应当先就该物的担保实现债权；第三人提供物的担保的，债权人可以就物的担保实现债权，也可以要求保证人承担保证责任。农发行潜江支行依据《自然人保证合同》中的约定向保证人主张债权具有合同依据，十上诉人的该项上诉请求不能成立。”

案例四：富登小额贷款（四川）有限公司成都城北分公司与马光辉、陈蕾等企业借贷纠纷申诉、申请再审民事裁定书［最高人民法院（2016）最高法民申3010号］，最高法院认为：“根据《中华人民共和国物权法》第一百七十八条‘担保法与本法的规定不一致的，适用本法’之规定，一、二审法院适用《中华人民共和国物权法》第一百七十六条之规定认定马光辉、陈蕾担保责任的范围，并无不当。”

案例五：平安银行股份有限公司大连分行与李鉴、张健、沈阳市新辽贸易有限公司、沈阳鑫俭兴工贸有限公司其他合同纠纷二审民事判决书［最高人民法院（2014）民二终字第46号］，最高法院认为：“本案中，依据深发展大连分行与新辽公司签订的《最高额抵押担保合同》，新辽公司以其自有钢材为本案所涉债务提供担保。依据深发展大连分行与鑫俭兴公司签订的《最高额保证担保合同》，鑫俭兴公司为本案所涉债务提供担保。因此，本案存在物的担保和人的担保并存的情形。在该情形下，关于如何处理物的担保和人的担保的关系，我国《物权法》第一百七十六条进行了规定，即：‘被担保的债权既有物的担保又有人的担保的，债务人不履行到期债务或者发生当事人约定的实现担保物权的情形，债权人应当按照约定实现债权；没有约定或者约定不明确，债务人自己提供物的担保的，债权人应当先就该物的担保实现债权；第三人提供物的担保的，债权人可以就物的担保实现债权，也可以要求保证人承担保证责任。提供担保的第三人承担担保责任后，有权向债务人追偿。’根据该条规定，在同时存在物的担保与人的担保的情形下，关于物的担保与人的担保的实现顺序，当事人间有约定的，应从其约定。没有约定的，债务人自己提供物的担保的，债权人应当先就该物的担保实现债权。本案中，深发展大连分行与鑫俭兴公司签订的《最高额保证担保合同》第七条约定，无论债务人或者第三人是否提供物的担保（抵押/质押），深发展大连分行均有权要求保证人承担保证责任，而无需先行处分担保物。根据该约定，债权人平安银行大连分行有权在对物的担保实现债权之前请求保证人鑫俭兴公司承担保证责任，故鑫俭兴公司应按照约定在本金4000万元及相应的利息、复利、罚息及实现债权的费用内承担连带保证责任。（二）关于张健、李鉴承担保证责任的顺序及担保范围问题。2012年7月19日，深发展大连分行与张健、李鉴签订的《最高额保证担保合同》系当事人双方真实意思表示，不违反法律、行政法规的禁止性规定，应认定有效。当事人双方应依约享有权利和履行义务。该合同第七条约定，无论债务人或者第三人是否提供物的担保（抵押/质押），深发展大连分行均有权要求保证人承担保证责任，而无需先行处分担保物。如前所述，本案中，既存在债务人新辽公司提供钢材抵押这种物的担保，也存在保证人张健、李鉴提供连带责任保证这种人的担保。根据《物权法》第一百七十六条的规定和当事人间的约定，债权人平安银行大连分行有权在对物的担保实现债权之前向保证人张健、李鉴实现债权。该合同第一条约定，张健、李鉴应在9600万元本金及相应的利息、复利、罚息及实现债权的费用范围内承担连带保证责任。综上，原审判决关于保证人鑫俭兴公司、张健、李鉴在平安银行大连分行对新辽公司提供的抵押物实现担保权后不足清偿部分承担担保责任的认定以及鑫俭兴公司和张健、李鉴分别在4000万元、9600万元范围内承担连带清偿责任的认定错误，本院予以纠正。”

009［湖北高院］共同担保人承担担保责任后，对其他担保人是否享有追偿权？

共同担保人承担担保责任后，可向其他担保人追偿其应承担的担保份额

裁判要旨

法律尤其是《物权法》并无关于禁止承担担保责任的担保人请求其他担保人承担清偿责任的规定，混合担保的担保人之间可互有清偿请求权的制度设置更符合公平原则和诚实信用原则等债法基本规则。

案情简介

一、2007 年 8 月 15 日，华泰龙公司形成股东会决议：一致同意在农行华中支行贷款 700 万元，由汇城公司房产作抵押担保。同日，荣华公司向汇城公司出具股东会决议及《承诺书》，承诺对汇成公司因担保造成资产方的损失，全额予以赔偿，钱云富对此承担连带清偿责任。

二、2008 年 10 月 20 日，华泰龙公司与农行华中支行签订一份《借款合同》，借款 700 万元整。汇城公司以其所有的两处房屋为华泰龙公司的贷款提供抵押担保。2008 年 10 月 20 日，农行华中支行与顾正康、卞秀华订一份《保证合同》，为华泰龙公司的贷款提供保证担保。

三、华泰龙公司未按期还款引起诉讼，2011 年 5 月 11 日，十堰中院一审判决：华泰龙公司还本付息；汇城公司承担抵押担保责任；顾正康、卞秀华承担连带保证责任。判决确定各担保人承担担保责任后，有权向华泰龙公司追偿。华泰龙公司不服，上诉至湖北高院。湖北高院判决驳回上诉，维持原判。

四、农行华中支行申请原审法院强制执行，对汇城公司提供抵押担保物进行拍卖。房屋拍卖所得价款偿还农行华中支行 939. 04523 万元，支付房地产过户税费 121. 31997 万元，收取执行费用 6. 6348 万元。

五、汇城公司承担抵押担保责任后向十堰中院起诉，要求华泰龙公司偿还已支付农行华中支行 945. 68003 万元，荣华公司、钱云富、顾正康承担连带清偿责任。十堰中院一审判决支持了其诉请。

六、顾正康不服，以共同担保人承担担保责任后不能向其他担保人追偿为由，上诉至湖北高院，湖北高院二审判决驳回上诉，维持原判。

败诉原因

本案中顾正康的败诉原因在于，法律尤其是《物权法》并没有明确禁止共同担保人在承担担保责任后向其他担保人追偿。结合本案，汇成公司为贷款的抵押担保人，顾正康为借款的连带责任保证人。本案二审的焦点即在于承担了抵押担保责任的汇成公司，能否向保证人顾正康进行追偿。关于此问题，《担保法司法解释》与《物权法》的规定，并不完全相同。根据《担保法司法解释》第三十八条规定，在混合共同担保（人保和物保并存）中，部分担保人承担担保责任后，不仅可向债务人进行追偿，还可向其他担保人追偿其应分担的份额。但《物权法》第一百七十六条仅规定承担担保责任的人可向债务人进行追偿，对于能否向其他担保人进行追偿的问题，未作规定。为此，湖北高院从物权关系与债权关系的区分、法律的功能、公平原则以及恶意危险的防范四个角度论证了承担担保责任的担保人可以向其他担保人追偿的合理性。顾正康因此败诉。

败诉教训、经验总结

前事不忘，后事之师。为避免未来发生类似败诉，提出如下建议：

1. 虽然《物权法》并未明确规定共同担保中部分担保人承担担保责任后能否向其他担保人追偿其应分担的份额，但《担保法司法解释》第三十八条对此有明确规定，且《物权法》并未明确禁止承担担保责任的人向其他担保人进行追偿。因此，多数法院均支持承担担保责任的担保人向其他担保人追偿份额的权利。

2. 承担担保责任的担保人向其他担保人追偿，并非全额追偿，而是只能向其他担保人追偿其应承担的份额。对于份额的计算，应根据各担保人的担保额与各担保人合计的担保总额来确定。担保份额的分担计算比较复杂，必须委托专业的律师进行计算。例如：甲欠乙 100 万元，丙以其价值 50 万的房屋抵押担保，丁以其 150 万元的房屋抵押担保，戊承担连带责任保证。则此时丙应分担的债权数额并非全额的 50 万元，而是 $100\times50/(50+150+100)\approx16.67$ 万元。本例还相对简单，在涉及不足额担保与约定份额时更为复杂，因此必须委托精通担保业务的专业律师才能最终确定应分担的份额。结合本案来看，顾正康与汇成公司均提供的是足额担保，因此汇成公司能够向顾正康追偿的数额应当为汇成公司承担的债务总额的一半而非全部，剩余部分汇成公司只能够向债务人华泰龙公司追偿。

3. 虽然本案中支持了已承担担保责任的担保人对其他担保人的追偿权，但对于此问题还存在不同的裁判观点。因此，在制定相应的诉讼策略时，不能简单地以为直接依据《物权法》第一百七十六条或者《担保法司法解释》第三十八条的规定即可赢得诉讼，而应重视相应的说理，并结合相关判例说服法官及对方当事人。

相关法条

《物权法》

第一百七十六条 被担保的债权既有物的担保又有人的担保的，债务人不履行到期债务或者发生当事人约定的实现担保物权的情形，债权人应当按照约定实现债权；没有约定或者约定不明确，债务人自己提供物的担保的，债权人应当先就该物的担保实现债权；第三人提供物的担保的，债权人可以就物的担保实现债权，也可以要求保证人承担保证责任。提供担保的第三人承担担保责任后，有权向债务人追偿。

《担保法司法解释》

第三十八条 同一债权既有保证又有第三人提供物的担保的，债权人可以请求保证人或者物的担保人承担担保责任。当事人对保证担保的范围或者物的担保的范围没有约定或者约定不明的，承担了担保责任的担保人，可以向债务人追偿，也可以要求其他担保人清偿其应当分担的份额。

同一债权既有保证又有物的担保的，物的担保合同被确认无效或者被撤销，或者担保物因不可抗力的原因灭失而没有代位物的，保证人仍应当按合同的约定或者法律的规定承担保证责任。

债权人在主合同履行期届满后怠于行使担保物权，致使担保物的价值减少或者毁损、灭失的，视为债权人放弃部分或者全部物的担保。保证人在债权人放弃权利的范围内减轻或者免除保证责任。

以下为湖北高院在二审判决书“本院认为”部分就此问题发表的意见：

关于各担保人之间是否享有追偿权的问题。《最高人民法院关于适用〈中华人民共和国担保法〉若干问题的解释》第三十八条第一款赋予承担担保责任的担保人可以向其他担保人主张应当清偿的份额，而《中华人民共和国物权法》第一百七十六条并未明确上述权利，因而引发关于法律渊源的争议。对此，本院认为：1. 从法律特征来看。法理通说认为担保人承担担保责任后，继受了债权人地位，因此对债务人的追偿以及对其他担保人的清偿请求，均源自于债权的效力，所发生的法律关系也属于债法范畴，不属于物权法调整范围；2. 从法律功能来看。《中华人民共和国担保法》在于规范包括人的保证和物的担保在内的担保行为，因此，该法律及其司法解释应当对涉及混合担保的情形作出规定。而《中华人民共和国物权法》则主要规范基于物上权利所发生的物的担保的行为，人的保证不在其调整范围之内，因此《中华人民共和国物权法》对混合担保仅做衔接性规定即赋予担保人向债务人追偿权利而对担保责任消灭后各担保人之间是否具有追偿权不作进一步的明确规定，应属受其立法目的和法律功能的限制，并非对《中华人民共和国担保法》及其司法解释关于混合担保的担保人互有追偿权条款的否定；3. 从公平原则来看。如果保证人和物上保证人没有就承担担保责任后如何分担进行约定，则其权利义务的事后平衡应当适用公平原则予以实现。担保人承担担保责任后，其他担保人担保责任随之免除，就其所订立担保合同面临的风险而言，获得了实际的法律利益，如禁止承担担保责任的担保人请求分担清偿则会显失公平；4. 从恶意危险防范来看。

保证人和物上担保人在实现担保权程序中均为维护同一债权人利益，两者权利之间并不产生冲突。另因并未在同一物上产生物权与债权的堆叠冲突、物权优先于债权原则排除适用，故而应当允许债权人可以选择通过履行人的保证或物的担保来实现债权。这从《中华人民共和国担保法》第二十八条所采保证人绝对优待主义到该法司法解释第三十八条第一款所采平等主义的变迁足以看出。但如果禁止担保人之间的追偿，则会鼓励债权人与某一担保人串通、恶意选择其他担保人承担责任从而免除其应负担保责任的滥用选择权情形发生，明显有违诚实信用原则。综上所述，法律尤其是《中华人民共和国物权法》并无关于禁止承担担保责任的担保人请求其他担保人承担清偿责任的规定，混合担保的担保人之间可互有清偿请求权的制度设置更符合公平原则和诚实信用原则等债法基本规则。故汇城公司在承担担保责任后，向包括顾正康在内的其他保证人追偿，并不违反上述法律和司法解释的相关规定和立法宗旨，本院依法予以支持。

案件来源

顾正康与汇城公司、荣华公司、华泰龙公司、钱云富追偿权纠纷二审民事判决书［湖北省高级人民法院（2014）鄂民二终字第00078号］

延伸阅读

支持承担担保责任的担保人向其他担保人追偿的判例：

案例一：四川升达林业产业股份有限公司与新加坡时正有限公司质押合同纠纷二审民事判决书［四川省高级人民法院（2014）川民终字第588号］，该院认为：“最高人民法院《关于适用〈中华人民共和国担保法〉若干问题的解释》第三十八条规定：‘同一债权既有保证又有第三人提供物的担保，债权人可以请求保证人或者物的担保人承担担保责任。当事人对保证担保的范围或者物的担保的范围，没有约定或者约定不明的，承担了担保责任的担保人，可以向债务人追偿，也可以要求其他担保人清偿其应当分担的份额’。本案中，升达公司对锦丰纸业公司享有的追偿权既有时正公司提供的质押担保，还有锦苑公司、锦苑活动中心提供的连带保证责任担保，依照该条规定，其可以就全部债权选择由保证人或者出质人承担担保责任。”

案例二：南京能发科技集团有限公司、南京斯威特集团有限公司与上海宽频科技股份有限公司、上海博大电子有限公司担保追偿权纠纷二审民事判决书［江苏省高级人民法院（2011）苏商终字第0162号］，该院认为：“首先，《最高人民法院关于适用〈中华人民共和国担保法〉若干问题的解释》第三十八条第一款规定，同一债权既有保证又有第三人提供物的担保的，债权人可以请求保证人或者物的担保人承担担保责任。当事人对保证担保的范围或者物的担保的范围没有约定或者约定不明的，承担了担保责任的担保人，可以向债务人追偿，也可以要求其他担保人清偿其应当分担的份额。就是说，同一债权上既有保证也有物的担保的，保证与物的担保居于同一清偿顺序，承担担保责任的一方可以请求另外一方分担责任。其次，本案中，康成公司作为抵押担保人，在其抵押财产被拍卖、承担担保责任后，依法有权向连带责任保证人斯威特集团要求清偿其应当分担的份额。由于康成公司和斯威特集团对各自担保的范围及份额并无明确约定，由斯威特集团和康成公司平均分担担保义务，既符合公平原则，也符合法律规定。能发公司、斯威特集团主张斯威特集团和康成公司的担保范围明确的理由缺乏事实依据。再次，本案能发公司的借款行为以及康成公司、斯威特集团的担保行为均发生在2005年3月，其时《中华人民共和国物权法》尚未施行，根据'法不溯及既往'的法律原则，本案应适用《中华人民共和国担保法》及其司法解释的相关规定，原审适用法律并无不当。斯威特集团主张本案应适用《中华人民共和国物权法》第一百七十六条免除其担保责任的上诉理由，不能成立。"

案例三：淮安市华钢房地产开发有限公司、淮安市银信投资担保有限公司与江苏国强钢铁有限公司、江苏和润置业有限公司等追偿权纠纷、申请承认与执行法院判决、仲裁裁决案件执行裁定书［江苏省高级人民法院（2015）苏执复字第00116号］，该院认为："根据《最高人民法院关于适用〈中华人民共和国担保法〉若干问题的解释》第三十八条第一款'同一债权既有保证又有第三人提供物的担保的，债权人可以请求保证人或者物的担保人承担担保责任。当事人对保证担保的范围或者物的担保范围没有约定或者约定不明的，承担了担保责任的担保人，可以向债务人追偿，也可以要求其他担保人清偿其应当分担的份额'规定，在当事人对保证担保范围或者物的担保范围没有约定或约定不明的情况下，担保人不仅可以向债务人追偿，且担保人相互之间也享有追偿权。但本案中如前所述，和润公司、华钢公司系各自为债务人国强公司提供独立担保，各自的保证担保范围或物的担保范围以及担保责任均有明确约定，不存在适用该条款的前提。且此后2007年10月1日起实施的《中华人民共和国物权法》第一百七十六条中仅规定物的担保和人的保证并存情况下，'……没有约定或者约定不明确，债务人自己提供物的担保的，债权人应当先就该物的担保实现债权；第三人提供物的担保的，债权人可以就物的担保实现债权，也可以要求保证人承担保证责任。提供担保的第三人承担担保责任后，有权向债务人追偿’，并没有规定保证人与物的担保人共同分担责任问题以及担保人相互之间追偿权问题，华钢公司认为其承担抵押担保责任后无法再向和润公司行使追偿权的复议理由无事实和法律依据。”

案例四：吴单芳与南京蝴蝶科技有限公司、何俊春、张明清担保追偿权纠纷二审民事判决书［南京市中级人民法院（2016）苏01民终5027号］，该院认为：“何俊春认为，《中华人民共和国物权法》第一百七十六条规定，被担保的债权既有物的担保又有人的担保的，提供担保的第三人承担担保责任后，有权向债务人追偿，而未规定可对其他担保人进行追偿，该法条已对《最高人民法院关于适用〈中华人民共和国担保法〉若干问题的解释》第三十八条作出变更，本案不应适用《最高人民法院关于适用〈中华人民共和国担保法〉若干问题的解释》第三十八条的规定。本院认为，何俊春该上诉理由不能成立，主要理由为：1. 本案所涉债务存在物保与人保两种担保方式，虽然物保和人保之间没有缔结相互追偿的契约，但两者皆是为债权人提供担保。其中一个担保人承担责任后，导致其他担保人的责任消灭，意味着其他担保人由此获得了免除担保责任的利益，若担保人无追偿权，显失公平。2. 若否定相互追偿权，则可能导致债权人滥用选择权。即债权人可能与某一担保人串通，恶意地选择其他担保人承担担保责任，从而免除该串通担保人的担保责任，明显有违诚信原则。3.《最高人民法院关于适用〈中华人民共和国担保法〉若干问题的解释》第三十八条第一款规定，当事人对保证担保的范围或者物的担保的范围没有约定或者约定不明的，承担了担保责任的担保人，可以向债务人追偿，也可以要求其他担保人清偿其应当分担的份额。该规定确立了物保和人保之间共同分担责任的平等地位，以及物保与人保之间的比例责任关系，既可以维护诚实信用原则和公平原则，又可以防止债权人滥用选择权，符合社会通行的情理。而《中华人民共和国物权法》第一百七十六条规定的是物的担保与人的担保并存时债权人的选择权，并未否定《最高人民法院关于适用〈中华人民共和国担保法〉若干问题的解释》第三十八条规定担保人之间追偿权。综上，一审法院适用《最高人民法院关于适用〈中华人民共和国担保法〉若干问题的解释》第三十八条规定处理本案所涉纠纷并无不当。”

010 ［最高法院］在人保和债务人提供的物保并存时，债权人通过“骑墙条款”实现担保有何风险？

保证合同中约定的担保物权的实现顺序不能发挥预期的法律效果

阅读提示：（2016）最高法民终40号判决，是近年来最高人民法院最长的民事判决书，同时也是说理最为充分，涉及担保法律问题最多的一份判决书。可以毫不夸张地讲，这份判决涉及担保法领域所有能够涉及的重要问题，是研究担保法绕不开的绝佳实务素材，具有“标本”意义。同时，本案涉及的众多法律问题，也引起了实务界、理论界的广泛关注，且颇具争议。本文研究的担保合同“骑墙条款”仅为该判决中的一个关键问题之一，但最高法院的说理详细程度却堪称典范。

裁判要旨

《保证合同》约定：“当债务人未履行债务时，无论债权人对主合同项下的债权是否拥有其他担保，债权人均有权直接要求保证人承担担保责任。”在与债务人的《抵押合同》中又约定：“当债务人未履行债务时，无论抵押权人对所担保的主合同项下的债权是否拥有其他担保，抵押权人均有权直接要求抵押人在其担保范围内承担担保责任。”此情形应属于就实现担保物权作出了明确约定，债权人应当依照《抵押合同》中关于实现担保物权的明确约定，先行向抵押人主张实现其债权，而不应当依照《保证合同》的约定实现其债权。债权人对不可选择起诉的抵押人却明确不予起诉、不予追加的，应视为其以诉讼表示放弃担保物权。

案情简介

一、2011年6月28日，乾安支行与天安公司签订《流动资金借款合同》，约定：乾安支行向天安公司提供借款17670.7万元。同日，乾安支行与索普公司、儒仕公司以及吉林酒精公司签订三份《保证合同》，约定：索普公司、儒仕公司、吉林酒精公司为《流动资金借款合同》提供连带责任保证。当债务人天安公司未履行债务时，无论债务人对主合同项下的债权是否拥有其他担保，乾安支行有权直接要求保证人承担担保责任。

二、同日，乾安支行又与天安公司、丁醇公司分别签订《最高额抵押合同》，均约定：当债务人未履行债务时，无论抵押权人对所担保的主合同项下的债权是否拥有其他担保，抵押权人均有权直接要求抵押人在其担保范围内承担担保责任。

乾安支行于2015年2月4日分别向索普公司、儒仕公司公证送达了《履行担保责任通知书》，索普公司、儒仕公司收到通知未予偿还。

三、2015年2月28日，乾安支行向吉林高院起诉，要求索普公司、儒仕公司共同承担连带保证责任。吉林高院一审判决索普公司、儒仕公司承担担保责任。

四、索普公司、儒仕公司不服，上诉至最高法院。最高法院二审改判驳回乾安支行全部诉请。

败诉原因

本案中乾安支行败诉的原因在于在人保与债务人的物保并存时，应优先就债务人提供的物保变价偿还债务，而不能直接要求保证人承担担保责任。本案“剧情”非常简单，但是在司法实务界和理论界引起的巨大争议，以及最高法院在本案二审判决中通透充分的说理是本案最大的看点之一。对于乾安支行而言，其为了保障自己的担保权益，在所有的担保合同（不论是人保还物保，不论是第三人提供担保还是债务人担保）中均作出了关于“无论债务人对主合同项下的债权是否拥有其他担保，乾安支行有权直接要求担保人承担担保责任”的约定。乾安支行在作出这一担保条款设计时的初衷在于在实现担保权利时，充分把握自主权，可自由选择任意一个担保人履行担保义务，而不必受《物权法》第一百七十六条规定的关于应优先就债务人提供的物保进行变价清偿的规定。这一约定使得乾安支行在实现担保物权的问题上事实上处于“骑墙”的地位，可左右逢源。本书作者将此种担保条款姑且称之为“骑墙条款”。但遗憾的是最高法院认为，《保证合同》中约定的“骑墙条款”不属于《物权法》第一百七十六条规定的“当事人约定的实现担保物权的情形”，仅《最高额抵押合同》中的“骑墙条款”可认定为《物权法》第一百七十六条规定的“当事人约定的实现担保物权的情形”。最高法院以此为基础，得出债权人应根据两份《最高额抵押合同》确定担保权利实现顺序的结论，即债权人应根据约定先向债务人天安公司和抵押人丁醇公司主张权利。但遗憾的是，在乾安集团应追加天安公司、丁醇公司为共同被告的情况下，乾安支行依旧执迷于保证合同的“骑墙条款”能够充分保障其权益而拒绝予以追加，最高法院据此认定乾安支行放弃了对天安公司、丁醇公司的抵押权。此种情况下，根据《担保法》第一百七十六条的规定认定乾安支行主张权利主体错误，同时，再根据《物权法》第一百九十四条的规定认定其他担保人即索普公司、儒仕公司可主张免除担保责任，这一结果对于乾安支行而言，无异于灭顶之灾。因为这就意味着乾安支行不仅在本案中无法要求索普公司、儒仕公司承担保证责任，而且也意味着即使另案起诉天安公司、丁醇公司承担担保责任，也不能获得法院支持。乾安支行在所有的担保合同中设置“骑墙条款”的“小聪明”以及其执迷不悟的“小确幸”酿成了无法挽回的“大悲剧”，让各位看客，尤其是银行的风控部门大跌眼镜。

败诉教训、经验总结

前事不忘，后事之师。为避免未来发生类似败诉，提出如下建议：

1. 应准确理解《物权法》第一百七十六条关于实现担保物权顺序的规定。本案中，乾安支行败诉的根本原因，就是在于其对于《物权法》第一百七十六条关于“当事人约定的实现担保物权的情形”的理解错误。这一错误发生的内在逻辑在于乾安支行没有搞清楚什么是物权担保合同的“当事人”。物权担保合同的当事人仅为债权人、抵押人、质押人、留置物所有权人，保证人不可能成为物权担保合同的当事人。这也是最高法院认为应根据《最高额抵押合同》确定实现担保物权顺序的缘由。乾安支行及一审法院没有能够准确理解《物权法》第一百七十六条的规定，错误地以《保证合同》的约定认定担保物权的实现顺序，最终被最高法院二审判决所否决。由此可见，准确把握法律关系的当事人，是合同条文设计、诉讼策略设计是非成败的关键，不仅可能一着不慎满盘皆输，而且可能聪明反被聪明误。

2. 如果物权担保法律关系中的当事人就实现物保的顺序作了约定，那么当事人应按照约定实现担保物权，且必须遵守《物权法》第一百七十六条关于债权人应当先就债务人提供的物的担保实现债权的规定。如果法院经释明要求债权人追加或变更被告而债权人拒绝追加的，可认定为债权人放弃债务人提供的物的担保。此时，其他担保人可根据《物权法》第一百九十四条的规定主张在放弃物的担保的范围内免责。本案确定的这一裁判观点，对于债权人而言影响甚巨，必须准确理解并在司法实务中予以谨慎处理。切勿盲目迷信于所谓的“合同约定优先”。

3. 对合同条文的设计，应在准确理解法律条文精神的基础上展开，否则不仅不能达到预期的法律效果，而且可能面临巨大的法律风险。在本案中，乾安支行在所有的担保合同中均设置了“骑墙条款”，意图通过这一“霸王条款”确保自己在担保权利实现的问题上“稳坐钓鱼台”，但因为设计该条文的律师或者法务人员未能准确把握《物权法》第一百七十六条关于“当事人约定的实现担保物权的情形”的规定，导致不仅“骑墙”效果未能达到，还造成了“墙倒人亡”的悲剧。因此，我们通过分析这一判例再次提醒所有的银行迅速对本行使用的担保合同范本进行修订，删除担保合同尤其是保证合同中的“骑墙条款”。因为这些条款，不是稳坐钓鱼台的“权利保障书”，而是车毁人亡的“定时炸弹”。

相关法条

《物权法》

第一百七十六条 被担保的债权既有物的担保又有人的担保的，债务人不履行到期债务或者发生当事人约定的实现担保物权的情形，债权人应当按照约定实现债权；没有约定或者约定不明确，债务人自己提供物的担保的，债权人应当先就该物的担保实现债权；第三人提供物的担保的，债权人可以就物的担保实现债权，也可以要求保证人承担保证责任。提供担保的第三人承担担保责任后，有权向债务人追偿。

第一百九十四条 抵押权人可以放弃抵押权或者抵押权的顺位。抵押权人与抵押人可以协议变更抵押权顺位以及被担保的债权数额等内容，但抵押权的变更，未经其他抵押权人书面同意，不得对其他抵押权人产生不利影响。

债务人以自己的财产设定抵押，抵押权人放弃该抵押权、抵押权顺位或者变更抵押权的，其他担保人在抵押权人丧失优先受偿权益的范围内免除担保责任，但其他担保人承诺仍然提供担保的除外。

以下为最高法院在二审判决书“本院认为”部分就此问题发表的意见：

（五）关于本案实现担保物权的约定是否明确的问题。本案《保证合同》第6.14条约定：“当债务人未履行债务时，无论债权人对主合同项下的债权是否拥有其他担保，债权人均有权直接要求保证人承担担保责任。”索普公司、儒仕公司称，以上保证合同条款并未对物的担保与人的担保并存时的实现顺序和方式作出明确约定，因本案0022号《流动资金借款合同》项下有债务人天安公司以及第三人丁醇公司提供的最高额抵押担保，乾安支行应当先就天安公司以及丁醇公司提供的物的担保实现其债权。乾安支行辩称，上述条款对物的担保和人的担保并存时债权实现的顺序、方式约定已属明确，即无论天安公司以及丁醇公司是否提供抵押担保，乾安支行均有权直接要求索普公司、儒仕公司承担保证责任。究竟哪方主张成立，这需要结合《物权法》第一百七十六条规定以及本院进一步查明的事实综合判断。

《物权法》第一百七十六条规定：“被担保的债权既有物的担保又有人的担保的，债务人不履行到期债务或者发生当事人约定的实现担保物权的情形，债权人应当按照约定实现债权；没有约定或者约定不明确，债务人自己提供物的担保的，债权人应当先就该物的担保实现债权；第三人提供物的担保的，债权人可以就物的担保实现债权，也可以要求保证人承担保证责任。提供担保的第三人承担担保责任后，有权向债务人追偿。”《担保法》第二十八条规定：“同一债权既有保证又有物的担保的，保证人对物的担保以外的债权承担保证责任。债权人放弃物的担保的，保证人在债权人放弃权利的范围内免除保证责任。”比照《物权法》与《担保法》以上条文的规定，《物权法》显然对《担保法》物保绝对优先的原则进行了修正，但这并不意味着《物权法》即抛弃了物保相对优先的基本精神。正确理解该条文，显然是就同一债权并存物保与人保时如何实现担保权利所作的规定，显然在《担保法》物权绝对优先原则的基础上，融合了意思自治的法律权衡，以满足更加丰富的现实需求。本院认为，对《物权法》第一百七十六条可作以下三种情形的具体把握：第一种情形，即对实现担保物权有明确约定的情形，在此情形下，无论是对人的担保合同还对是物的担保合同，均要审查是否存在“当事人约定的实现担保物权的情形”，即是否对实现担保物权作出明确约定，有此约定的，即应优先按照该类约定进行处理，无论该类关于实现担保物权的约定是就债务人提供的物保所作约定，还是就第三人提供的物保所作约定，均应当按照该明确约定实现债权。很显然，此等情形下，隐含着意思自治可以排除物保优先的精神，这实际是将契约自由精神摆在更加重要的法律地位。但此等情形下，依然始终要围绕实现担保物权的约定进行审查，其实质亦同样体现着物保优先的法律原则。第二种情形，即先就债务人的物保实现债权的情形，经审查人保合同与物保合同，对实现担保物权的情形没有约定或者约定不明确时，则债权人应当先就债务人提供的物保实现其债权，不得绕过债务人的物保而径行追究人保合同项下保证人的保证责任。此等情形，更是直接体现着物保优先的原则，尽管是就债务人的物保优先而言。第三种情形，即债权人对第三人提供的物保选择实现债权的情形，此等情形适用的前提与前述第二种情形应当相同，即依然是有关实现担保物权的情形没有约定或约定不明确时，因提供物保主体上存在差异，即物保系债务人以外的第三人所提供，则债权人既可选择向第三人物保实现债权，也可依据人保合同向保证人实现债权，或者同时向第三人物保以及人保提供者主张实现债权。此等情形，尽管赋予债权人以选择权，但此等情形的前提是没有关于实现担保物权的明确约定，因此依然体现着物保优先原则与意思自治原则相结合的审查要求。

结合本院进一步查明的事实，除本案《保证合同》6.14条款外，经查，乾安支行与天安公司以及丁醇公司签订的两份《最高额抵押合同》第11.7条均约定：“当债务人未履行债务时，无论抵押权人对所担保的主合同项下的债权是否拥有其他担保，抵押权人均有权直接要求抵押人在其担保范围内承担担保责任。”根据以上对《物权法》第一百七十六条规定所作理解，结合对本案《保证合同》以及两份《最高额抵押合同》相关条款的审查，在本案被担保债权既有物的担保又有人的担保，且物的担保既有债务人提供的、也有第三人丁醇公司提供时，乾安支行无疑应当先依照两份《最高额抵押合同》中关于实现担保物权的明确约定，先行向债务人天安公司以及第三人丁醇公司主张实现其债权，而不应当依照本案《保证合同》的约定实现其债权。这是因为，本案《保证合同》的前述约定，仅仅是关于实现保证债权而非实现担保物权的约定，而且本案《保证合同》的前述条款也并没有明确涉及实现担保物权的内容，不能得出已就担保物权的实现顺序与方式等作出了明确约定，故不能将本案《保证合同》中的以上约定即理解为《物权法》第一百七十六条规定的“当事人约定的实现担保物权的情形”。但两份《最高额抵押合同》第11.7条所作的相同约定，却显然是关于实现担保物权所作的约定，是关于抵押权人直接要求抵押人在其物保范围内承担物保责任的约定，无疑属于就实现担保物权所作的明确约定，这与乾安支行及一审判决关于《保证合同》6.14条的理解逻辑实质上并无不同。在此情形下，按照《物权法》第一百七十六条之规定，当发生当事人约定的实现担保物权的情形时，债权人即应当按照该约定实现债权，即本案乾安支行应当按照其与债务人天安公司以及第三人丁醇公司的明确约定，不仅应当先就债务人天安公司的物保实现其债权，而且也应当先就第三人丁醇公司的物保实现其债权。一审判决对于《物权法》第一百七十六条规定的精神理解显然片面，在得出本案0022号《流动资金借款合同》同时附着两份《最高额抵押合同》以及本案《保证合同》的正确判断下，却又仅仅审查本案《保证合同》项下关于实现保证债权的约定，不去审查两份《最高额抵押合同》项下对于实现担保物权已经作出的明确约定，明显不妥。乾安支行能够理解本案《保证合同》第6.14条的约定明确，却偏偏置本案两份《最高额抵押合同》第11.7条的明确约定于不顾，这与其作为专业银行应当正确理解《物权法》精神以及应当全面审查《保证合同》与《最高额抵押合同》的基本要求均相违背，对由此片面理解法律精神以及片面审查合同条款所可能引发的行为后果，乾安支行应自行承担。故索普公司、儒仕公司关于乾安支行应先向债务人天安公司以及第三人丁醇公司实现债权的主张，因两份《最高额抵押合同》已就此作出明确约定，应予支持。

（六）关于索普公司、儒仕公司主张免除保证责任应否支持的问题。与适用本案是否免除保证人责任相关的法条主要有以下规定：一是《担保法》第二十八条之规定：“同一债权既有保证又有物的担保的，保证人对物的担保以外的债权承担保证责任。债权人放弃物的担保的，保证人在债权人放弃权利范围内免除保证责任。”

二是《担保法司法解释》第三十八条第三款之规定："债权人在主合同履行期届满后怠于行使担保物权，致使担保物的价值减少或者毁损、灭失的，视为债权人放弃部分或者全部物的担保。保证人在债权人放弃权利的范围内减轻或者免除保证责任。"三是《担保法司法解释》第一百二十三条之规定："同一债权上数个担保物权并存时，债权人放弃债务人提供的物的担保的，其他担保人在其放弃权利的范围内减轻或者免除担保责任。"四是《物权法》第一百九十四条第二款之规定："债务人以自己的财产设定抵押，抵押权人放弃该抵押权、抵押权顺位或者变更抵押权的，其他担保人在抵押权人丧失优先受偿权益的范围内免除担保责任，但其他担保人承诺仍然提供担保的除外。"五是《物权法》第一百七十八条规定："担保法与本法的规定不一致的，适用本法。"综合以上条文以及前述《物权法》第一百七十六之规定，除《担保法》第二十八条关于保证人仅对物的担保以外的债权承担保证责任与《物权法》第一百七十六条关于优先按照实现担保物权的约定实现债权以及约定不明时如何实现债权的规定存在明显冲突外，其他各条关于放弃物保而免除保证责任的法条表述虽不完全一致，但各条规定精神总体相符，并可互为补充适用。本院认为，在本案主债权不仅附着债务人天安公司的担保物权还同时附着第三人丁醇公司担保物权的情形下，在债权人乾安支行应当按照其与债务人天安公司以及第三人丁醇公司关于实现担保物权的明确约定先行实现其债权情形下，结合本案相关事实，索普公司、儒仕公司关于免除保证责任的请求，应予支持。

其一，乾安支行本案不起诉、不追加天安公司以及丁醇公司应视为其放弃抵押权的行为。综合上述各法条规定，其中所谓的"放弃"，显然不应按本案一审判决所理解的仅限于明确积极的放弃行为。因为实践之中明确表示放弃担保物权的情形毕竟是少见的，通常表现出来的往往是一些债权人的不作为行为致使担保物权实现困难，或因债权人的原因致使担保物权下的实际财产内容减少等，均可视为放弃之范畴。如本案情形，乾安支行依法应当先行向物权担保人实现其债权，但却不起诉、不追加物权担保人天安公司与丁醇公司为本案当事人，甚至在明知天安公司抵押资产正持续贬值尤其是个别土地使用权抵押已经到期情形下，乾安支行依然怠于行使其抵押权，如此诉讼阶段的不作为若还不视为放弃担保物权的行为，则以后类似债权人均难免如本案一样滥用其诉权。对此，乾安支行却始终认为，其本案债权并不附着债务人天安公司与第三人丁醇公司的担保物权，故其不起诉天安公司与丁醇公司属于其可以选择的权利。但本院认为，本案并不属于乾安支行可以选择起诉的范畴，对不可选择起诉的抵押人却明确不予起诉，即应视为放弃抵押权的行为。如之前本院所曾指出，因本案债权不仅附着物保而且对实现物保有着明确约定，故依据《物权法》第一百七十六条的规定，乾安支行“应当按照约定实现债权”，即应当先向天安公司并丁醇公司主张最高额抵押权以实现其债权。乾安支行关于本案债权并不附着天安公司以及丁醇公司物保的主张，实际属于其作为专业银行对最高额抵押法律制度不应当发生的错误理解，属于其始终放弃该物保的错误主观认知。正是基于该错误的主观认知，其对可选择的诉讼对象亦产生错误判断，乾安支行不仅不起诉该两公司主张最高额抵押权，而且在索普公司、儒仕公司申请追加当事人或主张在放弃该两公司抵押权价值范围内相应免责情形下，乾安支行依然不追加该两公司承担抵押担保责任，乾安支行此等不起诉以及不予追加的诉讼表示，应当视为其以诉讼表示放弃担保物权的情形。还可进一步得到印证的是，乾安支行在松原中院另案起诉索普公司、儒仕公司主张0024号《固定资产借款合同》项下3000万元债权时，即便按其自身主张0024号《固定资产借款合同》项下的确附着第三人丁醇公司0019号《最高额抵押合同》项下的最高额抵押，但其在该另案起诉时依然没有将第三人丁醇公司一并起诉，当然也没有起诉债务人天安公司。所以，乾安支行放弃债务人天安公司以及第三人丁醇公司物保的意思表示不仅在本案表露无遗，在该另案中亦可得到相互印证。乾安支行对于其自身错误认知以及错误选择诉讼对象而可能造成的法律后果，应当自行承担。

就乾安支行放弃抵押权的价值而言，一是本案最高额抵押担保的最高债权本金余额明显大于乾安支行本案主张的主债权金额。本案两份《最高额抵押合同》分别担保的最高债权本金余额分别为19840万元以及3000万元，合计22840万元，而本案乾安支行起诉主张的主债权金额为17429.7万元，且其中有7968.8万元本院已经不予认定与支持，这意味着乾安支行放弃抵押权的价值已经远远大于本案其所主张的主债权价值。二是列入抵押物清单的抵押物评估总价值以及设定抵押价值亦远远超过乾安支行本案主张的主债权金额。仅债务人天安公司提供最高额抵押的机器设备、房屋、土地使用权经评估总价值已达38958.1316万元，设定抵押价值亦达19459.0389万元，而第三人丁醇公司提供的用于本案最高额抵押物评估价值为10115.6358万元。所有评估价值及设定抵押价值均获得乾安支行的当时认可，有些还是由乾安支行委托评估而得出，乾安支行作为天安公司的开户银行、贷款银行、监管银行对于以上评估价值与设定抵押价值均应当清楚。三是本案并未流失的不动产抵押物价值依然大于主债权金额。天安公司抵押物除部分机器设备因吉行松原分行申请执行一案被执行外，其余机器设备以及房地产等不动产抵押物均未流失。仅就不动产抵押物而言，天安公司用于抵押的66栋房产，总面积为58405.5平方米，抵押时经评估价值为11796.166万元；另天安公司电站厂房、锅炉房、办公楼总面积 7470. 84 平方米，抵押时评估价值为 1721. 3256 万元；还有七份土地使用权，总面积 23. 227241 万平方米，评估价值 1936. 93 万元，除其中一份第 072300293 号评估价值为 197. 74 万元的土地使用权抵押权存续期限至 2015 年 12 月 31 日到期外，其余六份土地使用权抵押期限均至 2019 年 7 月 5 日，均未到期。以上天安公司不动产抵押物评估价值扣除已到期抵押物价值的余额为 15256. 6816 万元，这一价值尚不包括第三人丁醇公司提供的抵押物价值。本院认为，在此必须指出的是，以上各抵押物评估价值，如果其中存在因抵押物抵押时的评估价值与设定抵押价值虚假评估或高估而引发债权实现时抵押物价值贬损可能的话，则应由乾安支行自行承担该可能之后果，与索普公司、儒仕公司无关，因为索普公司、儒仕公司并未参与以上价值评估及其抵押价值的设定；如果由于停产以及市场原因等导致抵押物最终处理时价值贬损可能的话，亦应由乾安支行负责，因这与乾安支行放弃行使或怠于行使其抵押权密切相关，与保证人索普公司、儒仕公司亦无关联；如果以上抵押物最终处理时的价值足以满足乾安支行本案合法债权请求的话，则更无追究本案保证人责任之必要。

其二，乾安支行放弃第三人丁醇公司的物保，索普公司、儒仕公司并非不可主张相应免除保证责任。本院认为，抵押权人放弃债务人提供的物保无疑应当相应免除保证人的责任，这固然是《担保法司法解释》第一百二十三条、《物权法》一百九十四条第二款规定的应有之义，但这也不能一概得出保证人对于抵押权人放弃第三人物保的情形均不得主张相应免除保证责任。这是因为，《担保法司法解释》第一百二十三条、《物权法》第一百九十四条第二款仅是就债权人放弃债务人物保时其他担保人可以主张相应免责作了规定，但就其他担保人对债权人放弃第三人物保时是否可以主张免责并未明确，而《物权法》《担保法》其他条文对此亦无明文规定；反倒是《担保法司法解释》第三十八条第三款就债权人怠于行使“担保物权”时保证人可以相应免责作了规定，这里的“担保物权”并未区分是债务人所提供还是第三人所提供。由此，本案保证人索普公司、儒仕公司即据此主张其可以在乾安支行放弃丁醇公司物保范围价值范围内相应免责。事实上，当前理论与实践中对这一问题的确存在不同认识，主要有两种基本观点：一是债权人放弃的无论是债务人提供的物保还是第三人提供的物保，其他担保人均可主张相应免责；二是只有当债权人放弃债务人提供的物保时，其他担保人才可主张相应免责。对此，本院认为，应结合《物权法》第一百七十六条的规定精神更加全面地加以把握。按该条规定，当有关于实现担保物权明确约定时即应按照该约定实现债权，因此亦应理解为，当债权人已经与第三人就实现物保作了明确约定时，若债权人放弃该第三人提供的物保，则其他保证人并非不可主张相应免除担保责任；当然，如果对实现第三人担保物权的约定并不明确时，则不仅抵押权人可以选择是否起诉该第三人，并且债权人即便放弃该第三人抵押权时，其他担保人亦不得主张相应免除担保责任。所以，当抵押权人放弃第三人的抵押权时，其他担保人是否可以主张相应免除担保责任，关键要看有关实现该第三人担保物权的约定是否明确，或者说前提是抵押权人对该第三人物保是否享有选择起诉的权利，这应是综合《担保法》《物权法》以上法条精神的正当理解与把握。结合本案事实而言，乾安支行与第三人丁醇公司签订的0019号《最高额抵押合同》中对实现抵押权已经作了明确约定，乾安支行不按照其与第三人丁醇公司的明确约定实现其债权，放弃其对第三人丁醇公司的抵押权，按照《担保法》《物权法》以上条文规定的总体精神，即可相应免除保证人的保证责任。

尤其本案还特有的事实是，根据现有相关材料显示，第三人丁醇公司之所以为天安公司提供抵押担保显然是为了置换、释放天安公司前身乾安酒精公司向吉行松原分行的抵押资产而引起。乾安酒精公司因为向吉行松原分行债权提供抵押一事，面临松原中院（2009）松民二初字第81、82号两案民事判决的执行。为此，2011年2月16日，松原市人民政府与吉林省农业发展银行联合上报吉林省人民政府松政文〔2011〕3号文件，建议将吉安集团旗下丁醇公司的足额优质资产抵押给吉行松原分行，以置换、释放乾安酒精公司的抵押资产，确保乾安酒精公司的重组工作顺利进行。而同年6月25日，索普公司、儒仕公司、天安公司、吉林省粮食集团有限公司四方联合给乾安支行出具的《关于农发行重组贷款发放相关问题的报告》更是明确要求，农发行必须要求丁醇公司给新企业的抵押担保提供等额的资产反担保，且如果吉行松原分行强制执行时，要求必须执行丁醇公司资产，不得因此对天安公司的生产经营活动带来任何影响。同年7月8日，乾安支行给索普公司、儒仕公司、天安公司、吉林省粮食集团有限公司出具的《关于对〈关于农发行重组贷款发放机关问题的报告〉的复函》中明确承诺，就天安公司资产为吉安销售公司在吉行松原分行提供抵押担保问题，市政府整改办、农发行高度重视，与吉安集团进行了沟通、协商，为妥善解决该问题，避免给天安公司未来生产经营带来影响，我行和市政府整改办要求吉安集团仍然要作为第一还款责任人来偿还吉行松原分行贷款；同时，要求吉安集团拿出等额资产为天安公司提供反担保，并且签订有效的抵押担保协议手续，以规避吉行松原分行主张天安公司抵押资产带来的风险。尽管当时与天安公司同属吉安集团下属关联企业的丁醇公司最终并未替换天安公司向吉行松原分行的抵押，按乾安支行的说法是因吉行松原分行并非同意，但最终丁醇公司为天安公司向乾安支行借款提供抵押却事实发生，而且就发生在以上各方主体协商谈判及文件往来期间，与以上文件提到的反担保精神亦总体相符。以上文件内容以及丁醇公司抵押发生的时间均可充分表明，第三人丁醇公司提供本案0019号《最高额抵押合同》项下价值3000万元的抵押有着特定背景与特殊目的，那就是要以此抵押来化解或释放吉行松原分行债权执行可能带给重组后天安公司的经营风险。但事实却是，当吉行松原分行债权受让人杨建文申请执行天安公司抵押资产时，天安公司虽提异议，却没有证据显示乾安支行提出过任何异议，乾安支行即便知道或应当知道该执行会带给天安公司抵押资产重大价值贬损，亦没有如原先约定以丁醇公司的抵押资产来化解相关之风险，以至于如乾安支行所言，天安公司评估时2.3亿元的机器设备因此执行如今已到价值几乎全部灭失之境地。如果说，因为丁醇公司当时并未实现替代天安公司向吉行松原分行设定的抵押，以至于乾安支行无法以丁醇公司抵押来化解该执行风险的话，那么在提起本案诉讼乃至另案3000万元债权诉讼，尤其是该3000万元债权按乾安支行主张还明确附着丁醇公司抵押的话，乾安支行仍以不起诉、不追加丁醇公司的坚定意思表示而明确放弃对丁醇公司抵押责任的追究，这已经不仅仅是债权人不正当维护自身权益的问题，而是明显既损害自身权益也明显损害保证人权益，更明显违背其债权重组时所作承诺的问题。乾安支行仅以索普公司、儒仕公司有足够保证能力而完全无视其在政府协调下、在各方重大利益关切下所作出的承诺，完全无视第三人丁醇公司提供抵押的特定目的，不仅完全放弃第三人丁醇公司的抵押，而且还公然主张这样的放弃是其可以选择的权利，这不仅令人情理上无法认同，亦必须让其对自身失信行为承担相应后果。故此，无论是结合本案乾安支行与丁醇公司0019号《最高额抵押合同》的明确约定，还是结合本案以上第三人丁醇公司提供抵押担保的特殊背景与目的，乾安支行关于其放弃第三人丁醇公司抵押而索普公司、儒仕公司不得主张相应免责的理由，不能予以支持；一审判决支持乾安支行该项主张，系对《物权法》第一百七十六条、第一百七十八条、第一百九十四条第二款等相关法条并不全面的理解，与本案之实际亦不相符。

其三，乾安支行与天安公司未经保证人同意经由另案庭审变更本案原所设定的抵押担保，索普公司、儒仕公司保证责任应予免除。本案一审判决作出后，乾安支行又另案发起针对债务人天安公司的诉讼，除主张1亿元债权外，还依据2011年6月28日签订的0015号《最高额抵押合同》主张其抵押权利。但依据松原中院2016年5月9日就该另案作出的（2016）吉07民初3号民事判决，在该案庭审中，乾安支行与天安公司均已确认0021号、0023号《流动资金借款合同》项下共计1亿元的债权转入2011年7月8日变更后的0015号《最高额抵押合同》所担保的债权范围，这是该案庭审时双方达成的确认，并非2011年7月8日变更当时双方之确认，更非其他各利益相关主体当时之共认。乾安支行与天安公司于该案庭审中的一致表示，必将发生以下后果：一是身为债权人的乾安支行与身为债务人的天安公司以共同的诉讼表示确认变更了他们原所签订且直至该另案诉讼发生时各方原本均认可的2011年6月28日的0015号《最高额抵押合同》，他们以共同的诉讼行为将原6月28日的《最高额抵押合同》确认变更为7月8日的0015号《最高额抵押合同》；二是他们一致同意将0021号、0023号《流动资金借款合同》项下1亿元债权转入他们一致认可变更后的7月8日《最高额抵押合同》。如此诉讼行为之后果，实际隐含着未经他人认可的其他债权均不得再行纳入7月8日的0015号《最高额抵押合同》担保范围，结合乾安支行本案之中始终否认7月8日0015号《最高额抵押合同》担保了本案之债权，如此必然使得原本附着6月28日0015号《最高额抵押合同》抵押担保的本案0022号《流动资金借款合同》项下债权，由于债权人与债务人于该另案之中事后共同放弃之表示而失去抵押担保之附着效力。而且，由于乾安支行本案只起诉保证人索普公司、儒仕公司，而另案又只起诉天安公司，这种起诉对象的割裂安排，致使保证人索普公司、儒仕公司对该另案之中乾安支行与天安公司所谓一致认可之变更无法提出任何有效的抗辩，这种看似“程序高明”的安排，实质损害或者剥夺了保证人的程序抗辩权益，是一种典型的滥用诉讼权利以及诉讼失信之行为。如果不让类似本案诉权滥用情形之当事人承担相应的后果，则必然会导致类似乾安支行本案诉权滥用现象之蔓延，而这显然为程序正义所不容。还有，乾安支行与天安公司如此诉讼处置的行为，亦明显是在对抗本案一审在先已经作出的关于本案债权不仅附着索普公司、儒仕公司等人保，而且也附着2011年6月28日天安公司以及丁醇公司物保的判决，其原本可以就本案一审判决该项认定正当提起上诉，但却另案与天安公司不当进行诉讼处置，对此不当处置行为之后果必须自行承担。乾安支行与天安公司于该另案中的以上诉讼处置，最为清晰地证明了乾安支行放弃本案债权原所附着的债务人天安公司物保之效力，使得本案债权完全失去了债务人天安公司原本提供的物权担保，而且所放弃的价值就本案债权而言，按天安公司提供的最高债权余额为19840万元，即便扣除乾安支行该另案主张的1亿元债权本金，所放弃的抵押担保债权本金余额亦达9840万元，而本案乾安支行有证据可以支持的债权本金扣除其已经通过诉讼与执行不能再行让保证人承担保证责任的金额后只有9701.9万元，这也就是说即便扣除乾安支行于该另案主张的1亿元债权金额，其与债务人天安公司一致认可放弃抵押担保的债权本金额亦超过了其于本案主张可以获得支持的债权本金额。不仅如此，还应注意的是，根据

《担保法》第二十四条之规定："债权人与债务人协议变更主合同的，应当取得保证人书面同意，未经保证人书面同意的，保证人不再承担保证责任。保证合同另有约定的，按照约定。"如前所述，本案债权应当认定附着债务人天安公司所提供之物保，相对于保证人索普公司、儒仕公司而言，本案0022号《流动资金借款合同》无疑是保证合同所对应的主合同，但除此之外，乾安支行与天安公司2011年6月28日与本案0022号《流动资金借款合同》同一日签订的0015号《最高额抵押合同》，亦应属于该主合同对价的重要组成部分。但债权人乾安支行与债务人天安公司却在另案一致变更6月28日的《最高额抵押合同》，默契一致地将7月8日《最高额抵押合同》替代原6月28日之《最高额抵押合同》，这种行为亦实质属于债权人与债务人协议变更主合同附属最高额抵押重要条款却未取得保证人书面同意的情形，因此亦实质违反了《担保法》第二十四条之规定精神，保证人因此亦不再承担保证责任。综上，索普公司、儒仕公司主张免除本案保证责任，不仅有法律依据，而且有事实依据，应予支持。

尤为值得指出的是，乾安支行为维护其正当债权利益，原本可以就其与天安公司重组债权整体提起诉讼。因为，2011年6月28日其与天安公司签署30671万元整体《贷款重组协议》一份，并据此同一日与天安公司分别签订0021号、0022号、0023号《流动资金借款合同》以及0024号《固定资产借款合同》，该四份借款合同合计借款金额亦为30671万元，同一日还分别与天安公司签订0015号《最高额抵押合同》，与丁醇公司签订0019号《最高额抵押合同》，与索普公司、儒仕公司、吉林酒精公司签订001号、002号、003号《保证合同》。结合签订合同的以上事实，乾安支行完全可以原告身份，同时起诉天安公司既主张全部重组贷款债权也主张最高额抵押权，并同时起诉丁醇公司主张最高额抵押权，同时起诉索普公司、儒仕公司、吉林酒精公司主张承担保证责任，如此诉讼情形下，便于各方主体共同到庭查明全案事实，查明实际贷款重组金额，由此则不仅天安公司应归还实际所欠债务，而且乾安支行还可就天安公司以及丁醇公司抵押物按原设定最高债权担保份额获得优先受偿权，同时还可让索普公司、儒士公司、吉林酒精公司在应承担保证责任金额范围内进一步承担补充还款责任。如此，不仅债权金额的查明可以给各方充分辩论权利，而且抵押物价值的最终变现与处理亦必然在各方关切下获得公平处理，乾安支行的债权利益亦必然会最大化地、合理化地依法获得保障。但令人遗憾的是，乾安支行一味地追求自身债权最大化地实现，不仅分案诉讼，而且选择性地进行诉讼，不仅令人无法理解地、任性地放弃第三人丁醇公司的抵押权，不仅任性地不起诉同省保证人吉林酒精公司，更令人无法接受的是，乾安支行不仅不顾保证人利益，实质亦是不顾自身利益，将本案一审判决已经认定且原本附着天安公司抵押担保的本案债权，竟于另案之中与天安公司以事后一致确认的方式将该公司抵押物完全变更排除适用于本案债权。或许在乾安支行看来，如此安排，其本案债权可有索普公司、儒仕公司保证，另案3000万元债权也有索普公司、儒仕公司保证，而另案1亿元债权则有天安公司抵押物保障，其全部重组贷款债权必将获得全部实现。本院认为，乾安支行就其整体重组贷款整案诉讼应为优先，分案诉讼亦未尝不可，但如乾安支行以上分案诉讼的安排，明显是以牺牲保证人索普公司、儒仕公司的重大利益为代价，明显置保证人依法应当享有的权利完全于不顾，最终亦实际是置自身权益于不顾。实现债权并无不可，最大化追求债权的实现亦无可厚非，但保证人承诺保证后并非没有相应合法之救济权利，置保证人正当之实体与程序权利于不顾，随意地取舍债务责任人范围，随意地放弃物保价值，随意地安排诉讼进行，过分地、不合法地追求自身债权最大化的实现，与其专业银行的债权人身份极不相称，乾安支行必须为其放弃之权益承担后果。

案件来源

中国农业发展银行乾安县支行与江苏索普（集团）有限公司、上海儒仕实业有限公司保证合同纠纷二审民事判决书［最高人民法院（2016）最高法民终40号］

延伸阅读

相反裁判观点：

案例：中国长城资产管理公司广州办事处与广州云山大酒店有限公司、兰燕等合同纠纷二审民事判决书［最高人民法院（2016）最高法民终554号］，最高法院认为："二、涉案担保人在实现涉案债权时的担保顺位问题。涉案《连带保证合同》的甲方为长城公司，乙方为百特公司、兰燕、廖振新、潘国山、王慧；涉案《股权质押合同》的甲方为长城公司，乙方为百特公司、兰燕。以上合同当事人在《连带保证合同》第7.2.4条、《股权质押合同》第5.3条就担保顺位均作了下列约定，'无论甲方对主合同项下的债权是否拥有其他担保（包括但不限于保证、抵押、质押、保函、备用信用证等担保方式），不论上述其他担保何时成立、是否有效、甲方是否向其他担保人提出权利主张，或放弃、部分放弃任何担保债权，也不论是否有第三方同意承担主合同项下的全部或部分债务，也不论其他担保是否由乙方自己所提供，乙方在本合同项下的担保责任均不因此减免，甲方均可直接要求乙方依照本合同约定在其担保范围内承担担保责任，乙方将不提出任何异议’。根据《中华人民共和国物权法》第一百七十六条关于‘被担保的债权既有物的担保又有人的担保的，债务人不履行到期债务或者发生当事人约定的实现担保物权的情形，债权人应当按照约定实现债权；没有约定或者约定不明确，债务人自己提供物的担保的，债权人应当先就该物的担保实现债权；第三人提供物的担保的，债权人可以就物的担保实现债权，也可以要求保证人承担保证责任。提供担保的第三人承担担保责任后，有权向债务人追偿’的规定，《连带保证合同》《股权质押合同》已明确约定该两合同所涉担保在实现债权的顺位上不受主合同项下其他担保的影响，即提供担保的一方放弃了在实现债权时位于债务人自己提供物的担保的顺位之后等相关权利，因此长城公司可以要求抵押人云山公司，质押人百特公司、兰燕，以及保证人百特公司、兰燕、廖振新、潘国山、王慧对涉案债务直接承担担保责任，而无担保责任顺位的限制。故原审判决关于长城公司先行使抵押权实现涉案债权，行使抵押权后仍不能实现的部分由质押人百特公司、兰燕及保证人百特公司、兰燕、廖振新、潘国山、王慧承担担保责任的认定不当，本院予以纠正。对长城公司关于质押人百特公司、兰燕及保证人百特公司、兰燕、廖振新、潘国山、王慧已在涉案担保合同中约定放弃在后担保顺位权利的上诉请求，本院予以支持。”

第四节　管辖

011 [最高法院] 主合同仲裁条款对担保合同是否具有约束力？

主合同协议仲裁管辖的效力不及于担保合同

裁判要旨

担保人与债权人之间的担保合同纠纷与债权人与债务人的主合同纠纷分属不同的法律关系，因此主合同当事人协议仲裁管辖的，不能约束担保合同的当事人。

案情简介

一、1994 年 9 月 7 日，纬通公司与嘉城公司签订《港澳广场总承包工程合同》，约定因合同履行发生争议的，提交中国国际贸易对外促进委员会对外经济贸易仲裁委员会仲裁。同日，纬通公司与惠州市政府签订《履约确认书》，约定：如嘉城公司违约，惠州市政府将赔偿一切损失。

二、上述合同订立后，纬通公司与嘉城公司在履约过程中发生纠纷，纬通公司于 2001 年 5 月向广东省高级人民法院起诉，请求判令嘉城公司向其返还工程款及违约金共计 243563. 200 元，惠州市政府对上述债务承担连带清偿责任。

三、后纬通公司撤回其对嘉城公司提出的起诉，仅请求判令惠州市政府向其支付 243563. 200 元。惠州市政府于 2001 年 8 月 15 日提出管辖权异议，请求裁定驳回纬通公司对惠州市政府的起诉，将本案移送至有管辖权的仲裁机构。广东高院一审裁定驳回纬通公司起诉。

四、纬通公司不服，上诉至最高法院，最高法院二审改裁广东高院应予受理此案。

败诉原因

本案中惠州市政府败诉的原因在于未能准确理解担保合同从属性，错误地认为担保合同的诉讼管辖亦应体现担保合同的从属性。根据《担保法》第五条的规定，担保合同是主合同的从合同，主合同无效，担保合同亦无效。广东高院在一审中据此认为：“主合同和一般担保合同发生纠纷提起诉讼的，应当根据主合同确定案件管辖。”但需特别注意的是，担保合同虽然从属于主合同，但在合同主体上仍为担保人与债权人之间的法律关系，具有相对性。担保合同体现的担保法律关系与主合同体现的债权债务关系，是发生在不同主体之间的彼此具有一定独立性的法律关系。如果因履行担保合同发生争议，应充分尊重当事人的意思自治，根据担保合同双方当事人的约定确定争议解决的方式。最高法院据此认为：“纬通公司与惠州市政府之间形成的履约担保民事关系不受纬通公司与嘉城公司承包合同中约定的仲裁条款的约束。”一审法院认为担保合同的诉讼管辖应从属于主合同的观点是错误的，惠州市政府因此败诉。

败诉教训、经验总结

前事不忘，后事之师。为避免未来发生类似败诉，提出如下建议：

1. 担保合同具有从属性，但这一从属性具有特定的含义，主要包括以下几个方面：（1）成立上的从属性；（2）存续上的从属性；（3）效力范围上的从属性；

(4）转让上的从属性；（5）消灭上的从属性。担保合同以上五个方面的从属性，主要是指担保合同与主合同之间在效力上的从属性，与担保合同效力无关的内容，并不属于担保合同从属性的内容。主合同中有关争议解决的约定一般不属于影响债权债务关系效力的核心内容，故不影响担保合同的效力，其在效力上也不可能对担保合同产生约束力。但在司法实践中也存在不同的裁判观点。

2. 虽然在本案中最高法院认为担保关系与主债权债务关系彼此分属不同的法律关系，关于管辖的确定应分别判断，但如果担保合同并非独立于主合同之外，而仅为主合同中的担保条款，则主合同中关于管辖的约定对于担保合同亦应具有约束力。

3. 虽然主合同约定的仲裁条款不能约束作为从合同的担保合同，但如果债权人在债权债务关系尚未最终确定的情形下，绕过主债务人直接起诉担保人，则有可能违背担保合同的从属性。对于此问题，最高法院著有判例（参见延伸阅读）。即只有在通过仲裁方式确定主合同债权债务关系的前提下，债权人才有可能在主合同有仲裁条款约定的情况下，直接起诉担保人。理由在于，如果债权人只对担保人提起诉讼，担保人以主合同的约定和履行情况进行抗辩，必然会涉及法院对于已经约定仲裁管辖的争议事项能否进行审理和裁判的问题，这既涉及约定仲裁管辖当事人的仲裁程序选择权，也涉及人民法院审判权的行使范围。

4. 应准确理解《担保法司法解释》第一百二十九条。根据该条的规定，仅以下两种情况，担保合同的诉讼管辖应根据主合同确定：(1）主合同与担保合同均未约定管辖法院；(2）主合同约定的管辖法院与担保合同约定管辖法院不一致。对于主合同约定仲裁，从合同未约定管辖条款的情形，司法解释并未作出规定。因此，不宜认为主合同的仲裁条款可约束从合同。

相关法条

《担保法》

第五条　担保合同是主合同的从合同，主合同无效，担保合同无效。担保合同另有约定的，按照约定。

担保合同被确认无效后，债务人、担保人、债权人有过错的，应当根据其过错各自承担相应的民事责任。

《担保法司法解释》

第一百二十九条　主合同和担保合同发生纠纷提起诉讼的，应当根据主合同确定案件管辖。担保人承担连带责任的担保合同发生纠纷，债权人向担保人主张权利的，应当由担保人住所地的法院管辖。

主合同和担保合同选择管辖的法院不一致的，应当根据主合同确定案件管辖。

《中华人民共和国民事诉讼法》（以下简称《民事诉讼法》）

第一百二十四条 人民法院对下列起诉，分别情形，予以处理：

……

（二）依照法律规定，双方当事人达成书面仲裁协议申请仲裁、不得向人民法院起诉的，告知原告向仲裁机构申请仲裁；

……

《中华人民共和国仲裁法》（以下简称《仲裁法》）

第五条 当事人达成仲裁协议，一方向人民法院起诉的，人民法院不予受理，但仲裁协议无效的除外。

《最高人民法院关于适用〈中华人民共和国民事诉讼法〉的解释》

第二百一十五条 依照民事诉讼法第一百二十四条第二项的规定，当事人在书面合同中订有仲裁条款，或者在发生纠纷后达成书面仲裁协议，一方向人民法院起诉的，人民法院应当告知原告向仲裁机构申请仲裁，其坚持起诉的，裁定不予受理，但仲裁条款或者仲裁协议不成立、无效、失效、内容不明确无法执行的除外。

以下为最高法院在二审裁定书“本院认为”部分就此问题发表的意见：

本案债权人纬通公司与保证人惠州市政府在双方签订的《履约确认书》中并未约定仲裁条款。本案系纬通公司起诉惠州市政府的履约担保纠纷，与纬通公司和嘉城公司之间的承包工程合同纠纷系两个不同的民事关系，纬通公司与惠州市政府之间形成的履约担保民事关系不受纬通公司与嘉城公司承包合同中约定的仲裁条款的约束，双方当事人在所签订的《履约确认书》中并未选择仲裁方式解决纠纷。纬通公司的起诉符合《中华人民共和国民事诉讼法》第一百零八条的规定，广东省高级人民法院应当予以受理。广东省高级人民法院以承包工程合同中的仲裁条款明确，从而排除人民法院对履约担保纠纷的管辖权，裁定驳回纬通公司的起诉，依法应予纠正。

案件来源

惠州纬通房产有限公司与惠州市人民政府担保物权纠纷二审民事裁定书［最高人民法院（2001）民二终字第177号］

延伸阅读

一、主债权未经仲裁确定的，债权人不得直接起诉担保人

案例一：中航惠德风电工程有限公司与辽宁高科能源集团有限公司保证合同纠纷二审民事判决书［最高人民法院（2015）民二终字第125号］，最高法院认为："中航公司的诉讼请求是主张保证人高科公司承担保证责任，代瑞祥公司履行未支付货款的义务，但是，《中华人民共和国担保法》第二十条规定，'一般保证和连带责任保证的保证人享有债务人的抗辩权。债务人放弃对债务的抗辩权的，保证人仍有权抗辩。抗辩权是指债权人行使债权时，债务人根据法定事由，对抗债权人行使请求权的权利。'高科公司出具的《担保函》虽然承诺在瑞祥公司未支付货款余额时承担保证责任，但是，依照法律规定，该公司依法应享有债务人瑞祥公司的抗辩权。中航公司的实体权利来源于其与瑞祥公司签订的《供货合同》和《补充协议》，作为保证人的高科公司在行使债务人的抗辩权时，同样可以依照《供货合同》《补充协议》的约定以及合同履行情况，包括中航公司是否按照合同约定数量、品质履行了供货义务，瑞祥公司是否履行了付款义务，应否继续支付货款以及欠款数额等，进行实体抗辩。而根据中航公司和瑞祥公司《供货合同》和《补充协议》的约定，上述问题均系履行《供货合同》和《补充协议》中产生的争议，属于仲裁管辖的范围。人民法院如果对上述争议进行实体审理，势必侵害中航公司和瑞祥公司基于仲裁条款约定而享有的选择仲裁解决纠纷的权利，违背当事人意思自治原则。因此，当主合同约定了仲裁管辖，而保证合同没有约定仲裁管辖的情况下，原则上应当先行通过当事人协商一致或者经仲裁对主债务的范围作出确认，如果债权人只对保证人提起诉讼，保证人以主合同的约定和履行情况进行抗辩，必然会涉及法院对于已经约定仲裁裁决的争议事项能否进行审理和裁判的问题，这既涉及约定仲裁管辖当事人的仲裁程序选择权，也涉及人民法院审判权的行使范围。在本案中，原审第三人瑞祥公司并未放弃其与中航公司的仲裁管辖约定，认为主债务应当通过仲裁来确定。因此，对于高科公司关于因主债务的范围不能确定，保证责任的范围也不能确定，在主债务未经过仲裁裁决确定的情况下，中航公司直接要求其承担保证责任，属于证据不足的主张，依法应予支持。"

二、即使担保合同存在仲裁条款，也应根据主合同确定诉讼管辖

案例二：中国建设银行股份有限公司浙江省分行营业部与薛小青、杭州龙湖房地产开发有限公司金融借款合同纠纷一审民事判决书［杭州市下城区人民法院（2015）杭下商初字第00953号］，该院认为："本院认为，《最高人民法院关于适

用〈中华人民共和国担保法〉若干问题的解释》第一百二十九条规定，主合同和担保合同发生纠纷提起诉讼的，应当根据主合同确定案件管辖。从合目的性角度出发，此条款的规定是为了节约诉讼成本。从合同的从属性角度出发，担保合同从属于主合同，在主从合同规定不一致时应以主合同规定为准。向法院起诉和提交杭州仲裁委员会申请仲裁均为争议解决方式，系同一性质条款，为节约诉讼成本，应遵从主合同约定。综上，被告龙湖房地产公司辩解其与原告之间的争议不应由法院主管的理由不能成立。需要说明的是，龙湖房地产公司作为保证人在承担保证责任后，有权根据我国《担保法》第三十一条的规定向债务人薛小青追偿。”

第二章　保证担保

第一节　保证合同效力

012［最高法院］企业法人的分支机构能否作为保证人?

未经授权，企业法人的分支机构不得为保证人

裁判要旨

企业法人的分支机构、职能部门，未经授权不得为保证人，其对外签订的保证合同无效。鉴于企业法人的分支机构未经授权不能作为保证人是法律的明确规定，故最高法院最终认定双方当事人对于保证合同的无效均存在过错，故根据《担保法司法解释》第七条的规定，该分支机构应承担不超过主债权不能清偿部分二分之一的赔偿责任，设立该分支机构的企业法人应对分支机构不能赔偿的部分承担补充责任。

案情简介

一、2013 年 1 月 8 日，谭向群向文卫红要求借款 300 万元。同日，双方签订了《借款协议》。长沙建工集团十分公司负责人王重阳在《借款协议》、借据上签字“同意担保，王重阳”，并加盖了长沙建工集团十分公司的公章，为被告谭向群对该笔借款提供了担保。长沙建工集团十分公司系长沙建工集团设立的分公司，2010 年 4 月 9 日在工商行政管理部门办理了工商登记手续，领取了营业执照，有自己的独立财产。

二、借款到期后，谭向群未向文卫红支付借款本息，经多次催讨未果，文卫红向娄底中院起诉。要求：（1）谭向群还本付息；（2）长沙建工集团十分公司承担连带清偿责任；（3）长沙建工集团对长沙建工集团十分公司不能清偿的部分承担民事责任。

三、娄底中院一审判决支持了文卫红的诉请。长沙建工集团不服，上诉至湖南省高院。湖南省高院二审改判：（1）谭向群还本付息；（2）长沙建工集团十分公司承担主债权不能清偿的部分二分之一的赔偿责任；（3）长沙建工集团对长沙建工集团十分公司不足以赔偿文卫红损失的部分承担赔偿责任。

四、文卫红不服，向最高法院申请再审，最高法院裁定驳回其再审申请。

败诉原因

本案中文卫红的败诉原因在于其债权的保证人长沙建工集团十分公司为长沙建工集团的分支机构，根据《担保法》第十条的规定，不能作为保证人。长沙建工集团第十分公司在《借款协议》中作出的作为保证人的意思表示无效，即保证合同无效。鉴于企业法人的分支机构不能作为保证人是法律的明确规定，最高法院最终认定双方当事人对于保证合同的无效均存在过错，故法院最终根据《担保法司法解释》第七条的规定，判令长沙建工集团十分公司承担主债权不能清偿的部分二分之一的赔偿责任，长沙建工集团对长沙建工集团十分公司不足以赔偿文卫红损失的部分承担赔偿责任。

败诉教训、经验总结

前事不忘，后事之师。为避免未来发生类似败诉，提出如下建议：

1. 企业法人的分支机构、职能部门不能作为保证人。

根据《担保法》第十条的规定，企业法人的分支机构、职能部门一般不能作为保证人。即使分支机构取得了企业法人的授权，也仅得在授权的范围内对外担当保证人。企业法人的分支机构、职能部门未经授权对外签订的保证合同或作出的保证承诺无效。本案中长沙建工集团十分公司是长沙建工集团的分支机构，在对外担当保证人时未取得长沙建工集团的相应授权，故法院最终认定本案中的保证合同无效。因此，债权人应选择具有民法上主体资格的自然人或者法人担当保证人。应业务需要，确实需要选择企业法人的分支机构、职能部门作为保证人的，应要求其提供可以对外作为保证人的相应授权并严格审查授权担保的范围，防止所签订的保证合同无效。

2. 未经授权的企业法人的分支机构、职能部门对外签订保证合同虽然无效，但并不代表不承担责任。

根据《担保法》第五条第二款的规定，担保合同无效后，应根据相关当事人的过错程度承担相应的损害赔偿责任。《担保法司法解释》第七条对于该条进行了进一步的细化，分别规定了不同情形下担保人承担责任的范围。即：（1）在债权人对于担保合同无效没有过错时，债权人可主张担保人对未获清偿的债务承担连带责任；（2）在债权人、担保人均有过错时，债权人仅得要求担保人承担不超过主债务未获清偿部分二分之一的按份责任。本案中，鉴于企业法人的分支机构不能充当保证人是《担保法》的明确规定，法院最终认定保证人、债权人对于保证合同的无效均有过错，故根据上述第（2）种情形作出了相应判决。

3. 设立分支机构的企业法人应根据不同情形对分支机构对外债务承担相应责任。

根据《公司法》第十四条的规定，企业法人的分支机构，如分公司，不具有法人资格，其民事责任由企业法人承担。《民法总则》第七十四条第二款规定："分支机构以自己的名义从事民事活动，产生的民事责任由法人承担；也可以先以该分支机构管理的财产承担，不足以承担的，由法人承担。"本案中，长沙建工集团十分公司有自己一定的独立的财产，故法院最终判令保证合同无效后的损害赔偿责任先由长沙建工集团十分公司承担，不足部分由长沙建工集团承担补充责任。

相关法条

《担保法》

第五条　担保合同是主合同的从合同，主合同无效，担保合同无效。担保合同另有约定的，按照约定。

担保合同被确认无效后，债务人、担保人、债权人有过错的，应当根据其过错各自承担相应的民事责任。

第十条　企业法人的分支机构、职能部门不得为保证人。

企业法人的分支机构有法人书面授权的，可以在授权范围内提供保证。

第二十九条　企业法人的分支机构未经法人书面授权或者超出授权范围与债权人订立保证合同的，该合同无效或者超出授权范围的部分无效，债权人和企业法人有过错的，应当根据其过错各自承担相应的民事责任；债权人无过错的，由企业法人承担民事责任。

《民法总则》

第七十四条 法人可以依法设立分支机构。法律、行政法规规定分支机构应当登记的，依照其规定。

分支机构以自己的名义从事民事活动，产生的民事责任由法人承担；也可以先以该分支机构管理的财产承担，不足以承担的，由法人承担。

《公司法》

第十四条 公司可以设立分公司。设立分公司，应当向公司登记机关申请登记，领取营业执照。分公司不具有法人资格，其民事责任由公司承担。

公司可以设立子公司，子公司具有法人资格，依法独立承担民事责任。

《担保法司法解释》

第七条 主合同有效而担保合同无效，债权人无过错的，担保人与债务人对主合同债权人的经济损失，承担连带赔偿责任；债权人、担保人有过错的，担保人承担民事责任的部分，不应超过债务人不能清偿部分的二分之一。

以下为最高法院在裁定书“本院认为”部分就此问题发表的意见：

《中华人民共和国担保法》第十条规定，企业法人的分支机构、职能部门不得为保证人。企业法人的分支机构有法人书面授权的，可以在授权范围内提供保证。第二十九条规定，企业法人的分支机构未经法人书面授权订立保证合同的，该合同无效。根据一、二审查明的事实，长沙建工集团十分公司系长沙建工集团设立的分公司，在长沙建工集团未书面授权的情况下，二审判决认定长沙建工集团十分公司为本案债务提供保证的行为无效，并无不当。长沙建工集团十分公司明知自己没有保证资格仍出具保证承诺，其行为具有过错。文卫红作为资金出借人，在明知长沙建工集团十分公司系企业的分支机构，且未审查其是否取得了企业法人的书面授权的情况下，同意长沙建工集团十分公司为案涉借款进行担保，对案涉担保行为因违反法律规定而无效具有一定的过错。故二审判决依据《最高人民法院关于适用〈中华人民共和国担保法〉若干问题的解释》第七条关于“主合同有效而担保合同无效，债权人无过错的，担保人与债务人对主合同债权人的经济损失，承担连带赔偿责任；债权人、担保人有过错的，担保人承担民事责任的部分，不应超过债务人不能清偿部分的二分之一”的规定，判令长沙建工集团十分公司对谭向群不能清偿债务部分的二分之一承担赔偿责任，长沙建工集团十分公司经营管理的财产不足以承担赔偿责任的，由长沙建工集团承担民事责任，适用法律并无不当。

案件来源

文卫红与谭向群、长沙市建设工程集团有限公司十分公司等民间借贷纠纷申请再审民事裁定书［最高人民法院（2015）民申字第1890号］

延伸阅读

通过案例检索，我们发现各地对于此问题的裁判观点较为统一，均认为：（1）企业法人的分支机构未经授权对外签订的保证合同无效；（2）接受企业法人的分支机构作为保证人的债权人对于保证合同的无效存在过错。

案例一：中国长城资产管理公司北京办事处与中国华北电力集团公司北京供电公司、北京威克瑞电线电缆有限公司借款担保合同纠纷二审民事判决书［最高人民法院（2004）民二终字第31号］，最高法院认为："因供电公司违反《担保法》第十条关于企业法人的分支机构未经法人书面授权不得为保证人的规定向农行营业部提供担保，该担保合同应为无效。对此，农行营业部和供电公司均有过错，依照《担保法解释》第七条关于主合同有效而担保合同无效，债权人和担保人有过错的，担保人承担民事责任的部分不应超过债务人不能清偿部分的二分之一的规定，供电公司对该笔债务在威克瑞公司不能清偿部分的二分之一范围内承担赔偿责任。原审法院以供电公司未给该笔债务所涉贷款合同提供担保，且长城公司不能举证证明供电公司为威克瑞公司向农行营业部申请开立信用证提供过担保，供电公司对该笔债务不承担保证责任为由，驳回长城公司相关诉讼请求不当，本院依法予以改判。长城公司关于供电公司应当对33362721.12元贷款本息承担相应民事责任的上诉请求，于法有据，本院予以支持。"

案例二：祁广华与阳升建设工程有限公司、阳升建设工程有限公司淮安分公司买卖合同纠纷再审民事判决书［江苏省高级人民法院（2013）苏商再终字第0004号］，该院认为："根据《中华人民共和国担保法》第十条'企业法人的分支机构、职能部门不得为保证人'以及《最高人民法院关于适用〈中华人民共和国担保法〉若干问题的解释》第十七条'企业法人的分支机构未经法人书面授权提供保证的，保证合同无效'的规定，淮安分公司作为阳升公司的分支机构，为陈某所欠祁广华债务的偿还提供保证时，并未获得阳升公司的授权，事后也从未获得阳升公司追认，所以，淮安分公司为陈某向祁广华所提供的保证违反了法律的禁止性规定，系无效保证。又因为陈某和祁广华之间订立的买卖合同是淮安分公司与祁广华之间保证合同成立的基础，二者系主从合同关系。作为主合同的买卖合同系当事人的真实意思表示，其内容并不违反法律强制性规定，为有效合同，而作为从合同的保证合同无效，且祁广华在应知淮安分公司无权保证的情形下，仍同意其提供担保，其对淮安分公司保证无效的结果因未尽审慎义务而具有过错。阳升公司虽未授权淮安分公司对外担保，但由于该公司对淮安分公司及负责人王继平疏于管理，监管不力，致使盖具公章进行担保，存在过错。根据《最高人民法院关于适用〈中华人民共和国担保法〉若干问题的解释》第七条‘主合同有效而担保合同无效的，债权人、担保人有过错的，担保人承担民事责任的部分，不应超过债务人不能清偿部分的二分之一’的规定，根据淮安分公司的过错程度，其应对债务人陈某不能清偿祁广华的债务承担二分之一的民事责任。而根据《中华人民共和国公司法》第十四条关于‘公司可以设立分公司，分公司不具有企业法人资格，其民事责任由公司承担’的规定，淮安分公司所承担的向祁广华清偿债务的民事责任应由阳升公司承担。”

案例三：上诉人潘卉与被上诉人广西来宾市永大实业有限责任公司、中国工商银行股份有限公司鹿寨县支行借款合同纠纷二审民事判决书［广西壮族自治区高级人民法院（2010）桂民四终字第 39 号］，该院认为：“《中华人民共和国担保法》第十条规定‘企业法人的分支机构、职能部门不得为保证人。企业法人的分支机构有法人书面授权的，可以在授权范围内提供保证’，鹿寨工行为中国工商银行广西壮族自治区分行的下属分支机构，本身不具备对外提供担保的主体资格。而中国工商银行柳州分行向鹿寨工行出具的法人转授权书中没有办理对外担保业务之内容，即鹿寨工行亦未能取得对外担保的法人书面授权，根据《中华人民共和国担保法》第二十九条‘企业法人的分支机构未经法人书面授权或者超出书面授权范围与债权人订立保证合同的，该合同无效或者超出授权范围的部分无效’，鹿寨工行为本案借款提供担保的行为无效。又根据最高人民法院《关于适用〈中华人民共和国担保法〉若干问题的解释》第七条的规定：‘主合同有效而担保合同无效，债权人无过错的，担保人应对债权人的经济损失承担连带赔偿责任；债权人、担保人有过错的，担保人承担民事责任的部分，不应超过债务人不能清偿部分的二分之一。’鹿寨工行明知自己没有担保资格仍出具保函，对担保无效明显具有过错。因《中华人民共和国担保法》已经对全社会公布施行，上诉人在接受鹿寨工行提供的担保时，应当依法审查作为企业法人分支机构的鹿寨工行是否得到书面授权而取得对外办理担保业务的资格，但上诉人没有尽到谨慎审查的义务，其对担保合同的无效也具有一定的过错。债权人潘卉与担保人鹿寨工行对担保无效均存在过错，鹿寨工行应对债务人永大公司不能清偿债务部分的二分之一承担偿还责任。上诉人认为其没有过错的上诉理由不成立，本院不予支持。”

案例四：张永良与湖南省平安轻化科技实业有限公司、中信银行股份有限公司长沙晚报大厦支行等民间借贷纠纷二审民事判决书［湖南省高级人民法院（2014）湘高法民三终字第 47 号］，该院认为：“《中华人民共和国担保法》第十条规定：‘企业法人的分支机构、职能部门不得为保证人。企业法人的分支机构有法人书面授权的，可以在授权范围内提供保证’，中信银行长沙晚报支行系中信银行股份有限公司长沙分行的下属分支机构，本身不具备对外提供担保的主体资格，各方当事人也未提交证据证明其取得了法人书面授权，根据《中华人民共和国担保法》第二十九条关于‘企业法人的分支机构未经法人书面授权或者超出书面授权范围与债权人订立保证合同的，该合同无效或者超出授权范围的部分无效’之规定，中信银行长沙晚报支行为本案借款提供担保的行为无效。又根据最高人民法院《关于适用〈中华人民共和国担保法〉若干问题的解释》第七条的规定：‘主合同有效而担保合同无效的，债权人无过错的，担保人应对债权人的经济损失承担连带赔偿责任；债权人、担保人有过错的，担保人承担民事责任的部分，不应超过债务人不能清偿部分的二分之一’，中信银行长沙晚报支行明知自己没有担保资格仍出具《承诺函》，对担保无效明显具有过错。因《中华人民共和国担保法》已经公布实施，上诉人张永良在接受中信银行长沙晚报支行担保时，应当依法审查作为企业法人分支机构的中信银行长沙晚报支行对外办理担保业务是否得到书面授权，但是上诉人张永良没有尽到谨慎审查的义务，其对担保无效也具有一定的过错。故债权人张永良与担保人中信银行长沙晚报支行对担保无效均存在过错，中信银行长沙晚报支行应对债务人平安轻化公司不能清偿债务部分的二分之一承担偿还责任。上诉人张永良上诉提出中信银行长沙晚报支行应承担责任的上诉理由，本院依法予以部分支持，但其提出蒋慕飚也应承担连带担保责任的上诉理由与事实不符，本院依法予以驳回。”

案例五：德州恒泰典当有限公司与中国农业发展银行武城县支行金融借款合同纠纷再审民事判决书［山东省高级人民法院（2015）鲁民再终字第 12 号］，该院认为：“关于焦点二中的武城农发行提供保证担保的效力问题。本院认为，《中华人民共和国担保法》第十条规定：‘企业法人的分支机构、职能部门不得为保证人。企业法人的分支机构有法人书面授权的，可以在授权范围内提供保证’。《最高人民法院关于适用〈中华人民共和国担保法〉若干问题的解释》第十七条第一款规定：‘企业法人的分支机构未经法人书面授权提供保证的，保证合同无效。因此给债权人造成损失的，应当根据担保法第五条第二款的规定处理’。本案中，武城农发行是中国农业发展银行的分支机构，其为雪绒公司向恒泰典当公司借款提供保证担保未取得中国农业发展银行的书面授权，故涉案保证担保无效。关于武城农发行应否承担赔偿责任及责任范围问题。本院认为，《中华人民共和国担保法》第五条第二款规定，'担保合同被确认无效后，债务人、担保人、债权人有过错的，应当根据其过错各自承担相应的民事责任'。《最高人民法院关于适用〈中华人民共和国担保法〉若干问题的解释》第七条规定，'主合同有效而担保合同无效，债权人无过错的，担保人与债务人对主合同债权人的经济损失，承担连带赔偿责任；债权人、担保人有过错的，担保人承担民事责任的部分，不应超过债务人不能清偿部分的二分之一。'本案中，武城农发行除在《房地产典当借款合同》提供保证担保外，其时任负责人张军还分别于 2013 年 6 月 6 日、同年 10 月 16 日及 2014 年 2 月 21 日多次签字确认保证担保。虽然，中国农业发展银行德州市分行已于 2014 年 2 月 24 日正式下文免除张军的行长职务，但张军此前仍为武城农发行的负责人，其对外行为仍能代表武城农发行。武城农发行明知企业法人分支机构未经授权不能提供担保，仍多次签字为本案典当借款提供保证担保，具有明显的过错。故原审依法判令武城农发行应承担债务人及其他担保人不能清偿部分的二分之一并无不当，本院予以支持。"

013 [最高法院]"框架协议"等能否成为被保证担保的对象?

债权具体数额尚未确定的框架性协议不能成为保证担保的对象

裁判要旨

鉴于保证合同的类型和性质，其主要条款在有效确定保证人的保证责任方面，应当符合以下要求：(1) 有明确的保证意思. 即保证人必须明确表达对某一债权债务愿意以自己的财产担保债务履行的意思表示；(2) 被担保主债权已经确定或可以确定，即保证合同的标的，应当是特定化的、数额可以确定的、已经成立并合法有效的债权。

案情简介

一、2010 年，葛洲坝房地产公司作为甲方与恒天晟公司作为乙方签订《合作开发协议》，约定双方共同发起设立一家项目公司（名称尚未确定），负责海南陵水县土福湾项目的开发建设，恒天晟公司以其持有项目公司的全部股权对涉案项目融资承担连带担保责任。

二、2010 年 8 月 3 日，项目公司葛洲坝实业公司成立。葛洲坝房地产公司为竞买涉案土地前后共支付了土地出让金 20.3486 亿元。葛洲坝实业公司共计支付土地出让金 4.3486 亿元。以上款项均作为葛洲坝实业公司向葛洲坝房地产公司的借款，葛洲坝实业公司向葛洲坝房地产公司出具《还款确认书》，承诺于 2015 年 4 月 1 日之前归还借款本金 6000 万元。葛洲坝实业公司未如期偿还款项。

三、2011 年 7 月 11 日，恒天晟公司转让其所持葛洲坝实业公司 49%股权，股权转让款经生效判决确认为 4900 万元。

四、葛洲坝房地产公司向海南高院起诉，请求判令：1. 葛洲坝实业公司向葛洲坝房地产公司返还借款本金 6000 万元；2. 判令恒天晟公司在 4900 万元的范围内就葛洲坝实业公司的上述债务承担连带清偿责任。海南高院一审判决葛洲坝实业公司偿还本金，驳回其他诉请。

五、葛洲坝房地产公司不服，上诉至最高法院，最高法院二审判决驳回上诉维持原判。

败诉原因

本案中葛洲坝地产公司的败诉原因在于《合作开发协议》中约定的保证条款是在融资具体数额尚未确定的情况下作出的约定，即本案的保证合同签订时，保证债权尚未发生或者最终确定。此后，在具体的融资数额确定后，双方当事人又未另行签订合同，对以上不完整的担保合同内容进行补正。因此，最高法院最终认定，《合作开发协议》中约定的担保条款“是以签约之时尚未成立、融资数额尚未确定、债权人、债务人等基本要素均不特定的项目融资作为主债权，并缺少债务人履行债务的期限、保证担保的范围、保证的期间等基本要件，明显不符合保证合同的成立要件”。葛洲坝地产公司因此败诉。

败诉教训、经验总结

前事不忘，后事之师。为避免未来发生类似败诉，提出如下建议：

1. 能够被担保的债权必须是已确定发生的合法债权。

包括保证合同在内的一切担保合同，除法律明确规定（最高额担保、独立担保）外，均具有从属性，成立上的从属性是担保合同从属性的重要内容之一。具体而言：担保合同的成立必须以主债权的成立确定为前提，主债权在担保合同签订时尚未确定或者尚未发生的，则担保合同即无担保的对象，担保合同最核心的要素——主债权——缺失，因此担保合同不能成立。本案中，葛洲坝房地产公司在与恒天晟公司达成保证担保的意向时，所担保的融资债权尚未实际发生，保证担保的范围、期间、主债权的履行期限等保证合同的主要条款缺失。故最高法院最终认定案涉担保合同尚未成立。因此，能够被普通担保所担保的债权，必须是已经确定发生的合法债权。

2. 对于框架性协议，可采用最高额担保的形式进行担保。

所谓的最高额担保是指担保人对债权人与债务人之间在一定期间内连续发生的债权在一定的限额内进行担保的担保形式。最高额担保包括最高额抵押和最高额保证两种形式。鉴于框架性协议在签订时，框架协议内债权债务关系或者对外的债权债务关系往往尚未发生，故如上所述，不能够成为普通担保所担保的对象。但如果能够通过设计框架协议的若干条款，将框架协议内相应的债权债务关系设计为一定期间内固定对象之间连续发生的债权，则可以通过最高额担保的形式对以上债权进行担保。在设计以上条款时，应注意以下几个方面：（1）所担保的债权必须具有连续性，至少预期可以确定发生；（2）所担保的债权必须发生在固定的债权人与债务人之间，如果债权人与债务人不固定的，不能够成为最高额担保所担保的债权；（3）建议明确约定最高额担保的期限，以减少争议。

3. 签订担保合同时，合同内容应尽量明确具体。

《担保法》第十五条、《物权法》第一百八十五条和二百一十条对于保证合同、抵押合同、质押合同的主要内容都作了明确规定，建议在拟定、审查合同时，对照以上条文对担保合同的主要内容进行审核，防止拟定的担保合同因主要要素缺失，成为不确定的合同。当然，为简便起见，也可在主债权合同中设置专门的担保条款，以最大限度地降低担保合同被认定为不成立的可能性。

相关法条

《担保法》

第六条 本法所称保证，是指保证人和债权人约定，当债务人不履行债务时，保证人按照约定履行债务或者承担责任的行为。

第十五条　保证合同应当包括以下内容：

（一）被保证的主债权种类、数额；

（二）债务人履行债务的期限；

（三）保证的方式；

（四）保证担保的范围；

（五）保证的期间；

（六）双方认为需要约定的其他事项。

保证合同不完全具备前款规定内容的，可以补正。

《物权法》

第一百八十五条　设立抵押权，当事人应当采取书面形式订立抵押合同。

抵押合同一般包括下列条款：

（一）被担保债权的种类和数额；

（二）债务人履行债务的期限；

（三）抵押财产的名称、数量、质量、状况、所在地、所有权归属或者使用权归属；

（四）担保的范围。

第二百一十条　设立质权，当事人应当采取书面形式订立质权合同。

质权合同一般包括下列条款：

（一）被担保债权的种类和数额；

（二）债务人履行债务的期限；

（三）质押财产的名称、数量、质量、状况；

（四）担保的范围；

（五）质押财产交付的时间。

以下为最高法院在判决书“本院认为”部分就此问题发表的意见：

上述约定不具备保证合同的成立要件。《中华人民共和国担保法》第六条规定，“本法所称保证，是指保证人和债权人约定，当债务人不履行债务时，保证人按照约定履行债务或者承担责任的行为”；第十五条规定，“保证合同应当包括以下内容：（一）被保证的主债权种类、数额；（二）债务人履行债务的期限；（三）保证的方式；（四）保证担保的范围；（五）保证的期间；（六）双方认为需要约定的其他事项。保证合同不完全具备前款规定内容的，可以补正。”依照上述规定，保证合同是在保证人与债权人之间订立的；合同双方应就债权种类数额、担保范围等合同主要条款达成合意并予以书面确认；在保证合同不完全具备法定条款的情况下，合同双方可以也应当予以补正。其中，鉴于保证合同的类型和性质，其主要条款在有效确定保证人的保证责任方面，应当符合以下要求，如保证意思，保证人必须明确表达对某一债权债务愿意以自己的财产担保债务履行的意思表示；被担保主债权，即保证合同的标的，应当是特定化的、数额可以确定的、已经成立并合法有效的债权。《合作开发协议》有关恒天晟公司"以其在项目公司的全部股权对项目融资承担连带担保责任"的约定，是以签约之时尚未成立、融资数额尚未确定、债权人债务人等基本要素均不特定的项目融资作为主债权，并缺少债务人履行债务的期限、保证担保的范围、保证的期间等基本要件，明显不符合保证合同的成立要件。因此，即使葛洲坝房地产公司关于2010年8月27日其与葛洲坝实业公司签订《借款合同》形成涉案债权的主张属实，鉴于该债权债务关系形成后直至本案诉讼时，葛洲坝房地产公司与恒天晟公司并未对《合作开发协议》中的上述所谓的担保条款予以有效补正或者重新订立保证合同，故葛洲坝房地产公司依据上述《合作开发协议》的约定主张恒天晟公司与其之间存在担保法律关系，缺乏事实和法律依据。

案件来源

中国葛洲坝集团房地产开发有限公司与海口恒天晟实业有限公司、海南葛洲坝实业有限公司借款合同纠纷二审民事判决书［最高人民法院（2016）最高法民终240号］

延伸阅读

关于担保合同因主债权尚未确定或不存在而被认定为不成立的案例：

案例一：杨秀湘与吕连平、周英民间借贷纠纷二审民事判决书［广西壮族自治区高级人民法院（2015）桂民二终字第37号］，该院认为："周英、金雁公司于2002年1月5日和2002年1月18日分别作出书面承诺载明：'杨秀湘借给吕连平的款项，我愿承担负责到底，桂林金雁商贸总公司、周英，2002年、元、5号''本人对吕连平向杨秀湘所借款项，给予无条件无限连带保证还款。桂林金雁商贸总公司、周英，2002、元、18号'，由于该书面承诺并没有明确被保证的主债权种类、数额和范围等内容，双方当事人事后又不能协商补正，根据《中华人民共和国担保法》第十五条的规定：'保证合同应当包括以下内容：（一）被保证的主债权种类、数额；（二）债务人履行债务的期限；（三）保证的方式；（四）保证担保的范围；（五）保证的期间；（六）双方认为需要约定的其他事项。保证合同不完全具备前款规定内容的，可以补正’，杨秀湘与周英并没有就本案吕连平之个人债务成立新的保证合同关系，杨秀湘据此要求周英和金雁公司对吕连平的本案债务承担连带保证责任缺乏事实和法律依据，本院不予支持。”

案例二：蒋某与杨某抵押合同纠纷一案二审民事判决书［上海市第一中级人民法院（2013）沪一中民一（民）终字第 1012 号］，该院认为：“抵押是担保的方式之一，抵押合同作为从合同是以主合同的存在为前提和依据；没有主合同所产生的债权债务，即无所谓担保；抵押权又是抵押合同履行的结果；抵押权的成立、消灭和处分必须以一定债权关系的存在为前提而且从属于该主债权；即有债权才有抵押权。无债权则无抵押权。本案中，杨某与赵某虽签订了借款金额为 1200 万元的《借款抵押协议》，也因此而设定了 1200 万元的抵押登记，但抵押权人杨某当时对抵押人赵某的主债权并无 1200 万元，仅有 2497500 元，因此该《借款抵押协议》属部分有效；其中为 2497500 元主债权设定的抵押权合法有效；杨某与赵某为其余尚未发生的债权设定抵押权，是属侵犯了赵某其他抵押权顺位在后的债权人利益，故该部分无主合同（借贷合同）生效为依据的抵押合同也不存在合法生效，由此设定的抵押权应予撤销。原审法院对本案所涉主合同，即签订抵押协议时发生于杨某与赵某之间民间借贷的债权数额认定有误，致所作判决失当，本院予以纠正。蒋某的上诉请求，有一定的理由与依据，本院依据查明的事实予以部分支持。”

案例三：吴艺勤与吴学杰、吴万福民间借贷纠纷二审民事判决书［崇左市中级人民法院（2015）崇民终字第 58 号］，该院认为：“借条是借贷关系真实存在的最直接的证据，也是担保书存在的前提条件，根据《中华人民共和国担保法》第五条第一款的规定，担保书是从合同，即担保书具有从属性，担保书的这一性质决定担保书的成立和存在必须以主合同存在为前提，主合同不存在，从合同也没有存在的基础。本案被上诉人自始至终未持有上诉人所书写的借条，其在获得《协议书》后亦未获得上诉人的追认，故被上诉人以《协议书》即从合同来向上诉人主张债权即主合同存在，没有事实和法律依据，故对被上诉人提出上诉人吴学杰偿还其借款本金 31000 元及利息的主张，本院不予支持。一审判决以担保协议书这份从合同来确定主债务有误，本院予以纠正。至于吴万福应否承担连带责任的问题，因担保人承担连带保证责任的前提是主合同、从合同均有效，而本案被上诉人提供的证据不能证明主合同存在。在主合同不存在更谈不上有效的情况下，被上诉人要求作为担保人的吴万福承担连带清偿责任，没有事实和法律依据。”

案例四：方甲与无锡涵大金属材料有限公司一案二审民事判决书［湖州市中级人民法院（2011）浙湖商终字第 24 号］，该院认为：“至于李某某、方甲是否应对赵乙、王某所欠货款本金及逾期付款利息承担担保责任，因无锡涵大公司与李某某、方甲于2008年6月23日签订《抵押担保协议书》之时，无锡涵大公司与赵乙、王某并未如《抵押担保协议书》所述已达成了《钢铁购销合同》，无锡涵大公司亦无证据证明其已如实向李某某、方甲告知该实情，性质上属于从属合同的《抵押担保协议书》在成立之时，主合同尚不存在，故该《抵押担保协议书》不具有法律效力，而李某某、方甲对此并无过错，并不需要对此承担民事责任。”

014［最高法院］债权人“知情不报”的，保证人可主张免责

债权人知晓债务人骗取保证人担保的，保证人可主张免责

案情简介

一、2012年9月12日，信发公司与丰源公司签订借款合同，丰源公司向信发公司申请人民币借款1550万元，借款用途为购材料，但实际为偿还银行贷款，信发公司对此知情。合同签订后，信发公司发放了贷款。丰源公司用此款偿还其欠银行的贷款。2012年11月5日，信发公司与吉林市福山粮食收储有限责任公司法定代表人常文山签订了保证担保合同，合同约定：常文山就以上债权向丰源公司提供保证担保。

二、贷款到期后，丰源公司未能按合同约定偿还贷款，仅偿还了利息1337500元。信发公司向吉林中院起诉，请求判令丰源公司偿还贷款本金及利息，常文山承担连带保证责任。吉林中院一审判决丰源公司还本付息，但常文山不必承担担保责任。

三、信发公司不服，上诉至吉林高院，吉林高院二审判决驳回上诉，维持原判。信发公司仍不服，向最高法院申请再审，最高法院裁定驳回再审申请。常文山的保证责任最终得以免除。

败诉原因

本案中信发公司的败诉原因在于，丰源公司向保证人常文山隐瞒了借款的真实用途，而信发公司对此知情。根据《担保法司法解释》第四十条关于“主合同债

务人采取欺诈、胁迫等手段，使保证人在违背真实意思的情况下提供保证的，债权人知道或者应当知道欺诈、胁迫事实的，按照担保法第三十条的规定处理”的规定，保证人可根据《担保法》第三十条的规定主张不承担担保责任。本案中，虽然借款合同中约定的借款用途为“购材料”，但实际上是债务人用以偿还其他银行的贷款，信发公司作为债权人对此事实亦属知情。但不论是丰源公司还是信发公司，均未向保证人常文山披露该事实。故最高法院根据《担保法司法解释》第四十条的规定，结合《担保法》第三十条，认定常文山可免除担保责任。信发公司因此败诉。

败诉教训、经验总结

前事不忘，后事之师。为避免未来发生类似败诉，提出如下建议：

1. 债权人知晓借款的真实用途与借款合同约定不一致的，应当向保证人披露。从事商业活动，应以诚信为本，切勿心存侥幸。本案中，债务人向保证人隐瞒了借款的真实用途，已经构成对保证人的欺诈。债权人信发公司明知借款的实际用途与约定用途不一致，却并未向保证人披露。这一重大事实，将直接导致保证人在提供担保时所作的统一担保的意思是否真实。最高法院将这一隐瞒借款用途的行为认定为对保证人的欺诈，保证人因此免责。故债权人在签订借款合同时知晓借款真实用途与约定用途不一致的，应当及时向保证人披露，切勿心存侥幸，错误地认为只要隐瞒借款用途的事实与债权人无关，债权人的担保权利即可以不受影响。

2. 并非只有债权人积极地对保证人实施欺诈行为时，保证人才能主张免责。《担保法》第三十条第二项规定，“主合同债权人采取欺诈、胁迫等手段，使保证人在违背真实意思的情况下提供保证的”，保证人可主张免责，似乎是认为只有当债权人实施了积极的欺诈行为，保证人才能主张免责。但与之不同的是，最高法院制定的《担保法司法解释》第四十条对保证人可主张免责的情形进行了进一步的扩充，将其扩充为“债权人知道或者应当知道”债务人实施了欺诈行为的，保证人也可主张免责。因此，债权人对保证人的欺诈，既包括积极实施某一欺诈行为（如捏造事实），也包括消极的欺诈行为（如隐瞒真相、知情不报），其中任何一种都可构成保证人主张免责的事由之一。

3. 债务人对保证人实施欺诈，债权人对此不知情的，保证人不得以此主张免责。根据《民法总则》第一百四十九条的规定，“第三人实施欺诈行为，使一方在违背真实意思的情况下实施的民事法律行为，对方知道或者应当知道该欺诈行为的，受欺诈方有权请求人民法院或者仲裁机构予以撤销。”言外之意在于，如果对方对于第三人的欺诈行为不知情的，表意人不得撤销该意思表示。同理，在保证关系中，保证人与债权人是合同的当事人，债务人是第三人。如果债务人对保证人实施欺诈导致保证人陷入错误认识而提供担保的，保证人不得主张免责，除非债权人对债务人的欺诈行为知情。

4.《担保法司法解释》第四十条的规定，不仅适用于保证担保的场合，也可类推适用于其他第三人提供担保的场合。

相关法条

《担保法》

第三十条 有下列情形之一的，保证人不承担民事责任：

（一）主合同当事人双方串通，骗取保证人提供保证的；

（二）主合同债权人采取欺诈、胁迫等手段，使保证人在违背真实意思的情况下提供保证的。

《担保法司法解释》

第四十条 主合同债务人采取欺诈、胁迫等手段，使保证人在违背真实意思的情况下提供保证的，债权人知道或者应当知道欺诈、胁迫事实的，按照担保法第三十条的规定处理。

《民法总则》

第一百四十八条 一方以欺诈手段，使对方在违背真实意思的情况下实施的民事法律行为，受欺诈方有权请求人民法院或者仲裁机构予以撤销。

第一百四十九条 第三人实施欺诈行为，使一方在违背真实意思的情况下实施的民事法律行为，对方知道或者应当知道该欺诈行为的，受欺诈方有权请求人民法院或者仲裁机构予以撤销。

以下为最高法院在裁定书“本院认为”部分就此问题发表的意见：

本院认为：一、关于二审判决认定的事实是否正确的问题。1. 根据本案查明的事实，丰源公司作为借款合同的债务人在签订案涉保证合同时，向保证人常文山隐瞒了贷款已经实际发放以及贷款实际用于偿还银行欠款而非生产经营需要的事实，而是向常文山作出了贷款尚未发放及贷款用途为购原料的虚假陈述，符合《最高人民法院关于适用〈中华人民共和国担保法〉若干问题的解释》第四十条规定的“主合同债务人采取欺诈、胁迫等手段，使保证人在违背真实意思的情况下提供保证”的情形。2. 信发公司作为借款合同的债权人和保证合同的当事人，主导制作了借款合同和保证合同文本，是借款合同法律关系、保证合同法律关系的发起者和受益人。根据时任信发公司总经理陈美英对于案涉借款合同和保证合同签订过程的陈述，信发公司在制作借款合同过程中，知晓丰源公司贷款系用于偿还银行欠款以释放抵押物的实际用途，但其却在借款合同贷款用途一栏注明为“购原料”；在制作案涉保证合同过程中，知晓贷款已经实际发放的事实；在签订案涉保证合同时，明知丰源公司向常文山作出关于贷款用途和发放情况的虚假陈述，仍与常文山签订保证合同。信发公司的上述行为，符合《最高人民法院关于适用〈中华人民共和国担保法〉若干问题的解释》第四十条规定的“债权人知道或者应当知道欺诈、胁迫事实”的情形。因此，二审法院认定丰源公司在签订保证合同时对常文山具有欺诈行为、信发公司知道或者应当知道该欺诈行为的存在，具有事实和法律依据。

案件来源

吉林市信发小额贷款有限责任公司与常文山、永吉县丰源粮食经销有限公司企业借贷纠纷申请再审民事裁定书［最高人民法院（2015）民申字第2421号］

延伸阅读

一、《担保法司法解释》第四十条类推适用于抵押权

案例一：中国农业银行股份有限公司永州冷水滩支行与湖南南华大酒店有限公司金融借款合同纠纷申诉、申请再审民事判决书［最高人民法院（2015）民提字第178号］，最高法院认为：“根据《最高人民法院关于适用〈中华人民共和国担保法〉若干问题的解释》第四十条的规定，主合同债务人采取欺诈手段，使保证人在违背真实意思的情况下提供保证的，债权人知道或者应当知道欺诈事实的，保证人不承担民事责任。虽然南华大酒店在本案中提供的是最高额抵押担保，但是以第三人财产设定抵押的担保在主体、内容、目的、效果等方面与保证担保的特征相似，本案处理可以适用《最高人民法院关于适用〈中华人民共和国担保法〉若干问题的解释》中关于保证的相关规定。一审判决依据《最高人民法院关于适用〈中华人民共和国担保法〉若干问题的解释》第四十条认定南华大酒店不承担担保责任并无不当。”

二、主张债权人对债务人的欺诈行为知情的，应承担证明责任

案例二：白山市中小企业信用担保有限公司诉白山浑江恒泰村镇银行股份有限公司等金融借款合同纠纷、保证合同纠纷二审民事判决书［吉林省高级人民法院（2015）吉民二终字第74号］，该院认为：“《中华人民共和国担保法》第三十条规定：‘有下列情形之一的，保证人不承担民事责任：（一）主合同当事人双方串通，骗取保证人提供保证的；（二）主合同债权人采取欺诈、胁迫等手段，使保证人在违背真实意思的情况下提供保证的。’《最高人民法院关于适用〈中华人民共和国担保法〉若干问题的解释》第四十条规定：‘主合同债务人采取欺诈、胁迫等手段，使保证人在违背真实意思的情况下提供保证的，债权人知道或者应当知道欺诈、胁迫事实的，按照担保法第三十条的规定处理。’根据《最高人民法院关于适用〈中华人民共和国民事诉讼法〉的解释》第九十一条第二项关于‘主张法律关系变更、消灭或者权利受到妨害的当事人，应当对该法律关系变更、消灭或者权利受到妨害的基本事实承担举证证明责任’的规定，担保公司应当对‘恒泰银行和生源公司串通骗取担保公司提供保证’或者‘生源公司采取欺诈方式使担保公司违背真实意思提供保证且恒泰银行明知’的事实承担举证证明责任。……恒泰银行贷给生源公司的2000万元用于偿还了鑫尧公司在工行白山分行的到期贷款的事实，能够证明生源公司改变了借款用途，但不能因此而认定在担保公司提供保证担保之前或之时，恒泰银行与生源公司对前述事实形成了合意，故不能认定恒泰银行与生源公司串通骗取担保公司提供保证担保。生源公司未如实告知担保公司向恒泰银行贷款的目的，可以认定对担保公司构成欺诈，但是没有证据证明恒泰银行在与担保公司签订担保合同时对此明知。因此，担保公司未能举证证明本案具有《中华人民共和国担保法》第三十条、《最高人民法院关于适用〈中华人民共和国担保法〉若干问题的解释》第四十条规定的免除保证人责任的情形。”

015 ［最高法院］父母代表未成年子女签订的抵押合同、保证合同效力如何?

父母代表未成年子女签订的抵押合同有效，保证合同无效

裁判要旨

1、未成年人本身尚处幼年根本没有劳动能力，其今后的生活学习等仍需父母照料，若未成年人承担连带保证责任，会对未成年人日后的生活学习造成严重影响，不利于保护未成年人的成长，故应免除未成年人的保证责任。

2. 未成年人的监护人抵押未成年人名下的房屋，损害未成年人利益的，应由监护人来承担相应责任，并不能以此为由否定抵押合同效力。

案情简介

一、2011年6月28日，华夏银行天安支行与昶皓公司签订《流动资金借款合同》。当日，华夏银行天安支行又分别与上赫公司、黄恒燊、黄韵妃和温小乔签订了《最高额保证合同》，约定上赫公司、黄恒燊、黄韵妃和温小乔分别为昶皓公司上述《最高额融资合同》提供连带责任保证担保。

二、同日，华夏银行天安支行还与黄恒燊和黄韵妃（未成年，系黄恒燊之女）签订了《个人最高额抵押合同》，黄韵妃的签字由其母温小乔代签。该合同约定以黄恒燊和黄韵妃共同拥有的相关房产，为上述借款本息提供抵押担保。

三、2011年6月30日，华夏银行天安支行依约向昶皓公司发放了贷款8000万元，2012年6月30日上述贷款到期。

四、经华夏银行天安支行催收，昶皓公司未能按时归还贷款本金，其他担保人亦未履行担保责任。华夏银行天安支行向深圳中院起诉，要求昶皓公司还本付息，保证人上赫公司、黄恒燊、黄韵妃和温小乔承担连带责任，并主张对抵押物享有优先受偿权。深圳中院一审判决支持了华夏银行天安支行的诉请。

五、黄韵妃不服，上诉至广东高院，要求确认免除其保证责任，确认最高额抵押合同无效，广东高院二审改判黄韵妃不必承担连带保证责任，其他判项则维持了一审判决。

六、黄韵妃仍不服，继续以最高额抵押合同无效为由，向最高法院申请再审，最高法院裁定驳回其再审申请。

败诉原因

本案中，黄韵妃败诉的原因在于黄韵妃虽为未成年人，但其母亲作为监护人是其法定代理人，有权代理黄韵妃从事民事活动。代理根据产生的原因不同，可以分为法定代理和意定代理，未成年人要么不具有行为能力，要么仅具有限制民事行为能力，但不论如何，未成年人从事与其年龄智力不相称的民事活动，必须由法定代理人代为从事。根据《民法总则》第二十三条的规定，无民事行为能力人、限制民事行为能力人的代理人为其监护人。在本案中，黄韵妃对外签订的合同有两份，一份为最高额保证合同，一份为最高额抵押合同。对于最高额保证合同，二审法院认为："黄韵妃本身尚处幼年根本没有劳动能力，其今后的生活学习等仍需父母照料，若判令黄韵妃对昶皓公司的债务承担连带清偿责任，则将会对黄韵妃日后的生活学习造成严重影响，不利于保护未成年人的成长"，故判令免除了其保证责任。但对于最高额抵押合同，广东高院和最高法院均认为："即便监护人温小乔代黄韵妃签订抵押合同的行为损害了黄韵妃的利益，法律也仅规定由监护人来承担相应责任，而非由此否定合同效力并由合同相对人承担责任。"故广东高院和最高法院对于抵押合同和担保合同的效力作出了不同的认定，认定抵押合同有效，而担保合同无效。黄韵妃因此败诉。

败诉教训、经验总结

前事不忘，后事之师。为避免未来发生类似败诉，提出如下建议：

1. 对于父母抵押未成年子女名下的房屋是否有效，目前实务界存在不同的裁判观点。一种观点认为，法定代理人行使代理权，应以被代理人的利益为目的。父母代理子女抵押未成年子女的房屋侵害了被代理人的利益，超出了法定代理的界限，故为无权代理，抵押行为无效。一种观点认为，成年的监护人抵押未成年人名下的房屋，损害未成年人利益的，应由监护人来承担相应责任，并不能以此为由否认抵押合同效力。本案中，广东高院和最高法院均采纳了第二种裁判观点。本书作者认为这一裁判观点有进一步商榷的余地。

2. 根据《民法总则》第三十五条规定，"监护人应当按照最有利于被监护人的原则履行监护职责。监护人除为维护被监护人利益外，不得处分被监护人的财产"，明确了监护人履行监护职责应当坚持有利于被监护人利益的原则，行使法定代理权代未成年子女从事民事活动，是监护人履行监护职责的重要内容之一。故子女虽幼，自有独立人格和财产权利，父母不应将子女之财产误认为自己的私有财产。父母以法定代理人的名义对外抵押未成年子女名下房屋的行为，在《民法总则》实施后，极有可能被确认为无效。

3. 由于抵押合同是抵押人与抵押权人之间签订的合同，抵押权人在接受抵押担保时，并不需要对抵押人支付相应的对价。故抵押合同是单务合同、无偿合同。抵押合同以及根据抵押合同设定的抵押权，对于抵押人而言是一种纯粹意义上的负担。因此，在理论上，抵押合同及抵押负担的存在对于抵押人而言，始终是一种不利益。故如果抵押人为未成年人，不管该抵押行为是否经由其法定代理人同意或者是否由其法定代理人从事，都有可能面临被法院确认无效的风险。故在与未成年人进行交易时，应当慎之又慎，防止发生不必要的风险。

相关法条

《民法总则》

第二十条 不满八周岁的未成年人为无民事行为能力人，由其法定代理人代理实施民事法律行为。

第二十一条 不能辨认自己行为的成年人为无民事行为能力人，由其法定代理人代理实施民事法律行为。

八周岁以上的未成年人不能辨认自己行为的，适用前款规定。

第二十二条 不能完全辨认自己行为的成年人为限制民事行为能力人，实施民事法律行为由其法定代理人代理或者经其法定代理人同意、追认，但是可以独立实施纯获利益的民事法律行为或者与其智力、精神健康状况相适应的民事法律行为。

第二十三条 无民事行为能力人、限制民事行为能力人的监护人是其法定代理人。

第三十五条 监护人应当按照最有利于被监护人的原则履行监护职责。监护人除为维护被监护人利益外，不得处分被监护人的财产。

未成年人的监护人履行监护职责，在作出与被监护人利益有关的决定时，应当根据被监护人的年龄和智力状况，尊重被监护人的真实意愿。

成年人的监护人履行监护职责，应当最大程度地尊重被监护人的真实意愿，保障并协助被监护人实施与其智力、精神健康状况相适应的民事法律行为。对被监护人有能力独立处理的事务，监护人不得干涉。

《民法通则》

第十八条 监护人应当履行监护职责，保护被监护人的人身、财产及其他合法权益，除为被监护人的利益外，不得处理被监护人的财产。

监护人依法履行监护的权利，受法律保护。

监护人不履行监护职责或者侵害被监护人的合法权益的，应当承担责任；给被监护人造成财产损失的，应当赔偿损失。人民法院可以根据有关人员或者有关单位的申请，撤销监护人的资格。

以下为最高法院再审期间就抵押合同效力问题发表的意见：

本院认为，本案的争议焦点为：抵押合同中涉及以黄韵妃持有的“深圳市龙岗镇植物园栖湖25号别墅”份额所设立的抵押担保效力应如何认定。首先，我国现行法律对抵押人的身份并无限制，黄韵妃系限制民事行为能力人，其母亲温小乔以监护人的身份代其签订抵押合同并不违反法律禁止性规定。其次，《中华人民共和国民法通则》第十八条第二款规定，监护人不履行监护职责或者侵害被监护人的合法权益的，应当承担责任。即便监护人温小乔代黄韵妃签订抵押合同的行为损害了黄韵妃的利益，法律也仅规定由监护人来承担相应责任，而非由此否定合同效力并由合同相对人承担责任。在此情况下，二审法院认定案涉抵押合同有效并无不当。此外，黄韵妃的监护人当初为获取贷款利用未成年人黄韵妃名下的财产进行抵押并出具不损害其利益的声明，在获得贷款之后又以损害未成年人利益为由主张合同无效，该抗辩理由属恶意抗辩，违背诚实信用原则，二审法院对该抗辩理由未予采纳并无不当。

以下为广东高院在二审期间就保证合同效力问题发表的意见：

关于黄韵妃作为未成年人向华夏银行天安分行出具的《最高额保证合同》是否有效的问题。经查，黄韵妃于1999年10月出生，其在2011年6月28日向华夏银行天安分行出具《最高额保证合同》时，尚不满十六周岁，属限制民事行为能力人。《中华人民共和国担保法》第七条规定："具有代为清偿债务能力的法人、其他组织或者公民，可以作保证人"。现有证据显示，黄韵妃年纪尚幼，不具备劳动能力，尚不具备我国法律要求的具有代为清偿债务能力的保证人主体资格，故黄韵妃向华夏银行天安分行出具的《最高额保证合同》应认定为无效。华夏银行天安分行辩称根据《最高人民法院关于适用〈中华人民共和国担保法〉若干问题的解释》第十四条关于"不具有完全代偿能力的法人、其他组织或者自然人，以保证人身份订立保证合同后，又以自己没有代偿能力要求免除保证责任的，人民法院不予支持"的规定，黄韵妃的上诉理由不能成立。对此，本院认为，黄韵妃名下的别墅由其父出资购买，该别墅被抵押后，黄韵妃已无其他财产，且黄韵妃本身尚处幼年根本没有劳动能力，其今后的生活学习等仍需父母照料，若判令黄韵妃对昶皓公司的债务承担连带清偿责任，则将会对黄韵妃日后的生活学习造成严重影响，不利于保护未成年人的成长，故本案应免除黄韵妃对昶皓公司的连带保证责任，本院对原审判决第（二）判项的相关内容予以纠正。

案件来源

黄韵妃与华夏银行股份有限公司深圳天安支行、昶皓照明股份有限公司、上赫股份有限公司、黄恒燊、温小乔一般担保合同纠纷申请再审民事裁定书［最高人民法院（2014）民申字第308号］

黄韵妃与华夏银行股份有限公司深圳天安支行、昶皓照明股份有限公司、上赫股份有限公司、黄恒燊，温小乔借款担保合同纠纷二审民事判决书［广东省高级人民法院（2013）粤高法民二终字第97号］

延伸阅读

关于父母抵押未成年子女名下房屋的判例：

一、即使父母承诺抵押担保借款不损害未成年子女利益，抵押合同仍可被确认为无效

案例一：中国建设银行股份有限公司舟山城关支行与郭某等确认合同无效纠纷再审民事裁定书［浙江省高级人民法院（2016）浙民申 393 号］，该院认为："案涉《最高额抵押合同》签订时，郭某系未成年人。虽然郭庆出具了声明书，承诺抵押贷款事宜不损害郭某的利益，但是，案涉《最高额抵押合同》并非为郭某个人或其所在家庭的借款等提供担保，而是为案外人浙江升宇船舶技术有限公司提供担保，难以认定该《最高额抵押合同》的签订系为'被监护人的利益'。一旦抵押权人行使抵押权处分抵押房产，未成年人的利益必然受损。《中华人民共和国民法通则》第十八条第一款规定，'监护人应当履行监护职责，保护被监护人的人身、财产及其他合法权益，除为被监护人的利益外，不得处理被监护人的财产'，该规定属于禁止性规定。郭某起诉主张《最高额抵押合同》无效，一、二审法院予以支持，有相应依据。"

二、父母作为共有人之一代理未成年子女抵押共有房屋，抵押合同无效

案例二：云南祥云渝农商村镇银行有限责任公司与张莉萍等借款合同纠纷再审民事裁定书［云南省高级人民法院（2016）云民申 928 号］，该院认为："2013 年 5 月 29 日，赵琼仙、吕士德与商村镇银行签订《抵押合同》，约定用其四个家庭成员共有的房屋为张莉萍的贷款作抵押担保，并于同日进行抵押登记，办理了房屋他项权证和土地他项权证。但该抵押房屋的共有人吕蕊辰并未授权赵琼仙、吕士德签订《抵押合同》及办理抵押登记；而另一共有人吕某为未成年人，根据《中华人民共和国民法通则》第十八条的规定：'监护人应当履行监护职责，保护被监护人的人身、财产及其他合法权益，除为被监护人的利益外，不得处理被监护人的财产。监护人依法履行监护的权利，受法律保护。监护人不履行监护职责或者侵害被监护人的合法权益的，应当承担责任；给被监护人造成财产损失的，应当赔偿损失。人民法院可以根据有关人员或者有关单位的申请，撤销监护人的资格。'以及《中华人民共和国合同法》第五十二条第五项之规定：'有下列情形之一的，合同无效：……（五）违反法律、行政法规的强制性规定。'本案《抵押合同》违反了《中华人民共和国民法通则》第十八条的规定，损害未成年人吕某的利益，为无效合同。二审法院认定本案《抵押合同》无效，并根据双方的过错责任大小判决双方所应承担的责任并无不当。商村镇银行作为金融机构，在审查抵押物时明知抵押房产涉及未成年人的权益，仍与赵琼仙、吕士德签订《抵押合同》、办理抵押登记，其应为自己审查不严的行为承担相应的民事责任。据此，商村镇银行认为其已尽到审查义务，本案《抵押合同》有效，其享有抵押权的再审申请理由均不能成立，本院均不予支持。”

案例三：王雪梅等与石林彝族自治县农村信用合作联社等金融借款合同纠纷二审民事判决书［昆明市中级人民法院（2014）昆民四终字第 3 号］，该院认为：“关于上诉人王雪梅、夏汝洪、夏艺菲签订的《抵押合同》的效力问题。抵押房屋（宜良县匡远镇玉桥二期金桥路 92 号）为王雪梅、夏汝洪、夏艺菲三人共同共有，根据《中华人民共和国民法通则》第十六条‘未成年人的父母是未成年人的监护人。……’以及第十八条‘监护人应当履行监护职责，保护被监护人的人身、财产及其他合法权益，除为被监护人的利益外，不得处理被监护人的财产。监护人依法履行监护的权利，受法律保护。监护人不履行监护职责或者侵害被监护人的合法权益的，应当承担责任；给被监护人造成财产损失的，应当赔偿损失。人民法院可以根据有关人员或者有关单位的申请，撤销监护人的资格’之规定，上诉人王雪梅、夏汝洪作为夏艺菲的法定监护人，对上述房屋中夏艺菲所有的财产份额负有管理和保护的责任。本案中王雪梅、夏汝洪作为第三人为被上诉人车丽芝、刘洪昌的债务提供抵押担保，而车丽芝、刘洪昌的借款用途系‘工程周转金’，与未成年人夏艺菲的利益毫不相干，王雪梅、夏汝洪提供抵押担保的行为系为夏艺菲设置了义务，而非权利。该抵押担保行为因违反上述法律‘除为被监护人的利益外，不得处理被监护人的财产’禁止性规定，属于无效处分行为，《抵押合同》无效。”

三、父母抵押未成年子女的房屋构成无权代理

案例四：中国建设银行股份有限公司上海奉贤支行诉唐秋荣等金融借款合同纠纷二审民事判决书［上海市第一中级人民法院（2014）沪一中民六（商）终字第 27 号］，该院认为：“本案中就两名未成年人唐昕芫、唐翌锴的权利，其父唐文杰是否可不经母亲陈珠同意，单方代理，将未成年人的财产为他人债务提供抵押？换言之，唐文杰代理唐昕芫、唐翌锴设定抵押权，以及在原审中代理认可在 7500 万元范围内承担抵押责任，是否构成有权代理？如果是无权代理，则建行作为相对人是否能受表见代理制度的保护？对此，本院认为，首先，为贯彻保护未成年人的意旨，处分未成年人的重大财产，原则上应由双方法定代理人共同决定，仅其中一方不具有代理权限；其次，根据《中华人民共和国民法通则》第十八条第一款规定，法定代理人非为未成年人利益，不得处分未成年人财产。简言之，处分未成年人的重大财产，原则上应由双方法定代理人共同同意，并且必须为该未成年人的利益而为处分。本案中，重大房产的处分，是否系法定代理人双方共同同意，尚存疑义，而且唐文杰系以两名未成年人的房产为一不相关联的企业的债务提供担保，就目前已查明的事实观察，并无任何证据证明该项处分对唐昕芫、唐翌锴可能存在何种利益。因此唐文杰代理其子女设立抵押权、以及在原审中认可在 7500 万元范围内承担抵押担保责任，均属无权代理。建行明知唐昕芫、唐翌锴系未成年人，且抵押房产为重大财产，无理由受表见代理之保护，故代理行为应为无效。"

四、未成年人不能够证明抵押其房屋不是为了其利益的，抵押合同有效

案例五：南京华能南方实业开发股份有限公司与朱国平、朱丽霞等买卖合同纠纷二审民事判决书［江苏省高级人民法院（2015）苏商终字第 00157 号］，该院认为："朱某认为案涉抵押担保合同因签订时其系限制民事行为能力人，朱国平、朱丽霞作为监护人并非为被监护人朱某利益而签订抵押担保合同，故抵押担保合同无效，该观点不能成立。理由是：首先，'为被监护人利益'的认定应当根据案件具体情况予以认定。本案中，朱某认为案涉抵押担保合同的签订并非为其利益，但就此未提供充分证据，根据查明事实，尚无法得出案涉抵押担保合同并非为朱某利益而签订。第一，朱国平、朱丽霞作为朱某的父母，系朱某的监护人，也是其抚养义务人，朱某作为未成年人，生活来源一般而言主要来源于父母，朱国平的股权投资等各类收入，是朱某生活来源的资金保障。第二，主债务人飞达板材公司从 2009 年即开始结欠华能公司货款未能清偿，飞达板材公司系飞达控股集团的全资子公司，朱国平作为飞达控股集团的股东及法定代表人，其与朱丽霞共同以与朱某共有的房产为前述欠款提供抵押担保，为飞达板材公司得以持续经营提供了条件，有利于作为飞达控股集团股东的朱国平的利益。第三，案涉房屋系朱国平、朱丽霞签署合同购买，并将朱某登记为共同共有人，朱某认为购房资金来源中有一千多万元是其压岁钱，但并未就此提供证据证明。其次，在缺乏证据证明朱国平、朱丽霞并非为监护人利益而以与朱某共有房产提供抵押担保的情况下，亦难以认定华能公司知道或者应当知道案涉抵押担保合同损害朱某的利益，故案涉抵押担保合同亦不存在其他无效情形，在不动产登记机构依法登记后，华能公司已取得相应抵押权，原审判决关于案涉抵押担保合同无效、华能公司不享有相应优先受偿权的认定错误，华能公司就此提出的上诉理由成立，本院予以支持。"

016［最高法院］当事人对债权人作出“保证负责收回贷款”承诺，是否构成保证?

“保证负责收回贷款”的承诺不具有明确提供保证担保的意思，不构成保证

裁判要旨

当事人向债权人书面承诺“保证负责收回贷款”，在未明确约定其承担保证责任的情况下，不应认定为保证担保。

案情简介

一、2001年1月8日玉门信用社作为甲方，康庄公司为乙方，农行玉门支行为丙方签订一份借款协议书，约定：康庄公司申请向玉门信用社借款550万元整，农行玉门支行负责监督康庄公司借款使用情况，并保证负责将康庄公司550万元借款收回付给玉门信用社。同日，玉门信用社授权其所属玉门镇分社（以下简称玉门分社）与康庄公司签订农信借字第09020019号借款合同一份，约定康庄公司向玉门分社借款550万元。

二、合同签订后，玉门分社于同日向康庄公司发放550万元借款。合同到期后，康庄公司未按约履行还款义务，农行玉门支行于2001年12月31日向玉门信用社还利息款20万元，2003年11月4日还本金款30万元。后玉门分社多次催收，康庄公司未还款。

三、2004年5月31日，玉门信用社向甘肃高院起诉，请求判令康庄公司和农行玉门支行共同偿还借款本金550万元及利息5237590.20元。甘肃高院一审判决，康庄公司还本付息，农行玉门支行对贷款本息损失承担60%的违约赔偿责任。

四、农行玉门支行不服，以其承担的保证责任已超过保证期间为由上诉至最高法院，最高法院二审未支持其该项上诉请求。

败诉原因

本案中农行玉门支行的败诉原因在于，其向债权人玉门信用社作出的关于“保证负责将康庄公司550万元借款收回”的承诺，没有明确的关于农行玉门支行承担保证责任的意思，并不构成保证担保，而是一般的债权承诺。最高法院作出这一结论的理由有二：(1)“保证负责收回”是履行一种行为，而保证是保证人以自身财产偿还欠债作为保证内容，二者有所不同。(2) 合同中并没有明确约定农行玉门支行承担的是保证责任。在农行玉门支行关于“保证负责收回”贷款的承诺不构成担保法意义上的保证的情形下，农行玉门支行即无法援引《担保法》第二十五条、第二十六条关于保证期间经过免责的规定主张不再承当相应的责任。农行玉门支行因此败诉。

败诉教训、经验总结

前事不忘，后事之师。为避免未来发生类似败诉，提出如下建议：

1. 根据《担保法》第六条的规定：“本法所称保证，是指保证人和债权人约定，当债务人不履行债务时，保证人按照约定履行债务或者承担责任的行为。”因此，构成保证的意思表示必须满足以下要素：(1) 保证必须是保证人与债权人之间达成的协议。当事人与债务人之间达成的关于保证担保的意思表示如果未经债权人受领，不能发生保证担保的效果。保证人也可通过单方承诺的方式向债权人作出保证担保的意思表示，但需以债权人未明确表示反对为必要。(2) 保证人作出的担保承诺必须有代债务人偿还债务的明确的意思表示。如果此类意思表示不够明确，仅为“协调解决”“督促偿还”等内容，或者仅为安慰之意，均不构成担保法意义上的保证。(3) 承诺的意思需以主债务人不履行债务为前提，不论债务人是不能履行还是不按期履行。如果当事人承诺的意思表示为与债务人共同偿还债务，则构成债务加入（并存的债务承担），此时债务人与当事人需向债权人承担连带责任。

2. 债权人在要求相关当事人出具有关担保承诺书、函件时，应尽量要求对方当事人意思表示明确，以防对法律关系的性质认定产生不必要的争议，造成债权“脱保”。在某些情况下，即使作为保证人，在作出保证的意思表示时，也应明确相关意思表示。因为根据《担保法》第十九条的规定，对担保责任行使约定不明的，推定为责任更重的连带责任保证。在本案中，农行玉门支行“要小聪明”，企图通过模糊用语的方式在承担保证责任与不承担保证责任之间摇摆，结果最高法院未认定其保证人的地位，导致其不能援引保证期间的规定免责。因此，不管是债权人还是保证人，明确关于担保的意思表示内容不仅是诚实信用的体现，也是维护自己利益，防控不确定风险，避免不必要的争议重要手段。在对函件、承诺、合同等内容是否明确无法准确把握时，应聘请专业律师对此作出评判，防止发生商业误判。

3. 当事人向债权人作出的“保证负责收回贷款”的承诺虽然不构成担保法意义上的保证担保，但仍不失为一项明确的义务。该项义务的约定如果不存在无效、可撤销或者效力待定的事由，仍为有效。作出承诺的当事人未履行相关承诺的，应承担违约责任。本案中，农行玉门支行向债权人玉门信用社承担的责任，一审法院认定为缔约过失责任，最高法院在二审予以纠正，将其准确地定位为违约责任，诚值赞同。

相关法条

《担保法》

第六条 本法所称保证，是指保证人和债权人约定，当债务人不履行债务时，保证人按照约定履行债务或者承担责任的行为。

第十九条 当事人对保证方式没有约定或者约定不明确的，按照连带责任保证承担保证责任。

第二十五条 一般保证的保证人与债权人未约定保证期间的，保证期间为主债务履行期届满之日起六个月。

在合同约定的保证期间和前款规定的保证期间，债权人未对债务人提起诉讼或者申请仲裁的，保证人免除保证责任；债权人已提起诉讼或者申请仲裁的，保证期间适用诉讼时效中断的规定。

第二十六条 连带责任保证的保证人与债权人未约定保证期间的，债权人有权自主债务履行期届满之日起六个月内要求保证人承担保证责任。

在合同约定的保证期间和前款规定的保证期间，债权人未要求保证人承担保证责任的，保证人免除保证责任。

以下为最高法院在判决书“本院认为”部分就此问题发表的意见：

对于农行玉门支行的第二项承诺，本院认为，不宜按照担保法上的保证认定责任。理由为：(1) 担保法意义的保证是保证人提供保证时，以自身财产偿还欠债作为保证内容的，而本案的“保证负责收回贷款”是履行一种行为，二者有所不同。(2) 合同中并没有明确约定农行玉门支行承担的是保证责任，在没有明确约定的情况下，要求农行玉门支行承担保证责任缺乏合同依据。因此，农行玉门支行违反了承诺义务，属于不作为的违约行为，由此给玉门信用社造成了损失，应当承担赔偿责任。农行玉门支行认为其应当承担担保责任，并以此为基础诉称已经超过担保期限应当免责以及主张在玉门信用社放弃抵押的范围内免除保证责任的上诉理由均不能成立，本院不予支持。原审认定上述行为属于缔约过失责任不当，应予纠正。但对于原审判决农行玉门支行承担60%赔偿责任，因玉门信用社在法定期限内对该项判定没有提起上诉，本院予以维持。

案件来源

中国农业银行玉门市支行与玉门康庄农林牧科技开发公司借款合同纠纷二审民事判决书［最高人民法院（2005）民二终字第12号］

延伸阅读

一、当事人承诺“可考虑代为偿还”的，构成保证担保

案例一：青岛澳柯玛股份有限公司与青岛澳柯玛集团空调器物资配套有限公司、青岛澳柯玛集团空调器厂、青岛澳柯玛集团总公司定作合同纠纷再审民事判决书［最高人民法院（2009）民提字第7号］，最高法院认为：“本案中，空调器物资配套公司、空调器厂对尚欠杭星公司货款21886688.14元及该笔欠款全部由空调器厂负责承付的事实均无异议。纵观本案，为解决空调器厂拖欠货款问题，杭星公司向青岛市有关部门提交了‘关于要求从速解决澳柯玛欠我公司21886688.14元货款报告’。后该报告转至集团公司法定代表人鲁群生处，鲁群生批转至集团公司副总裁兼股份公司总经理张兴起处。张兴起及空调器厂总经理戚东君于2006年3月10日复函杭星公司，称经集团公司领导批示，暂定采用以下办法解决欠款问题，一是将公司部分钢板出售变现，货款支付给杭星公司，二是争取在3月20日前提供还款计划。3月21日，股份公司复函杭星公司，称欠款情况属实，表示将敦促空调器厂尽快筹措还款，并称‘请贵公司相信我公司作为上市公司的信誉，如果空调器厂确实无能力全部还欠款，对其不能归还的货款，我公司可以考虑代替其对贵公司承担还款责任’。本案的事实是，集团公司系股份公司的第一大股东，持有股份公司60.79%的股份；空调器厂系股份公司的全资子公司。本案的事实表明，张兴起及股份公司分别出具复函的目的均是为了对空调器厂拖欠杭星公司货款的偿还问题做出债务安排。股份公司作为上市公司，其出具的复函足以使杭星公司产生信赖利益，相信其会依据复函的内容承担相应责任。杭星公司主张正是基于前述情况，杭星公司信赖股份公司愿意承担还款责任。结合案件庭审情况，杭星公司始终坚持根据前述情况能够认定股份公司愿意承担还款责任。本院认为，此种理解符合本案真实情况。股份公司主张根据复函的表述不能认定其愿意承担还款责任。本院认为，此种理解脱离了本案实际情况，有失偏颇。根据股份公司出具的复函足以使杭星公司产生信赖利益，且空调器厂系股份公司全资子公司，股份公司出具复函的目的是为了对空调器厂拖欠杭星公司货款的偿还问题做出债务安排，股份公司对空调器厂不能偿还的货款，应当承担补充还款责任。浙江省杭州市中级人民法院一审判决股份公司对空调器厂所欠债务，在空调器厂不能清偿的范围内承担还款责任，浙江省高级人民法院二审判决对此予以维持并无不当，本院予以维持。”

二、安慰函无担保意思表示，不构成法律意义上的保证

案例二：广东国际信托投资公司破产案民事裁定书［广东省高级人民法院，《中华人民共和国最高人民法院公报》2003 年第 3 期（总第 83 期）］，该院认为：“对依据安慰函申报的担保债权全部予以否认。在确认债权诉讼中，有 15 家广东国投公司香港子公司的债权人持广东国投公司出具的安慰函申报金额约 23 亿元的担保（或然）债权，要求予以确认。广东省高级人民法院经审理认为，安慰函从形式上看，不是广东国投公司与特定债权人签订的，而是向不特定的第三人出具的介绍性函件；从内容上看，安慰函并无担保的意思表示，没有约定当债务人不履行债务时，代为履行或承担还债责任。因此，安慰函不能构成中国法律意义上的保证，不具有保证担保的法律效力，依据安慰函申报担保债权全部被拒绝。”

017［最高法院］巨坑：签收催款函，可成立保证合同?

保证人签收有担保要约的催收函，应承担保证责任

裁判要旨

保证人在债权人发出的明确载有“保证人承担担保，期限两年”的催收通知上的担保人处盖章，应认定保证成立。

案情简介

一、1998 年 1 月至 9 月，金磊石材与兆麟支行签订 42 份进口押汇合同，总额 4516877.93 美元。延寿石材和石材经销公司为其中 3982128.81 美元提供保证。

二、2000 年 5 月 9 日，兆麟支行向金磊石材出具载有“以上进口押汇均由玉堂石材提供担保”的《进口押汇催收书》。2002 年 5 月 9 日、2004 年 4 月 24 日两次，兆麟支行向金磊石材出具《催收通知书》，催收内容记载由玉堂集团承担连带保证责任，保证期间两年。玉堂集团均在催收通知书上担保单位位置盖章。

三、2004 年 6 月 25 日，信达公司与兆麟支行签订转让协议，将上述债权转让给信达公司。后玉堂石材更名为玉堂集团。金磊石材吊销企业营业执照。

四、信达公司于 2006 年 9 月 14 日向黑龙江高院提起诉讼，请求判令玉堂集团还本付息。黑龙江高院一审判决玉堂集团还本付息，对金磊石材 4516877.93 美元本金及利息承担连带清偿责任。

五、玉堂集团不服，以其并非为金磊石材 4516877.93 美元借款的保证人为由主张免除该部分责任。最高法院判决驳回上诉，维持原判。

败诉原因

本案中玉堂集团的败诉原因在于：其在载有保证担保要约的催款通知书上签字的行为构成了对保证担保要约的承诺，故最高法院认定其应承担保证责任。合同的缔结，需通过要约承诺的方式进行。合同当事人就要约承诺的内容达成一致，即可使合同成立。保证合同亦不例外。在兆麟支行三次向金磊石材催款的通知单上，均有关于玉堂集团为担保人的内容，且后两次催款通知单中更是直接记载有"由玉堂集团承担连带保证责任，保证期间两年"的内容。最高法院认为，催款通知单的上述记载构成了对玉堂集团保证合同的要约，玉堂集团作为受要约人，在要约上签字确认即可使保证合同成立。故最高法院认为，玉堂集团为金磊石材 4516877.93 美元借款的保证人，应承担相应的担保责任。玉堂集团因此败诉。

败诉教训、经验总结

前事不忘，后事之师。为避免未来发生类似败诉，提出如下建议：

1. 玉堂集团在本案中败得相当惨烈，不想签收一个催款通知单的行为竟然构成了对保证合同要约的承诺，这是绝大多数人都不可能预料到的情况。但是玉堂集团被"坑"得一点也不冤，因为显然玉堂集团在催款通知单上签字的时候没有认真审核催款通知单上的内容，在没有搞清楚情况的情形下，用"例行公事"的态度把字给签了。玉堂集团为此承担责任，也只能是花钱买个教训，虽然这个教训看起来太大。本案给我们最大启示是：签收、签署任何文件，必须弄清楚文件所载内容的性质，防止被坑。如果确实无法确认其性质，而又事关重大，务必委托律师进行审查。否则，任何一个参与交易的主体，都有可能成为第二个"玉堂集团"。

2. 合同是以要约承诺的方式缔结，保证合同亦不例外。但在日常交易中，要约、承诺的表现形式多种多样，且不会在出现后给当事人一个关于“要约”或者“承诺”的注释。因此，当事人在进行交易时，应当慎之又慎，防止对方当事人通过隐蔽的方式缔结合同。往来函件的签收确认、对账单的签收确认、收货单的签收确认，甚至私人信函的回复确认等，都有可能成为合同缔结的方式。本案中，兆麟支行就是通过催款通知单的形式缔结了一个针对玉堂集团的保证合同。

3. 法院对于保证合同的认定标准较为宽松。债权人与保证人签订保证合同，固然可以成立保证合同，但如向债权人出具关于担当保证人的承诺，向债权人表示“可考虑代替偿还”等都可能成立保证合同。因此，当事人在交易过程中要慎重作出承诺，防止承诺内容被认定为保证合同。债权人应充分利用保证合同成立的多元性特征，以适当的方式为债权谋取相应的担保。

相关法条

《合同法》

第十三条 当事人订立合同，采取要约、承诺方式。

《担保法》

第六条 本法所称保证，是指保证人和债权人约定，当债务人不履行债务时，保证人按照约定履行债务或者承担责任的行为。

以下为最高法院在二审判决书“本院认为”部分就此问题发表的意见：

兆麟支行于2000年至2004年曾三次向金磊石材发出本案4516877.93美元欠款的《进口押汇催收书》或《催收通知书》。2000年5月9日的《进口押汇催收书》载明“以上进口押汇均由玉堂石材提供担保。”2002年5月9日的《进口押汇催收书》载明“以上押汇均由玉堂集团提供担保，期限两年。”2004年4月24日的《催收通知书》载明“由玉堂集团承担连带保证责任，保证期间两年。”对上述催收，金磊石材不持异议，在借款单位处签盖公章，玉堂集团均在担保人位置加盖了公章。兆麟支行在上述催收通知中要求玉堂集团承担金磊石材欠款的保证责任的意思表示是明确的，作为债务人金磊石材和保证人延寿石材的关联公司，玉堂集团对金磊石材欠款和延寿石材保证的事实应当是知晓的，其在催收通知书担保人处加盖公章的行为表明玉堂集团接受了兆麟支行的要约。因其不能提供兆麟支行利用催收骗取担保的相关证据，应当认定玉堂集团承诺提供担保的意思表示是真实的。上述三份催收通知具有保证合同的效力，玉堂集团应当依承诺承担本案金磊石材4516877.93美元欠款的连带保证责任。玉堂集团关于其在催收通知上盖章只是表示收到该通知，不具有可以推定玉堂集团同意承担保证责任的明确意思表示，催收通知不具有保证合同的效力的上诉理由与事实不符，本院亦不予支持。

案件来源

哈尔滨玉堂石材集团有限公司与北京东方玉堂石材贸易有限公司借款担保合同纠纷二审民事判决书［最高人民法院（2007）民二终字第174号］

第二节 保证方式

018［最高法院］承担保证责任的条件——债务人“不能偿还债务”与“不能按期偿还债务”之间的区别到底有多大？

保证合同约定债务人“不能按期偿还债务”时即承担保证责任的，为连带责任保证

裁判要旨

保证合同约定债务人“不能偿还”到期债务时保证人承担保证责任的，属于约定客观上债务人确无能力偿还债务时，保证人承担保证责任，此时可认定保证人承担一般保证责任。但是，如果保证合同约定债务人“不能按期偿还”到期债务时保证人承担保证责任的，则不能将保证人承担保证责任的条件理解为债务人确实无力偿还债务的客观能力的约定，而是表明到期不能偿还即产生保证责任，此时可认定保证人承担连带保证责任。

案情简介

一、1989年10月6日，中国人民建设银行黔南布依族苗族自治州中心支行（以下简称黔南中心支行）与贵州剑江化肥厂签订《中国人民建设银行基本建设借款合同》，贵州剑江化肥厂向黔南中心支行借款800万元，约定全部贷款到期，贷款方发出逾期通知三个月后，仍未归还，贷款方可以直接从借款方或担保方的各项投资和存款中扣收。开磷公司在担保单位一栏中签章。

二、1990 年 8 月至 1993 年 10 月，黔南中心支行与贵州剑江化肥厂签订四份《中国人民建设银行借款合同》，贵州剑江化肥厂向黔南中心支行借款共计 1650 万元。上述合同均约定“贷款到期，借款方如不能按期偿还，由担保单位代为偿还”。开磷公司在担保单位一栏中签章。

三、上述合同签订后，黔南中心支行均如约支付了借款，贵州剑江化肥厂未予偿还。1999 年 12 月 4 日，黔南中心支行将上述债权转让给中国信达资产管理公司重庆办事处。2001 年 3 月 27 日，中国信达资产管理公司重庆办事处又将上述债权转让给信达公司贵阳办事处。

四、2004 年 12 月 24 日，黔南中院依法裁定宣告贵州剑江化肥厂破产还债，并于 2006 年 1 月 17 日在《人民法院报》上公告终结贵州剑江化肥厂破产还债程序。2007 年 6 月 25 日，信达公司贵阳办事处在黔南中院领取了（2004）黔南民二破字第 1-2 号民事裁定书。2007 年 11 月 2 日，信达公司贵阳办事处向贵州高院提起诉讼，请求判令开磷公司向其履行保证责任，代被保证人贵州剑江化肥厂偿还借款本息合计 72381616.5 元。

五、贵州高院一审判决驳回了信达公司贵阳办事处的诉讼请求。信达公司贵阳办事处不服，向最高法院上诉。最高法院二审判决支持了原告的诉讼请求。

败诉原因

本案中，信达公司贵阳办事处在二审中提出，一审法院认定案涉五个借款合同中的保证责任方式为一般保证是错误的，最高法院判决支持了信达公司的观点。最高法院认为：借款合同中存在的两种表述，都表达了保证人承担保证责任的条件是借款人“不能按期”偿还债务，而非借款人“不能”偿还债务。该“不能”字样是与“按期”结合在一起使用，不能将其理解为确实无力偿还借款的客观能力的约定，仅是表明到期不能偿还即产生保证责任，应认定为连带保证责任。开磷公司主张借款合同中的上述表述是一般保证的主张，未获最高法院支持。开磷公司因此败诉。

败诉教训、经验总结

前事不忘，后事之师。为避免未来发生类似败诉，提出如下建议：

1. 合同的措辞的重要性，在本案中几乎被无限放大。一字之差，就是霄壤之别。本案中，最高法院认为，当保证合同中约定的保证人承担保证责任的条件为债务人“不能偿还”债务的，是将债务人客观上不能偿还债务作为保证人承担保证责任的条件。此时，为一般保证，保证人享有先诉抗辩权。但如果保证合同中约定的保证人承担保证责任的条件为债务人“不能按期偿还”债务的，不能理解为是将债务人客观上不能偿还债务作为保证人承担保证责任的条件。只是说明一旦债务人到期不能偿债，债权人即有权要求保证人承担保证责任。也即，此时的保证为连带责任保证。

由此可见，多了“按期”两个字，导致法律关系的性质发生根本性变化，对当事人的权利义务影响之巨，自不待言。因此，律师在合同审查、法律文书起草及法律意见书制作过程中，专业准确的措辞，事关当事人的是非成败，是一个律师职业水平最集中的体现，必须认真对待。

本案也再次提醒所有的市场参与主体，在从事交易时，一定要慎之又慎，务必反复研究设计包括合同文件、往来信函在内的一切文书内容。涉及重大交易时，一定要委托律师或者专业法务人员对文书内容进行审核，切莫“贪小便宜”，自己“动手”制定合同甚至照抄照搬网上的合同“模板”，导致合同内容与交易预设发生重大偏差，进而面临巨大的交易风险。

2. 本案也提醒我们，在担保合同中对于担保方式的约定，必须清楚明确。如果没有约定或者约定不明，根据《担保法》第十九条的规定，一律认定为连带责任保证。因此，作为保证人，必须清楚签订保证合同的风险，切勿在保证责任承担方式的问题上“打马虎眼”，切莫企图通过模糊措辞来争取“有利地位”，否则将适得其反。

相关法条

《担保法》

第十七条 当事人在保证合同中约定，债务人不能履行债务时，由保证人承担保证责任的，为一般保证。

一般保证的保证人在主合同纠纷未经审判或者仲裁，并就债务人财产依法强制执行仍不能履行债务前，对债权人可以拒绝承担保证责任。

有下列情形之一的，保证人不得行使前款规定的权利：

（一）债务人住所变更，致使债权人要求其履行债务发生重大困难的；

（二）人民法院受理债务人破产案件，中止执行程序的；

（三）保证人以书面形式放弃前款规定的权利的。

第十八条 当事人在保证合同中约定保证人与债务人对债务承担连带责任的，

为连带责任保证。

连带责任保证的债务人在主合同规定的债务履行期届满没有履行债务的，债权人可以要求债务人履行债务，也可以要求保证人在其保证范围内承担保证责任。

第十九条 当事人对保证方式没有约定或者约定不明确的，按照连带责任保证承担保证责任。

《担保法司法解释》

第三十四条 一般保证的债权人在保证期间届满前对债务人提起诉讼或者申请仲裁的，从判决或者仲裁裁决生效之日起，开始计算保证合同的诉讼时效。

连带责任保证的债权人在保证期间届满前要求保证人承担保证责任的，从债权人要求保证人承担保证责任之日起，开始计算保证合同的诉讼时效。

第三十五条 保证人对已经超过诉讼时效期间的债务承担保证责任或者提供保证的，又以超过诉讼时效为由抗辩的，人民法院不予支持。

第三十六条 一般保证中，主债务诉讼时效中断，保证债务诉讼时效中断；连带责任保证中，主债务诉讼时效中断，保证债务诉讼时效不中断。

一般保证和连带责任保证中，主债务诉讼时效中止的，保证债务的诉讼时效同时中止。

以下为最高法院在二审判决书“本院认为”部分就此问题发表的论述：

一、关于本案开磷公司提供保证的方式

本案中，开磷公司提供的保证在借款合同中有两种表述：一是黔信字第4号《借款合同》的表述是：“全部贷款到期，贷款方发出逾期通知三个月后，仍未归还，贷款方可以直接从借款方或担保方的各项投资和存款中扣收。”二是黔信字第5号、(91)贷字第009号、(92)建贷字第2号、(93)匀建贷字第2号《借款合同》的表述是：“贷款到期，借款方如不能按期偿还，由担保单位代为偿还，担保单位在接到黔南中心支行还款通知三个月后仍未归还，黔南中心支行有权从借款方或担保单位的投资或存款户中扣收，或委托其他金融机构扣收。”此外，开磷公司还就(93)匀建贷字第2号《借款合同》向黔南中心支行出具《借款担保书》，承诺“当借款单位不能履行借款合同如期偿还借款本息条件时，本公司(厂)将无条件承担责任，保证按照借款合同的规定，代借款单位偿还所欠借款本息。本担保书不可撤销。本担保书作为(93)年匀建贷字第2号借款合同的附属文件，其有效期直至全部还清借款单位应归还借款本息为止。”区分连带责任保证和一般保证的重要标志就是保证人是否享有先诉抗辩权，即债权人是否必须先行对主债务人主张权利并经强制执行仍不能得到清偿时，方能要求保证人承担保证责任。上述借款合同中的第一种表述，只要贷款达到约定期限仍未归还，即将担保方与借款方的责任一并对待，并未区分保证人应否在主债务人客观偿还不能，即先向主债务人主张权利不能后，方承担保证责任，因此，此处保证责任约定是清楚的，为连带责任保证。上述借款合同中的第二种表述有“不能”字样，如单纯使用“不能”字样，则具有客观上债务人确无能力偿还借款的含义，此时保证人方承担保证责任可以认定为一般保证责任。但是，该“不能”字样是与“按期”结合在一起使用，则不能将其理解为确实无力偿还借款的客观能力的约定，仅是表明到期不能偿还即产生保证责任。因此，第二种表述亦应认定为连带保证责任。至于开磷公司为（93）年匀建贷字第 2 号借款合同提供的《借款担保书》则更为明确地将保证责任界定为无条件承担，亦为约定清楚的连带责任保证。综上，本案讼争的保证责任为连带责任保证。由于本案讼争借款的主债务人贵州剑江化肥厂已经破产，且破产程序已经终结，即使借款合同约定为一般保证责任，此时保证人的责任因主债务人的破产也已经产生。

案件来源

中国信达资产管理公司贵阳办事处与贵阳开磷有限责任公司借款合同纠纷二审民事判决书［最高人民法院（2008）民二终字第 106 号，《中华人民共和国最高人民法院公报》2009 年第 10 期（总第 156 期）］

019［咸宁中院］承诺“个人资产作抵押”，到底是怎样的一种担保形式？

以不特定的“个人资产作抵押”，应认定为保证担保

裁判要旨

抵押权为担保物权，故对抵押担保必须要求抵押物具体确定。担保人承诺以不特定的“个人资产作抵押”为债权提供担保的，不构成抵押担保的意思表示，而应认定为保证担保。

案情简介

一、2004 年至 2010 年，每年北辰公司与良炫公司签订一份内容大致相同的合作协议书，约定北辰公司向良炫公司供货。良炫公司法定代表人袁敏以个人资产作为对北辰公司债务的抵押。合同签订后，北辰公司履行了供货义务，截至 2011 年 10 月 20 日，双方经过对账，良炫公司实际下欠原告货款 1550691.54 元。

二、因被告良炫公司未履行付款义务，北辰公司向咸安区法院起诉，要求良炫公司支付货款及违约金，袁敏承担连带责任。咸安区法院一审判决良炫公司支付货款及违约金，袁敏承担连带责任。

三、袁敏不服，提出上诉，咸宁中院二审判决驳回上诉，维持原判。

四、袁敏仍不服，以判令其承担连带责任无法律依据为由向湖北高院申请再审。湖北高院指令咸宁中院再审。咸宁中院再审判决维持二审判决。

败诉原因

本案中袁敏败诉的原因在于其承诺以其“个人资产作为北辰公司债务的抵押”，构成了担保法意义上的连带保证。本案涉及一个“牛头对上马嘴”的问题。根据《物权法》和《担保法》的规定，抵押和保证是两种完全不同的担保形式。袁敏在本案中明确承诺以“个人资产”提供抵押担保，但却被两级法院三次判决认定为连带责任保证，明显超出了袁敏承诺的“文义”范围。原因在于抵押担保作为担保物权，其抵押物必须具有特定性，抵押物不具有特定性，一般不能成立抵押担保（《物权法》第一百八十一条规定的浮动抵押除外）。而保证担保是以保证人的一般责任财产为债务提供担保的担保形式。袁敏在本案中承诺以不具有现实性、特定性的“个人资产”抵押，应视为袁敏个人财产在动态化、浮动化中，系个人资产的集合概念，包括个人的不动产、动产、权利等，构成一般责任财产意义上的担保。故咸宁中院再审认为：“虽然袁敏承诺的是以个人资产作为抵押，但并未约定以何种资产进行抵押，其资产始终处于动态之中，故袁敏的担保行为实质是一种信用担保，即保证担保。”而本案中袁敏又未约定具体的保证责任方式，根据《担保法》第十九条的规定，应认定为连带责任保证。故咸宁中院再审判决确认袁敏应承担连带责任，袁敏因此败诉。

败诉教训、经验总结

前事不忘，后事之师。为避免未来发生类似败诉，提出如下建议：

1. 抵押权为担保物权，根据《物权法》第二条的规定，本法所称物权为“权利人依法对特定的物享有直接支配和排他的权利”。故作为物权的担保物权，必须是抵押权人对特定的物所享有的权利。但在本案中，袁敏笼统地以“个人资产”提供抵押，虽然有抵押之名，但因抵押物缺乏特定性，无法形成抵押之实。因此，当事人在处理抵押担保法律关系时，应妥善处理好《物权法》第一百八十一条规定的浮动抵押和所谓的“企业全部资产抵押”之间的关系。《物权法》第一百八十一条规定的浮动抵押的抵押物虽然处于不断的变化之中，但在任何一个特定的时间点抵押权人对抵押人提供的抵押物（生产设备、原材料、半成品、产品）都可以特定化，抵押物范围具体明确，且具有可变价性。此点与所谓的“个人资产”“企业资产”有着本质的区别，因为个人资产除了看得见的物权外，还有不可抵押的债权及在某种意义上不可评估的个人信用，不具有特定性，且无法直接对其进行变卖拍卖以实现变价受偿。故所谓的“个人资产”“企业资产”，不能成为抵押权的客体。

2. 本案最值得关注的点在于法院将以个人资产抵押的承诺解释为连带责任保证。这一解释结论背后的法理在于，所谓的保证是指以债务人以外的第三人的一般责任财产为债务提供担保的担保形式。此处的一般责任财产是指民事主体据以对外承担民事责任的财产及信用的总和，通常我们称之为全部个人财产或全部企业财产。因此，如果担保人承诺以“个人资产”“企业全部资产”为债务提供抵押担保，实际上就是以个人的一般责任财产为他人的债务提供担保，符合保证担保的本质特征。须特别注意的是，虽然以个人资产“抵押”不至于使债权“脱保”，但关键的问题在于债权人不能对担保人的“个人资产”行使如抵押权般的优先受偿权，这是其风险所在。

3. 本案法院运用的意思表示的解释方法也颇为值得关注。根据《合同法》第一百二十五条第一款的规定：“当事人对合同条款的理解有争议的，应当按照合同所使用的词句、合同的有关条款、合同的目的、交易习惯以及诚实信用原则，确定该条款的真实意思。”即对于合同解释，不应拘泥于文字，而应探求当事人真意。《民法总则》第一百四十二条第一款规定：“有相对人的意思表示的解释，应当按照所使用的词句，结合相关条款、行为的性质和目的、习惯以及诚信原则，确定意思表示的含义。”该规定也确定了对于有相对人意思表示的解释除应遵循文义外，也应探求当事人真意。因此，对于当事人真意的探求是合同解释的根本。此处所谓的当事人真意，并非当事人纯粹主观上的意思表示，而是旨在通过法律条文与事实间的“往返流转”能够最终“锚定”的“真实意思”，即既要尊重当事人意思，也要保护交易安全。在本案中，当事人文义上采用的是“抵押”，但通过意思表示的内容、目的来看，构成了《担保法》意义上的连带责任保证。这一解释方法不属于法律行为的转换制度，而纯粹属于法律行为的解释问题。

相关法条

《民法总则》

第一百四十二条 有相对人的意思表示的解释，应当按照所使用的词句，结合相关条款、行为的性质和目的、习惯以及诚信原则，确定意思表示的含义。

无相对人的意思表示的解释，不能完全拘泥于所使用的词句，而应当结合相关条款、行为的性质和目的、习惯以及诚信原则，确定行为人的真实意思。

《物权法》

第二条 因物的归属和利用而产生的民事关系，适用本法。

本法所称物，包括不动产和动产。法律规定权利作为物权客体的，依照其规定。

本法所称物权，是指权利人依法对特定的物享有直接支配和排他的权利，包括所有权、用益物权和担保物权。

第一百七十九条 为担保债务的履行，债务人或者第三人不转移财产的占有，将该财产抵押给债权人的，债务人不履行到期债务或者发生当事人约定的实现抵押权的情形，债权人有权就该财产优先受偿。

前款规定的债务人或者第三人为抵押人，债权人为抵押权人，提供担保的财产为抵押财产。

第一百八十一条 经当事人书面协议，企业、个体工商户、农业生产经营者可以将现有的以及将有的生产设备、原材料、半成品、产品抵押，债务人不履行到期债务或者发生当事人约定的实现抵押权的情形，债权人有权就实现抵押权时的动产优先受偿。

《担保法》

第六条 本法所称保证，是指保证人和债权人约定，当债务人不履行债务时，保证人按照约定履行债务或者承担责任的行为。

第十九条 当事人对保证方式没有约定或者约定不明确的，按照连带责任保证承担保证责任。

《合同法》

第一百二十五条 当事人对合同条款的理解有争议的，应当按照合同所使用的词句、合同的有关条款、合同的目的、交易习惯以及诚实信用原则，确定该条款的真实意思。

合同文本采用两种以上文字订立并约定具有同等效力的，对各文本使用的词句推定具有相同含义。各文本使用的词句不一致的，应当根据合同的目的予以解释。

以下为咸宁中院在再审判决中就此问题发表的意见：

本院再审认为：《中华人民共和国担保法》第六条规定本法所称保证，是指保证人和债权人约定，当债务人不履行债务时，保证人按照约定履行债务或者承担责任的行为。本案中，北辰公司与良炫公司合作多年，两家公司从2005年直至2010年每年都签合作协议书，袁敏为取得北辰公司的信任，均在上述合作协议书中载明：以袁敏个人资产作为北辰公司债务的抵押。虽然袁敏承诺的是以个人资产作为抵押，但并未约定以何种资产进行抵押，其资产始终处于动态之中，故袁敏的担保行为实质是一种信用担保，即保证担保。《中华人民共和国担保法》第十九条规定，当事人对保证方式没有约定或者约定不明确的，按照连带责任保证承担保证责任。在本案中，因双方当事人保证方式约定不明，袁敏应按连带责任保证承担保证责任。

案件来源

再审申请人袁敏与被申请人湖北北辰汽车转向系统有限公司买卖合同纠纷一案再审民事判决书［咸宁市中级人民法院（2014）鄂咸宁中民再终字第11号］

延伸阅读

一、将以个人资产抵押认定为保证担保的判例

案例一：张家港市九五钢材贸易有限公司与刘军华、张家港市上博金属制品有限公司等买卖合同纠纷二审民事判决书［苏州市中级人民法院（2016）苏05民终4966号］，该院认为："上诉人刘军华对于上博公司结欠九五公司货款92万余元的事实并无异议，本院予以确认。刘军华承诺对其中的85万余元欠款承担还款责任，在承诺书中，刘军华明确表示以不特定的个人资产作为抵押，直至付清，该表述应认定为提供保证担保，因未对保证责任形式作出约定，应视为连带责任保证。根据《最高人民法院关于适用〈中华人民共和国担保法〉若干问题的解释》第三十二条第二款的规定，保证合同约定的保证人承担保证责任直至主债务本息还清时为止等类似内容的，视为约定不明，保证期间为主债务履行期届满之日起二年。故以承诺的还款期限2015年4月30日计算，本案原告九五公司于2016年1月6日起诉时并未超过保证期间，刘军华应当承担保证责任，对于其以超过保证期间不承担保证责任所作抗辩，本院不予支持。"

案例二：杨白凤与许国宏、重庆火荧商贸有限公司房屋租赁合同纠纷一审民事判决书［重庆市沙坪坝区人民法院（2015）沙法民初字第09612号］，该院认为："许国宏在《欠条》中承诺火荧公司逾期未返还各项款项共计17500元及利息，以许国宏个人资产抵押偿还，实际是承诺承担保证责任。由于双方未明确约定保证方式，应按连带责任保证形式承担保证责任。现火荧公司未返还杨白凤各项款项等共计17500元及利息，许国宏应当对火荧公司应返还的租金等款项及应赔付的资金占用损失承担连带责任。"

案例三：上海隽威国际贸易有限公司与上海硕泰五金橡塑胶制品有限公司买卖合同纠纷一审民事判决书［上海市闵行区人民法院（2016）沪0112民初11936号］，该院认为："被告赖忠政向原告隽威公司出具承诺书表示如上述两张支票未能及时兑付，由其本人承担一切责任，由个人资产抵押，表明被告赖忠政愿意为被告硕泰公司出票的两张支票款承担保证责任。因承诺书中未对保证责任承担方式作出明确约定，根据担保法规定，被告赖忠政应对被告硕泰公司的上述债务承担连带保证责任。被告赖忠政承担保证责任后，有权向被告硕泰公司追偿。"

二、将以个人资产作抵押认定为抵押担保的判例

案例四：吉林省聚隆钢铁有限公司、李健与本溪利联商贸有限公司买卖合同纠纷二审民事判决书［本溪市中级人民法院（2017）辽05民终703号］，该院认为："关于李健是否应当承担连带还款责任的问题。还款合同第七条约定'乙方承诺由乙方名下的企业及个人资产作为抵押物，抵押给甲方以保证甲方债权的实现，乙方无条件配合'，说明李健不但作为聚隆公司的法定代表人的身份签字，还作为自然人的身份参与还款合同的签订。李健与利联公司以李健个人资产作为抵押物，未办理抵押登记，抵押权未设立，但双方的约定仍合法有效，利联公司基于抵押条款要求李健承担连带清偿责任并无不妥。"

第三节　保证期间与诉讼时效

020［最高法院］连带保证的诉讼时效何时起算，如何中断？

> **连带保证的诉讼时效自债权人向保证人主张权利之日起计算，债权人再次主张权利时中断**

裁判要旨

《担保法司法解释》第三十六条第一款规定："一般保证中，主债务诉讼时效中断，保证债务诉讼时效中断；连带责任保证中，主债务诉讼时效中断，保证债务诉讼时效不中断。"该条规定主要在于明确保证债务的诉讼时效是否随主债务诉讼时效中断而中断的问题，而并非指一般保证中保证债务诉讼时效可以中断，连带保证中保证债务诉讼时效不能中断。

案情简介

一、1992 年 3 月至 1993 年 5 月，龙宝公司先后与胶南农行签订四份外汇借款合同。原山东省胶南市农药厂（后更名为"农冠公司"）向胶南农行提供贷款不可撤销保证担保。借款发放后，借款人和保证人未能还款。1999 年 3 月 20 日，龙宝公司、原山东省胶南市农药厂又与胶南农行签订（逾期）借款合同补充协议，约定保证人继续为龙宝公司的借款提供担保，保证期间至本协议签订二年后终止。保证方式为连带保证。

二、2000 年 2 月 20 日，胶南农行向债务人、保证人发送逾期贷款催收通知单，债务人、保证人分别在该通知单上签章确认。2000 年 3 月 27 日，胶南农行将本案借款合同项下的主从债权转让给中国长城资产管理公司济南办事处，并将转让的事实通知了债务人和保证人。2002 年 3 月、2004 年 3 月，中国长城资产管理公司济南办事处先后两次发布催收公告。2005 年 3 月，中国长城资产管理公司济南办事处又将该案债权转让与创丰公司，并于 2005 年 3 月在《经济导报》发布债权转让公告。

三、2006 年 12 月 30 日，创丰公司通过 EMS 向债务人、保证人寄送债务逾期催收通知书。2007 年 2 月 12 日，创丰公司向青岛市市北区人民法院递交支付令申请书，要求债务人、保证人偿还借款本息，2007 年 3 月 12 日，创丰公司的支付令申请被青岛市市北区人民法院裁定驳回。2009 年 3 月 11 日、2011 年 3 月 2 日，创丰公司又分别向债务人、保证人通过特快专递的方式寄送债务逾期催收通知书催收债权。截至该案诉讼时，龙宝公司没有清偿借款本息，保证人农冠公司也未履行保证责任。

四、创丰公司向青岛中院起诉，要求债务人龙宝公司清偿本息，保证人农冠公司承担连带保证责任。青岛中院一审判决支持了创丰公司的诉讼请求。农冠公司不服，向山东高院上诉，山东高院二审判决驳回上诉，维持原判。

五、农冠公司仍不服，向最高法院申请再审，最高法院裁定驳回再审申请。

败诉原因

本案中农冠公司的败诉原因在于对于连带责任保证中，保证债务诉讼时效的中断理解错误。农冠公司认为，根据《担保法司法解释》第三十六条第一款关于“连带责任保证中，主债务诉讼时效中断，保证债务诉讼时效不中断”的规定应当理解为“债权人向连带保证的保证人主张权利的诉讼时效仅为二年，二年内不提起诉讼，则超过诉讼时效，依法不能保护其权利”。但最高法院认为，“该条规定主要在于明确保证债务的诉讼时效是否随主债务诉讼时效中断而中断的问题，而并非指一般保证中保证债务诉讼时效可以中断，连带保证中保证债务诉讼时效不能中断”。本案中，各债权人已经不断通过公告、信函、申请支付令等方式要求保证人承担保证责任，保证债务的诉讼时效已多次中断，故债权人对保证人的保证债务并未超过诉讼时效。农冠公司因此败诉。

败诉教训、经验总结

前事不忘，后事之师。为避免未来发生类似败诉，提出如下建议：

1. 保证合同的保证期间与诉讼时效之间的关系，保证债务的诉讼时效和主债务的诉讼时效之间的关系，是司法实务中的经常困扰律师、法官的难点和疑点。本案即涉及以下两个问题：（1）连带保证的诉讼时效何时开始起算？（2）连带保证的债务的诉讼时效是否可以中断？根据《担保法司法解释》第三十四条第二款的规定，“连带责任保证的债权人在保证期间届满前要求保证人承担保证责任的，从债权人要求保证人承担保证责任之日起，开始计算保证合同的诉讼时效。”也即：如果债权人只向债务人主张履行债务，而从未向保证人主张要求承担保证责任，则此时保证债务的诉讼时效并不开始起算。所以才有《担保法司法解释》第三十六条关于“连带责任保证中，主债务诉讼时效中断，保证债务诉讼时效不中断”的规定。因为保证债务的诉讼时效都尚未起算，何来中断之说。

2. 一旦债权人在保证期间内向连带保证人主张承担保证责任，则保证债务的诉讼时效即开始起算。此时，保证期间已经完成了其“历史使命”，保证人不得再以保证期间经过为由，主张免责。简言之，即此时的保证人已经沦为相当于连带债务人的地位，其对债权人负担的债务诉讼时效的中止、中断、延长应单独认定。且根据《担保法司法解释》第三十六条的规定，不因主债务诉讼时效中止、中断或延长而受影响。

3. 连带责任保证中保证期间与保证债务的诉讼时效是前后相继且不能并存的关系。保证期间计算期间，保证债务尚未产生，自无计算保证债务诉讼时效起算的可能。因此在诉讼中，保证人意欲免除保证责任，应区分两种不同的情形：（1）如果债权人从未向保证人主张过权利的，则保证人可通过证明债权人未在保证期间内向保证人主张承担保证责任而免责；（2）如果债权人已经在保证期间内向保证人主张过权利，则此时保证人不能再以保证期间已经过来抗辩，而必须转换思路，通过保证债务的诉讼时效来抗辩，也即通过证明保证债务的诉讼时效经过来抗辩。

4.《担保法司法解释》第三十六条第一款关于“一般保证中，主债务诉讼时效中断，保证债务诉讼时效中断”的规定，在理解上有以下值得注意的地方：诉讼时效中断的事由为在诉讼时效期间内向债务人主张过权利，包括但不限于起诉、寄送催款单、申请支付令等。但如果结合《担保法司法解释》第三十四条第一款关于“一般保证的债权人在保证期间届满前对债务人提起诉讼或者申请仲裁的，从判决或者仲裁裁决生效之日起，开始计算保证合同的诉讼时效”的规定，该规定与《担保法司法解释》第三十六条第一款关于一般保证债务诉讼时效中断的规定，似有矛盾之处。因为：（1）如果债权人通过寄送催款单而非起诉的方式向债务人主张债权，此时保证债务的诉讼时效尚未开始起算，何来中断之有。即出现了“不起算，即中断”的逻辑矛盾。（2）如果债权人已经通过诉讼的方式向债务人主张了债权，则主债权的诉讼时效使命已经完成，诉讼时效对于主债务而言已经没有意义，不会出现中止、中断的事由，也就没有《担保法司法解释》第三十六条第一款关于一般保证债务诉讼时效中断的规定适用的可能性。

因此，学界普遍认为，《担保法司法解释》第三十六条第一款关于一般保证债务诉讼时效中断与主债务诉讼时效的中断之间关系的规定是一个错误条文。在该司法解释修改或废止之前，未来的诉讼中可以充分“利用”这一错误规定，为自己争取有利地位。

5. 结合以上分析，我们可以得出，保证债务的诉讼时效与主债务的诉讼时效在起算、中止、中断上彼此独立，没有任何关系。《担保法司法解释》第三十六条第一款关于一般保证债务诉讼时效中断的规定是一个错误条文，一般保证债务的诉讼时效是否存在中止、中断或延长的事由，应在一般保证债务诉讼时效起算后，结合具体情况单独判断，也即根据《最高人民法院关于审理民事案件适用诉讼时效制度若干问题的规定》（以下简称《诉讼时效司法解释》）中的相关规定单独判断。

相关法条

《担保法》

第二十五条 一般保证的保证人与债权人未约定保证期间的，保证期间为主债务履行期届满之日起六个月。

在合同约定的保证期间和前款规定的保证期间，债权人未对债务人提起诉讼或者申请仲裁的，保证人免除保证责任；债权人已提起诉讼或者申请仲裁的，保证期间适用诉讼时效中断的规定。

第二十六条 连带责任保证的保证人与债权人未约定保证期间的，债权人有权自主债务履行期届满之日起六个月内要求保证人承担保证责任。

在合同约定的保证期间和前款规定的保证期间，债权人未要求保证人承担保证责任的，保证人免除保证责任。

《担保法司法解释》

第三十一条 保证期间不因任何事由发生中断、中止、延长的法律后果。

第三十二条 保证合同约定的保证期间早于或者等于主债务履行期限的，视为没有约定，保证期间为主债务履行期届满之日起六个月。

保证合同约定保证人承担保证责任直至主债务本息还清时为止等类似内容的，视为约定不明，保证期间为主债务履行期届满之日起二年。

第三十四条 一般保证的债权人在保证期间届满前对债务人提起诉讼或者申请仲裁的，从判决或者仲裁裁决生效之日起，开始计算保证合同的诉讼时效。

连带责任保证的债权人在保证期间届满前要求保证人承担保证责任的，从债权人要求保证人承担保证责任之日起，开始计算保证合同的诉讼时效。

第三十六条 一般保证中，主债务诉讼时效中断，保证债务诉讼时效中断；连带责任保证中，主债务诉讼时效中断，保证债务诉讼时效不中断。

一般保证和连带责任保证中，主债务诉讼时效中止的，保证债务的诉讼时效同时中止。

以下为最高法院在裁定书“本院认为”部分就此问题发表的意见：

《最高人民法院关于审理民事案件适用诉讼时效制度若干问题的规定》第十二条规定：“当事人一方向人民法院提交起诉状或者口头起诉的，诉讼时效从提交起诉状或者口头起诉之日起中断。”第十三条第二项规定：“下列事项之一，人民法院应当认定与提起诉讼具有同等诉讼时效中断的效力：……（二）申请支付令……。”本案中，创丰公司于2007年2月12日向山东省青岛市市北区人民法院递交支付令申请书，该院于2007年3月12日裁定驳回创丰公司的申请。在此期间，诉讼时效处于持续中断的状态，应自2007年3月12日开始重新计算。故创丰公司于2009年3月11日向农冠公司以特快专递的方式寄送债务逾期催收通知书主张权利，并未超过诉讼时效。《最高人民法院关于适用〈中华人民共和国担保法〉若干问题的解释》第三十六条第一款规定："一般保证中，主债务诉讼时效中断，保证债务诉讼时效中断；连带责任保证中，主债务诉讼时效中断，保证债务诉讼时效不中断。"该条规定主要在于明确保证债务的诉讼时效是否随主债务诉讼时效中断而中断的问题，而并非指一般保证中保证债务诉讼时效可以中断，连带保证中保证债务诉讼时效不能中断。本案中，债权人在保证债务的诉讼时效期间内，通过发送逾期贷款催收通知单或刊发公告的方式连续不断地向农冠公司催收债权，故本案债权并未超过诉讼时效。农冠公司申请再审称创丰公司只要未在二年诉讼时效期间内向法院提起诉讼，农冠公司就免除保证责任，缺乏法律依据。

案件来源

青岛农冠农药有限责任公司与青岛创丰实业有限公司及青岛胶南市第二塑料厂、青岛龙宝塑料制品有限公司借款合同纠纷申请再审民事裁定书［最高人民法院（2013）民申字第2092号］

021［最高法院］在保证期间内债权人仅向部分连带共同保证人主张权利，其他连带共同保证人能否主张免责？

债权人对连带共同保证人之一主张权利的，效力及于其他连带共同保证人

裁判要旨

在连带共同保证中，保证人是作为一个整体共同对债权人承担保证责任，债权人向共同保证人中的任何一人主张权利，都是债权人要求保证人承担保证责任的行为，其效力自然及于所有的保证人。因此，在保证期间内，债权人仅向部分连带保证人主张权利的，其他连带保证人不得以债权人未在保证期间内向其主张权利而免责。

案情简介

一、2012 年 2 月 15 日，债务人双溪公司、康业公司与债权人惠明公司，保证人邱某签订一份《协议书》，约定：截止至 2011 年 12 月 31 日，双溪公司、康业公司共欠惠明公司货款共计人民币 14520103.32 元，邱某、康业公司对全部债务提供连带责任担保。邱某为双溪公司、康业公司的实际控制人。

二、2012 年 4 月 6 日，惠明公司与双溪公司签订《抵款协议》，对抵后双溪公司尚欠惠明公司 8703904.41 元。同日，惠明公司发《债权转让通知书》给双溪公司，将上述全部债权转让给三明医药公司。三明医药公司对保证人邱某进行催收后，邱某在保证人一栏上签字并按手印。

三、双溪公司到期未还款。三明医药公司向三明中院起诉，要求判令：双溪公司偿还本金及违约金；康业公司、邱某对上述全部款项承担连带清偿责任。三明中院判决：双溪公司偿还本金；康业公司、邱某承担连带清偿责任。康业公司、邱某承担连带保证责任后，有权向双溪公司追偿。

四、康业公司不服，上诉至浙江省高院，浙江省高院二审判决驳回上诉，维持原判。康业公司仍不服，向最高法院申请再审，最高法院裁定驳回其再审申请。

败诉原因

本案中康业公司申请再审的一个重要理由之一是三明医药公司未在六个月保证期间内向其主张要求承担保证责任，故康业公司应当不再承担保证责任。但最高法院认为："在连带共同保证中，保证人是作为一个整体共同对债权人承担保证责任，债权人向共同保证人中的任何一人主张权利，都是债权人要求保证人承担保证责任的行为，其效力自然及于所有的保证人。本案中，三明医药公司向连带共同保证人之一的邱某主张权利，其效力应当及于作为连带共同保证人的康业公司。"也即，只要三明医药公司在保证期间内向任何一个连带共同责任保证人主张过权利，即相当于同时向其他连带共同保证人主张过权利，其他连带共同保证人即不得以债权人未在保证期间内向其主张权利为由而主张免除保证责任。康业公司因此败诉。

败诉教训、经验总结

前事不忘，后事之师。为避免未来发生类似败诉，提出如下建议：

1. 从《担保法》第十二条关于承担连带责任保证的保证人一人或者数人承担

保证责任后，有权要求其他保证人清偿应当承担的份额的规定来看，连带共同责任保证的各保证人之间实际上处于连带债务人的地位，而所谓的连带债务是指各债务人不分份额地向债权人共同承担的债务。连带债务具有以下特征：（1）连带债务本质上是同一个债务而非多个单独的债务；（2）连带债务是由多个人共同向债权人承担，而非各个连带债务人单独或分别向债权人承担；（3）各连带债务人负担的债务具有牵连性和同一性，债权人向任何一个债务人主张权利的法律效果都及于其他债务人。所以，本案中，债权人向连带保证人之一邱某主张权利的法律效果应当及于本案的再审申请人康业公司。

2. 连带共同保证的牵连性不仅体现在保证期间上，也体现在诉讼时效上。具体而言，如果债权人在保证期间内向连带共同保证人主张过权利，则根据《担保法司法解释》第三十四条第二款的规定，保证合同的诉讼时效开始起算。此时，债权人向部分连带共同保证人主张保证债务的，根据《诉讼时效司法解释》第十七条的规定，即构成对全体连带共同保证人诉讼时效的中断。

3. 连带共同保证债务虽然具有牵连性，但债权人明确表示不再向部分债务人主张债权的，其他连带共同保证人不得以此为由也主张全部免责，而仅得主张在债权人放弃债权的范围内免责。此时，债权人放弃债务的范围可根据《民法总则》第一百七十八条按如下原则确定：各连带共同保证人有内部约定的，从其约定；没有内部约定的，推定放弃债权的范围仅为各保证人应平均分担的部分。

4. 从以上总结可以看出，连带保证是一种责任极重的担保形式。对债权人而言，应充分利用连带债务对各债务人效力上的牵连性这一特征及其优势，最大限度地节约实现权利的成本。例如，可就近选择主张权利的连带债务人、就近选择提起诉讼的法院、选择更易通知到的债务人、选择更易保存通知证据的债务人主张权利等。当然，如为稳妥，也可向全体债务人主张权利。

相关法条

《担保法》

第十二条 同一债务有两个以上保证人的，保证人应当按照保证合同约定的保证份额，承担保证责任。没有约定保证份额的，保证人承担连带责任，债权人可以要求任何一个保证人承担全部保证责任，保证人都负有担保全部债权实现的义务。已经承担保证责任的保证人，有权向债务人追偿，或者要求承担连带责任的其他保证人清偿其应当承担的份额。

《民法总则》

第一百七十八条 二人以上依法承担连带责任的，权利人有权请求部分或者全部连带责任人承担责任。

连带责任人的责任份额根据各自责任大小确定；难以确定责任大小的，平均承担责任。实际承担责任超过自己责任份额的连带责任人，有权向其他连带责任人追偿。

连带责任，由法律规定或者当事人约定。

《诉讼时效司法解释》

第十七条 对于连带债权人中的一人发生诉讼时效中断效力的事由，应当认定对其他连带债权人也发生诉讼时效中断的效力。

对于连带债务人中的一人发生诉讼时效中断效力的事由，应当认定对其他连带债务人也发生诉讼时效中断的效力。

《最高人民法院关于已承担保证责任的保证人向其他保证人行使追偿权问题的批复》

云南省高级人民法院：

你院云高法［2002］160号《关于已经承担了保证责任的保证人向保证期间内未被主张保证责任的其他保证人行使追偿权是否成立的请示》收悉。经研究，答复如下：

根据《中华人民共和国担保法》第十二条的规定，承担连带责任保证的保证人一人或者数人承担保证责任后，有权要求其他保证人清偿应当承担的份额，不受债权人是否在保证期间内向未承担保证责任的保证人主张过保证责任的影响。

此复。

以下为最高法院在裁定书“本院认为”部分就此问题发表的意见：

根据《中华人民共和国担保法》第十二条“承担连带责任保证的保证人一人或者数人承担保证责任后，有权要求其他保证人清偿应当承担的份额，不受债权人是否在保证期间内向未承担保证责任的保证人主张过保证责任的影响”的规定精神，在连带共同保证中，保证人是作为一个整体共同对债权人承担保证责任，债权人向共同保证人中的任何一人主张权利，都是债权人要求保证人承担保证责任的行为，其效力自然及于所有的保证人。本案中，三明医药公司向连带共同保证人之一的邱某主张权利，其效力应当及于作为连带共同保证人的康业公司。原审判决认定三明医药公司的债权没有超过保证期间，判令康业公司承担保证责任并无不当。

案件来源

浙江省诸暨市康业医药有限公司、福建三明医药股份有限公司等合同纠纷申请再审民事裁定书［最高人民法院（2015）民申字第2064号］

延伸阅读

关于连带责任保证人向债权人负担的保证责任具有牵连性的案例：

案例一：英贸公司诉天元公司保证合同追偿权纠纷二审民事判决书［云南省高级人民法院，《中华人民共和国最高人民法院公报》2002 年第 6 期（总第 80 期）］，该院认为："担保法第二十六条第二款的规定，是指在合同约定和法律规定的保证期间，债权人不要求保证人承担保证责任的，保证人的保证责任可以免除。而在连带共同保证中，由于保证人是作为一个整体共同对债权人承担保证责任，所以债权人向共同保证人中的任何一人主张权利，都是债权人要求保证人承担保证责任的行为，其效力自然及于所有的保证人。对那些未被选择承担责任的共同保证人来说，债权人向保证人中任何一人主张权利的行为，应当视为债权人已向其主张了权利。在环西建行诉京正公司、烟草公司和上诉人英贸公司的借款合同纠纷案中，债权人环西建行虽然起诉的是烟草公司和英贸公司，但其起诉的效力自然及于被上诉人天元公司。不能因环西建行未起诉天元公司，就认为天元公司的保证责任得以免除。英茂公司在承担了保证责任后，有权要求作为连带共同保证人的天元公司清偿其应当承担的份额。一审以天元公司的保证责任已免除，认定英贸公司不能再向天元公司主张行使追偿权，是适用法律错误。"

案例二：王甫报与杨礼富、庄崇石等民间借贷纠纷再审民事裁定书［江苏省高级人民法院（2016）苏民申 4330 号］，该院认为："根据王甫报所提交的录音资料以及证人王某的证言，王甫报在案涉借款到期后多次通过王某向庄崇石主张权利，而庄崇石、杨礼富、周艳是同时为案涉借款提供连带保证，即保证人是作为一个整体共同对债权人承担保证责任，所以债权人王甫报向保证人庄崇石、杨礼富、周艳中的任何一人主张权利，都是其要求保证人承担保证责任的行为，其效力自然及于所有保证人，故一、二审判决认定杨礼富应当承担担保责任，合法有据。"

案例三：刘伟、刘玉兰金融借款合同纠纷二审民事判决书［聊城市中级人民法院（2016）鲁 15 民终 2049 号］，该院认为："被上诉人曾在保证期间内向李明峰主张过权利，但未提交证据证明在保证期间内向二上诉人主张过权利。在共同保证人之间的内部法律关系中，基于公平原则，连带共同保证的保证人承担保证责任后，有权要求其他保证人承担其应当承担的份额，而不受债权人是否在保证期间内向未承担保证责任的保证人主张过保证责任的影响。本案中，二上诉人与原审被告李明峰均为娄存号、刘文文在被上诉人处的借款提供了连带责任保证，因保证人是作为一个整体共同对债权人承担保证责任，故被上诉人对李明峰主张权利即是要求保证人承担保证责任的行为，其效力及于所有的保证人，当然包括本案的二上诉人。二上诉人主张被上诉人未在保证期间内向其主张过权利，被上诉人在保证期间内向李明峰主张的效力不能及于二上诉人的上诉理由不能成立，本院不予支持。”

案例四：徐国荣与海门市刘氏铸造有限公司、杨某等民间借贷纠纷二审民事判决书［南通市中级人民法院（2014）通中民终字第0346号］，该院认为：“在原审审理过程中，徐国荣主张在保证期间内已要求刘氏某承担保证责任，并提供了证人沈某的证言、通话时间记录、移动公司通话清单等证据，对此本院认为证人沈某的证言作为直接证据，通话时间记录、移动公司通话清单等作为间接证据与徐国荣的当庭陈述已形成完整的证据链，经综合审查可确认其证明力，可证实徐国荣已在保证期间内要求过刘氏某承担保证责任，刘氏某作为连带责任保证人不能免除保证责任。同时根据《担保法》第二十六条第二款的规定，该规定是指在合同约定和法律规定的保证期间，债权人不要求保证人承担保证责任的，保证人的保证责任可以免除。而在连带共同保证中，由于保证人是作为一个整体共同对债权人承担保证责任，所以债权人向共同保证人中的任何一人主张权利，都是债权人要求保证人承担保证责任的行为，其效力自然及于所有的保证人。本案中徐国荣已提供充分证据证实其已在保证期间要求刘氏某承担保证责任，且徐国荣已提供证据证明在徐国荣向刘氏某主张权利时杨某也曾参与其中，本案中可以认定债权人徐国荣已在保证期间向杨某主张了权利，杨某不能免除保证责任。”

案例五：山东周村农村商业银行股份有限公司与梅玉珍、袁红等金融借款合同纠纷二审民事判决书［淄博市中级人民法院（2016）鲁03民终115号］，该院认为：“本案二审需要解决的问题是：被上诉人梅玉珍是否因超过保证期间而免除担保责任。《最高人民法院关于已承担保证责任的保证人向其他保证人行使追偿权问题的批复》（法释〔2002〕37号）指出‘根据《中华人民共和国担保法》第十二条的规定，承担连带责任保证的保证人一人或数人承担保证责任后，有权要求其他保证人清偿应当承担的份额，不受债权人是否在保证期间内向未承担保证责任的保证人主张过保证责任的影响’的规定精神，连带责任保证人是作为一个整体共同对债权人承担保证责任，债权人向共同保证人中的一人主张权利，都是债权人要求保证人承担保证责任的行为，其效力自然及于所有的保证人。本案中，上诉人在债务到期后的次日，要求保证人李强、朱玉林履行担保责任，且基于原审被告朱玉林与被上诉人梅玉珍的特殊关系，其效力应当及于被上诉人梅玉珍。因此，一审判决认定因债权人未要求其承担保证责任，免除被上诉人梅玉珍保证责任不当，上诉人主张被上诉人梅玉珍应承担保证责任的上诉理由，有事实和法律依据，本院依法予以支持。”

022 [最高法院] 对结算协议提供保证但最终未按期完成结算的，保证期间从何时开始起算？

对结算协议提供保证的，保证期间自协议约定的付款日期届满之日起算

裁判要旨

对工程结算协议提供保证，承担保证责任的保证期间应当自协议约定的结算付款截止之日起开始计算，而不能从实际完成结算之日起开始计算，否则将导致保证期间因不归责于保证人的原因被无限延长从而加重保证人的负担，有违担保法及其司法解释之规定。

案情简介

一、2013 年 10 月 12 日，为工程结算需要，沃土公司与金广公司签订《补充协议书》，约定：双方应当在协议签订之日起三十日内即 2013 年 11 月 11 日之前完成结算，沃土公司应当在结算完成之日起三日内即 2013 年 11 月 14 日之前支付结算值的 95%工程款，并于 2013 年 12 月 1 日前付清全部工程款。想想公司、裕联公司对本协议中沃土公司应承担的付款等义务承担连带责任保证。

二、协议签订后，沃土公司及金广公司未按协议约定日期完成结算并开始履行。金广公司向大连中院起诉，要求沃土公司支付工程款并要求想想公司、裕联公司承担连带保证责任。金广公司、沃土公司在一审诉讼过程中（2015 年 1 月 8 日）对工程价款数额达成一致。在一审诉讼之前，没有证据证明金广公司向想想公司、裕联公司提出过承担保证责任的要求。

三、本案历经一二审后，辽宁高院二审判决沃土公司支付工程款，但想想公司、裕联公司不承担保证责任。

四、金广公司不服，向最高法院申请再审，最高法院裁定驳回再审申请。

败诉原因

本案中金广公司的败诉原因在于：其对本案中连带责任保证的保证期间的起算

时间点出现错误认识。金广公司认为，案涉《补充协议书》的履行期，应自“沃土公司与金广公司实际结算之日起算”，也即应当自2015年1月8日起算。故金广公司在诉讼中要求想想公司、裕联公司承担保证责任，并未超过连带责任保证法定的6个月保证期间。但最高法院认为：“担保法及其司法解释将保证期间确定和限制为六个月，且除非保证人对债权债务双方变动主合同履行期限予以书面同意的，否则保证期间仍需遵从原合同约定或者法律规定，亦即不能因不归责于保证人的原因将保证期间无限期延长并加重保证人的负担……如按照金广公司申请再审所称自沃土公司与金广公司实际结算之日起算主债务履行期，则势必导致保证期间因不归责于保证人的原因被无限延长从而加重保证人的负担，有违担保法及其司法解释之规定。”本案中，没有证据证明金广公司在《补充协议书》约定的结算日期届满之日起六月个内向连带责任保证人主张过权利，故想想公司、裕联公司的保证责任因保证期间的经过已经免除。金广公司因此败诉。

败诉教训、经验总结

前事不忘，后事之师。为避免未来发生类似败诉，提出如下建议：

1. 对于保证人而言，结算协议中确定的付款日期是债务履行期届满日期。

根据《担保法》第二十五条、第二十六条的规定，不论是连带责任保证还是一般保证，保证期间的起算时间均为主债务履行期届满之日。本案中，金广公司与沃土公司签订的《补充协议书》主要事项是对工程结算事项的约定，双方在该协议中已经明确约定了完成结算的日期和付款日期。保证人是基于对协议中约定的付款完成之日的预期，才决定是否提供担保。因此，当因债权人、债务人的原因，导致实际的结算完成日期与付款日期滞后于协议约定日期时，实际上可视为债权人、债务人通过具体行为对协议进行了变更。这一变更加重了保证人的担保责任，如果未取得保证人的书面同意，保证人仅在原协议约定的范围内承担保证责任。也即，对于保证人而言，结算协议中确定的付款日期，可以认定为债务履行期届满的日期。

2. 对有保证担保的协议拖延完成结算，对于债权人而言存在一定风险。

实践中，施工人等债权人为了争取更多的结算款，往往会同债务人展开旷日持久的谈判，企图通过“拖延战术”迫使债务人妥协，同意其支付更多结算款的要求。即使双方在结算开始或者进行过程中，对结算完成之日及付款之日作出了明确约定，实践中未按协议履行而出现超期结算的情况也比比皆是。债权人争取更多结算款的愿望固然可以理解，也不应当被否定。但如果结算协议或者工程施工合同存在保证人，则拖延结算对于债权人而言则存在一定风险。理由是：对于保证人而言，保证责任期限实际上已经在结算协议或者工程施工合同确定的付款之日起开始计算。而根据《担保法司法解释》第三十一条的规定，保证期间为不变期间，不因任何事由而发生中断、中止或延长的法律后果。因此，如果工程结算久拖不决，一不留神就有可能导致原本有保证担保的结算协议或者工程施工合同因为保证期间（如无约定为六个月）的经过而变为无保证担保的债权。对于债权人而言，孰轻孰重，应根据具体情况认真掂量，切勿盲目地打“拖延战术”。

3. 约定了结算完成日期的债务为确定债权债务关系，可以被担保。

根据《担保法》第十五条第一款第一项的规定，保证合同应当包括主债权的种类与数额。因此，除最高额保证以外，债权债务关系具体确定，是担保合同成立的前提之一。但根据同条第二款的规定，上述条件可以后期补正。在本案中，《补充协议书》在结算完成前的债权额尚未确定，能否对此类债权进行担保呢？最高法院认为，金广公司与沃土公司之间的债权债务关系已确定，双方之间对于主债务的具体数额在约定的结算时间之后亦应达成合意。因此，本案中所担保的债权额，在可预期的期限内可以通过结算的完成而补正。所以，对于如结算协议之类的债权债务关系，债权债务关系是确定无疑的，具体的债权数额也可以在相应期限内确定，因此是可以被担保的。担保人不得以担保时债权债务关系不确定为由主张不承担担保责任。

4. 债权人可采用分段结算的办法在争取最大权益的同时及时向保证人主张权利。

本案中金广公司在结算协议签订后“心太大”，希望毕其功于一役，一次性敲定债权数额。但结果是，虽然在一审中最终完成了结算，但因为结算期拖得太长，导致原本有保证人担保的结算协议“脱保”，可能造成金广公司相应的损失，其教训不可谓不深刻。因此，我们建议在未来结算中，如果相关协议已经确定了决算期应尽可能在结算期内完成结算。实在无法按期完成结算的，应当对不存在争议的部分先行完成结算，并据此向保证人及时主张权利，防止因保证期间经过，导致债权“脱保”。

相关法条

《担保法》

第十五条 保证合同应当包括以下内容：

（一）被保证的主债权种类、数额；

（二）债务人履行债务的期限；

（三）保证的方式；

（四）保证担保的范围；

（五）保证的期间；

（六）双方认为需要约定的其他事项。

保证合同不完全具备前款规定内容的，可以补正。

第二十五条 一般保证的保证人与债权人未约定保证期间的，保证期间为主债务履行期届满之日起六个月。

在合同约定的保证期间和前款规定的保证期间，债权人未对债务人提起诉讼或者申请仲裁的，保证人免除保证责任；债权人已提起诉讼或者申请仲裁的，保证期间适用诉讼时效中断的规定。

第二十六条 连带责任保证的保证人与债权人未约定保证期间的，债权人有权自主债务履行期届满之日起六个月内要求保证人承担保证责任。

在合同约定的保证期间和前款规定的保证期间，债权人未要求保证人承担保证责任的，保证人免除保证责任。

《担保法司法解释》

第三十条 保证期间，债权人与债务人对主合同数量、价款、币种、利率等内容作了变动，未经保证人同意的，如果减轻债务人的债务的，保证人仍应当对变更后的合同承担保证责任；如果加重债务人的债务的，保证人对加重的部分不承担保证责任。

债权人与债务人对主合同履行期限作了变动，未经保证人书面同意的，保证期间为原合同约定的或者法律规定的期间。

债权人与债务人协议变动主合同内容，但并未实际履行的，保证人仍应当承担保证责任。

第三十一条 保证期间不因任何事由发生中断、中止、延长的法律后果。

以下为最高法院在裁定书“本院认为”部分就此问题发表的意见：

本院认为，《中华人民共和国担保法》第二十六条规定：“连带责任保证的保证人与债权人未约定保证期间的，债权人有权自主债务履行期届满之日起六个月内要求保证人承担保证责任。在合同约定的保证期间和前款规定的保证期间，债权人未要求保证人承担保证责任的，保证人免除保证责任。”《最高人民法院关于适用〈中华人民共和国担保法〉若干问题的解释》第三十条第二款规定：“债权人与债务人对主合同履行期限作了变动，未经保证人书面同意的，保证期间为原合同约定的或者法律规定的期间。”担保法及其司法解释将保证期间确定和限制为六个月，且除非保证人对债权债务双方变动主合同履行期限予以书面同意的，否则保证期间仍需遵从原合同约定或者法律规定，亦即不能因不归责于保证人的原因将保证期间无限期延长并加重保证人的负担。

本案中，《补充协议书》约定：沃土公司与金广公司于本协议签订之日起三十日内完成结算，结算完成之日起三日内沃土公司支付结算值的95%，剩余工程款于本协议约定的结算完成之日起二十日内支付；想想公司、裕联公司对本协议中沃土公司应承担的付款等义务承担连带责任保证；如本协议约定的付款期限届满时沃土公司没有履行或者没有全部履行其付款义务，金广公司有权直接要求想想公司、裕联公司承担保证责任。从前述约定内容可知，第一，金广公司与沃土公司之间的债权债务关系已确定；第二，双方之间对于主债务的具体数额在约定的结算时间之后亦应达成合意；第三，双方之间已明确约定主债务开始履行的时间；第四，想想公司、裕联公司承诺予以保证的是该协议项下的已明确约定履行时间的债务；第五，该协议未约定保证期间，故金广公司有权自主债务履行期届满之日起六个月内要求想想公司、裕联公司承担保证责任。

《补充协议书》的签订日期为2013年10月12日，按照协议约定，沃土公司与金广公司应当在协议签订之日起三十日内即2013年11月11日之前完成结算，沃土公司应当在结算完成之日起三日内即2013年11月14日之前支付结算值的95%工程款，并于2013年12月1日前付清全部工程款。但是，沃土公司及金广公司未按协议约定日期完成结算并开始履行，双方系在一审诉讼过程中才对工程价款数额达成一致，即债权债务双方对原约定的履行期限以实际行动作出变动，该变动未征得想想公司、裕联公司的书面同意，故保证期间仍需遵从原合同约定或者法律规定。

结合前述法律规定及案涉合同约定，想想公司、裕联公司承担保证责任的保证期间应当自《补充协议书》约定的主债务履行期届满之日起算，如按照金广公司申请再审所称自沃土公司与金广公司实际结算之日起算主债务履行期，则势必导致保证期间因不归责于保证人的原因被无限延长从而加重保证人的负担，有违担保法及其司法解释之规定。同时，《补充协议书》还约定，在约定的付款期限届满时沃土公司没有履行或者没有全部履行付款义务时，金广公司有权直接要求想想公司、裕联公司承担保证责任。现金广公司没有证据证明其自合同约定的主债务履行期届满之日起六个月内向想想公司、裕联公司提出过承担保证责任的要求。因此，自《补充协议书》约定的主债务履行期届满之日起算，直至金广公司起诉时，想想公司、裕联公司所承担保证责任的保证期间已经超过六个月，原判决据此免除想想公司、裕联公司的保证责任并无不当。

案件来源

大连金广建设集团有限公司与大连沃土房地产开发有限公司、大连想想房地产开发有限公司等建设工程施工合同纠纷申请再审民事裁定书［最高人民法院（2015）民申字第3107号］

023［最高法院］连带责任保证中保证债务的诉讼时效从何时开始起算?

连带责任保证中保证债务的诉讼时效自债权人在保证期间内首次向保证人主张权利之日起算

裁判要旨

根据《担保法司法解释》第三十四条第二款之规定，在保证期间内债权人首次向保证人主张权利后，保证期间失去意义，保证债务从或然债务转变为实然债务，应自债权人首次向保证人主张权利之日开始计算保证合同的诉讼时效。

案情简介

一、1996年12月16日及31日，五矿冶炼厂与中国建设银行银川市新市区支行（以下简称新市区支行）签订三份借款合同，共借款260万元。其中，第一笔还款期限为1997年6月30日，后两笔还款期限为1997年12月30日。五矿公司分别为上述三份借款合同提供连带责任保证，保证期限2年。

二、1998年12月7日，1999年1月17日、1月19日，新市区支行就各50万元和160万元到期借款向五矿公司催收。

三、1999年12月21日，新市区支行与信达公司签订的《债权转让协议》，将借款本金及利息转让给信达公司并通知债务人。2001年11月23日，2002年12月11日，2003年5月23日、11月12日，信达公司以公证方式向五矿公司公证送达4份《催收逾期贷款通知书》；2000年6月25日、2001年1月15日信达公司直接向五矿公司送达《催收逾期贷款通知书》；2003年5月23日、11月12日信达公司以公证方式向五矿公司送达《催还逾期贷款通知书》。

四、信达公司于2004年5月21日以五矿公司为被告向宁夏高院提起诉讼，请求判令：五矿公司偿还借款本金260万元及利息2459988.29元（利息计算至2001年12月20日），本息合计5059988.29元。宁夏高院一审以保证债务超过诉讼时效为由，判决驳回信达公司诉请。

五、信达公司不服，上诉至最高法院。最高法院二审改判五矿公司应承担担保责任。

败诉原因

本案中五矿公司败诉的原因在于担保债务并未超过诉讼时效。在一审中，宁夏高院认为，此前的债权人新市区支行虽然在保证期间内向保证债务人主张过权利，但新市区支行、信达公司未在诉讼时效期间内向保证人主张过权利。故一审判决驳回了信达公司诉请。但在二审中，最高法院认为，“根据《担保法解释》第三十四条第二款之规定，保证期间失去意义，保证债务从或然债务转变为实然债务，应从上述通知送达之日开始计算保证合同的诉讼时效”。因此，本案中保证债务的诉讼时效应分别自1998年12月7日，1999年1月17日、1月19日起开始起算。而信达公司在受让上诉债权后，于2000年6月25日向保证人主张过权利，随后，信达公司又通过多种方式多次向保证债务人五矿公司主张权利。故最高法院认定信达公司对五矿公司的保证债权并未超过诉讼时效。五矿公司因此败诉。

败诉教训、经验总结

前事不忘，后事之师。为避免未来发生类似败诉，提出如下建议：

1. 保证期间与保证债务的诉讼时效不能并存。债权人在保证期间内向保证债务人主张过权利后，保证债务人的或然债务即变成实然债务，保证债务的诉讼时效即应自债权人主张权利之日起开始起算。因此，保证期间与保证债务的诉讼时效是前后相继的关系，而非彼此交叉重叠的关系。

2. 债权人在保证期间内未向保证人主张权利的，保证人的保证责任即行免除，保证人不必再承担任何责任。如保证人的保证责任已经因保证期间的经过免除，也就无所谓保证债务诉讼时效的起算、中止、中断、经过的问题。

3. 连带责任保证人承担的保证债务的诉讼时效并不是自保证合同签订之日起开始计算，也不是自约定的保证期间届满之日起开始计算，而是自债权人首次向保证人主张权利之日起开始计算。本案一审的宁夏高院之所以会错误地认定五矿公司的债务已经因诉讼时效经过而消灭，就是因为其选定的保证债务诉讼时效的起算点为保证合同签订之日而非债权人首次主张权利之日。而二审的最高法院则正确认定了保证债务诉讼时效的起算点，使得二审中的信达公司得以“起死回生”。因此，准确认定保证债务的诉讼时效起算点，意义重大。

相关法条

《担保法》

第二十五条 一般保证的保证人与债权人未约定保证期间的，保证期间为主债务履行期届满之日起六个月。

在合同约定的保证期间和前款规定的保证期间，债权人未对债务人提起诉讼或者申请仲裁的，保证人免除保证责任；债权人已提起诉讼或者申请仲裁的，保证期间适用诉讼时效中断的规定。

第二十六条 连带责任保证的保证人与债权人未约定保证期间的，债权人有权自主债务履行期届满之日起六个月内要求保证人承担保证责任。

在合同约定的保证期间和前款规定的保证期间，债权人未要求保证人承担保证责任的，保证人免除保证责任。

《担保法司法解释》

第三十四条 一般保证的债权人在保证期间届满前对债务人提起诉讼或者申请仲裁的，从判决或者仲裁裁决生效之日起，开始计算保证合同的诉讼时效。

连带责任保证的债权人在保证期间届满前要求保证人承担保证责任的，从债权人要求保证人承担保证责任之日起，开始计算保证合同的诉讼时效。

《民法总则》

第一百八十八条 向人民法院请求保护民事权利的诉讼时效期间为三年。法律另有规定的，依照其规定。

诉讼时效期间自权利人知道或者应当知道权利受到损害以及义务人之日起计算。法律另有规定的，依照其规定。但是自权利受到损害之日起超过二十年的，人民法院不予保护；有特殊情况的，人民法院可以根据权利人的申请决定延长。

以下为最高法院在二审判决书“本院认为”部分就此问题发表的意见：

五矿公司为（96）050号、051号、052号借款合同项下五矿冶炼厂的260万元借款提供连带责任担保，合同各方均无异议。上述三份合同履行期限均截至1997年12月30日，保证期间约定为2年。故上述三份合同保证期间应为1997年12月

30 日~1999 年 12 月 30 日。由于五矿公司对债权人分别于 1998 年 12 月 7 日，1999 年 1 月 17 日、19 日向五矿冶炼厂和五矿公司发出的《催还逾期贷款通知书》表示认可，因此，根据《担保法解释》第三十四条第二款之规定，保证期间失去意义，保证债务从或然债务转变为实然债务，应从上述通知送达之日开始计算保证合同的诉讼时效。对于债权人于 1999 年 12 月 20 日向五矿冶炼厂和五矿公司发出的三份《催还逾期贷款通知书》，由于没有担保人五矿公司签章，因此不能证明债权人已经向担保人主张的事实，原审对此未予认定正确。鉴于担保人五矿公司对债权人于 2000 年 6 月 15 日、2001 年 1 月 15 日向其直接送达《催还逾期贷款通知书》的事实表示认可，故保证合同诉讼时效应分别于上述日期中断。五矿公司对债权人分别于 2001 年 11 月 23 日，2002 年 12 月 11 日，2003 年 5 月 23 日、11 月 12 日以公证方式向其送达《催还逾期贷款通知书》的真实性和所要证明的问题无异议，因此，对债权人分别于上述日期向保证人主张权利的事实应予确认，保证债务的诉讼时效应分别于上述日期再次中断。原审法院关于上述三份合同所涉担保债务已超过诉讼时效的认定错误，判决五矿公司免除保证责任不当，本院予以纠正。

案件来源

中国信达资产管理公司银川业务部与宁夏五金矿产进出口公司、宁夏银川胶带有限责任公司、银川银湖化工有限公司借款担保合同纠纷二审民事判决书［最高人民法院（2004）民二终字第 208 号］

延伸阅读

关于连带责任保证中保证债务诉讼时效与保证期间关系的判例：

一、连带责任保证中保证债务的诉讼时效自债权人首次向保证人主张权利之日起开始计算

案例一：抚顺市粮谷加工一厂与抚顺市第一粮油工业储运公司、中国长城资产管理公司沈阳办事处保证合同纠纷申请再审民事裁定书［最高人民法院（2013）民申字第 1522 号］，最高法院认为：“根据《最高人民法院关于适用〈中华人民共和国担保法〉若干问题的解释》第三十四条第二款之规定，连带责任保证的债权人在保证期间届满前要求保证人承担保证责任的，从债权人要求保证人承担保证责任之日起，开始计算保证责任的诉讼时效。本案中，保证合同约定的保证期间为二年，从 2000 年 8 月 20 日至 2002 年 8 月 20 日。2000 年 10 月 16 日，原债权人抚顺工行在保证期间内向保证人粮谷加工厂发出逾期贷款催收通知单，粮谷加工厂在该催收单（回执）上加盖公章和法定代表人名章，并明确表示愿意为该笔借款承担连带保证责任。根据担保法以及司法解释的上述规定，应当认定原债权人抚顺工行已经在保证期间内要求保证人粮谷加工厂承担保证责任，保证责任的诉讼时效应从2000年10月16日起开始计算。”

二、保证期间内向保证债务人主张权利的，保证债务的诉讼时效中断（有待商榷）

案例二：林水源、卢光耀等民间借贷纠纷申请再审民事裁定书［最高人民法院（2015）民申字第1051号］，最高法院认为：“据《最高人民法院关于适用〈中华人民共和国担保法〉若干问题的解释》第三十四条第二款之规定，连带责任保证的债权人在保证期间届满前要求保证人承担保证责任的，从债权人要求保证人承担保证责任之日起，开始计算保证合同的诉讼时效。因此，只要卢光耀能证明其在保证期间届满前曾向林水源提出承担保证责任的要求，就会产生保证合同诉讼时效中断的法律后果。”

024［最高法院］反担保的保证期间从何时开始起算？

反担保人的保证期间应当从担保人实际履行担保责任之日起算

裁判要旨

反担保是为了保障保证人承担担保责任后实现对债务人追偿权而设定的担保，反担保责任的履行应以保证人已履行担保责任为前提。主合同的保证期间与反担保人的保证期间二者适用的起算规则不同，反担保人的保证期间应当从担保人实际履行担保责任之日起计算。

案情简介

一、2006年4月12日，什邡信用社与龙盛公司、欣融公司、三星堆公司签订《保证担保借款合同》，约定：龙盛公司向什邡信用社借款200万元。欣融公司、三星堆公司为龙盛公司的上述借款提供连带责任保证。

二、2006年4月8日，欣融公司与三星堆公司签订《反担保协议》，三星堆公司同意为欣融公司的担保行为提供反担保，反担保方式为连带责任保证，担保期间约定为还本付息完成之日止。2007 年 9 月 21 日，三星堆公司向欣融公司出具《承诺书》，申请担保展期，并承诺贷款展期后，原签订的反担保协议和承诺继续有效。后因汶川大地震，根据相关政策确定展期后的还款期限为 2009 年 12 月 31 日。

三、借款期满后，龙盛公司未还本付息。什邡信用社起诉龙盛公司和三星堆公司偿还该笔借款，什邡法院作出民事调解书，确认龙盛公司尚欠什邡信用社借款本金 1909350 元，由龙盛公司与三星堆公司于 2010 年 4 月 30 日前一次性付清。

四、龙盛公司、三星堆公司仍未按该民事调解书约定履行还款义务，什邡信用社于 2011 年 10 月 28 日申请强制执行未果。故什邡信用社要求欣融公司承担保证责任，欣融公司遂应什邡信用社的要求，于 2011 年 11 月 17 日转账 2672700 元，结清了龙盛公司的该笔贷款本息。

五、欣融公司于 2012 年 5 月 21 日向德阳中院提起本案诉讼，请求判令龙盛公司向欣融公司偿付为其代偿的借款本息共计 2944650 元，由三星堆公司对上述债务承担连带清偿责任。德阳中院一审判决支持了欣融公司诉请。

六、龙盛公司、三星堆公司不服，以担保期限届满为由上诉至四川高院，四川高院二审判决驳回上诉，维持原判。龙盛公司、三星堆公司仍不服，向最高法院申请再审，最高法院裁定驳回再审申请。

败诉原因

本案中龙盛公司、三星堆公司败诉的原因在于其对反担保的保证期间的起算时间点认识错误。根据《担保法》第四条第一款的规定："第三人为债务人向债权人提供担保时，可以要求债务人提供反担保。"由此可知，反担保所担保的对象不是主债权，而是主债权的担保人对主债务人的追偿权。当反担保的担保方式为保证时，则涉及保证期间的起算问题。根据《担保法》第四条第二款的规定："反担保适用本法担保的规定。"故作为反担保的保证期间起算也应根据《担保法》第二十五条、第二十六条的规定确定保证期间的起算点。本案中，三星堆公司作为反担保中的保证人，其担保的对象为欣融公司对龙盛公司的追偿权。根据《担保法》第三十一条的规定："保证人承担保证责任后，有权向债务人追偿。"故欣融公司对龙盛公司的追偿权应自其承担担保责任之日起方可成立，也从该日起欣融公司才有权向反担保人三星堆公司主张承担反担保保证责任。所以，最高法院最终认定，本案反担保的"保证期间应当从担保人实际履行了担保责任之日起计算"，而非从主债权履行期届满之日起开始起算。龙盛公司、三星堆公司对反担保人保证期间的起算点认识错误，因此败诉。

败诉教训、经验总结

前事不忘，后事之师。为避免未来发生类似败诉，提出如下建议：

1. 应准确理解反担保的制度内涵。根据《担保法》第四条的规定，反担保所担保的对象并非主债权，而是主债权的担保人对债务人的追偿权。从此种意义上讲，反担保是担保的担保。准确理解此点，是正确运用反担保制度的基础，也是在诉讼中选择正确的诉讼思路的逻辑前提。本案中龙盛公司、三星堆公司之所以选择了错误的反担保人的保证期间的起算点，表面上看是因为法律没有明确规定反担保人保证期间的起算点，但更深层次的原因是因为不理解反担保制度的逻辑构造和制度内涵。

2. 鉴于反担保是担保的担保，故主债权的担保人要求反担保人承担担保责任的前提是承担了主债权的担保责任。故在反担保合同签订时，反担保人所担保的债权其实尚未发生，反担保人实际上是对未来可能发生的债权所提供的一种担保。因此，与普通担保不同，反担保在担保合同签订时并不以所担保的债权（追偿权）实际发生为前提，在担保的从属性上要求较低。同时，反担保所担保的债权（追偿权）的范围、履行期限、期间等都是不确定的，需根据日后主债权的实现情况来具体确定。本案中，欣融公司至2011年年底方代主债权人龙盛公司承担了担保责任，故自此时起作为反担保人的三星堆公司的担保责任才真正发生。其担保的债权范围、履行期限、担保期间等才最终确定。

3. 反担保虽然具有一定的特殊性，但该特殊性最主要的体现即在于担保责任的成立上。此处所言的担保责任的成立是指担保主债权的担保人履行了担保责任，取得了对主债务人的追偿权。一旦反担保人的担保责任成立，根据《担保法》第四条第二款的规定，其在法律适用上与其他担保方式无异。

相关法条

《担保法》

第四条 第三人为债务人向债权人提供担保时，可以要求债务人提供反担保。

反担保适用本法担保的规定。

第二十五条 一般保证的保证人与债权人未约定保证期间的，保证期间为主债务履行期届满之日起六个月。

在合同约定的保证期间和前款规定的保证期间，债权人未对债务人提起诉讼或者申请仲裁的，保证人免除保证责任；债权人已提起诉讼或者申请仲裁的，保证期间适用诉讼时效中断的规定。

第二十六条 连带责任保证的保证人与债权人未约定保证期间的，债权人有权自主债务履行期届满之日起六个月内要求保证人承担保证责任。

在合同约定的保证期间和前款规定的保证期间，债权人未要求保证人承担保证责任的，保证人免除保证责任。

第三十一条 保证人承担保证责任后，有权向债务人追偿。

《担保法司法解释》

第三十二条 保证合同约定的保证期间早于或者等于主债务履行期限的，视为没有约定，保证期间为主债务履行期届满之日起六个月。

保证合同约定保证人承担保证责任直至主债务本息还清时为止等类似内容的，视为约定不明，保证期间为主债务履行期届满之日起二年。

第三十三条 主合同对主债务履行期限没有约定或者约定不明的，保证期间自债权人要求债务人履行义务的宽限期届满之日起计算。

以下为最高法院在再审期间就此问题发表的意见：

反担保是为了保障保证人承担担保责任后实现债务人追偿权而设定的担保，反担保责任的履行应以保证人已履行担保责任为前提。主合同的保证期间与反担保人的保证期间二者适用的起算规则不同，反担保人的保证期间应当从担保人实际履行了担保责任之日起计算。欣融公司于 2011 年 11 月 17 日前代偿本案所涉借款。故本案反担保责任的保证期间应从该日起计算。

根据《中华人民共和国担保法》第四条的规定，第三人为债务人向债权人提供担保的，可以要求债务人提供反担保。反担保适用本法担保的规定。故本案中关于反担保保证期间的计算方法应适用《中华人民共和国担保法》等法律关于保证期间的相关规定。根据欣融公司与三星堆公司签订的《反担保协议》的有关约定，三星堆公司同意为欣融公司本次担保行为提供反担保，自愿承担无限保证责任，担保期限从贷款获得之日起至全部贷款本息结清为止。根据《最高人民法院关于适用若干问题的解释》第三十二条第二款的规定，保证合同约定保证人承担保证责任直至主债务本息还清时为止等内容的，视为约定不明，保证期间为主债务履行期届满之日起二年。本案《反担保协议》中关于反担保保证期间的约定应视为约定不明，保证期间为保证人实际承担保证责任之日起二年，即截止至 2013 年 11 月 17 日。故本案中欣融公司关于要求三星堆公司履行反担保义务的诉讼请求并未超过保证期间。申请人三星堆公司关于本案诉请已超过反担保合同保证期间的再审申请理由不能成立，本院不予支持。

案件来源

什邡市龙盛投资有限责任公司、广汉市三星堆汽车客运服务有限责任公司与四川欣融融资性担保有限公司债务追偿纠纷申请再审民事裁定书［最高人民法院（2013）民申字第1578号］

延伸阅读

关于反担保保证期间问题的判例：

一、正确观点：反担保保证期间从追偿权成立之日起算

案例一：钱云富与湖北汇城置业有限公司、十堰海恒汽车专营有限公司追偿权纠纷申请再审民事裁定书［最高人民法院（2014）民申字第1298号］，最高法院认为："本案中，汇城公司为海恒公司在十堰建行的贷款提供了抵押担保，钱云富向汇城公司提供了反担保，该反担保所对应的主债务是汇城公司为海恒公司提供抵押担保所造成的实际损失。反担保人承担反担保责任应以担保人已承担保证责任为前提，担保人承担担保责任之时，就是反担保人担保期间的起算日。本案汇城公司承担抵押担保责任以其抵押物价值为限，抵押物价值虽然在拍卖后业已确定，但因汇城公司以同一抵押物为不同债务设定了抵押，本案的执行与另案关联，十堰中院曾就与该关联案件作出六份执行裁定书，其中2011年12月19日的执行裁定书涉及汇城公司抵押物的变现和分割。后汇城公司及上述关联案件当事人提出执行异议及复议申请，直至2014年3月19日才由湖北高院最终裁定，确认了执行该案抵押物所涉及的全部费用，本案也就此执行终结。从上述过程中可以看出，2011年12月19日至2014年3月19日，本案处于持续的执行过程中，即作为担保人的汇城公司在持续地履行其担保责任，钱云富作为反担保人，其应承担的反担保责任期间如在担保人汇城公司实际承担担保责任前即结束，则反担保失去了法律意义，对担保人也显失公平。因此，钱云富提出其保证责任因保证期间届满而消灭的主张，应依法予以驳回。"

案例二：四川宏疆建设工程有限公司、苍晓刚与被上诉人四川鑫星融资担保有限公司、阿坝藏族羌族自治州公安局担保合同纠纷二审民事判决书［四川省高级人民法院（2016）川民终166号］，该院认为："鑫星担保公司就追偿债权向苍晓刚主张担保责任是否已过保证期间的问题。本焦点问题应重点审查苍晓刚反担保的主债权及反担保的保证期间。……关于苍晓刚反担保的保证期间。根据最高人民法院《关于适用〈中华人民共和国担保法〉若干问题的解释》第三十二条第二款‘保证合同约定保证人承担保证责任直至主债务本息还清时为止等类似内容的，视为约定不明，保证期间为主债务履行期届满之日起两年’之规定，《保证反担保合同》第三条第二项对保证期间的约定属于约定不明，苍晓刚的反担保期间应从反担保债务的履行期届满之日起计算 2 年。反担保债务 80 万元没有约定履行期间，考虑到保证期限的设置是为督促债权人及时行使权利，宜以反担保债务 80 万元债务最终确定之日确定主债务履行期届满之日，即自 2012 年 9 月 19 日起算两年止。鑫星担保公司于 2014 年 7 月 21 日向原审法院提起诉讼，未超过 2 年的追偿诉讼时效。上诉人苍晓刚关于鑫星担保公司追偿代偿款的诉讼时效已过的上诉理由不成立，本院不予支持。”

二、错误观点：反担保保证期间从主债权履行期届满之日起算

案例三：高峰民与银川市中小企业信用担保中心、宁夏银起重型机器股份有限公司金融借款合同纠纷二审民事判决书［宁夏回族自治区高级人民法院（2011）宁民商终字第 27 号］，该院认为：“《保证反担保合同》中约定，反担保保证期间自合同生效之日起至银起公司还清全部款项止。依据《中华人民共和国担保法》的规定，反担保适用担保的规定。本案主债务的履行期限分别为 2006 年 8 月 9 日至 2007 年 8 月 8 日、2006 年 9 月 15 日至 2007 年 9 月 15 日，依据《最高人民法院关于适用〈中华人民共和国担保法〉若干问题的解释》第三十二条的规定，‘保证合同约定保证人承担保证责任直至主债务本息还清时为止等类似内容的，视为约定不明，保证期间为主债务履行期届满之日起两年’。据此，《保证反担保合同》的保证期间分别为 2007 年 8 月 8 日至 2009 年 8 月 9 日、2007 年 9 月 15 日至 2009 年 9 月 15 日。高峰民于 2009 年 7 月 22 日签收了担保中心的催款通知书，证明担保中心在反担保的保证期间向高峰民主张了权利，故高峰民认为担保中心未在反担保的保证期间内向其主张权利，其保证责任应予免除的上诉理由不成立。”

025［福建高院］当事人未提保证期间免责抗辩，是不是就不能免除保证责任？

保证期间不同于诉讼时效，人民法院应主动审查期间是否完成

裁判要旨

不论保证人是否抗辩，人民法院对保证期间是否已超过的事实应当依职权主动审查，进而确定是否免除保证人的保证责任。

案情简介

一、郑国章因缺乏资金，于2014年1月16日向李小庭借款300000元，借款时间是从2014年1月16日起至2014年4月16日止。赵文坤和福建永邦建设工程有限公司提供担保，并向李小庭出具借款担保合同一份。担保方式为无限连带责任担保，未约定保证期间。借款后，郑国章按约定的月利率3.5%支付利息到2014年6月16日。

二、郑国章到期未还款，2015年4月14日，李小庭向龙海法院起诉，要求郑国章还本付息，赵文坤承担连带保证责任。一审期间，赵文坤未到庭，也未提交答辩状。龙海法院一审判决支持了李小庭的诉请。

三、赵文坤不服，上诉至漳州中院，以案涉保证担保保证期间已经经过为由主张免责。漳州中院二审判决驳回上诉，维持原判。

四、赵文坤仍不服，以相同理由向福建高院申请再审。福建高院裁定指令漳州中院再审。

败诉原因

本案中值得关注的一个问题在于，对于保证期间，人民法院应当如何进行审查。本案一二审期间，两级法院均认为赵文坤经传唤拒不到庭参加诉讼，应视为放弃了诉讼权利，法院依职权缺席判决，支持原告的诉讼请求并无不当。但福建高院认为，本案中赵文坤提供的连带责任担保，并未约定保证期间，故应适用法定六个月保证期间的规定，即保证期间应至2014年10月15日止。但李小庭直至2015年4月14日才向人民法院起诉主张要求赵文坤承担保证责任，显然超过了保证期间。福建高院认为，保证期间为除斥期间，期间经过发生保证人责任免除的法律后果，法院应当主动审查保证担保的保证期间是否经过。但本案一二审法院在未查明保证期间是否经过的情况下，直接作出了判决，为认定事实不清。故福建高院裁定发回重审。

败诉教训、经验总结

前事不忘，后事之师。为避免未来发生类似败诉，提出如下建议：

1. 保证期间不同于诉讼时效，法院必须依职权审查其是否经过。根据《担保法》第二十五条、第二十六条的规定，保证期间经过后，保证人免除保证责任。这与《民法通则》第一百三十五条、《民法总则》第一百八十八条规定的“请求人民法院保护民事权利”的诉讼时效有着根本的不同。《担保法司法解释》第三十一条也规定，保证期间不因任何事由发生中止、中断、延长的法律后果。由此更进一步印证保证期间与诉讼时效并非一物。本案中，福建高院基于保证期间消灭本体性权利、期间不变的特征认定保证期间为除斥期间，并以此为基础认为人民法院应当依职权审查保证期间是否经过。这一裁判思路及观点，值得肯定。

2. 虽然人民法院负有主动审查保证期间是否经过的法定义务，但为保万无一失，当事人在诉讼过程中切勿寄希望于法院的主动审查，而忽视提出关于保证期间经过免责的抗辩。因为人民法院审查保证期间是否经过，终究是一个事实问题，需要相应的证据材料予以支撑。如果当事人在举证方面疏忽大意，导致法院无法最终有确凿的证据证明保证期间已经经过，则保证人以此为由主张免责的诉请将会落空。故无论如何，保证人必须在诉讼中积极主张权利，以防不测。本案中赵文坤得以侥幸扳回一局是因为案情较为简单，幸运的成分远大于法院依职权审查的因素。

3. 保证期间为除斥期间，保证期间经过后，保证人承担的保证债务即行免除。这里所谓的“免除”是指保证债务因保证期间的经过而消灭，是债权债务本体的消灭，而非仅仅让保证人取得了一个关于拒绝履行的抗辩权。

相关法条

《民法总则》

第一百八十八条　向人民法院请求保护民事权利的诉讼时效期间为三年。法律另有规定的，依照其规定。

诉讼时效期间自权利人知道或者应当知道权利受到损害以及义务人之日起计算。法律另有规定的，依照其规定。但是自权利受到损害之日起超过二十年的，人民法院不予保护；有特殊情况的，人民法院可以根据权利人的申请决定延长。

《担保法》

第二十五条　一般保证的保证人与债权人未约定保证期间的，保证期间为主债务履行期届满之日起六个月。

在合同约定的保证期间和前款规定的保证期间，债权人未对债务人提起诉讼或者申请仲裁的，保证人免除保证责任；债权人已提起诉讼或者申请仲裁的，保证期间适用诉讼时效中断的规定。

第二十六条 连带责任保证的保证人与债权人未约定保证期间的，债权人有权自主债务履行期届满之日起六个月内要求保证人承担保证责任。

在合同约定的保证期间和前款规定的保证期间，债权人未要求保证人承担保证责任的，保证人免除保证责任。

《担保法司法解释》

第三十一条 保证期间不因任何事由发生中断、中止、延长的法律后果。

以下为福建高院在再审裁定书“本院认为”部分就此问题发表的意见：

本院经审查认为：本案《借款担保合同》明确约定了涉案借款时间是从2014年1月16日起至2014年4月16日止，双方在该合同中并未约定保证期间，李小庭于2015年4月24日向法院起诉，在一、二审中均未提交其在主债务履行期届满之日起六个月内向赵文坤主张过权利的证据，根据《中华人民共和国担保法》第二十六条“连带责任保证的保证人与债权人未约定保证期间的，债权人有权自主债务履行期届满之日起六个月内要求保证人承担保证责任。在合同约定的保证期间和前款规定的保证期间，债权人未要求保证人承担保证责任的，保证人免除保证责任”的规定，明显超过法律规定保证期间。同时根据最高人民法院《关于适用〈中华人民共和国担保法〉若干问题的解释》第三十一条关于“保证期间不因任何事由发生中断、中止、延长的法律后果”的规定，保证期间为除斥期间，债权人未在保证期间要求保证人承担保证责任的，保证人免除保证责任。故不论保证人是否抗辩，人民法院对保证期间是否已超过的事实应当依职权主动审查，进而确定是否免除保证人的保证责任。一、二审法院均未主动审查保证期间，一审法院以郑国章及赵文坤均未答辩及出庭应诉，判决赵文坤承担担保责任。二审法院以赵文坤在一审中放弃诉讼权利，为合法保护债权人利益为由，驳回赵文坤的上诉。依照前述法律规定，一、二审法院明显适用法律错误。

案件来源

赵文坤、李小庭民间借贷纠纷再审审查与审判监督民事裁定书［福建省高级人民法院（2016）闽民申1596号］

李小庭与赵文坤、郑国章民间借贷纠纷二审民事判决书［漳州市中级人民法院

（2015）漳民终字第1385号］

延伸阅读

关于法院是否应当依职权审查除斥期间经过的裁判观点：

一、认定法院应当依职权审查除斥期间是否经过的判例

案例一：鲁凤兰、孝感天应中小企业信用担保投资有限公司企业借贷纠纷再审民事判决书［湖北省高级人民法院（2016）鄂民再52号］，该院认为："《中华人民共和国担保法》第二十六条规定：'连带责任保证的保证人与债权人未约定保证期间的，债权人有权自主债务履行期届满之日起六个月内要求保证人承担保证责任。在合同约定的保证期间和前款规定的保证期间，债权人未要求保证人承担保证责任的，保证人免除保证责任。'《最高人民法院关于适用〈中华人民共和国担保法〉若干问题的解释》第三十一条规定：'保证期间不因任何事由发生中断、中止、延长的法律后果。'由上述规定可见，保证期间属于除斥期间，除斥期间届满后直接发生权利消灭的效力，即保证人得以免除其保证责任。鲁凤兰在一审中虽未提出有关保证期间的抗辩，法院对此仍应主动审查。天应担保投资公司抗辩称，鲁凤兰的委托代理人在一审庭审中明确表示，对天应担保公司起诉的借款本金及担保没有异议，应视为鲁凤兰对愿意承担保证责任的自认。《最高人民法院关于人民法院应当如何认定保证人在保证期间届满后又在催款通知书上签字问题的批复》规定，保证责任消灭后，即使保证人在催款通知书上签字，人民法院仍不能认定保证人继续承担保证责任，除非该通知书的内容能视为成立新的保证合同。根据该批复的精神，张芸、志云路桥公司、鲁凤兰的委托代理人在代表三方共同发表答辩意见时称对担保事实无异议，既不能视为鲁凤兰与天应担保公司就涉案债务达成了新的保证合同，也不能视为鲁凤兰明确作出了愿意就涉案债务继续承担保证责任的意思表示，故对天应担保投资公司的抗辩理由，本院不予支持。"

案例二：周美珍、张丽民间借贷纠纷再审审查与审判监督民事裁定书［安徽省高级人民法院（2016）皖民申431号］，该院认为："最高人民法院《关于审理民事案件适用诉讼时效制度若干问题的意见》第三条规定，当事人未提出诉讼时效抗辩，人民法院不应对诉讼时效问题进行释明及主动适用诉讼时效的规定进行裁判。保证期间不同于诉讼时效，周美珍依据该条款主张二审法院不应主动审查保证是否超过保证期间的理由，不能成立。依据担保法及相关司法解释的规定，保证期间自债权人要求债务人履行义务的宽限期届满之日起计算。本案中，没有证据证明周美珍曾就案涉借款给予张丽宽限期，张丽在2014年7月9日出具的情况说明是对债务数额的确认，周美珍主张以此日期作为宽限期届满之日缺乏法律依据。且依据周美珍提交的证据，其在 2013 年已多次向张丽催要借款，二审法院从 2014 年 1 月 1 日开始计算保证期间，已经给张丽一个合理期间作为履行义务的宽限期。据此，二审法院认定至周美珍 2014 年 9 月 15 日提起本案诉讼已超过六个月的保证期间、保证人的保证责任已免除并无不当。”

案例三：济南市长清区农村信用合作联社与王荣美等金融借款合同纠纷二审民事判决书［济南市中级人民法院（2016）鲁 01 民终 64 号］，该院认为：“根据《中华人民共和国担保法》第二十六条第二款规定，在合同约定的保证期间，债权人未要求保证人承担保证责任的，保证人免除保证责任。本案中，长清农信社没有提供在保证期间内向保证人贾生荣、王荣锋、王吉军主张权利的证据，因此，长清农信社起诉时已超过两年保证期间，保证人的保证责任应当免除。针对长清农信社所主张的因贾生荣、王荣锋、王吉军未主张任何抗辩，法院因此不应主动审查保证期间的上诉理由。本院认为，根据法律规定，保证期间属于除斥期间，保证期间不因任何事由发生中止、中断和延长的法律后果，其届满的后果是实体权利的消灭，这源于法律的规定，因此原审法院对保证期间的主动审查并无不当。综上，原审判决认定事实清楚，适用法律正确，应予维持。”

案例四：中瑞信投资担保（深圳）有限公司与贵州国创能源控股（集团）股份有限公司借款合同纠纷二审民事判决书［深圳市中级人民法院（2015）深中法商终字第 1969 号］，该院认为：“对于中瑞信公司主张的法院不能主动审查保证期间是否完成的问题，对此本院认为，首先，保证期间不同于诉讼时效，法律及司法解释并未规定在当事人未提出抗辩的情况下法院不能主动审查保证期间是否完成；其次，本案中亿路万源公司虽未提出保证期间完成其保证责任免除的抗辩，但也提出了不承担保证责任的抗辩；再次，保证期间的目的在于保护保证人利益，平衡债权人和保证人间的利益关系，敦促债权人尽快行使权利，保证期间完成的法律后果是免除保证人的保证责任，关系到当事人实体权利义务的变更，应属于法院审理案件的审查范围，因此，原审法院经审查认定涉案连带责任保证的保证期间已完成，亿路万源公司的保证责任免除，并无不当，本院予以确认。中瑞信公司上诉请求亿路万源公司承担连带保证责任，理由不成立，本院不予采纳。”

二、认定法院不应当依职权审查保证期间是否经过的判例

案例五：潘荣荣与徐吉、南京光华城南机电有限公司民间借贷纠纷再审申请民事裁定书［上海市高级人民法院（2016）沪民申 2781 号］，该院认为：“本院经审查认为，原审法院根据各方当事人的诉辩主张及提交的证据对系争借款本金、利息及南京光华公司的还款责任和潘荣荣的连带保证责任作出准确认定，本院予以支持。潘荣荣现抗辩系争两份《借款合同》的担保期间均已超过，债权人无权要求保证人承担连带保证责任，且原审法院应当主动审查保证期间。本院认为，人民法院审理案件，是围绕双方当事人的争议进行。保证期间作为保证人对抗债权人的抗辩理由之一，是否主张为当事人对自己诉讼权利的处分。根据一审判决载明的事实，潘荣荣在本案一审诉讼过程中并未提出关于保证期间的抗辩，并在一审判决其承担连带保证责任后，并未提起上诉。而在二审庭审中，潘荣荣亦未就保证期间提出异议，故双方当事人并未就此形成争议。现潘荣荣却就此主张一审、二审判决错误并申请再审，本院认为其有违诉讼诚信，其申请再审理由不能成立。原审法院作出的判决，合法合理，理由阐述充分。本院认可原审法院对事实的分析认定及对相关法律法规的理解与适用，潘荣荣再审申请理由缺乏事实及法律依据，本院难以支持。原审法院认定事实清楚，适用法律正确，审理程序合法。”

026［最高法院］债务人承诺还款期间，保证期间计算是否亦就此改变?

债务人承诺的还款期限，不改变保证期间的起算点

裁判要旨

主债务人单方向债权人出具的关于还款期限的承诺，不能改变担保合同的约定，保证期间的起算不因此而提前或推后。保证人以承诺的还款时间点主张保证期间经过，进而免除保证责任的，人民法院不予支持。

案情简介

一、1993 年 4 月 16 日，菲力斯公司为担保申请方，江城支行为担保方，农工商公司为反担保方签订鄂农银保 9302 号《外汇担保合同》，约定：菲力斯公司从境外贷款 200 万美元，江城支行负责担保，担保期限三年。同日，农工商公司、大垸农场向江城支行出具《外汇贷款反担保书》称：对江城支行为菲力斯公司的 200 万美元外汇贷款担保，提供人民币反担保，担保期限为直至还本付息完成之日时止。

二、1996年5月13日，菲力斯公司无力偿还境外到期借款。1996年6月10日，江城支行代菲力斯公司偿还了贷款本息。1996年7月29日，江城支行向菲力斯公司发函，追讨欠款。1996年8月8日，菲力斯公司向江城支行出具《还款保证书》，保证于1996年10月底前偿还上述款项。之后，菲力斯公司未按合同约定偿还江城支行为其垫付的款项，农工商公司和大垸农场也未按反担保书的承诺，履行反担保人的责任。

三、江城支行多次催讨欠款无果，遂向湖北高院起诉，请求判令菲力斯公司、农工商公司和大垸农场偿还垫款本息、罚息和担保手续费。湖北高院一审判决菲利斯公司还本付息，农工商公司和大垸农场承担连带保证责任。

四、农工商公司不服，上诉至最高法院，以江城支行未在六个月保证期间内主张权利为由主张免责，最高法院判决驳回上诉，维持原判。

败诉原因

本案中农工商公司败诉的原因在于，债务人对债权人作出的关于还款期限的承诺，并不能改变保证合同约定的或者法律规定的保证期间的起算点和期间长短。本案的保证担保发生在担保法实施之前，根据《最高人民法院关于审理经济合同纠纷案件有关保证的若干问题的规定》第十条的规定："保证合同中约定有保证责任期限的，保证人在约定的保证责任期限内承担保证责任。"本案中，反担保的保证人承诺的保证责任期限为还本付息完成之日时止，故只要菲力斯公司未偿还江城支行代为偿还的本金及利息，作为保证人的农工商公司的保证责任即不能因此免除。农工商公司以债权人在债务人承诺的还款期限六个月内未主张权利为由主张免责，没有法律依据。农工商公司因此败诉。

败诉教训、经验总结

前事不忘，后事之师。为避免未来发生类似败诉，提出如下建议：

1. 本案虽然发生在《担保法》生效之前，相关的法律规定已经发生了一定的变化，但其背后透露的法理却仍有一定的实务指导价值。即如果债务人向保证人承诺提前偿还债务，该承诺仅在债务人与债权人之间发生相应的法律后果，并不能因此改变债权人与保证人之间依据约定或者法律的规定而确定的保证期间的长短和起算点。保证人不能以提前的还款时间点，作为自己承担保证责任的保证期间的起算点，并以此为由主张免责。同理，在债务人与债权人通过另行协商，延长还款期限时，保证人承担保证责任的期间和期间的起算点也不因此而发生变化。对于此点，《担保法司法解释》第三十条第二款作了明确规定："债权人与债务人对主合同履行期限作了变动，未经保证人书面同意的，保证期间为原合同约定的或者法律规定的期间。"这一规定，背后的法理在于保证合同是保证人与债权人之间的合同，债权人与债务人达成的关于变更主合同的约定，并不能够直接约束保证人，更不能对保证人产生不利影响。

2. 关于保证期间的起算，对于债权人而言意义重大，直接关乎其担保利益是否能够实现。在连带保证责任的场合，保证期间自主债权履行期届满之日起开始起算；在一般保证责任的场合，自债权人对主债务人申请强制执行无效果之日起开始起算。这些起算点，不会因为债权人与债务人之间的私下约定或者债务人的单方承诺而发生变化，尤其是不能发生不利于保证人的变化。

相关法条

《担保法司法解释》

第三十条　保证期间，债权人与债务人对主合同数量、价款、币种、利率等内容作了变动，未经保证人同意的，如果减轻债务人的债务的，保证人仍应当对变更后的合同承担保证责任；如果加重债务人的债务的，保证人对加重的部分不承担保证责任。

债权人与债务人对主合同履行期限作了变动，未经保证人书面同意的，保证期间为原合同约定的或者法律规定的期间。

债权人与债务人协议变动主合同内容，但并未实际履行的，保证人仍应当承担保证责任。

《最高人民法院关于审理经济合同纠纷案件有关保证的若干问题的规定》

10. 保证合同中约定有保证责任期限的，保证人在约定的保证责任期限内承担保证责任。债权人在保证责任期限内未向保证人主张权利的，保证人不再承担保证责任。

11. 保证合同中没有约定保证责任期限或者约定不明确的，保证人应当在被保证人承担责任的期限内承担保证责任。保证人如果在主合同履行期限届满后，书面要求债权人向被保证人为诉讼上的请求，而债权人在收到保证人的书面请求后一个月内未行使诉讼请求权的，保证人不再承担保证责任。

12. 债权人与被保证人未经保证人同意，变更主合同履行期限的，如保证合同中约定有保证责任期限，保证人仍在原保证责任期限内承担保证责任；如保证合同中未约定保证责任期限，保证人仍在被保证人原承担责任的期限内承担保证责任。

债权人与被保证人未经保证人同意，在主合同履行期限内变更合同其他内容而使被保证人债务增加的，保证人对增加的债务不承担保证责任。

以下为最高法院在二审判决书“本院认为”部分就此问题发表的意见：

《外汇担保合同》和《外汇贷款反担保书》系本案当事人的真实意思表示，内容未违反有关法律规定，应为有效。菲力斯公司应偿还江城支行为其垫付的境外贷款本息160.834167万美元和担保手续费7.761764万美元，并承担未按期偿还垫款的违约责任。农工商公司、大垸农场自愿为江城支行给菲力斯公司境外借款提供的担保作反担保，应对菲力斯公司向江城支行偿还垫款本息和担保手续费承担连带责任。菲力斯公司出具的《还款保证书》是其单方意思表示，并未改变《外汇担保合同》和《外汇贷款反担保书》中约定的担保责任，且在《外汇担保合同》和《外汇贷款反担保书》中载明，农工商公司、大垸农场的担保范围为江城支行的垫款本息、罚息和手续费，担保期限至还清江城支行代菲力斯公司偿还的贷款本息时止，现上述款项尚未清偿，故根据《最高人民法院关于审理经济合同纠纷案件若干问题的规定》，农工商公司和大垸农场应继续承担保证责任。一审法院根据中国人民银行的有关规定判处违约方支付罚息并无不当。农工商公司上诉请求理由不足，本院不予支持。

案件来源

湖北省国营农场农工商联合总公司与武汉菲力斯毛绒织造有限公司、湖北省国营人民大垸农场债务纠纷二审民事判决书［最高人民法院（1999）民终字第127号］

延伸阅读

主债权履行期变动后保证期间问题的判例：

一、贷款展期，保证期间仍依据原合同约定确定

案例一：泉州市丰泽区清源房地产开发有限公司、王德利与王德瑞与中国工商银行股份有限公司泉州洛江支行、林一菱一般借款合同纠纷申请再审民事裁定书［最高人民法院（2014）民申字第629号］，最高法院认为：“关于《委托贷款展期协议》签订后，王德瑞、王德利是否还应承担保证责任的问题。本院认为，《委托贷款展期协议》变更了主合同的履行期限，对该变更，王德瑞、王德利作为保证人，未作出书面同意。虽然二人作为清源公司股东，在履行股东职责时同意清源公司向工行洛江支行申请贷款展期，并明确知晓贷款已获展期的事实，但不应因此认为二人同意对展期后的贷款，按照展期后的履行期限承担保证责任。就该事实的认定，一审、二审判决存在错误。根据《最高人民法院关于适用〈中华人民共和国担保法〉若干问题的解释》第三十条第二款的规定，债权人与债务人对主合同履行期限作了变动，未经保证人书面同意的，保证期间为原合同约定的或者法律规定的期间。故就本案借款，王德瑞、王德利仍应在原《保证合同》约定的借款期限和保证期限范围内，承担保证责任，即在主合同借款期限届满之日（2009 年 10 月 30 日）之次日起两年内，承担保证责任。"

二、债权人要求提前还贷，并不改变原合同关于保证期间的约定

案例二：杨东升等与中国建设银行股份有限公司石家庄金泉支行保证合同纠纷申请再审民事裁定书［最高人民法院（2013）民申字第 171 号］，最高法院认为："关于本案保证人是否应承担保证责任的问题。建行金泉支行于 2009 年 4 月 29 日以起诉的方式宣布借款期限提前到期，由此涉及保证人的保证期间应否提前起算的问题。依据 2008-002 号、2008-003 号《不可撤销保证书》第四条'保证期间为本保证书生效之日起至主合同约定的债务人履行债务期限届满之日后两年止'及第八条'保证期间，出现主合同项下的违约责任或贵行认为足以影响债权实现的其他情形时，贵行宣布债务提前到期的，贵行有权要求本保证人在该提前到期日起立即承担保证责任，本保证人同意按贵行要求承担保证责任'的约定，本案债权人建行金泉支行有权要求保证人杨东升、孙小杰、张桂芬提前履行担保责任，也可以不要求保证人提前履行保证责任。根据《最高人民法院关于适用〈中华人民共和国担保法〉若干问题的解释》第三十条第二款'债权人与债务人对主合同履行期限作了变动，未经保证人书面同意的，保证期间为原合同约定的或者法律规定的期间'的规定，主合同债务履行期间的变动并不当然导致保证期间履行期限随之变动，债权人建行金泉支行以起诉的形式宣布借款提前到期而未要求保证人杨东升、孙小杰、张桂芬提前履行保证责任，保证人杨东升、孙小杰、张桂芬仍应在原保证期间内承担保证责任，原审判决认为《不可撤销保证书》约定的保证期间为'主合同约定债务人履行债务期限届满之日后两年止'，按照主合同约定的借款期间至起诉时保证期间未届满，保证人杨东升、孙小杰、张桂芬不能免除保证责任，并无不当。杨东升、孙小杰、张桂芬申请再审认为建行金泉支行起诉时已经超过保证期间，其三人不应承担连带保证责任的再审申请理由不能成立。"

027［最高法院］主债务人对诉讼时效届满的债权重新确认，保证人是否应当继续承担担保责任？

主债务人对诉讼时效届满的债权重新确认的，效力不及于保证人

裁判要旨

主债权诉讼时效届满后，主债务人放弃诉讼时效抗辩的行为，效力不及于保证人。保证人仍可向主债权人主张诉讼时效抗辩。

案情简介

一、1993年5月28日，建行纺建路办事处与冶金工业公司签订借款合同，约定：借款金额200万元，担保单位为焦化厂。还款期限为1995年5月。借款到期后，冶金工业公司未偿还借款，焦化厂亦未承担担保责任。

二、1998年8月25日，建行纺建路办事处经西安市新城区公证处向焦化厂送达《催还逾期贷款通知书》，要求该厂承担（93）第016号合同的担保责任。

三、后建行纺建路办事处将上述债权转让给信达公司，2002年12月28日，信达公司在陕西日报上发布公告，要求债务人清偿债务、担保人履行担保责任。2000年6月29日、2001年9月4日、2004年2月18日，信达公司向冶金工业公司发出《催收贷款通知书》，冶金工业公司对借款本息计算均无异议，并签字确认。

四、2004年5月26日，信达公司向陕西高院提起诉讼，诉请判决冶金工业公司还本付息，焦化厂承担连带清偿责任。陕西高院一审判决冶金工业公司还本付息，焦化厂不必承担担保责任。

五、信达公司不服，上诉至最高法院。最高法院二审判决驳回了该部分的上诉请求。

败诉原因

本案中信达公司败诉的原因在于，主债务人对于已超过诉讼时效期间的债权重新确认，效力并不及于保证人，保证人仍可向主债权人主张诉讼时效抗辩。从本案的基本情况来看，主债权的履行期限为1995年5月，而迟至1998年8月该债权的原债权人建行纺建路办事处才向主债务人冶金工业公司主张权利。但冶金工业公司未就该笔债权向建行纺建路办事处提出诉讼时效抗辩，而且在此后也多次就该笔债权向新的债权人信达公司进行确认。因此，对于信达公司而言，其可根据《最高人民法院关于超过诉讼时效期间借款人在催款通知单上签字或者盖章的法律效力问题的批复》的规定，继续对主债务人冶金工业公司享有债权。但遗憾的是，对于这一债权的重新确认，却并无作为担保人的焦化厂的确认。故根据《担保法》第二十条的规定，即使主债务人放弃对债权人的抗辩，作为从债务人的保证人仍可主张，关于诉讼时效的抗辩亦不例外。同时，因本案的主债权已超过诉讼时效，故本案也不适用《最高人民法院关于处理担保法生效前发生保证行为的保证期间问题的通知》第一条的规定。故最高法院最终认定："冶金工业公司对该笔债务进行了重新确认，但焦化厂并无对重新确认后的债务进行担保的意思表示，因该笔债务不符合〔2002〕144号文规定的情形，故焦化厂对该笔债务不承担保证责任。"信达公司因此败诉。

败诉教训、经验总结

前事不忘，后事之师。为避免未来发生类似败诉，提出如下建议：

1. 对于已超过诉讼时效但仍有保证担保的债权，债权人在进行催收时，应注意以下技巧：（1）在催款函中切勿注明债权原定的还款期限，防止债务人非常轻松地计算出债权的诉讼时效是否已经经过；（2）催款函的内容应当尽量简洁明了，防止债务人轻松找到相关基础资料核对有关信息，确认有关催收债权是否已经过诉讼时效；（3）在对债务人进行催收时，一定要一并向保证人进行催收。如此，不仅可以大大增强超过诉讼时效的债权被债务人重新确认的可能性，也可增强保证人继续对超过诉讼时效的债权提供担保的可能性。

2. 不论是债务人还是保证人，在接到债权人的催款通知时，应当在认真检视相关材料的基础上，对债权债务涉及的期间问题进行认真核实确认。需核实确认的期间包括主债权的还款期限、此前的催款时间点、诉讼时效期间、保证期间等，切勿对往来函件盲目进行签收、确认，防止对已经超过诉讼时效期间、保证期间的债权进行了重新确认，导致债务重生或者重新提供担保。特别是保证人，如果不注意检视主债权的诉讼时效，而对超过诉讼时效的债权承担担保责任，不仅无法要求债权人返还已偿还的债务，而且也不能向主债务人追偿，风险极大。

3. 保证人在对债权人提出抗辩时，不仅要关注《担保法》及担保合同约定的可以对债权人行使的一般抗辩，还要注意行使债务人根据主合同可以向保证人主张的抗辩。这也要求债权人应当改变一种错误的认识，认为只要主债务人认账了，保证人肯定就跑不掉了，殊不知“一山方出一山拦”，主债务人不主张的抗辩，保证人也可主张。故在诉讼中，对于主债权债务关系的成立，既要防债务人，也要防保证人。“两线作战”，着实不易。

相关法条

《担保法》

第二十条 一般保证和连带责任保证的保证人享有债务人的抗辩权。债务人放弃对债务的抗辩权的，保证人仍有权抗辩。

抗辩权是指债权人行使债权时，债务人根据法定事由，对抗债权人行使请求权的权利。

《最高人民法院关于处理担保法生效前发生保证行为的保证期间问题的通知》

……

一、对于当事人在担保法生效前签订的保证合同中没有约定保证期限或者约定不明确的，如果债权人已经在法定诉讼时效期间内向主债务人主张了权利，使主债务没有超过诉讼时效期间，但未向保证人主张权利的，债权人可以自本通知发布之日起6个月（自2002年8月1日至2003年1月31日）内，向保证人主张权利。逾期不主张的，保证人不再承担责任。

……

《最高人民法院关于超过诉讼时效期间借款人在催款通知单上签字或者盖章的法律效力问题的批复》

河北省高级人民法院：

你院〔1998〕冀经一请字第38号《关于超过诉讼时效期间信用社向借款人发出的“催收到期贷款通知单”是否受法律保护的请示》收悉。经研究，答复如下：

根据《中华人民共和国民法通则》第四条、第九十条规定的精神，对于超过诉讼时效期间，信用社向借款人发出催收到期贷款通知单，债务人在该通知单上签字或者盖章的，应当视为对原债务的重新确认，该债权债务关系应受法律保护。

此复。

《诉讼时效司法解释》

第二十一条 主债务诉讼时效期间届满，保证人享有主债务人的诉讼时效抗辩权。

保证人未主张前述诉讼时效抗辩权，承担保证责任后向主债务人行使追偿权的，人民法院不予支持，但主债务人同意给付的情形除外。

第二十二条　诉讼时效期间届满，当事人一方向对方当事人作出同意履行义务的意思表示或者自愿履行义务后，又以诉讼时效期间届满为由进行抗辩的，人民法院不予支持。

以下为最高法院在二审判决书“本院认为”部分就此问题发表的意见：

焦化厂是否应承担保证责任问题。焦化厂为（93）第016号借款担保合同项下的200万元借款本息提供担保。保证合同未约定保证期限。1998年8月17日，建行纺建路办事处对该笔债权催收时，该笔债权已过诉讼时效期间。冶金工业公司对该笔债务进行了重新确认，但焦化厂并无对重新确认后的债务进行担保的意思表示，因该笔债务不符合〔2002〕144号文规定的情形，故焦化厂对该笔债务不承担保证责任。原审判决关于焦化厂对该笔债务不承担保证责任的认定正确，本院予以维持。

案件来源

中国信达资产管理公司西安办事处与西安市冶金工业公司、西安焦化厂、西安带钢厂、西安电机厂、略阳钢铁厂借款担保合同纠纷二审民事判决书［最高人民法院（2005）民二终字第50号］

延伸阅读

一、担保人可主张主债务人未主张的诉讼时效抗辩

案例一：中国东方资产管理公司大连办事处诉辽宁华曦集团公司等借款担保纠纷二审民事判决书［最高人民法院（2003）民二终字第93号，《中华人民共和国最高人民法院公报》2003年第6期（总第86期）］，最高法院认为：“担保人时代公司在《不可撤销担保书》中明确承诺：‘本保证书在中行同意延期还款时继续有效’，但因无证据证明省中行与畜产公司之间存在约定延期还款的事实，主债权已经超过诉讼时效，根据《中华人民共和国担保法》（以下简称担保法）第二十条第一款的规定，依法取得了主债务人享有的主债权诉讼时效届满产生的抗辩权。虽然嗣后畜产公司在催收通知书上盖章，放弃了原债权诉讼时效届满的抗辩权，但依照担保法第二十条第一款的规定，对于债务人放弃的抗辩权，担保人仍然可以行使，畜产公司放弃时效届满抗辩权的行为，对时代公司不发生法律效力。另，本院（2002）144号通知第一条规定债权人对保证人的权利，应以主债务没有超过诉讼时效期间为条件。故上诉人东方公司关于担保人时代公司应当承担担保责任的上诉

理由不能成立，原审裁判正确，本院予以维持。”

案例二：中国农业银行股份有限公司南部县支行与岳树德、岳友席、岳树东金融借款合同纠纷一案二审民事判决书［南充市中级人民法院（2014）南中法民终字第664号］，该院认为：“岳树德于2009年9月21日向农行南部支行借款30000元，约定借款到期日为2010年9月20日。2010年12月29日，岳树德向农行南部支行偿还部分借款后，农行南部支行于2013年7月22日才主张权利，原审以农行南部支行向主债务人主张权利超过诉讼时效，向保证人主张权利超过保证期间为由判决驳回农行南部支行的诉讼请求后，农行南部支行向岳树德发出债务逾期催收通知书，该债务逾期催收通知书反映出向岳树德催收债权的意思表示，岳树德自愿在该债务逾期催收通知书签字，应视为岳树德对原债务的重新确认，因此，岳树德应从重新确认债务之日起对该债务逾期催收通知书确认的债务承担清偿责任。岳友席、岳树东在原审中以农行南部支行主张权利超过诉讼时效进行了抗辩，根据《最高人民法院关于审理民事案件适用诉讼时效制度若干问题的规定》第二十一条第一款‘主债务诉讼时效期间届满，保证人享有主债务人的诉讼时效抗辩权’的规定，原审判决岳友席、岳树东不承担保证责任并无不当。岳树德在原审判决后自愿对原债务重新确认，岳友席、岳树东无新的担保意思表示，因此，农行南部支行要求岳友席、岳树东承担保证责任，本院不予支持。”

二、保证人对超过诉讼时效的债权承担担保责任后，无权向主债务人追偿

案例三：李德元与何东有追偿权纠纷一案的二审民事判决书［定西市中级人民法院（2016）甘11民终169号］，该院认为：“本案的争议焦点是上诉人李德元能否行使追偿权？本案中，借条上对保证人的保证方式和保证期限未约定，根据法律规定，保证方式应为连带责任保证，保证期间应为主债务履行期届满之日起6个月，即该笔借款的保证期间自2012年1月8日起至7月8日止。债权人要求债务人履行债务的诉讼时效于2014年1月8日届满。上诉人没有证据证明，主债权人包××在保证期间内向作为保证人的上诉人主张过权利，根据法律规定，上诉人的保证责任已免除，其不再有为债权人承担保证责任的法定义务。《最高人民法院关于审理民事案件适用诉讼时效制度若干问题的规定》第二十一条规定：主债务诉讼时效期间届满，保证人享有主债务人的诉讼时效抗辩权。保证人未主张前述诉讼时效抗辩权，承担保证责任后向主债务人行使追偿权的，人民法院不予支持。据此，上诉人在主债务诉讼时效期间届满后，未主张诉讼时效抗辩权，其承担保证责任后向被上诉人行使追偿权无法律依据。”

028［最高法院］保证期间经过后保证人在“还款承诺函”上签字与在“催款通知书”签字有何区别？

保证期间经过后保证人又在“还款承诺函”上签字的，应承担保证责任

裁判要旨

《最高人民法院关于人民法院应当如何认定保证人在保证期间届满后又在催款通知书上签字问题的批复》适用对象是债权人的催款通知书，目的在于防止将保证人单纯的签字收到催款通知书的行为认定为新的承诺。本案《还款承诺书》不同于催款通知书，不适用上述批复，不能以该批复否定《还款承诺书》所确定的法律责任。

案情简介

一、颜耀军、兰燕芬系夫妻关系。2011年4月19日，颜耀军、兰燕芬立下借条两份，分别向董文新、高山各借款人民币2000万元。对于两份借条，瑞城公司、健盛公司、诚成公司在担保人一栏处加盖公章，上述三公司的法定代表人签名。永达公司的股东刘成花、蒋福珍、余华铨在担保人一栏处签名确认。上述两笔款项还款期限为2011年7月18日。借款期限届满后，除偿还部分利息外，被告颜耀军、兰燕芬未能按期全额还本付息。

二、经董文新、高山多次催讨，颜耀军、兰燕芬于2012年3月5日向原告出具还款承诺书。瑞城公司（未加盖公章）余华铨（签名）、诚成公司（加盖公章）在“承诺人”一栏签字。

三、2013年5月，高山、董文新向泉州中院起诉，要求颜耀军、兰燕芬、瑞城公司、健盛公司、诚成公司共同偿还本金及利息。泉州中院一审判决支持了高山、董文新的诉请。

四、瑞诚公司不服，上诉至福建高院，福建高院二审判决驳回上诉，维持原判。瑞诚公司仍不服，以其在“还款承诺书”上签字时保证期间业已经过为由，向最高法院申请再审。最高法院裁定驳回再审申请。

败诉原因

本案中瑞诚公司的败诉原因在于其在保证期间经过后仍旧在“还款承诺书”上签字。根据《最高人民法院关于人民法院应当如何认定保证人在保证期间届满后又在催款通知书上签字问题的批复》的规定，在保证期间经过后保证人即使又在“催款通知书”上签字的，保证人仍不必承担担保责任。但最高法院认为，在法律性质上“还款承诺书”不同于“催款通知书”，“《还款承诺书》直接确认了承诺人的还款义务，且并未区分主债务人和保证人的责任，应当认定各‘承诺人’共同与债权人形成了新的债务履行协议，从而在各保证人原本所承担的连带保证责任的基础上，再次确认了保证人的还款责任。”因此，尽管案涉的保证债务在出具“还款承诺书”时已经超过保证期间，但因为“还款承诺书”使保证人与债权人之间达成了新的还款合意，故保证人不能因此免责。瑞诚公司因此败诉。

败诉教训、经验总结

前事不忘，后事之师。为避免未来发生类似败诉，提出如下建议：

1. 在交易相对人送达的文书上签字时，一定要对文书内容进行反复的研读核实。根据《诉讼时效司法解释》第十条的规定，在债权人主张权利的催款通知书上签字的，可以达到诉讼时效中断的法律效果。《最高人民法院关于超过诉讼时效期间借款人在催款通知单上签字或者盖章的法律效力问题的批复》规定，诉讼时效经过后，债务人在债权人主张权利的催款通知单上签字的，构成对债务的重新确认，不得再以诉讼时效经过为由主张免责。在本案中，瑞诚公司在“还款承诺书”签字，导致本已根据《最高人民法院关于人民法院应当如何认定保证人在保证期间届满后又在催款通知书上签字问题的批复》的规定可免责的保证责任需瑞诚公司继续承担。由此可见，在交易相对人的往来函件上签字、回复，绝非礼节性的“礼尚往来”，而是必须慎之又慎，稍有不慎就可能落入对方的“圈套”。

2. 根据《最高人民法院关于人民法院应当如何认定保证人在保证期间届满后又在催款通知书上签字问题的批复》的规定，保证期间届满债权人未依法向保证人主张保证责任的，保证责任消灭。保证责任消灭后，债权人书面通知保证人要求承担保证责任或者清偿债务，保证人在催款通知书上签字的，人民法院不得认定保证人继续承担保证责任。但是，该催款通知书内容符合合同法和担保法有关担保合同成立的规定，并经保证人签字认可，能够认定成立新的保证合同的，人民法院应当认定保证人按照新保证合同承担责任。因此，在保证期间经过后，在催款通知书上签字的性质，仍不能一概而论，而需根据催款通知书所载具体内容进行判断。如果催款通知书上含有类似“保证人承诺继续担任保证人”“保证人承诺对债务继续承担连带清偿责任”“保证人承诺与债务人共同还本付息”等用语的，应慎重签字。因为此时保证人签字，即意味着其已与债权人达成新的还款协议或保证承诺。

3. 对于往来函件文书性质的判断，应结合文书的内容、双方当事人的约定、交易习惯等因素进行综合考量。在此，我们建议，如果对重要的商务往来函件内容、性质判断不准时，应委托专业律师进行审查并提出合理妥当的回复意见，切勿在未判断清楚文书性质的前提下，盲目回复对方或置之不理。

相关法条

《最高人民法院关于人民法院应当如何认定保证人在保证期间届满后又在催款通知书上签字问题的批复》

云南、河北、四川省高级人民法院：

云高法[2003] 69 号《关于保证人超过保证期间后又在催款通知书上签字应如何认定性质和责任的请示》、(2003) 冀民二请字第 1 号《关于如何认定已过了保证期间的保证人在中国长城资产管理公司〈债权转移确认通知书〉上盖章的民事责任的请示》和川高法[2003] 266 号《关于保证期届满后保证人与债务人同日在催款通知书上签字或者盖章的法律效力问题的请示》收悉。经研究，答复如下：

根据《中华人民共和国担保法》的规定，保证期间届满债权人未依法向保证人主张保证责任的，保证责任消灭。保证责任消灭后，债权人书面通知保证人要求承担保证责任或者清偿债务，保证人在催款通知书上签字的，人民法院不得认定保证人继续承担保证责任。但是，该催款通知书内容符合合同法和担保法有关担保合同成立的规定，并经保证人签字认可，能够认定成立新的保证合同的，人民法院应当认定保证人按照新保证合同承担责任。

《最高人民法院关于超过诉讼时效期间借款人在催款通知单上签字或者盖章的法律效力问题的批复》

河北省高级人民法院：

你院［1998］冀经一请字第 38 号《关于超过诉讼时效期间信用社向借款人发出的“催收到期贷款通知单”是否受法律保护的请示》收悉。经研究，答复如下：

根据《中华人民共和国民法通则》第四条、第九十条规定的精神，对于超过诉讼时效期间，信用社向借款人发出催收到期贷款通知单，债务人在该通知单上签字或者盖章的，应当视为对原债务的重新确认，该债权债务关系应受法律保护。

《诉讼时效司法解释》

第十条 具有下列情形之一的，应当认定为民法通则第一百四十条规定的“当事人一方提出要求”，产生诉讼时效中断的效力：

（一）当事人一方直接向对方当事人送交主张权利文书，对方当事人在文书上签字、盖章或者虽未签字、盖章但能够以其他方式证明该文书到达对方当事人的；

（二）当事人一方以发送信件或者数据电文方式主张权利，信件或者数据电文到达或者应当到达对方当事人的；

（三）当事人一方为金融机构，依照法律规定或者当事人约定从对方当事人账户中扣收欠款本息的；

（四）当事人一方下落不明，对方当事人在国家级或者下落不明的当事人一方住所地的省级有影响的媒体上刊登具有主张权利内容的公告的，但法律和司法解释另有特别规定的，适用其规定。

前款第（一）项情形中，对方当事人为法人或者其他组织的，签收人可以是其法定代表人、主要负责人、负责收发信件的部门或者被授权主体；对方当事人为自然人的，签收人可以是自然人本人、同住的具有完全行为能力的亲属或者被授权主体。

以下为最高法院在再审期间就此问题发表的意见：

本案《还款承诺书》不同于一般的催款通知书。合同的订立需要经过要约和承诺，承诺是针对要约内容的确认。本案《还款承诺书》直接确认了承诺人的还款义务，且并未区分主债务人和保证人的责任，应当认定各“承诺人”共同与债权人形成了新的债务履行协议，从而在各保证人原本所承担的连带保证责任的基础上，再次确认了保证人的还款责任。《最高人民法院关于人民法院应当如何认定保证人在保证期间届满后又在催款通知书上签字问题的批复》适用对象是债权人的催款通知书，目的在于防止将保证人单纯的签字收到催款通知书的行为认定为新的承诺。本案《还款承诺书》不同于催款通知书，不适用上述批复，不能以该批复否定《还款承诺书》所确定的法律责任。

案件来源

高山、董文新与三明市瑞城房地产开发有限公司、永安市永达金属制品有限公司等民间借贷纠纷申诉、申请再审民事裁定书［最高人民法院（2016）最高法民申621号］

延伸阅读

一、保证期间经过后，保证人在催款通知书上签字能否免责，应根据催款通知书所载具体内容判断

案例一：蓝柯夫有限公司与江苏金方圆集团有限公司等借款合同纠纷二审民事判决书［江苏省高级人民法院（2007）苏民三终字第 0124 号］，该院认为："金方圆集团在《逾期贷款催收通知书》上签字的行为不能认定成立新的保证合同。《最高人民法院关于人民法院应当如何认定保证人在保证期间届满后又在催款通知书上签字问题的批复》［法释（2004）4 号］规定：……根据该批复精神，保证人在保证期间届满后又在催款通知书上签字的行为能否成立新的保证合同，需要通过对催款通知书的内容以及保证人的签字行为进行具体分析后才能得出结论。经查，扬州交行历次催款通知书的内容大致相同，主要内容是：贷款已全部到期，自贷款到期日起，其不断向借款方及担保方催收，但至今本息未能偿还，为敦促早日还款，特再次催收。而金方圆集团法定代表人陈小明仅是在《逾期贷款催收通知书》上签名，同时其在 2003 年 8 月 2 日催款通知书上特别注明'金方圆集团已多年停摆，无任何经营活动，无代偿能力'。据此，本院认为，无论从扬州交行催款通知书的内容看，还是从保证人金方圆集团法定代表人陈小明的签名及注明内容看，本院均无法得出保证人金方圆集团对涉案债权有重新提供担保的意思表示，故不能认定本案已成立新的保证合同，金方圆集团主张保证期间已过，保证人应当免除保证责任的抗辩理由成立，本院予以采纳。盛柯夫有限公司（BLUECOVEPTE. LTD）要求保证人金方圆集团承担连带保证责任以及要求扬锻公司、中江公司应当在接收金方圆集团资产范围内承担连带清偿责任的上诉请求及理由缺乏事实和法律依据，本院不予支持。"

二、保证期间经过后保证人又向债权人出具《保证承诺书》的，不得主张免责

案例二：上诉人郑州市市区农村信用合作联社二七信用社与被上诉人杨书杰、王伟峰及原审被告郑亚菲借款合同纠纷二审民事判决书［郑州市中级人民法院（2014）郑民三终字第 313 号］，该院认为："本案二审的争议焦点在于杨书杰、王伟峰是否应对涉案债务承担连带清偿责任。根据《最高人民法院关于人民法院应当如何认定保证人在保证期间届满后又在催款通知书上签字问题的批复》所规定……本案中，杨书杰作为连带责任保证人为郑亚菲向二七信用社的借款提供担保，在双方约定的保证期间届满后，杨书杰又于 2013 年 7 月 12 日向二七信用社出具《保证承诺书》，其意思表示真实，且承诺书对被保证的主债权数额、债务人履行债务的期限、保证方式、保证担保的范围、保证期间等均有明确约定，符合法律规定的保证合同内容要件，应当认定在二七信用社与杨书杰之间又成立了新的保证合同关系。因此，二七信用社有权要求杨书杰对涉案债务承担连带清偿责任，其此项上诉理由成立，本院予以支持。”

案例三：中国信达资产管理公司昆明办事处诉马关县建材实业有限责任公司等借款合同纠纷案一审民事判决书［昆明市中级人民法院（2004）昆民四初字第329号］，该院认为：“2002年11月20日原告再次向电力公司发出《履行担保义务通知书》，电力公司于2002年11月26日签收。在此通知上，原告要求电力公司继续承担连带保证责任，保证期间为该通知签收之日起两年，电力公司在《履行担保义务通知书》回执上确认，继续承担连带保证责任，保证期间为该通知签收之日起两年。根据最高人民法院《关于人民法院应当如何认定保证人在保证期间届满后又在催款通知书上签字问题的批复》，本院认为《履行担保义务通知书》的内容符合合同法和担保法有关担保合同成立的规定，并经保证人签字认可，能够认定成立新的保证合同，保证期间自2002年11月26日起至2004年11月26日止，原告在此期间提起诉讼主张权利，保证人电力公司应对该笔借款承担连带清偿责任。”

029［最高法院］保证人在保证期间届满后发函要求债权人向债务人催收，是否表示继续承担担保责任？

保证人在保证期间届满后发函要求债权人向债务人催收，仍可主张保证期间抗辩

裁判要旨

根据《担保法》的规定，保证期间届满后保证人即免除保证责任。故在保证期间届满后，保证人发函要求债权人向债务人催收欠款，并不表明保证人需继续承担担保责任。保证人仍可主张保证期间抗辩。

案情简介

一、自1998年4月开始，康立公司（后改制为腾宇公司）从中国银行山阴县支行贷款，截至 1999 年 6 月，共贷款 31 笔，计本金 18181555.62 元。该 31 笔贷款中，石星公司担保 24 笔，计本金 15161555.62 元，担保的方式为连带责任保证，约定的保证期限为两年。

二、2000 年 7 月、2000 年 8 月、2002 年 12 月，中国银行山阴县支行对借款催收，石星公司均没有签字盖章。但石星公司在保证期间届满前和届满后，都向中国银行山阴县支行和康立公司发函，请求中国银行山阴县支行督促康立公司还款。2004 年 6 月，中国银行山阴县支行将前述 31 笔贷款债权转让给信达公司。

三、2005 年 12 月，信达公司向山西高院起诉，请求判令腾宇公司还本付息，石星公司承担连带保证责任。山西高院一审判决腾宇公司还本付息，石星公司不必承担担保责任。

四、信达公司不服，上诉至最高法院。最高法院二审判决驳回上诉，维持原判。

败诉原因

本案中信达公司败诉的原因在于，保证期间届满后保证人发函要求债权人向债务人催收，并不表示保证人应继续承担担保责任。根据《担保法》第二十五条、第二十六条的规定，债权人未在保证期间内向保证人主张权利的，保证人的保证责任免除。此处所谓的保证责任免除，是指保证人对债权人负担的保证责任不可逆地消灭，债权人对保证人的保证权利本体彻底灭失。除非保证人与债权人重新达成提供保证担保的合意，否则保证人即不必再承担担保责任。即使保证人在债权人主张权利的通知书上签字，或者如本案中一样主动发函要求债权人对债务人催收，都不能发生保证人需继续承担担保责任的法律效果。故最高法院认为："除非石星公司明确承诺在保证期间届满后继续承担保证还款的责任并且具备法律规定的形式，例如在中国银行山阴县支行的催收通知单上签字盖章，否则不能得出石星公司的函件表示其会继续承担保证责任而放弃保证期间已过、不再承担保证责任的抗辩权利的结论。"信达公司因此败诉。

败诉教训、经验总结

前事不忘，后事之师。为避免未来发生类似败诉，提出如下建议：

1. 债权人应当在保证期间内向保证人主张权利，否则将发生保证人免除保证责任的法律后果。对于保证人而言，这一保证责任的免除带有一定的终局性。根据

《最高人民法院关于人民法院应当如何认定保证人在保证期间届满后又在催款通知书上签字问题的批复》，如果保证期间届满，即使保证人在催款通知书上签字，也不能发生要求保证人继续承担保证责任的法律效果，除非该催款通知结合保证人的签字可以重新构成一个新的担保合同。因此，对于债权人而言，如果没有在保证期间内主张权利，发生的法律风险很难弥补。

2. 不仅保证人在保证期间届满后，在催款通知上签字的行为不能使保证人继续承担担保责任，而且即使保证人主动向债权人发函，要求债权人向债务人催收债权，也并不表明保证人即放弃了保证期间的抗辩。保证人仍可以保证期间经过为由主张免责。同时，即使保证人未主张保证期间抗辩，根据多数的裁判观点，法院也应依职权审查保证人的保证期间是否已经经过。

3. 对于保证期间，本案有另外两个值得关注的点：（1）保证人在保证期间届满前，发函要求债权人向债务人催收债权，不能作为债权人向保证人主张权利的依据，故不能发生保证债权诉讼时效起算的法律效果。（2）鉴于保证期间为不变期间，不同于诉讼时效，其不因任何原因发生中止、中断的事由。故在保证期间内保证人发函要求债权人向债务人催收债权，不能发生保证期间重新起算的法律效果，保证期间继续进行。保证人仍可在保证期间届满后，主张免责。

相关法条

《担保法》

第二十五条 一般保证的保证人与债权人未约定保证期间的，保证期间为主债务履行期届满之日起六个月。

在合同约定的保证期间和前款规定的保证期间，债权人未对债务人提起诉讼或者申请仲裁的，保证人免除保证责任；债权人已提起诉讼或者申请仲裁的，保证期间适用诉讼时效中断的规定。

第二十六条 连带责任保证的保证人与债权人未约定保证期间的，债权人有权自主债务履行期届满之日起六个月内要求保证人承担保证责任。

在合同约定的保证期间和前款规定的保证期间，债权人未要求保证人承担保证责任的，保证人免除保证责任。

《最高人民法院关于人民法院应当如何认定保证人在保证期间届满后又在催款通知书上签字问题的批复》

云南、河北、四川省高级人民法院：

云高法〔2003〕69号《关于保证人超过保证期间后又在催款通知书上签字

应如何认定性质和责任的请示》、〔2003〕冀民二请字第1号《关于如何认定已过了保证期间的保证人在中国长城资产管理公司〈债权转移确认通知书〉上盖章的民事责任的请示》和川高法〔2003〕266号《关于保证期届满后保证人与债务人同日在催款通知书上签字或者盖章的法律效力问题的请示》收悉。经研究，答复如下：

根据《中华人民共和国担保法》的规定，保证期间届满债权人未依法向保证人主张保证责任的，保证责任消灭。保证责任消灭后，债权人书面通知保证人要求承担保证责任或者清偿债务，保证人在催款通知书上签字的，人民法院不得认定保证人继续承担保证责任。但是，该催款通知书内容符合《合同法》和《担保法》有关担保合同成立的规定，并经保证人签字认可，能够认定成立新的保证合同的，人民法院应当认定保证人按照新保证合同承担责任。

此复。

以下为最高法院在二审判决书“本院认为”部分就此问题发表的意见：

根据一审、二审质证查明的事实，上诉人上诉请求石星公司承担还款责任理由的关键在于，石星公司在保证期间届满后，仍然向原债权人中国银行山阴县支行和康立公司发函，请求中国银行山阴县支行督促本案原债务人康立公司还款，这是否表示石星公司在保证责任期间届满后仍愿意继续承担担保责任。

该四份函件的时间分别是2001年12月20日，2003年8月20日，2004年11月10日和2005年8月20日，前三份内容是督促主合同债权人向主合同债务人催款，第四份是督促主合同债务人还款。在石星公司发出第一份函件时，共有五笔债务在保证期间内，其中（98）山借字1号合同的主债务履行期还未到期。应对石星公司的保证债务分为保证期间届满前和保证期间届满后分别进行认定。第一，保证期间届满前。连带保证情形下，保证合同的债权人必须在保证期间内向债务人主张权利，此时开始计算保证合同的诉讼时效，而本案中的五笔债务是保证合同的债务人向债权人发函督促其向主合同债务人收款或督促主合同债务人还款，而非债权人向债务人主张权利，这并不能引起诉讼时效的中断。在保证期间内保证合同的债权人未向债务人主张权利，保证期间届满后保证人不承担保证责任。所以，即使在保证期间内石星公司发函要求中国银行山阴县支行向主债务人催款，在保证期间届满后其即免除保证责任。第二，保证期间届满后。这种情形下，除非石星公司明确承诺在保证期间届满后继续承担保证还款的责任并且具备法律规定的形式，例如在中国银行山阴县支行的催收通知单上签字盖章，否则不能得出石星公司的函件表示其会继续承担保证责任而放弃保证期间已过、不再承担保证责任的抗辩权利的结论。

案件来源

中国信达资产管理公司太原办事处与山阴县康立化工有限责任公司、山阴县腾宇化工有限责任公司、山阴县石星化工有限责任公司、山阴县鑫邦燕麦实业有限责任公司借款担保纠纷二审民事判决书［最高人民法院（2006）民二终字第240号］

030［最高法院］保证合同无效后保证期间仍发挥作用

保证合同无效后，债权人仍应在保证期间内向保证人主张权利

裁判要旨

虽然保证合同无效，但是保证合同约定的或者法律规定的保证期间仍然具有法律意义，债权人在保证期间没有向保证人主张权利的，保证人不再承担无效保证的赔偿责任。

案情简介

一、1997年1月22日，台山市政府向新华银行出具一份《承诺函》，知悉新华银行向仁伟公司提供信用证额度不超过港币1750万元，透支额度不超过港币50万元的银行便利或贷款，承诺："如仁伟公司不能按新华银行要求偿还任何债务时，台山市政府将负责解决仁伟公司拖欠新华银行的债务，不让新华银行在经济上蒙受任何损失。"

二、2000年6月至12月，仁伟公司向新华银行申请开立30份不可撤销信用证，仁伟公司在信用证押汇贷款项下的欠款本金为港币23332478.85元、美元521275.66元，其中最后一笔信用证押汇贷款的到期日为2001年3月21日。仁伟公司在透支项下的欠款本金为港币40万元，到期日为2001年6月8日。

三、2001年10月1日，新华银行并入香港中银，其所有的权利义务均由香港中银继受。2004年12月24日，香港中银通过公证邮寄方式向台山市政府发出《律师函》，要求承担担保责任。2006年12月12日再次以同样方式主张。

四、2006年10月9日，香港中银以仁伟公司为被告向香港特别行政区高等法院提起诉讼并胜诉。

五、香港中银向江门中院起诉，请求判令台山市政府承担保证责任。一审法院以《承诺函》不构成保证合同为由驳回了香港中银诉请。香港中银不服，上诉至广东高院，广东高院二审判决驳回上诉，维持原判。

六、香港中银仍不服，向最高法院申请再审。最高法院认定《承诺函》构成保证合同，但属无效，裁定驳回其再审申请。

败诉原因

本案中香港中银败诉的原因在于即使保证合同无效，因保证合同无效而产生的赔偿责任仍受保证期间约束。香港中银在本案中的败诉，用“功亏一篑”来形容再为贴切不过了。在本案的一二审中，香港中银集中全部精力，着重论证案涉《承诺函》构成保证担保，但广东两级法院均以《承诺函》措辞模糊，不具有明确承担保证担保的意思为由认定《承诺函》不构成保证担保。在向最高法院申请再审时，香港中银仍旧以“二审判决认定被申请人台山市政府出具的《承诺函》不构成保证与事实不符，适用法律错误”为由申请再审。本次最高法院果然认定《承诺函》构成保证担保。但不曾想“按下葫芦又起瓢”，最高法院又认定《承诺函》因违反《担保法》第八条的规定而无效。这还不算最意外的，更让香港中银意外的是保证合同无效后，债权人要求保证人承担赔偿责任的权利竟然继续受保证期间的约束，真可谓“正入万山圈子里，一山方出一山拦”。香港中银没有成为能够“多看两步”的高人，解决了认定《承诺函》为保证担保的“重点问题”，却没有想到重点问题之后，还有保证合同无效，无效后责任承担的问题，以至于倒在了胜诉的家门口。由于最高法院最终认定香港中银未能在保证期间内要求保证人承担保证合同无效后的赔偿责任，香港中银最终败诉。

败诉教训、经验总结

前事不忘，后事之师。为避免未来发生类似败诉，提出如下建议：

1. 根据《担保法》第八条的规定，国家机关不能充当保证人，否则保证合同无效。但保证合同无效并不代表国家机关无需承担任何责任。根据《担保法》第五条、《担保法司法解释》第七条的规定，债权人、担保人对担保合同无效有过错的，担保人承担民事责任的部分，不应超过债务人不能清偿部分的二分之一。此责任为损害赔偿责任。

2. 按照通常理解，因保证人在保证合同无效后承担的赔偿责任应属缔约过失责任，属于债之关系，应受诉讼时效的约束而与保证期间无关。但这一理解未能准确把握合同无效后的法律后果。对于合同双方当事人而言，其基于合同能够获得的最大利益即为履行利益，即无论如何合同一方当事人能够要求对方当事人给付的义务、承担的责任都必须以合同有效并顺利履行后获得的收益为限。具体到保证合同而言，如果保证合同无效，债权人能够要求保证人承担赔偿责任的范围也应以保证合同有效时的法律效果为限。在保证合同有效时，债权人向保证人主张保证责任受保证期间的限制，那么在保证合同无效后转化而来的损害赔偿责任也理应受保证期间的限制。最高法院正确认识到了这一点，故而提出“虽然案涉保证合同为无效合同，但是保证合同约定的或者法律规定的保证期间仍然具有法律意义，债权人在保证期间没有向保证人主张权利的，保证人不再承担无效保证的赔偿责任”的观点，诚值赞同。这一裁判观点虽然颇具颠覆性，但符合担保法法理。虽各地裁判观点未尽一致，但最高法院的相关案例支持了这一正确的裁判观点。唯一遗憾的是，最高法院未能揭示出背后的法理。这也是本案成为争议案件的焦点问题之一。

3. 本案除了在实体问题上有以上值得关注的地方外，在诉讼经验教训上也颇有总结反思的必要。正如此前在“败诉原因”部分阐述的一样，香港中银在处理本案的过程中，在关于《承诺函》是否构成保证担保的问题上已经“杀红了眼”，一叶障目不见泰山。最终的结果是，最高法院认定《承诺函》构成保证担保，但因担保合同无效且无效后的责任承担仍受保证期间约束的原因而败诉。香港中银在本案中起码“少算了两步”，最终跌入自己给自己挖的坑里。因此，在诉讼案件的处理过程中，论证一项诉讼请求能否获得支持固然重要，看清该项诉讼请求获得支持后可能面临的次生诉讼风险可能更为重要。否则，类似本案中香港中银的败诉还将反复上演。

相关法条

《担保法》

第八条 国家机关不得为保证人，但经国务院批准为使用外国政府或者国际经济组织贷款进行转贷的除外。

第二十六条 连带责任保证的保证人与债权人未约定保证期间的，债权人有权自主债务履行期届满之日起六个月内要求保证人承担保证责任。

在合同约定的保证期间和前款规定的保证期间，债权人未要求保证人承担保证责任的，保证人免除保证责任。

《担保法司法解释》

第七条　主合同有效而担保合同无效，债权人无过错的，担保人与债务人对主合同债权人的经济损失，承担连带赔偿责任；债权人、担保人有过错的，担保人承担民事责任的部分，不应超过债务人不能清偿部分的二分之一。

第八条　主合同无效而导致担保合同无效，担保人无过错的，担保人不承担民事责任；担保人有过错的，担保人承担民事责任的部分，不应超过债务人不能清偿部分的三分之一。

以下为最高法院在再审裁定书“本院认为”部分就此问题发表的意见：

关于《承诺函》。案涉《承诺函》的性质，应当根据台山市政府出具《承诺函》的背景情况、《承诺函》的内容以及查明的其他事实情况进行认定。首先，台山市政府在1997年1月22日出具的《承诺函》中载明：(3) 我市人民政府将竭尽所能，确使借款人履行其在贵行所使用的银行便利/贷款的责任及义务。并在贵行要求时，全部承担借款人的有关责任和义务。(4) 如借款人不能按贵行要求偿还就上述银行便利/贷款下产生的任何债务时，我市人民政府将负责解决借款人拖欠贵行的债务，不让贵行在经济上蒙受任何损失。该《承诺函》系针对特定数额的银行便利/贷款出具，并已经清楚表明了台山市政府承诺在银行要求时，将全部承担借款人有关责任和义务的意思表示，应当属于保证性质。根据最高人民法院《关于适用〈中华人民共和国担保法〉若干问题的解释》第二十二条第一款的规定，第三人单方以书面形式向债权人出具担保书，债权人接受且未提出异议的，保证合同成立。本案中台山市政府单方出具的《承诺函》为香港中银所接受，双方之间成立保证合同关系。……台山市政府出具的《承诺函》具有保证合同的性质，原审判决认定不构成保证缺乏充分的事实和法律依据。

关于台山市政府是否应当承担责任。根据《中华人民共和国担保法》第八条、最高人民法院《关于适用〈中华人民共和国担保法〉若干问题的解释》第三条的规定，国家机关违反法律规定提供担保的，担保合同无效。因此给债权人造成损失的，应当根据担保法第五条第二款的规定处理。据此，台山市政府出具的《承诺函》属于无效担保，香港中银只能就合同无效所引起的损害后果向台山市政府主张赔偿。虽然案涉保证合同为无效合同，但是保证合同约定的或者法律规定的保证期间仍然具有法律意义，债权人在保证期间没有向保证人主张权利的，保证人不再承担无效保证的赔偿责任。因此，如果新华银行在保证期间没有向台山市政府主张保证责任，则台山市政府对无效保证合同的赔偿责任也相应免除。根据原审法院查明的事实，案涉透支贷款的到期日为2001年6月8日，最后一笔信用证押汇贷款的到期日为2001年3月21日。2002年5月28日，台山市政府与香港中银签订《和解协议》，2004年12月24日、2006年12月12日，香港中银发函台山市政府要求其承担付款责任。现有证据不能证明香港中银在保证期间内向台山市政府主张保证责任，故台山市政府对无效担保合同应承担的赔偿责任应当免除。香港中银要求台山市政府承担损失赔偿责任的请求不应得到支持。

案件来源

中国银行（香港）有限公司与台山市电力发展公司、台山市人民政府、台山市鸿基石油化工有限公司、台山市财政局担保合同纠纷再审民事裁定书［最高人民法院（2011）民申字第1209号］

延伸阅读

一、保证合同无效后保证期间仍适用于赔偿责任的判例

案例一：伟龙置业有限公司、罗定市人民政府、罗定市财政局担保合同纠纷二审民事判决书［最高人民法院（2011）民四终字第40号］，最高法院认为："在合同无效的情形下，债权人所获得的利益不应当超过保证合同有效时所获得的利益，因此保证期间应适用于无效保证合同。……本案中，罗定市政府和罗定市财政局在保证合同中没有约定保证期间，而伟龙公司与屏风山水泥厂于1996年12月至2001年7月期间对本案主债务进行过多次核对和确认，至2002年4月18日罗定市人民法院裁定宣告屏风山水泥厂破产还债，主债务未超过两年的法定诉讼时效期间，屏风山水泥厂破产清算组亦受理并核定了伟龙公司申报的债权。因此伟龙公司可以在破产程序终结后6个月内就未受清偿部分的债权向保证人主张权利。罗定市人民法院于2005年4月20日裁定宣告终结破产程序，伟龙公司于2005年10月19日向保证人罗定市政府和罗定市财政局提起本案诉讼，未超过破产程序终结后6个月的期限。罗定市政府和罗定市财政局以本案超过诉讼时效为由主张不应承担责任的上诉理由不能成立，本院不予支持。"

案例二：南方证券股份有限公司上海分公司与上海银行曹安支行借款合同纠纷一案二审民事判决书［上海市高级人民法院（2004）沪高民二（商）终字第5号］，该院认为："本案中南方证券与国泰物业之间签订的参建协议书，因南方证券不具备贷款的主体资格而违反了有关金融法规，原审法院确认合同无效是正确的。根据担保法第五条的规定，主合同无效，作为从合同的担保合同亦属无效，故本案

中有关曹安支行承担担保责任的条款也应确认为无效。又据担保法第五条第二款的规定，担保合同被确认为无效后，债务人、担保人、债权人有过错的，应当根据其过错各自承担相应的民事责任。依上述规定，各方当事人的责任是以过错原则来确定的，被上诉人曹安支行作为担保人本应承担相应的赔偿责任，但鉴于涉案担保合同中未约定担保期间，而在合同被确认为无效之前，各方当事人一直是作为有效合同来履行的，在合同未被确认为无效之前，合同的效力一直是处于不确定状态的。为了平衡当事人之间的利益，避免无效保证合同的保证人因合同效力不确定而无期限地承担责任，故对于无效的保证合同在没有约定保证期间的情形下，也应比照没有约定保证期限的有效保证合同，限制债权人必须在一定期间内向保证人主张权利。原审适用担保法第二十六条的规定，符合担保法的立法精神，并无不当。鉴于本案上诉人未能举证证明其在主债务履行期届满后六个月内曾向被上诉人曹安支行主张权利，故比照担保法第二十六条第二款的规定，应免除曹安支行的民事责任。上诉人关于本案不适用担保法第二十六条的观点，本院不予采纳。综上所述，原审认定事实清楚，适用法律正确，实体处理并无不当，本院予以维持。”

案例三：上海捷耐国际货物运输代理有限公司诉上海裕庆服饰有限公司等买卖合同纠纷一案二审民事判决书［上海市第一中级人民法院（2014）沪一中民四（商）终字第S786号］，该院认为：“虽然保证合同被认定无效后，保证人的责任是以过错原则来确定的赔偿责任，其性质已不同于基于保证合同有效情形下的保证责任，但是债权人与保证人在订立保证合同时一般不能预见保证合同无效，因此保证合同中双方约定的保证期间或法定保证期间是双方对各自权利义务行使期限的唯一合理预期，按照该期间确定双方的利益关系，符合双方的缔约本意。且在保证合同无效的情况下，债权人所获得的利益不应当超过保证合同有效时所获得的利益。因此，为了平衡当事人之间的利益，避免无效保证合同的保证人无期限地承担责任，在保证合同被认定无效的情况下，当事人仍应按照约定或法定的保证期间主张权利。本案中，主债务履行期限为2011年9月18日，上诉人与被上诉人未在保证合同中约定保证期间，故被上诉人应根据担保法的相应规定在2011年9月18日后的六个月内向上诉人主张权利，现被上诉人的起诉已超过上述期间，故上诉人不再承担无效保证的赔偿责任。上诉人的该项上诉理由成立，本院依法予以支持。”

二、相反观点：保证期间不适用于无效的保证合同

案例四：肖红慧与黄石通广电子科技有限公司、黄石市金翌房地产开发有限公司民间借贷纠纷二审民事判决书［湖北省高级人民法院（2016）鄂民终119号］，该院认为：“保证期间制度适用系以保证合同有效为前提，本案中《担保书》无效，不应适用保证期间制度。金翌公司以肖红慧向其主张债权超过保证期间为由，主张免除其保证责任的上诉理由不能成立。金翌公司还主张从《担保书》内容及肖红慧提起诉讼时未将金翌公司列为被告等情况可推知《担保书》系董新建与肖红慧恶意串通并在提起诉讼后出具。金翌公司上述主张属主观认知范畴，就双方恶意串通出具《担保书》事项未提交证据予以证明，原审中亦未就《担保书》形成时间等事项申请鉴定，故金翌公司该项上诉理由缺乏事实依据。”

案例五：中国银行（香港）有限公司与中国国际企业合作公司保证合同纠纷一审民事判决书［北京市第一中级人民法院（2008）一中民初字第11529号］，该院认为：“《中华人民共和国担保法》第二十五条规定：‘一般保证的保证人与债权人未约定保证期间的，保证期间为主债务履行期届满之日起六个月。在合同约定的保证期间和前款规定的保证期间，债权人未对债务人提起诉讼或者申请仲裁的，保证人免除保证责任；债权人已提起诉讼或者申请仲裁的，保证期间适用诉讼时效中断的规定。’中企国际出具的承诺函未约定保证期间，应适用上述规定。但担保合同被认定无效后，合同约定或法律规定的保证期间即丧失了法律适用条件，担保人应当承担赔偿责任。”

031［最高法院］债权人在保证期间内的催收公证被撤销，是否影响催收效果?

催收公证因程序瑕疵被撤销，不影响催收事实的客观存在

案情简介

一、1999年6月14日，二轻公司向工行西城支行借款人民币200万元，2000年5月展期至2001年3月13日。物资公司（现更名为大世界公司）为该笔展期借款提供连带责任保证，保证期限两年。2000年6月8日，二轻公司向工行西城支行借款人民币500万元，还款期限为2001年6月7日。物资公司为该笔借款提供连带责任保证，保证期限两年。

二、2002年6月7日、2003年12月8日，工行西城支行向主债务人二轻公司发了《逾期贷款催收通知书》催收债务，二轻公司签收。

三、2003 年 3 月 10 日、2004 年 4 月 26 日，工行西城支行委托银川市金凤区公证处就物资公司为二轻公司提供担保的 700 万元借款本息向物资公司进行公证催收，公证机关分别制作了 715 号、2078 号《公证书》。后 715 号《公证书》于 2005 年 4 月因程序瑕疵被撤销。

四、2004 年 11 月 25 日，工行西城支行向宁夏高院提起诉讼，请求判令二轻公司还款；大世界公司对上述借款中的 700 万元承担连带清偿责任。宁夏高院一审判决二轻公司还款，大世界公司免除担保责任。

五、工行西城支行不服，上诉至最高法院，最高法院二审改判大世界公司不能免除担保责任。

败诉原因

本案中大世界公司败诉的原因在于催收公证因程序性瑕疵被撤销，并不能因此否定催收事实的客观存在。根据《担保法》第二十五条、第二十六条的规定，债权人未在保证期间内向保证人主张权利的，保证责任免除。因此，在保证期间内向保证人主张权利，是保全担保债权必不可少的动作。主张权利的方法多种多样，既可以当面主张，也可以直接向法院起诉或申请仲裁，还可以通过邮件的方式催收。但只要存在主张权利的事实，保证人即不能以债权人未在保证期间内主张权利为由主张免除保证责任。本案中，一审法院认为既然催收公证被撤销，就不具有证明债权人在保证期间内主张权利的效力。但最高法院却认为，本案中催收公证被撤销的原因是程序性瑕疵，但债权人在保证期间内主张过权利的客观事实不容否定。因此最高法院二审认定工行西城支行在保证期间内向大世界公司主张过权利，大世界公司因此败诉。

败诉教训、经验总结

前事不忘，后事之师。为避免未来发生类似败诉，提出如下建议：

1. 权利人通过能够充分保存有关证据的方式向义务人主张权利是保障权利得以实现的重要手段。保存证据的方式多种多样，但建议不要采用录音等可能存在较大争议的方式保存相关证据。权利人可采用挂号信、快递、电子邮件等方式主张权利。以快递方式主张权利时，应在权利单备注部分简要写明函件内容。如“催收欠款”“请求偿还债务的函”等，防止发生对方当事人虽认可收到函件，但对函件具体内容不予认可的尴尬情况。如确需采用录音方式主张权利的，在电话录音过程中，应首先在电话中确定对方当事人身份、录音时间等内容，防止对方当事人主张录音内容非其所述。

2. 债权人应当在保证期间内向保证人主张权利，如未在保证期间内主张权利的，保证人保证责任免除。此处所谓的“保证责任免除”不同于诉讼时效经过以后，债权人的债权“不受人民法院保护”。“保证责任免除”意味着债权人对保证人的权利本体终局性地消灭，没有起死回生的可能。但对于超过诉讼时效的债权，如果债务人自愿履行或对欠债的事实重新予以确认，则超过诉讼时效的债权可以达到起死回生的效果。故债权人应注意诉讼时效与保证期间法律效果上的不同，采取合理有效的措施及时保全债权。

3. 本案传递的另外一个重要事实在于，在处理公证业务时也要注意区分实体和程序。公证的目的在于证明公证内容的客观存在。如果申请公证的内容本身存在问题，如造假、不合法等，则属于公证实体上的瑕疵，即使公证书没有被撤销，该公证也不能达到当事人所预期的法律效果。如果公证书仅因公证程序方面的原因存在瑕疵而最终被撤销，则不仅不能否定要求公证的内容的客观存在，相反，撤销公证的事实本身即从反面反映了要求公证的内容的客观存在。结合本案来看，催收公证因程序瑕疵被撤销，不仅不能因此否定催收的存在，相反更进一步印证了催收事实的客观存在。正是基于这一点，最高法院才最终判决大世界公司败诉。宁夏高院以公证被撤销而否认催收事实客观存在的裁判思路，实际上是本末倒置。

相关法条

《担保法》

第二十五条 一般保证的保证人与债权人未约定保证期间的，保证期间为主债务履行期届满之日起六个月。

在合同约定的保证期间和前款规定的保证期间，债权人未对债务人提起诉讼或者申请仲裁的，保证人免除保证责任；债权人已提起诉讼或者申请仲裁的，保证期间适用诉讼时效中断的规定。

第二十六条 连带责任保证的保证人与债权人未约定保证期间的，债权人有权自主债务履行期届满之日起六个月内要求保证人承担保证责任。

在合同约定的保证期间和前款规定的保证期间，债权人未要求保证人承担保证责任的，保证人免除保证责任。

《最高人民法院关于人民法院应当如何认定保证人在保证期间届满后又在催款通知书上签字问题的批复》

云南、河北、四川省高级人民法院：

云高法[2003] 69号《关于保证人超过保证期间后又在催款通知书上签字应如

何认定性质和责任的请示》、(2003) 冀民二请字第1号《关于如何认定已过了保证期间的保证人在中国长城资产管理公司〈债权转移确认通知书〉上盖章的民事责任的请示》和川高法[2003]266号《关于保证期届满后保证人与债务人同日在催款通知书上签字或者盖章的法律效力问题的请示》收悉。经研究,答复如下:

根据《中华人民共和国担保法》的规定,保证期间届满债权人未依法向保证人主张保证责任的,保证责任消灭。保证责任消灭后,债权人书面通知保证人要求承担保证责任或者清偿债务,保证人在催款通知书上签字的,人民法院不得认定保证人继续承担保证责任。但是,该催款通知书内容符合合同法和担保法有关担保合同成立的规定,并经保证人签字认可,能够认定成立新的保证合同的,人民法院应当认定保证人按照新保证合同承担责任。

二〇〇四年四月十四日

《最高人民法院关于超过诉讼时效期间借款人在催款通知单上签字或者盖章的法律效力问题的批复》

河北省高级人民法院:

你院〔1998〕冀经一请字第38号《关于超过诉讼时效期间信用社向借款人发出的“催收到期贷款通知单”是否受法律保护的请示》收悉。经研究,答复如下:

根据《中华人民共和国民法通则》第四条、第九十条规定的精神,对于超过诉讼时效期间,信用社向借款人发出催收到期贷款通知单,债务人在该通知单上签字或者盖章的,应当视为对原债务的重新确认,该债权债务关系应受法律保护。

此复

以下为最高法院在二审判决书“本院认为”部分就此问题发表的意见:

关于工行西城支行提出的公证书虽然被撤销,但其在保证期间向大世界公司、共享公司进行债务催收的事实存在的上诉理由,本院认为,根据本案查明的事实,工行西城支行在保证期间内向银川市金凤区公证处提出申请,对保证人大世界公司、共享公司公证送达《逾期贷款催收通知书》。银川市金凤区公证处为该送达行为分别制作了568号、715号《公证书》,但由于公证书在程序上存在不当之处,银川市金凤区司法局将上述两份公证书予以撤销。从银川市金凤区司法局的撤销公证决定中可以看出,其撤销上述两份公证书的理由,系公证处在办理公证的程序上存在不当之处,而并非否定公证书中所记载的送达《逾期贷款催收通知书》这一事实。工行西城支行在向本院提起的上诉中,认可银川市金凤区司法局撤销公证书决定中送达事实存在的认定,用以证明自己已经实际送达的这一主张。因此,从举证责任方面,在一审法院已经查证的银川市金凤区司法局的文件、公证处的卷宗材料以及当时实际监送人的调查笔录等证据材料，一致表明当时是由署名公证员委派其他工作人员监送《逾期贷款催收通知书》这一事实的情况下，应当由否定上述证据的大世界公司、共享公司再行举证。本案二审中，大世界公司、共享公司并未向本院提供相应的证据。故本院对一审法院查证的证据予以采信。依照《中华人民共和国民法通则》第一百四十条和最高人民法院《关于贯彻执行〈中华人民共和国民法通则〉若干问题的意见（试行)》第173条、174条的规定，当事人一方提出要求、权利人主张权利、向有关单位提出保护民事权利的请求，均引起诉讼时效的中断。本案中工行西城支行向公证处提出了公证送达《逾期贷款催收通知书》的请求，如果仅因公证处在送达程序上存在的问题，即否定工行西城支行送达《逾期贷款催收通知书》这一事实，从而否定其在保证期间内向保证人主张了权利，对工行西城支行显属不公。故应当认定工行西城支行在保证期间内向大世界公司、共享公司进行债务催收的事实存在，大世界公司、共享公司不能因此免除保证责任。工行西城支行的该项上诉主张成立，本院予以支持。

案件来源

中国工商银行银川市西城支行与宁夏回族自治区二轻工业供销总公司借款担保合同纠纷二审民事判决书［最高人民法院（2005）民二终字第145号］

延伸阅读

保证人是否已收到公证的催收函，不影响催收事实的客观存在：

案例：中国信达资产管理公司上海办事处与上海万泰城市有限公司、上海市普陀区城市建设投资有限公司借款合同纠纷再审民事判决书［最高人民法院（2010）民提字第30号］，最高人民法院认为："关于原债权人中国银行上海市分行是否已在保证期间内向投资公司主张了相应权利问题。中国银行上海市分行与投资公司签订的《保证合同》约定，保证期间为1999年9月30日至2002年9月30日止，投资公司的通讯地址为上海市中山北路2981号，《保证合同》项下的任何通知、付款要求或各种通讯联系均按该地址送达对方，《保证合同》任何一方的通讯地址发生变化应立即通知对方。本案中，信达公司上海办事处提供的（2002）沪闵证经字第3568号《公证书》载明，2002年9月19日下午，中国银行上海市分行的委托代理人朱启华来到上海市邮电局闵行区局莘庄邮政支局，以挂号的方式向投资公司办公室邮寄信函一封，该信函中包括给投资公司的《敦促履行担保责任的函》一份，收信地址为上海市中山北路2981号。信达公司上海办事处提供的第111号《国内挂号函件收据》载明，上海市邮电局闵行区局莘庄邮政支局于2002年9月19日18时收寄了该挂号信函。一、二审法院对于上述事实已予以确认。上述事实表明，本案原债权人中国银行上海市分行已在保证期间内向投资公司主张了相应权利。现有证据虽不能证明投资公司收到了该挂号信函，但不能因此而否认原债权人中国银行上海市分行已向其主张了相应权利这一事实。二审法院认定没有充分的证据证明原债权人中国银行上海市分行在合同约定的保证期间要求保证人投资公司承担保证责任不当，应当予以纠正。信达公司上海办事处关于其在保证责任期间内向保证人行使了要求保证人承担保证责任的权利的主张成立。本院予以支持。”

032［最高法院］分期履行的债务，保证期间从何时开始计算？

分期履行的一次性债务，保证期间自最后一期债务履行期届满之日起算

裁判要旨

无论《最高人民法院关于借款合同中约定借款分期偿还应如何计算诉讼时效期间的答复》还是2004年4月6日《最高人民法院关于分期履行合同诉讼时效应如何计算问题的答复》，均是最高法院针对个别案件的不同情况所作出的个别答复，没有普遍适用的效力。分期履行的债务，应自最后一期债务履行期届满之日起开始计算。

案情简介

一、1995年12月19日，郸城化肥厂与国家开发银行工行郸城支行签订借款合同，约定：郸城化肥厂向国家开发银行借款2000万元，期限6年，分笔分期还款时间为：1998年12月前400万元，1999年12月500万元，2000年12月500万元，2001年12月600万元。郸城热电厂为上述贷款提供担保，保证期间自主合同生效开始至主合同失效时止。

二、1996年10月11日，郸城化肥厂与国家开发银行和工行郸城支行又签订一份借款合同，郸城化肥厂向国家开发银行借款1250万元，借款期限5年3个月，分期还款，即1999年12月前400万元，2000年12月前400万元，2001年12月前450万元。郸城热电厂为上述贷款提供担保，保证期间自主合同生效开始至主合同失效时止。

三、1999年12月19日，国家开发银行郑州分行与信达郑州办事处签订了债权转让协议，将郸城化肥厂在国家开发银行借款本金3250万元及利息11360227.42元转让给信达郑州办事处，并通知债务人。

四、2001年4月10日，信达郑州办事处向郸城化肥厂催收。2003年1月14日，信达郑州办事处发布催收公告，对主债务人郸城化肥厂及担保人郸城热电厂进行催告。2002年12月4日，信达郑州办事处分别向郸城热电厂和郸城生化厂公证留置送达了主张权利通知书。

五、信达郑州办事处于2004年6月28日向河南高院提起诉讼，请求判令郸城化肥厂偿还借款本金、利息、违约金；郸城热电厂对本金1625万元及相应利息、违约金承担连带清偿责任。河南高院一审判决：郸城化肥厂还本付息，支付违约金；郸城热电厂对本金975万元及相应利息承担连带责任。

六、信达郑州办事处不服，上诉至最高法院，最高法院二审改判郸城热电厂对本金1625万元及相应利息、违约金承担连带清偿责任。

败诉原因

本案中郸城热电厂二审败诉的原因在于担保分期履行的债务，保证期间从最后一期债务履行期届满之日起算。本案中郸城热电厂提供的两个保证担保的保证期间均属于约定不明的情形，根据《担保法司法解释》第三十二条第二款的规定，应为债务履行期届满之日起两年。但本案的特殊之处在于，郸城热电厂所担保的两笔债务均属于分期履行的债务，应如何起算保证期间是本案判决结果的关键所在。对于此问题，一审法院认为："由于本案中两笔借款合同中约定的主债务，均是分期分笔偿还借款本息的，根据《最高人民法院关于分期履行合同诉讼时效应如何计算问题的答复》的规定，诉讼时效和保证期间应分别起算。"故一审法院最终认定郸城热电厂对于第一笔贷款，应承担550万元［=(500+600)万元/2］的担保责任，对于第二笔贷款，应承担425万元［=(400+450)万元/2］的担保责任。信达郑州办事处则根据《最高人民法院关于借款合同中约定借款分期偿还应如何计算诉讼时效期间的答复》提出上诉，认为诉讼时效应从最后一期债务履行期届满之日起起算，郸城热电厂担保的债务均未超过诉讼时效，应承担全部担保责任。但最高法院在判决上却另辟蹊径，首先提出一审判决和信达郑州办事处上诉状中援引的最高法院的答复意见不能作为判决依据，再根据保证合同中约定的“保证期间自主合同生效开始至主合同失效时止”，认为保证人对保证期间作出了“概括性承诺”，继而提出本案保证期间应自最后一期债务履行期届满之日起算。然后以此为基础，得出郸城热电厂的担保债务未超过保证期间，保证人应承担全部的担保责任。郸城热电厂因此败诉。

败诉教训、经验总结

前事不忘，后事之师。为避免未来发生类似败诉，提出如下建议：

1. 本案涉及了一个看似为“神仙打架”的问题。根据《最高人民法院关于借款合同中约定借款分期偿还应如何计算诉讼时效期间的答复》，对于分期履行的债务，诉讼时效应自最后一期债务履行期届满之日起计算。但根据《最高人民法院关于分期履行的合同中诉讼时效应如何计算问题的答复》，对分期履行合同的每一期债务发生争议的，诉讼时效期间自该期债务履行期届满之日的次日起算。对应这一起算点，可类推适用于保证期间双方均无异议。但问题在于，到底以哪一种意见为准，原被告双方则各执一词。最高法院则“快刀斩乱麻”，直接提出以上两个“答复”均是个案答复，不具有普遍效力。这一结论对于当事人和司法实务工作者而言，尤为重要。因为其直接涉及处理案件时法源（能够作为法院作出裁判依据的相关材料）的选择问题。本案中，最高法院明确排除了“答复”作为普遍适用的法源的可能性，且两个答复均涉及诉讼时效起算这个十分重要的实务问题，尤为值得重视。

2. 对于分期履行的债务要区分一次性债务和继续性债务，并分别确定诉讼时效、保证期间的起算点。所谓的一次性债务，是指债权债务关系自始即已经确定只是分期进行履行的债权，如借款500万元，分三期偿还。此时债权债务关系的内容已经十分确定，故虽然分期履行，但保证期间和诉讼时效应自最后一期债务履行期届满之日起算。所谓的继续性债务，是指债权债务关系会随时间的推移而逐步变化的债务，如长期供货协议、附有任意解除权的租赁合同等，这些债务也分为不同的期数进行结算或履行，但最终债权债务总额在合同签订时并不能最终确定，而是处在不断的变化之中。对于这样的债务，其诉讼时效和保证期间应分别计算。这也是最高法院两个针对诉讼时效的司法解释得出两个看似不同结论的内在原因。因此，区分继续性债务和一次性债务意义重大。本案中，两笔贷款都是自始已确定的贷款合同，属于一次性债务，应自最后一期债务履行期届满之日起计算保证期间和诉讼时效。最高法院虽未揭示其背后的法理，但其裁判观点中所谓的保证人对“债务期限作出了概括性承诺”的观点间接体现了这一裁判思路，诚值赞同。

3. 虽然本案中最高法院裁判观点正确，但因为上述两个答复的存在，且各地法院对于继续性债务和一次性债务的理解不够透彻，可能会导致各地裁判观点并不统一。因此，对于债权人而言，不论是分期履行的一次性债务还是继续性债务，都应该积极主张权利；对于债务人而言，也切勿心存侥幸，认为所有的分期履行的债务都可以分别计算诉讼时效。这样的一概认知，可能会因为不统一的裁判观点诱发不可预测的诉讼结果。

相关法条

《最高人民法院关于借款合同中约定借款分期偿还应如何计算诉讼时效期间的答复》

山东省高级法院：

你院鲁法经（1999）25号《关于借款合同中约定分期偿还应如何计算诉讼时效期间的问题的请示》收悉。经研究，答复如下：

在借款、买卖合同中，当事人约定分期履行合同债务的，诉讼时效应当从最后一笔债务履行期届满之次日开始计算。

此复。

《最高人民法院关于分期履行的合同中诉讼时效应如何计算问题的答复》

云南省高级人民法院：

你院《云南省高级人民法院关于继续性租金债权的诉讼时效期间如何计算的请示》收悉。经研究，答复如下：

对分期履行合同的每一期债务发生争议的，诉讼时效期间自该期债务履行期届满之日的次日起算。

此复。

以下为最高法院在二审判决书“本院认为”部分就此问题发表的意见：

原审对两份借款合同、两份担保函和两份担保合同效力以及借款合同的履行情况，保证合同的保证方式、保证份额、保证期间等案件基本事实认定清楚，适用法律正确，程序合法，本院予以维持。关于分期偿还借款本息的诉讼时效期间如何计算的问题，本案两份借款合同均约定分期偿还借款本息，无论最高人民法院《关于借款合同中约定借款分期偿还应如何计算诉讼时效期间的答复》还是2004年4月6日最高人民法院《关于分期履行合同诉讼时效期间及保证期间应如何计算问题的答复》（经反复确认，此处最高法院判决援引名称有误，应为《关于分期履行的合同中诉讼时效应如何计算问题的答复》)，均是最高法院针对个别案件的不同情况所作出的个别答复，没有普遍适用的效力。在本案所涉担保合同中，担保人承诺“保证期限自主合同生效开始至主合同失效时止”，对本案债务期限作出了概括性承诺，因此，本案分期偿还的债务的保证期间应当从合同债务最后到期日开始起算。原审判决适用最高法院个案答复处理本案，属于适用法律不当，本院予以纠正。根据本案上诉人信达郑州办事处的催收情况，郸城生化厂、郸城热电厂所担保的全部担保债务均未超过诉讼时效。信达郑州办事处关于本案债务未超过诉讼时效上诉主张于法有据，本院予以支持。郸城热电厂对郸城化肥厂借款本金1625万元及其利息应当承担连带清偿责任。至于郸城生化厂承担责任范围，上诉人信达郑州办事处服从原审判决，对原审判决第三项没有提出上诉请求，本院不予审理。

案件来源

中国信达资产管理公司郑州办事处与河南省郸城县生物化工厂、郸城金丹乳酸实业有限公司、郸城县技术改造资金开发中心、河南金丹乳酸有限公司、河南省郸城县化肥厂借款担保合同纠纷二审民事判决书［最高人民法院（2005）民二终字第185号］

延伸阅读

关于分期履行债务的保证期间起算的三个裁判观点：

一、分期偿还的借款，保证期间自最后一期债务履行期届满之日起计算

案例一：王本维与兴化市天中塑胶有限公司、江苏金海石油化工有限公司等民间借贷纠纷一审民事判决书［泰州市中级人民法院（2014）泰中民初字第0034号］，该院认为：“当事人对保证方式没有约定或者约定不明确的，按照连带责任保证承担保证责任。连带责任保证的保证人与债权人未约定保证期间的，债权人有权自主债务履行期届满之日起六个月内要求保证人承担保证责任。主合同对主债务履行期限没有约定或者约定不明的，保证期间自债权人要求债务人履行义务的宽限期届满之日起计算。欠款明细中，咸会元、咸明勇为借款提供担保，但未约定保证方式，应当按照连带责任保证承担保证责任；未约定保证担保的范围，应当对全部债务承担责任；未约定主债务履行期限及保证期限，但在其后出具的还款计划书中，约定借款分期偿还，最后一期为2015年6月，故可认定主债务履行期届满之日为2015年6月。王本维于2014年4月起诉，未超过保证期间，咸会元和咸明勇应当承担保证责任。”

二、担保分期结算支付租金应分别计算每一期租金的保证期间

案例二：上海秋纳工贸有限公司与程铁佐、周建高租赁合同纠纷二审民事判决书［宿迁市中级人民法院（2016）苏13民终252号］，该院认为：“债权人在法律规定或合同约定的保证期间内向保证人主张权利的，保证人应当承担保证责任，债权人未在保证期间向保证人主张权利的，保证人免除保证责任。保证期间由当事人约定，没有约定的按法律规定。保证期间的起算点是主债务履行期届满之日。本案中，租赁合同明确约定：‘担保期限为合同约定乙方履行支付各项费用届满之日起二年’，即，本案保证期间为二年。同时约定：‘租、运费等每月月底结算一次，乙方必须到月底后三天内送到甲方付清’，即本案租金按月结算确定，每月租金的履行期限届满之日为下月三日，因此，本案租金的保证期间应当按月分别计算，每月租金的保证期间为下月四日起二年。本案中，双方于2013年8月31日结算8月份租金为2482.6元，2013年9月30日结算9月份租金为18645.8元，2013年10月31日结算10月份租金为21520.3元……则程铁佐在本案中保证期间起算至早从2013年9月4日起算，至2015年9月3日届满。而秋纳公司所举证据仅能够证明其于2015年9月7日向程铁佐邮寄《催告通知书》主张过权利，因此对于2013年8月的租金2482.6元，秋纳公司并未在2015年9月3日前主张权利，该笔租金已经超出了程铁佐的保证期间，程铁佐的保证责任因此免除，该月租金应当在程铁佐的保证数额中予以扣除。对于之后的租金，均未超出约定的保证期间，程铁佐均应当承担保证责任。”

三、借款分期偿还并不能将借款分割为单个独立的债权债务关系

案例三：中国工商银行武汉市国通支行诉严家骅、李佩珊、武汉华信房地产开发有限公司借款抵押担保合同纠纷一审民事判决书［武汉市中级人民法院（2004）武民商外初字第16号］，该院认为：“关于诉讼时效问题。本案所涉借款合同约定按揭贷款分期偿还，属于分期履行的合同；债权人将合同项下全部款项贷给借款人之后，每期应还款项并非因为分期偿还而变成债权人多项独立之债权；分期偿还是根据债务人还款能力而设定的一种履行债务的方法，债务履行上的可分性，不应产生债权被分割的后果；尽管债权人在每期债权到期时有权主张，但并不能因此排除债权人对于合同项下的全部债权享有完整性的请求权；在债权人于各期债权到期时未主张权利的情况下，且借款合同期限届满时，其主张权利的诉讼时效应从借款合同履行期届满时开始计算；国通支行在借款合同到期后的两年内向法院提起诉讼，其主张权利未超过诉讼时效。据此，华信公司关于国通支行主张的部分权利超过诉讼时效的意见，本院不予采纳。”

第四节 债务人借新还旧时的担保责任

033［公报案例］“借新还旧”时保证人是否当然免除保证责任?

保证人知晓主合同当事人“借新还旧”的，保证人不得主张免责

裁判要旨

《担保法司法解释》第三十九条规定：“主合同当事人双方协议以新贷偿还旧贷，除保证人知道或者应当知道的外，保证人不承担民事责任。新贷与旧贷系同一保证人的，不适用前款的规定。”据此，借贷合同双方当事人基于以新贷偿还旧贷的合意，先后订立多个借贷合同，同一担保人在应当知道的情况下在该多个借贷合同上盖章同意担保的，应当依法承担担保责任。担保人以上述多个借贷合同之间没有形式及内在联系为由，否认以新贷偿还旧贷的合同性质，进而拒绝履行担保责任的，人民法院不予支持。

案情简介

一、1996年1月10日至1998年4月6日期间，上国投与交易所共签订5份委托贷款合同，5份贷款合同按时间排列编号分别为922660、922790、922804、922805、300263，借款金额均为人民币2000万元，月利率分别为7.89‰、6.9‰和6.435‰。借款用途为用于物资购销保证金或流动资金周转，保证人均为三和公司。上国投按约向交易所发放了贷款。

二、案外委托人上海市上投投资管理公司仅在后两份委托贷款合同上加盖了公章。该5份委托贷款合同之间均系借新还旧。最后一份300263号合同项下贷款期限届满后，交易所除偿还借款本金227.8万元及逾期贷款利息人民币60万元，尚欠本金人民币1772.2万元、期内利息人民币789454.95元及相应的逾期利息。

三、上国投请求上海二中院判令交易所偿还贷款本息，三和公司对交易所的还款义务承担连带清偿责任。上海二中院一审判决支持上国投的诉请。三和公司不服，上诉至上海高院，上海高院二审改判交易所还本付息，三和公司不承担连带清偿责任。

四、上国投不服，向上海高院申请再审，上海高院再审改判撤销二审判决，维持原一审判决。

五、三和公司不服，向最高法院申请再审，最高法院判决维持上海高院再审判决，即交易所偿还贷款本息，三和公司对交易所的还款义务承担连带清偿责任。

败诉原因

本案中三和公司的败诉原因在于，虽然案涉五份借款协议之间存在着借新还旧的关系，根据《担保法司法解释》第三十九条关于“主合同当事人双方协议以新贷偿还旧贷，除保证人知道或者应当知道的外，保证人不承担民事责任”的规定，作为保证人的三和公司有可能免责。但因为五份借款协议的保证人均为三和公司，即三和公司既是旧贷的保证人，也是新贷的保证人。故根据《担保法司法解释》第三十九条第二款但书关于“新贷与旧贷系同一保证人的，不适用前款的规定”的规定，保证人三和公司不能主张免除责任。故最高法院最终认定：“借贷合同双方当事人基于以新贷偿还旧贷的合意，先后订立多个借贷合同，同一担保人在应当知道的情况下在该多个借贷合同上盖章同意担保的，应当依法承担担保责任。”三和公司因此败诉。

败诉教训、经验总结

前事不忘，后事之师。为避免未来发生类似败诉，提出如下建议：

1. “借新还旧”对于债权人而言，存在一定的风险，可能导致债权“脱保”。根据《担保法司法解释》第三十九条第一款的规定，除保证人知道或者应当知道主合同双方当事人协议借新还旧外，保证人对新贷不承担保证责任。鉴于保证人并非旧贷的当事人，也非新贷的当事人，故证明保证人对主合同当事人达成借新还旧的协议知晓，存在一定的困难。因此，对于有担保的债权而言，债权人应当慎重选择与债务人达成借新还旧的协议，防止主债权“脱保”。

2. 如确需通过借新还旧的方式处理旧贷的，可通过以下方式保证新贷不“脱保”：(1) 在签订借新还旧协议之前书面通知保证人，征得保证人同意或者要求保证人答复，如果保证人在接到相关通知后同意或者未作否定答复的，可推定保证人已知晓主合同当事人达成了借新还旧协议，此时债权人可根据《担保法司法解释》第三十九条第一款的例外性规定，主张“保证人知道或者应当知道主合同双方当事人协议借新还旧”，进而要求保证人继续承担担保责任。（2）可以要求原保证人对新贷继续承担担保责任。此时，债权人可根据《担保法司法解释》第三十九条第二款关于“新贷与旧贷系同一保证人的，不适用前款的规定”的规定主张保证人承担担保责任。

3. 作为保证人，在知晓主合同当事人意欲达成借新还旧协议或者已经达成借新还旧协议时，应尽快对借新还旧事宜表示反对，并明确告知不再继续承担保证责任，切勿以为借新还旧保证人当然免责，进而对相关事项听之任之，最终导致需继续承担更重的担保责任。同时，在对同一债权债务人之间的债权债务关系提供担保时，也应要求主合同当事人明确各债权债务之间的关系，防止出现为“借新还旧”协议的“新贷”提供担保的情况。

相关法条

《担保法司法解释》

第三十九条 主合同当事人双方协议以新贷偿还旧贷，除保证人知道或者应当知道的外，保证人不承担民事责任。

新贷与旧贷系同一保证人的，不适用前款的规定。

以下为最高法院在再审判决书“本院认为”部分就此问题发表的意见：

上海市高级人民法院再审对本案合同效力及交易所违约责任的认定正确，本院再审予以支持；涉案合同名为委托贷款合同，但本案当事人未主张委托贷款的事实，故案件性质应为借款担保合同。本案五份合同中确实存在无实际放款的情况，但此种情况的产生缘于借贷双方在合同第六条的约定。从该约定内容，以及新旧贷款金额相同、贷款期限基本衔接的情况可以看出，借贷双方在旧贷到期尚未清偿时，签订新借款合同的目的就是为了以该新贷偿还旧贷，消灭借款方在旧贷下的债务，该条内容可以视为借贷双方对以贷还贷的约定。而上国投当天贷款当天扣划或仅更换贷款凭证、没有实际放款的做法是基于合同中以贷还贷的约定而为的履行行为，亦是以贷还贷的基本履行方式。三和公司连续在几份借款合同上盖章同意为交易所担保，其应当知道此为签约各方以该种方式履行合同第六条的约定，即以贷还贷。本案合同的约定没有违反法律禁止性规定，三和公司已盖章确认，因此，本案应当适用最高人民法院《关于适用〈中华人民共和国担保法〉若干问题的解释》第三十九条关于以贷还贷的规定。如若按照三和公司所称本案不属以贷还贷，五个合同之间没有形式及内在联系的理由予以推论，三和公司承担的将不再是一个合同而是五份合同累计金额一亿元的担保责任。三和公司以贷款用途缺乏借新还旧的形式及内在联系，中间三份合同无实际放贷，进而否认以贷还贷的理由不能成立。况且，三和公司在本案合同签订前后，曾作为借款人向上国投多次贷款，而担保人则是交易所。三和公司与上国投所签的那些借款合同的基本格式与本案完全相同，而履行时短期扣划或更换凭证的方式亦与本案履行方式相同。因此，三和公司以不应知道本案此种约定属于以贷还贷予以抗辩的理由缺乏合理性。

案件来源

上海国际信托投资有限公司与上海市综合信息交易所、上海三和房地产公司委托贷款合同纠纷再审民事判决书［最高人民法院（2005）民二提字第 8 号，《中华人民共和国最高人民法院公报》2008 年第 10 期（总第 144 期）］

延伸阅读

最高法院关于“借新还旧”担保人担保责任是否应当免除的 5 个案例：

一、不能证明保证人知晓“借新还旧”的，保证人对新贷不承担保证责任

案例一：抚宁县新兴包装材料厂、抚宁公有资产经营有限公司与抚宁县农村信用合作联社、秦皇岛远东石油炼化有限公司、秦皇岛骊骅淀粉股份有限公司借款担保合同纠纷二审民事判决书［最高人民法院（2006）民二终字第 236 号，《中华人民共和国最高人民法院公报》2007 年第 9 期（总第 131 期）］，最高法院认为：“关于新兴材料厂是否应承担保证责任问题，该院认为，如前所述，从抚宁农信联社提交的借款申请书看，并不足以证明葡萄糖厂在贷款发放前，知道大部分借款用于借新还旧的事实。根据合同约定，借款用途为‘购原油’，且‘专款专用，封闭进行’，抚宁炼油厂主动偿还 2001 年旧资本金 2500 万元，抚宁农信联社扣收 2001 年旧贷利息 53.4625 万元、下属各信用社利息 233.942175 万元，保证人葡萄糖厂并不知情。最高人民法院《关于适用〈中华人民共和国担保法〉若干问题的解释》第三十九条规定：‘主合同当事人双方协议以新贷偿还旧贷，除保证人知道或者应当知道的外，保证人不承担民事责任。新贷与旧贷系同一保证人的，不适用前款的规定。’根据该规定，虽然本案 3100 万元借款中的 2553.4625 万元，用于偿还了抚宁炼油厂 2001 年在抚宁农信联社的旧贷款，且亦无证据证明葡萄糖厂对此知道或应当知道，但因 2001 年旧贷保证人同为葡萄糖厂，保证方式同为连带责任保证，故不能因此免除葡萄糖厂对该部分借款的保证责任。抚宁农信联社扣收的抚宁炼油厂所欠下属各信用社利息 233.942175 万元，既无证据证明葡萄糖厂对此知道或者应当知道，又无证据证明下属各信用社旧贷由葡萄糖厂提供保证，故葡萄糖厂对该部分借款不应承担保证责任。2002 年 3 月 25 日从 2011051792 活期账户转出的 60.2875 万元，因无证据证明与本案借款的关联性，不能免除葡萄糖厂对 60.2875 万元的保证责任。因此，葡萄糖厂应对远东石油公司 2891.092175 万元欠款中的 2657.15 万元承担保证责任。”

案例二：十堰利华丰商贸有限公司与中国农业银行股份有限公司十堰市张湾支行、十堰环都工贸有限公司等金融借款合同纠纷申请再审民事裁定书［最高人民法院（2015）民申字第 2592 号］，最高法院认为：“本院《关于适用〈中华人民共和国担保法〉若干问题的解释》第三十九条第一款规定：‘主合同当事人双方协议以新贷偿还旧贷，除保证人知道或者应当知道的外，保证人不承担民事责任。’本案中，没有证据证明百隆公司在与农行张湾支行签订《保证合同》时，对环都公司将该笔新借贷款用于偿还其在农行张湾支行到期贷款知道或者应当知道。因此，根据上述规定，百隆公司对该笔 1000 万元的贷款不应承担保证责任。”

案例三：中国工商银行股份有限公司成都锦江支行与四川汇源光通信股份有限公司借款担保合同纠纷二审民事判决书［最高人民法院（2006）民二终字第 211 号］，最高法院认为：“通常情形下，汇源光通信公司有理由相信借款合同和相关票据载明的‘购原材料’‘流动资金周转’的贷款用途，除非有证据证明债权人工行锦江支行在签订担保合同时已经明确告知以贷还贷的事实，在以新贷还旧贷而新增加担保人或前后两份贷款合同不是同一个保证人的情况下，实际增加了担保人的负担。因此除非担保人完全出于自愿，否则不承担相应的民事责任。因此，贷款银行应当举证证明对以贷还贷已经作出了说明，或担保人知道或应当知道以贷还贷仍提供担保，否则，其应承担举证不利之后果。本案中，在借款合同签订时隔八个月之后，汇源光通信公司与工行锦江支行就同人华塑公司的 3000 万元贷款签订担保合同，与担保人是否知道以贷还贷没有必然因果关系。同人华塑公司与担保人汇源光通信公司存在互保关系属于正常的商业交易行为，亦不足以因此推定保证人明知以贷还贷仍提供担保的事实。上诉人工行锦江支行关于担保人汇源光通信公司知道或应当知道以贷还贷没有证据支持，其要求判令担保人承担担保责任的上诉理由不能成立，本院不予支持。”

二、抵押担保可类推适用《担保法司法解释》第三十九条

案例四：中国农业银行长沙市先锋支行与湖南金帆投资管理有限公司、长沙金霞开发建设有限公司借款担保合同纠纷二审民事判决书［最高人民法院（2007）民二终字第33号，《中华人民共和国最高人民法院公报》2009年第1期（总第147期）］，最高法院认为："最高人民法院《关于适用〈中华人民共和国担保法〉若干问题的解释》第三十九条规定，主合同当事人双方协议以新贷偿还旧贷，除保证人知道或者应当知道外，保证人不承担民事责任。新贷与旧贷系同一保证人的，不适用前款的规定。本案中金霞公司就同一抵押物先后为金帆公司的新旧贷款提供抵押担保，金帆公司以新贷偿还旧贷，并未加重金霞公司的担保责任，金霞公司要求免除其担保责任的上诉主张与上述规定不符。金霞公司关于本案利息计算有误的上诉主张，亦没有相应的事实和法律依据，本院不予支持。"

三、对于担保人是否知晓主合同当事人"借新还旧"，应综合多种因素判断

案例五：福建能源发展有限公司等诉中国农业银行股份有限公司东山县支行借款合同纠纷再审民事判决书［最高人民法院（2015）民申字第1309号］，最高法院认为："关于万新公司和刘耀贵的担保责任。根据原审查明，能源公司先拆借资金偿还了万新公司和刘耀贵担保的旧贷，又由万新公司和刘耀贵提供担保借出新贷，并以新贷偿还其他旧贷，循环往复。因此应整体看待借新还旧对担保责任的影响。能源公司等没有充分证据证明存在加重有关担保人责任的情形。原审法院依照《最高人民法院关于适用〈中华人民共和国担保法〉若干问题的解释》第三十九条之规定并结合能源公司借贷事实、担保人的担保情况以及借款人与担保人之间的亲属关系等事实，认定担保人承担担保责任并无不当。"

034［最高法院］偿还旧贷后立刻再借新贷，是否可认定为借新还旧？

还旧贷新不同于借新还旧，保证人不能主张免责

裁判要旨

债务人刚还完旧贷款，又向同一债权人借款的，即使新贷的借款数额与旧贷款的借款数额相同，也不能认定为借新还旧，保证人不能据此主张免责。

案情简介

一、2003年12月25日，万力公司向农行河北支行借款人民币4000万元；2004年1月8日，万力公司向农行河北支行偿还人民币4000万元。2004年1月13日，农行河北支行与万力公司签订《借款合同》，约定：农行河北支行向万力公司提供借款本金人民币4000万元。迎宾公司等保证人为上述债权提供连带责任保证。

二、借款合同签订后，农行河北支行依约发放了贷款，但万力公司一直未能履行偿还本金及偿还2004年12月21日之后的利息的义务，各保证人亦未能履行保证义务。

三、2005年3月9日，农行河北支行向天津高院提起诉讼，请求判令：1. 万力公司偿还借款本金4000万元及自2004年12月21日到实际给付之日的利息。2. 迎宾公司等保证人对上述债务承担连带保证责任。天津高院一审判决支持了原告的诉请。

四、迎宾公司不服，上诉至最高法院，以其担保的债权系万力公司借新还旧为由主张免责。最高法院判决驳回上诉，维持原判。

败诉原因

本案中迎宾公司的败诉原因在于万力公司刚还旧贷又借新贷的行为不属于借新还旧。迎宾公司认为，万力公司曾于本案借款之前的2004年1月8日向农行河北支行偿还过原有欠款4000万元，而新贷的金额也为4000万元，万力公司该还款行为目的是为了能够获取本案借款，故本案借款属于借新还旧。但最高法院认为："迎宾公司提出本案贷款是贷新还旧的上诉理由，属于其对贷新还旧概念的理解错误，没有事实依据。"迎宾公司因此败诉。

败诉教训、经验总结

前事不忘，后事之师。为避免未来发生类似败诉，提出如下建议：

1. 本案中最值得关注的一点在于最高法院通过判例的形式对借新还旧进行了准确的界定。虽然最高法院在判例中没有直接以定义的方式对何为借新还旧作出界定，但其否定了本案中万力公司的行为属于借新还旧。所谓的借新还旧是指以新贷偿还旧贷，因此新贷在先，偿还旧贷在后。但在本案中，万力公司的行为刚好相反，即其偿还旧贷的行为发生在再借新贷的行为之前，是一种还旧贷新的行为。因此，从时间点上来看，万力公司在本案中的行为无法认定为借新还旧。这也是本案迎宾公司败诉的根本原因。

2. 保证人在主张免责抗辩或提供担保时，应注意区分借新还旧与还旧贷新，两者在偿还旧贷的时间点上存在重大不同。虽然两者都未实际增加债务人的可支配现金，都有可能害及担保人的利益，但因为偿还旧贷时间点的不同，导致了迥然不同的法律后果，对保证人而言，影响甚巨。作为债务人可利用这一“漏洞”，有效地盘活存量贷款，增强履约偿债能力。

3. 虽然本案中迎宾公司败诉，但如果迎宾公司能够证明银行与万力公司之间存在恶意串通骗取保证人提供担保的情形，则迎宾公司可据此主张免责。但遗憾的是迎宾公司并未成功举证证明银行与万力公司之间存在恶意串通的事实，故终究未能免于败诉的厄运。

相关法条

《担保法》

第三十条 有下列情形之一的，保证人不承担民事责任：

（一）主合同当事人双方串通，骗取保证人提供保证的；

（二）主合同债权人采取欺诈、胁迫等手段，使保证人在违背真实意思的情况下提供保证的。

《担保法司法解释》

第三十九条 主合同当事人双方协议以新贷偿还旧贷，除保证人知道或者应当知道的外，保证人不承担民事责任。

新贷与旧贷系同一保证人的，不适用前款的规定。

第四十条 主合同债务人采取欺诈、胁迫等手段，使保证人在违背真实意思的情况下提供保证的，债权人知道或者应当知道欺诈、胁迫事实的，按照担保法第三十条的规定处理。

以下为最高法院在二审判决书“本院认为”部分就此问题发表的意见：

本院认为，农行河北支行与万力公司2004年1月13日签订的《借款合同》以及与被告迎宾公司、祥和公司、飞龙公司、游乐港公司在同日签订的《保证合同》、与盛发公司2004年12月7日签订的《保证合同》，魏立明2004年1月10日签署的承诺函，是各方当事人的真实意思表示，不违反法律规定，应当认定有效。《借款合同》签订后，农行河北支行如约履行了放款4000万元义务。借款期限届满，万力公司没有履行偿还本息的义务，各担保人也未履行担保义务，均属于违约行为，应当承担还本付息的违约责任。迎宾公司提出本案贷款是贷新还旧的上诉理由，属于其对贷新还旧概念的理解错误，没有事实依据，本院不予支持。其上诉还认为本案借款属于借款双方恶意串通的诈骗行为，没有证据支持，虽经本院调查取证，也未发现有关证据，故本院不予支持。原审判决认定事实清楚、适用法律得当，判决正确，应予维持。

案件来源

天津迎宾广场有限公司与天津市万力钢结构工程有限公司、天津祥和投资发展有限公司等借款合同纠纷二审民事判决书［最高人民法院（2005）民二终字第162号］

延伸阅读

不被认定为借新还旧的判例：

一、新贷与旧贷债权债务人均不具有对应关系的，不能认定为借新还旧

案例一：恒丰银行股份有限公司济南分行与阳光华沃置业集团有限公司、山东阳光温泉酒店集团有限公司等金融借款合同纠纷一审民事判决书［山东省高级人民法院（2014）鲁商初字第22号］，该院认为："所谓借新还旧，是指债权人与债务人在旧的贷款尚未清偿的情况下，再次签订贷款合同，以新贷出的款项清偿部分或者全部旧的贷款。本案中，涉案委托贷款的委托人是中投证券，恒丰银行济南分行是受托人及贷款行，华沃置业公司是借款人；特定资产收益权转让合同转让方是华鑫信托，华沃置业公司是受让方。本案委托贷款的资金来源是中投证券，而归还了华鑫信托的信托贷款本息。该两笔业务中，不存在债权人及债务人对应关系，本院已查明恒丰银行济南分行依约将17000万元贷款划入了阳光华沃置业公司账户，且不违反合同关于贷款用途的约定。本院认为，本案贷款不属于借新还旧。"

二、还旧贷新，保证人不能主张免责

案例二：中国工商银行股份有限公司扬州江都支行与黄静、扬州爱丽佳家用化学品有限公司等金融借款合同纠纷二审民事判决书［江苏省高级人民法院（2016）苏民终195号］，该院认为："爱丽佳公司2013年12月10日归还江都工行400万元是针对2012年12月20日的400万元贷款，该笔贷款于当日偿还后江都工行才向爱丽佳公司发放案涉400万元贷款，此并不属于借新还旧，并未损害黄静的合法权益。"

三、借贷双方无借新还旧的意思联络的，不能认定为借新还旧

案例三：湖北省农垦联丰小额贷款股份有限公司诉湖北龙凤呈祥旅游开发有限公司等借款合同纠纷一审民事判决书［湖北省武汉市中级人民法院（2014）鄂武汉中民商初字第00182号］，该院认为："判定借贷行为是否构成借新还旧法律要件的关键在于审查新旧借贷主体间是否具有同一性和借贷双方是否存在以贷还贷的意思联络，以及发生前后贷款在时间和金额上是否具备连续性与一致性。本案中，2011年间的借款主体为龙凤公司和华夏公司，不是本案的借款方禅源公司，其前期每笔借贷金额也无法对应禅源公司本次借款的金额700万元。虽然，其间先前的借款方龙凤公司及华夏公司就以贷还贷的方式与作为前后贷款的共同出借人联丰公司进行过协商，但华夏公司未能签约的行为，导致该种方式因缺乏借贷双方的共同意思表示而未能实施。再者，从前后贷款的实际操作上来看，龙凤公司及双驰公司于2012年4月24日收到华联公司所汇付的3300万元后，分别将该款偿还了龙凤公司和华夏公司与联丰公司间的贷款本息及服务费，而联丰公司于次日所发放的新贷款，由双驰公司支付给了华联公司。嗣后，新旧借款方共同确认上述双驰公司所汇付款项系偿还龙凤公司、华夏公司对联丰公司的旧贷。且联丰公司向双驰公司汇付借款的行为系受借款人禅源公司委托而为。据此，本案借款人禅源公司以其从第三方华联公司处所拆借资金来消灭他方旧贷的行为，并不导致以贷还贷法律要件的形成，故，本案所涉贷款不属于借新还旧的交易方式。"

035［公报案例］为已经借新还旧的贷款提供担保，保证人可否免责？

为已用于借新还旧的贷款提供担保，不得以借新还旧主张免责

裁判要旨

虽然保证人在签订保证合同时不知晓借新还旧，但根据其明知借款的不断延期及逾期情况，无论其所担保的贷款是否已用于偿还旧贷款，均与其提供担保的真实意思无关且并未在其真实意思之外加重其担保的风险与责任负担。此时，保证人不得以贷款系用于偿还旧贷款为由主张免责。

案情简介

一、1996年9月27日，农发行营业部与羊毛公司签订96第008号借款合同，金额1400万元，青海省糖酒副食品总公司提供连带责任保证。借款到期后，延期至1998年2月27日，担保人青海省糖酒副食品总公司未签章。

二、1997年9月29日，农发行营业部与羊毛公司又签订了一份13397031号借款合同，金额1100万元，借款当日即归还以上96第008号借款合同项下的款项。青海省肉食品集团公司提供连带责任保证。后羊毛公司未能按期还款，延期至1999年9月29日，担保人青海省肉食品集团公司未签章。

三、1998年12月28日，农牧公司对以上两笔借款合同出具了不可撤销的连带责任保证书。

四、2000年5月8日，法院裁定宣告羊毛公司破产还债，2002年5月破产程序终结，农发行营业部仅获4.9万元的实物清偿。2002年11月14日，农发行营业部向青海高院起诉，请求判令农牧公司对债务人羊毛公司项下的1400万元贷款及利息282万元承担保证责任。青海高院一审判决驳回农发行营业部诉请。

五、农发行营业部不服，上诉至最高法院，最高法院二审改判支持农发行营业部诉请。

败诉原因

本案中农牧公司败诉的原因在于其为已经用于借新还旧的贷款提供担保，不得再以不知贷款借新还旧为由主张免责。根据《担保法司法解释》第三十九条第一款的规定，主合同当事人借新还旧的，除保证人知道或者应当知道外，保证人可主张免责。本案中，农牧公司担保的13397031号借款合同一二审法院均认定属于借新还旧。如果严格按照《担保法司法解释》第三十九条的规定，保证人农牧公司完全可主张免责。但我们应正确理解该条的立法用意：之所以允许保证人对借新还旧的贷款主张免责，是因为借新还旧实际上导致保证人对债务人的陈账呆账承担担保责任。借新还旧时债务人并没有因此增加任何的可流动性资金，债务人不能偿还贷款的风险仍旧持续存在。因此，对借新还旧的新贷提供担保对于保证人而言面临巨大风险。但本案略有不同，本案中的13397031号借款合同虽属于借新还旧，但农牧公司的担保行为却发生在借新还旧之后。因此，农牧公司在提供担保时，就是基于羊毛公司借新还旧后的资产负债状况为已存在的债务提供担保，并未加重农牧公司的负担。故最高法院运用目的性限缩的方法将本案排除在《担保法司法解释》第三十九条的适用范围之外，认为农牧公司不能以新贷为借新还旧为由主张免责。农牧公司因此败诉。

败诉教训、经验总结

前事不忘，后事之师。为避免未来发生类似败诉，提出如下建议：

1. 对于《担保法司法解释》第三十九条的适用范围应作准确理解。该条仅适用于新贷未用于偿还旧贷之前对新贷提供担保的行为，对于已经实际用于偿还旧贷的新贷提供担保并不属于该条规定的保证人可主张免责的情形。因此，从本案中最高法院的裁判思路来看，《担保法司法解释》第三十九条实际上存在着一个隐藏的法律漏洞，需要通过目的性限缩的方法予以填补。

2. 担保人同意提供担保的行为既可以发生在债权债务关系成立之前，也可以发生在债权债务关系成立之后。通常情况下，区分二者并无实际意义。但在借新还旧的场合，则可能存在天壤之别。因此，对于债权人而言，可以适当利用这一时间差进一步提高债权获得实现的可能性。具体而言，在借新还旧时，可先以无担保的方式实现借新还旧，然后再要求债务人以外的第三人对新贷提供保证担保。这一操作模式应谨慎使用，建议仅在旧贷没有担保的情形下予以运用。因为这一方法虽然可以规避因借新还旧导致担保无效的风险，但也可能存在债务人在借新还旧后无法找到第三人担保的风险。

3. 借新还旧在银行新贷业务中广泛存在，也是极易发生争议的业务模式。债权人在同意借新还旧时，不要错误地认为新贷有第三人提供担保即可以真实地获得相应担保，因为担保人可根据《担保法司法解释》第三十九条的规定主张免责。借新还旧本质上是一种以隐瞒重要事实真相骗取保证人提供担保为基本方法的欺诈行为。因此，债权人在第三人为新贷提供担保时，应以书面的形式将借新还旧的事实告知担保人，让担保人自行决定是否继续提供担保。如果第三人在提供担保时已经确切地知晓贷款为借新还旧，则不能依据《担保法司法解释》第三十九条的规定主张免责。

相关法条

《担保法司法解释》

第三十九条 主合同当事人双方协议以新贷偿还旧贷，除保证人知道或者应当知道的外，保证人不承担民事责任。

新贷与旧贷系同一保证人的，不适用前款的规定。

以下为最高法院在二审判决书“本院认为”部分就此问题发表的意见：

虽然农牧公司因原审判定其不承担保证责任而未提起上诉，但其在一、二审答辩中均作为主要抗辩理由提出了其因主债务双方未经其同意以贷还贷而应免责的主张，农发行营业部关于以贷还贷问题不属于二审审理范围的诉讼主张不能成立。农牧公司所担保的贷款确系用于偿还旧贷，而农牧公司对该旧贷未曾提供过保证，对此事实不但业经原审法院查明认定，而且双方当事人亦无异议。农牧公司在出具担保时，本案96第008号借款合同已经逾期10个月，13397031号借款合同已经逾期3个月，根据农牧公司在本院质证过程中的陈述以及其出具担保的时间，农牧公司的本意并不是为将来的新贷款而是为此前已经发生的既有债务的延期履行而提供担保，其对该项担保的风险与责任是明知的，虽然农牧公司未曾为本案中所涉旧贷提供过保证以及其在诉讼中否认其明知借新还旧的情况，但根据其明知本案借款的不断延期及逾期情况，无论其所担保的贷款是否已用于偿还旧贷款，均与其提供担保的真实意思无关且并未在其真实意思之外加重其担保的风险与责任负担。该公司以本案所涉贷款系用于偿还旧贷款为由提出的应免除其保证责任的主张不能成立，本院不予支持。

案件来源

农业发展银行青海分行营业部诉青海农牧总公司担保合同纠纷二审民事判决书［最高人民法院（2003）民二终字第83号，《中华人民共和国最高人民法院公报》2004年第8期（总第94期）］

036［最高法院］部分借款用于借新还旧，担保人能否主张全部免责？

部分借款用于借新还旧，担保人需对剩余借款承担保证责任

裁判要旨

主债权的当事人将部分贷款用于借新还旧而担保人对此并不知情的，担保人对于用于借新还旧贷款部分不承担担保责任。但担保人仍需对未用于借新还旧的剩余贷款承担担保责任。

案情简介

一、2004 年 12 月 30 日，百草公司与农行冷水滩支行签订了《借款合同》，借款 2733 万元，南华大酒店提供最高额抵押担保。2005 年 1 月 28 日，百草公司向南华大酒店承诺一年内用百草公司新建厂房及土地将南华大酒店的抵押担保置换出来，后实际未完成。

二、2005 年 3 月 8 日，农行冷水滩支行与百草公司签订《抵押合同》。抵押担保的主债权为 2733 万元项目贷款。2005 年 6 月 2 日，农行冷水滩支行与百草公司又签订《抵押合同》。抵押担保的主债权为 2733 万元项目贷款。

三、2004 年 12 月 30 日，农行冷水滩支行将 2733 万元的贷款转入百草公司账户。百草公司将前述贷款中的 1370 万元用于偿还旧贷款本金，将 734929. 91 元用于偿还旧贷款的利息。农行冷水滩支行对此知情。百草公司后仅偿还部分利息，剩余本金及利息均未偿还。

四、农行冷水滩支行向湘潭中院起诉，请求判令百草公司还本付息，百草公司，南华大酒店承担抵押担保责任。南华大酒店提起反诉，请求确认最高额抵押合同无效并解除抵押。一审法院判决百草公司还本付息，百草公司承担抵押担保责任，解除南华大酒店的抵押。农行冷水滩支行不服，上诉至湖南高院。湖南高院二审判决驳回上诉，维持原判。

五、农行冷水滩支行向最高法院申请再审，最高法院改判南华大酒店对未用于借新还旧的贷款承担抵押担保责任。

败诉原因

本案中南华大酒店败诉的原因在于，案涉贷款仅部分用于借新还旧，担保人不能主张全部免责。根据《担保法司法解释》第三十九条第一款的规定，主合同当事人协议借新还旧，当事人对此并不知情的，保证人可主张免责。根据最高法院的裁判观点，该条不仅可适用于保证担保，也可适用于抵押等其他由第三人提供担保的情况。但《担保法司法解释》第三十九条的规定，过于笼统，对于贷款部分用于借新还旧，担保人是否可主张免责并未予以说明。如果严格从字面上来解释，似乎可认为只要主合同当事人存在借新还旧的事实，则担保人即可主张免责，不论贷款是部分用于借新还旧还是全部用于借新还旧。但本条的立法目的在于防止担保人事实上对债务人的旧贷承担担保责任，进而加重担保人的交易风险。因此，如果在此过程中，担保人的交易风险并未增加，则不可主张免责。正是基于此点，最高法院对该条的适用范围进行了目的性限缩，从公平的角度认定如果贷款仅部分用于借新还旧的，担保人仍需对剩余部分承担担保责任。这也是南华大酒店败诉的关键原因。

败诉教训、经验总结

前事不忘，后事之师。为避免未来发生类似败诉，提出如下建议：

1. 关于《担保法司法解释》第三十九条关于借新还旧的规定，本书作者已先后写过多篇案例分析对其理解与适用进行阐述。其中，既包括该条类推适用于抵押等担保形式的案例，也包括限缩该条适用范围的案例。本案即属于另一个从立法目的出发限缩《担保法司法解释》第三十九条适用范围的判例，对于仅部分用于借新还旧的贷款，未全部免除担保人的担保责任。最高法院在本案中运用的解释学方法仍为目的性限缩。对于债权人而言，运用好本条的目的性限缩解释方法，可以起到“起死回生”的效果。本案中的农行冷水滩支行即是例证。

2. 虽然本案中农行冷水滩支行最终部分赢得了诉讼，但无论如何仅是两败俱伤的“惨胜”。因此，对于债权人而言，对于预备用于借新还旧的贷款必须以书面的形式通知担保人，由担保人作出是否继续提供担保的决定，防止发生“新贷脱保”的恶果。同时，虽然贷款部分用于借新还旧，担保人不能主张全部免责，但毕竟这一适用超出了《担保法司法解释》第三十九条的文义范围。故较低层级的法院是否敢于突破文义范围适用法律存在较大的不确定因素。因此，律师在运用本案例的裁判要旨时，应预见到法院可能不予采信的法律后果，适当降低当事人的心里预期。同时，加强对法院的说服工作，力争法院积极采纳相关意见。

3. 本案的另一个启示在于，目的解释在法律的理解与适用过程中发挥着巨大作用。对于法律规定作字面上的理解固然重要，但理解法律背后的立法目的对于律师和当事人而言则更为重要。对优秀的律师而言，应在把握法律条文立法目的的基础上对法律作出理解与适用。如此，不仅可以更加高效地说服法官和当事人，还可以在极端案件中起到化腐朽为神奇的法律效果。同时，目的解释也可以在律师应对案件的过程中发现当事人或普通律师无法看到的法律风险，并适当提出风险化解的方案，更好地服务于当事人的利益。

相关法条

《担保法司法解释》

第三十九条 主合同当事人双方协议以新贷偿还旧贷，除保证人知道或者应当知道的外，保证人不承担民事责任。

新贷与旧贷系同一保证人的，不适用前款的规定。

第四十条 主合同债务人采取欺诈、胁迫等手段，使保证人在违背真实意思的情况下提供保证的，债权人知道或者应当知道欺诈、胁迫事实的，按照担保法第三十条的规定处理。

以下为最高法院在再审判决书“本院认为”部分就此问题发表的意见：

本院再审认为，一、二审判决认为本案第三人提供抵押物的问题可以参照适用《最高人民法院关于适用〈中华人民共和国担保法〉若干问题的解释》关于保证人部分的规定，该认定并无不当。《最高人民法院关于适用〈中华人民共和国担保法〉若干问题的解释》第三十九条第一款规定：“主合同当事人双方协议以新贷偿还旧贷，除保证人知道或者应当知道的外，保证人不承担民事责任。”本案中，结合百草公司原法定代表人刘岳泉在公安机关的陈述、涉案借款的流向及使用情况、南华大酒店提供的录音等证据，可以认定涉案借款中，大部分借款系百草公司与农行冷水滩支行合意借新还旧并已经履行，只有少部分为新建项目借款。而该事实百草公司、农行冷水滩支行并未告知南华大酒店。因此，对于百草公司与农行冷水滩支行约定借新还旧的部分即14434929.91元，南华大酒店不应就此承担抵押担保责任。但是，涉案借款并非全部用于“借新还旧”，对于未用于借新还旧的部分，即12895070.09元，应当在本金及利息（计算至本金清偿之日止）范围内承担担保责任。结合案外人已经取得抵押、涉案房产价值以及担保债权的情况等因素，农行冷水滩支行应就涉案查封房产（即原抵押房产），在本金12895070.09元及利息范围内，享有优先受偿权，顺位在涉案房产已经设定的抵押权之后。在实际承担担保责任后，南华大酒店可以向百草公司追偿。

案件来源

中国农业银行股份有限公司永州冷水滩支行与湖南南华大酒店有限公司金融借款合同纠纷申诉、申请再审民事判决书［最高人民法院（2015）民提字第178号］

第五节 变更借款用途与保证责任

037［最高法院］债权人明知借款用途变更而仍放款的，风险有多大？

债权人明知债务人变更借款用途而仍放款的，保证人可主张免责

裁判要旨

保证人在其出具的《不可撤销的担保书》中明确表示，其根据贷款合同的规定而同意提供担保，故贷款合同中关于“贷款用途”的约定亦应属于保证合同的内容，对贷款人具有法律约束力。

案情简介

一、1993 年 11 月至 1994 年 4 月，京华公司与高登公司签订八份贷款合同。约定借款用途为购买原材料聚乙烯，累计金额为美元本金 3380 万元、港币本金 2000 万元。其中，后五份贷款变更了借款用途，京华公司对此知情但仍放款。在上述每份贷款合同签订后，光大公司均向京华公司出具了不可撤销的担保书，均约定：“根据本案贷款合同的规定，经充分研究，其同意就上述合同进行担保。”

二、高登公司收到京华公司的贷款后，一直未还款，京华公司多次向高登公司及光大公司发函索要欠款，二被告均收到书面索款通知，但未还款。京华公司诉至北京一中院，请求判令高登公司、光大公司偿还所欠美元本金 3380 万元、港币本金 2000 万元及利息。北京一中院于 1996 年 12 月判决高登公司还本付息，光大公司承担连带保证责任。

三、高登公司、光大公司均不服，上诉至北京高院，北京高院于 2000 年 12 月判决驳回上诉，维持原判。2006 年，光大公司不服，向最高法院申请再审，最高法院将该案转送北京高院处理，北京高院于 2008 年 6 月以超过申诉期为由裁定驳回再审申请。

四、光大公司仍不服，向最高法院继续申请再审，最高法院裁定提审本案，并于

2011 年 3 月作出判决改判光大公司对后五份贷款合同产生的债权不必承担担保责任。

败诉原因

本案中京华公司的败诉原因在于，其在明知债务人变更借款用途的情况下仍向债务人放款。保证合同是保证人与债权人之间签订的合同，其权利义务关系应根据保证合同的内容来确定。如果保证人在保证合同中约定了提供担保的前提条件，债权人明知该条件不成就而仍与债务人建立债权债务关系，则保证人即可基于保证合同的约定而主张免责。在本案中，虽然光大公司是通过不可撤销的担保书向债权人承诺其愿意承担保证责任，但仍不妨碍光大公司与京华公司之间成立担保合同关系。光大公司同意提供担保的前提是基于担保合同的相关约定，当然包括贷款用途的约定。且最高法院认为关于贷款用途的约定“构成了光大公司向京华公司提供担保的条件，亦是本案担保合同内容的组成部分，对京华公司和光大公司均具有法律约束力”。高登公司变更借款用途的行为，导致“市场风险明显超出了保证人的预先设定，亦违背了光大公司提供保证时的真实意思，对光大公司构成了欺诈。”故此，最高法院根据 1994 年 4 月 15 日颁布实施的《关于审理经济合同纠纷案件有关保证的若干问题的规定》第十九条的规定认定担保合同无效。京华公司因此败诉。

败诉教训、经验总结

前事不忘，后事之师。为避免未来发生类似败诉，提出如下建议：

1. 保证合同虽然是债权人与保证人之间订立的合同，但如果保证人在订立合同的过程中明确约定其所担保的债权为某一具体的主合同，则该主合同中的主要内容即可认定为保证人提供担保的条件之一。如果主合同的相关内容存在不真实或未按照合同的约定进行落实，导致主债权被履行的风险显著增加，担保人的义务被明显加重，而债权人又对此知情或应当知情，则担保人可根据《担保法》第三十条的规定，主张免责。

2. 贷款合同中约定的贷款用途是判断贷款合同风险的重要指标之一，如果贷款合同的贷款用途发生根本性变更，不仅可能增加债权无法被实现的风险，也有可能增加担保人的担保责任。银行等债权人如果在履行贷款合同的过程中，明知债务人变更了借款用途，应及时停止发放贷款并告知包括担保人在内的相关人。如此不仅可以有效降低债权违约风险，也可有效防止已发生的债权因用途变更而“脱保”。

3. 根据《担保法》第三十条第二项的规定，“主合同债权人采取欺诈、胁迫等手段，使保证人在违背真实意思的情况下提供保证的”，保证人可主张免责。此处所谓的“欺诈”不仅包括债权人通过虚构事实的方式欺骗保证人提供担保，还包括债权人通过隐瞒真相的方式骗取保证人担保。具体而言，当债权人知晓或者应当知晓保证人提供担保的前提发生重大变化或者根本不存在，可能加重保证人责任，但债权人不告知保证人的，也可构成对保证人的欺诈。保证人可根据该规定主张免责。

4. 本案中，虽然光大公司最终胜诉，但此时距离案件一审已逾十五年，这可谓“迟来的正义”，而京华公司也在15年之后输掉了一场早该输掉的官司。京华公司输掉官司，表面上看是因为对贷款变更用途的情况知情而仍放款，但实际上是因为对变更借款用途的行为心存侥幸，认为有担保合同存在可以高枕无忧，不必担心债务人违约。这是极不诚信的表现，不值得提倡。本案的京华公司也在15年之后接到了早该接到的败诉判决。因此，诚信经营不仅是树立良好企业形象的前提，更是防范和化解企业经营风险的必要前提。

相关法条

《担保法》

第三十条　有下列情形之一的，保证人不承担民事责任：

（一）主合同当事人双方串通，骗取保证人提供保证的；

（二）主合同债权人采取欺诈、胁迫等手段，使保证人在违背真实意思的情况下提供保证的。

《担保法司法解释》

第四十条　主合同债务人采取欺诈、胁迫等手段，使保证人在违背真实意思的情况下提供保证的，债权人知道或者应当知道欺诈、胁迫事实的，按照担保法第三十条的规定处理。

第四十一条　债务人与保证人共同欺骗债权人，订立主合同和保证合同的，债权人可以请求人民法院予以撤销。因此给债权人造成损失的，由保证人与债务人承担连带赔偿责任。

以下为最高法院在再审判决书中就此问题发表的意见：

本院再审认为，本案争议的焦点问题是：光大公司向京华公司出具的《不可撤销保证书》是否有效；光大公司应否对本案高登公司的债务承担保证责任。

京华公司与高登公司签订的八份《外汇贷款合同》系双方当事人的真实意思表示，未违反法律规定，应认定有效。光大公司再审主张该合同系京华公司与高登公司恶意串通，证据不足。双方在《外汇贷款合同》中约定该贷款“只限使用在购买原材料聚乙烯”。同时还约定：高登公司如不按借款用途使用贷款，京华公司有权提出警告并限制纠正或停止发放贷款，并将已发放的贷款追回。光大公司在其出具的《不可撤销的担保书》中明确表示，根据本案贷款合同的规定，经充分研究，其同意就上述合同进行担保。故《外汇贷款合同》中的上述内容构成了光大公司向京华公司提供担保的条件，亦是本案担保合同内容的组成部分，对京华公司和光大公司均具有法律约束力。光大公司再审时所提交的三份补充协议，表明京华公司在向高登公司提供贷款时具有获取高额利息的商业动机，但其以此证据主张京华公司与高登公司在签订贷款合同时即存在恶意串通行为，证据并不充分，本院不予采纳。

在本案八份《外汇贷款合同》的实际履行中，京华公司依据第一、二、三份贷款合同约定，分别将其项下的300万、100万、480万美元贷款如约付给了高登公司，而高登公司没有按照合同约定用于购买原材料聚乙烯。但在本案中没有证据证明京华公司在发放上述三笔贷款时即知道或应当知道高登公司已经或将改变该贷款的用途，故认定债权人京华公司就此欺诈了保证人光大公司证据不足。此外，在2007年3月7日北京市高级人民法院的《质证笔录》中，记载了京华公司原法定代表人王伟光陈述其与高登公司当时的法定代表人吕长胜签订贷款合同的过程，亦不能证明本案借贷双方在缔约过程中及发放该三笔贷款时即存在恶意串通、损害保证人光大公司利益的事实。因此，光大公司关于其为上述三笔贷款提供的保证无效的诉讼主张，因证据不足，不予支持。对于高登公司未清偿的上述三笔贷款共计880万美元的本金及利息，光大公司应向债权人京华公司承担连带清偿责任。关于该三笔贷款的利息计算问题，合同期内利息应按照约定的年利率9.5%计算，逾期罚息按照一审判决第一项确定的“逾期加收20%罚息”执行较为合理，本院予以采纳。

在履行本案第四、五、六、七、八份《外汇贷款合同》时，借款人高登公司向京华公司发出了划款《委托书》，指示京华公司将上述合同项下的款项分别付给澳门新通利有限公司港币1250万元、首都实业公司港币750万元、北京成基房地产发展有限公司500万美元、中国农业银行北京分行国际业务部500万美元（受益人为上海利达行房地产顾问有限公司北京分公司）、中国农业银行北京分行国际业务部700万美元（高登公司在1994年4月1日的《委托书》中，指示京华公司将该笔700万美元付给北京利达玫瑰园别墅有限公司，开户银行：中国建行银行北京分行东四支行）、香港国陆发展有限公司280万美元、中国农业银行北京分行国际业务部520万美元（上海利达行房地产顾问有限公司北京分公司）。上述《委托书》的“付款指示”表明，高登公司请求将上述款项直接付给房地产公司及境外，显然与《外汇贷款合同》约定的“只限使用在购买原材料聚乙烯”不符，京华公司本应秉承诚实信用原则和按合同约定履行尽职调查，进而知道或应当知道高登公司改变了贷款用途，但其并没有停止发放上述贷款，事后亦未向高登公司提出异议。对上述改变贷款用途的行为，京华公司亦没有告知保证人光大公司并征得其同意，其市场风险明显超出了保证人的预先设定，亦违背了光大公司提供保证时的真实意思，对光大公司构成了欺诈。本院依据1994年4月15日颁布实施的《关于审理经济合同纠纷案件有关保证的若干问题的规定》第十九条的规定，应认定光大公司为上述五份《外汇贷款合同》提供的担保无效。申请人光大公司关于其不应对该部分贷款资金的清偿承担保证责任的诉讼请求，理由充分，本院予以支持。

案件来源

中国光大（集团）总公司与北京京华信托投资公司清算组、北京高登企业有限公司借款合同纠纷再审民事判决书［最高人民法院（2010）民提字第87号］

延伸阅读

关于借款用途与保证责任承担的判例：

一、主债权未约定借款用途的，保证人不得以隐瞒借款用途为由主张免责

案例一：王秀娟、鄂晓伟等民间借贷纠纷申请再审民事裁定书［最高人民法院（2015）民申字第3365号］，最高法院认为：“关于胡秀丽、王德财是否存在恶意串通骗取王秀娟、鄂晓伟提供担保的问题。本案中，王秀娟、鄂晓伟虽主张胡秀丽与王德财双方恶意串通，隐瞒借款用途，骗取王秀娟、鄂晓伟提供担保，但其并没有提供充分的证据予以证明。王秀娟、鄂晓伟在没有明确约定借款用途的《借款合同》担保人处签字、捺指印，并于2012年2月13日单独为胡秀丽出具《担保书》，承诺为王德财的案涉借款承担连带保证责任，应系其真实意思表示。一、二审判决王秀娟、鄂晓伟对本案王德财尚未偿还的借款本息承担连带清偿责任，具有事实和法律依据。”

二、隐瞒借款用途并未加重保证人责任的，保证人不得主张免责

案例二：临沂财源钢铁有限公司与临商银行股份有限公司河东支行保证合同纠纷再审审查民事裁定书［最高人民法院（2013）民申字第1542号］，最高法院认为："《中华人民共和国担保法》第三十条第一款第（一）项规定，主合同当事人双方串通，骗取保证人提供保证的，保证人不承担民事责任。而判断主合同当事人双方是否串通，关键应看主合同债权人与债务人是否具有隐瞒主合同有关内容、恶意设立债权债务关系、加重保证人责任等情形。本案中，临商银行与财源公司先是签订旧保证合同，约定财源公司为旧借款合同提供保证。而临商银行与飞鹏公司签订的旧借款合同，明确约定飞鹏公司借款系用于偿还双山公司欠临商银行的债务。对此，财源公司应当知道，可见临商银行与飞鹏公司并未隐瞒旧借款用途。退一步说，即使财源公司不知道旧借款用途，但飞鹏公司原本就是双山公司债务的保证人，其将旧借款偿还给临商银行，系履行自己的保证义务，不属于借新还旧，更非临商银行与飞鹏公司恶意转承双山公司债务。旧借款合同到期后，临商银行与飞鹏公司签订的新借款合同，明确约定借新还旧。这种情况下，临商银行与财源公司签订新保证合同，约定财源公司为新借款合同继续提供保证，并未加重财源公司保证责任。"

三、保证人不能证明债权人知晓债务人变更借款用途的，不能主张免责

案例三：河南雅源香精香料股份有限公司与舞阳县农村信用合作联社等抵押合同纠纷申请再审民事裁定书［最高人民法院（2015）民申字第2328号］，最高法院认为："关于舞阳信用社是否存在与汇通公司恶意串通，骗取雅源公司担保的问题。首先，从漯河市公安局经济开发区分局刑侦大队对舞阳信用社工作人员杨永法的询问笔录看，杨永法并未承认舞阳信用社在签订抵押担保借款合同之时即明知该笔借款的真实用途是还贷款，而是称该笔借款用途为购买原料，对于该笔贷款后续汇款情况其亦表示不知情。故依据上述询问笔录并不能得出舞阳信用社对案涉600万元借款真实用途知道或者应当知道的结论。其次，雅源公司提交了一份河南省高级人民法院（2014）豫法刑三终字第00078号刑事裁定，借以证明高低温公司、汇通公司以及运作本案抵押贷款的贾春亭等人员均已因骗取贷款罪被刑事处罚，从侧面印证了本案中存在恶意串通、骗取担保的事实。该申请理由不能成立。因为在该刑事裁定关于骗取贷款的事实认定部分，并没有涉及本案这一笔借款，也没有舞阳信用社工作人员与汇通公司及其关联公司串通骗取贷款的相关认定，故该刑事裁定不能作为认定本案是否存在恶意串通行为的依据。再次，《担保法》第三十条规定：'有下列情形之一的，保证人不承担民事责任：（一）主合同当事人双方串通，骗取保证人提供保证的；……'根据《最高人民法院关于适用〈中华人民共和国民事诉讼法〉的解释》第一百零九条'当事人对欺诈、胁迫、恶意串通事实的证明，以及对口头遗嘱或者赠与事实的证明，人民法院确信该待证事实存在的可能性能够排除合理怀疑的，应当认定该事实存在'之规定，当事人主张存在欺诈、恶意串通的，须适用排除合理怀疑这一证明标准。案涉600万元借款转入同日即被汇通公司转走偿还其关联公司高低温公司在郾城信用社的借款，且电汇凭证上明确注明汇款用途为还贷款，该事实确能引起对舞阳信用社在缔约时是否知道案涉借款系用于偿还郾城信用社旧贷的怀疑，但该证据并没有达到上述司法解释规定的排除合理怀疑的证明标准。因为汇通公司的汇款行为系发生在案涉借款发放之后，此时账户资金的支配权属于汇通公司，故不能仅依据上述事实来推定舞阳信用社和汇通公司之间存在恶意串通骗取担保的行为。综上，雅源公司关于舞阳信用社与汇通公司恶意串通骗取其担保，依照《担保法》第三十条的规定，应当免除其担保责任等再审申请理由不能成立。”

案例四：白山市中小企业信用担保有限公司与白山浑江恒泰村镇银行股份有限公司等金融借款合同纠纷申请再审民事裁定书［最高人民法院（2016）最高法民申113号］，最高法院认为：“《担保法》第三十条规定，‘有下列情形之一的，保证人不承担民事责任：（一）主合同当事人双方串通，骗取保证人提供保证的；（二）主合同债权人采取欺诈、胁迫等手段，使保证人在违背真实意思的情况下提供保证的。’《担保法解释》第四十条规定，‘主合同债务人采取欺诈、胁迫等手段，使保证人在违背真实意思的情况下提供保证的，债权人知道或者应当知道欺诈、胁迫事实的，按照担保法第三十条的规定处理。’据此，保证人保证责任免除的前提，是保证人有证据证明存在前述规定情形。《民事诉讼法》第六十四条第一款规定：‘当事人对自己提出的主张，有责任提供证据’；《民诉法解释》第九十条规定：‘当事人对自己提出的诉讼请求所依据的事实或者反驳对方诉讼请求所依据的事实，应当提供证据加以证明，但法律另有规定的除外。在作出判决前，当事人未能提供证据或者证据不足以证明其事实主张的，由负有举证证明责任的当事人承担不利的后果’。本案中，担保公司主张恒泰银行在与其签订保证合同时明知案涉借款用途，恒泰银行与生源公司及工商银行对2000万元借款的真实用途事先已达成合意，其有责任对自己的主张提供证据证明。因生源公司系本案当事人，范广升系该公司的法定代表人，且同时作为另一担保人缸窑公司的法定代表人，如其陈述成立将同时免除缸窑公司的担保责任，故范广升所做《情况说明》属于与本案诉争结论具有直接利害关系的当事人陈述，其证明力显然较弱。范广升亦不属于《民事诉讼法》第一百零九条规定的必须到庭的被告，二审法院未予传唤其到庭陈述，不违反法定程序。除该《情况说明》外，担保公司未能提供其他证据，证明恒泰银行、生源公司具有前述规定的保证人保证责任免除的情形，而仅以事后发生之部分事实，推定恒泰银行发放案涉借款时系明知，缺乏证据支持，应当承担举证不利的法律后果。”

038［公报案例］保证人关于变更贷款用途后仍承担连带责任的承诺是否可包含借新还旧？

保证人关于变更借款用途后仍承担连带责任的承诺包括借新还旧

裁判要旨

保证人承诺对借款人变更贷款用途的行为承担连带责任，应预见到借款人变更贷款用途包括以贷还贷等担保风险。

案情简介

一、2001 年，阜康公司向信用社借款 1200 万元，华西公司提供保证担保，约定华西公司“对借款方转移贷款用途等违反本合同的行为承担连带责任”。阜康公司将贷款用于偿还其他关联企业欠信用社的贷款。华西公司法定代表人亦系阜康公司实际控制人，华西公司一直替阜康公司支付借款利息。

二、阜康公司到期未还款，信用社向法院起诉，经一、二审，四川高院终审判决华西公司承担担保责任。

三、华西公司不服，以阜康公司借新还旧其不应承担担保责任为由向最高法院申请再审，最高法院裁定驳回再审申请。

败诉原因

本案中华西公司败诉的原因之一在于其向债权人承诺即使债务人变更借款用途亦承担连带责任。根据《担保法司法解释》第三十九条第一款的规定，主合同当事人借新还旧，除保证人知道或者应当知道外，保证人可免除保证责任。在本案中，阜康公司与信用社之间的贷款合同实际上为了借新还旧，作为保证人的华西公司本可在债权人无法证明其知晓借新还旧的情形下免责。但作为保证人的华西公司在合同中约定了“对借款方转移贷款用途等违反本合同的行为承担连带责任”，最高法院据此认为，华西公司应当预见到阜康公司转移贷款用途带来的各种担保风险。以贷还贷系转移贷款用途的一种，即使本案存在以贷还贷的情形，因华西公司承诺在先，其主张阜康公司与信用社恶意串通改变贷款用途的理由也不成立，华西公司仍应依据合同承担担保责任。华西公司因此败诉。

败诉教训、经验总结

前事不忘，后事之师。为避免未来发生类似败诉，提出如下建议：

1. 虽然根据《担保法司法解释》第三十九条第一款的规定，主合同当事人借新还旧，除保证人知道或者应当知道外，保证人可免除保证责任。但如果担保人向债权人作出了关于贷款用途变更后仍承担担保责任的承诺，则不能据此主张免责，因为借新还旧属于贷款用途变更的一种。因此，保证人在向债权人作出承诺时，应当慎重，明确担保责任的范围，切勿盲目“大包大揽”，防止发生不必要的风险。

2. 保证人在不知晓主债权当事人借新还旧时，才可主张免责。故如果债权人或者债务人在合同中明确约定贷款用途为借新还旧，或债权人、债务人在贷款完成后通知保证人贷款用途变更为借新还旧，则保证人应尽快对此表示反对，并明确告知不再继续承担保证责任。切勿以为借新还旧保证人当然免责，进而对相关事项听之任之，最终导致需继续承担更重的担保责任。

3. 本案中华西公司败诉的另一个原因在于，华西公司与阜康公司为关联企业，故作为保证人的华西公司应当知道阜康公司与信用社变更借款用途用以借新还旧的事实。故保证人知晓主债权当事人借新还旧不能免责，不仅包括明确知道主债权当事人借新还旧的情形，也包括应当知道主债权当事人借新还旧的情形。

相关法条

《担保法司法解释》

第三十九条 主合同当事人双方协议以新贷偿还旧贷，除保证人知道或者应当知道的外，保证人不承担民事责任。

新贷与旧贷系同一保证人的，不适用前款的规定。

以下为最高法院在再审裁定书“本院认为”部分就此问题发表意见：

《保证担保借款合同》第四条约定关于华西药业对借款方转移贷款用途等违反本合同的行为承担连带责任的意思表示并不违反法律规定。华西公司承诺对阜康公司转移贷款用途等行为仍然承担连带责任，应当预见到阜康公司转移贷款用途带来的各种担保风险。以贷还贷系转移贷款用途的一种，即使本案存在以贷还贷的情形，因华西药业承诺在先，其主张阜康公司与大竹信用联社恶意串通改变贷款用途的理由也不成立，华西公司仍应依据合同承担担保责任。阜康公司的工商登记材料与达市农行（2000）306号文件中涉及的阜康公司股东情况等内容一致，华西药业作为阜康公司的担保人在本案原一、二审中对阜康公司的工商登记材料均无异议，即对陈达彬的阜康公司股东和监事身份没有异议，构成其对这一事实的自认，因此，上述证据与华西药业在诉讼中的自认行为相印证，可以认定陈达彬系阜康公司持有50%股份的股东及阜康公司的监事，本案中阜康公司工商登记材料里陈达彬的签名是否真实不影响其对外的公示公信效力。故即使本案存在以贷还贷的情况，根据陈达彬系华西药业法定代表人、阜康公司监事及两名股东之一的特殊身份以及华西药业及其关联公司代阜康公司偿还贷款利息的行为，华西药业亦应当知晓贷款的实际用途，则依据最高人民法院《关于适用〈中华人民共和国担保法〉若干问题的解释》第三十九条的规定，华西药业仍应当承担本案担保责任。

案件来源

大竹县农村信用合作联社与西藏华西药业集团有限公司保证合同纠纷再审民事裁定书［最高人民法院（2011）民申字第429号，《中华人民共和国最高人民法院公报》2012年第4期（总第186期）］

延伸阅读

不能以推定的方式确定保证人关于变更借款用途后仍承担担保责任的承诺：

案例：中国长城资产管理公司沈阳办事处与辽宁宝林集团有限公司借款合同纠纷再审民事裁定书［最高人民法院（2013）民申字第331号］，最高法院认为：“根据一、二审查明的事实，案涉《流动资金借款合同》系格式合同，其借款用途一栏在已手写填满‘购买原材料及包装物’的情况下，在该栏外侧边又手写‘用于偿还2000年（大东）字0198号借款合同项下的贷款’，不符合正常的行文习惯，且一审期间经法院委托辽宁大学司法鉴定中心进行鉴定，该中心认为‘用于偿还2000年（大东）字0198号借款合同项下的贷款’字迹墨水较深，从文字布局上看与该栏内前面书写的‘购买原材料及包装物’字迹书写不连贯、首尾不相衔接，表明其是后添写的。结论为‘不是同时书写，也不是一人书写’。一、二审判决据此认定在无其他证据证明保证人宝林集团知道或应当知道主合同当事人双方协议以新贷还旧贷的情况下，保证人免责，并无不当。至于《保证合同》第7.5条约定的‘贷款人与借款人协议变更主合同的，除展期或增加贷款金额外，无须经宝林集团同意，宝林集团仍在原保证范围内承担连带保证责任’，该约定不能对抗因主合同变更导致担保人法定免责的情形。借贷双方对于借款用途的约定，是担保人判断其风险责任的重要因素。况且，借贷双方借新还旧的真实用途，使担保人承担的可能是为巨额死账担保的风险，明显超越了担保人提供担保时的风险预期，加重了担保责任，导致不公平的后果。因此，担保人放弃变更借款用途知情权应有明确表示，仅以‘展期或增加贷款金额’推定担保人放弃权利，缺乏事实和法律依据。本案长城资产公司认为该约定视为保证人同意借贷双方任意变更借款用途，保证人仍应承担保证责任的主张不能成立。”

第六节　债权债务变更与保证责任

039［公报案例］无偿接受保证人全部资产，受让人是否应当承担担保责任？

无偿接收连带保证人全部资产，应连带承担原企业债务

裁判要旨

企业因全部资产被整体划拨而变更产权关系后，无偿接受企业的公司将所接受企业的全部经营性净资产及相应的债务作为自己的出资组建其所属的新公司的，应在接受原企业资产的范围内对其原有债务承担连带责任。

案情简介

一、1996年12月12日，开发银行与六药厂签订一份保证合同，约定六药厂愿意就本金1028万元及利息和有关费用向开发银行提供担保，保证方式为连带清偿责任，保证期限为自主合同生效开始至主合同失效时止。

二、1999年12月26日，开发银行和信达合肥办事处签订《债权转让协议》，将上述借款合同项下的债权转让给信达合肥办事处，并向化工厂发出债权转让通知，化工厂在转让通知回执上盖章确认。2000年1月19日，开发银行在《安徽日报》上发出公告，通知化工厂、六药厂其债权转让和担保权利转让事宜。

三、1997年11月，根据淮南市人民政府、国家药品监督管理局的有关文件，六药厂的全部资产整体划拨给医药集团公司，六药厂成为医药集团公司的全资附属企业。1999年以医药集团公司为发起人成立国药集团药业股份有限公司，将六药厂经评估确认的全部经营性净资产及相应的负债作为医药集团公司的出资投入到国药集团药业股份有限公司。

四、信达合肥办事处向安徽高院起诉，要求化工厂偿还本金及利息；六药厂在1028万元及其利息的范围承担连带清偿责任；医药集团公司在六药厂承担担保连带清偿责任范围内承担清偿责任。安徽高院一审判决支持信达合肥办事处诉请。

五、医药集团公司、六药厂不服，上诉至最高法院，最高法院二审判决驳回上诉，维持原判。

败诉原因

本案中医药集团公司败诉的原因在于其在企业重组的过程中无偿接收了保证人的全部资产。根据《公司法》第三条的规定，公司是企业法人，有独立的法人财产，应独立对外承担民事责任。本案中六药厂作为独立的企业法人，对外作出承担连带保证的承诺，在其主体资格不灭失的情形下，本应当独立承担担保责任。但是，本案的特殊之处在于：六药厂后因政府企业合并重组的原因，其所有资产被医药集团公司无偿取得并以出资的形式投入到国药集团药业股份有限公司中。医药集团公司享有股东权益，而六药厂仅作为医药集团公司的全资附属企业。即医药集团公司无偿接收六药厂的资产，在既未对六药厂原有的债务进行处理，又未征得债权人事先同意或者事后认可的情况下，对六药厂的资产进行了处置。此举已经严重侵害了六药厂债权人的利益。故最高法院认为："原审判决医药集团公司对六药厂的债务在其接受资产的范围内承担连带清偿责任，并无不当。"医药集团公司因此败诉。

败诉教训、经验总结

前事不忘，后事之师。为避免未来发生类似败诉，提出如下建议：

1. 企业的资产既是企业从事经营活动的物质基础，又是其对外承担民事责任的一般担保。因此，如果企业以不合理的低价甚至无偿对外转让资产时，可能对企业债权人的利益的产生重大不利影响。故《合同法》第七十四条规定了债权人撤销权制度，规定债务人放弃其到期债权或者无偿转让财产，对债权人造成损害的，债权人可撤销债务人的上述行为。

2. 虽然债权人撤销权能够在一定程度上保护债权人利益，但在债务人无偿转让财产导致企业资产被全部掏空，且相应资产已经被再次处分的情况下，债权人通过债权人撤销权已经无法充分保护自身利益。因此，最高法院在本案中认为，在此种情况下，可以突破法人责任独立原则，要求无偿接受债务人资产的主体对债务人的债务承担连带清偿责任。但本书作者认为，这一裁判观点的适用应当从严把握，不可随意扩大其适用范围，以维护企业的独立法人地位。

3. 保证人虽然对主债权仅具有担保偿还的责任，但在法律上保证人处于与债务人相当的法律地位，尤其是在连带责任保证的场合，如果债权人向保证人主张权利，则保证人应当承担的责任与债务人无异。因此，连带责任保证是一种责任极重的担保形式。债权人应充分利用好连带责任保证人无抗辩权的这一优势，一切可以向债务人主张的权利均可向连带责任保证人主张。如需为他人提供担保时，应慎重选择连带责任担保这一担保形式，防止承担过重责任。

相关法条

《担保法》

第十八条 当事人在保证合同中约定保证人与债务人对债务承担连带责任的，为连带责任保证。

连带责任保证的债务人在主合同规定的债务履行期届满没有履行债务的，债权人可以要求债务人履行债务，也可以要求保证人在其保证范围内承担保证责任。

《合同法》

第七十四条 因债务人放弃其到期债权或者无偿转让财产，对债权人造成损害的，债权人可以请求人民法院撤销债务人的行为。债务人以明显不合理的低价转让财产，对债权人造成损害，并且受让人知道该情形的，债权人也可以请求人民法院撤销债务人的行为。

撤销权的行使范围以债权人的债权为限。债权人行使撤销权的必要费用，由债务人负担。

《公司法》

第三条 公司是企业法人，有独立的法人财产，享有法人财产权。公司以其全部财产对公司的债务承担责任。

有限责任公司的股东以其认缴的出资额为限对公司承担责任；股份有限公司的股东以其认购的股份为限对公司承担责任。

以下为最高法院在二审判决书“本院认为”部分就此问题发表的意见：

根据淮南市人民政府淮府秘（1997）154号文、国家药品监督管理局国药管办（1998）19号文，六药厂的全部资产整体划拨给医药集团公司，六药厂成为医药集团公司的全资附属企业。1999年以医药集团公司为发起人成立的国药集团药业股份有限公司，将六药厂经评估确认的全部经营性净资产及相应的负债作为医药集团公司的出资投入到国药集团药业股份有限公司，实际上处置了六药厂的资产。上述事实有国药集团药业股份有限公司的《招股说明书》、北京京都会计师事务所有限责任公司的《验资报告》、财政部的《对医药集团公司等单位拟组建药业股份公司资产评估项目审核意见的函》等证据材料证明，可以认定。六药厂的全部经营性净资产由医药集团公司投入到国药集团药业股份有限公司，但是并未依法由六药厂享有股东权益，而是由医药集团公司享有股东权益。医药集团公司无偿接收六药厂的资产，既未对六药厂原有的债务进行处理，又未征得债权人事先同意或者事后认可的情况下，对六药厂的资产进行了处置。因此，原审判决医药集团公司对六药厂的债务在其接受资产的范围内承担连带清偿责任，并无不当。上诉人医药集团公司关于“六药厂的独立法人地位没变，应依法以自己的财产履行义务、承担责任”的上诉理由不能成立，本院不予支持。原审法院认定事实清楚，证据充分，适用法律正确。

案件来源

信达公司合肥办事处诉中国医药集团总公司等借款担保合同纠纷二审民事判决书［最高人民法院（2004）民二终字第54号，《中华人民共和国最高人民法院公报》2004年第12期（总第98期）］

延伸阅读

无偿受让保证人的股权，应在接收范围内承担责任：

案例：抚宁县新兴包装材料厂、抚宁公有资产经营有限公司与抚宁县农村信用合作联社、秦皇岛远东石油炼化有限公司、秦皇岛骊骅淀粉股份有限公司借款担保合同纠纷二审民事判决书［最高人民法院（2006）民二终字第236号］，最高法院认为：“由于企业的所有财产是对其全部债务的一般担保，食品厂在承担保证责任期间，将其持有的食品公司的股权无偿转让给国资公司的行为，事实上造成了食品厂对债权人进行担保的法人财产的减少。而且无论是食品厂无偿转让资产，还是国资公司无偿受让并出售资产，均未对担保人食品厂原有的债务进行处理，亦未征得债权人事先同意或者事后认可。该财产转让行为侵犯了债权人信用社的权利，客观上造成了金融债权的落空，故判决国资公司在其无偿受让并出售食品公司62.09%的股权所得价款范围内与食品厂共同承担连带责任。”

040［最高法院］因企业改制发生债务人主体变更，保证人是否可主张免责？

企业改制发生的债务承继不同于债务转让，保证人不得主张免责

裁判要旨

因政策性改制导致债务人主体变更，应当依照《最高人民法院关于审理与企业改制相关的民事纠纷案件若干问题的规定》第二十六条的规定认定两者之间的债务承继关系。此种因主体变更而发生的债务承继不同于一般意义上的债务转移，即使未经担保人同意，保证人也不得据此主张免责。

案情简介

一、中贯冶金公司的前身冶金股份公司于1994年12月28日、1995年12月31日与源汇建行分别签订了9404号、9502号借款合同，分别借900万元和1000万元。漯河热电厂提供保证担保。

二、1999年12月1日，源汇建行与信达公司郑州办签订一份债权转让协议，将冶金股份公司9404、9502两份借款合同约定的截至1999年9月20日的贷款本金合计1900万元及利息债权转让给信达公司郑州办。信达公司郑州办登报公告主张权利。

三、漯河市经济贸易委员会于1998年8月27日发文［漯经贸企（1998）87号］将冶金股份公司列为停产企业，同意香港中贯投资开发有限公司“设立中贯冶金公司对漯河机械总厂以承担全部债权债务、接收安置全部员工的形式进行一次性零价整体收购，并承担全体员工的各种法定社会保险费用”。2004年2月23日漯河市工商局批准漯河电厂名称变更为漯河热电厂。

四、2004 年 9 月 24 日，信达公司郑州办以中贯冶金公司和漯河热电厂为被告向河南高院提起诉讼，请求判令：中贯冶金公司还本付息；漯河热电厂对 1000 万元承担连带责任。河南高院一审判决支持了信达公司郑州办的诉请。

五、漯河热电厂不服，上诉至最高法院，以冶金股份有限公司未经同意转让债务给中观冶金公司为由主张免责。最高法院判决驳回上诉，维持原判。

败诉原因

本案中漯河热电厂的败诉原因在于因企业改制发生的债权债务转移不同于一般的债权债务转让，而是属于债权债务承继，即使未经保证人同意，保证人也不能因此免责。根据《担保法》第二十三条的规定，债务人未经保证人同意转让债务的，保证人可主张免责。之所以如此，是因为不同的主体清偿债务的能力并不相同，如果任由债务人自由转让债务，则可能加重保证人责任。但在企业改制过程中，改制前的企业和改制后的企业实际上是前后相继的法律关系，改制前的企业的债权债务关系由改制后的企业概括承继。这一承继，实际上并未害及保证人利益。最高法院最终认定：“此种因主体变更而发生的债务承继不同于一般意义上的债务转移。”故漯河热电厂不得以此主张免责。

败诉教训、经验总结

前事不忘，后事之师。为避免未来发生类似败诉，提出如下建议：

1. 有担保的债务的债务人转让债务时，不仅需征得债权人同意，还需要征得担保人同意。根据《担保法》第二十三条、《担保法司法解释》第二十九条、第七十二条的规定，未经保证人、抵押人同意，债务人转让债务的，保证人、抵押人可不再继续承担担保责任。因此，债权人在同意债务人转让债务时，需特别注意，务必征得担保人同意，防止债权“脱保”。建议在未征得担保人同意之前，审慎同意债务人转让债务的请求。征得担保人同意债务转让的方式，最好以书面形式为之，以保存相关证据。

2. 以企业出售的形式进行的企业改制发生的债务人主体变更具有一定的特殊性。因为改制的新旧企业之间发生的债权债务关系的转移，是一种概括式的转移，改制后的企业不仅承继改制前企业全部的债权债务，而且也取得了改制前企业全部的资产。故以企业出售方式进行的企业改制，并不损害债权人及担保人的利益，故无需经债权人、担保人同意。

3. 企业改制的情况较为复杂，分为合并、分立、企业出售、股份制改造、公司制改造等多种不同的形式，应区分不同的企业改制形式对企业债权债务承担可能产生的影响，并非所有的企业改制形式发生的债务转移都无需经担保人、债权人同意。

相关法条

《担保法》

第二十三条　保证期间，债权人许可债务人转让债务的，应当取得保证人书面同意，保证人对未经其同意转让的债务，不再承担保证责任。

《担保法司法解释》

第二十九条　保证期间，债权人许可债务人转让部分债务未经保证人书面同意的，保证人对未经其同意转让部分的债务，不再承担保证责任。但是，保证人仍应当对未转让部分的债务承担保证责任。

第七十二条　主债权被分割或者部分转让的，各债权人可以就其享有的债权份额行使抵押权。

主债务被分割或者部分转让的，抵押人仍以其抵押物担保数个债务人履行债务。但是，第三人提供抵押的，债权人许可债务人转让债务未经抵押人书面同意的，抵押人对未经其同意转让的债务，不再承担担保责任。

《最高人民法院关于审理与企业改制相关的民事纠纷案件若干问题的规定》

第二十六条　企业售出后，买受人将所购企业重新注册为新的企业法人，所购企业法人被注销的，所购企业出售前的债务，应当由新注册的企业法人承担。但买卖双方另有约定，并经债权人认可的除外。

以下为最高法院在二审判决书“本院认为”部分就此问题发表的意见：

关于原贷款合同借款人冶金股份公司的全部债务由原审被告中贯冶金公司承继如何认定的问题。漯河市企业转机建制工作领导小组办公室于1998年11月13日发文［漯转建办（1998）26号］，同意香港中贯投资开发有限公司“设立中贯冶金公司对漯河机械总厂以承担全部债权债务、接收安置全部员工的形式进行一次性零价整体收购，并承担全体员工的各种法定社会保险费用”。该文件表明冶金股份公司是因政策性改制而变更为中贯冶金公司，应当依照《关于审理与企业改制相关的民事纠纷案件若干问题的规定》（以下简称《改制司法解释》）第二十六条的规定认定两者之间的债务承继关系。此种因主体变更而发生的债务承继不同于一般意义上的债务转移，上诉人漯河热电厂关于本案债务转移应属于《担保法》第二十三条所规定的情形，未经担保人同意，因而应当免除担保责任的上诉主张没有事实依据，应予驳回。

案件来源

中国信达资产管理公司郑州办事处与漯河中贯冶金机械有限公司保证合同纠纷二审民事判决书［最高人民法院（2006）民二终字第33号］

延伸阅读

因企业合并分立发生的债权债务转移，未经担保人同意，担保人可主张免责：

案例：通化市山城房屋开发有限公司与吉林银行股份有限公司通化分行、通化市金恺威药业有限公司、吉林通化东晨药业股份有限公司、王平借款合同纠纷审判监督民事判决书［最高人民法院（2015）民提字第28号］，最高法院认为："担保人是基于对于债务人偿债能力的信任才作出担保，因此，《最高人民法院关于适用〈中华人民共和国担保法〉若干问题的解释》第七十二条规定，第三人提供抵押的，债权人许可债务人转让债务未经抵押人书面同意的，抵押人对未经其同意转让的债务，不再承担担保责任。本案中债务人东晨药业发生了企业重组。依据一审查明的事实，2005年8月2日，威德药业与金恺威药业法人代表王平签订企业产权转让合同，其中约定欠吉林银行的900万元贷款及利息由王平负责偿还。不论最终该笔债务是由王平负责偿还，还是金恺威药业负责偿还，在企业重组过程中，涉案债务的责任承担主体发生了变化，构成债务转让。债务人的偿债能力发生了变化，这严重影响山城公司作出担保责任时的判断。而从2006年6月5日，通化市金信城市信用社向通化市中远资产评估有限责任公司作出的《关于同意东晨药业向金恺威药业投资函》的内容看，吉林银行作为债权人对于所发生的债务转让是知情并同意的，依据《最高人民法院关于适用〈中华人民共和国担保法〉若干问题的解释》第七十二条的规定，涉案债务的转让并未取得抵押人的书面同意，抵押人应不再承担担保责任。现吉林银行与金恺威药业均未提供证据证明山城公司书面同意债务转让，应当认定山城公司不再承担担保责任。"

041 [最高法院] 保证合同约定禁止债权变更而债权人转让债权，保证人可否免责?

债权转让不属于债权变更，保证人不得主张免责

裁判要旨

《担保法》第二十二条、第二十四条已经区分了债权转让和债权变更不同的法律效果，债权转让不同于债权变更。故当保证合同中约定债权变更保证人免责而债权人转让债权的，保证人不得主张免责。

案情简介

一、1996 年 12 月 11 日，国家开发银行与造纸厂签订《借款合同》，借款 1000 万元。同日，国家开发银行与造纸厂、电力总公司签订《保证合同》，约定由电力总公司为贷款提供连带责任保证。《保证合同》第五条约定，本合同生效后，贷款方和借款方如需变更主合同的有关条款，应征得保证人同意。

二、1999 年 12 月 20 日，国家开发银行济南分行与信达济南办签订《债权转让协议》，将该笔贷款转让给信达济南办并通知造纸厂。1999 年 12 月 31 日，国家开发银行济南分行在省级报刊《大众日报》上发布债权转让公告。

三、2001 年 6 月 30 日，信达济南办向济南中院提起诉讼，请求判令造纸厂还本付息，电力总公司承担连带清偿责任。济南中院一审判决造纸厂还本付息，电力总公司免责。信达济南办不服，上诉至山东高院，山东高院二审判决驳回上诉，维持原判。

四、信达济南办仍不服，向最高法院申请再审，最高法院再审改判造纸厂还本付息，电力总公司承担连带担保责任。

败诉原因

本案中电力总公司败诉的原因在于，债权转让不同于债权变更。债权转让是债权人发生了变更，原债权人被新的债权人所取代，但债权的内容并未因此发生变化。因此，转让前的债权和转让后的债权具有同一性，债权效力并不因债权转让而发生变化。因此，对于债权转让，仅需通知债务人即可发生效力，而无需经债务人同意；《担保法》第二十二条规定债权转让的，保证人在原担保责任范围内继续承担担保责任。但债权变更则不同，债权变更是在债权人债务人均不发生变化的前提下，对债权债务的内容作出改变，这一改变直接影响了债权的效力，可能导致债务人和保证人负担增加。因此，对于债权变更，必须债权人与债务人协商一致；《担保法》第二十四条规定主合同当事人变更主合同未经保证人同意的，保证人可主张免责。由此可见，《担保法》第二十二条、第二十四条对债权转让、债权变更后保证人的责任作出了不同的规定。最高法院也据此认为，债权转让不同于债权变更。债权转让未经保证人同意的，保证人不得主张免责。电力总公司因此败诉。

败诉教训、经验总结

前事不忘，后事之师。为避免未来发生类似败诉，提出如下建议：

1. 债权转让不同于债权变更。债权转让是指在债权不丧失其同一性的前提下，原债权人将债权转移给新的债权人，在此过程中债权的效力并未发生变化。债务人、保证人可以向原债权人主张的一切抗辩均可向新的债权人主张。故多数情况下，债权转让并不会增加债务人、保证人的负担，也不必征得债务人、保证人的同意。但债权变更与此不同，债权变更是在债权债务当事人不变更的前提下，对债权的内容作出改变，债权因债权变更丧失了同一性，可能因此增加债务人、保证人的负担。故债权变更非债权人单方所能实现，而必须征得债务人、保证人同意，否则对于债务人而言不能发生债权变更的效果，保证人亦可据此主张免责。

2. 保证人应当区分债权转让与债权变更，切不可将二者混淆。特别是如果将债权变更混淆为债权转让，进而盲目同意债权变更，则可能面临承担更重的担保责任的风险。另外，对于相关文书究竟属于债权转让还是债权变更，不应仅拘泥于文书的标题，而应认真审查文书的内容，防止债权人浑水摸鱼，将债权变更伪装成债权转让或在债权转让中夹带债权变更的内容，进而加重保证人负担。

3. 对于债权人而言，也应准确区分债权转让与债权变更。如果将债权变更混淆为债权转让，而变更后又未经保证人同意，则根据《担保法》第二十四条的规定，保证人可主张免责，本有担保的债权将会面临“脱保”的风险。

4. 在区分债权转让与债权变更的同时，也要区分债权转让与债务转让。因不同主体的偿债能力并不相同，债务转让有增强债权人实现债权的可能，也有降低债权人实现债权的可能。故根据《担保法》第二十三条的规定，债务人未经保证人同意转让债务的，保证人可主张免责。根据《合同法》第八十四条的规定，转让债务必须经债权人同意。

相关法条

《担保法》

第二十二条 保证期间，债权人依法将主债权转让给第三人的，保证人在原保证担保的范围内继续承担保证责任。保证合同另有约定的，按照约定。

第二十三条 保证期间，债权人许可债务人转让债务的，应当取得保证人书面同意，保证人对未经其同意转让的债务，不再承担保证责任。

第二十四条 债权人与债务人协议变更主合同的，应当取得保证人书面同意，未经保证人书面同意的，保证人不再承担保证责任。保证合同另有约定的，按照约定。

《合同法》

第八十条 债权人转让权利的，应当通知债务人。未经通知，该转让对债务人不发生效力。

债权人转让权利的通知不得撤销，但经受让人同意的除外。

第八十一条 债权人转让权利的，受让人取得与债权有关的从权利，但该从权利专属于债权人自身的除外。

第八十二条 债务人接到债权转让通知后，债务人对让与人的抗辩，可以向受让人主张。

第八十三条 债务人接到债权转让通知时，债务人对让与人享有债权，并且债务人的债权先于转让的债权到期或者同时到期的，债务人可以向受让人主张抵销。

第八十四条 债务人将合同的义务全部或者部分转移给第三人的，应当经债权人同意。

第八十五条 债务人转移义务的，新债务人可以主张原债务人对债权人的抗辩。

第八十六条 债务人转移义务的，新债务人应当承担与主债务有关的从债务，但该从债务专属于原债务人自身的除外。

以下为最高法院在再审判决书“本院认为”部分就此问题发表的意见：

《保证合同》约定：“本合同生效后乙方（国家开发银行）和甲方（造纸厂）需变更主合同有关内容，应征得丙方（电力总公司）同意，由甲、乙、丙三方签订书面协议。”“有关本合同的任何补充、修改、变更等，均需丙乙甲三方协商同意，并由三方书面补充该协议。”关于供电公司提出的关于信达济南办受让债权的行为变更了主合同《借款合同》的主要条款且未经保证人书面同意违反了《保证合同》的上述约定，因此保证人不应再承担保证责任的主张，本院认为，首先，债权变更与债权转让是不同的法律概念。《担保法》第二十二条规定："保证期间，债权人依法将主债权转让给第三人的，保证人在原保证担保的范围内继续承担保证责任。保证合同另有约定的，按照约定。"即《担保法》对债权转让的情形明确要求保证人在原保证范围内继续承担保证责任；对于债权变更，《担保法》第二十四条规定："债权人与债务人协议变更主合同的，应当取得保证人书面同意，未经保证人书面同意的，保证人不再承担保证责任。保证合同另有约定的，按照约定。"故《担保法》已明确债权转让与债权变更属于不同的法律概念。本案《保证合同》中的相关约定属于对债权变更的禁止性约定，而非对债权转让的禁止性约定。国家开发银行将债权转让给信达济南办的行为属于债权转让而不属于《保证合同》中约定的对主合同的变更。其次，国家开发银行与信达济南办签订《债权转让协议》既没有改变原合同的内容，也没有加重保证人电力总公司的保证责任，且电力总公司在《保证合同》中并未约定仅对国家开发银行承担保证责任或者禁止债权转让，即不存在符合《担保法》第二十二条中规定的"保证合同另有约定的，按照约定"的情形。因此，供电公司以债权转让未经保证人同意，债权转让违背了《保证合同》的约定，供电公司不再承担保证责任的抗辩理由无事实和法律依据，本院不予支持。至于本案所涉债权的性质是否属于不良债权，该债权的转让是否属于政策性转让，不影响保证人应按照《保证合同》的约定承担保证责任的认定。

案件来源

中国信达资产管理股份有限公司山东省分公司与梁山县供电公司借款合同纠纷再审民事判决书［最高人民法院（2012）民提字第151号］

延伸阅读

一、债权转让未变更主债权的，保证人不得主张免责

案例一：范震鸿与山西智腾汽车营销服务有限公司、大同市大昌风华汽车服务有限公司民间借贷纠纷二审民事判决书［河北省高级人民法院（2015）冀民一终字第447号］，该院认为："关于上诉人智腾公司是否应承担连带保证责任。上诉人智腾公司主张免责的理由有三个，一是债权已转让，二是未经保证人同意主合同已变更……。首先，根据《中华人民共和国担保法》第二十二条和《最高人民法院

关于适用〈中华人民共和国担保法〉若干问题的解释》第二十八条之规定，除保证合同有特别约定外，债权人依法将主债权转让给第三人的，保证人在原保证担保的范围内继续承担保证责任。同时，相关法律和司法解释中也没有‘债权转让不通知保证人，保证人即免责’的规定，故上诉人智腾公司第一个免责理由缺乏法律依据，不能成立。其次，虽然《中华人民共和国担保法》第二十四条有关于未经保证人书面同意，债权人和债务人协议变更主合同后保证人免责的规定，但本案中的《债权确认书》系对两笔借款的共同确认，本案中被上诉人范震鸿主张的是其中的500万元借款，要求上诉人智腾公司承担的保证责任也是针对该笔借款，没有债权人和债务人协议变更主合同的事实，故上诉人智腾公司第二个免责理由亦缺乏事实依据，不能成立。”

二、未经保证人同意转让债权，保证人不得免责

案例二：国电光伏有限公司与包头市山晟新能源有限责任公司、内蒙古山路能源集团有限责任公司买卖合同纠纷二审民事判决书［最高人民法院（2016）最高法民终663号］，该院认为：“光伏公司的债权转让是否导致山路公司保证责任的免除。山路公司认为，根据《购销合同》附件D《保证书》第四条第1项的约定，担保权人（光伏公司）在未经保证人（山路公司）的书面同意情况下将债权转让给第三方，保证人不再承担保证责任，因此山路公司不再对光伏公司承担保证责任。本案中，《购销合同》附件D《保证书》第四条第1项的约定是，保证期间，未经保证人书面同意，担保权人许可被担保人转让合同项下债务的，保证人不再向担保人承担任何保证义务。该条是保证人对于未经保证人同意的债务转让不承担责任的约定。本案涉及的是光伏公司的债权转让，不属于该条约定的范畴，不能以此免除山路公司的保证责任。《中华人民共和国担保法》第二十二条规定，保证期间，债权人依法将主债权转让给第三人的，保证人在原保证担保的范围内继续承担保证责任。保证合同另有约定的，按照约定。按照该条规定，光伏公司转让债权，不影响山路公司保证责任的承担。据此，山路公司的主张不成立。”

042［最高法院］债务人向保证人承诺以抵押置换保证，保证人能否主张免责?

债务人与保证人约定以抵押置换保证，未经债权人同意保证人不能免责

裁判要旨

无证据证明债权人同意以相关抵押物置换保证担保，保证人仅以债务人的单方置换承诺主张免责的，应不予支持。

案情简介

一、2003 年 5 月 22 日，甘井子农行与冰凌花公司签订借款合同，约定甘井子农行向冰凌花公司出借 1800 万元，础明公司就上述贷款提供连带责任保证。2003 年 9 月 3 日，甘井子农行与冰凌花公司签订借款合同，约定甘井子农行向冰凌花公司出借 1000 万元，础明公司就上述贷款提供连带责任保证。

二、2003 年 5 月 16 日，冰凌花公司向础明公司、大连农行出具承诺书，该承诺书载明：础明公司给冰凌花公司担保的贷款，待冰凌花公司进口的设备安装投产后，以设备做抵押从农行撤出础明公司的担保。

三、2009 年 1 月，甘井子农行起诉至大连中院，请求判令：冰凌花公司偿还本金及利息，础明公司对上述款项承担连带清偿责任。大连中院一审判决冰凌花公司还本付息，但未要求础明公司承担连带保证责任。

四、甘井子农行不服，以免除础明公司担保责任于法无据为由上诉至辽宁高院，辽宁高院二审判决驳回上诉，维持原判。

五、甘井子农行仍不服，向最高法院申请再审，最高法院改判冰凌花公司还本付息，础明公司承担连带保证责任。

败诉原因

本案中础明公司的败诉原因在于，冰凌花公司向其作出的关于以抵押置换保证的承诺在未经债权人同意的情形下，不能对债权人产生约束力。所有的担保虽然都涉及三方法律关系：担保人、债权人、债务人。但需特别注意的是，担保合同并非一个三方合同，而是担保人与债权人之间的合同。根据合同的相对性原理，担保合同仅在债权人和担保人之间发生效力，任何第三方包括债务人在内都无权变更、解除担保合同。因此，确定担保的权利义务关系，应重点着眼于担保人和债权人之间。在本案中，作为债务人的冰凌花公司向保证人、债权人分别出具承诺函，承诺在一定条件下以抵押置换保证。但这一承诺仅为冰凌花公司的一方意志，并未取得作为债权人的甘井子农行的同意。故该承诺虽然内容涉及担保合同，但并不能因此改变担保合同约定的担保形式，并不能使此前的连带责任保证失效。故最高法院最终认定，础明公司不能免除连带保证责任。础明公司因此败诉。

败诉教训、经验总结

前事不忘，后事之师。为避免未来发生类似败诉，提出如下建议：

1. 担保关系是三方法律关系，但是担保合同是双方法律关系。因此，在处理担保纠纷时，虽然在大多情形下需统筹考虑三方法律关系，即只有在债务人未履行债务时或者发生各方约定的实现担保的情形时，担保人才需要向债权人承担相应的担保责任。但同时更需要注意的是，担保合同是担保人与债权人之间的法律关系，债务人并不能以自己的单方意志改变担保合同的内容，更无法单方变更担保形式。

2. 鉴于担保合同是担保人与债权人之间的合同关系，因此担保人在提供担保时包括在提供担保后，都应当谨慎相信债务人对其所作的承诺，尤其是与担保的形式、合同内容相关的承诺。因为这些承诺都无法以之对抗债权人，债权人仍然可以根据担保合同的约定向担保人主张权利。至于相关承诺，担保人只能在承担担保责任后向债务人主张相应的权利。

3. 债权人在接到债务人出具的关于担保的相关承诺时，应当区别对待。（1）如果承诺的内容为债务人自己提供物的担保，则构成债务人新增担保的意思表示，债权人可据此要求债务人落实承诺书的内容；（2）如承诺书的内容为由第三人提供担保的，在具体落实第三人担保并与之签订担保合同之前，应谨慎对待承诺的可行性；（3）如果承诺书内容涉及已有的第三人提供担保的合同变更、解除及担保形式变更的，则不必过分紧张，因为此类承诺对于担保合同的效力不会产生任何影响。

相关法条

《担保法》

第六条 本法所称保证，是指保证人和债权人约定，当债务人不履行债务时，保证人按照约定履行债务或者承担责任的行为。

《物权法》

第一百七十九条 为担保债务的履行，债务人或者第三人不转移财产的占有，将该财产抵押给债权人的，债务人不履行到期债务或者发生当事人约定的实现抵押权的情形，债权人有权就该财产优先受偿。

前款规定的债务人或者第三人为抵押人，债权人为抵押权人，提供担保的财产为抵押财产。

第二百零八条 为担保债务的履行，债务人或者第三人将其动产出质给债权人占有的，债务人不履行到期债务或者发生当事人约定的实现质权的情形，债权人有权就该动产优先受偿。

前款规定的债务人或者第三人为出质人，债权人为质权人，交付的动产为质押财产。

《合同法》

第一百二十一条 当事人一方因第三人的原因造成违约的，应当向对方承担违约责任。当事人一方和第三人之间的纠纷，依照法律规定或者按照约定解决。

以下为最高法院在再审判决书中“本院认为”部分就此问题发表的意见：

关于础明公司是否应当对冰凌花公司案涉第一笔1800万元贷款及利息向甘井子农行承担保证责任。首先，甘井子农行与础明公司签订的（大连市甘井子）农银保字（2003）第100008号保证合同系双方当事人的真实意思表示，不违反法律和行政法规的强制性规定，合同有效，双方当事人应依约履行各自合同义务。第二，冰凌花公司单方向础明公司出具的明示待冰凌花公司进口的设备安装投产后，以设备做抵押从甘井子农行处撤出础明公司担保的承诺，在甘井子农行明确同意以对相关设备的抵押撤回础明公司的保证担保，且冰凌花公司实际将相关设备进行抵押之前，对甘井子农行不产生任何约束力。大连农行批复给甘井子农行的大农银复（2003）62号文件中，关于项目竣工后将项目用地、地上建筑物和生产设备一并抵押的要求，并不包含以设备等抵押来置换础明公司保证担保的意思表示。础明公司未提供证据证明大连农行或甘井子农行向础明公司或冰凌花公司作出过以设备抵押担保置换础明公司保证担保的意思表示，且事实上冰凌花公司也未进口相关设备并进行抵押。据此，础明公司仍应按照保证合同的约定，履行连带责任保证义务。

案件来源

中国农业银行股份有限公司大连甘井子支行与大连础明集团有限公司、大连冰凌花天然食品有限公司借款合同纠纷再审民事判决书［最高人民法院（2013）民提字第51号］

第七节　保证关系中的当事人地位

043［最高法院］是不是债务人认账，保证人就必须承担担保责任？

债务人未主张的主合同抗辩，保证人仍可主张

裁判要旨

根据《担保法》第二十条关于“一般保证和连带责任保证的保证人享有债务人的抗辩权。债务人放弃对债务的抗辩权的，保证人仍有权抗辩”的规定可知，债务人和保证人的利益并不完全一致，债务人即使认可债权人的主张，保证人仍然享有抗辩权。

案情简介

一、李金星与王晓琪签订民间借贷合同，约定王晓琪向李金星借款1300万元，李杰作为保证人为债权提供担保。

二、李金星以王晓琪到期未还款为由，向太原中院起诉。诉讼中债务人王晓琪认可已经收到1300万元借款。后经山西高院二审判决王晓琪还本付息，李杰承担担保责任。

三、李杰不服，以以上借款未实际交付为由向最高法院申请再审。最高法院裁定提审该案，并作出裁定，以认定事实不清为由将本案发回重审。

败诉原因

本案中李金星的败诉原因在于虽然债务人王晓琪承认其已经收到了1300万元的贷款，但保证人李杰对此不予认可。在有保证人担保的民间借贷诉讼中，保证人与债务人的利益并不一致。故《担保法》第二十条第一款规定，即使债务人放弃对债务的抗辩，保证人亦可主张该抗辩。在本案中，债务人王晓琪虽承认已收到相关借款，但作为保证人李杰却主张借款并未实际交付，即此时保证人李杰行使了本该由王晓琪主张的债权未实际发生的抗辩。李金星在未能举证证明相关款项已实际交付的情况下，最高法院以认定事实不清为由将本案发回重审。因此，李金星在再审阶段败诉。

败诉教训、经验总结

前事不忘，后事之师。为避免未来发生类似败诉，提出如下建议：

1. 保证人可享有债务人对债权人的一切抗辩。

根据《担保法》第二十条第一款第一句的规定，“一般保证和连带责任保证的保证人享有债务人的抗辩权”。其背后的法理在于，债权人在要求保证人承担保证责任时，实际上是在要求保证人替代不履行债务的债务人履行债务，因此保证人承担的保证责任实际上是基于主合同而发生的合同上的责任。换言之，保证人承担保证责任实际上是“替人受过”，既然是替人受过，那么其“所受之罪”自无超过所替之人的道理。因此，当然可以向债权人主张债务人对债权人享有的一切抗辩。此处的“抗辩权”，不仅指法律明确规定的实体上“抗辩权”（如时效抗辩），也包括程序上“抗辩”（如管辖抗辩）。同时，也不仅仅限于主合同本身所体现的抗辩，甚至还可以主张债务人未主张的债务抵销权。

2. 即使债务人未向债权人主张抗辩，保证人仍可主张。

在有保证担保的债权债务关系中，保证人与债务人的利益往往并不一致。保证人与债务人对债权人的负债比例实际上是处于“此消彼长”之中。因此，有些债务人为了逃避债务，甚至与债权人恶意串通，故意不行使应当行使的抗辩权，意图使保证人承担更重的保证责任。为了保护保证人利益，《担保法》第二十条第一款第二句规定：“债务人放弃对债务的抗辩权的，保证人仍有权抗辩。”这一规定在最大限度上使保证人免除因债务人的原因承担本不应该承担的保证责任。因此，债权人应当改变一种错误的认识，认为只要主债务人认账了，保证人肯定就跑不掉了，殊不知主债务人不主张的抗辩，保证人也可主张。故，在诉讼中，对于主债权债务关系的成立，既要防债务人，也要防保证人。“两线作战”，着实不易。

3. 民间借贷的债权人应注意收集和保留借款已交付的证据。

本案一个颇为有意思的点在于，作为债务人的王晓琪已经承认了其收到了1300万元的借款，但因为保证人不予认可，导致债权人李金星在再审中失利，本已经胜诉的案件可能面临被“翻盘逆袭”的风险。而这其中一个最为重要的原因，即在于债权人李金星未能提供足够的证据证明其已经交付借款。由此可见，借款交付的证据的收集、保存、举示、质证对于民间借贷的债权人而言至关重要。

相关法条

《担保法》

第二十条 一般保证和连带责任保证的保证人享有债务人的抗辩权。债务人放弃对债务的抗辩权的，保证人仍有权抗辩。

抗辩权是指债权人行使债权时，债务人根据法定事由，对抗债权人行使请求权的权利。

以下为最高法院在再审裁定书“本院认为”部分就此问题发表的意见：

本院再审认为，根据《中华人民共和国合同法》第二百一十条关于“自然人之间的借款合同，自贷款人提供借款时生效”的规定，1300 万元借款是否实际交付为本案的基本事实。本案中，虽然王晓琪认可已经收到 1300 万元借款，但根据《中华人民共和国担保法》第二十条规定“一般保证和连带责任保证的保证人享有债务人的抗辩权。债务人放弃对债务的抗辩权的，保证人仍有权抗辩”，在李杰对 1300 万元的借款有无实际发生提出抗辩的情形下，李金星仍应对 1300 万元借款的交付承担举证责任。李金星虽然提供了《借款协议》《借款合同》《借据》作为证据，但根据其在诉讼时陈述，1300 万元是在《借款合同》《借款协议》《借据》形成后一周之内交付的，所以单凭《借款协议》《借款合同》《借据》不足以证明借款已经交付。因一、二审法院对于这一基本事实没有进行过审理或认定不清，依据《最高人民法院关于民事审判监督程序严格依法适用指令再审和发回重审若干问题的规定》第四条规定，本案应发回重审。

案件来源

李金星与李杰、王晓琪借款合同纠纷申诉、申请再审民事裁定书［最高人民法院（2016）最高法民再 224 号］

延伸阅读

关于保证人主张债务人对债权人的抗辩的案例：

一、保证人通过上诉主张对债权金额的抗辩，获法院支持

案例一：曹静与陈建江、朱建勋民间借贷纠纷申诉、申请再审民事裁定书［最高人民法院（2016）最高法民申 118 号］，最高法院认为：“关于二审判决对于借款金额存在两种表述的问题。债务人和保证人的利益并不完全一致，债务人即使认可债权人的主张，保证人仍然享有抗辩权。对此，《中华人民共和国担保法》第二十条明确规定，一般保证和连带责任保证的保证人享有债务人的抗辩权，债务人放弃对债务的抗辩权的，保证人仍有权抗辩。一审判决认定曹静实际出借576万元，债务人朱建勋对此未提起上诉，故该认定对朱建勋有约束力。陈建江则对借款金额提起上诉，故二审判决根据债权人提供的证据认定陈建江只需在曹静实际出借的360万元范围内承担保证责任符合法律规定，亦保护了陈建江的合法权益。陈建江以此作为申请再审事由无理。”

案例二：中国农业发展银行乾安县支行与江苏索普（集团）有限公司、上海儒仕实业有限公司保证合同纠纷二审民事判决书［最高人民法院（2016）最高法民终40号］，最高法院认为：“一审判决认为，索普公司、儒仕公司虽然主张本案《流动资金借款合同》项下原债务范围及债务金额核定有误，并提供证据证明原债务部分合同的部分款项已经偿还，但却未能逐笔提供证据证明原债务范围及债务金额不足17670.7万元，所以，其据此主张债务金额为5610.3万元依据不足。本院认为，《担保法》第二十条规定：‘一般保证和连带责任保证的保证人享有债务人的抗辩权。债务人放弃对债务的抗辩权的，保证人仍有权抗辩。抗辩权是指债权人行使债权时，债务人根据法定事由，对抗债权人行使请求权的权利。’据此，作为保证人的索普公司、儒仕公司有权对其担保主债权的金额或余额提出抗辩，尤其在债务人天安公司未参加本案诉讼情形下，乾安支行却以债务人天安公司已经认可本案债权金额为由主张其债权金额属实，不能支持。”

二、保证人主张主债务已经清偿的抗辩，获法院支持

案例三：唐保平与南京星际园温泉休闲有限责任公司、宁小平民间借贷纠纷申诉、申请再审民事裁定书［最高人民法院（2016）最高法民申100号］，最高法院认为：“关于宁小平出具的《借款说明》，其内容与唐保平报案陈述以及宁小平接受公安机关询问时的陈述内容相冲突。由于担保纠纷中担保人和债务人的诉讼利益并不一致，星际园公司作为保证人，有权依据《中华人民共和国担保法》第二十条的规定，主张债务已经偿还的抗辩事由。在《借款说明》复印件存在无法合理解释的疑点且没有其他证据予以佐证，星际园公司又对《借款说明》真实性不予确认的情况下，二审判决对《借款说明》复印件的证明力不予认定，符合证据认证规则。”

三、保证人主张民间借贷利率过高的抗辩，获法院支持

案例四：楼金富与朱剑峰、项城市福德置业有限公司等民间借贷纠纷申诉、申请再审民事裁定书［最高人民法院（2017）最高法民申25号］，最高法院认为：

“关于原审判决将8000万元借款中超过年利率36%部分的利息抵扣本案本息适用法律是否错误的问题。依据原审查明的事实，楼金富依据2014年3月10日各方签署的《协议书》提起本案诉讼，各方关于8000万元借款本息的结算在《协议书》事实基础部分和附件四中均有记载。因此，原审判决认定该8000万元借款与本案《协议书》的形成具有关联性，并不缺乏证据证明。《中华人民共和国担保法》第二十条规定：‘一般保证和连带责任保证的保证人享有债务人的抗辩权。债务人放弃对债务的抗辩权的，保证人仍有权抗辩。’最高人民法院《关于审理民间借贷案件适用法律若干问题的规定》第二十六条第二款规定：‘借贷双方约定的利率超过年利率36%，超过部分的利息约定无效。借款人请求出借人返还已支付的超过年利率36%部分的利息的，人民法院应予支持。’第二十八条第二款规定：‘按前款计算，借款人在借款期间届满后应当支付的本息之和，不能超过最初借款本金与以最初借款本金为基数，以年利率24%计算的整个借款期间的利息之和。出借人请求借款人支付超过部分的，人民法院不予支持。’依照上述法律规定，原审判决认定案涉8000万元借款的利率超过年利率36%部分的约定无效，虞劲松作为保证人可以请求扣减该笔借款已支付的超过年利率36%部分的808.6812万元利息以及其余尚欠借款以最初借款本金为基数按年利率24%计算整个借款期间的利息，适用法律并无不当。因此，楼金富关于已归还的8000万元的借款本息并非本案所争议的内容、原审判决不应认定虞劲松提出利息过高的抗辩理由成立从而扣减808.6812万元利息适用法律错误的申请再审理由不能成立。”

四、保证人主张主合同的管辖权抗辩，获法院支持

案例五：中航惠德风电工程有限公司与辽宁高科能源集团有限公司保证合同纠纷二审民事判决书［最高人民法院（2015）民二终字第125号］，最高法院认为：“中航公司的诉讼请求是主张保证人高科公司承担保证责任，代瑞祥公司履行未支付货款的义务，但是，《中华人民共和国担保法》第二十条规定，‘一般保证和连带责任保证的保证人享有债务人的抗辩权。债务人放弃对债务的抗辩权的，保证人仍有权抗辩。抗辩权是指债权人行使债权时，债务人根据法定事由，对抗债权人行使请求权的权利。’高科公司出具的《担保函》虽然承诺在瑞祥公司未支付货款余额时承担保证责任，但是，依照法律规定，该公司依法应享有债务人瑞祥公司的抗辩权。中航公司的实体权利来源于其与瑞祥公司签订的《供货合同》和《补充协议》，作为保证人的高科公司在行使债务人的抗辩权时，同样可以依照《供货合同》《补充协议》的约定以及合同履行情况，包括中航公司是否按照合同约定数量、品质履行了供货义务，瑞祥公司是否履行了付款义务，应否继续支付货款以及欠款数额等，进行实体抗辩。而根据中航公司和瑞祥公司《供货合同》和《补充协议》的约定，上述问题均系履行《供货合同》和《补充协议》中产生的争议，属于仲裁管辖的范围。人民法院如果对上述争议进行实体审理，势必侵害中航公司和瑞祥公司基于仲裁条款约定而享有的选择仲裁解决纠纷的权利，违背当事人意思自治原则。因此，当主合同约定了仲裁管辖，而保证合同没有约定仲裁管辖的情况下，原则上应当先行通过当事人协商一致或者经仲裁对主债务的范围作出确认，如果债权人只对保证人提起诉讼，保证人以主合同的约定和履行情况进行抗辩，必然会涉及法院对于已经约定仲裁裁决的争议事项能否进行审理和裁判的问题，这既涉及约定仲裁管辖当事人的仲裁程序选择权，也涉及人民法院审判权的行使范围。在本案中，原审第三人瑞祥公司并未放弃其与中航公司的仲裁管辖约定，认为主债务应当通过仲裁来确定。因此，对于高科公司关于因主债务的范围不能确定，保证责任的范围也不能确定，在主债务未经过仲裁裁决确定的情况下，中航公司直接要求其承担保证责任，属于证据不足的主张，依法应予支持。”

044［最高法院］债权人放弃对部分保证人主张权利，其他保证人能否主张免责？

债权人放弃对部分保证人主张权利，其他连带共同保证人不能免责

裁判要旨

对于同一债务有两个以上连带保证人的，债权人可以要求任何一个保证人承担全部保证责任，保证人都负有担保全部债权实现的义务。债权人放弃对部分保证人主张权利的，是对自身权利的处分，在实体上并未加重其他保证人的保证责任，其他连带共同保证人不能主张免责。

案情简介

一、2013年3月14日，孔林才（出借人）与李青春（借款人）、保证人宁夏龙源实业股份有限公司、宁夏龙源房地产开发有限公司、金泰公司、青春贸易公司、青春地产、姜新生、朱凤华签订《借款合同》，约定：李青春向孔林才借款

2000 万元整。金泰公司以面积 1277.29 平方米营业房做抵押提供担保，并对抵押合同作了公证，赋予了强制执行效力。

二、李青春逾期未还款，孔林才向甘肃高院提起诉讼，请求：1. 判令李青春还本付息，各保证人承担连带责任。2. 确认孔林才对本案担保物享有抵押权。本案在审理过程中，孔林才于 2014 年 2 月 28 日向甘肃高院提出撤诉申请，申请撤回对保证人宁夏龙源实业股份有限公司、宁夏龙源房地产开发有限公司、姜新生、朱凤华的起诉。

三、甘肃高院一审判决李青春还本付息，青春贸易公司、青春地产承担连带清偿责任，孔林才对本案担保物享有抵押权。

四、青春地产不服，以孔林才放弃对部分保证人主张权利加重其担保责任为由向最高法院上诉，最高法院二审判决驳回该上诉请求。

败诉原因

本案中青春地产败诉的原因在于债权人放弃对部分保证人主张权利，并未加重其担保责任。结合本案的具体事实，担保本案债权履行的担保为六个主体的共同保证和第三人提供的抵押担保。而在六个主体提供的共同保证中，因未约定具体的担保份额，也未约定担保的方式，因此六个主体担保债权的方式应被认定为连带共同保证，保证方式为连带责任保证。连带共同保证的基本特征为，每一个保证人都不分份额地对全部主债权提供担保。因此，在连带共同保证中，每一个保证人都应当预见到其提供担保时即有可能承担全部的担保责任。正是基于以上理由，最高法院才最终认定债权人在一审中撤回对部分保证人的起诉，系债权人对自己权利的处分，并未加重青春地产的担保责任。青春地产以此主张部分免责没有法律依据。青春地产因此败诉。

败诉教训、经验总结

前事不忘，后事之师。为避免未来发生类似败诉，提出如下建议：

1. 在存在多个保证人的场合，如果各保证人未与债权人就担保的份额进行约定，应认定为连带共同保证。连带共同保证的任何一个保证人都负有承担全部保证责任的义务。连带共同保证的保证人如果仅是内部约定了各自分担保证责任的份额，不能以该约定对抗债权人。因此，连带共同保证是一个责任极重的保证形式。

2. 由于连带共同保证的每一个保证人都负有担保全部债权的义务，因此债权人既可以选择向全部保证人主张权利，也可以向部分保证人主张权利，甚至可以放弃对部分保证人主张权利。其他连带共同保证人不能以此为由主张免责。

3. 虽然在连带共同保证中，各保证人不分份额地对全部债权承担担保责任，但单个或者部分保证人承担保证责任后，可以向其他未承担或者未足额承担保证责任的人追偿。追偿的比例按照如下原则确定：（1）保证人之间有约定的，从其约定；（2）保证人之间未作约定的，平均分担。

相关法条

《担保法司法解释》

第十九条 两个以上保证人对同一债务同时或者分别提供保证时，各保证人与债权人没有约定保证份额的，应当认定为连带共同保证。

连带共同保证的保证人以其相互之间约定各自承担的份额对抗债权人的，人民法院不予支持。

第二十条 连带共同保证的债务人在主合同规定的债务履行期届满没有履行债务的，债权人可以要求债务人履行债务，也可以要求任何一个保证人承担全部保证责任。

连带共同保证的保证人承担保证责任后，向债务人不能追偿的部分，由各连带保证人按其内部约定的比例分担。没有约定的，平均分担。

以下为最高法院在二审判决书“本院认为”部分就此问题发表的意见：

本案《借款合同》对保证方式没有作出约定，依据《担保法》第十九条关于“当事人对保证方式没有约定或者约定不明确的，按照连带责任保证承担保证责任”的规定，应认定青春地产等八个保证人对诉争借款应承担连带保证责任。对于同一债务有两个以上连带保证人的，债权人可以要求任何一个保证人承担全部保证责任，保证人都负有担保全部债权实现的义务。孔林才作为债权人，有权选择向哪个保证人主张权利，其在本案一审中撤回对其中四个担保人的起诉，是对自身权利的处分，一审法院准许孔林才撤回起诉符合法律规定，程序上并无不当，实体上并未加重青春地产的保证责任。因《抵押借款合同》是经依法公证赋予强制执行效力的债权文书，孔林才可依据《民事诉讼法》第二百三十八条的规定直接向有管辖权的人民法院申请执行，故一审法院未确认金泰公司的担保责任并无明显不当；再加之孔林才已申请通过非诉程序执行《抵押借款合同》，兰州铁路运输中级人民法院已向李青春发出（2014）兰铁中执字第8号执行通知书，在李青春清偿债务或者金泰公司履行抵押担保责任后青春地产相应的保证责任应予免除，故一审判决结果并不加重青春地产的保证责任。

案件来源

孔林才与宁夏青春房地产开发有限公司、李青春民间借贷纠纷二审民事判决书［最高人民法院（2014）民一终字第278号］

延伸阅读

关于免除部分连带共同保证人责任后其他保证人责任承担问题的判例：

一、债权人明确表示放弃部分保证人的保证责任的，其他保证人相应减免责任

案例一：梁自强与唐永琰民间借贷纠纷再审民事判决书［兴化市人民法院（2013）泰兴民一再初字第0002号］，该院认为："《最高人民法院关于适用〈中华人民共和国担保法〉若干问题的解释》第一百二十三条规定：'同一债上数个担保物权并存时，债权人放弃债务人提供的物的担保的，其他担保人在其放弃权利的范围内减轻或者免除担保责任。'虽然本案为保证责任，但参照上述规定，原告放弃第三人杨荣的保证责任，应视为其放弃杨荣最终应承担的保证份额，被告唐永琰仅应承担一半的担保责任7.5万元。借条约定借期两个月，被告还应承担利息，原告主张利息从逾期之日按银行同期贷款利率计算不违反法律规定，本院依法予以支持。"

二、债权人有权选择仅起诉部分保证人

案例二：中原银行股份有限公司郑州农业路支行与安阳长江铁合金有限责任公司、河南玉清医药集团有限公司金融借款合同纠纷二审民事判决书［河南省高级人民法院（2016）豫民终337号］，该院认为："关于长江公司上诉所称中原银行农业路支行放弃对杨玉清的主张是否损害其他保证人利益问题，因本案中原银行农业路支行与玉瑞公司、长江公司、杨玉清、段兴瑞签订的是《最高额保证合同》，各保证人均为玉清公司提供连带责任保证，根据《最高人民法院关于适用〈中华人民共和国担保法〉若干问题的解释》第二十条的规定，连带共同保证的债务人在主合同规定的债务履行期届满没有履行共同债务的，债权人可以要求债务人履行债务，也可以要求任何一个保证人承担全部保证责任。中原银行农业路支行不主张杨玉清及其继承人承担保证责任并不违反法律规定。长江公司的该上诉主张不能成立。"

案例三：丁昌军与王金文、王强民间借贷纠纷一审民事判决书［五莲县人民法院（2014）莲民一初字第957号］，该院认为："被告王金文对原告只起诉担保人王强，而未起诉担保人王绪伟、陶瑞文提出异议，本院认为，本案中，各担保人系连带责任保证，原告作为债权人，有权选择追偿的对象，其放弃对王绪伟、陶瑞文的起诉，系对其诉讼权利的正当行使，应予认可。”

045 [公报案例] 第三人出具还款保证承诺，保证人能否主张免责？

第三人或债权人新增还款担保，保证人不得以此主张免责

裁判要旨

保证合同是当事人之间意思表示一致的结果，保证人的变更必须经债权人同意。债权人和保证人之间没有形成消灭保证责任的合意，即使债务人或第三人为债权人另外提供了相应的担保，债权人亦表示接受，也不能因此免除保证人的保证责任。

案情简介

一、1993 年 10 月 20 日，冀州中意与中国建设银行河北省分行（以下简称省建行）签订外汇借款合同，借款金额 182 万美元。中阿公司为该笔贷款向省建行出具《不可撤销现汇担保书》。1995 年 11 月 25 日，河北中意向省建行出具《承诺书》，对归还该笔贷款本息承担连带还款责任，并放弃一切抗辩权。

二、借款到期后，借款人和担保人均未偿还。省建行进行了催收。省建行于 1999 年将债权转让给信达石办。信达石办多次向借款人冀州中意和河北中意进行了催收。

三、2004 年 11 月 30 日，信达石办提起诉讼，请求判令冀州中意归还借款本息，中阿公司承担担保责任。河北高院一审判决冀州中意偿还借款本息，中阿公司不必承担担保责任。

四、信达石办不服，上诉至最高法院。最高法院二审改判中阿公司应承担担保责任。

败诉原因

本案中中阿公司败诉的原因在于河北中意出具的《承诺书》并不能发生变更

担保人的法律效果。保证法律关系虽涉及债权人、债务人、保证人三方法律关系，但对于保证合同而言仅为债权人与保证人之间的合同关系。保证人是根据担保合同的约定向债权人承担担保责任，保证合同同其他合同一样，同样具有相对性。故非经双方当事人协商一致或法律明确规定，不能发生变更、解除的法律效果。本案中，一审河北高院认为："省建行和信达石办在河北中意出具承诺书后仅对河北中意主张了权利，据此可以认定该笔贷款的担保人已经变更为河北中意。"这一推断实际并没有坚持担保合同在变更、解除上的相对性原则，在法律适用上存在重大瑕疵。最高法院在二审中正确地指出："保证合同是当事人之间合意的结果，保证人的变更需要建立在债权人同意的基础上，即使债务人或第三人为债权人另为提供相应的担保，而债权人表示接受担保的，除债权人和保证人之间有消灭保证责任的意思表示外，保证责任并不免除。"本案中，中阿公司与信达石办并未形成关于放弃中阿公司担保的意思表示，中阿公司主张免责没有法律依据，因此败诉。

败诉教训、经验总结

前事不忘，后事之师。为避免未来发生类似败诉，提出如下建议：

1. 保证合同也是合同，除《担保法》特别规定外，关于担保合同的法律适用应适用《合同法》。根据《合同法》第八条的规定，依法成立的合同，对当事人具有法律约束力。当事人应当按照约定履行自己的义务，不得擅自变更或者解除合同。担保合同亦不例外。本案中，中阿公司败诉最为关键的原因就在于作为债权人的省建行（后为信达石办）并没有与中阿公司达成关于变更担保人的合意，也没有免除中阿公司担保责任的意思表示。故即使河北中意同意为该笔债权提供连带责任担保，也仅仅是并存的债务承担，并不能发生免除中阿公司担保责任的法律效果。

2. 不论是当事人还是律师，在处理担保法律关系时，既要认识到担保法律关系所涉及的债权人、债务人和担保人三方的法律关系，也要认识到主合同形成的债权债务关系与担保合同形成的担保合同关系彼此之间并非毫无界限，而是因合同的相对性原则，存在着泾渭分明的界限。债权人、债务人二者的合意不能变更、解除担保合同；债权人与担保人的合意，不能变更、解除主合同；债务人与担保人的合意，既不能变更解除主合同，也不能变更解除担保合同。因此，处于担保法律关系中的各方，应当认识到合同的相对性，慎重应对对主合同、担保合同的变更、解除事宜，防止因当事人错误无法发生预期的法律效果。

3. 应区分并存的债务承担和免责的债务承担。所谓并存的债务承担，是指新的债务人主动加入到债权债务关系中，与原债务人共同向债权人承担债务，又称债务加入。免责的债务承担，是指新的债务人完全承担原债务人向债权人承担的债务，原债务人退出原有的债权债务关系，又称债务转让。对于并存的债务承担，无需经债权人同意，只需通知债权人即可。对于免责的债务承担，必须经债权人同意。本案中，河北中意的《承诺函》即属于并存的债务承担，因此无法免除包括中阿公司在内的其他债务人债务。

相关法条

《担保法》

第六条 本法所称保证，是指保证人和债权人约定，当债务人不履行债务时，保证人按照约定履行债务或者承担责任的行为。

《合同法》

第八条 依法成立的合同，对当事人具有法律约束力。当事人应当按照约定履行自己的义务，不得擅自变更或者解除合同。

依法成立的合同，受法律保护。

第八十四条 债务人将合同的义务全部或者部分转移给第三人的，应当经债权人同意。

第八十五条 债务人转移义务的，新债务人可以主张原债务人对债权人的抗辩。

以下为最高法院在二审判决书“本院认为”部分就此问题发表的意见：

本案中，河北中意在省建行出具的《承诺书》中承诺，对归还该笔贷款本息承担连带还款责任，并放弃一切抗辩权，该承诺书与93008号《外汇借款合同》具有同等的法律效力。一审判决基于该承诺书，认定该笔贷款的担保人已经变更为河北中意，省建行和信达石办已经放弃了对中阿公司的担保债权，中阿公司不应再承担本案的担保责任。但是，根据《民法通则》第八十五条与第九十一条的规定，保证合同是当事人之间合意的结果，保证人的变更需要建立在债权人同意的基础上，即使债务人或第三人为债权人另为提供相应的担保，而债权人表示接受担保的，除债权人和保证人之间有消灭保证责任的意思表示外，保证责任并不免除。而本案并无债权人省建行或信达石办同意变更或解除中阿公司保证责任的明确意思表示，因此，一审判决的这一认定显属认定事实不当，适用法律错误，应予纠正。并且，双方当事人均未主张保证人变更，一审法院也未将保证人是否变更列为法庭调查的重点，双方在庭审时均未就此问题进行举证和质证，一审法院以此作为认定案件事实的关键，显属不妥。对于上诉人的该项上诉理由，本院予以支持。

根据该《承诺书》的内容，河北中意愿意承担债务并无疑问，问题的关键在于：河北中意出具该承诺书的行为是被上诉人中阿公司主张的债务人变更，还是上诉人信达石办主张的增加保证人，抑或是新债务人的加入。根据《合同法》第八十四条的规定："债务人将合同的义务全部或部分转移给第三人的，必须以债权人同意为前提。"在本案中，河北中意表示愿意承担连带还款责任，债权人省建行在接受的同时，并无明确的意思表示同意债务人由冀州中意变更为河北中意，因而河北中意的承诺行为不能构成债务转移，即不能构成债务人的变更。对被上诉人中阿公司以债务转移未经其同意为由拒绝承担保证责任的抗辩理由，本院不予支持。至于河北中意的行为应当定性为上诉人信达石办所主张的保证人增加，还是定性为债务人的增加，本院认为，二者在案件的实质处理上并无不同，只是在性质上有所不同：保证系从合同，保证人是从债务人，是为他人债务负责；并存的债务承担系独立的合同，承担人是主债务人之一，是为自己的债务负责，也是单一债务人增加为二人以上的共同债务人。判断一个行为究竟是保证，还是并存的债务承担，应根据具体情况确定。如承担人承担债务的意思表示中有较为明显的保证含义，可以认定为保证；如果没有，则应当从保护债权人利益的立法目的出发，认定为并存的债务承担。因此本案中，根据承诺书的具体内容以及向河北中意的催收通知中的担保人身份的注明，对河北中意的保证人身份有较为明确的表示与认可，上诉人信达石办主张的此行为系保证人增加的上诉理由，于法有据，本院予以支持。

案件来源

信达公司石家庄办事处与中阿公司等借款担保合同纠纷二审民事判决书［最高人民法院（2005）民二终字第 200 号，《中华人民共和国最高人民法院公报》2006 年第 3 期（总第 113 期）］

延伸阅读

一、保证合同是债权人与保证人之间的合同，具有相对性

案例一：江泽俭与清远市南华投资有限公司借款合同纠纷申诉、申请再审民事裁定书［最高人民法院（2016）最高法民申 1692 号］，最高法院认为："根据《中华人民共和国担保法》第六条'本法所称保证，是指保证人和债权人约定，当债务人不履行债务时，保证人按照约定履行债务或者承担责任的行为'的规定，保证究其本质仍为保证人与债权人之间的合同之债，基于合同相对性的基本原则和前述法律规定，应根据保证人和债权人之间的约定确定其保证关系，故南华投资公司关于可以林宇轩、潘志波以及南华投资公司所签《借据》来约束江泽俭的主张缺乏法律依据而不能成立。根据《债权转让协议》关于‘签订本协议后，乙方（林宇轩）与丙方（潘志波）在本协议第1条中互相享有的债权债务已全部结清……即签订本协议后，丙方实欠甲方（江泽俭）借款本息5634万元……同时，继续由清远市南华投资有限公司对借款承担担保责任’的约定，可以认定林宇轩和潘志波之间5634万元的债权债务关系已经消灭，江泽俭与潘志波之间另行产生新的5634万元债权债务关系，南华投资公司应就此债务向江泽俭承担新的保证责任。”

二、如何区分保证和并存的债务承担

案例二：莱芜市云海工贸有限公司与赵晓燕、谷新林等买卖合同纠纷二审民事判决书［山东省高级人民法院（2013）鲁商终字第117号］，该院认为：“债务加入在性质上与保证的规定最为接近，债务加入的当事人与保证关系的保证人均出于与原债务人之间的特殊关系，为了债权人债权的实现而使债务人受益，并单方面地增加了自己的义务。保证关系中保证人代替债务人履行后，可以向债务人追偿，这与债务加入关系中第三人清偿债务后可向债务人追偿相似，故在法律性质上，可将债务加入视为一种保证。判断一个行为究竟是保证，还是并存的债务承担即债务加入，应根据具体情况确定，如承担人承担债务的意思表示中有较为明显的保证含义，可以认定为保证，如果没有，则应当从保护债权人利益的立法目的出发，认定为并存的债务承担。本案中，上诉人赵晓燕与被上诉人云海工贸签订的《还款计划书》中，第一款和第二款都有明确的‘保证’字样，最后赵晓燕的落款处也注明是‘保证人’，因而根据《还款计划书》的具体内容可以认定赵晓燕系提供保证。上诉人赵晓燕因系贝隆经贸的法定代表人，其基于与贝隆经贸的特殊关系，主动向被上诉人云海工贸表示愿替贝隆经贸偿还欠款，上诉人赵晓燕与原债务人贝隆经贸之间无协议，赵晓燕承担义务是基于其向债权人云海工贸的承诺，不必征得贝隆经贸的同意，被上诉人云海工贸可以直接向上诉人赵晓燕主张权利。故本案中，被上诉人云海工贸可以直接向上诉人赵晓燕主张权利，无须追加贝隆经贸为本案的被告参加诉讼。上诉人赵晓燕主张本案债务应为债务转让而非保证的理由并无法律依据，本院不予支持。”

第八节 其他问题

046［最高法院］银行未尽贷款资金封闭运行管理义务，保证人是否可主张免责？

银行是否履行资金封闭管理义务不影响保证人的责任承担

裁判要旨

债务人是否如约履行合同义务，是保证人是否承担保证责任的关键。银行对发放的贷款封闭运行管理仅是债权人对贷款风险进行防范和控制的手段，如债权人不履行封闭管理义务，则导致其贷款不能收回的风险加大，使债权人处于一种不利益状态，但并不影响债务人的利益，也不超出保证人承担责任的预期，保证人不能以此为由拒绝承担保证责任。

案情简介

一、2007年8月、2007年12月10日，罕王湖公司与农发行灯塔支行签订五份《流动资金借款合同》，借款总额为11940万元，贷款用途均为粮食收购资金，后贷款用途被改变。辽阳宾馆与农发行灯塔支行签订五份《保证合同》，同意为上述借款提供保证担保。截至2014年5月，罕王湖公司尚欠农发行灯塔支行贷款本金10377万元，欠利息2341万元（截至2011年7月30日）。

二、农发行灯塔支行向辽宁高院起诉，请求法院判令：罕王湖公司还本付息，辽阳宾馆对上述欠款本息承担连带偿还责任。一审法院判决罕王湖公司还本付息，但以农发行灯塔支行未按照有关规定对粮食收购资金进行封闭运行管理为由判决辽阳宾馆对罕王湖公司到期不能偿还的债务承担三分之一的连带保证责任。

三、农发行灯塔支行不服，上诉至最高法院，最高法院二审改判辽阳宾馆对全部债务承担连带保证责任。

败诉原因

本案中辽阳宾馆的败诉原因在于银行对贷款资金封闭运行的监管义务，为不真正义务，银行未履行该义务时仅使银行的资金安全风险增加，但并不能影响债权债务关系及担保关系。本案中，《国务院关于进一步深化粮食流通体制改革的意见》《中国农业发展银行粮食收购贷款办法》均要求银行对于粮食收购资金应当专款专用，银行对用于粮食收购的贷款资金负有封闭运行管理的义务，以确保资金安全。本案中也确实存在农发行灯塔支行未尽贷款资金封闭运行管理义务导致贷款资金被挪作他用的情况。故一审法院在判决书“本院认为”部分花了大量的篇幅论证农发行灯塔支行负有资金封闭运行的管理义务且最终未尽到相关义务，并最终判决作为连带责任保证人的辽阳宾馆仅需承担部分的担保责任。但最高法院却认为：“封闭运行管理仅是债权人对贷款风险进行防范和控制的手段，如债权人不履行封闭管理义务，则导致其贷款不能收回的风险加大，使债权人处于一种不利益状态，但并不影响债务人的利益，也不超出保证人承担责任的预期。”也即封闭运行管理义务对于银行而言是为维护自身利益而非债务人利益而设定的义务，为不真正义务。故最高法院认定虽然农发行灯塔支行违反了该义务，但不影响担保人承担担保责任。辽阳宾馆因此败诉。

败诉教训、经验总结

前事不忘，后事之师。为避免未来发生类似败诉，提出如下建议：

1. 在银行信贷业务中，银行为确保资金安全，各方往往会存在各种类型的义务，这些义务有的是针对债务人提出的，义务人违反相应的义务即构成违约；有些是银行向自己提出的，银行违反此类义务不会导致债务人不利益，而仅会增加信贷风险。本案中银行根据自己的管理规定所负有的资金封闭管理的义务就是一项为确保信贷安全的对己义务，该义务的违反不会造成债务人的不利益。故最高法院认定银行违反该义务不构成债务人、保证人免责的事由。

2. 违反资金封闭运行管理或者资金专款专用义务的法律后果并不能一概而论，而应先行确定谁对谁负有此类义务，并以此为基础判断此类义务的违反是否构成了违约。如果约定债务人有资金封闭运行的义务或者资金专款专用的义务而债务人违反此类义务时，即构成违约，应承担相应的违约责任。

3. 保证人应当审慎选择免除担保责任事由。衡量保证人能否免责，有以下两个重要指标：（1）保证人提供担保的意思表示是否真实，即是否存在欺诈、胁迫的情形；（2）债权人的行为是否加重了保证人的担保责任。对于第二点，一定要准确理解，此处加重的是保证人的担保责任而非保证人承担担保责任的可能性。如果债务人的行为仅为增加了保证人承担担保责任的可能性，则该可能性仍属于保证人签订担保合同时可预期的范围之内，保证人不得以此为由主张免责。

相关法条

《担保法》

第六条 本法所称保证，是指保证人和债权人约定，当债务人不履行债务时，保证人按照约定履行债务或者承担责任的行为。

第三十条 有下列情形之一的，保证人不承担民事责任：

（一）主合同当事人双方串通，骗取保证人提供保证的；

（二）主合同债权人采取欺诈、胁迫等手段，使保证人在违背真实意思的情况下提供保证的。

《担保法司法解释》

第三十条 保证期间，债权人与债务人对主合同数量、价款、币种、利率等内容作了变动，未经保证人同意的，如果减轻债务人的债务的，保证人仍应当对变更后的合同承担保证责任；如果加重债务人的债务的，保证人对加重的部分不承担保证责任。

债权人与债务人对主合同履行期限作了变动，未经保证人书面同意的，保证期间为原合同约定的或者法律规定的期间。

债权人与债务人协议变动主合同内容，但并未实际履行的，保证人仍应当承担保证责任。

以下为最高法院在二审判决书“本院认为”部分就此问题发表的意见：

一审判决认定对粮食收购贷款承担封闭运行管理系农发行灯塔支行的法定义务，并据此减轻了保证人辽阳宾馆的保证责任。诚然，农发行灯塔支行作为政策性银行的分支机构，应当按照国务院及中国发展银行的相关文件，对粮食收购贷款进行封闭运行管理，以实现对贷款风险的防范和控制，否则即应按照相关文件规定承担相应责任。但法定义务是直接依据法律规定产生的义务，国务院规范性文件及中国农业发展银行行业规定，均非法律范畴，在法律无明确规定之情形下，不能将之涉及事项直接认定为法定义务。

综上所述，辽阳宾馆作为保证人，与农发行灯塔支行签订多份《保证合同》，为农发行灯塔支行与罕王湖公司之间的金融借款合同提供连带责任保证。上述《保证合同》为各方当事人真实意思表示，内容不违反法律、行政法规的强制性规定，合法有效。农发行灯塔支行是否对案涉贷款进行封闭运行管理并履行资金监管义务，不影响保证人辽阳宾馆基于其对罕王湖公司履约能力的信任所作出的保证承诺。辽阳宾馆应当按照其与农发行灯塔支行的合同约定，对于罕王湖公司对农发行灯塔支行所负的全部债务履行连带保证义务。一审判决适用法律不当，应予纠正。

案件来源

中国农业发展银行灯塔市支行与辽阳宾馆有限责任公司、辽阳罕王湖农业集团有限公司金融借款合同纠纷二审民事判决书［最高人民法院（2015）民二终字第251号］

延伸阅读

银行不履行资金监管义务或者履行不当并不构成担保人的免责事由：

案例一：南京安富投资担保有限公司与中国银行股份有限公司南京江宁支行保证合同纠纷再审复查与审判监督民事裁定书［江苏省高级人民法院（2015）苏审三商申字第00241号］，该院认为："（一）申请人主张中行江宁支行资金监管不当应承担相应责任的主张不能成立。第一，申请人虽主张中行江宁支行监管不当，但根据贷款合同的约定，中行江宁支行并不具有实时监控账户资金流动的合同义务，实时监控也非法定义务，申请人也不能证明中行江宁支行具有实时监控资金流动的能力。且银行资金监管义务履行不当也非免除安富公司保证责任的事由。第二，申请人虽主张案涉贷款资金曾经中行其他支行流动，申请人未能截留资金存在过错，但申请人并不能证明中行江宁支行在资金流入其他银行后仍具有监控资金流动进程的能力。因此，申请人主张中行江宁支行未能及时监管资金流动并截留资金存在过错，应当对此承担责任的主张不能成立。"

案例二：敦煌市凌云房地产开发有限责任公司与中国农业银行股份有限公司敦煌支行金融借款合同纠纷一案二审民事判决书［甘肃省高级人民法院（2011）甘民二终字第103号］，该院认为："根据本案查明的事实，本案保证合同约定的贷款用途为流动资金，贷款期限届满后，凌云公司于2010年8月6日在农行敦煌支行发出的《担保人履行责任通知书》上的签名盖章行为，已表明其对所载恒生公司欠款本金、利息及担保责任的确认。凌云公司上诉所提农行敦煌支行擅自改变贷款用途、没有履行贷款监管义务，其不应继续承担保证责任的主张，缺乏事实及法律依据。"

案例三：中国农业银行股份有限公司宁波镇海支行与宁波鑫淼混凝土构件有限公司、梁小华等金融借款合同纠纷一审民事判决书［宁波市镇海区人民法院

（2014）甬镇商初字第1402号］，该院认为：“本案《流动性资金借款合同》仅约定对于可循环流动资金借款方式的借款人提款时必须向贷款人提交书面提款申请并提供与用款相应的商务合同、发票及其他凭证等相关材料，对于一般流动资金借款方式却并无此约定。而《流动性资金借款合同》已明确约定本案的借款方式为一般流动资金借款方式。本院认为，上述相关约定仅系借款人的义务，而非贷款人的义务，在本案一般流动资金借款方式中，银行审贷和贷款监管义务的规定，性质上属于管理性风险控制条款，不影响借款合同及担保合同效力。从原告提供的借款凭证中记载内容可知本案借款也并没有采用受托支付方式。因此，对于被告胡月珍认为原告未按可循环流动资金借款方式的提取条件及受托支付方式的支付条件进行审查放贷，属于违法放贷，据此主张其免除抵押担保责任，该主张无事实和法律依据，本院不予采纳。”

047［江苏高院］贷款展期不符合《贷款通则》规定，保证人的担保范围如何确定？

贷款展期不符合《贷款通则》规定，保证人对于延期后的还款义务不承担保证责任

裁判要旨

因借款人没有按照《贷款通则》规定在贷款到期之前向贷款人申请展期，且该展期期限也有违《贷款通则》的规定，故本案展期不成立。虽保证人承诺“如贷款展期后，保证人继续承担保证责任”，但在展期不成立的情况下本案保证期间应为自借款之日起至借款到期后二年。

案情简介

一、1999年8月28日和1999年8月30日，邳州信用社（后改制为邳州农商行）向富伟公司分两次发放“收购资金”贷款各200万元，到期日为2000年4月20日和2000年5月20日。该两笔贷款性质仍是“贷新还旧”。财政所为上述贷款提供了担保，并在《保证担保借款合同》中承诺：“保证期间自借款之日起至借款到期后二年，如贷款展期后，保证人继续承担保证责任，保证期限延至展期借款到期日之后二年”。

二、鉴于富伟公司未按约履行还款义务，2003 年 12 月 12 日，邳州信用社与富伟公司签订一份《协议书》，邳州信用社与富伟公司双方同意将上述借款本金及利息延期两年支付。铁富镇政府在该《协议书》的双方签字盖章的中间处加盖了公章。

三、《协议书》签订后，富伟公司未按约支付本金及利息，邳州信用社遂以富伟公司未归还 1999 年 8 月 28 日和 8 月 30 日的贷款本金 400 万元及利息 110 万元为由诉至徐州中院，同时要求铁富镇政府承担连带保证责任。徐州中院一审判决富伟公司还本付息，但驳回了其要求铁富镇政府承担连带保证责任的诉请。

四、邳州信用社不服，上诉至江苏高院，江苏高院判决驳回上诉，维持原判。邳州信用社仍不服，向最高法院申请再审，最高法院指令江苏高院再审。江苏高院再审判决维持二审判决。

败诉原因

本案中邳州信用社的败诉原因在于其与债务人达成的贷款展期的协议不符合《贷款通则》的规定，导致贷款展期不成立。根据《合同法》第二百零九条、《贷款通则》第十二条的规定，债务人申请贷款展期的，应当在贷款到期之前向债权人提出，而本案中富伟公司与邳州信用社达成的关于贷款展期《协议书》是在贷款到期之后签订的，不符合《贷款通则》关于办理贷款展期的规定。故江苏高院在再审判决中认为：“根据上述规定，本案情形不构成贷款展期。”即本案中的贷款展期不成立。因贷款展期不成立导致作为保证人的铁富镇政府仅需在原借款合同的责任范围内承担担保责任，即保证期间应自 2000 年 4 月 20 日和 2000 年 5 月 20 日开始计算。本案中邳州信用社要求铁富镇政府承担保证责任的时间为 2008 年，已经远远超过了两年的保证期间。邳州信用社因此败诉。

败诉教训、经验总结

前事不忘，后事之师。为避免未来发生类似败诉，提出如下建议：

1. 根据《担保法司法解释》第三十条第二款的规定，延长贷款期限未经保证人同意的，保证人仅在原贷款期限的范围内承担担保责任。本案中，作为担保人的铁富镇政府同意在贷款展期后继续提供担保，如果贷款展期成立，则铁富镇政府必然要承担担保责任。因此，银行在办理贷款展期时，应事先要求征得保证人同意展期后继续提供担保的书面材料，防止盲目展期导致贷款“脱保”。

2. 银行等金融机构为贷款人办理展期时，应严格按照《贷款通则》的规定为贷款人办理展期。对于已经到期的贷款，不得为其办理贷款展期手续，即使已经办理了展期，也有可能被法院认定为展期无效。债权的担保人仅需在原债权履行期限的范围内承担担保责任。银行如确需为已经到期的贷款延长贷款期限的，应当办理转贷或者借新还旧手续，并要求担保人同意对转贷或借新还旧继续提供担保，否则将直接导致债权“脱保”。

3. 银行等金融机构作为专业的服务机构，不仅要着眼于债权本身的实现，而且要严格按照法律法规及行业规定办理相关业务。本案中，邳州信用社败诉的关键点就在于其没有按照《贷款通则》的规定为债务人办理展期手续，也没有认识到展期不符合《贷款通则》规定的法律后果，进而导致债权“脱保”的悲剧发生。因此，银行在办理业务时，必须合法合规，对于重大业务的处理，应当委托专业律师进行风险评估，防止发生不必要的损失。

相关法条

《合同法》

第二百零九条　借款人可以在还款期限届满之前向贷款人申请展期。贷款人同意的，可以展期。

《担保法司法解释》

第三十条　保证期间，债权人与债务人对主合同数量、价款、币种、利率等内容作了变动，未经保证人同意的，如果减轻债务人的债务的，保证人仍应当对变更后的合同承担保证责任；如果加重债务人的债务的，保证人对加重的部分不承担保证责任。

债权人与债务人对主合同履行期限作了变动，未经保证人书面同意的，保证期间为原合同约定的或者法律规定的期间。

债权人与债务人协议变动主合同内容，但并未实际履行的，保证人仍应当承担保证责任。

《贷款通则》

第十二条　贷款展期：

不能按期归还贷款的，借款人应当在贷款到期日之前，向贷款人申请贷款展期。是否展期由贷款人决定。申请保证贷款、抵押贷款、质押贷款展期的，还应当由保证人、抵押人、出质人出具同意的书面证明。已有约定的，按照约定执行。

短期贷款展期期限累计不得超过原贷款期限；中期贷款展期期限累计不得超过原贷款期限的一半；长期贷款展期期限累计不得超过3年。国家另有规定者除外。借款人未申请展期或申请展期未得到批准，其贷款从到期日次日起，转入逾期贷款账户。

以下为江苏高院在再审判决书“本院认为”部分就此问题发表的意见：

第一，财政所为富伟公司向邳州信用社的贷款提供的保证行为无效。《中华人民共和国担保法》第八条规定“国家机关不得为保证人，但经国务院批准为使用外国政府或者国际经济组织贷款进行转贷的除外”。本案中，为富伟公司向邳州信用社的贷款提供保证的财政所，是铁富镇政府的下属部门，是代表国家行使行政管理权的国家行政机关的行政职能部门，因此，其提供保证的行为，违反《中华人民共和国担保法》禁止性规定，应属无效。

第二，本案情形不构成贷款展期。在本案《保证担保借款合同》第五条中，保证人承诺：如贷款展期后，保证人继续承担保证责任，保证期限延至展期借款到期日之后二年。当事人在2003年12月12日的《协议书》中将本案贷款本金及利息延期两年支付。自1996年8月1日起施行的中国人民银行《贷款通则》第十二条规定，贷款展期：不能按期归还贷款的，借款人应当在贷款到期日之前，向贷款人申请贷款展期。是否展期由贷款人决定。申请保证贷款、抵押贷款、质押贷款展期的，还应当由保证人、抵押人、出质人出具同意的书面证明。短期贷款展期期限累计不得超过原贷款期限。自1999年10月1日起施行的《中华人民共和国合同法》第二百零九条亦规定，借款人可以在还款期限届满之前向贷款人申请展期。贷款人同意的，可以展期。因为借款人富伟公司没有在贷款到期之前向贷款人邳州信用社申请贷款展期，保证人也没有出具同意保证贷款展期的书面证明。而且，本案贷款期限在1年以内，属于短期贷款，其展期期限累计不得超过原贷款期限。因此，根据上述规定，本案情形不构成贷款展期。

第三，本案保证已超出保证期间。本案中，1999年8月28日和1999年8月30日，邳州信用社向富伟公司分两次发放两笔贷款各200万元，到期日为2000年4月20日和2000年5月20日。财政所为该贷款提供了担保，并在《保证担保借款合同》中承诺：“保证期间自借款之日起至借款到期后二年，如贷款展期后，保证人继续承担保证责任，保证期限延至展期借款到期日之后二年”。如前所述，本案情形不构成贷款展期，故本案保证期间按约定应为自借款之日起至借款到期后二年，即自1999年8月28日至2002年4月20日和自1999年8月30日至2002年5

月20日。邳州信用社未能举证证明在上述保证期间内向保证人主张权利，保证人的保证责任消灭，其于2008年11月向一审法院提起诉讼，要求铁富镇政府对富伟公司的债务承担连带保证责任，已经超出保证期间。

案件来源

江苏邳州农村商业银行股份有限公司与邳州富伟生化制品有限公司、邳州市铁富镇人民政府金融借款合同纠纷再审民事判决书［江苏省高级人民法院（2012）苏商再终字第008号］

048［公报案例］最高额保证的主合同无效，保证人是否不承担担保责任?

最高额保证具有独立性，主合同无效并不能免除保证人的担保责任

裁判要旨

最高额保证，通常是为将来一定期间连续发生的债务提供保证，其中某一笔交易的效力并不影响最高额保证合同的效力，而普通保证则因主合同无效而无效。因此，最高额保证较之普通保证最大的区别，即在于最高额保证与主债务的关系具有更强的独立性。最高额保证人的责任是在订立合同时确立的，通过最高额保证期间和最高限额限定保证责任，即只要是发生在最高额保证期间内、不超过最高限额的债务余额，最高额保证人均应承担保证责任。在最高额保证的情形下，即使主债务无效，基于主债务无效而确定的债务额也要作为最高额保证计算债务余额的基数。

案情简介

一、2005年5月至2005年10月间，中信银行与宝硕公司之间发生4笔融资业务，合计7000万元。其中，第四笔为：2005年10月25日，中信银行与宝硕公司签署《银行承兑汇票承兑协议》，后中信银行即对票号为01053169、01053170、01053171共计金额为3000万元的银行承兑汇款予以承兑，后根据《银行承兑汇票承兑协议》，形成本金为人民币2100万元的逾期贷款。该承兑协议后因不存在真实的交易关系，违反双方约定而无效。

二、中信银行与风神公司于2005年5月签署了银保字第HD0062号《最高额保证合同》。风神公司向中信银行承诺，为宝硕公司自2005年5月16日至2006年5月16日期间发生的最高额度为人民币7000万元的授信提供担保。保证方式为连带责任担保。

三、由于宝硕公司和风神公司未能履行还款及担保责任，中信银行遂诉至天津市高级人民法院，请求判令宝硕公司和风神公司偿付所欠贷款本金7000万元及相应利息。天津高院一审判决支持中信银行的诉请。

四、风神公司不服，上诉至最高法院，最高法院二审判决驳回上诉，维持原判。

败诉原因

本案值得关于的一个败诉点在于，虽然案涉的《银行承兑汇票承兑协议》因为不存在真实的交易关系，违反协议约定，而被认定为无效，但该承兑协议为最高额抵押保证担保的主合同之一。最高法院仍判令风神公司承担对该笔贷款的担保责任，理由即在于：最高额保证不同于普通保证，其与主合同之间具有相对的独立性，最高额保证项下的某一笔产生担保债权的主合同无效，并不导致最高额担保合同无效。同时，更为重要的是，最高法院还认为："在最高额保证的情形下，即使主债务无效，基于主债务无效而确定的债务额也要作为最高额保证计算债务余额的基数。"故风神公司即使能够成功举证证明最高额保证期内的产生债权的主合同无效，也不能免除其担保责任。风神公司因此败诉。

败诉教训、经验总结

前事不忘，后事之师。为避免未来发生类似败诉，提出如下建议：

1. 最高额担保相较于普通担保具有相对的独立性。

根据《担保法》《物权法》的规定，最高额担保是指担保人对债权人与债务人之间在一定期间内连续发生的债权在一定的最高限额内提供担保的法律制度，具体包括最高额保证、最高额抵押和最高额质押。留置权的发生具有法定性，故无法设定最高额担保。最高额担保相较于普通担保而言，具有更强的独立性。所谓的更强的独立性主要体现在以下几个方面：（1）效力上的独立性，即最高额担保可以设立于主合同成立生效之前；最高额担保不因最高额担保范围的某一项或数项主合同无效而无效。(2) 存续上的独立性，在最高额担保的范围最终确定之前，不因某一个主合同债权的转让而转让。(3) 消灭上的独立性，最高额担保不因担保期间内某一项主合同债权获得清偿而消灭。正是基于最高额担保的以上优势，最高额担保具有相较于普通担保而言更强的担保功能，大大地降低了交易成本，广泛为银行等金融机构所采用。故最高额担保纠纷成为担保合同纠纷的主要类型之一。作为债权人应当充分利用最高额担保的优势，以维护债权人利益和交易安全，降低交易成本。担保人应当慎重考虑向他人提供最高额担保，防止承担更重的担保责任。

2. 最高额担保项下的主合同无效，并不能免除担保人的担保责任。

鉴于最高额担保的相对独立性，最高法院认为："在最高额保证的情形下，即使主债务无效，基于主债务无效而确定的债务额也要作为最高额保证计算债务余额的基数。"这一裁判要旨，不仅适用于最高额保证，也同样适用于最高额抵押和最高额质押。所谓的"主债务无效而确定的债务额"是指《合同法》第五十八条（《民法总则》第一百五十七条）所规定因合同无效、被撤销而承担的"返还财产""折价补偿""赔偿损失"等责任所确定债务额，而非《物权法》第一百七十二条、《担保法》第七条所确定因主合同无效导致担保合同无效而确定的损害赔偿的债务额。换言之，对于主合同无效后担保人责任的承担，最高额担保与普通担保存在一定的差异。最高额担保的担保人不得主张免除担保责任，仍需对主债务无效后产生的相关债务承担担保责任，不论担保人对于主债务无效是否存在过错。但普通担保的担保人则是根据相应的过错程度对主债务的无效承担相应的损害赔偿责任，在担保人对主债务无效不存在过错时，担保人免除担保责任。

相关法条

《合同法》

第五十八条 合同无效或者被撤销后，因该合同取得的财产，应当予以返还；不能返还或者没有必要返还的，应当折价补偿。有过错的一方应当赔偿对方因此所受到的损失，双方都有过错的，应当各自承担相应的责任。

《物权法》

第二百零三条 为担保债务的履行，债务人或者第三人对一定期间内将要连续发生的债权提供担保财产的，债务人不履行到期债务或者发生当事人约定的实现抵押权的情形，抵押权人有权在最高债权额限度内就该担保财产优先受偿。

最高额抵押权设立前已经存在的债权，经当事人同意，可以转入最高额抵押担保的债权范围。

第二百零四条 最高额抵押担保的债权确定前，部分债权转让的，最高额抵押权不得转让，但当事人另有约定的除外。

第二百二十二条 出质人与质权人可以协议设立最高额质权。

最高额质权除适用本节有关规定外，参照本法第十六章第二节最高额抵押权的规定。

《担保法》

第十四条 保证人与债权人可以就单个主合同分别订立保证合同，也可以协议在最高债权额限度内就一定期间连续发生的借款合同或者某项商品交易合同订立一个保证合同。

以下为最高法院在二审判决书“本院认为”部分就此问题发表的意见：

最高额保证较之普通保证最大的区别就在于其与主债务的关系具有更强的独立性。《担保法》第十四条规定：“保证人与债权人可以就单个主合同分别订立保证合同，也可以协议在最高债权额限度内就一定期间连续发生的借款合同或者某项商品交易合同订立一个保证合同。”最高额保证通常是为将来一定期间连续发生的债务提供保证，其中某一笔交易的效力并不影响最高额保证合同的效力。而普通保证则因主合同无效而无效。在最高额保证的情形下，即使主债务无效，基于主债务无效而确定的债务额也要作为最高额保证计算债务余额的基数。最高额保证人的责任是在订立合同时确立的，通过最高额保证期间和最高限额限定保证责任，不因为最高额保证期间发生的债务余额之增加而加重最高额保证人的保证责任。因此，只要是发生在最高额保证期间内，不超过最高限额的债务的余额，最高额保证人均应承担保证责任。虽然据此可不再考察本案最高额保证期间发生债权债务关系的效力，但是上诉人风神公司强调在最高额保证期间中信银行违规发放贷款和开立银行承兑汇票，加重了该公司的责任，有必要对其主张的每笔业务进行分析。

……即便中信银行与宝硕公司之间的汇票承兑协议因不具有真实交易背景，违反 HC0413 号《银行承兑汇票承兑协议》第四条关于“……其申请的承兑汇票是以真实交易为基础，所签订的相关交易合同合法有效”的约定，汇票承兑协议无效，中信银行仍有权对其因有效票据关系而进行的承兑所产生的债务，对宝硕公司主张损害赔偿，即对宝硕公司仍享有债权。而《最高额保证合同》中风神公司向中信银行承诺，对 2005 年 5 月 16 日至 2006 年 5 月 16 日期间中信银行向宝硕公司授信而形成的一系列债权提供最高额 7000 万元的最高额保证。该合同并未排除对因中信银行与宝硕公司合同无效而形成的债权提供保证。上诉人风神公司关于中信银行违反审查真实交易背景的法定义务、该笔承兑协议无效，风神公司就相应的债务应免于承担保证责任的主张不能成立，本院不予支持。

案件来源

风神轮胎股份有限公司与中信银行股份有限公司天津分行、河北宝硕股份有限公司借款担保合同纠纷二审民事判决书［最高人民法院（2007）民二终字第36号，《中华人民共和国最高人民法院公报》2008年第2期（总第136期）］

延伸阅读

相反判例：认定主债务无效，最高额担保合同无效的判例：

案例：杭州宝盈实业有限公司与杭州联合农村商业银行股份有限公司兰里支行保证合同纠纷再审复查与审判监督民事裁定书［浙江省高级人民法院（2016）浙民申407号］，该院认为："关于《最高额保证合同》的效力，担保合同是借款合同的从合同，具有从属性，不具有独立性，虽然《最高额保证合同》中约定'本合同不因主合同无效而无效，且保证人对债权人在主合同无效情形下的一切债权仍按本合同承担连带保证责任'，但独立担保目前仅适用于国际商事交易中，在本案中不适用独立担保方式，案涉合同中该独立担保的约定无效。如上所述主合同《银行承兑汇票承兑协议》无效，则从合同《最高额保证合同》因主合同无效而依法也应认定为无效。"

第三章　抵押担保

第一节　抵押合同的效力

049［最高法院］如何认定恶意抵押？其效力如何？

资不抵债时债务人与部分债权人恶意串通抵押财产逃避债务的，抵押合同无效

裁判要旨

判断抵押人（即债务人）与抵押权人（债务人的多个债权人之一）是否存在恶意串通损害其他债权人利益情形，要考虑到该债权人是否知悉债务人已陷入支付危机且该债权人知悉债务人陷入支付危机后串通设定抵押为债务人逃废其他债务，进而导致其他债权人无法以相应财产实现债权等因素加以认定。

案情简介

一、东气半导体公司与东气财务公司系同一集团公司控制下的关联企业，系中国东方电气集团有限公司（以下简称东方电气集团）控股的子公司。东气财务公司系东方电气集团的全资子公司。

二、2011 年 5 月至 2012 年 4 月，农行绵竹支行共向东气半导体公司发放贷款 80000 万元。东气半导体公司此前承诺不将公司财产抵押给其他债权人。期间，农行绵竹支行认为东气半导体公司的经营状况开始恶化，遂于 2011 年至 2012 年多次发函要求其偿还逾期贷款或增加担保。2012 年 7 月 3 日，东气半导体公司发出告知农行绵竹支行停止支付一切贷款本息通知。

三、2011年11月25日，经股东会和董事会决议后，东气半导体公司与东气财务公司签订《最高额抵押合同》，将东气半导体公司55.4%的资产抵押给东气财务公司，并办理抵押登记。东气半导体公司与东气财务公司在《最高额抵押合同》签订前后，共计签订了40份《借款合同》及《委托借款合同》。其中，包括《最高额抵押合同》签订前未设定抵押担保的共计116000万元的贷款。截至一审，东气半导体公司尚欠东气财务公司贷款余额为93360.2万元。

四、受光伏产品市场需求下降、价格持续大幅下跌等因素影响，东气半导体公司2009年、2010年、2011年年度《审计报告》显示，该公司连续三年亏损，且亏损不断扩大，截至2011年度，累计亏损达83157.39578万元。

五、2012年10月28日，农行绵竹支行向四川高院起诉，以东气半导体公司恶意抵押为由，请求撤销《最高额抵押合同》。四川高院一审判决驳回了农行绵竹支行的诉请。

六、农行绵竹支行不服，上诉至最高法院，最高法院二审改判确认《最高额抵押合同》无效。东方财务公司向最高法院申请再审，最高法院裁定驳回再审申请。

败诉原因

本案中东气半导体公司、东方财务公司败诉的原因在于在东气半导体公司已经严重资不抵债且丧失偿债能力的情况下，将公司资产以恶意串通的方式抵押给部分债权人，属于恶意串通损害第三人利益的法律行为，应属无效。

本案中值得关注的一点在于，农行绵竹支行的诉请是请求法院依据《担保法司法解释》第六十九条的规定，以债务人恶意串通事后抵押为由，撤销《最高额抵押合同》，但最高法院在判决中却没有直接判决是否支持农行绵竹支行的这一诉请，而是直接依据《合同法》第五十二条第二项的规定，直接认定《最高额抵押合同》无效。其理由在于，最高法院认为“最高额抵押合同作为一种民事法律行为，对于其效力的审查和确认，属法律赋予人民法院的依职权审查范畴，不受当事人诉讼请求和上诉范围的限制”。最高法院结合抵押人与抵押权人之间的关联关系、抵押人的资产负债状况等因素认为，东气半导体公司在与东方财务公司签订《最高额抵押合同》时存在恶意串通损害其他债权人利益的情形，故直接认定该合同无效。虽然确认抵押合同无效与撤销抵押合同存在一定差异，但其在最终法律效果上是一致的，即抵押合同视为当然无效、自始无效、确定无效。东气半导体公司因此败诉。

败诉教训、经验总结

前事不忘，后事之师。为避免未来发生类似败诉，提出如下建议：

1. 其他债权人根据《担保法司法解释》第六十九条的规定，行使撤销权撤销债务人事后抵押的行为的，应首先根据《合同法》第五十二条等法律规定判断抵押行为是否存在无效的情形。如果债务人的抵押行为存在无效的情形，法院即可直接认定抵押行为无效，而不必撤销该抵押行为。

2. 认定事后恶意抵押是否无效应综合多种因素考虑。但主要的考量点有三：(1) 债务人是否存在资不抵债的情形；(2) 受抵押的债权人对于债务人资不抵债的情形是否知悉；(3) 债权人在知晓债务人资不抵债后是否存在通过设定抵押的形式帮助债务人逃避债务的可能。

3. 人民法院具有依职权审查合同效力的职责和权限。在民事案件的审理中，人民法院对于合同效力的认定，不应局限于当事人的诉请和抗辩，而应主动依职权对合同的效力进行审查，确认合同是否存在无效的情形。如果合同存在无效的情形，法院应当依职权直接认定合同无效。如果合同存在其他效力瑕疵（可撤销、效力待定），而当事人的诉请又与效力瑕疵类型不符的，可向当事人释明变更诉请或直接判决驳回诉请。

相关法条

《担保法司法解释》

第六十九条 债务人有多个普通债权人的，在清偿债务时，债务人与其中一个债权人恶意串通，将其全部或者部分财产抵押给该债权人，因此丧失了履行其他债务的能力，损害了其他债权人的合法权益，受损害的其他债权人可以请求人民法院撤销该抵押行为。

《合同法》

第五十二条 有下列情形之一的，合同无效：

（一）一方以欺诈、胁迫的手段订立合同，损害国家利益；

（二）恶意串通，损害国家、集体或者第三人利益；

（三）以合法形式掩盖非法目的；

（四）损害社会公共利益；

（五）违反法律、行政法规的强制性规定。

《民法总则》

第一百四十四条 无民事行为能力人实施的民事法律行为无效。

第一百四十六条 行为人与相对人以虚假的意思表示实施的民事法律行为无效。

以虚假的意思表示隐藏的民事法律行为的效力，依照有关法律规定处理。

第一百五十三条 违反法律、行政法规的强制性规定的民事法律行为无效，但是该强制性规定不导致该民事法律行为无效的除外。

违背公序良俗的民事法律行为无效。

第一百五十四条 行为人与相对人恶意串通，损害他人合法权益的民事法律行为无效。

以下为最高法院在二审判决书“本院认为”部分就此问题发表的意见：

本院认为，农行绵竹支行提出的诉讼请求是撤销案涉最高额抵押行为，而案涉《最高额抵押合同》是东气半导体公司与东气财务公司设立案涉最高额抵押的依据。最高额抵押合同作为一种民事法律行为，对于其效力的审查和确认，属法律赋予人民法院的依职权审查范畴，不受当事人诉讼请求和上诉范围的限制，且农行绵竹支行在上诉主张中亦请求人民法院确认案涉《最高额抵押合同》无效。因此，解决本案二审争议的前提是认定案涉《最高额抵押合同》是否无效，进而才能认定案涉最高额抵押行为是否属符合《担保法解释》第六十九条规定而应予撤销的恶意抵押行为。

结合本案事实，判断案涉《最高额抵押合同》是否无效问题，核心在于东气半导体公司与东气财务公司在订立合同时是否存在《中华人民共和国合同法》第五十二条第二项所规定的恶意串通损害第三人利益情形。恶意串通，是以损害他人利益为目的而相互通谋作出的意思表示。具体到恶意抵押行为上，判断抵押人（即债务人）与抵押权人（债务人的多个债权人之一）是否存在恶意串通损害其他债权人利益情形，要考虑到该债权人是否知悉债务人已陷入支付危机且该债权人知悉债务人陷入支付危机后串通设定抵押为债务人逃废其他债务、进而导致其他债权人无法以相应财产实现债权等因素加以认定。

根据本案查明的事实，农行绵竹支行于2008年开始向东气半导体公司发放信用贷款，东气财务公司晚于农行绵竹支行于2010年12月开始向东气半导体公司发放信用贷款。2009年10月14日，东气半导体公司向农行绵竹支行作出了在还清该行信用贷款前不将财产（光伏项目除外）抵押担保他行贷款的书面承诺。截至2011年11月25日东气半导体公司违反上述承诺擅自与东气财务公司签订《最高额抵押合同》时，东气半导体公司欠农行绵竹支行信用贷款本金共计8亿元，欠东气财务公司信用贷款本金共计9.6亿元，以上贷款均未设立担保。

同期，东气半导体公司生产经营状况持续恶化，出现巨额亏损，并于2011年下半年开始停产至今，主要依靠东气财务公司的贷款支付职工工资、到期贷款本息等费用，企业已实际陷入支付危机。东气半导体公司在2012年6月14日将上述《最高额抵押合同》涵盖的抵押财产全部办理完抵押登记后不久，即致函农行绵竹支行，表示该司已无偿付贷款本息的能力，决定向该行停止支付一切贷款本息。东气半导体公司虽向农行绵竹支行停止偿付信用贷款本息，但却还清了其所欠其他银行所有贷款（均为担保贷款）。由此可见，东气半导体公司违背向农行绵竹支行作出的不得将财产抵押他人的承诺，在暗自与东气半导体公司订立《最高额抵押合同》时，不仅自身已陷入支付危机，而且逃废农行绵竹支行金融债权的恶意明显。

东气财务公司在二审答辩中认可，其与东气半导体公司作为同一集团控制下的关联企业，两者具有关联关系。东气财务公司向东气半导体公司提供贷款融资，虽然利用的是市场化方式和手段，但在东气半导体公司严重亏损的情况下仍提供巨额贷款，更多的是基于关联关系的特殊考虑，两者的利益也更趋同一性。因此，相较于农行绵竹支行等东气半导体公司的外部债权人，东气财务公司对东气半导体公司的生产经营情况、财务状况等公司各项实际情况应当更加了解。在订立案涉《最高额抵押合同》时，东气财务公司对东气半导体公司尚欠农行绵竹支行8亿元信用贷款本金且已处于财务困境、陷入支付危机状态的客观实际应属明知。东气财务公司在设立案涉最高限额为12亿元的最高额抵押后，截至2012年9月29日，虽仍向东气半导体公司提供新增贷款共计143360.2万元，但其通过将《最高额抵押合同》项下的系列债权担保期间设立为2010年12月1日至2014年12月31日的方式，将2011年11月25日《最高额抵押合同》签订之前对东气半导体公司的9.6亿元信用贷款余额纳入到该《最高额抵押合同》项下的抵押贷款。且至本案一审时，东气财务公司对东气半导体公司贷款余额为93360.2万元，相比《最高额抵押合同》订立时96000万元信用贷款余额反而减少了2639.8万元，且该93360.2万元债务全为抵押贷款。至此，东气财务公司对东气半导体公司的所有债务均有了抵押财产保障。东气半导体公司在东气财务公司的贷款支持下，还将所欠其他银行的数亿元贷款全部偿还完毕。而作为东气半导体公司外部债权人的农行绵竹支行，其8亿债权因无任何财产担保、东气半导体公司拒不偿还，至今无法收回，即使另案经人民法院强制执行，也因案涉抵押的设立而无财产可执行。从上述事实可知，东气财务公司作为东气半导体公司的关联公司，通过事后抵押，将东气半导体公司有价值的资产全部为自身信用贷款设立抵押以保全资产，与东气半导体公司具有损害农行绵竹支行债权的共同故意，导致农行绵竹支行的债权无法实现。基于上述事实，可以认定东气财务公司、东气半导体公司在订立案涉《最高额抵押合同》存在恶意串通损害第三人利益的情形。依照《合同法》第五十二条第二项之规定，应确认东气财务公司与东气半导体公司订立的《最高额抵押合同》无效。

鉴于本案所涉《最高额抵押合同》应属无效，不存在依申请撤销的问题，一审法院未先行审查案涉合同效力而径行判决的做法不当，本院依法予以纠正。农行绵竹支行所提请求判令由东气半导体公司和东气财务公司承担其行使撤销权所支付的律师费、差旅费、查询费等上诉主张，亦因此不应支持。因抵押登记机关依申请登记物权抵押行为时，依法只负形式审查义务，农行绵竹支行可依本判决依法定程序向案涉抵押行为登记机关申请涂销案涉抵押行为的登记。

案件来源

中国农业银行股份有限公司绵竹市支行与东方电气集团峨嵋半导体材料有限公司债权人撤销权纠纷二审民事判决书［最高人民法院（2014）民二终字第 70 号］

东方电气集团财务有限公司、中国农业银行股份有限公司绵竹市支行与中国农业银行股份有限公司绵竹市支行、东方电气集团峨嵋半导体材料有限公司债权人撤销权纠纷申请再审民事裁定书［最高人民法院（2015）民申字第 250 号］

050［最高法院］在空白抵押合同上签字盖章，抵押人能否主张免责？

抵押人在空白抵押合同上盖章，不能仅以此为由主张免责

裁判要旨

抵押人在空白的抵押合同上签字盖章，且提供抵押担保的意思明确的，抵押人不得仅以此为由主张不承担抵押责任。

案情简介

一、2002年12月9日，绿宝公司与中行省分行签订金额为800万元的借款合同。同日，为担保以上债权：中行省分行与三环公司签订《抵押合同》，三环公司分别在担保范围、抵押期间、合同生效条款处及抵押财产清单上加盖公司印章；中行省分行与青海民族用品厂签订了《抵押合同》，青海民族用品厂法定代表人张流河在空白的抵押合同、抵押财产清单上签名并加盖公章。抵押清单载明抵押物为青海民族用品厂拥有的坐落于西宁市柴达木路94号面积为24000平方米的土地使用权和坐落于该土地上面积为8497.35平方米的房产。以上不动产抵押后均办理了抵押登记。合同签订后，中行省分行按照合同约定履行了贷款义务，向绿宝公司发放贷款800万元。

二、贷款到期后，绿宝公司未能按照合同约定按期偿还本息，青海民族用品厂、三环公司亦未承担担保责任。后青海民族用品厂提起行政诉讼，请求撤销抵押登记被终审驳回。

三、2005年3月17日，中行省分行向青海高院提起诉讼，请求判令绿宝公司还本付息；青海民族用品厂、三环公司以抵押物连带清偿贷款本息。青海高院一审判决支持了中行省分行的诉请。

四、青海民族用品厂、三环公司均不服，上诉至最高法院，最高法院二审判决驳回上诉，维持原判。

败诉原因

本案中青海民族用品厂、三环公司败诉的原因在于，在空白的抵押合同上签字，视为有提供抵押的意思，不得仅以此为由主张不承担担保责任。在本案审理过程中，青海民族用品厂、三环公司上诉的共同理由为抵押合同的签订是借贷双方当事人利用他们分别出具的已加盖其公章的空白抵押合同及抵押物清单所为，对于出具空白合同不能认为是无限授权，在最终确定抵押内容时还应当与抵押人具体协商，否则抵押合同无效。虽然这一说法没有证据可以支持，但最高法院认为，即使在空白抵押合同上签字的说法成立，但“两抵押人对于其出具的空白合同、抵押物清单的目的是用于签订抵押合同是清楚的，其交付抵押物权利凭证的目的也是明确的。抵押人并没有声明出具空白合同后至签订抵押合同尚需再行商讨。相反，如果需要，提前盖章的行为就没有了意义。再者，抵押担保的特殊性在于抵押物是特定的，这就决定了抵押所担保的数额不会无限扩大。”因此，最高法院最终认定，两抵押人提供抵押担保的意思表示明确真实，抵押合同成立且有效。青海民族用品厂、三环公司因此败诉。

败诉教训、经验总结

前事不忘，后事之师。为避免未来发生类似败诉，提出如下建议：

1. 对于交易文件的解释理解，不应仅局限于文件所载的内容本身，而应结合交易的具体背景，后续的相关行为，秉持诚实信用的原则加以解释，以最终确定双方当事人的权利义务关系。根据《民法总则》第一百四十二条第一款的规定：“有相对人的意思表示的解释，应当按照所使用的词句，结合相关条款、行为的性质和目的、习惯以及诚信原则，确定意思表示的含义。”合同即为有相对人的意思表示，因此在合同解释时应遵循以上原则。本案中，两抵押人主张在空白的抵押合同上签字，抵押合同无效，但最高法院认为，结合抵押合同签订时的具体情况，后续办理抵押登记的实际情况及抵押物清单，可以确定抵押人在签订空白的抵押合同时有明确提供抵押担保的意思。故最高法院最终认定抵押合同成立且有效，两抵押人不得主张免责。

2. 在空白的合同上签字，并不当然导致合同不成立或者无效。《合同法》第十二条详细规定了合同一般具备的八项要素。但根据《合同法》第六十一条至六十三条的规定，即使合同中缺乏质量、价款或者报酬、履行地点等内容，也不必然导致合同不成立，而是可以根据以上条文依法加以补充完善。因此，判断空白合同是否不成立或者无效，不仅要看合同是否空白，更重要的是要判断空白合同所缺失的内容是否为合同成立的基本要素，即当事人、确定合同类型的意思表示及标的。如果以上三种要素缺失，则可能合同不成立。但如果包含以上三种要素，则不能盲目认定合同不成立，而是应当从鼓励交易的原则出发对缺失部分依法予以补充。

3. 在空白合同上签字，可能面临不确定的法律风险。最高法院在本案中认为，义务人在空白合同上签字如果为申明有再磋商的权利的，即视为授权权利人补充完善合同空白部分的权利。因此，在签订合同时，应反复核对合同的空白部分是否已经补充完整，未补充完整或不需要填写的空白部分，应当画线标记，防止一方当事人事后添补不利于己方的内容。

4. 合同签订并补充完善后，一方当事人意欲证明抵押合同为空白合同相当困难。因此，在签订合同时，切勿心存侥幸，认为合同为空白，本身即不成立也无约束力而盲目签字。

相关法条

《合同法》

第十二条 合同的内容由当事人约定，一般包括以下条款：

（一）当事人的名称或者姓名和住所；

（二）标的；

（三）数量；

（四）质量；

（五）价款或者报酬；

（六）履行期限、地点和方式；

（七）违约责任；

（八）解决争议的方法。

当事人可以参照各类合同的示范文本订立合同。

第六十一条 合同生效后，当事人就质量、价款或者报酬、履行地点等内容没有约定或者约定不明确的，可以协议补充；不能达成补充协议的，按照合同有关条款或者交易习惯确定。

第六十二条 当事人就有关合同内容约定不明确，依照本法第六十一条的规定仍不能确定的，适用下列规定：

（一）质量要求不明确的，按照国家标准、行业标准履行；没有国家标准、行业标准的，按照通常标准或者符合合同目的的特定标准履行。

（二）价款或者报酬不明确的，按照订立合同时履行地的市场价格履行；依法应当执行政府定价或者政府指导价的，按照规定履行。

（三）履行地点不明确，给付货币的，在接受货币一方所在地履行；交付不动产的，在不动产所在地履行；其他标的，在履行义务一方所在地履行。

（四）履行期限不明确的，债务人可以随时履行，债权人也可以随时要求履行，但应当给对方必要的准备时间。

（五）履行方式不明确的，按照有利于实现合同目的的方式履行。

（六）履行费用的负担不明确的，由履行义务一方负担。

第六十三条 执行政府定价或者政府指导价的，在合同约定的交付期限内政府价格调整时，按照交付时的价格计价。逾期交付标的物的，遇价格上涨时，按照原价格执行；价格下降时，按照新价格执行。逾期提取标的物或者逾期付款的，遇价格上涨时，按照新价格执行；价格下降时，按照原价格执行。

《民法总则》

第一百四十二条 有相对人的意思表示的解释，应当按照所使用的词句，结合相关条款、行为的性质和目的、习惯以及诚信原则，确定意思表示的含义。

无相对人的意思表示的解释，不能完全拘泥于所使用的词句，而应当结合相关条款、行为的性质和目的、习惯以及诚信原则，确定行为人的真实意思。

以下为最高法院在二审判决书“本院认为”部分就此问题发表的意见：

本案的争议焦点在于中行省分行与青海民族用品厂、三环公司分别签订的抵押合同的效力问题。从两份抵押合同的形式要件看，抵押担保人的盖章及其法定代表人的签字真实，两上诉人也没有异议，本院予以确认。青海民族用品厂和三环公司上诉的共同理由认为抵押合同的签订是借贷双方当事人利用他们分别出具的已加盖其公章的空白抵押合同及抵押物清单所为，对于出具空白合同不能认为是无限授权，在最终确定抵押内容时还应当与抵押人具体协商，否则抵押合同无效。对此，本院认为，即使两抵押人上述出具空白合同的说法成立，两抵押人对于其出具的空白合同、抵押物清单的目的是用于签订抵押合同是清楚的，其交付抵押物权利凭证的目的也是明确的。抵押人并没有声明出具空白合同后至签订抵押合同尚需再行商讨。相反，如果需要，提前盖章的行为就没有了意义。再者，抵押担保的特殊性在于抵押物是特定的，这就决定了抵押所担保的数额不会无限扩大。而事实上，两抵押人所称的出具空白合同的说法没有证据支持。由此可见，两上诉人认为本案所涉抵押合同违背其真实意思表示、借款双方当事人串通欺骗抵押人的上诉理由缺乏证据支持，该上诉主张不能成立，本院不予支持。

案件来源

青海民族用品厂、西宁三环工业有限公司与青海省绿宝实业集团有限公司借款担保纠纷二审民事判决书［最高人民法院（2006）民二终字第7号］

延伸阅读

认定即使在空白抵押合同签字，也应承担担保责任的案例：

案例一：重庆市中鸿小额贷款有限责任公司与汪志彬、蔡晓珊等借款合同纠纷二审民事判决书［重庆市第一中级人民法院（2016）渝01民终6475号］，该院认为：“汪志彬、蔡晓珊、张玲玲称其签署的是空白抵押合同，本案所涉抵押合同不是其真实表示。本院认为，其一，汪志彬、蔡晓珊、张玲玲无证据证明其签署的是空白抵押合同；其二，即使汪志彬、蔡晓珊、张玲玲签署的确系空白抵押合同，但其在明知是空白合同的情况下仍然签字，应视为其对自身权利的放任，并不能仅凭此就认定合同内容不是其真实意思表示。”

案例二：原告中国工商银行股份有限公司南京雨花支行与被告顾爱廉、南京开启餐饮管理有限公司、严文正金融借款合同纠纷一审民事判决书［南京市秦淮区人民法院（2016）苏0104民初3480号］，该院认为：“被告严文正并未举证证明其系在空白的抵押合同上签名；庭审中被告严文正陈述其知晓签署抵押合同系为被告开启餐饮公司提供担保，故即使被告严文正的确系在空白抵押合同上签名，其作为完全民事行为能力人，在明知签署抵押合同系以其名下房产为他人提供抵押担保的情况下仍在空白抵押合同上签名，应当知晓在空白抵押合同上签名的法律后果，故被告严文正提出的该项抗辩意见，无事实和法律依据，本院不予支持。”

案例三：招商银行股份有限公司张家港支行与袁文栋、吴莉等金融借款合同纠纷一审民事判决书［张家港市人民法院（2016）苏0582民初1442号］，该院认为：“被告许和兴、王惠军认为其在空白抵押合同上签字后，原告对两份抵押合同的内容进行了裁剪、更换，对被告袁文栋、吴莉与被告许和兴、王惠军的抵押金额进行了交换，对此，本院认为，首先，虽然存在原告提供的抵押合同与房管所存档的抵押合同中的截止日期不同、被告袁文栋的抵押合同抬头写的是被告许和兴以及被告袁文栋、吴莉的抵押合同与被告许和兴、王惠军的抵押合同中房屋地址不同、面积不同，但评估购置价和评估价相同这些瑕疵，但这些瑕疵并不足以证实原告招商银行张家港支行对抵押合同进行更换；其次，虽然被告许和兴、王惠军对原告招商银行张家港支行提供的《房地产抵押估价报告》《预评估咨询函》提出异议，但根据上述房屋状况、本市商品房价格等因素可以看出，《房地产抵押估价报告》《预评估咨询函》中对本案抵押的二套商品房的估价还是合理的，而且抵押合同均反映银行接受抵押时均在房屋价值基础上进行打折，说明被告袁文栋、吴莉的房产事实上不可能抵押到104万元；再次，即便如被告许和兴、王惠军所述，当时签的是空白合同，但其作为完全民事行为能人，完全可以预见其所承担的抵押金额在合同没有明确写明时具有不确定性，应当承担对此产生的不利后果。”

案例四：黎俊与张虹、张望、张军、卢宗波、韩丽华、于少容物权保护纠纷二审民事判决书［广州市中级人民法院（2015）穗中法民五终字第841号］，该院认为：“本院认为，关于黎俊主张张虹瞒着黎俊办理了抵押担保的问题。从原审诉讼中当事人提交的抵押合同看，均有黎俊的签名，因此，黎俊辩称对于抵押事宜不知情本院不予采信。至于黎俊主张其是在空白的抵押合同上签名，该主张没有证据证实，且即使是空白合同，但合同标题亦可反映该合同为抵押合同，黎俊作为完全民事行为能力人应对其民事行为承担相应的责任。”

051 ［广东高院］夫妻一方未经另一方同意抵押共有房屋，抵押合同是否有效？

未经其他共同共有人同意抵押共有物的，抵押合同无效

裁判要旨

共同共有人以其共有财产设定抵押，未经其他共有人的同意，抵押无效。但是，其他共有人知道或者应当知道而未提出异议的视为同意，抵押有效。

案情简介

一、2009年3月27日，建设银行深圳分行与邹红松、龚星星、罗晓春签订了《个人住房最高额抵押贷款合同》，约定邹红松向建设银行深圳分行借款900000元整，用于购房。抵押人为龚星星、罗晓春（夫妻，于2009年11月21日离婚），最高额抵押借款额度为90万元，有效期间300个月，抵押财产为深圳某花园2栋30F。后证明，罗晓春在合同上的签字系伪造，办理抵押登记时提交给市产权登记中心的深房地字第400035302x号房地产证，并非该产权登记中心所核发。

二、合同签订后，建设银行深圳分行于2009年4月16日向邹红松发放了贷款900000元。上述抵押房产已于2009年4月9日在深圳市国土资源和房产管理局办理了抵押登记。邹红松仍没有按照合同约定履行还款义务。

三、建设银行深圳分行向深圳福田法院起诉，请求判令：1. 解除《个人住房最高额抵押贷款合同》；2. 邹红松、龚星星、罗晓春偿还贷款本息人民币896557.51元；3. 建设银行深圳分行对抵押物享有优先受偿权。福田法院一审判决：一、解除《个人住房最高额抵押贷款合同》中的借款合同关系，建设银行深圳分行与龚星星之间签订的《个人住房最高额抵押贷款合同》中的抵押合同关系无效；二、邹红松还本付息；三、龚星星对邹红松的上述债务的不能清偿部分承担二分之一的连带清偿责任。

四、建设银行深圳分行不服，上诉至深圳中院，深圳中院二审判决驳回上诉，维持原判。建设银行深圳分行仍不服，向广东高院申请再审，广东高院裁定驳回再审申请。

败诉原因

本案中建设银行深圳分行败诉的原因在于其接受的抵押物为龚星星、罗晓春的夫妻共同财产，但是在龚星星未经罗晓春同意的情形下作出抵押的。根据本案已查证的事实，案涉《个人住房最高额抵押贷款合同》中罗晓春的签字系伪造，因此其并未作出同意抵押的意思表示，也即龚星星是在未经罗晓春同意的情况下，擅自将其共有的房屋抵押给建设银行深圳分行。根据《担保法司法解释》第五十四条第二款的规定："共同共有人以其共有财产设定抵押，未经其他共有人的同意，抵押无效。但是，其他共有人知道或者应当知道而未提出异议的视为同意，抵押有效。"故广东三审法院均认定《个人住房最高额抵押贷款合同》中的抵押合同无效，建设银行深圳分行因此败诉。

败诉教训、经验总结

前事不忘，后事之师。为避免未来发生类似败诉，提出如下建议：

1. 债权人在接受个人的房屋进行抵押时，应确认房屋是否有其他共同共有人。确认房屋是否存在其他共同共有人，可从以下几个方面展开调查：（1）房屋在不动产登记机关制备的不动产登记簿上，是否登记有共有人；（2）提供抵押的人是否已婚，如已婚的，需确定该房屋是否为抵押人一方的个人财产或者婚前财产；（3）该房屋是否为合伙财产；（4）房屋是否为已继承但未分割的遗产。如果确认房屋为共同共有财产或者不能排除为共有财产的可能的，在接受抵押前应要求抵押人提供其他共有人已经同意抵押的证明文件。

2. 银行等金融机构在接受抵押担保时，不应仅仅对抵押人提供的材料作简单的形式审查，而应对相应材料的真实性、合法性、有效性进行必要的核实。本案建设银行深圳分行与邹红松、龚星星、罗晓春所签订的《个人住房最高额抵押贷款合同》中罗晓春的签名系伪造，提供办理抵押登记的房屋产权证系伪造，委托办理抵押登记的授权委托书系伪造。如此种种，在一开始就决定了作为专门的金融服务机构的建设银行深圳分行注定败诉的命运。由此可见，专业的银行风控对于银行日常经营的重要性。因此，建议银行定期邀请律师等专业人员对银行相关业务人员进行培训，或者直接聘请资深律师担任银行法律顾问，做到防患于未然。

3. 债权人在接受共同共有物作为抵押物时，应在接受抵押前以书面形式将抵押事实告知其他抵押人。根据《担保法司法解释》第五十四条的规定，在部分共同共有人未经同意抵押共有物时，“其他共有人知道或者应当知道而未提出异议的视为同意，抵押有效”。因此，在接受抵押时以书面形式征求其他共有人意见，不仅可以取得其他共有人是否同意抵押的证据，而且还可以在其他共有人不表示反对或者不予回复时，确保抵押的有效性。

相关法条

《担保法司法解释》

第五十四条　按份共有人以其共有财产中享有的份额设定抵押的，抵押有效。

共同共有人以其共有财产设定抵押，未经其他共有人的同意，抵押无效。但是，其他共有人知道或者应当知道而未提出异议的视为同意，抵押有效。

《物权法》

第九十七条　处分共有的不动产或者动产以及对共有的不动产或者动产作重大修缮的，应当经占份额三分之二以上的按份共有人或者全体共同共有人同意，但共有人之间另有约定的除外。

《最高人民法院关于适用〈中华人民共和国婚姻法〉若干问题的解释（三）》

第十一条　一方未经另一方同意出售夫妻共同共有的房屋，第三人善意购买、支付合理对价并办理产权登记手续，另一方主张追回该房屋的，人民法院不予支持。

夫妻一方擅自处分共同共有的房屋造成另一方损失，离婚时另一方请求赔偿损失的，人民法院应予支持。

以下为广东高院在再审期间就此问题发表的意见：

经司法鉴定，涉案《个人住房最高额抵押贷款合同》及《深圳市房地产抵押登记申请表》上“罗晓春”的签名并非罗晓春的笔迹，罗晓春本人称其从不知晓贷款及抵押事项，从罗晓春手持龚星星交付给其的虚假的未经抵押的房地产证这一事实判断罗晓春的确对抵押事项从不知情，而建设银行深圳分行也未能提供证据证明罗晓春知道或应当知道涉案房地产已经抵押而未提出异议，因此，根据《最高人民法院关于适用〈中华人民共和国担保法〉若干问题的解释》第五十四条关于“共同共有人以其共有财产设定抵押，未经其他共有人的同意，抵押无效。但是，其他共有人知道或者应当知道而未提出异议的视为同意，抵押有效”的规定，一、二审法院认定以属于龚星星和罗晓春共同共有的房产设定的抵押合同无效，于法有据，并无不当。建设银行深圳分行作为金融机构，在接受龚星星与罗晓春夫妻共同共有的房产作抵押时，未审核抵押人“罗晓春”签名人的身份，导致涉案《个人住房最高额抵押贷款合同》及《深圳市房地产抵押登记申请表》上“罗晓春”的签名并非其本人所为，建设银行深圳分行对此具有过错，不符合善意第三人的条件，故一、二审判决驳回建设银行深圳分行要求罗晓春作为抵押人承担连带责任的诉讼请求，有事实和法律依据，并无不当。虽涉案抵押合同无效，但龚星星愿意为邹红松借款担保的意思表示真实，龚星星和建设银行深圳分行对抵押无效均具有过错，故一、二审法院依据《最高人民法院关于适用〈中华人民共和国担保法〉若干问题的解释》第七条的规定，判令龚星星对邹红松的债务不能清偿的部分承担二分之一的连带责任，亦无不当。

案件来源

中国建设银行股份有限公司深圳市分行与邹红松、龚星星、罗晓春、孟军借款合同纠纷再审审查民事裁定书［广东省高级人民法院（2014）粤高法民二申字第117号］

延伸阅读

关于未经同意抵押共同共有物效力的判例：

一、未经夫妻另一方同意抵押共有房产的，抵押合同无效

案例一：谷尔丹确认合同无效纠纷申诉、申请再审民事判决书［北京市高级人民法院（2014）高民（商）申字第3467号］，该院认为：“《最高人民法院关于适用〈中华人民共和国担保法〉若干问题的解释》第五十四条第二款规定，共同共有人以其共有财产设定抵押，未经其他共有人的同意，抵押无效。《借款抵押合同》中张洪海提供抵押的房产系其与郝伟靖夫妻关系存续期间取得，应属于张洪海与郝伟靖的共同财产，因张洪海签订《借款抵押合同》未经过郝伟靖同意，故一、二审判决判定《借款抵押合同》无效并无不当。”

二、未经共同法定继承人同意抵押遗产的，抵押合同无效

案例二：平果国民村镇银行有限责任公司与黄汉武、唐美新金融借款合同纠纷再审复查与审判监督民事裁定书［广西壮族自治区高级人民法院（2016）桂民申1297号］，该院认为：“根据本案的事实，2013年4月23日韦绥佳在办理本案抵押登记时提供的房产权证明确记载共有人为黄颖尧，而黄颖尧已于 2011 年 7 月去世，因黄颖尧的法定继承人均明确表示不放弃对黄颖尧遗产的继承权，因此，至 2013 年 4 月 23 日时房屋的产权共有人应为韦绥佳、黄汉武、唐美新、韦灏明等人。韦绥佳在办理抵押登记时提供了黄颖尧已去世的材料，平果国民银行应当知道房屋的实际共有人已变更的事实，但平果国民银行未要求韦绥佳提供实际共有人同意抵押的材料，也未要求实际共有人在抵押担保上签字，而韦绥佳在诉讼中称其作为共同共有人以共有财产设定抵押未经其他共有人同意，平果国民银行也没有证据证实其他共有人知道或者应当知道抵押而未提出异议的事实，故韦绥佳的抵押行为属于擅自以共有财产设定抵押未经其他共有人同意之情形。根据《最高人民法院关于适用〈中华人民共和国担保法〉若干问题的解释》第五十四条第二款‘共有人以其共有财产设定抵押，未经其他共有人的同意，抵押无效。但是，其他共有人知道或者应当知道而未提出异议的视为同意，抵押有效’的规定，二审判决认定抵押合同无效正确。”

三、共同生活的共有人在知晓部分共有人抵押共有物未表反对的，抵押合同有效

案例三：罗建平、中国农业银行股份有限公司兰坪白族普米族自治县支行金融借款合同纠纷再审审查与审判监督民事裁定书［云南省高级人民法院（2016）云民申 920 号］，该院认为：“根据《中华人民共和国物权法》第一百八十七条的规定：‘以本法第一百八十条第一款第一项至第三项规定的财产或者第五项规定的正在建造的建筑物抵押的，应当办理抵押登记。抵押权自登记时设立。’本案的抵押权在罗建平的房产进行抵押登记时设立。罗建平主张房屋共有人冷菊等人不知晓房产抵押情况，根据相关法律规定，该抵押无效。本院认为，本案中，抵押房产的所有权人为罗建平、冷菊以及罗皓共有，而冷菊为罗建平之妻，罗皓为罗建平之子，罗建平将三人共有的房产为罗建中的借款作抵押，其妻、子作为家庭成员不可能对此不知晓，根据《最高人民法院关于适用〈中华人民共和国担保法〉若干问题的解释》第五十四条第二款的规定：‘共同共有人以其共有财产设定抵押，未经其他共有人的同意，抵押无效。但是，其他共有人知道或者应当知道而未提出异议的视为同意，抵押有效。’本案的抵押权已于登记时设立，抵押权合法有效。”

案例四：毛××与吴××等金融借款合同纠纷二审民事判决书［上海市第一中级人民法院（2010）沪一中民六（商）终字第 128 号］，该院认为：“最高人民法院《关于适用〈中华人民共和国担保法〉若干问题的解释》第五十四条第二款规定：‘共同共有人以其共有财产设定抵押，未经其他共有人的同意，抵押无效。但是，其他共有人知道或者应当知道而未提出异议的视为同意，抵押有效。’本院认为，经毛××予以认可的房产买卖合同明确载明，房款中的20万元于贷款银行放款当日支付黄启文，故毛××对购房需要向银行借款应属明知。毛××在确认动迁款中35万元用于购房同时，又表示不知道剩余13万元购房款从何而来，同时声称不知道房产的市场价格，购房根本不需要办理贷款。上述陈述不仅自相矛盾，也与房产买卖合同的关于向银行贷款的约定不符。房产买卖属于家庭生活的重大事项，自购房至吴××离家出走之前的两年多时间内，毛××一直与吴××共同生活，其所称的不知道购房款差额如何支付，也不知道房产的市场价格等，均有违常理。对于其上述陈述中显然存在的矛盾，毛××并未给予合理解释。综上所述，毛××知道需要向银行借款用于支付房款，对于用于办理借款所必需的抵押担保事宜，毛××应属明知，涉讼借款合同中的抵押条款应属有效。毛××所称的签名不真实，并非本院作出上述认定的前提，对上述认定不构成影响。”

052［公报案例］未经审批抵押划拨土地上的自有房屋，是否有效？

未经审批抵押划拨土地上的自有房屋并不必然导致抵押无效

裁判要旨

根据《最高人民法院关于破产企业国有划拨土地使用权应否列入破产财产等问题的批复》第三条的规定，如果建筑物附着于以划拨方式取得的国有土地使用权之上，将该建筑物与土地一并设定抵押的，对土地使用权的抵押须履行法定的审批手续，否则，应认定抵押无效。当事人在签订抵押合同时，如果仅仅约定以自有房产设定抵押并办理房屋抵押登记，并未将该房产所附着的、以划拨方式取得的国有土地使用权一并抵押的，不适用上述规定。

案情简介

一、2003年12月26日，槐荫工行与医药采购站签订《借款合同》，约定医药采购站向槐荫工行借款1380万元。医药集团公司提供连带责任保证。

二、2003 年 2 月 20 日，医药采购站与槐荫工行签订《最高额抵押合同》，约定借款人医药采购站以自有的房产为 2003 年 3 月 1 日至 2006 年 3 月 1 日期间发生 1200 万元贷款余额范围内的债权设定抵押担保。该抵押房产所占用的土地使用为划拨性质。

三、2004 年 3 月 27 日，槐荫工行与医药采购站签订《借款合同》，约定医药采购站向槐荫工行借款 1200 万元，用途为借新还旧；2004 年 4 月 30 日，槐荫工行与医药采购站签订《借款合同》，约定医药采购站向槐荫工行借款 3830 万元，用途为借新还旧。同日，槐荫工行与医药公司签订保证合同，约定医药公司为上述贷款提供连带责任保证。

四、2005 年 7 月 23 日，中国工商银行山东省分行与长城公司济南办事处签订《债权转让协议》，约定将包括上述三笔债权在内的债权转让给长城公司济南办事处并公告。

五、长城公司济南办事处于 2006 年 4 月 26 日向山东高院提起诉讼，请求判令：医药采购站还本付息，并对抵押物享有优先受偿权，医药集团公司在担保的范围内承担连带清偿责任。山东高院一审判决医药采购站还本付息，医药集团公司在担保的范围内承担连带清偿责任，但房屋抵押担保无效。

六、长城公司济南办事处不服，上诉至最高法院，最高法院二审改判房屋抵押担保有效。

败诉原因

本案中医药采购站败诉的原因在于其抵押的房屋为划拨土地上的自有房屋，不经审批即可抵押。根据《物权法》第一百八十二条的规定，根据“房随地走，地随房走”的原则，以地上房屋抵押的，所占用的土地使用权一并抵押；以土地使用权抵押的，其地上房屋一并抵押；二者未一并抵押的，视为一并抵押。而根据《最高人民法院关于破产企业国有划拨土地使用权应否列入破产财产等问题的批复》第三条的规定，如果建筑物附着于以划拨方式取得的国有土地使用权之上，将该建筑物与土地一并设定抵押的，对土地使用权的抵押须履行法定的审批手续，否则，应认定抵押无效。从规定的字面意义并结合《物权法》第一百八十二条的规定，似乎可以得出案涉抵押无效的结论。但最高法院认为，《最高人民法院关于破产企业国有划拨土地使用权应否列入破产财产等问题的批复》第三条中规定的关于“一并抵押”的规定，应作目的性限缩解释，将其限缩为当事人约定一并抵押的情形，当事人未约定一并抵押而是仅将自有房屋抵押的，并不导致抵押无效。故最高法院最终认定案涉抵押有效，医药采购站因此败诉。

败诉教训、经验总结

前事不忘，后事之师。为避免未来发生类似败诉，提出如下建议：

1. 根据《物权法》第一百八十二条的规定，不动产抵押采取“地随房走，房随地走”的原则，抵押房地中的任何一项，另一项都必须一并抵押。但在抵押人仅抵押其中一项时，另一项上成立的抵押权并非意定抵押权，而是法定抵押权。即抵押权的成立并非基于当事人设定抵押的意思表示，而是基于法律的直接规定。本案中医药采购站以其在划拨土地上的自有房屋抵押贷款，根据《物权法》第一百八十二条的规定，其所占有的划拨土地也一并抵押，该划拨土地的抵押即为法定抵押。最高法院通过目的性限缩的方式，将《最高人民法院关于破产企业国有划拨土地使用权应否列入破产财产等问题的批复》第三条中规定的“一并抵押”限缩在意定“一并抵押”的范围内，既鼓励了交易，促进了财货流通，也维护了商业诚信，诚值赞同。

2. 根据《最高人民法院关于破产企业国有划拨土地使用权应否列入破产财产等问题的批复》第三条的规定，以划拨的建设用地设定抵押，应当履行法定的审批手续，否则抵押无效。因此，债权人在接受建设用地使用权作为抵押物时，应当调查建设用地使用权取得的方式。如果为划拨用地的，应当要求抵押人履行审批手续。为确保抵押权人权益，可以在接受划拨用地抵押时，对抵押合同作如下设计：不论因为何种原因导致抵押物未获相关部门同意抵押，抵押人均应对抵押担保债权承担连带保证责任。

3. 目的性限缩的解释学方式能够在案件中起到“化腐朽为神奇”的效果。目的性限缩是填补法律漏洞（隐藏漏洞）的一种重要方法，其适用的情形是某一法律明文规定了某一类案件适用该法律，但如果机械适用，则有可能发生与其立法目的相违背的法律后果，此时即应将该类案件排除在该法律的适用范围之外。其基本的操作方法是：（1）确定所适用法律的立法目的；（2）对比立法目的与案件事实之间的匹配度，并确定案件事实与法律条文的立法目的并不相同；（3）将案件排除在相关法律的适用之外。结合本案来看，本来根据《最高人民法院关于破产企业国有划拨土地使用权应否列入破产财产等问题的批复》第三条的规定，“一并抵押”划拨土地及其房屋，未履行法定审批手续的，抵押无效。但该条的立法目的是为了禁止当事人通过约定的方式一并抵押划拨土地及其地上房屋，故最高法院最终将法定的一并抵押排除在该条的适用之外。

相关法条

《物权法》

第一百八十二条 以建筑物抵押的，该建筑物占用范围内的建设用地使用权一并抵押。以建设用地使用权抵押的，该土地上的建筑物一并抵押。

抵押人未依照前款规定一并抵押的，未抵押的财产视为一并抵押。

《担保法》

第三十六条 以依法取得的国有土地上的房屋抵押的，该房屋占用范围内的国有土地使用权同时抵押。

以出让方式取得的国有土地使用权抵押的，应当将抵押时该国有土地上的房屋同时抵押。

乡（镇）、村企业的土地使用权不得单独抵押。以乡（镇）、村企业的厂房等建筑物抵押的，其占用范围内的土地使用权同时抵押。

《最高人民法院关于破产企业国有划拨土地使用权应否列入破产财产等问题的批复》

……

三、国有企业以关键设备、成套设备、厂房设定抵押的效力问题，应依据法释〔2002〕14号《关于国有工业企业以机器设备等财产为抵押物与债权人签订的抵押合同的法律效力问题的批复》办理。

国有企业以建筑物设定抵押的效力问题，应区分两种情况处理：如果建筑物附着于以划拨方式取得的国有土地使用权之上，将该建筑物与土地使用权一并设定抵押的，对土地使用权的抵押需履行法定的审批手续，否则，应认定抵押无效；如果建筑物附着于以出让、转让方式取得的国有土地使用权之上，将该建筑物与土地使用权一并设定抵押的，即使未经有关主管部门批准，亦应认定抵押有效。

……

以下为最高法院在二审判决书“本院认为”部分就此问题发表的意见：

本案系借款担保纠纷。二审中当事人的争议焦点为：如何确认涉案的《最高额抵押合同》的效力，债权人是否有优先受偿权。本案中，医药采购供应站于2003年2月20日与槐阴工行签订《最高额抵押合同》，明确约定医药采购供应站仅以自有房产设定抵押，随后亦仅在当地房屋管理部门办理抵押登记，这些行为均发生在《中华人民共和国物权法》施行之前，应当适用当时的法律法规规定。上述《最高额抵押合同》系各方当事人真实意思表示，其内容不违反我国法律和行政法规的禁止性规定，且该合同抵押人医药采购供应站所抵押的房屋系该供应站的自有房屋，所抵押登记的部门为济南市房产管理局，符合《中华人民共和国担保法》（以下简称《担保法》）第四十一条“当事人以本法第四十二条规定的财产抵押的，应当办理抵押物登记，抵押合同自登记之日起生效”之规定，故抵押人医药采购供应站是否就国有土地使用权另行办理抵押登记手续不影响该《最高额抵押合同》的效力，本院认定该《最高额抵押合同》合法有效，抵押权成立。长城公司济南办事处有关抵押合同有效、抵押权应予实现的上诉理由具有事实和法律依据，本院予以支持。

案件来源

中国长城资产管理有限公司济南办事处与山东济南医药采购供应站、山东省医药集团有限公司、山东省医药公司借款担保合同纠纷二审民事判决书［最高人民法院（2006）民二终字第153号，《中华人民共和国最高人民法院公报》2008年第1期（总第135期）］

延伸阅读

一、以划拨土地上房屋抵押而土地使用权抵押又未经审批的，抵押权效力不及于土地使用权

案例一：中国特别机遇（巴巴多斯）有限公司与六合汽车客运总公司等借款合同纠纷再审民事裁定书［最高人民法院（2014）民申字第67号］，最高法院认为：“《最高人民法院关于破产企业国有划拨土地使用权应否列入破产财产等问题的批复》第三条规定，……。涉案土地为划拨土地，六合工行与客运公司只就自有房地产及其附着物签订抵押合同、办理房屋抵押登记，并未将土地使用权一并设定抵押，也未到主管部门办理审批手续。因此该项抵押不及于土地使用权。”

二、抵押划拨土地取得抵押权登记即视为完成抵押审批程序

案例二：齐齐哈尔第一汽车配件厂与胡迎春借款合同纠纷再审民事判决书［黑龙江省高级人民法院（2011）黑监民再字第55号］，该院认为：“关于抗诉机关以最高人民法院《关于破产企业国有划拨土地使用权应否列入破产财产等问题的批复》认定抵押合同无效问题。该批复第二条规定：‘企业对其以划拨方式取得的国有土地使用权无处分权，以该土地使用权为标的物设定抵押，除依法办理抵押登记手续外，还应经具有审批权限的人民政府或土地行政管理部门批准，否则应认定抵押无效。如果企业对以划拨方式取得的国有土地使用权设定抵押时，履行了法定审批手续，并依法办理了抵押登记，应认定抵押有效。’依照国土资发（2004）9号《关于国有划拨土地使用权抵押登记有关问题的通知》‘以国有划拨土地使用权为标的物设定抵押，土地行政管理部门依法办理抵押登记手续，即视同已经具有审批权限的土地管理部门批准，不必再另行办理土地使用权抵押审批手续。’故抗诉机关据此批复认定抵押合同无效，根据不足。”

053［最高法院］私立医院抵押医院土地使用权是否有效?

具备公益性质的机构即使具有营利性，其服务于公益目的的财产亦不得抵押

裁判要旨

私人所有的营利性医疗机构，相较于公办医疗机构，仅是投资渠道上的不同，并不能否定其公益属性，私立医院中的医疗卫生设施仍属于社会公益设施。根据《物权法》第一百八十四条第三项的规定，其服务于公益目的的财产属依法不得抵押的财产。

案情简介

一、2011年11月21日，周润泽作为抵押权人，玛拉沁医院（私立营利性医院）作为抵押人，双方签订了2011年抵字第0102号《抵押合同》，约定：借款人邢科因资金周转需要，于2011年4月8日从周润泽处借款8000万元。双方签订2011年借字第0102号《借款合同》、2011年保字第0106号《保证合同》（担保人为兴诚担保公司）并公证赋予强制执行法律效力。抵押财产为玛拉沁医院所有国有土地。本合同签订后双方当事人未办理抵押登记手续。

二、2012年11月20日，周润泽向呼和浩特市公安局报案，称邢科骗取其8000万元。2013年1月5日，该局以邢科涉嫌诈骗立案侦查，同年3月30日，该局刑事拘留了邢科，同年5月6日呼和浩特市人民检察院决定逮捕邢科。

三、周润泽向内蒙古高院起诉，要求邢科还本付息，兴诚担保公司承担保证责任，并对玛拉沁医院提供的抵押物享有优先受偿权。一审法院判决：（1）借款构成合同诈骗罪，故借款合同无效，邢科应返还借款及利息；（2）因主合同无效，故抵押合同无效，但因玛拉沁医院对于抵押合同无效存在过错，故应承担不超过主债权三分之一的损害赔偿责任。

四、玛拉沁医院不服，上诉至最高法院，最高法院二审认定借款合同有效，抵押合同无效，但因玛拉沁医院对于抵押合同无效存在过错，故应承担不超过主债权三分之一的损害赔偿责任。

败诉原因

本案中玛拉沁医院在一、二审中承担的责任并无太大变化，但在导致抵押合同无效的问题上，一、二审法院的论证思路并不相同，且论证玛拉沁医院承担三分之一损害赔偿责任的思路也不相同。一审法院是从主合同无效进而导致作为从合同的抵押合同无效的路径上论证抵押合同无效，而玛拉沁医院之所以要承担担保责任是因为其在抵押公益性财产（医院的土地使用权）的问题上存在过错。故一审法院判决玛拉沁医院承担三分之一的损害赔偿责任，其实与《担保法司法解释》第八条关于“主合同无效而导致担保合同无效，担保人无过错的，担保人不承担民事责任；担保人有过错的，担保人承担民事责任的部分，不应超过债务人不能清偿部分的三分之一”的规定并不相符，因为玛拉沁医院对于主合同无效并不存在过错。但最高法院认为，虽然案涉借款合同构成合同诈骗罪，但借款合同依然有效，导致抵押合同无效的原因是案涉抵押物为《物权法》第一百八十四条第三项明令禁止不得抵押的财产。玛拉沁医院虽然作为私立医院，但其从事的事业具有公益性质，依然受上述规定的约束。作为抵押人的玛拉沁医院，违反法律规定抵押私立医院的土地使用权，进而导致抵押合同无效，存在明显过错。故最高法院最终认定玛拉沁医院应当承担相应的损害赔偿责任。

败诉教训、经验总结

前事不忘，后事之师。为避免未来发生类似败诉，提出如下建议：

1. 根据《物权法》第一百八十四条第三项的规定，学校、幼儿园、医院等以公益为目的的事业单位、社会团体的教育设施、医疗卫生设施和其他社会公益设施不得抵押。此处所谓的“公益设施”是指直接服务于公益目的的设施，其他不服务于公益目的的设施仍可抵押。

2. 判断学校、幼儿园、医院等以公益为目的的事业单位、社会团体是否具有公益目的，不能从该机构是否具有营利性出发，而是应当从其所从事的事业的公益性本身出发。在本案中，最高法院认为："玛拉沁医院虽为私人所有的营利性医疗机构，相较于公办医疗机构，仅是投资渠道上的不同，并不能否定其公益属性，私立医院中的医疗卫生设施仍属于社会公益设施。根据上述法律规定，玛拉沁医院为邢科的借款提供担保的财产属依法不得抵押的财产。"因此，私立医院的营利性与其社会公益性并不冲突，不能当然地以为私立医院具有营利性，故不再可能具有公益性，继而错误地认为可以接收其财产作为抵押物。

3. 学校、幼儿园、医院等以公益为目的的事业单位、社会团体应当审慎参与市场经营，不能随意对外提供抵押或者充当担保人。因为虽然根据《物权法》第一百八十四条、《担保法》第九条的规定，以上单位提供抵押或者充当保证人的，保证合同、抵押合同可能被确认为无效。但即便担保合同最终被确认为无效，根据《担保法司法解释》第七条、第八条的规定，担保人仍应根据不同的情形承担相应的损害赔偿责任，并不能完全免责。故学校、幼儿园、医院等以公益为目的的事业单位、社会团体应当慎重，切莫以为可以拿"公益目的"作为承担民事责任的"挡箭牌"。

相关法条

《物权法》

第一百八十四条 下列财产不得抵押：

（一）土地所有权；

（二）耕地、宅基地、自留地、自留山等集体所有的土地使用权，但法律规定可以抵押的除外；

（三）学校、幼儿园、医院等以公益为目的的事业单位、社会团体的教育设施、医疗卫生设施和其他社会公益设施；

（四）所有权、使用权不明或者有争议的财产；

（五）依法被查封、扣押、监管的财产；

（六）法律、行政法规规定不得抵押的其他财产。

《担保法》

第九条 学校、幼儿园、医院等以公益为目的的事业单位、社会团体不得为保证人。

《担保法司法解释》

第七条 主合同有效而担保合同无效，债权人无过错的，担保人与债务人对主合同债权人的经济损失，承担连带赔偿责任；债权人、担保人有过错的，担保人承担民事责任的部分，不应超过债务人不能清偿部分的二分之一。

第八条 主合同无效而导致担保合同无效，担保人无过错的，担保人不承担民事责任；担保人有过错的，担保人承担民事责任的部分，不应超过债务人不能清偿部分的三分之一。

以下为最高法院在本案二审期间就私立医院抵押公益目的财产效力问题的论述：

2011年11月21日，周润泽与玛拉沁医院签订一份《抵押合同》，玛拉沁医院为邢科的借款提供担保，将其所有的位于新城区迎新中路西侧4140.74平方米国有土地抵押给周润泽。《中华人民共和国物权法》第一百八十四条规定："下列财产不得抵押：……（三）学校、幼儿园、医院等以公益为目的的事业单位、社会团体的教育设施、医疗卫生设施和其他社会公益设施；……"。玛拉沁医院虽为私人所有的营利性医疗机构，相较于公办医疗机构，仅是投资渠道上的不同，并不能否定其公益属性，私立医院中的医疗卫生设施仍属于社会公益设施。根据上述法律规定，玛拉沁医院为邢科的借款提供担保的财产属依法不得抵押的财产。由此，周润泽与玛拉沁医院签订的《抵押合同》为无效合同。《最高人民法院关于适用〈中华人民共和国担保法〉若干问题的解释》第七条规定："主合同有效而担保合同无效，债权人无过错的，担保人与债务人对主合同债权人的经济损失，承担连带赔偿责任；债权人、担保人有过错的，担保人承担民事责任的部分，不应超过债务人不能清偿部分的二分之一。"本案中，周润泽、玛拉沁医院在签订合同时均应知悉玛拉沁医院为邢科所负债务提供担保的财产属依法不得抵押的财产，周润泽、玛拉沁医院对案涉《抵押合同》无效均存在过错，对此，周润泽、玛拉沁医院应当根据其过错各自承担相应的民事责任。一审法院对玛拉沁医院的责任认定适用《最高人民法院关于适用〈中华人民共和国担保法〉若干问题的解释》第八条的规定，适用法律不当。但周润泽并未对玛拉沁医院的责任分担问题提起上诉，应视为周润泽对自己权利的处分，本院对此不予审理。综上，玛拉沁医院有关其不应承担责任的上诉主张，缺乏事实和法律依据，不能获得支持。

案件来源

周润泽与内蒙古玛拉沁医院、赵晖等借款合同纠纷二审民事判决书［最高人民法院（2015）民一终字第240号］

延伸阅读

关于具有公益性质的私立机构签订的担保合同效力的判例：

一、私立学院不得抵押公益目的财产

案例一：颜向阳、轩玲与亳州药都农村商业银行股份有限公司汤陵支行、葛洁确认合同无效纠纷二审民事判决书［亳州市中级人民法院（2016）皖16民终1213号］，该院认为："综合双方当事人举证、质证及诉辩意见，本案二审的争议焦点为：个人权属的私立学校的教育设施能否设立抵押，葛洁与亳州药都农村商业银行股份有限公司汤陵支行签订的《最高额抵押合同》是否有效。上诉人认为抵押房产属于葛洁个人所有，房屋登记性质上并未注明用于办学校。《物权法》第二十八条规定，因人民法院、仲裁委员会的法律文书或者人民政府的征收决定等，导致物权设立、变更、转让或者消灭的，自法律文书或者人民政府的征收决定等生效时发生效力。依据（2003）皖亳证字第529号公证书及亳州中院（2008）亳民一终字第404号民事判决书，法院已经作出确权判决，虽未办理变更登记，但在判决生效时葛洁、颜向阳、轩玲、轩济民、轩登科已成为道东小学房产的共同所有人，颜向阳、轩玲具备诉讼主体资格。《物权法》第一百八十四条、《担保法》第三十七条规定，学校、幼儿园、医院等以公益为目的的事业单位、社会团体的教育设施、医疗卫生设施和其他社会公益设施不得抵押。《民办教育促进法》第三条规定，民办教育事业属于公益性事业，是社会主义教育事业的组成部分。第五条规定，民办学校与公办学校具有同等的法律地位，国家保障民办学校的办学自主权。根据《全国人民代表大会常务委员会法制工作委员会关于私立学校、幼儿园、医院的教育设施、医疗卫生设施能否抵押的请示的意见》（法工办发〔2009〕231号）：私立学校、幼儿园、医院和公办学校、幼儿园、医院，只是投资渠道上的不同，其公益属性是一样的。私立学校、幼儿园、医院中的教育设施、医疗卫生设施也属于社会公益设施，按照《物权法》第一百八十四条规定，不得抵押。从一审庭审笔录来看，上诉人在签订抵押合同时，到了道东小学的现场，应当知道所抵押房产是道东小学的教学楼。亳州市谯城区教育委员会文件证明道东小学是民办教育机构，其教育设施属于社会公益设施，不得抵押，因此上诉人的上诉理由不能成立。"

二、认定私立学院不是公益机构，可以充当保证人的案例

案例二：沭阳县金冠银通农村小额贷款有限公司与沭阳县华冲镇荡南学校、沭阳县东大木制品厂等借款合同纠纷二审民事判决书［宿迁市中级人民法院（2015）宿中商终字第00402号］，该院认为："根据《中华人民共和国担保法》第九条规定：学校、幼儿园、医院等以公益为目的的事业单位、社会团体不得为保证人，从上述规定可以看出，担保人的禁止性规定包含两个方面含义：一是必须为事业单位或社会团体；二是必须以社会公益为目的。本案中，上诉人荡南学校不符合上述任意一个条件，故其签订的保证合同有效，应当承担保证责任。理由如下：一、经查，2015 年 8 月 4 日，沭阳县民政局向荡南学校颁发《民办非企业单位登记证书》，确认其民办非企业单位身份。上诉人荡南学校为民办私立学校。根据《事业单位登记管理暂行条例》及《社会团体登记管理条例》中对于事业单位和社会团体的定义，民办私立学校属于民办非企业单位，是有别于事业单位和社会团体的一类法律主体。二、民办私立学校的办学经费并非出自国家财政，其经营的主要目的是营利，而非社会公益。民办私立学校对其合法所得的财产拥有全部的权利，所得的收益可用于投资者的经营回报，故其能够独立承担民事责任，并具有代偿能力。这也与担保法第七条要求担保人具有‘代偿能力’的资格要求相符合。故上诉人荡南学校主张其是以社会公益为目的的学校，为案涉借款与被上诉人金冠银通公司签订的保证合同无效，不应承担保证责任，不能成立，本院不予采纳。”

054［公报案例］抵押的土地使用权上存在他人房屋，抵押效力如何？

抵押的土地使用权上存在他人房屋的，构成无权处分

裁判要旨

虽然当事人仅抵押其自有的土地使用权，但根据“地随房走，房随地走”的原则，应视为土地使用权与地面建筑物所有权一并抵押。如在抵押时地上建筑物已属他人所有，抵押人抵押土地使用权的行为构成无权处分。

案情简介

一、2003 年 3 月 16 日，粮油公司与陕西中行签订《人民币借款合同》一份，约定粮油公司向陕西中行借款 2560 万元，由中转冷库提供抵押担保。同日，中转冷库与陕西中行签订《抵押合同》，中转冷库以其 44.466 亩土地使用权为粮油公司提供抵押担保。中转冷库提供的44.466亩国有划拨土地使用权抵押中，有13.265亩为中转冷库的福利区，即职工住宅区，该建筑物在不动产登记簿中已经标明。

二、2003年3月28日，西安市国土资源和房屋管理局就中转冷库同意继续用土地及地面建筑物进行贷款抵押的致函作了批复，同意其抵押。

三、2004年6月25日，陕西中行与信达西安办签订《债权转让协议》，陕西中行将其对粮油公司享有的2560万元债权及从权利转让给了信达西安办。

四、粮油公司与中转冷库未履行还款义务，信达西安办向陕西高院提起诉讼，请求判令粮油公司还本付息，信达西安办对中转冷库提供的抵押物享有优先受偿权。陕西高院判决：粮油公司还本付息，陕西中行与中转冷库签订《抵押合同》中职工住宅区占用的13.265亩土地使用权抵押无效，其余部分有效，信达西安办对剩余31.201亩土地使用权享有优先受偿权。

五、信达西安办不服，上诉至最高法院，请求确认抵押全部有效。最高法院二审判决未支持上诉请求。

败诉原因

本案中信达西安办的败诉原因在于其享有抵押权的土地使用权上存在着第三人所有的建筑物。根据《中华人民共和国城市房地产管理法》（以下简称《房地产管理法》）第三十二条规定："房地产转让、抵押时，房屋的所有权和该房屋占用范围内的土地使用权同时转让、抵押。"这是我国房地产物权变动中关于"地随房走，房随地走"最明确的法律规定。《担保法》第三十六条、《物权法》第一百八十二条对此也有规定。在通常情况下，为避免权利冲突，地上建筑物的所有权人与土地使用权人是一致的，但不排除在某些情况下地上建筑物的所有权人与土地使用权人不一致的情形。此时，建筑物的所有权人根据《房地产管理法》第三十二条的规定，取得了其占用土地的法定的土地使用权，即使该土地使用权未登记在建筑物所有人名下。本案中，信达西安办虽然在名义上享有对案涉44.466亩土地的抵押权，但实际上中转冷库在为债权人陕西中行设定抵押权时，该土地上存在着第三人职工所有的建筑物。根据《房地产管理法》第三十二条的规定，建筑物的所有权人已经取得了其占用土地的法定土地使用权。中转冷库已非该建筑物占用土地的土地使用权人，故其抵押该土地使用权的行为构成无权处分。抵押权人的抵押权在未经权利人追认且不符合善意取得的情况下不能设立。故最高法院根据《合同法》第五十一条的规定，判定抵押合同无效，信达西安办因此败诉。

败诉教训、经验总结

前事不忘，后事之师。为避免未来发生类似败诉，提出如下建议：

1. 地随房走，房随地走的原则，不仅适用于抵押权，也适用于建设用地使用权。当事人通过约定转让或抵押房地中的任何一项，另一项也视为一并转让和抵押。受让人或者抵押权人对未意定抵押的一项成立法定建设用地使用权或者法定抵押权。因此，当事人在接受土地使用权进行抵押时，应当查明地上是否存在第三人所有的地上建筑物，防止部分土地使用权已成立为他人所有的法定土地使用权，从而影响担保物的价值。

2. 抵押权人对不动产抵押物的权属审查，应当有房地一体主义的观念。具体而言，审查土地使用权作为抵押物时，应同时关注地上建筑物的权属状况；审查建筑物的作为抵押物时，应同时关注占用土地使用权的权属状况。任何一项审查遗漏，都有可能对自身权利产生不利影响。

3. 抵押人以不属于自身所有的抵押物进行担保时，构成无权处分，抵押权不能有效设立。但根据《最高人民法院关于审理买卖合同纠纷适用法律问题的解释》（以下简称《买卖合同司法解释》）第三条的规定，无权处分的合同并非无效。故本案中认定抵押合同无效的裁判观点在新的司法解释条件下应作相应调整。即无权处分的抵押合同有效，但抵押权人对抵押物的抵押权不能有效设立。

相关法条

《合同法》

第五十一条 无处分权的人处分他人财产，经权利人追认或者无处分权的人订立合同后取得处分权的，该合同有效。

《房地产管理法》

第三十二条 房地产转让、抵押时，房屋的所有权和该房屋占用范围内的土地使用权同时转让、抵押。

《物权法》

第一百八十二条 以建筑物抵押的，该建筑物占用范围内的建设用地使用权一并抵押。以建设用地使用权抵押的，该土地上的建筑物一并抵押。

抵押人未依照前款规定一并抵押的，未抵押的财产视为一并抵押。

《划拨土地使用权管理暂行办法》

第十一条 转让、抵押土地使用权，其地上建筑物、其他附着物所有权随之转让、抵押；转让、抵押地上建筑物、其他附着物所有权，其使用范围内的土地使用权随之转让、抵押。但地上建筑物、其他附着物作为动产转让的除外。

出租土地使用权，其地上建筑物、其他附着物使用权随之出租；出租地上建筑物、其他附着物使用权，其使用范围内的土地使用权随之出租。

以下为最高法院在二审判决书“本院认为”部分就此问题发表的意见：

《中华人民共和国城市房地产管理法》第三十一条规定：“房地产转让、抵押时，房屋的所有权和该房屋占用范围内的土地使用权同时转让、抵押”，中华人民共和国建设部1997年10月27日颁布的《城市房屋权属登记管理办法》第六条规定：“房屋权属登记应当遵循房屋的所有权和该房屋占用范围内的土地使用权权利主体一致的原则”，中华人民共和国土地管理局1992年3月8日颁布的《划拨土地使用权管理暂行办法》第十一条规定：“转让、抵押土地使用权，其地上建筑物、其他附着物所有权随之转让、抵押；转让、抵押地上建筑物、其他附着物所有权，其使用范围内的土地使用权随之转让、抵押。但地上建筑物、其他附着物作为动产转让的除外”。“地随房走，房随地走”的权利合一原则是我国房地产权属的一贯原则。房产转让人负有将所售房屋占用范围内的土地使用权移转给受让人的义务，受让人享有要求将所购房屋占用范围内土地使用权移转给自己的权利。在土地使用权变更登记完成之前，转让人为登记的名义权利人，但受让人为实质权利人，可以请求将土地使用权变更至自己名下。

陕中营抵字022号《抵押合同》中约定了抵押物名称为“土地、房产”，中转冷库2003年向西安市国土资源和房屋管理局报送的也为《关于同意继续用土地及地面建筑物进行贷款抵押的函》。因此，虽然抵押登记只针对西未国用（2000）字第979号国有土地使用权，但应视为当事人约定土地使用权与地面建筑物所有权一并抵押。然而地上建筑物中职工住宅楼的所有权已经移转给购房职工所有，中转冷库并无权利处分。根据《中华人民共和国合同法》第五十一条之规定：“无处分权的人处分他人财产，经权利人追认或者无处分权的人订立合同后取得处分权的，该合同有效”，该抵押合同未经地上建筑物所有权人购房职工追认；且西未国用（2000）字第979号土地使用权证书中已经标明该宗土地上存有地上建筑物，并标明为中转冷库的福利区，地上建筑物中职工住宅楼所有权已经登记移转至购房职工名下，而原债权银行却未查明地上建筑物实际权属即接受抵押，也存在过错，因此抵押合同无效，依据该合同设立的抵押权也相应无效。

案件来源

中国信达资产管理公司西安办事处与陕西省粮油食品进出口公司西安中转冷库、陕西省粮油食品进出口公司借款担保合同纠纷二审民事判决书［最高人民法院(2007) 民二终字第222号,《中华人民共和国最高人民法院公报》2009年第12期(总第158期)］

055［福建高院］银行是否负有审查抵押物能否被抵押的义务?

银行接受集体土地上的房屋作抵押物导致抵押无效的，应认定银行对抵押无效存在过错

裁判要旨

银行金融机构对外开展贷款业务，在对贷款的发放及抵押物的审查上有专业的判断，其在接受他人的抵押时应充分地认识到集体土地上的房地产作为抵押物违反法律、行政法规的强制性规定所带来的抵押无效的法律后果。故银行接受集体土地上的房屋作为抵押物导致抵押无效的，应认定为银行存在过错。

案情简介

一、2007年6月30日，达祥电子公司因资金不足向莆田市涵江区农村信用合作联社（后更名为莆田农商行）申请流动资金周转续贷63万元。关志祥自愿以位于莆田市涵江区江口镇园下村白露洋的房地产（集体土地上的房屋）作抵押担保。同日，关志祥、达祥电子公司在抵押借款合同上签字确认。

二、贷款到期后，达祥电子公司未还本付息，莆田农商行诉至莆田中院，请求判令：达祥电子公司还本付息；关志祥承担连带清偿责任；莆田农商行对抵押物享有优先受偿权。一审法院认定抵押无效，判决达祥电子公司还本付息，关志祥承担连带清偿责任。

三、关志祥不服，以莆田农商行对抵押无效存在过错为由上诉至福建高院，福建高院二审改判达祥电子公司还本付息，关志祥对达祥电子公司应偿还的债务不能清偿部分承担二分之一连带赔偿责任。

败诉原因

本案中莆田农商行的败诉原因在于其对抵押合同无效存在过错。本案的抵押物为集体土地上的房屋，根据《物权法》第一百八十四条第二项、《担保法》第三十七条第二项关于耕地、宅基地、自留地、自留山等集体所有的土地使用权不得抵押的规定，该抵押合同无效。但一审法院认为，莆田农商行对于抵押合同无效不存在过错，故判令关志祥承担连带责任。但福建高院认为莆田农商行作为专业的金融机构，在接受他人提供抵押担保时，具有判断抵押物是否为法律允许的可供抵押的财产的能力和义务。其在接受他人的抵押时应充分地认识到集体土地上的房地产作为抵押物违反法律、行政法规的强制性规定所带来的抵押无效的法律后果。故福建高院最终认为莆田农商行对于案涉抵押合同无效存在过错，改判关志祥仅需对达祥电子公司应偿还债务不能清偿部分承担二分之一连带赔偿责任。莆田农商行因此败诉。

败诉教训、经验总结

前事不忘，后事之师。为避免未来发生类似败诉，提出如下建议：

1. 《物权法》第一百八十四条对不能抵押的财产作了明确规定，其中即包括耕地、宅基地、自留地、自留山等集体所有的土地使用权，本案中虽然抵押的是集体土地上的房屋，但根据“地随房走，房随地走”的原则，抵押地上房屋，房屋所占用土地使用权视为一并抵押。故接受集体土地上的房屋作为抵押物，可能被法院最终认定抵押合同无效。

2. 银行等金融机构在接受他人提供的抵押物作为担保时，负有审查抵押物是否为可供抵押的财产的义务。银行作为以从事信贷业务为核心的盈利机构，具有判断其交易是否合法有效的专业能力，对于担保合同有效性的判断即是其中之一。因此，银行在接受抵押物作担保时，应根据《物权法》第一百八十四条的规定，对抵押物是否能够抵押进行审查，防止抵押无效。如果因抵押物为禁止抵押的财产导致抵押无效的，法院可认定银行等金融机构对抵押无效存在过错。

3. 根据《担保法司法解释》第七条的规定，主合同有效而担保合同无效，债权人、担保人有过错的，担保人承担民事责任的部分，不应超过债务人不能清偿部分的二分之一。因此，如果债权人对于抵押合同无效存在过错，则面临着自担债务不能清偿部分二分之一的风险。故银行等金融机构，作为专业部门在接受担保时必须慎之又慎，确保担保合同的有效性。

相关法条

《物权法》

第一百八十四条 下列财产不得抵押：

（一）土地所有权；

（二）耕地、宅基地、自留地、自留山等集体所有的土地使用权，但法律规定可以抵押的除外；

（三）学校、幼儿园、医院等以公益为目的的事业单位、社会团体的教育设施、医疗卫生设施和其他社会公益设施；

（四）所有权、使用权不明或者有争议的财产；

（五）依法被查封、扣押、监管的财产；

（六）法律、行政法规规定不得抵押的其他财产。

《担保法司法解释》

第七条 主合同有效而担保合同无效，债权人无过错的，担保人与债务人对主合同债权人的经济损失，承担连带赔偿责任；债权人、担保人有过错的，担保人承担民事责任的部分，不应超过债务人不能清偿部分的二分之一。

以下为福建高院在本案二审期间就此问题发表的意见：

上诉人关志祥以集体所有土地上的房地产设定抵押导致担保合同无效，其明显有过错，本案双方对此亦无异议。本案的关键是莆田农商行对担保合同无效是否有过错。本院认为，莆田农商行作为银行金融机构对外开展贷款业务，在对贷款的发放及抵押物的审查上有专业的判断，其在接受关志祥的抵押时，也应充分地认识到集体土地上的房地产作为抵押物违反法律、行政法规的强制性规定所带来的抵押无效的法律后果，对此风险莆田农商行应是明知的，换言之，莆田农商行对本案抵押无效亦负有一定的过错。因此，本案属于主合同有效而担保合同无效，债权人、担保人均有过错的情形，应适用《最高人民法院关于适用〈中华人民共和国担保法〉若干问题的解释》第七条“债权人、担保人有过错的，担保人承担民事责任的部分，不应超过债务人不能清偿部分的二分之一”之规定。莆田农商行以关志祥保证办妥抵押手续的《承诺书》作为支持其在接受抵押时并无过错的依据，本院认为，关志祥的承诺不足以排除莆田农商行对抵押物审查不严的客观过错，故对莆田农商行的抗辩理由，本院不予采纳。综上，原审关于上诉人关志祥所承担的连带责任性质及份额的认定有误，本院予以纠正，关志祥应承担达祥电子公司不能清偿部分债务二分之一的连带赔偿责任。

案件来源

关志祥与福建莆田农村商业银行股份有限公司抵押合同纠纷二审民事判决书［福建省高级人民法院（2013）闽民终字第126号］

延伸阅读

银行对担保合同有效性负有审查义务的判例：

案例一：周口市市区农村信用合作联社、中国农业银行河南省周口西城支行与被上诉人周口市大陆食品实业有限公司借款担保合同纠纷二审民事判决书［河南省高级人民法院（2008）豫法民二终字第157号］，该院认为："市区农信社与农行西城支行同属金融机构，其应该知道农行西城支行作为金融企业法人的分支机构，对外提供保证应经过上级部门的授权授信，故其对本案合同保证条款无效负有一定的过错；而农行西城支行明知其不具备对外提供保证的资格，仍对大陆食品公司的借款提供担保，同样对造成合同中保证条款无效具有过错，依照《最高人民法院关于适用〈中华人民共和国担保法〉若干问题的解释》第七条关于'主合同有效而担保合同无效，……债权人、担保人有过错的，担保人承担民事责任的部分，不应超过债务人不能清偿部分的二分之一'的规定，农行西城支行对本案借款应承担大陆食品公司不能履行部分的二分之一的赔偿责任，原审判令其承担30%赔偿责任，适用法律不当，本院对此予以纠正。"

案例二：恒丰银行栖霞支行与栖霞市供销合作社联合社、栖霞市农业生产资料总公司金融借款合同纠纷二审民事判决书［山东省高级人民法院（2011）鲁商终字第149号］，该院认为："根据《中华人民共和国担保法》第三十七条第三项'学校、幼儿园、医院等以公益为目的的事业单位、社会团体的教育设施、医疗卫生设施和其他社会公益设施不得抵押'的规定，鉴于本案所抵押的栖城房字第××号房屋产权人系栖霞供销学校，故被上诉人恒丰银行栖霞支行与上诉人栖霞供销社签订的抵押担保合同无效。一审法院认定抵押担保合同有效，判决被上诉人恒丰银行栖霞支行对上诉人栖霞供销社所抵押的栖城房字第××号房屋享有优先受偿权不当，应予以纠正。根据《中华人民共和国物权法》第一百七十二条第二款规定：担保合同被确定无效后，债务人、担保人、债权人有过错的，应当根据其过错各自承担相应的民事责任;《最高人民法院关于适用〈中华人民共和国担保法〉若干问题的解释》第七条规定，主合同有效而担保合同无效，债权人、担保人有过错的，担保人承担民事责任的部分，不应超过债务人不能清偿部分的二分之一。被上诉人恒丰银行栖霞支行在与上诉人栖霞供销社签订抵押合同及办理抵押登记时，未能谨慎核实所抵押的栖城房字第××号房屋产权人为栖霞供销学校，对导致抵押合同无效有一定的过错。上诉人栖霞供销社违反法律规定，以栖霞供销学校的房屋为他人债务签订抵押担保合同是明知的，对导致抵押合同无效也有一定的过错，给被上诉人恒丰银行栖霞支行造成的损失，应当承担债务人栖霞农资公司不能清偿部分二分之一的赔偿责任。”

案例三：湖北银行股份有限公司孝感天仙支行与湖北远大建设集团有限公司贵州分公司、孝感市久昌物资贸易有限公司金融借款合同纠纷二审民事判决书［湖北省高级人民法院（2016）鄂民终1336号］，该院认为：“因远大公司贵州分公司系企业法人分支机构，且其未取得企业法人书面授权，依据《最高人民法院关于适用〈中华人民共和国担保法〉若干问题的解释》第十七条第一款‘企业法人的分支机构未经法人书面授权提供保证的，保证合同无效’的规定，《权利质押合同》第十条以及《应收账款质押协议》第四条均无效。一审法院依据两个合同条文认定远大公司贵州分公司承担连带责任属适用法律错误，本院予以纠正。远大公司贵州分公司作为法人分支机构，在未取得法人书面授权的情况下，擅自对外提供保证并导致保证条款无效具有过错。天仙支行作为金融机构，对远大公司贵州分公司未取得法人书面授权的事实未尽到审查义务，亦具有过错。依据《最高人民法院关于适用〈中华人民共和国担保法〉若干问题的解释》第七条‘主合同有效而担保合同无效，债权人无过错的，担保人与债务人对主合同债权人的经济损失，承担连带赔偿责任；债权人、担保人有过错的，担保人承担民事责任的部分，不应超过债务人不能清偿部分的二分之一’的规定，远大公司贵州分公司所应承担的责任为天仙支行债权未获清偿部分的二分之一。”

第二节　抵押权登记

056［最高法院］未办理抵押登记的抵押合同是不是“废纸一张”？

抵押未登记但抵押合同有效，抵押人应在抵押物价值范围内对债务承担连带责任

裁判要旨

抵押合同成立，抵押权因未办理抵押登记而未设立的，债权人可以主张抵押人在抵押物价值的范围内对债务承担连带清偿责任，但债权人不能就抵押物主张优先受偿。

案情简介

一、2012年12月24日，侯向阳（甲方）与怀来华美新材料有限公司的法定代表人韩福全、股东李丽华（乙方）签订《借款协议》，约定：乙方因业务需要，急需流动资金，特向甲方借款人民币550万元。乙方借贷愿提供怀来华美新材料有限公司和商都县众邦亿兴能源材料有限责任公司固定资产、产品及原材料和该公司位于商都县商张公路北侧（工业园区）的80004平方米的工业用地的国有土地使用证作为抵押。后侯向阳委托张振东通过中国银行网上银行汇入韩福全账户511.5万元，其余38.5万元作为利息预先扣除。随后，韩福全将商都县国用（土）第2012-134号《国有土地使用证》交付侯向阳和李向龙（另案原告）的委托人张振东持有。

二、韩福全因涉嫌刑事犯罪，被河北省石家庄市公安局经侦支队立案侦查并逮捕。经张家口中院与韩福全核实，其对《借款协议》《借条》中本人的签字和侯向阳511.5万元打入其卡内，以及以众邦公司《国有土地使用证》作为抵押担保的事实无异议，但称上述款项为李丽华所借，其银行卡也为李丽华持有。

三、侯向阳向张家口中院起诉请求：1. 韩福全、李丽华偿还借款550万元及利息；2. 众邦公司在抵押财产范围内承担连带清偿责任，侯向阳对该财产享有优先受偿权。

四、张家口中院一审判决支持了侯向阳的部分诉讼请求，但未支持其主张对抵押财产优先受偿的权利。众邦公司不服，向河北高院上诉，河北高院二审判决驳回上诉，维持原判。

五、众邦公司仍不服，向最高法院申请再审。最高法院裁定驳回其再审申请。

败诉原因

本案中众邦公司的败诉原因在于其认为涉案的抵押财产有不动产，但并未办理抵押权登记，因此抵押权未有效设立，故不应当承担担保责任。一二审法院判决其在抵押财产范围内对债务向侯向阳承担连带清偿责任，没有法律依据，是适用法律错误。但最高法院认为："根据《中华人民共和国物权法》第一百八十七条的规定，以土地使用权进行抵押的，应当办理抵押登记，抵押权自抵押登记时设立。原审认为抵押合同成立，抵押权并未设立，侯向阳可以主张众邦公司在土地使用权范围内对债务承担连带清偿责任，但不能就土地使用权主张优先受偿，适用法律并无不当。"众邦公司因此败诉。

败诉教训、经验总结

前事不忘，后事之师。为避免未来发生类似败诉，提出如下建议：

1. 未办理抵押登记的抵押合同并非废纸一张，而是可以转换为要求抵押人在抵押物价值的范围内对债务承担连带清偿责任的有限担保责任。理由是根据《物权法》第十五条的规定："当事人之间订立有关设立、变更、转让和消灭不动产物权的合同，除法律另有规定或者合同另有约定外，自合同成立时生效；未办理物权登记的，不影响合同效力。"也即，抵押未登记仅为抵押权未有效设立，但并不影响抵押合同的效力，抵押合同仍然有效。在抵押合同仍然有效的情况下，债权人可基于抵押合同向抵押人主张承担相应的违约责任。因此，抵押人不要以为只要未办理抵押权登记，自己就可以免于承担担保责任；抵押权人也不要因为抵押未登记就觉得抵押合同是"废纸一张"。通过抵押合同主张合同上的权利，也可以达到近似于抵押权被设立的法律效果。

2. 抵押合同签订后，不论是抵押人还是抵押权人，都应当应及时办理抵押权登记。于抵押权人而言，未办理登记就不能取得抵押权，也就不能就抵押物优先受偿。虽然债权人可以基于抵押合同，在抵押物的价值范围内要求抵押人对债务承担连带责任，但在抵押人资不抵债时，债权人还是极有可能会面临债务不能被全部清偿的风险。于抵押人而言，其未办理抵押权登记，并不能当然免除其承担责任的义务和可能性。相反，其必须在抵押物的价值范围内对债务承担连带清偿责任。因此，迟延办理抵押登记，对于双方当事人而言均无太大意义，至少不能从根本上改变双方当事人的权利义务关系。

3. 在抵押未登记但已满足抵押合同约定的或者法定的实现抵押权的条件时，抵押权人应当在请求保全债务人相关财产的同时，申请保全抵押物。在抵押物已经被抵押人转让时，可申请在抵押物价值的范围内保全抵押人的其他财产，以此来确保未来申请执行时的优先顺位，间接达到近似于有抵押权存在的法律效果。

4. 本案的另一个重要启示在于：一项法律行为（如合同、承诺书等）无效或者不能发生当事人预设的法律效果，并不当然就是“废纸一张”，而是可以转换为与之相似相近的法律行为，并以此为基础确定双方当事人的权利义务关系。本案中虽然抵押权未有效设立，但最高法院依据抵押合同有效，通过转换，要求抵押人在抵押物价值的范围内对债务承担连带清偿责任，诚值赞同！这一裁判方法被称之为法律行为的转换制度，并已经被最高法院的相关判例所采纳（详见延伸阅读）。因此，运用好法律行为转换制度，可以在某些看似已经毫无可能胜诉的案件，起到“化腐朽为神奇”的效果。

相关法条

《物权法》

第九条　不动产物权的设立、变更、转让和消灭，经依法登记，发生效力；未经登记，不发生效力，但法律另有规定的除外。

依法属于国家所有的自然资源，所有权可以不登记。

第十五条　当事人之间订立有关设立、变更、转让和消灭不动产物权的合同，除法律另有规定或者合同另有约定外，自合同成立时生效；未办理物权登记的，不影响合同效力。

第一百八十七条　以本法第一百八十条第一款第一项至第三项规定的财产或者第五项规定的正在建造的建筑物抵押的，应当办理抵押登记。抵押权自登记时设立。

《合同法》

第六十条　当事人应当按照约定全面履行自己的义务。

当事人应当遵循诚实信用原则，根据合同的性质、目的和交易习惯履行通知、协助、保密等义务。

第一百零七条 当事人一方不履行合同义务或者履行合同义务不符合约定的，应当承担继续履行、采取补救措施或者赔偿损失等违约责任。

以下为最高法院在再审裁定书“本院认为”部分就众邦公司应承担连带清偿责任的论述：

二、关于众邦公司是否应在抵押担保的土地使用权范围内承担连带清偿责任的问题。原判决认定，案涉《借款协议》《借条》签订之时，韩福全为众邦公司法定代表人，众邦公司对此并未提出异议。韩福全在《借款协议》《借条》上签字。《借款协议》《借条》均约定以众邦公司所有的商都县商张公路北侧（工业园区）80004平方米工业用地的国有土地使用证作为抵押，应视为众邦公司与侯向阳达成了以上述土地使用权作为借款抵押担保的合意。当事人之间签订的抵押合同已经成立并生效，原审法院判令众邦公司在其担保的土地使用权范围内对案涉债务承担连带清偿责任并无不当。

至于众邦公司主张土地使用证交付情况未查清，其在二审中另行提交一份土地使用证，以证明债权人持有的土地使用证存在真假不明的问题。如前所述，抵押合同于《借款协议》和《借条》签订之时已经成立并生效，土地使用证是否交付，如何交付，并不能影响抵押合同的效力。

三、关于原审适用法律是否错误的问题。根据《中华人民共和国物权法》第十五条之规定，当事人之间订立有关设立、变更、转让和消灭不动产物权的合同，除法律另有规定或者合同另有约定外，自合同成立时生效；未办理物权登记的，不影响合同效力。同时，根据《中华人民共和国物权法》第一百八十七条的规定，以土地使用权进行抵押的，应当办理抵押登记，抵押权自抵押登记时设立。原审认为抵押合同成立，抵押权并未设立，侯向阳可以主张众邦公司在土地使用权范围内对债务承担连带清偿责任，但不能就土地使用权主张优先受偿，适用法律并无不当。众邦公司主张原审存在适用法律错误的情形，缺乏依据，本院不予支持。

案件来源

侯向阳与商都县众邦亿兴能源材料有限责任公司、韩福全等民间借贷纠纷申诉、申请再审民事裁定书［最高人民法院（2015）民申字第3299号］

延伸阅读

案例：新疆石河子农村合作银行与刘峻瑞、步春华借款合同纠纷申诉、申请再审民事裁定书［最高人民法院（2015）民申字第2354号］，最高法院认为："关于刘峻瑞是否应当承担其中的20万元贷款的担保责任问题。1998年8月19日合作银行与步春华、刘峻瑞三方签订的《贷款合同书》中约定：贷款20万元，期限6个月，步春华以房产作为借款抵押，刘峻瑞在合同中注明房产抵押证号31××36、32××31。对于该抵押未办理登记的原因，合作银行称是为了减少刘峻瑞的房产抵押登记费用，故同意刘峻瑞提出的继续以房产抵押担保、不解除该房产抵押登记的要求。刘峻瑞在申请再审理由中亦自陈其31××36、32××31号房产是为此前步春华向合作银行的贷款提供抵押并办理了抵押登记，结合本案中刘峻瑞在步春华此前贷款还清之后并未申请注销抵押登记，以及在一审诉讼的早期阶段刘峻瑞一直承认其为案涉贷款提供了房产抵押等案件事实，应当认定合作银行的陈述符合本案的实际情况。故应认定本案当事人之所以未办理抵押登记手续，是因为合作银行已经因步春华的此前贷款而成为该房产的抵押权人，双方存在此前贷款还清后不办理注销登记，以31××36、32××31号房产继续为该20万元贷款的抵押担保的口头约定。《中华人民共和国担保法》第四十一条规定：当事人以该法第四十二条规定的城市房产、土地使用权等财产抵押的，应当办理抵押物登记，抵押合同自登记之日起生效。据此，刘峻瑞与合作银行之间关于先前的贷款还清后不办理注销登记，抵押房产继续为20万元贷款提供担保的约定尽管是双方的真实意思表示，但并不能发生双方所希望的法律后果，案涉抵押合同并不能为该20万元贷款依法设定抵押权。《中华人民共和国担保法》关于不动产担保物权的设定必须履行登记手续的规定，系为贯彻公示原则以保护善意第三人的利益和交易安全，对公示原则的违反尚不构成为法律秩序和法律的基本价值所不容的行为，故对于未履行登记手续的抵押合同，其法律效力并非确定无效。为救济其法律效力的瑕疵，除可以通过补办登记手续这种方式加以补正使其发生法律效力外，还可以通过解释上的转换这一方式，将其转换为有效的担保行为，以节约交易成本，促进交易发展。根据民法基本原理，法律行为的转换是指原有行为如果具备替代行为的要件，并且可以认为当事人如果知道原有行为不生效力或无效将希望替代行为生效的，可以将原有行为转换为替代行为而生效。其制度趣旨在于不拘泥于法律行为的外观，而是在尊重当事人的真实意思的基础上，对交易做出新的评价，用一种适当的行为去替换当事人所选择的不适当的行为，以平衡当事人之间的利益。就本案而言，以此前的抵押登记继续为案涉 20 万元贷款提供担保，是刘峻瑞和合作银行缔约时的真实意思表示，且在案涉贷款的催收环节和本案诉讼的初期阶段，刘峻瑞亦未以其提供的房产担保不生效力为由进行过抗辩。由此不难得出结论，如果合作银行和刘峻瑞在案涉 20 万元借款合同和担保合同签订之时，就知道这种以在先的抵押登记担保在后发生的另一笔债权并不能产生法律效力，在不办理登记以节约抵押登记费用的情况下，双方会选择由刘峻瑞提供保证这一合法有效的担保方式，以保证贷款合同的顺利履行。相反，若仅机械适用法律认定本案房产抵押因未登记就不发生任何法律效力，则刘峻瑞不承担担保责任的结果将会明显背离一般社会大众的公平认知，亦显然有违诚实信用原则。因此，根据本案的实际情况，本院将案涉 20 万元的抵押担保合同转换为连带责任保证合同。由于抵押担保是以物的价值为限承担有限责任，而保证则是以保证人的全部责任财产承担无限责任，故在理论上存在着将抵押担保转化为保证担保会增加刘峻瑞责任范围的可能性，但在本案中，该 31××36、32××31 号房产原先是作为 1998 年 4 月 9 日的 25 万元贷款的抵押担保，依经验法则判断，该房产的价值显然应该大于 25 万元，在担保方式转换后刘峻瑞所应承担的 20 万元本息的保证责任并未超出其所提供的担保物的价值，故本院对担保方式转换后刘峻瑞的保证责任范围不再予以限定。根据《贷款合同书》的约定，担保到贷款还完方可解除，刘峻瑞应当承担责任的保证期间依法应确定为主债务履行期届满之日起二年。因合作银行、步春华和刘峻瑞三方协议该 20 万元贷款于 1999 年 8 月 19 日归还，合作银行于 2000 年 5 月 19 日向保证人刘峻瑞催收，系在合同约定的保证期间要求刘峻瑞承担保证责任，并应当自 2000 年 5 月 19 日之日起计算该 20 万元贷款的诉讼时效，合作银行于 2000 年 5 月 30 日提起本案诉讼，并未超过诉讼时效期间，刘峻瑞应当为该 20 万元承担相应的保证责任。尽管一、二审判决关于刘峻瑞应当承担该 20 万元担保责任的论理逻辑并不正确，但其关于刘峻瑞应当对上述贷款及利息承担担保责任的处理结果并无不当。故对刘峻瑞关于其不应承担案涉 20 万元贷款的担保责任的申请理由，本院不予支持。”

057［公报案例］抵押权预告登记人能否直接主张对抵押物行使优先受偿权?

抵押权预告登记人对抵押物不享有优先受偿权

裁判要旨

预售商品房抵押贷款中，虽然银行与借款人（购房人）对预售商品房做了抵押预告登记，但该预告登记并未使银行获得现实的抵押权，而是待房屋建成交付借款人后银行就该房屋设立抵押权的一种预先的排他性保全。如果房屋建成后的产权未登记至借款人名下，则抵押权设立登记无法完成，银行不能对该预售商品房行使抵押权。

案情简介

一、2007 年 8 月 29 日，原告光大银行与两被告陈思绮、东鹤公司签订《个人贷款合同（抵押、保证）》1 份，约定：陈思绮向光大银行借款人民币 37 万元，用于购买东鹤公司房屋，被告东鹤公司承担阶段性连带保证责任。陈思绮以该房屋作为抵押物提供担保，后光大银行和陈思绮办理了抵押物预告登记手续。

二、合同签订后，原告按约发放贷款。后两被告之间的房屋买卖合同被（2011）青民三（民）初字第 79 号民事判决确认无效。根据该判决陈思绮应偿还光大银行本金 354852. 26 元。

三、光大银行向上海青浦法院起诉，请求判令：被告陈思绮偿付利息；被告东鹤公司连带清偿借款本金及利息和逾期利息；两被告偿付原告律师代理费 15000 元；原告在抵押物处分时享有优先受偿权。

四、上海青浦法院一审判决：陈思绮偿付光大银行律师代理费 5000 元；光大银行在借款本金及 5000 元律师费的范围内对抵押物享有优先受偿权；东鹤公司对不足部分债务承担连带清偿责任。

五、一审判决作出后，光大银行、东鹤公司均不服，上诉至上海三中院。上海三中院二审改判：陈思绮偿付光大银行律师代理费 5000 元；陈思绮偿付借款利息；东鹤公司就借款本金、利息及律师费承担连带清偿责任。但驳回了光大银行关于对抵押物享有优先受偿权的诉请。

败诉原因

本案中光大银行的诉请之一是主张对案涉房屋即抵押物享有优先受偿权，但上海三中院认为，根据《物权法》第二十条的规定，抵押权预告登记所登记的并非现实的抵押权，而是将来发生抵押权变动的请求权。也即，虽然光大银行已经取得了对抵押物的抵押权预告登记，但该登记并非抵押权登记本身，光大银行不能基于抵押权预告登记主张对抵押物享有抵押权，进而主张对抵押物享有优先受偿权。光大银行因此败诉。

败诉教训、经验总结

前事不忘，后事之师。为避免未来发生类似败诉，提出如下建议：

1. 预告登记不同于本登记，并不能使登记权利人取得物权。本案中，光大银行对案涉的抵押物仅作了抵押权预告登记，而未作抵押权登记。所谓的预告登记，根据《物权法》第二十条的规定，是指“当事人签订买卖房屋或者其他不动产物权的协议，为保障将来实现物权”而作的一种登记。从这一规定可以看出，预告登记是为“保障将来实现物权”而作的一种登记，因此预告登记的权利人对于登记物不享有物权，而仅享有未来取得物权的请求权。

2. 预告登记的权利人虽然对于登记物不享有物权，但是取得预告登记以后，权利人请求将来变动物权的债权请求权却因为预告登记的存在具有了对抗第三人的效力。也即，权利人通过预告登记，增强了债权请求权的效力，将原本仅对双方当事人具有约束力的债权请求权转变为对所有人都具有对抗效力的请求权，能够最大程度地保障债权人实现债权的可能性。因此，在进行不动产交易时，如果不动产尚不具备及时变动物权的可能性，如存在在先顺位的物权、房屋尚未建成或未完成初始登记等，都可以约定先行对不动产进行预告登记，以最大限度地保障将来债权的实现。

3. 鉴于预告登记的权利人对于登记物并不享有物权，根据《物权法》第二十条第二款的规定，“预告登记后，债权消灭或者自能够进行不动产登记之日起三个月内未申请登记的，预告登记失效”。因此，在登记物满足进行不动产物权登记的条件时，应及时办理物权的本登记，以最终确定无疑地取得物权，防止发生不测。另外，为有效督促义务人及时促成进行不动产预告登记的条件，也可在合同中约定相应的违约责任条款。但需特别注意的是，即使义务人怠于促成进行不动产登记的条件的，也不能推定权利人当然取得物权（参见案例四）。本案中，光大银行败诉的原因就在于其仅办理了抵押权预告登记，而没有办理抵押权登记。虽然抵押权预告登记强化了光大银行的权利，但仍未使其取得抵押权，导致其最终不能对抵押物主张行使抵押权。

相关法条

《物权法》

第二十条　当事人签订买卖房屋或者其他不动产物权的协议，为保障将来实现物权，按照约定可以向登记机构申请预告登记。预告登记后，未经预告登记的权利人同意，处分该不动产的，不发生物权效力。

预告登记后，债权消灭或者自能够进行不动产登记之日起三个月内未申请登记的，预告登记失效。

《最高法关于〈中华人民共和国物权法〉若干问题的解释（一）》

第四条　未经预告登记的权利人同意，转移不动产所有权，或者设定建设用地使用权、地役权、抵押权等其他物权的，应当依照物权法第二十条第一款的规定，认定其不发生物权效力。

第五条　买卖不动产物权的协议被认定无效、被撤销、被解除，或者预告登记的权利人放弃债权的，应当认定为物权法第二十条第二款所称的“债权消灭”。

以下为上海三中院在二审判决书“本院认为”部分就此问题发表的意见：

系争房产上设定的抵押预告登记，与抵押权设立登记具有不同的法律性质和法律效力。根据《中华人民共和国物权法》等相关法律法规的规定，预告登记后，未经预告登记的权利人同意，处分该不动产的，不发生物权效力。预告登记后，债权消灭或者自能够进行不动产登记之日起三个月内未申请登记的，预告登记失效。即抵押权预告登记所登记的并非现实的抵押权，而是将来发生抵押权变动的请求权，该请求权具有排他效力。因此，上诉人光大银行作为系争房屋抵押权预告登记的权利人，在未办理房屋抵押权设立登记之前，其享有的是当抵押登记条件成就或约定期限届满对系争房屋办理抵押权登记的请求权，并可排他性地对抗他人针对系争房屋的处分，但并非对系争房屋享有现实抵押权，一审判决对光大银行有权行使抵押权的认定有误，应予纠正。

案件来源

中国光大银行股份有限公司上海青浦支行诉上海东鹤房地产有限公司、陈思绮保证合同纠纷二审民事判决书［上海市第二中级人民法院，《中华人民共和国最高人民法院公报》2014 年第 9 期（总第 215 期）］

延伸阅读

通过案例检索我们发现，各地法院对于抵押权预告登记人对抵押物是否享有优先受偿权存在不同的裁判观点，但我们认为公报案例的裁判要旨符合《物权法》的规定，更为可取。

一、认定抵押权预告登记人对抵押物不享有优先受偿权的案例

案例一：中国建筑土木建设有限公司与中国农业银行股份有限公司咸阳渭城区支行、陕西怡丰房地产开发有限公司案外人异议纠纷二审民事判决书［陕西省高级人民法院（2014）陕民二终字第00100号］，该院认为："张养孝等9人虽与怡丰公司签订《商品房买卖合同》并用该合同与农行渭城支行签订了《商业用房抵押借款合同》，也进行了抵押权预告登记等，但张养孝等9人并未取得商品房买卖合同项下房屋的所有权。抵押权预告登记的目的是债权人为了保全其请求权，排除第三人的请求权所设置的一项法律制度，债权人不享有担保物权，因按揭贷款人所担保的物是一种期待权，待按揭贷款人取得房产证后还须办理抵押登记，在3个月内不办的，预告登记失效。故抵押预告登记不具有优先受偿权。抵押权预告登记获得的仅仅是优先他人设立抵押进行登记的权利，而不是对抵押物的优先受偿权。本案张养孝等9人并未取得商品房买卖合同项下房屋的所有权，其向农行渭城支行提供的抵押不是物权抵押，只有上述房产已具备了办理正式抵押登记条件，且在农行渭城支行办理正式抵押登记手续后，才产生担保法规定的抵押权。本案中，农行渭城支行只进行了预告抵押登记，并未进行正式抵押登记，故其对涉案房产并不享有物权意义上的优先受偿权。因此，预购商品房抵押权登记，不享有优先受偿权。农行渭城支行主张其优先受偿权，缺乏事实及法律依据，其请求将其中2228.1m^2房产的执行款优先向其支付的主张不能成立，其诉讼请求依法应予驳回。土木公司上诉称农行渭城支行只进行了预告抵押登记，并未进行正式抵押登记，其对涉案房产并不具有优先受偿权的理由成立，本院依法予以支持。"

案例二：交通银行股份有限公司江苏省分行与王笑晨、南京蟠龙金陵建设开发有限公司金融借款合同纠纷再审民事判决书［江苏省高级人民法院（2015）苏商再提字第00001号］，该院认为："本案中交行江苏分行和王笑晨、蟠龙金陵开发公司所签订的房地产抵押合同不违反法律，合法有效，但是三方仅就拟抵押的房屋按照合同约定向登记机构申请预告登记，并未办理房产的抵押登记。抵押权预告登记中登记的并非现实的抵押权，而是将来发生抵押权变动的请求权，该请求权具有排他效力。因此，交行江苏分行作为涉案房屋抵押权预告登记的权利人，在未办理房屋抵押权设立登记之前，其只享有当抵押登记条件成就或约定期限届满对涉案房屋办理抵押权登记的请求权，并可对抗他人对涉案房屋的处分，但对涉案房屋不享有抵押权。故交行江苏分行主张对涉案房屋享有优先受偿权，本院不予支持。”

案例三：中国工商银行股份有限公司铜陵百大支行与王武甲、王文甲、杨健康、李葳、铜陵银基置业有限公司、铜陵市宝业商贸有限公司金融借款合同纠纷二审民事判决书［安徽省高级人民法院（2015）皖民二终字第00891号］，该院认为：“预告登记赋予预告登记申请人一种将来在条件成就或期限届满时请求房产预售人向其转移物权的权利，其目的在于保护以物权变动为内容之请求权，免受预售人处分行为之妨害。本质上是预告登记权利人请求预售人转移房屋请求权的物权化的一种表现，是具有一定物权效力的、对以物权变动为内容的请求权担保。担保的效力体现在原不动产所有人仍有权进行处分，但该处分行为与预告登记权利人行使请求权发生冲突时，处分行为对预告登记权利人不生效，担保预告登记权利人在登记条件具备或者所附条件成就及所附期限到来时能够取得预告登记不动产的抵押权。故预告登记并不能取得与抵押权登记一样的法律效果，当事人在能够进行不动产登记之日起三个月内申请抵押权登记的，预告抵押登记予以失效，也就是说只有在办理抵押权登记、债权人取得抵押权后，方能对抵押财产享有优先受偿权。故工行百大支行与王武甲、王文甲虽然对涉案房产办理了抵押权预告登记，但至今没有办理房产证、更没有办理抵押权登记，工行百大支行没有取得抵押权，故对涉案房产不享有优先受偿权。”

案例四：中国农业银行股份有限公司芜湖金桥支行与张恒、芜湖市华安房地产开发有限责任公司金融借款合同纠纷二审民事判决书［芜湖市中级人民法院（2016）皖02民终893号］，该院认为：“农行芜湖金桥支行认为抵押权预告登记具有物权排他性，可以对抗第三人，预告登记权利人可享有优先受偿权。芜湖华安公司对农行芜湖金桥支行的上述主张不持异议，并认为抵押权预告登记不认定抵押权已设立无明确法律依据；案涉购房人经多次通知拒不办理产权登记，属合同法第四十五条规定的‘不正当阻止条件成就’，应视为不动产登记条件成就。对此，本院认为，优先受偿权是基于法律规定而享有的权利，不因当事人之间的约定而产生。物权法第一百七十九条规定，债权人有权就抵押财产优先受偿，故抵押权人享有优先受偿权是法律赋予的。物权法第一百八十五条规定，设立抵押权，当事人应当采取书面形式订立抵押合同。第一百八十七条规定，以建筑物和其他土地附着物抵押的，应当办理抵押登记。抵押权自登记时设立。由此可知，农行芜湖金桥支行对案涉房产享有优先受偿权，必须以办理抵押登记为条件。另外，即便未能完成抵押登记系第三人原因所致，且该第三人不正当地阻止条件成就，亦不能适用合同法第四十五条第二款关于附条件合同条件成就的规定，因为该条款指向的条件系当事人双方合同中约定的条件，而抵押权设立的条件是法定的，不因当事人的约定而完成。本案中，案涉房产仅只办理了抵押权预告登记，未办理抵押登记，抵押权预告登记效力是否与抵押登记的效力相同是争议关键。对此问题可从以下几点分析：一是从申请预告登记的条件看。根据物权法第二十条的规定，当事人签订买卖房屋或者其他不动产物权的协议，为保障将来实现物权，可以按合同约定申请预告登记。也就是说，申请预告登记，是由于不动产登记的条件暂不具备，无法完成正式登记。本案中，尽管农行芜湖金桥支行与张恒均同意以案涉房产作为抵押，以保证债权的安全，但因在借款发生时，案涉房产尚未办理房产证，处于商品房预售阶段，依法不能办理抵押权登记，只能办理预告登记。而抵押登记的办理必须以取得了房产权属证明为前提，因此，申请抵押权预告登记与抵押登记条件有严格的区别。二是从预告登记的法律后果看。依据物权法二十条的规定，预告登记后，未经预告登记权利人同意，处分该不动产的，不发生物权效力。据此，预告登记权利人对登记的不动产享有排他权，未经其同意，不动产的所有权人及其他任何第三人处分该不动产，均不能发生物权的效力。对本案而言，张恒或芜湖华安公司不经农行芜湖金桥支行的同意，处分案涉房产的，将不发生物权效力。但是，排他权与优先受偿权并非同一权利，排他权是对他人权利的限制，而优先受偿权则为优于他人受偿。因此，从预告登记的法律后果看，权利人享有的仅为排他权，以及在登记条件成就后请求办理正式登记的权利，并非优先受偿权。三是从本案的具体案情看。案涉房屋已具备交付并办理房屋产权证的条件，仅因债务人张恒不予配合办理相关证件所致，并非存在客观不能的情形，农行芜湖金桥支行可通过法律程序实现抵押登记，以维护其合法权利。综上，案涉房产的抵押登记未办理虽系他人原因造成，与农行芜湖金桥支行无涉，但因优先受偿权为法定权利，在抵押担保中，只有抵押权设立后才能享有，抵押权预告登记不能产生抵押登记的法律后果，且本案房屋产权证及抵押权证的办理农行芜湖金桥支行可依法获得救济，故农行芜湖金桥支行主张其就案涉房产行使优先受偿权的上诉主张不能成立，不予支持。”

二、认定抵押权预告登记人对抵押物享有优先受偿权的案例

案例五：中国建设银行股份有限公司瑞安支行与浙江正国房地产开发有限公司、刘雪燕等金融借款合同纠纷申诉、申请再审民事裁定书［浙江省高级人民法院(2016) 浙民申 1180 号］，该院认为：“本案中，正国公司为金健向建行瑞安支行的借款提供阶段性保证。阶段性保证的设立初衷在于降低因正式产权登记未完备导致的债权清偿风险，促使开发商及时完成项目开发建设、积极协助办理产权登记手续。现正国公司已完成涉案房屋的开发建设，并已完成产权初始登记，不存在怠于建设、办理产权过户等情形，应当认定正国公司的阶段性保证责任已经免除。至于预购商品房抵押权预告登记的效力问题，尽管金健与建行瑞安支行就涉案房产抵押仅办理了抵押权预告登记，由于该预告登记使得被登记的请求权具有了物权的效力，可以对抗普通债权人，且建行瑞安支行对抵押权预告登记无法转为正式抵押登记并无过错，故一、二审判决据此认定建行瑞安支行在抵押担保范围内对涉案房产享有优先受偿权，亦无不可。”

058［最高法院］权利证书上记载的抵押权设定时间能否作为抵押登记时间？

抵押登记时间应依抵押记载于不动产登记簿上的完成时间确定

裁判要旨

权利证书上记载的抵押权设定时间早于抵押登记实际完成时间的，应以抵押权实际记载于不动产登记簿上的时间作为确定抵押登记完成的时间，并以此为基础来确定第三人是否知晓不动产登记权利状况。

案情简介

一、2009 年 12 月 9 日，济宁中院作出（2009）济民一初字第 16 号民事调解书（以下简称第 16 号调解书），确认和源公司与丰泽圆公司双方达成协议的内容为：丰泽圆公司欠和源公司本金 2438 万元及利息 4733463. 55 元，共计 29113463. 55 元。丰泽圆公司以其案涉房屋抵付欠款 21774720 元。

二、农行济宁分行与丰泽圆公司于 2008 年 4 月 14 日签订借款合同，2009 年 1 月 19 日，农行济宁分行与丰泽圆公司签订抵押合同，丰泽圆公司以案涉房屋未预售在建工程为上述贷款提供抵押担保。2009 年 6 月 11 日申请房产抵押登记，2010 年 1 月 11 日济宁市房管局向农行济宁分行出具济宁市房他字第 1000214 号他项权利证书，记载的抵押权设定时间为 2009 年 6 月 11 日。

三、因丰泽圆公司贷款到期后，仅归还银行22万元，农行济宁分行起诉要求还款。济宁中院于2010年12月8日作出（2010）济商初字第47号民事判决，其中第二项判决农行济宁分行对案涉房屋享有抵押权。

四、农行济宁分行向济宁中院申请再审，以第16号调解书损害其法定抵押权为由，要求撤销第16号调解书。济宁中院再审一审判决支持其诉请。

五、和源公司不服，上诉至山东高院，山东高院再审二审判决驳回上诉，维持再审一审判决。

六、和源公司仍不服，向最高法院申请再审，最高法院再审判决撤销山东两审法院的再审判决，改判支持和源公司的诉请。

败诉原因

本案中和源公司最终的胜诉，绝对可以用“惊心动魄，绝地反击”来形容，农行济宁分行的败诉也可以用“扼腕长叹，功亏一篑”来总结。本案中，农行济宁分行的败诉原因在于虽然案涉房屋申请抵押登记的时间在2009年6月11日，权利证书上记载的抵押权设定时间也为该时间，但实际上该抵押权完成登记的时间却远在该时间之后的2010年1月11日，前后相差七个月之久。而就在这七个月内，作为债务人的丰泽圆公司与和源公司达成以物抵债协议，并作出了本案的第16号调解书。本案的争议点即在于第16号调解书所涉及的以物抵债协议是否侵害了农行济宁分行的抵押权，而要确定这一点需要确定农行济宁分行的抵押权是否设定于第16号调解书之前。在本案的一二审判决中，山东两级法院均以权利证书上记载的抵押权设定时间认定农行济宁分行的抵押权设定在先，进而支持了农行济宁分行的诉请。但最高法院却以本案的抵押权实际记载于不动产登记簿上的时间来确定抵押权设定的时间，并以此为基础确定该抵押权登记是否具有对抗后续权利人的效力。据此，最高法院最终认定，和源公司在与丰泽圆公司签订以物抵债协议、作出第16号调解书时，农行济宁分行的抵押权并未设定，第16号调解书不存在侵害其抵押权的可能性，最终判决驳回了农行济宁分行的诉请。农行济宁分行因此败诉。

败诉教训、经验总结

前事不忘，后事之师。为避免未来发生类似败诉，提出如下建议：

1. 除法律明确规定外，以不动产设定抵押的，应当办抵押登记。

根据《物权法》第九条规定：“不动产物权的设立、变更、转让和消灭，经依法登记，发生效力；未经登记，不发生效力，但法律另有规定的除外。”该法第一百八十七条也规定，以不动产或正在建造的建筑物抵押的，应当办理抵押登记。抵押权自登记时设立。因此，以不动产设定抵押的，应当办理抵押登记，抵押权自登记完成时设立，并以此为基础确定抵押权顺位、不动产善意取得等问题。未办理登记的，抵押权即未设立，不仅不能取得对抗后续权利人的效力，也不能取得优先受偿的效力。结合本案而言，虽然农行济宁分行于 2009 年 6 月 11 日已经申请了抵押权登记，但完成抵押权登记的时间却是 2010 年 1 月 11 日。因此，最高法院认定在 2010 年 1 月 11 日之前，农行济宁分行的抵押权并未设定，将 2009 年 6 月 11 日认定为抵押权设定的时间，“缺乏事实基础和法律依据”。

2. 进行不动产登记，应注意申请查阅不动产登记簿。

《物权法》第十六条规定：“不动产登记簿是物权归属和内容的根据。不动产登记簿由登记机构管理。”第十七条规定：“不动产权属证书是权利人享有该不动产物权的证明。不动产权属证书记载的事项，应当与不动产登记簿一致；记载不一致的，除有证据证明不动产登记簿确有错误外，以不动产登记簿为准。”结合以上两个条文可知，确定权利人是否享有不动产物权（包括不动产抵押权），应以不动产登记簿为准，不动产权属证书仅为证明不动产权利的证据之一，不具有绝对效力，不动产权属证书与不动产登记簿记载不一致的，原则上以不动产登记簿为准。因此，在进行不动产交易时，查看当事人的权属证书固然重要，但更为重要的是要向不动产登记机关申请查阅不动产的权属状况，防止不动产登记簿上记载的情况与不动产权属证书不一致。

3. 不动产登记机关在不动产权属证书上注明的不动产权利的设定时间没有任何意义。

本案中，济宁市的不动产登记机关在 2010 年 1 月 11 日完成抵押登记并作出他项权利证书（不动产权属证书）时，在不动产权属证书上注明抵押权设定的时间为 2009 年 6 月 11 日。农行济宁分行及山东两审法院均以此为依据，认定农行济宁分行抵押权设定的时间点为 2009 年 6 月 11 日。但这一认定其实是没有法律依据的。根据《物权法》第十四条的规定：“不动产物权的设立、变更、转让和消灭，依照法律规定应当登记的，自记载于不动产登记簿时发生效力。”对于本条的理解，应注意以下两点：（1）未记载于不动产登记簿之前，不动产权利设立、变更、转让或消灭不发生效力；（2）不动产权利设立、变更、转让和消灭的时间起点应为权利记载于不动产登记簿之日。具体到本案，农行济宁分行的抵押权于 2010 年 1 月 11 日才记载于不动产登记簿，此前仅为登记的审批阶段。因此，最高法院最终以 2010

年1月11日作为本案抵押权生效的时间点，不仅有法律依据，也有事实基础。济宁不动产登记机关将所谓的抵押权设定时间注明在不动产权属证书上，不能产生任何《物权法》上的法律效果，更不能作为确定不动产权利变动与否的依据。

相关法条

《物权法》

第九条 不动产物权的设立、变更、转让和消灭，经依法登记，发生效力；未经登记，不发生效力，但法律另有规定的除外。

依法属于国家所有的自然资源，所有权可以不登记。

第十四条 不动产物权的设立、变更、转让和消灭，依照法律规定应当登记的，自记载于不动产登记簿时发生效力。

第十五条 当事人之间订立有关设立、变更、转让和消灭不动产物权的合同，除法律另有规定或者合同另有约定外，自合同成立时生效；未办理物权登记的，不影响合同效力。

第十六条 不动产登记簿是物权归属和内容的根据。不动产登记簿由登记机构管理。

第十七条 不动产权属证书是权利人享有该不动产物权的证明。不动产权属证书记载的事项，应当与不动产登记簿一致；记载不一致的，除有证据证明不动产登记簿确有错误外，以不动产登记簿为准。

第十八条 权利人、利害关系人可以申请查询、复制登记资料，登记机构应当提供。

第一百八十条 债务人或者第三人有权处分的下列财产可以抵押：

（一）建筑物和其他土地附着物；

（二）建设用地使用权；

（三）以招标、拍卖、公开协商等方式取得的荒地等土地承包经营权；

（四）生产设备、原材料、半成品、产品；

（五）正在建造的建筑物、船舶、航空器；

（六）交通运输工具；

（七）法律、行政法规未禁止抵押的其他财产。

抵押人可以将前款所列财产一并抵押。

第一百八十七条 以本法第一百八十条第一款第一项至第三项规定的财产或者第五项规定的正在建造的建筑物抵押的，应当办理抵押登记。抵押权自登记时设立。

以下为最高法院在再审判决书“本院认为”部分就此问题发表的意见：

本院认为，本案的焦点问题是和源公司与丰泽圆公司达成的以房抵债协议是否侵害了农行济宁分行的在建工程抵押权。分析认定如下：第一，关于第16号调解书生效时间以及农行济宁分行在建工程抵押权设定成立时间。1. 农行济宁分行与丰泽圆公司于2009年6月11日共同向济宁市房产管理局申请房产抵押登记，但是其实际取得房屋他项权利证书的时间是2010年1月11日，前后相差数月。农行济宁分行也承认在此期间内，当地尚未实施不动产登记簿制度；而且，在2009年6月11日至济宁市房产管理局实际颁发证书的2010年1月11日期间内，该申请设定抵押登记行为并不能起到对外公示效力。因此，对在此期间内无从知晓该权利设定内容的不特定第三人而言，农行济宁分行与丰泽圆公司的申请行为并不能产生设定抵押权登记的他物权效力。一审、二审法院以权利证书中记载的抵押权“设定日期”是“2009年6月11日”为由，将该日期作为抵押权设定成立时间，既对无从知晓该权利存在的人而言是不公平，也缺乏事实基础和法律依据。和源公司认为农行济宁分行关于在建工程抵押权的确认时间，最早也只能从其实际领取权利证书的2010年1月11日起算的观点，有事实基础，本院予以采信。2. 根据已经查明的事实，和源公司与丰泽圆公司之间的纠纷于2009年6月涉诉至一审法院同年12月9日出具第16号调解书，在农行济宁分行取得案涉房屋他项权利证书之前，该调解书已经生效。由此可见，第16号调解书生效时间在先，一审、二审法院认定农行济宁分行关于在建工程抵押权设定时间先于第16号调解书，并据此得出调解书侵害了农行济宁分行合法抵押权的结论，属于认定事实错误，应予纠正。

案件来源

邹城市和源房地产开发有限责任公司与中国农业银行股份有限公司济宁分行、山东省济宁丰泽圆房地产开发有限公司合资、合作开发房地产合同纠纷再审复查与审判监督民事判决书［最高人民法院（2013）民提字第97号］

延伸阅读

关于抵押权自登记完成之日起设立的判例：

一、抵押权自登记完成之日起设立

案例一：大连海岸东方投资有限公司与中国建设银行股份有限公司大连天津街支行、大连海岸东方置地有限公司、大连欧美亚房地产开发有限公司、朱清明、西庆国其他撤销权纠纷二审民事判决书［最高人民法院（2014）民一终字第34号］，最高法院认为："本院认为，依据《物权法》第一百八十七条规定，以正在建造的建筑物抵押的，应当办理抵押登记。抵押权自登记时设立。依据（2012）辽民二初字第32号民事判决和本案查明的事实，置地公司已经以包括涉案578套在建工程在内的1740套在建工程作为抵押物，与建设银行签订了抵押合同，并于2009年12月31日在房产部门办理了抵押登记。对此事实，各方当事人均无异议。因此，自2009年12月31日办理抵押登记时，建设银行就取得了对涉案578套在建工程的抵押权。"

二、未办理抵押权登记的，抵押权未设立

案例二：李向龙与商都县众邦亿兴能源材料有限责任公司、韩福全等民间借贷纠纷申诉、申请再审民事裁定书［最高人民法院（2015）民申字第3256号］，最高法院认为："关于原审适用法律是否错误的问题。根据《中华人民共和国物权法》第十五条之规定，当事人之间订立有关设立、变更、转让和消灭不动产物权的合同，除法律另有规定或者合同另有约定外，自合同成立时生效；未办理物权登记的，不影响合同效力。同时，根据《中华人民共和国物权法》第一百八十七条的规定，以土地使用权进行抵押的，应当办理抵押登记，抵押权自抵押登记时设立。原审认为抵押合同成立，抵押权并未设立，李向龙可以主张众邦公司在土地使用权范围内对债务承担连带清偿责任，但不能就土地使用权主张优先受偿，适用法律并无不当。众邦公司主张原审存在适用法律错误的情形，缺乏依据，本院不予支持。"

案例三：中国农业银行股份有限公司哈尔滨道外支行与哈尔滨中财房地产开发有限公司金融借款合同纠纷申请再审民事裁定书［最高人民法院（2016）最高法民申886号］，最高法院认为："本案抵押权是否有效设立的问题。《中华人民共和国担保法》第四十一条规定，'应当办理抵押物登记的，抵押合同自登记之日起生效'。《中华人民共和国物权法》第一百八十七条规定，用正在建造的建筑物抵押的，应当办理抵押登记，抵押权自登记时设立。本案中，虽然双方当事人均同意用8810号抵押合同的抵押物继续为本案8821号借款合同3500万元进行担保，但双方当事人未对8821号借款合同约定的抵押财产重新登记或变更登记，故原判决认定本案抵押权未有效设立，认定事实清楚，适用法律正确。"

案例四：卞忠华与张家港市永佳金属结构件制造有限公司、张家港市蓝江通用机械有限公司民间借贷纠纷再审民事判决书［江苏省高级人民法院（2016）苏民再383号］，该院认为："关于抵押权是否设立的问题。根据《中华人民共和国物权法》第一百八十七条的规定，以建筑物抵押的，应当办理抵押登记，抵押权自登记时设立。虽然蓝江公司与卞忠华就案涉房屋签订了《抵押合同》，该合同成立并生效，并且也向当地房管部门递交了申请抵押登记的相关文件，但最终因卞忠华未能取得案涉房屋的他项权证书，故抵押权未设立。卞忠华主张抵押权已设立，并主张对抵押房屋享有优先受偿权，于法无据，本院不予支持。”

三、抵押权登记机关为不动产登记部门，向公证机关申请抵押权登记不能发生设定抵押权的法律效果

案例五：中国建设银行股份有限责任公司郴州香雪路支行与黄纪红、盘新才等金融借款合同纠纷二审民事判决书［湖南省高级人民法院（2015）湘高法民一终字第7号］，该院认为：“关于黄纪红和东波水电开发公司是否应对金狮民族水电公司本案债务承担抵押担保责任的问题。黄纪红和东波水电开发公司均为金狮民族水电公司本案借款提供了抵押担保、签订了抵押合同，抵押物分别是苏仙区扶塘电站和郴州东波民族水电站，该抵押合同是当事人的真实意思表示，内容不违反法律法规的禁止性规定，抵押合同依法成立、合法有效，但上述抵押物均是在郴州市苏仙区公证处办理的抵押登记，而我国相关法律法规并未赋予公证处办理抵押登记的效力，故该抵押登记应属无效。根据《中华人民共和国物权法》第一百八十七条的规定，以在建工程抵押的，应当办理抵押登记，抵押权自登记时设立，虽然黄纪红和东波水电开发公司与建行郴州香雪路支行签订的《抵押合同》成立，但因抵押登记不当，建行郴州香雪路支行的抵押权不能成立，上诉人主张对黄纪红和郴州东波水电开发有限公司的抵押物享有优先受偿权的请求本院不予支持。”

059［最高法院］登记记载的抵押权利价值是否为抵押人承担担保责任的最高限额？

登记记载的抵押权利价值对抵押权的效力范围不产生任何影响

裁判要旨

《担保法司法解释》第六十一条关于“抵押物登记记载的内容与抵押合同约定的内容不一致的，以登记记载的内容为准”的规定，是对抵押登记内容的规定，而非是对抵押担保范围的规定。故抵押登记记载的抵押权利价值并非抵押人承担担保责任的限额，对抵押权的效力不产生任何影响。

案情简介

一、中航公司与成城公司于2011年3月31日签订信托贷款合同，中航公司向成城公司发放贷款2亿元。隆侨公司以其所有的天津市南开区铜锣湾广场B区6、7、8层的房产设定抵押为上述贷款承担担保责任。抵押房产的他项权证及房管部门登记备案均载明：抵押权利价值共计2.255亿元。2011年4月7日，各方对上述信托贷款合同、抵押合同进行了公证并赋予强制执行效力。

二、后因成城公司未还本付息，经中航公司申请，公证处出具执行证书，载明：被申请执行人为隆侨公司，执行标的贷款本金200000000元、贷款利息6473972.6元、违约金200000000元、罚息3353424.65元，申请执行期限为二年。

三、中航公司于2013年7月12日向天津高院申请强制执行，天津高院于2013年7月22日立案执行。因被执行人未按期履行义务，天津高院查封了隆侨公司抵押的坐落于天津市南开区铜锣湾广场B区6、7、8层的房产。

四、隆侨公司向天津高院提出执行异议，被裁定驳回。隆侨公司不服，以执行债权数额超过登记的抵押权利价值为由，向最高法院申请复议，最高法院裁定驳回复议申请。

败诉原因

本案中隆侨公司的败诉原因在于错误地认为抵押登记记载的抵押权利价值为抵押人承担担保责任的最高限额。隆侨公司在向最高法院申请复议的过程中提出，抵押登记的抵押权利价值共计2.255亿元。根据《担保法司法解释》第六十一条关于“抵押物登记记载的内容与抵押合同约定的内容不一致的，以登记记载的内容为准”的规定，中航公司可实现的抵押权数额应为抵押物登记记载的2.255亿元，而执行证书确定的执行标的数额却高达4亿余元。因此认为，“执行证书确定的执行标的数额超出了抵押物他项权证及房管部门登记备案的数额，与事实不符，应不予执行。”但最高法院认为，“该理由是对法律的错误理解，该条文是对抵押登记内容的规定，而非是对抵押担保范围的规定”。隆侨公司承担担保责任的范围仍应根据抵押合同来确定，隆侨公司因此败诉。

败诉教训、经验总结

前事不忘，后事之师。为避免未来发生类似败诉，提出如下建议：

1. 应准确理解“抵押物登记记载的内容与抵押合同约定的内容不一致”的规定。抵押登记是抵押权的权利登记，因此只有能够对抵押权效力产生影响的登记方能被视为抵押登记的内容。而能够对抵押权效力产生影响的内容具体可包括以下几个方面：主债权的种类及数额、抵押权人、抵押人、抵押物的数量及范围、抵押权顺位、抵押权担保的最高债权额、债务履行期等。只有以上登记记载的内容与抵押合同的约定不一致时，方能够认定为《担保法司法解释》第六十一条规定的情形。关于抵押物的估价、抵押权利价值、抵押期限的登记不属于抵押权的法定内容。不仅登记记载与抵押合同不一致时，不能够发生否定抵押合同约定的效力，而且以上内容的登记记载对于抵押权效力不会产生任何影响。

2. 抵押权人在接受不动产抵押时，应重点关注不动产抵押登记的内容记载。不动产抵押权是以登记为对外公示手段的不动产物权，根据《物权法》第九条、第一百八十七条的规定，非经登记抵押权不能设立。因此，抵押权人在接受不动产抵押时，不仅要关注抵押合同的约定是否能够有效保障自身权益，还要合理利用不动产抵押登记可登记记载的内容，有效保障自身权利的实现。具体而言，应重点关注主债权的种类及数额、抵押权顺位、抵押物范围、债务履行期、抵押物权利归属等内容。

3. 抵押权利价值的登记记载往往是在设定抵押时对抵押物价值进行评估后所进行的抵押物估价登记。虽然在通常情况下，抵押价值的登记对于抵押权的效力不会产生任何影响，但根据《物权法》第一百九十三条关于“抵押人的行为足以使抵押财产价值减少的，抵押权人有权要求抵押人停止其行为。抵押财产价值减少的，抵押权人有权要求恢复抵押财产的价值，或者提供与减少的价值相应的担保。抵押人不恢复抵押财产的价值也不提供担保的，抵押权人有权要求债务人提前清偿债务”的规定，抵押权利价值的登记可作为抵押权人根据本条行使权利的依据。即一旦抵押物价值低于评估价，抵押权人原则上可要求抵押人补充提供担保或者提前清偿债务。

相关法条

《物权法》

第一百九十三条 抵押人的行为足以使抵押财产价值减少的，抵押权人有权要求抵押人停止其行为。抵押财产价值减少的，抵押权人有权要求恢复抵押财产的价值，或者提供与减少的价值相应的担保。抵押人不恢复抵押财产的价值也不提供担保的，抵押权人有权要求债务人提前清偿债务。

《担保法司法解释》

第六十一条 抵押物登记记载的内容与抵押合同约定的内容不一致的，以登记记载的内容为准。

以下为最高法院在复议审查裁定中就此问题发表的意见：

关于执行证书是否扩大了隆侨公司的责任范围问题。(2012) 洪青经证字第347号执行证书是依据 (2011) 洪青经证字第152号具有强制执行效力的债权文书公证书作出的，在152号公证书中，将案涉信托贷款合同、保证合同、抵押合同一并予以公证并赋予强制执行效力。案涉抵押合同第四条关于抵押担保的范围的约定是主合同项下的全部债务，据此，(2012) 洪青经证字第347号执行证书按照《联合通知》第六条的规定，并根据当事人抵押合同的约定，签发执行证书，注明了隆侨公司基于抵押合同的抵押人身份，并注明执行标的包括债务本金、利息、违约金、罚息等，并无不妥。隆侨公司还提出，依据《最高人民法院关于适用〈中华人民共和国担保法〉若干问题的解释》第六十一条规定，"抵押物登记记载的内容与抵押合同约定的内容不一致的，以登记记载的内容为准。"执行证书认定的执行标的数额与抵押登记不一致的应以登记内容为准，该公司承担担保责任的范围为抵押登记的2.255亿元。该理由是对法律的错误理解，该条文是对抵押登记内容的规定，而非是对抵押担保范围的规定，执行证书根据抵押合同的约定，认定执行标的为全部债务，并无不妥。

案件来源

天津隆侨商贸有限公司与中航信托股份有限公司其他申请复议执行裁定书［最高人民法院 (2015) 执复字第38号］

延伸阅读

关于如何认定"抵押物登记记载的内容与抵押合同约定的内容不一致"的判例：

一、抵押登记的抵押权利价值不能作为抵押担保的债权最高限额

案例一：中国农业银行股份有限公司厦门同安支行与ANTHONYLAW、吴秀丽等金融借款合同纠纷申诉、申请再审民事裁定书［最高人民法院 (2016) 最高法民申2895号］，最高法院认为："涉案担保范围的条款则明确廖为安的抵押担保范围包括借款本金、利息、罚息等，而他项权利证书记载权利价值为280万元，并不能否定当事人之间有关担保范围的约定，亦不能直接证明抵押双方当事人约定了最高抵押限额。《最高人民法院关于适用〈中华人民共和国担保法〉若干问题的解释》第六十一条是针对抵押物登记与约定不一致时作出的规定，本案并不符合该种情形。综合上述情况，可以认定抵押双方当事人并没有达成280万元为最高抵押限额的一致意思表示，廖为安主张原判决没有认定其仅应在280万元限额内承担抵押担保责任，属于认定事实和适用法律错误的申请再审理由，不能成立，本院不予支持。”

二、抵押登记的债权额可以作为抵押权行使的最高限额

案例二：方正东亚信托有限责任公司与温州顺生大酒店有限公司、陈定华金融借款合同纠纷一审民事判决书［湖北省高级人民法院（2015）鄂民二初字第00054号］（本案中，顺生公司抵押登记的债权数额为2亿元，陈定华抵押登记的债权数额为7500万元），该院认为：“顺生公司、陈定华分别为方正信托公司的上述债权提供抵押担保，并已办理抵押登记，方正信托公司的抵押权依法设立。但抵押登记记载的内容与抵押合同约定的内容不一致，依据《最高人民法院关于适用〈中华人民共和国担保法〉若干问题的解释》第六十一条关于‘抵押物登记记载的内容与抵押合同约定的内容不一致的，以登记记载的内容为准’的规定，本院以温州市房产管理局温房他证鹿城区字第8151775号他项权证、温房他证鹿城区字第8160533号他项权证记载的内容为准，方正信托公司有权以顺生公司提供抵押担保的温房他证鹿城区字第8151775号他项权证所记载的抵押物在2亿元范围内行使抵押权，以陈定华提供抵押担保的温房他证鹿城区字第8160533号他项权证记载的抵押物在7500万元范围内行使抵押权。”

案例三：重庆进出口信用担保有限公司与河北兴弘嘉纺织服装有限公司，郭建勇等追偿权纠纷一审民事判决书［重庆市高级人民法院（2014）渝高法民初字第00064号］，该院认为：“根据《房屋登记办法》（建设部第168号令）第四十四条之规定，对符合规定条件的抵押权设立登记，房屋登记机构应将下列事项记载于房屋登记簿：（一）抵押当事人、债务人的姓名或者名称；（二）被担保债权的数额；（三）登记时间。本案《房屋他项权证》上载明的‘债权数额’为7455.89万元，《土地他项权证》上载明的‘抵押贷款金额’为35574378元，因此，上述两项记载内容应当认定为‘被担保的主债权数额’，即《房屋他项权证》的被担保主债权数额为7455.89万元；《土地他项权证》的被担保主债权数额为35574378元。上述主债权记载金额与《房地产抵押合同》载明的主债权金额1.7亿元不一致。《最高人民法院关于适用〈中华人民共和国担保法〉若干问题的解释》第六十一条规定：

抵押物登记记载的内容与抵押合同约定的内容不一致的，以登记记载的内容为准。因此，应当认定抵押房屋所担保的主债权金额为7455.86万元，抵押的国有土地使用权所担保的主债权金额为35574378元。”

三、抵押物登记的面积与抵押合同约定不一致的，以抵押登记为准

案例四：乐山市信托贸易服务公司与薛运友金融不良债权追偿纠纷二审民事判决书［四川省高级人民法院（2012）川民终字第624号］，该院认为：“乐山信托公司的抵押财产为其位于乐山市人民南路20号的房屋，但《房屋他项权证》中记载抵押房屋建筑面积为1785.26平方米，《抵押合同》约定抵押房屋面积为商场综合楼1263.6平方米、仓库楼394平方米、简易仓库308平方米，二者关于抵押面积的内容不一致。最高人民法院《关于适用〈中华人民共和国担保法〉若干问题的解释》第六十一条规定，抵押物登记记载的内容与抵押合同约定的内容不一致的，以登记记载的内容为准。因此，薛运友对其取得的债权，应当以乐山信托公司抵押的商场综合楼、仓库楼、简易仓库等房产在《房屋他项权证》登记记载的面积范围内享有抵押权。乐山信托公司虽未专门针对抵押物范围的确定问题提起上诉，但其不认可原审法院关于薛运友享有优先受偿权的判决，且抵押物范围的确定可能会对第三人的权益造成影响，因此，对于抵押物范围的审查，属于本案二审审理范围。原审判决根据《抵押合同》约定内容确定薛运友享有抵押权范围不当，应予以纠正。”

060［最高法院］如何认定因登记机关原因而未办理抵押权登记？

地方政府规章限制抵押权登记的，不得认定为因登记机关原因导致未办理抵押权登记

裁判要旨

地方政府规章认定抵押物存在不符合登记条件情形的，不属于“因登记部门的原因致使其无法办理抵押物登记”的情形，故不得根据《担保法司法解释》第五十九条的规定，认定已合法占有抵押物不动产权利证书的债权人取得抵押权。

案情简介

一、2005 年至 2007 年期间，老龙腾公司与东方财务公司分别签订了 20 份借款合同，借款金额总计 154307621.74 元。2005 年 12 月 20 日，老龙腾公司以其所有的土地使用权及全部已建和将建的地上建筑物为上述 20 份借款合同项下借款提供抵押担保，最高抵押额度为 1.5 亿元。但哈尔滨市土地管理部门认为案涉土地存在《哈尔滨市土地登记管理办法》第十一条第四款“依法限制土地权利的”情形而决定暂缓登记。老龙腾公司遂将案涉《土地使用权证》交付给东方财务公司持有。

二、老龙腾公司到期未还款，东方财务公司向黑龙江高院起诉，请求老龙腾公司还本付息，并主张对抵押物享有优先受偿权。黑龙江高院作出原一审判决，支持东方财务公司的诉请。

三、判决发生效力后，案外人马晶（通过继承尚泓波的股份成为老龙腾公司的股东）、新龙腾公司不服，向最高法院申请再审。最高法院裁定由黑龙江高院再审。黑龙江高院再审判决维持原一审判决。

四、马晶不服，向最高法院上诉，最高法院改判东方财务公司对抵押物不享有优先受偿权。

败诉原因

本案中东方财务公司的败诉原因在于，案涉抵押权未能办理登记不是因为不动产登记机关的原因。根据《担保法司法解释》第五十九条的规定：“当事人办理抵押物登记手续时，因登记部门的原因致使其无法办理抵押物登记，抵押人向债权人交付权利凭证的，可以认定债权人对该财产有优先受偿权。但是，未办理抵押物登记的，不得对抗第三人。”因此，在因登记机关原因导致无法办理抵押登记时，抵押权人可通过取得对抵押物权利凭证占有的方式取得不得对抗善意第三人的抵押权。而适用本条的关键在于如何认定“因登记部门的原因致使其无法办理抵押物登记”。在本案中，东方财务公司和老龙腾公司向哈尔滨的不动产登记机关申请抵押登记，但哈尔滨不动产登记机关根据哈尔滨出台的地方政府规章决定“暂缓办理”抵押登记。黑龙江高院一审认为，此时应认定是因登记机关的原因导致未办理抵押登记，但最高法院却持相反观点。其背后的法理在于，不动产登记机关作出是否进行抵押登记的决定属于具体行政行为，只要不动产登记机关作出的拒绝登记的决定合法，即不能将未办理抵押登记的原因归结于不动产登记机关。故最高法院最终认定本案抵押权人未办理抵押登记的原因不可归责于登记机关，东方财务公司不能取得对抵押物的优先受偿权。东方财务公司因此败诉。

败诉教训、经验总结

前事不忘，后事之师。为避免未来发生类似败诉，提出如下建议：

1. 不动产抵押权非经登记不生效力。根据《物权法》第九条、第一百八十七条的规定，不动产抵押权非经登记不生效力。故接受他人提供不动产抵押作为担保时，应及时向不动产所在的不动产登记机关申请登记。否则，抵押权将无法设立。

2. 不动产抵押权非经登记不生效力并非没有例外，根据《担保法司法解释》第五十九条的规定，因登记机关原因导致无法办理抵押登记时，抵押权人可通过取得对抵押物权利凭证占有的方式取得不得对抗善意第三人的抵押权。但应准确理解本条规定的“因登记机关原因导致无法办理抵押登记”的情形，且必须严格把握。一般仅指不动产登记机关没有法定事由而拒绝登记，或者尚未建立相应的不动产登记制度时方可认定为是因登记机关的原因导致无法办理抵押登记。因地方政府规章、部分规章的原因导致无法办理不动产抵押登记的，一般不得认定为系因不动产登记机关的原因导致无法办理抵押登记。

3. 为确保抵押权人权益，可以在抵押合同签订时，将抵押人交付抵押物权利凭证列为抵押人抵押合同的义务之一。同时在合同条款上作如下设计：（1）如果抵押物在登记机关顺利办理抵押登记的，抵押权人在抵押登记办理完成后归还抵押权权利凭证；（2）如果抵押物未能在登记机关顺利办理抵押登记的，抵押权人有权继续占有抵押物权利凭证；（3）在抵押物因登记机关原因未能办理抵押登记而抵押权人又占有权利凭证时，抵押权人可要求抵押人或者自行通过登报、公告的方式告知潜在的交易对象，扩大对抵押物优先受偿权的对抗范围。

相关法条

《物权法》

第九条 不动产物权的设立、变更、转让和消灭，经依法登记，发生效力；未经登记，不发生效力，但法律另有规定的除外。

依法属于国家所有的自然资源，所有权可以不登记。

第一百八十七条 以本法第一百八十条第一款第一项至第三项规定的财产或者第五项规定的正在建造的建筑物抵押的，应当办理抵押登记。抵押权自登记时设立。

《担保法司法解释》

第五十九条 当事人办理抵押物登记手续时，因登记部门的原因致使其无法办理抵押物登记，抵押人向债权人交付权利凭证的，可以认定债权人对该财产有优先受偿权。但是，未办理抵押物登记的，不得对抗第三人。

以下为最高法院在二审判决书“本院认为”部分就此问题发表的意见：

虽然东方财务公司与老龙腾公司于2005年12月20日签订的《最高额抵押合同》明确约定继续用上述土地使用权进行抵押，双方也确曾到哈尔滨市土地管理部门办理过抵押登记的主合同变更手续，但哈尔滨市土地管理部门认为案涉土地存在《哈尔滨市土地登记管理办法》第十一条第四款“依法限制土地权利的”情形而决定暂缓登记，该种情形应认定属于不符合登记条件的情形，而非属于“因登记部门的原因致使其无法办理抵押物登记”的情形，且东方财务公司与老龙腾公司双方此后未再办理本案债权的抵押登记手续，故本案不符合本院《关于适用〈中华人民共和国担保法〉若干问题的解释》第五十九条所规定的情形。依照《中华人民共和国担保法》第四十一条、第四十二条的规定，由于本案抵押物未进行抵押登记，故本案抵押权依法未有效设立。一审判决认定东方财务公司的债权，在老龙腾公司不能清偿时相对于没有设定抵押登记的老龙腾公司的其他债权而言，享有优先受偿权不当，依法应予纠正。

案件来源

马晶与东方集团财务有限责任公司、黑龙江省龙腾房地产综合开发有限公司借款合同纠纷二审民事判决书［最高人民法院（2012）民四终字第12号］

延伸阅读

关于如何认定“因登记部门的原因致使其无法办理抵押物登记”的判例：

一、因规划调整导致无法办理登记的，可认定为因登记部门的原因致使其无法办理抵押物登记

案例一：中国建设银行股份有限公司韶关市分行与张掖凯航置业有限公司、佛山市金塘海贸易有限公司等金融借款合同纠纷申诉、申请再审民事判决书［最高人民法院（2016）最高法民再416号］，最高法院认为：“根据该条规定，案涉两宗土地因未办理抵押登记，抵押权未能有效设立。因此，建行韶关分行对涉案两宗土地不享有抵押权。其中，有政府调整土地规划导致需换领新证后才能办理抵押登记手续的原因，也有建行韶关分行过分依赖《最高额抵押合同》第十条关于违约责任的约定，在抵押土地价值低于6000万元的情况下意图抛弃抵押权条款通过适用违约责任条款获取更优利益保护的原因。但结合上述分析，特别是《最高额抵押合同》第十一条第十项的特殊约定，不能认定凯航公司构成违约。因此，凯航公司不应承担违约责任。目前虽然具备了换发新证并继续办理土地抵押登记手续的外部条件，但在建行韶关分行提起本案诉讼并申请法院对两宗土地已经采取保全措施予以查封，且凯航公司仍愿意以该两宗土地为本案所涉债权提供担保的情况下，没有必要再要求当事人继续办理土地抵押登记手续。《最高人民法院关于适用〈中华人民共和国担保法〉若干问题的解释》第五十九条规定：'当事人办理抵押物登记手续时，因登记部门的原因致使其无法办理抵押物登记，抵押人向债权人交付权利凭证的，可以认定债权人对该财产有优先受偿权。但是，未办理抵押物登记的，不得对抗第三人。'根据该规定，可以认定债权人建行韶关分行在6000万元的范围内对该两宗土地折价或拍卖、变卖的价款享有优先受偿权。"

二、不动产买卖合同不能认定为《担保法司法解释》第五十九条规定的"权利凭证"

案例二：孙小云与胡存良、饶玲民间借贷纠纷再审复查与审判监督民事裁定书［湖北省高级人民法院（2015）鄂民申字第01759号］，该院认为："本案争议的焦点为孙小云是否享有最高人民法院《关于适用〈中华人民共和国担保法〉若干问题的解释》第五十九条规定的优先受偿权问题。孙小云申请再审认为，双方当事人系因抵押登记部门的原因无法办理抵押物登记，且胡存良、饶玲已向其交付了房屋买卖合同作为权利凭证，故其应对讼争房屋享有优先受偿权。本院认为，最高人民法院《关于适用〈中华人民共和国担保法〉若干问题的解释》第五十九条规定：'当事人办理抵押物登记手续时，因登记部门的原因致使其无法办理抵押物登记，抵押人向债权人交付权利凭证的，可以认定债权人对该财产有优先受偿权，但是，未办理抵押物登记的，不得对抗第三人'。依据上述规定，因登记部门的原因致使无法办理抵押物登记时，只有在抵押人向债权人交付权利凭证的情形下，才可认定债权人对抵押财产享有优先受偿权。本案中，胡存良、饶玲虽向孙小云交付了讼争房屋的房屋买卖合同，但房屋买卖合同仅为债权凭证，证明胡存良、饶玲对讼争房屋享有债权，并非《中华人民共和国物权法》规定的物权凭证，不产生物权效力。孙小云主张房屋买卖合同即为最高人民法院《关于适用〈中华人民共和国担保法〉若干问题的解释》第五十九规定的权利凭证，系对该司法解释的扩大解释，与物权法的基本精神相悖，亦是对法律的片面理解。根据《中华人民共和国物权法》第一百八十七条之规定，不动产抵押自登记时设立，孙小云未对讼争房屋办理抵押登记，抵押权不能成立。原审判决认定孙小云对讼争房屋不享有优先受偿权，适用法律并无不当。”

三、因地方政策限制导致无法办理抵押登记的，可认定为因登记部门的原因致使其无法办理抵押物登记

案例三：中国民生银行股份有限公司重庆分行与贵州天泰能源开发有限公司、贵州天泰能源开发有限公司威宁县炉堆子煤矿借款合同纠纷一审民事判决书［重庆市高级人民法院（2013）渝高法民初字第00007号］，该院认为：“关于本案的其他被告是否应当承担担保责任的问题。第一，民生银行重庆分行分别与炉堆子煤矿、锅泥沟煤矿签订《抵押合同》，约定炉堆子煤矿、锅泥沟煤矿以其名下的采矿权为《固定资产贷款借款合同》项下的全部债务作抵押担保。上述《抵押合同》系当事人的真实意思表示，内容不违反法律、行政法规的强制性规定，该合同合法有效。虽然各方当事人未能办理抵押登记，但其未办理抵押登记的原因，系贵州省国土资源厅因政策限制未予办理。故根据《最高人民法院关于适用〈中华人民共和国担保法〉若干问题的解释》第五十九条‘当事人办理抵押物登记手续时，因登记部门的原因致使其无法办理抵押物登记，抵押人向债权人交付权利凭证的。可以认定债权人对该财产有优先受偿权。但是，未办理抵押物登记的，不得对抗第三人’的规定，民生银行重庆分行有权就上述抵押物优先受偿，但不得对抗对抵押物享有物权的第三人。”

四、登记机关尚未开展抵押登记业务的，可认定为因登记部门的原因致使其无法办理抵押物登记

案例四：恒理叶金融借款合同纠纷申请再审民事裁定书［云南省高级人民法院（2014）云高民申字第292号］，该院认为：“2000年8月7日，双方再次签订《借款合同》及《抵押合同》，并以旺胜养殖场的土地使用权作抵押，该土地于2003年5月7日取得福国（2003）字第39号《国有土地使用证》。另外，原审查明1998年底福贡县土地抵押登记业务才开始进行，1999年尚未进入正轨；2001年底房屋抵押登记业务才开始进行。故虽然本案抵押物担保未进行抵押物登记，但原审依据《最高法院关于适用〈中华人民共和国担保法〉若干问题的解释》第五十九条的规定，认定福贡支行享有抵押权的主张成立，判决具有事实和法律依据。”

061［最高法院］抵押物地址登记错误，抵押人能否主张免责？

能够确定同一性的抵押物即使地址登记错误，抵押人也不能主张免责

裁判要旨

尽管房地产抵押合同中所附的房地产抵押清单与他项权利证书中土地地址登记不符，但有证据证明两块土地具有同一性的，抵押人不得主张抵押无效。

案情简介

一、2004年12月30日，天成公司与农行中山路支行签订《借款合同》。合同约定：农行中山路支行向天成公司提供金额为23750000元的贷款。同日，农行中山路支行又与博石公司签订抵押合同，约定：博石公司以拥有的成基大厦房地产提供抵押担保。该合同所附的抵押物清单载明，抵押房产及土地坐落在乌鲁木齐市建设路8号。新疆维吾尔自治区公证处针对上述《借款合同》《抵押合同》作出具有强制执行效力的债权文书公证书。

二、2005年1月31日，双方对抵押物进行了抵押登记，乌鲁木齐市国土资源局发放的他项权利证书上载明的抵押物地址为天山区建设路，地号为01—24—017—4号。

三、借款于2005年10月24日到期后，天成公司仅归还贷款本金980000元，并支付部分利息，其余贷款本息未予偿还。农行中山路支行遂向新疆高院提起诉讼，请求判令天成公司还本付息；博石公司以抵押房地产对以上欠款本息承担抵押担保偿还责任。新疆高院一审判决支持了农行中山路支行的诉请。

四、博石公司不服，上诉至最高法院，以抵押物清单与他项权利证书上记载的抵押物地址不一致为由主张免责，最高法院判决驳回上诉、维持原判。

败诉原因

本案中博石公司的败诉原因在于，虽然抵押物地址登记错误，但并不影响抵押登记的效力。本案的争议点在于，抵押合同所附的抵押物清单所记载的抵押物地址与他项权利证上登记记载的抵押物地址存在一定程度不一致。博石公司据此认为，他项权利证上显示的抵押物与抵押物清单上所附的抵押物并不具有关联性，无法证明抵押物清单上所列的抵押物与他项权利证上记载的抵押物为同一物。但最高法院认为："博石公司认可在乌鲁木齐市天山区建设路上，该公司只有8号一宗地产，故应当认定抵押合同所附房地产抵押清单中所列的土地与土地他项权利证书标明的土地具有同一性。"从这一裁判观点中可以看出，最高法院的裁判思路是：只要能够确定抵押物具有同一性，则即使抵押物的地址登记错误，也不影响抵押登记的效力。博石公司因此败诉。

败诉教训、经验总结

前事不忘，后事之师。为避免未来发生类似败诉，提出如下建议：

1. 根据《物权法》第一百八十七条的规定，以房屋、土地使用权等不动产进行抵押的，非经登记抵押权不能设立。抵押权为担保物权，为物权的一种，根据《物权法》第二条第三款的规定，物权是"权利人依法对特定的物享有直接支配和排他的权利"。因此，抵押权的成立除需登记以外，尚存在一个隐性的前提，即抵押物具有特定性。此处所谓的特定性，是指抵押物是唯一、不变且可确定的的现实存在。如果抵押物不具有特定性，则抵押权人作为物权人支配的对象即不复存在，也无从享有所谓的抵押权。因此，抵押权人在接受他人提供抵押时，应当对抵押物的特定性进行核实，如果抵押物并非现实存在，或者为不特定的物，则即使办理了抵押登记，也无法享有抵押权。但根据《物权法》第一百八十九条设定的浮动抵押除外。

2. 抵押登记为不动产登记的一种类型，也会出现登记错误。在抵押登记中，如果当事人约定以A物进行抵押，但实际登记时却登记为B物。此时，抵押权人既不能对A物享有抵押权，也不能对B物享有抵押权，存在极大的交易风险。因此，不仅签订抵押合同时需认真核实抵押物的地址，在抵押登记时也要确保登记的地址与抵押合同记载的抵押物地址相一致。最为保险的做法是：在抵押合同签订之前查询抵押物登记记载的地址，并根据登记记载的地址约定抵押合同中抵押物的地址。本案中，虽然农行中山路支行赢得了诉讼，但在某种意义上讲，具有一定的侥幸色彩。如果不是博石公司在乌鲁木齐市天山区建设路上只有一处建设用地，则农行中山路支行必输无疑。因为法院无法确定抵押物的同一性。

3. 本案中另一个值得关注的问题在于，为什么抵押物地址在登记时出现登记错误，不会影响抵押权的效力。理由在于，不动产登记根据不同的登记内容可以分为权利事项的登记和非权利事项的登记，相应的登记错误也就可分为权利事项的登记错误和非权利事项的登记错误，而能够影响不动产物权效力的登记错误仅限于权利事项的登记错误。其中非权利事项包括不动产的地址、界址、面积、朝向等反映不动产物权自然状况的内容，权利事项主要包括不动产的主体、类型、内容、来源、期限、权利变化、权利顺位等反映不动产上权利存在状况的内容。本案中出现登记错误的内容为抵押物的地址，为非权利事项错误，故不影响抵押权的效力。博石公司以此为由主张免责，当然无法获得法院支持。

相关法条

《物权法》

第二条 因物的归属和利用而产生的民事关系，适用本法。

本法所称物，包括不动产和动产。法律规定权利作为物权客体的，依照其规定。

本法所称物权，是指权利人依法对特定的物享有直接支配和排他的权利，包括所有权、用益物权和担保物权。

第一百八十七条 以本法第一百八十条第一款第一项至第三项规定的财产或者第五项规定的正在建造的建筑物抵押的，应当办理抵押登记。抵押权自登记时设立。

第一百八十九条 企业、个体工商户、农业生产经营者以本法第一百八十一条规定的动产抵押的，应当向抵押人住所地的工商行政管理部门办理登记。抵押权自抵押合同生效时设立；未经登记，不得对抗善意第三人。

依照本法第一百八十一条规定抵押的，不得对抗正常经营活动中已支付合理价款并取得抵押财产的买受人。

以下为最高法院在二审判决书“本院认为”部分就此问题发表的意见：

博石公司与农行中山路支行签订的抵押合同以其所有的成基大厦6400.67平方米房产及相应的土地使用权为天成公司本案贷款提供抵押担保，双方办理了抵押登记手续，农行中山路支行依法取得了房产他项权利证书和土地他项权利证书，应当认定农行中山路支行对本案抵押物的抵押权合法有效。尽管抵押合同所附房地产抵押清单中标注的抵押土地位于乌鲁木齐市建设路8号，而土地他项权利证书中显示该宗土地坐落于天山区建设路，并注明了地号和图号，但博石公司认可在乌鲁木齐市天山区建设路上，该公司只有8号一宗地产，故应当认定抵押合同所附房地产抵押清单中所列的土地与土地他项权利证书标明的土地具有同一性。博石公司关于抵押合同所附的房地产抵押清单中注明的土地与本案土地他项权利证书中注明的土地之间没有关联性，农行中山路支行对本案抵押房产及土地使用权不享有抵押权的上诉请求与事实不符，本院不予支持。

案件来源

新疆博石房地产开发有限公司与新疆天成汽车销售服务有限责任公司借款担保合同纠纷二审民事判决书［最高人民法院（2007）民二终字第120号］

第三节 抵押权的效力

062［最高法院］在建工程抵押权在工程竣工后是否能继续存续？

在建工程抵押权在工程竣工后仍继续存续

裁判要旨

抵押权仅因抵押权的实现、抵押关系的解除和抵押物灭失等法定事由而消灭。工程竣工并完成房地产初始登记后，抵押人和抵押权人未按照《城市房地产抵押管理办法》第三十四条第二款规定重新办理房地产抵押登记，并不必然导致在建工程抵押权消灭，抵押延续，且具有对抗第三人的效力。

案情简介

一、1992年12月25日，新疆农牧商联合公司等多方以股份制形式筹备资金建设新疆农牧商联合大厦（后改为“龙岭大厦”），签订了集资建房协议。1994年10月，新疆农牧商联合公司将大厦产权整体转让给龙岭公司。

二、1998年7月至2001年12月，龙岭公司与农行河南路支行先后签订了14份《抵押担保借款合同》，贷款总金额9440万元，以在建工程龙岭大厦进行抵押担保。双方于1997年11月至2000年9月间，先后三次向乌鲁木齐高新技术开发区土地管理局和土地房产局申请在建工程抵押登记，但行政机关仅在申请书上的“审批意见”“审核意见”处加盖公章，未发放他项权利证书。相关土地使用权证上也未显示存在抵押登记的内容。

三、大厦竣工后，2000年12月19日，龙岭公司取得了编号为乌政房字（2000）第0070954号的“公房产权证”。龙岭公司通知其他各集资户等办理房屋所有权过户手续。但在办理过程中，龙岭公司因涉案债务过多，大厦整体被法院查封，相关过户手续无法继续办理，处于停滞状态。

四、截至2004年3月21日，龙岭公司共欠农行河南路支行贷款本金9440万元，利息17315718.36元。农行河南路支行向新疆维吾尔自治区高级人民法院提起诉讼，请求：1. 确认贷款本金及利息总计111715718.36元债权，对设定抵押的财产和权益所享有的抵押权合法有效；2. 依法判令农行河南路支行对龙岭公司设定抵押的财产和权益优先受偿。

五、一审判决龙岭公司向农行河南路支行还本付息，但并未支持农行河南路支行主张对抵押财产优先受偿的权利。农行河南路支行不服，向最高法院上诉，最高法院二审改判支持农行河南路支行对抵押财产优先受偿的权利。

败诉原因

本案中龙岭公司的败诉原因在于：龙岭公司认为，案涉在建工程在取得公房产权证后，农行河南路支行未按照建设部《城市房地产抵押管理办法》第三十四条第二款的规定办理房地产抵押登记。因此，河南路支行对龙岭公司的抵押物不享有优先受偿的权利。但最高法院认为：“抵押权仅因抵押权的实现、抵押关系的解除和抵押物灭失等法定事由而消灭。因此，在土地使用权抵押和在建工程抵押并未解除，且抵押物没有灭失情况下，应视为抵押延续。”最高法院据此认定农行河南路支行对于案涉龙岭大厦享有优先受偿权，龙岭公司因此败诉。

败诉教训、经验总结

前事不忘，后事之师。为避免未来发生类似败诉，提出如下建议：

1. 本案涉及一个非常重大的理论问题，即在建工程抵押的效力究竟为何？工程竣工后，在建工程抵押权是否继续存续。有判决观点认为：“在建工程抵押实质上是期待性权益的抵押，不同于真正的物权抵押。”［最高人民法院（2005）民四终字第8号］但我们认为，在建工程在法律上本身即构成独立的物，其具有通过拍卖变卖而实现其价值的可能性，因此在建工程抵押本身就是物权抵押。只是在建工程抵押的抵押物随着工程建设的推进，价值处于不断变动的过程之中。从设定在建工程抵押权时始至抵押权消灭的法定事由出现之前，在建工程抵押权并不会因为工程竣工、停工、复工而受影响，抵押权人的抵押权并不会因为以上事由当然消灭。

2. 本案中涉及的另一个重要法律问题即在于如何认定不动产登记的完成。新疆高院认为，“农行河南路支行未能提供该宗土地使用权已经抵押的他项权利登记的证据。”因此，认为涉案的在建工程并未完成抵押登记。但最高法院认为，抵押权“在该抵押登记机关的登记文件中记载，应认为登记管理机关对在建工程和相应的土地使用权进行抵押登记的行为已经完成，设定了他项权利，具有公信力”。其理由在于不动产物权的设立、变更、转让等并非以发放不动产权利证明书为依据，而是以记载于不动产登记簿为依据。根据《物权法》第十四条的规定：“不动产物权的设立、变更、转让和消灭，依照法律规定应当登记的，自记载于不动产登记簿时发生效力。”《物权法》第十七条也规定：“不动产权属证书是权利人享有该不动产物权的证明。不动产权属证书记载的事项，应当与不动产登记簿一致；记载不一致的，除有证据证明不动产登记簿确有错误外，以不动产登记簿为准。”本案中，最高法院通过调查发现，案涉在建工程抵押时，当地行政机关并无他项权利证书，只有“房地产抵押登记表”，而上述在建工程抵押及土地抵押已经记载于“房地产抵押登记表”上。最高法院据此认为，案涉在建工程及所占土地虽然未发放他项权利证，但已经完成了抵押权登记，具有对抗第三人的效力。

3. 本案涉及的第三个重要法律问题在于参与交易的人，信赖房屋等不动产是否存在抵押权等物权的依据究竟为何？一般人可能会认为，应以是否持有所有权证、他项权利证书作为判断依据。但根据《物权法》第十七条的规定，不动产登记簿的记载才是信赖不动产权利是否存在的依据。因此，在诉讼及交易过程中，查验对方是否持有权利证书其实并不重要，重要的是必须到当地的不动产登记部门申请查阅、复制所交易或诉讼的不动产在不动产登记簿上的记载情况。此前，不动产登记簿的表现形式并不统一，包括土地登记簿、房屋登记簿、他项权利登记簿等。根据 2014 年国务院颁布的《不动产登记暂行条例》，各地应建立统一的不动产登记簿，即今后查阅相关不动产权利状况将更为便捷。

4. 本案涉及的第四个重要法律问题在于：在建工程抵押权人应当如何确保自身权益。本案中，农行河南路支行在一审中败诉的重要原因是新疆高院认为其在工程竣工后完成初始登记后，未及时申请办理房地产抵押登记。这也提醒我们，虽然工程竣工并不必然导致在建工程抵押权消灭，但在建工程抵押权人在房屋竣工后未办理房地产抵押登记仍存在一定的风险。为进一步降低这一风险，建议在办理在建工程抵押登记的同时，办理房地产抵押的预告登记，以更为全面地对抗后续的权利人，包括房屋买受人。同时，在工程竣工后，应及时办理房地产抵押登记。

相关法条

《物权法》

第十四条 不动产物权的设立、变更、转让和消灭，依照法律规定应当登记的，自记载于不动产登记簿时发生效力。

第十五条 当事人之间订立有关设立、变更、转让和消灭不动产物权的合同，除法律另有规定或者合同另有约定外，自合同成立时生效；未办理物权登记的，不影响合同效力。

第十六条 不动产登记簿是物权归属和内容的根据。不动产登记簿由登记机构管理。

第十七条 不动产权属证书是权利人享有该不动产物权的证明。不动产权属证书记载的事项，应当与不动产登记簿一致；记载不一致的，除有证据证明不动产登记簿确有错误外，以不动产登记簿为准。

第二十条 当事人签订买卖房屋或者其他不动产物权的协议，为保障将来实现物权，按照约定可以向登记机构申请预告登记。预告登记后，未经预告登记的权利人同意，处分该不动产的，不发生物权效力。

预告登记后，债权消灭或者自能够进行不动产登记之日起三个月内未申请登记的，预告登记失效。

第一百八十条 债务人或者第三人有权处分的下列财产可以抵押：

（一）建筑物和其他土地附着物；

（二）建设用地使用权；

（三）以招标、拍卖、公开协商等方式取得的荒地等土地承包经营权；

（四）生产设备、原材料、半成品、产品；

（五）正在建造的建筑物、船舶、航空器；

（六）交通运输工具；

（七）法律、行政法规未禁止抵押的其他财产。

抵押人可以将前款所列财产一并抵押。

《不动产登记暂行条例》

第二十一条 登记事项自记载于不动产登记簿时完成登记。

不动产登记机构完成登记，应当依法向申请人核发不动产权属证书或者登记证明。

《城市房地产抵押管理办法》

第三十四条 以依法取得的房屋所有权证书的房地产抵押的，登记机关应当在原《房屋所有权证》上作他项权利记载后，由抵押人收执。并向抵押权人颁发《房屋他项权证》。

以预售商品房或者在建工程抵押的，登记机关应当在抵押合同上作记载。抵押的房地产在抵押期间竣工的，当事人应当在抵押人领取房地产权属证书后，重新办理房地产抵押登记。

以下是最高法院在二审判决书“本院认为”部分就此问题发表的意见：

本院认为：农行河南路支行对龙岭公司抵押的财产和权益所享有的抵押权是否真实有效，以及农行河南路支行对该财产和权益或对其进行拍卖所获的价款是否享有优先受偿权取决于双方签订的担保合同是否真实有效和双方是否就该财产在抵押登记机关进行了有效的抵押登记。本案涉及的三次抵押登记，均有抵押登记机关颁发的“房地产抵押登记表”，且该登记表中分别加盖有“土地房产局国有土地抵押权专用章”“土地管理局国有土地使用权专用章”，并在该抵押登记机关的登记文件中记载，应认为登记管理机关对在建工程和相应的土地使用权进行抵押登记的行为已经完成，设定了他项权利，具有公信力，并产生公示的效果。根据一审查明的事实，该登记至今没有撤销。农行河南路支行与龙岭公司的抵押合同中也已明确约定以在建工程已完工部分进行抵押，根据一审法院的调查笔录显示，该院曾经在2006年6月29日到开发区土地规划房产局，对本案涉及的龙岭大厦抵押手续问题向抵押登记的经办人张鑫、林育齐进行调查，被调查人均表示当时开发区没有他项权利证书，只要在抵押登记表上盖章即为办理了抵押登记。另据一审法院从乌鲁木齐市城乡建设档案馆调取的档案资料显示，“房地产抵押登记表”始终在档案中，并未作废或者注销。上述事实表明，在建工程抵押手续完备，唯一瑕疵是基于当时新疆维吾尔自治区乌鲁木齐市开发区的特殊情况，没有办理他项权利证书，但该瑕疵不足以影响在建工程抵押的效力，应认定抵押成立并生效。一审法院在认定抵押合同生效的同时，根据建设部《城市房地产抵押管理办法》第三十四条第二款即“以预售商品房或者在建工程抵押的，登记机关应当在抵押合同上作记载。抵押的房地产在抵押期间竣工的，当事人应当在抵押人领取房地产权属证书后，重新办理房地产抵押登记”，并根据《担保法》的规定，认为在龙岭公司取得的公房产权证上未见有该房屋已经抵押的他项权利登记，因双方办理的抵押登记存在瑕疵，与建设部的规定不符，因此该抵押登记的效力不能对抗其他第三人，农行河南路支行对龙岭公司的抵押物不享有优先受偿权的认定错误，应予纠正。《城市房地产抵押管理办法》属于部门规章，《担保法》的法律位阶高于该部门规章，应当优先适用。本案所涉三次抵押，均包括在建工程已完工部分以及土地使用权的抵押，根据《最高人民法院关于适用〈中华人民共和国担保法〉若干问题的意见》（以下简称《担保法解释》）第四十七条的规定，以依法获准尚未建造的或者正在建造中的房屋或者其他建筑物抵押的，当事人办理了抵押物登记，人民法院可以认定抵押有效。根据《担保法》第三十六条第二款规定，以出让方式取得的国有土地使用权抵押的，应当将抵押时该国有土地上的房屋同时抵押。龙岭公司在乌鲁木齐市房产登记机关办理了龙岭大厦的房产证以后，抵押人和抵押权人未按照《城市房地产抵押管理办法》第三十四条第二款规定重新办理房产抵押登记，并不必然导致抵押权消灭。抵押权仅因抵押权的实现、抵押关系的解除和抵押物灭失等法定事由而消灭。因此，在土地使用权抵押和在建工程抵押并未解除，且抵押物没有灭失情况下，应视为抵押延续，具有对抗第三人的效力。根据《担保法》第三十三条规定，抵押人对龙岭大厦拍卖所得价款，依法享有优先受偿的权利。抵押权人在抵押人将在建竣工项目于 2000 年 12 月 19 日在市房产部门办理该房产证前的三个月即 9 月 29 日，还在开发区房地产部门办理了续押登记。该房产被法院查封后，抵押人客观上也无法继续重新办理房产抵押登记。因此，对在建工程完工后未按照《城市房地产抵押管理办法》规定继续办理房产抵押登记，抵押人不存在主观过错。

案件来源

中国农业银行乌鲁木齐市河南路支行与新疆龙岭实业有限公司确认抵押权纠纷二审民事判决书［最高人民法院（2007）民二终字第 61 号］

延伸阅读

关于工程竣工后，在建工程抵押权人未办理房地产抵押登记，是否继续享有在建工程抵押权，各地裁判观点并不统一。

一、支持在建工程抵押权继续存续的判例

案例一：蒋雪峰、中国工商银行股份有限公司绍兴袍江支行等案外人执行异议之诉民事裁定书［浙江省高级人民法院（2015）浙民申字第 2258 号］，该院认为："即使蒋雪峰基于《房屋租赁协议书》和占有事实享有租赁权，该权利也不能对抗工商银行绍兴袍江支行的在建工程抵押权。本案所涉在建工程车间五办理抵押登记的时间为 2012 年 8 月 20 日，早于蒋雪峰与福地公司 2013 年 8 月 1 日签订的《房屋租赁协议书》。《中华人民共和国物权法》第一百八十七条、第一百九十条规定，以正在建造的建筑物抵押的，应当办理抵押登记，抵押权自登记时设立；抵押权设立后抵押财产出租的，该租赁关系不得对抗已登记的抵押权。故蒋雪峰主张的租赁关系不得对抗工商银行绍兴袍江支行已经登记的抵押权。《房屋登记办法》第六十二条规定，在建工程竣工并经房屋所有权初始登记后，当事人应当申请将在建工程抵押权登记转为房屋抵押权登记。本案中，工商银行绍兴袍江支行虽未申请将在建工程抵押权转为房屋抵押权登记，但《房屋登记办法》是部门规章中的管理性规定，当事人未办理转登记不影响原有抵押登记的物权效力。”

二、不支持在建工程抵押权继续存续的判例

案例二：齐齐哈尔市住房公积金管理中心与王富、王树江房屋买卖合同纠纷一案再审民事裁定书［黑龙江省高级人民法院（2015）黑高民申一字第66号］，该院认为：“《房屋登记办法》第六十二条关于‘在建工程竣工并经房屋所有权人初始登记后，当事人应当申请将在建工程抵押权登记转为房屋抵押权登记’的规定，目的在于督促抵押合同的当事人在房屋所有权人初始登记后，变更原在建工程抵押权登记为房屋抵押权登记，以保护抵押权人的合法权益。虽然公积金管理中心主张本案所争议房屋系二建公司1999年7月向其贷款15万元的抵押物，于1999年8月2日就办理了在建工程抵押登记，但蒋柏林于2000年9月22日取得该争议房屋所有权后，公积金管理中心并未依照上述规定将在建工程抵押权登记转为房屋抵押权登记；根据二审判决认定的事实，蒋柏林于2002年9月5日将该争议房屋为农业银行富裕支行办理了抵押登记，抵押期限至2004年5月25日；直至王富提起本案诉讼时，本案所争议的房屋所有权证书中并无公积金管理中心所主张的抵押登记的记载。因此，二审判决认定公积金管理中心对该争议房屋不享有抵押权并无不当，公积金管理中心据此主张王富与王树江签订的争议房屋买卖协议无效的理由不成立。”

案例三：侯某某与某地产公司商品房销售合同纠纷一案再审民事判决书［沈阳市中级人民法院（2016）辽01民再42号］，该院认为：“关于侯某某要求某地产公司协助办理房屋产权证的问题。根据《房屋登记办法》第三十四条第二款规定，以在建工程抵押的，登记机关应当在抵押合同上记载。抵押的房地产在抵押期间竣工的，当事人应当在抵押人领取房地产权属证书后，重新办理房地产抵押登记；第六十二条规定，在建工程竣工并经房屋所有权初始登记后，当事人应当申请将在建工程抵押权登记转为房屋抵押权登记。且不动产的权属应以不动产的权属登记证明来确定，由于在建工程的特点，即没有产权证，所以在建工程抵押登记属于一种预告登记的性质，其并不意味着建筑物建成后，抵押权人对已经建成的建筑物自动享有抵押权，所以，在建工程抵押还必须到有关部门办理房地产抵押登记。”

063［最高法院］抵押土地但未抵押地上房屋，此后承租地上房屋的人能否对抗抵押权人？

成立在后的租赁关系不得对抗成立在先的法定抵押权

裁判要旨

根据《物权法》第一百八十二条第二款的规定，建设用地使用权抵押的，其地上建筑物视为一并抵押。此时，抵押权人取得地上建筑物抵押权与取得建设用地使用权的时间相同，该抵押权为法定抵押权。因此，即使建筑物未作抵押权登记，成立在法定抵押权之后的对建筑物的租赁关系也不得对抗抵押权人对建筑物的抵押权。

案情简介

一、2003 年 4 月 18 日，第三人伟达电力公司向中国农业银行武城支行借款 500 万元，并以其土地使用权作为抵押。此后，第三人伟达电力公司又多次向中国农业银行武城县支行借款，并在其所有的土地使用权、机械设备等财产上设定多项最高额抵押。2010 年 3 月 24 日，因第三人伟达电力公司未能支付上述到期借款，中国农业银行武城县支行行使抵押权，经拍卖后流拍，伟达电力公司将抵押的财产用于抵偿在该行的借款。2011 年 6 月 30 日，原告圣洁路桥公司通过拍卖的方式取得上述抵押物。

二、被告由尼机械公司与第三人伟达电力公司分别于 2004 年 2 月 20 日、8 月 16 日先后签订了《租赁协议》《增加场地、车间、设备租赁补充协议》，约定由被告由尼机械公司承租第三人伟达电力公司已抵押抵房屋，租赁期限为 16 年。被告由尼机械公司依约支付了相应租金，并在承租期间对租赁物进行了维修和整改。

三、圣洁路桥公司向德州中院起诉，要求由尼机械公司停止侵权，从涉案土地上迁出。德州中院判决支持了圣洁路桥公司的诉讼请求。由尼机械公司不服，向山东高院申请再审，山东高院二审判决驳回上诉，维持原判。

四、由尼机械公司仍不服，向最高法院申请再审，最高法院裁定驳回其再审申请。

败诉原因

本案中由尼机械公司的败诉原因有二：一为抵押权设定中“地随房走，房随地走”的原则；二为其对涉案厂房的租赁关系成立于抵押权设定之后。

根据《物权法》第一百八十二条的规定，以建设用地使用权抵押的，该土地上的建筑物一并抵押，未一并抵押的，视为一并抵押。本条中所称的“建筑物”必须是在设定土地抵押权时已经现实存在的建筑物，根据《物权法》第二百条之规定，建设用地抵押权设定后新增的建筑物，不属于抵押财产。本案中，中国农业银行武城支行虽然仅取得了案涉建设用地使用权的抵押权，但根据《物权法》第一百八十二条的规定，其地上的厂房（即后来出租给由尼机械公司的厂房）也被视为一并抵押，也即中国农业银行武城支行在2003年即已经取得案涉厂房的法定抵押权。而迟至2004年，由尼机械公司才取得案涉厂房的租赁权。故最高法院认定，由尼机械公司对厂房的租赁关系设定在后，根据《物权法》第一百九十条的规定，不能对抗成立在先的中国农业银行武城支行的抵押权。中国农业银行武城支行以以物抵债的方式取得了案涉的建设用地使用权后，又通过拍卖的方式将其转让给圣洁路桥公司。在此过程中，圣洁路桥公司继受了中国农业银行武城支行排除案涉厂房租赁权的权利。由尼机械公司因此败诉。

败诉教训、经验总结

前事不忘，后事之师。为避免未来发生类似败诉，提出如下建议：

1. 对于不动产承租人而言，在签订租赁合同尤其是长期租赁合同之前，应到不动产登记机关查询拟租赁的不动产的权属情况，其核实内容不仅包括该不动产是否属于出租人所有，还应包括拟租赁的不动产是否存在已在先的抵押权。对于是否存在抵押权的核实，不仅应包括租赁物本身，还应包括对租赁物占有的土地或者其上的房屋。虽然租赁物上是否设定抵押权，不会影响租赁合同的效力，但可能导致承租人的租赁权无法对抗已在先设定的抵押权，在抵押权人主张实现抵押权时，不能继续对租赁物占有使用，而只能向出租人主张承担违约责任。在出租人资不抵债的情况下，可能会面临不必要的损失。

2. 对于不动产的抵押权人而言，其接受不动产抵押之前，不仅应到不动产登记机关核实抵押物的权属情况，更应到抵押物的现场核实抵押物的占有使用情况。如果不动产非由抵押人占有使用，必须认真核实占有使用人占有使用不动产的基础法律关系，包括但不限于租赁、借用等。如果核实确定为租赁关系，应根据租赁剩余期限的长短对抵押物能够担保的债权的价值进行重新评估，防止在实现抵押权时，因租赁关系的存在影响抵押物的变现能力，最终导致债权不能够被全部清偿。

3. 对于承租人而言，如果取得不动产的租赁权在抵押权设定之后，抵押权人实现抵押权时，可主张以下两项权利。第一，主张适用“买卖不破租赁”原则。详言之：主张即使抵押财产上的租赁关系继续存在，转让抵押财产的所得价款仍足够清偿债务人的债务。因此抵押权人实现抵押权时，没有必要终止租赁关系，租赁关系可以在抵押物被拍卖、变卖或者折价后继续存续。第二，主张“优先购买权”。具体为：在抵押权人实现抵押权时，积极参与抵押物的变价程序，通过行使优先购买权取得继续使用租赁物的权利。

4. 租赁关系设立在抵押权之后的抵押物的承租人主张“买卖不破租赁”，有一定的前提，即抵押权人实现抵押权时，抵押物的变现能力降低并没有影响到债权的实现。如果租赁关系继续存在，影响抵押物变现能力进而导致债权不能全部实现，则承租人不能主张“买卖不破租赁”，也即此时承租人必须从租赁物中迁出。本案中，案涉建设用地使用权在实现抵押权时出现流拍，说明租赁关系的存在影响了抵押物价值的实现并且害及债权人利益，债权人可以主张解除租赁合同。因此，由尼机械公司必须从案涉土地上迁出，而不能主张“买卖不破租赁”。

相关法条

《物权法》

第一百八十二条 以建筑物抵押的，该建筑物占用范围内的建设用地使用权一并抵押。以建设用地使用权抵押的，该土地上的建筑物一并抵押。

抵押人未依照前款规定一并抵押的，未抵押的财产视为一并抵押。

第一百九十条 订立抵押合同前抵押财产已出租的，原租赁关系不受该抵押权的影响。抵押权设立后抵押财产出租的，该租赁关系不得对抗已登记的抵押权。

第二百条 建设用地使用权抵押后，该土地上新增的建筑物不属于抵押财产。该建设用地使用权实现抵押权时，应当将该土地上新增的建筑物与建设用地使用权一并处分，但新增建筑物所得的价款，抵押权人无权优先受偿。

《合同法》

第二百二十九条 租赁物在租赁期间发生所有权变动的，不影响租赁合同的效力。

以下为最高法院在裁定书“本院认为”部分就此问题发表的意见：

《物权法》第一百八十二条第一款规定：“以建筑物抵押的，该建筑物占用范围内的建设用地使用权一并抵押。以建设用地使用权抵押的，该土地上的建筑物一并抵押。”第二款规定：“抵押人未依照前款规定一并抵押的，未抵押的财产视为一并抵押。”上述第一款规定的实质是在我国目前房屋抵押登记和土地抵押登记分属不同部门办理的情况下，对房地产设定抵押权时的倡导性规范。第二款则是针对当事人未按照上述第一款规定一并抵押时的处理，即由法律直接规定为“视为一并抵押”。《物权法》第一百八十二条第二款的文义解释应是，只要在房地产之一的房屋（或者该房屋所占用的土地使用权）上已设立了抵押权，则与该房屋（或者土地使用权）相对应的土地使用权（或者土地使用权之上所附着的房屋）也一并设立了抵押权，而不论该抵押权是否已经办理了抵押登记手续。对于此种虽未依法登记但依据法律规定“视为一并抵押”的抵押权，其设立时间应与该房屋上设立抵押权的时间一致，即在该房屋上登记设立抵押权的同时，该房屋所占用的土地使用权上同时设立了法律规定的抵押权。

《物权法》第一百九十条规定：“订立抵押合同前抵押财产已出租的，原租赁关系不受该抵押权的影响。抵押权设立后抵押财产出租的，该租赁关系不得对抗已登记的抵押权”，按照该条规定，虽然该条规定的是租赁关系不得对抗“已登记的抵押权”，但是从法律规定的目的来看，该条规定的“已登记的抵押权”也应包括该法第一百八十二条第二款规定的“视为一并抵押”的房屋或者土地使用权。

尽管案涉房屋抵押时其占用的土地使用权并未设定抵押权，但是按照《物权法》第一百八十二条第二款的规定，该房屋所占用的土地使用权也于该房屋设定抵押权同时即一并设立了法律规定的抵押权。在案涉土地租赁关系晚于房屋抵押权设立的情况下，则该土地使用权租赁关系亦晚于该“视为一并抵押”的土地使用权抵押权关系，故根据《物权法》第一百九十条的规定，案涉在后成立的土地租赁关系不得对抗在先已视为“一并抵押”的土地使用权抵押权关系。因此，本案可以参考适用《物权法》第一百九十条第二句的内容，而不能适用该条第一句的内容，故由尼机械公司关于本案应适用《物权法》第一百九十条第一句的再审申请理由，理据不足，本院不予采信。而《最高人民法院关于适用〈中华人民共和国担保法〉若干问题的解释》第六十五条规定同上述《物权法》第一百九十条规定在处理原则和精神上是一致的，在上述《物权法》第一百九十条第一句的规定不能作为本案法律适用依据的情况下，由尼机械公司关于本案应适用《最高人民法院关于适用〈中华人民共和国担保法〉若干问题的解释》第六十五条规定的理由亦不能成立，本院不予采信。

本案房屋抵押法律关系和土地使用权租赁合同关系虽然均系在《物权法》出台之前确立，但是，一方面，鉴于上述《物权法》相关规定所体现的法理在该法出台之前即已经存在。比如，《中华人民共和国城市房地产管理法》第三十一条中关于"房地产抵押时，该房屋占用范围内的土地使用权同时抵押"规定中所体现的法理即同《物权法》的前述相关规定一致。另一方面，本案当事人之间的争议系在《物权法》出台之后发生，在《物权法》中已经将土地使用权同设定抵押权的房屋规定为"视为一并抵押"的情况下，《物权法》的规定可以作为当事人之间纠纷的处理依据。故参考《物权法》第一百八十二条的规定对本案进行处理，既是贯彻《物权法》出台之前相关法律、法理的结果，也是审判实践解决实际纠纷的通常做法。

《最高人民法院关于审理城镇房屋租赁合同纠纷案件具体应用法律若干问题的解释》第二十条第一项规定所适用的法律关系客体系房屋，而本案由尼机械公司所主张的对抗房屋抵押权的客体是土地使用权，故该土地使用权并不属于上述司法解释第二十条第一项法律关系客体的适用范围。尽管本案山东高院适用该司法解释的规定确有瑕疵之处，但是该司法解释规定所体现的法理恰是本案处理的理论基础，同《物权法》第一百九十条规定的理论基础一致，且本案的处理结果是正确的，故由尼机械公司关于本案山东高院适用法律错误的理由在语言逻辑上虽然能够成立，但在本案判决结果及判决结果所体现的法理基础均正确的情况下，由尼机械公司的该申请理由不能作为提起本案再审的理由，本院不予采信。

另外，从经济生活的风险防范角度来看，我国房地产实践中所确立的房地一体原则早已存在，故在案涉房屋已经设立抵押权的情况下，在实现抵押权处分该房屋时，依据《中华人民共和国城市房地产管理法》第三十一条的规定，该房屋所占用的土地使用权也应一并予以处分，此规定对于经济生活的参与者来说都是应该知悉的。对于租赁案涉抵押房屋所占用土地使用权的由尼机械公司来说，其对于该房屋上是否已经设立抵押权具有审慎调查义务，并且此种调查义务由其来承担，相较于抵押权人通过禁止该房屋所占用的土地使用权的对外租赁来说，交易成本更低，即此种禁止租赁会造成该房屋的使用利益得不到发挥，这不利于物的利用。在承租人由尼机械公司未对所租赁标的物之上的房屋是否已经设定抵押权进行调查的情况下，其应承担所租赁标的物被一体处分给其造成的不利法律后果，故其租赁土地使用权的合同关系不得对抗在先成立的房屋抵押权。因此，在本案由尼机械公司所主张的土地租赁权系案涉抵押房屋所占用土地使用权的情况下，由尼机械公司要求保护其继续租赁土地的权利，理据不足；山东高院未支持由尼机械公司的该主张，并无不当。

案件来源

山东由尼机械电力设备有限公司与德州圣洁路桥工程材料有限公司侵权责任纠纷申请再审民事裁定书［最高人民法院（2014）民申字第1170号］

延伸阅读

“先抵后租”，承租人无法对抗抵押权人行使抵押权的5个案例：

案例一：中信银行股份有限公司大连甘井子支行、大连国滨企业发展总公司与大连舒心门业有限公司案外人执行异议之诉申请再审民事裁定书［最高人民法院（2015）民申字第16号］，最高法院认为：“舒心门业就案涉执行标的物是否享有合法权利且该权利是否可以阻却人民法院的执行。根据《最高人民法院关于适用〈中华人民共和国担保法〉若干问题的解释》第六十六条的规定，抵押人将已抵押的财产出租的，抵押权实现后，租赁合同对受让人不具有约束力。抵押人将已抵押的财产出租时，如果抵押人未书面告知承租人该财产已抵押的，抵押人对出租抵押物造成承租人的损失承担赔偿责任；如果抵押人已书面告知承租人该财产已抵押的，抵押权实现造成承租人的损失，由承租人自己承担。根据一审、二审判决载明的事实，本案中信银行的抵押权设定在先，舒心门业所持租赁合同签订在后，因此无论该租赁合同是否合法有效，舒心门业的承租权是否合法存在，都不能产生阻却人民法院对案涉土地使用权及房屋予以执行的法律效果。舒心门业以其享有合法承租权为由，要求停止人民法院对抵押物执行的申请再审理由不能成立。”

案例二：郭远群与陈瑶希、吴剑豪、吴海璋、唐杰其他执行复议案件执行裁定书［广东省高级人民法院（2015）粤高法执复字第82号］，该院认为：“《中华人民共和国物权法》第一百九十条规定，订立抵押合同前抵押财产已出租的，原租赁关系不受该抵押权的影响。抵押权设立后抵押财产出租的，该租赁关系不得对抗已登记的抵押权。经查，本案中，郭远群与被执行人唐杰之间订立的租赁合同发生在涉案房产抵押权设立之后，依照上述法律规定，该租赁关系不得对抗抵押权的行使，不得影响抵押权人实现本案债权。佛山中院强制拍卖涉案房产，正是保护申请执行人抵押权的执行行为，符合上述法律规定，并无不当。申请复议人谢某请求撤销佛山中院（2015）佛中法执异字第12号执行裁定，请求撤销责令其从涉案房地产迁出的命令，保护其继续租赁涉案房产，没有法律依据，本院不予支持。”

案例三：何金录与王月红、张卫东买卖合同纠纷再审民事裁定书［甘肃省高级人民法院（2014）甘民申字第62号］，该院认为：“本案涉案房屋上虽存在抵押权与租赁权两种权利，但抵押权在先，租赁权在后，且抵押权予以了登记。《中华人民共和国物权法》第一百九十条规定：‘订立抵押合同前财产已出租的，原租赁关系不受该抵押权的影响。抵押权设立后抵押财产出租的，该租赁关系不得对抗已登记的抵押权’。由此可见，在租赁关系成立于抵押关系之前的情形下，抵押权不能击破租赁，抵押权人不得单方解除租赁关系。但是在抵押权设立之后才形成的租赁关系，则抵押权可以击破租赁关系，也就不适用‘买卖不破租赁’之规则。抵押权不要求移转抵押财产的占有，租赁权要求转移标的物的占有。由于设定抵押权的出租人对标的物仍然享有所有权，其自然有权处分，因此只要租赁期限短于或等于抵押权实现的期限，抵押权和租赁权就可以并存且不发生冲突。但如租赁期限大于抵押期限时，当抵押权实现时，抵押权就会与租赁权产生冲突。本案申请人何金录与张卫东建立租赁关系时，由于房屋上设定的抵押权经过了登记，具有公示效力，其对该房屋上存在抵押权的事实知道或应当知道，对因抵押权实现而使租赁权终止的风险应自愿接受和承担。”

案例四：潘某与杭州星眼镜有限公司一案再审民事裁定书［浙江省高级人民法院（2013）浙民申字第374号］，该院认为：“关于世纪××公司的诉讼主体资格及租赁合同的约束力问题。世纪××公司为案涉房屋的承租人，实际占有并使用该房屋，郑某、潘某作为该房屋的所有人有权要求世纪××公司返还原物，世纪××公司作为被告主体适格。世纪××公司虽与王同强签订过《房屋租赁意向书》，但其与豪泰公司签订正式租赁协议的时间在案涉房产抵押登记之后。根据《中华人民共和国物权法》第一百九十条的规定，‘抵押权设立后抵押财产出租的，该租赁关系不得对抗已登记的抵押权。’世纪××公司的承租权不能对抗已登记的抵押权。同时，根据《最高人民法院关于适用〈中华人民共和国担保法〉若干问题的解释》第六十六条第一款的规定，‘抵押人将已抵押的财产出租的，抵押权实现后，租赁合同对受让人不具有约束力。’故世纪××公司与豪泰公司的房屋租赁合同对郑某、潘某不具有约束力。”

案例五：无锡市新特高教育科技有限公司、无锡市环亚国际语言专修学校等与袁宇峰、曹芳等金融借款合同纠纷、申请承认与执行法院判决、仲裁裁决案件执行判决书［江苏省高级人民法院（2015）苏执复字第00129号］，该院认为："《中华人民共和国物权法》第一百九十条规定，抵押权设立后抵押财产出租的，该租赁关系不得对抗已登记的抵押权。本案承租房屋上设有抵押，设定抵押权的时间为2012年8月14日。申请复议人主张的租赁合同签订时间在设定抵押权之后，该租赁关系不得对抗本案申请执行人（抵押权人）渤海银行南京分行。《最高人民法院关于人民法院办理执行异议和复议案件若干问题的规定》第三十一条第一款规定，承租人请求在租赁期内阻止向受让人移交占有被执行的不动产，在人民法院查封之前已签订合法有效的书面租赁合同并占有使用该不动产的，人民法院应予支持。南京中院系于2014年6月13日查封涉案房屋，申请复议人主张从2014年8月占有使用涉案房屋，该时间也在法院的查封时间之后，该租赁行为不得对抗人民法院对涉案房屋的执行。《最高人民法院关于人民法院民事执行中拍卖、变卖财产的规定》第三十一条第二款规定，拍卖财产上原有的租赁权及其他用益物权，不因拍卖而消灭，但该权利继续存在于拍卖财产上，对在先的担保物权或者其他优先受偿权的实现有影响的，人民法院应当依法将其除去后进行拍卖。故无锡中院作出（2015）锡执委字第00001号通知书限新特高公司在收到本通知书之日起三十日内主动将人员和设备搬离现场并无不当。"

064［最高法院］抵押权与建设工程价款优先受偿权是什么关系？

建设工程价款优先受偿权并不能绝对排除抵押权人的权利

裁判要旨

在建设工程价款优先受偿权与抵押权指向同一标的物，且该标的物拍卖、变卖所得价款不足以清偿工程欠款和抵押权所担保的主债权时，抵押权人的权益必然会因为建设工程价款优先受偿权的有无以及范围大小而受到影响。因此，抵押权人可对债务人与施工人之间的内容涉及实现建设工程价款优先受偿权的民事调解书提出第三人撤销之诉。

案情简介

一、2010年12月20日，顺康公司作为甲方，永泰公司作为乙方，签订《建设工程施工总承包协议》，工程完工后，顺康公司未支付工程款。永泰公司向贵州高院提起诉讼，请求：（1）判令顺康公司支付工程款及违约金共计35350981.50元；（2）请求依法将顺康公司位于赫章县城关镇原老二中处赫章县碧水蓝庭小区第1号楼、2号楼、4号楼、5号楼商场拍卖变现支付所欠工程款。

二、2015年4月17日，顺康公司、永泰公司双方自愿达成调解协议，贵州高院作出57号调解书确认永泰公司有权申请人民法院将位于赫章县城关镇原老二中处赫章县碧水蓝庭小区第1号楼、2号楼、4号楼、5号楼商场拍卖变现支付所欠工程款。后由于顺康公司没有按照永泰公司、顺康公司双方在57号调解书中约定的时间支付工程款，永泰公司向贵州高院申请执行。

三、小河农商行是上述建筑物的抵押权人，小河农商行认为57号调解书侵害了自己的合法权益，于2016年4月25日向一审法院提起第三人撤销之诉，请求撤销57号调解书。贵州高院一审认为小河农商行不具有第三人撤销之诉的主体资格，裁定驳回了小河农商行的起诉。

四、小河农商行不服，上诉至最高法院，最高法院二审改判小河农商行具有第三人撤销之诉的主体资格。

败诉原因

本案中永泰公司的败诉原因在于建设工程价款优先受偿权人实现优先权时，可能损害对建筑物享有抵押权的第三人的利益，故抵押权人可以对债务人与施工人之间的内容涉及实现建设工程价款优先受偿权的民事调解书提出第三人撤销之诉。建设工程价款优先受偿权是法定优先权，该权利一旦成立，即优先于抵押权。因此，在一般的诉讼中，施工人实现建设工程价款优先受偿权，抵押权人并无对抗该权利实现的权利。但当施工人与债务人就实现建设工程价款优先受偿权达成和解协议时，则可能害及抵押权人的利益。因为施工人享有的建设工程价款优先受偿权有无及大小，均有可能对抵押权人利益的实现产生重大影响。在建筑物拍卖、变卖价格不足以清偿全部债务时，更是如此。因此，最高法院认为：“建设工程价款优先受偿权与抵押权指向同一标的物，且该标的物拍卖、变卖所得价款不足以清偿工程欠款和抵押权所担保的主债权时，抵押权人的权益必然会因为建设工程价款优先受偿权的有无以及范围大小而受到影响。”故最高法院据此裁定小河农商行具有提起第三人撤销之诉的原告资格。

败诉教训、经验总结

前事不忘，后事之师。为避免未来发生类似败诉，提出如下建议：

1. 实践中开发商将在建工程抵押给金融机构用以融资的情况普遍存在，而根据《合同法》第二百八十六条的规定，施工人对于建设工程享有建设工程价款优先受偿权。建设工程价款优先受偿权为法定优先权，其权利顺位优先于抵押权。因此，银行在接受在建工程抵押时，可要求债务人与施工人协调，出具放弃建设工程价款优先受偿权的承诺，以维护自身利益。

2. 虽然在同一标的物上同时存在抵押权和建设工程价款优先受偿权时，享有建设工程价款优先受偿权的施工人的债权可优先于抵押权人受偿，但并不代表抵押权人在施工人实现建设工程价款优先受偿权时只能够坐以待毙，不能有任何作为。如果施工人的建设工程价款优先受偿权并未成立或以不合理的价格拍卖、变卖建设工程，则是对抵押权人享有的抵押权的侵害。此时，抵押权人可主张撤销施工人的上述行为或要求施工人赔偿损失。

相关法条

《合同法》

第二百八十六条 发包人未按照约定支付价款的，承包人可以催告发包人在合理期限内支付价款。发包人逾期不支付的，除按照建设工程的性质不宜折价、拍卖的以外，承包人可以与发包人协议将该工程折价，也可以申请人民法院将该工程依法拍卖。建设工程的价款就该工程折价或者拍卖的价款优先受偿。

《物权法》

第三十七条 侵害物权，造成权利人损害的，权利人可以请求损害赔偿，也可以请求承担其他民事责任。

第一百七十九条 为担保债务的履行，债务人或者第三人不转移财产的占有，将该财产抵押给债权人的，债务人不履行到期债务或者发生当事人约定的实现抵押权的情形，债权人有权就该财产优先受偿。

前款规定的债务人或者第三人为抵押人，债权人为抵押权人，提供担保的财产为抵押财产。

《民事诉讼法》

第五十六条 对当事人双方的诉讼标的，第三人认为有独立请求权的，有权提起诉讼。

对当事人双方的诉讼标的，第三人虽然没有独立请求权，但案件处理结果同他有法律上的利害关系的，可以申请参加诉讼，或者由人民法院通知他参加诉讼。人民法院判决承担民事责任的第三人，有当事人的诉讼权利义务。

前两款规定的第三人，因不能归责于本人的事由未参加诉讼，但有证据证明发生法律效力的判决、裁定、调解书的部分或者全部内容错误，损害其民事权益的，可以自知道或者应当知道其民事权益受到损害之日起六个月内，向作出该判决、裁定、调解书的人民法院提起诉讼。人民法院经审理，诉讼请求成立的，应当改变或者撤销原判决、裁定、调解书；诉讼请求不成立的，驳回诉讼请求。

《最高人民法院关于适用〈中华人民共和国民事诉讼法〉的解释》

第二百九十五条 民事诉讼法第五十六条第三款规定的因不能归责于本人的事由未参加诉讼，是指没有被列为生效判决、裁定、调解书当事人，且无过错或者无明显过错的情形。包括：

（一）不知道诉讼而未参加的；

（二）申请参加未获准许的；

（三）知道诉讼，但因客观原因无法参加的；

（四）因其他不能归责于本人的事由未参加诉讼的。

以下为最高法院在二审裁定书“本院认为”部分就此问题发表的意见：

对小河农商行是否具有第三人撤销之诉的原告主体资格……57号调解书内容错误将直接损害小河农商行的抵押权。建设工程价款优先受偿权是法定优先权，该权利一旦确定，当然优先于银行的抵押权，在建设工程价款优先受偿权与抵押权指向同一标的物，且该标的物拍卖、变卖所得价款不足以清偿工程欠款和抵押权所担保的主债权时，抵押权人的权益必然会因为建设工程价款优先受偿权的有无以及范围大小而受到影响。从现有的证据材料看，57号调解书的执行标的物有三套房屋，其中小河农商行在两套房屋上设有抵押权，该三套房屋在57号调解书执行过程中三次流拍，后小河农商行设有抵押权的两套房屋一套被变卖，一套直接作价抵偿给永泰公司，而从剩余抵押物的评估价来看，尚不足以清偿小河农商行的全部债权，因此，小河农商行对于57号案件的处理结果，有法律上的利害关系。如果57号调解书存在错误，通过当事人约定的方式随意扩大法定优先受偿权的范围，将直接损害小河农商行的抵押权。

案件来源

贵阳农村商业银行股份有限公司小河支行、泸州市永泰建筑工程有限公司第三人撤销之诉二审民事裁定书［最高人民法院（2017）最高法民终 38 号］

延伸阅读

建设工程价款优先受偿权与抵押权之间的关系的判例：

一、不能在案件受理阶段即排除抵押权人对抗建设工程价款优先受偿权人的权利

案例一：交通银行股份有限公司广西壮族自治区分行与广西越洋房地产开发有限公司、福建省闽鑫建设工程有限公司建设工程施工合同纠纷二审民事裁定书［最高人民法院（2016）最高法民终 193 号］，最高法院认为："因工程款优先受偿权与抵押权之间的顺位是法定的，工程款优先受偿权一旦确定，则当然优先于抵押权，从而使抵押权人的权益在法律上受到影响，因此抵押权人对于工程款债权人与债务人之间确认工程款优先受偿权的诉讼，具有法律上的利害关系，属于民事诉讼法第五十六条所规定的第三人。本案交行广西分行作为抵押权人，对于闽鑫公司与越洋公司之间确认闽鑫公司具有工程款优先受偿权的诉讼，具有法律上的利害关系，可以以第三人的身份参加诉讼。因其可以信赖闽鑫公司向其出具的放弃优先受偿权的《承诺函》，故其未参加闽鑫公司与越洋公司之间的诉讼，不应属于阻却第三人撤销之诉的可归责于本人的事由。交行广西分行提供的闽鑫公司表示放弃工程款优先受偿权的《承诺函》，已经初步表明生效调解书确定闽鑫公司仍享有优先受偿权的内容，极有可能存在错误并损害交行广西分行的抵押权。闽鑫公司提出交行广西分行不具有第三人撤销之诉的主体资格，但其所提理由是认为其工程款优先受偿权属于法定的权利，抵押权人无权对抗。对于确定无疑的工程款优先受偿权，此观点无疑是正确的。但其工程款债权是否符合取得优先受偿权的法定条件并非不可争议，同时因本案还涉及闽鑫公司曾向交行广西分行承诺放弃该项权利，而目前并无法律、法规和司法解释规定工程款债权人放弃优先受偿权无效，故不能在案件受理审查阶段即当然排除抵押权人通过诉讼对工程款优先受偿权的存在与否提出对抗的主张。闽鑫公司该放弃优先受偿权的承诺行为是否有效及其是否能达到使交行广西分行的抵押权取得优先地位的效果，应当经审理根据案件具体情况作出最终认定。"

二、抵押权人可主张撤销施工人与债务人之间的关于建设工程价款优先受偿权的判决

案例二：中国建设银行股份有限公司广州天河支行与广州房实工程总承包有限公司、广州洪德置业有限公司金融借款合同纠纷二审民事判决书［最高人民法院（2016）最高法民终174号］，最高法院认为："本案中，根据已经发生法律效力的（2008）天法民二初字第2615号民事判决，建行天河支行对洪德公司名下的广州保利丰花园二期C栋部分建筑享有抵押权，该抵押权系担保物权，应属民事权益自无疑义。（2010）粤高法民一终字第169号民事判决判令房实公司对不属于优先受偿范围的利息也享有优先受偿权，从而改变了涉案工程款优先受偿权、抵押权及普通债权的受偿顺序。而这一受偿顺序的改变，客观上减损了建行天河支行实现抵押权的责任财产，对将来建行天河支行实现抵押权构成不利，使得建行天河支行的抵押权陷入不能充分实现之虞，亦即损害了建行天河支行的民事权益，该损害事实的认定，不以已然造成建行天河支行实际受偿金额的减少为必要条件，只需存在此种不当损害的客观危险性即为已足。原审判决以建行天河支行、房实公司的债权实现情况尚未明晰，建行天河支行不能证明其实际受偿的金额减少为由，否定建行天河支行合法权利实际受到损害，系对《中华人民共和国民事诉讼法》第五十六条中'损害其民事权益'理解错误，本院予以纠正。"本案最高法院最终判决撤销了（2010）粤高法民一终字第169号民事判决书。

案例三：中国建设银行股份有限公司宜丰支行建设工程施工合同纠纷二审民事裁定书［江西省高级人民法院（2017）赣民终71号］，该院认为："建行宜丰支行提起第三人撤销之诉，申请撤销天工公司与志超公司建设工程施工合同纠纷一案的民事判决书，该民事判决书第二项确定天工公司对其承建的工程即志超公司的厂房享有优先受偿权。因工程款优先受偿权与抵押权之间的顺位是法定的，工程款优先受偿权一旦确定，则当然优先于抵押权，从而使抵押权人的权益在法律上受到影响，因此，建行宜丰支行作为涉案工程的抵押权人，与工程款债权人和债务人之间确认工程款优先受偿权的诉讼判决处理结果具有法律上的利害关系，属于民事诉讼法第五十六条所规定的第三人，具备提起第三人撤销之诉的原告主体资格。建行宜丰支行于2016年2月得知（2015）宜中民四初字第23号民事判决书内容后，于当月提起本案第三人撤销之诉，符合法律规定的六个月起诉期间。本案一审建行宜丰支行起诉时，已提供涉案厂房系列房产证（宜丰房权证权字第××-××号，产权登记时间均为2012年4月26日；宜丰房权证权字第××、××号，产权登记时间均为2012年11月9日）等证据，可以初步表明生效判决书关于竣工日期为2014年4月

23日的认定可能存在错误，而该认定影响到对天工公司是否仍应享有涉案厂房优先受偿权的认定。判决书确定天工公司对涉案厂房享有优先受偿权的内容可能损害建行宜丰支行的权益。据此，本案建行宜丰支行提起第三人撤销之诉，符合民事诉讼法及其解释中规定的第三人撤销之诉应具备的条件。至于天工公司对其承建的工程是否享有优先受偿权，应当经实体审理根据案件具体情况作出最终认定。”

065［最高法院］抵押权人能否通过案外人执行异议排除对抵押物的强制执行？

抵押权人提起的案外人执行异议不能排除对抵押物的强制执行

裁判要旨

民事诉讼法第二百二十七条所指的案外人对执行标的提出的异议，其目的是排除对执行标的的强制执行。抵押权人可以从执行标的的变价款中优先受偿，并不需要排除对抵押物的执行，强制执行程序可以保障抵押权人优先受偿权的实现。

案情简介

一、2013年8月26日，鸿益公司与泉州中行签订《最高额抵押合同》，约定鸿益公司以案涉土地使用权及房产作为抵押物，为泉州中行与泉州环海物流有限公司间的债权债务提供抵押担保，并办理了抵押登记。

二、2014年8月18日，长安船务公司因与鸿益公司等的债权债务纠纷，申请财产保全，厦门海事法院作出（2014）厦海法保字第35-2号民事裁定书，查封了案涉房产及土地使用权。

三、2014年10月29日，泉州中院作出（2014）泉民初字第1481号《民事调解书》，确认泉州中行对抵押物享有抵押权。2014年11月7日，泉州中院受理了该案的执行申请，并定于2015年1月9日拍卖案涉土地使用权及房产。2015年1月6日，长安船务公司向泉州中院提出执行异议。2015年5月8日，泉州中院函告厦门海事法院，已将拍卖土地使用权所得款提存。

四、2015年5月29日，长安船务公司与鸿益公司等诉讼的判决生效后，长安船务公司向厦门海事法院申请执行。厦门海事法院作出（2015）厦海法执字第222号执行裁定书，裁定被执行人逾期履行义务的，厦门海事法院将依法拍卖或变卖所查封、扣押的财产。同日，厦门海事法院向泉州中院发出《协助执行通知书》，要求将案涉土地使用权拍卖款中的328万元汇至厦门海事法院。

五、泉州中行向厦门海事法院提出执行异议，请求：确认其对抵押物享有优先受偿权；抵押物拍卖所得应由泉州中院主持分配；撤销厦门海事法院要求泉州中院将案涉土地使用权拍卖款划拨给厦门海事法院处置的执行行为。厦门海事法院一审裁定驳回了泉州中行异议。泉州中行不服，向福建高院申请复议，福建高院复议裁定撤销一审裁定，抵押物拍卖所得应由泉州中院主持分配。

六、长安船务公司不服，向最高法院申诉，最高法院裁定驳回其申诉请求。

败诉原因

本案中长安船务公司的败诉原因有二：一为最高法院最终确认泉州中院为首封法院，二为泉州中行并未以抵押权人的身份排除对抵押物的强制执行。本文需重点探讨的是败诉的第二点原因，即抵押权人能否通过执行异议的方式排除其他债权人对抵押物申请的强制执行。根据《物权法》第一百七十九条对于抵押权的定义，抵押权人具有优先受偿权。此处所谓的优先受偿权是指抵押权人的债权可优先于其他普通债权人的债权从抵押物的变价所得中优先获得清偿。因此，抵押权人对抵押物享有的抵押权，并非是对抵押物本身的实际支配权，而是对抵押物价值（变价所得）的支配权。故而抵押权人不能通过执行异议的方式排除对抵押物的强制执行，而只能参与强制执行分配程序，以抵押权人的身份优先从抵押物变价所得中受偿。最高法院在本案中也认为："抵押权人可以从执行标的的变价款中优先受偿，并不需要排除对抵押物的执行，强制执行程序可以保障抵押权人优先受偿权的实现。"诉讼中，泉州中行准确地选择了诉讼请求，没有直接要求排除厦门海事法院对抵押物拍卖的执行行为，而是要求排除厦门海事法院要求支配抵押物变价所得的权利，这就直接侵害了抵押权人的抵押权。因此，最高法院认定厦门海事法院要求泉州中院将抵押物拍卖所得汇至厦门海事法院的执行行为违法。长安船务公司因此败诉。

败诉教训、经验总结

前事不忘，后事之师。为避免未来发生类似败诉，提出如下建议：

1. 抵押权人的优先受偿权实际上是抵押权人对抵押物变价所得的优先分配权。

因此，《担保法司法解释》第五十五条规定："已经设定抵押的财产被采取查封、扣押等财产保全或者执行措施的，不影响抵押权的效力。"此处所言的不影响抵押权的效力，是指不影响抵押权人对抵押物变价所得的优先分配权。抵押权人不必通过排除对抵押物强制执行行为来维护自己的权益，而只需通过参与执行分配即可以实现自己的权益。

2. 抵押权人对抵押物的支配仅指对抵押物变价所得的支配，而非对抵押物本身的直接支配。因此，抵押权人无法对涉及抵押物本身的强制执行行为提出执行异议，而只能就分配、处置抵押物变价所得的执行行为提出执行异议。结合本案来看，泉州中行提出执行异议的对象正好是针对厦门海事法院对抵押物变价所得进行处置的执行行为，故而福建高院、最高法院都支持了其执行异议。因此，抵押权人在抵押物被强制执行时，应注意准确地选择执行异议的对象，而不能盲目地要求排除对抵押物的强制执行行为。

3. 抵押权人等担保物权人，在担保物被采取执行强制措施时，不必过分紧张，而应积极向执行法院申请参与执行分配，直接通过执行程序实现自己的权利。当执行法院对于担保物的强制执行行为已经进入执行分配程序时，如果担保物权人的债权尚未到期，可要求执行法院对抵押物拍卖所得进行提存或者要求债务人提前清偿债务。如果债权债务关系存在争议，可另案提起诉讼并同时要求法院中止对抵押物拍卖所得进行分配的执行行为。

相关法条

《物权法》

第一百七十九条 为担保债务的履行，债务人或者第三人不转移财产的占有，将该财产抵押给债权人的，债务人不履行到期债务或者发生当事人约定的实现抵押权的情形，债权人有权就该财产优先受偿。

前款规定的债务人或者第三人为抵押人，债权人为抵押权人，提供担保的财产为抵押财产。

《担保法司法解释》

第五十五条 已经设定抵押的财产被采取查封、扣押等财产保全或者执行措施的，不影响抵押权的效力。

《民事诉讼法》

第二百二十五条 当事人、利害关系人认为执行行为违反法律规定的，可以向负责执行的人民法院提出书面异议。当事人、利害关系人提出书面异议的，人民法院应当自收到书面异议之日起十五日内审查，理由成立的，裁定撤销或者改正；理由不成立的，裁定驳回。当事人、利害关系人对裁定不服的，可以自裁定送达之日起十日内向上一级人民法院申请复议。

第二百二十七条 执行过程中，案外人对执行标的提出书面异议的，人民法院应当自收到书面异议之日起十五日内审查，理由成立的，裁定中止对该标的的执行；理由不成立的，裁定驳回。案外人、当事人对裁定不服，认为原判决、裁定错误的，依照审判监督程序办理；与原判决、裁定无关的，可以自裁定送达之日起十五日内向人民法院提起诉讼。

《最高人民法院关于适用〈中华人民共和国民事诉讼法〉的解释》

第四百六十五条 案外人对执行标的提出的异议，经审查，按照下列情形分别处理：

（一）案外人对执行标的不享有足以排除强制执行的权益的，裁定驳回其异议；

（二）案外人对执行标的享有足以排除强制执行的权益的，裁定中止执行。

驳回案外人执行异议裁定送达案外人之日起十五日内，人民法院不得对执行标的进行处分。

以下为最高法院在本案申诉阶段就此问题发表的意见：

首先，从泉州中行的异议申请书中可以看出，其请求厦门海事法院撤销将拍卖款划拨给该院处置的执行行为，这是对厦门海事法院的具体执行行为提出异议，符合民事诉讼法第二百二十五条的规定。其次，《最高人民法院关于适用〈中华人民共和国民事诉讼法〉的解释》第四百六十五条规定：“案外人对执行标的提出的异议，经审查，按照下列情形分别处理：（一）案外人对执行标的不享有足以排除强制执行的权益的，裁定驳回其异议；（二）案外人对执行标的享有足以排除强制执行的权益的，裁定中止执行。驳回案外人执行异议裁定送达案外人之日起十五日内，人民法院不得对执行标的进行处分。”根据该规定精神，民事诉讼法第二百二十七条所指的案外人对执行标的提出的异议，其目的是排除对执行标的的强制执行。抵押权人可以从执行标的的变价款中优先受偿，并不需要排除对抵押物的执行，强制执行程序可以保障抵押权人优先受偿权的实现。本案中，泉州中行提出异议的目的亦非排除对土地使用权的强制执行，故本案不应当适用民事诉讼法第二百二十七条的规定。

案件来源

福建长安船务有限公司与泉州市长海集装箱发展有限公司、泉州市鸿益机械制造有限公司等企业借贷纠纷、金融借款合同纠纷等执行裁定书［最高人民法院

（2016）最高法执监 204 号］

延伸阅读

抵押权人不能通过执行异议排除对抵押物的强制执行的判例：

案例：交通银行股份有限公司广西壮族自治区分行与广西越洋房地产开发有限公司、福建省闽鑫建设工程有限公司建设工程施工合同纠纷二审民事裁定书［最高人民法院（2016）最高法民终 193 号］，最高法院认为："民事诉讼法第二百二十七条规定的案外人异议，与其字面所显示的意思有一定差别，并非案件当事人以外的人提出的涉及实体权利的异议都属于该条规定的异议。民事诉讼法解释第四百六十五条的规定表明，民事诉讼法第二百二十七条规定的案外人异议适用于'案外人对执行标的享有足以排除强制执行的权益'的情况。《最高人民法院关于适用〈中华人民共和国民事诉讼法〉执行程序若干问题的解释》第十五条则更明确解释为：案外人异议是指其'对执行标的主张所有权或者有其他足以阻止执行标的转让、交付的实体权利'的情况。按照上述司法解释的规定，抵押权人对执行标的物的权利，虽然属于实体权利，但该权利是就标的物变价款优先受偿的权利，并不能阻止标的物的转让或者向受让人交付。抵押权人请求保护其优先受偿权，因未得到保护而提出执行异议的，不属于阻止或排除强制执行的异议。尽管对于抵押权人异议究竟按照第二百二十五条还是第二百二十七条的规定处理仍不无进一步研究的余地，但如将其归属于案外人异议，则需要扩大目前司法解释对案外人异议界定的范围。在有明确司法解释要求按照民事诉讼法第二百二十七条审查处理抵押权的异议之前，仍应按照现行司法解释理解为通过第二百二十五条处理（当然在参与分配情况下可以通过分配方案异议程序解决）。"

066［最高法院］抵押物被拆迁时，抵押权人应如何主张权利？

抵押物被拆迁时，抵押权人应向抵押人主张物上代位权

裁判要旨

抵押权是抵押权人对抵押物变卖、拍卖后所得享有优先受偿的权利，而非对抵押物的实际占有。在抵押权人未向补偿款给付人主张优先受偿的情况下，该补偿款给付人不存在将补偿款给付给抵押权人的义务。抵押权人对抵押物代位物优先受偿权的基础为抵押物，因此该权利应根据代位物的实际归属情况向相对人提出。

案情简介

一、2004年3月31日，汇丰信用社与雪淇公司签订借款合同四份，借款金额共计220万元。雪淇公司以自有的房产为以上借款提供抵押担保，并办理了抵押登记。借款到期后，雪淇公司未能归还借款本息。汇丰信用社遂于2009年2月25日向滕州法院起诉，请求判令雪淇公司清偿本金及利息，并对抵押物享有优先受偿权。

二、2009年7月23日，城建公司取得了房屋拆迁许可证，雪淇公司提供的抵押房产在拆迁范围之内，后本案抵押物被拆除，案涉土地使用权被滕州市国土局以9800万元的价格依法出让给东方中石公司。2011年7月13日，城建公司与雪淇公司签订《房屋拆迁货币补偿合同》，城建公司将600万元拆迁补偿款支付给雪淇公司。

三、2011年3月10日滕州法院判决：雪淇公司对汇丰信用社还本付息，但对于汇丰信用社主张的对抵押物享有优先受偿权的诉讼请求未予判决。汇丰信用社于2011年改制为农商行汇丰支行。2012年5月21日，汇丰支行向滕州法院申请执行。2012年12月27日，汇丰支行与北洋兰格公司签订《债权转让合同》，将案涉贷款债权转让给北洋兰格公司，并登报公告。

四、北洋兰格公司向枣庄中院起诉，请求判令东方中石公司、城建公司向北洋兰格公司支付雪淇公司的房地产价款510万元。枣庄中院一审判决驳回北洋兰格公司诉请。

五、北洋兰格公司不服，上诉至山东高院，山东高院二审判决驳回上诉，维持原判。北洋兰格公司仍不服，向最高法院申请再审，最高法院裁定驳回再审申请。

败诉原因

本案中北洋兰格公司败诉的原因在于其行使抵押权人的物上代位权的对象错误。根据《物权法》第一百七十九条的规定，抵押权是以不转移抵押物占有为必要的担保物权。因此，抵押权人并不能对抵押物进行直接的占有和支配，而只能就抵押物变价所得进行优先受偿。故抵押权为价值权，在抵押物被毁损、灭失或征收时，根据《物权法》第一百七十四条的规定，担保物权人可以就获得的保险金、赔偿金或者补偿金等优先受偿。但如何对所谓的“保险金、赔偿金或者补偿金等”优先受偿，《物权法》并未予以明确。最高法院认为，“抵押权人对抵押物代位物优先受偿权的基础为抵押物”，既然抵押权人不能直接占有抵押物，也就不能直接占有作为抵押物变形物的“保险金、赔偿金或者补偿金等”，而只能向抵押人请求对“保险金、赔偿金或者补偿金等”优先受偿。本案中北洋兰格公司向拆迁补偿义务人城建公司请求向其直接支付拆迁补偿金的诉请，实际上是要求直接占有抵押物的变形物，与抵押权人的权利内容和性质有违。故最高法院认定抵押权人的物上代位权“应根据代位物的实际归属情况向相对人提出”。北洋兰格公司主张权利的义务主体错误，因此败诉。

败诉教训、经验总结

前事不忘，后事之师。为避免未来发生类似败诉，提出如下建议：

1. 抵押权是不以占有抵押物为权利内容之一的担保物权，故抵押权人不论在任何时候都不能要求直接占有抵押物。此处的抵押物不仅包括抵押物本身，也包括抵押物的物上代位物，如保险金、赔偿金或者补偿金等。但抵押权为担保物权，具有追及效力，不论抵押物辗转落入何人之手，抵押权人均可依据抵押权要求对抵押物进行变价优先受偿。

2. 抵押权人依据《物权法》第一百七十四条的规定行使物上代位权时，应注意选择正确的义务主体。虽然该条规定抵押权人可以对抵押物毁损、灭失、征收后的保险金、赔偿金或者补偿金等优先受偿，但并不代表抵押权人可直接向给付保险人、赔偿义务人或征收补偿义务人等给付代位物的义务人主张权利。相反，抵押权人原则上只能向抵押人主张行使物上代位权。在抵押人怠于要求相关义务人给付代位物时，抵押权人可根据《合同法》第七十三条的规定，代位行使抵押人对第三人的请求权，以此维护自身权益。

3. 抵押权人在抵押物被毁损、灭失或者征收时，应当及时行使自己的权利。抵押物的物上代位物与抵押物不同，往往没有对外公示的手段。如果抵押人将抵押物的代位物进行了处分，则抵押权人即丧失对已处分部分的优先受偿权。因此，抵押权人在抵押物被毁损、灭失或者征收时应及时行使物上代位权，切莫以为有物上代位权存在即可以高枕无忧。

相关法条

《物权法》

第一百七十四条 担保期间，担保财产毁损、灭失或者被征收等，担保物权人可以就获得的保险金、赔偿金或者补偿金等优先受偿。被担保债权的履行期未届满的，也可以提存该保险金、赔偿金或者补偿金等。

第一百七十九条 为担保债务的履行，债务人或者第三人不转移财产的占有，将该财产抵押给债权人的，债务人不履行到期债务或者发生当事人约定的实现抵押权的情形，债权人有权就该财产优先受偿。

前款规定的债务人或者第三人为抵押人，债权人为抵押权人，提供担保的财产为抵押财产。

《合同法》

第七十三条 因债务人怠于行使其到期债权，对债权人造成损害的，债权人可以向人民法院请求以自己的名义代位行使债务人的债权，但该债权专属于债务人自身的除外。

代位权的行使范围以债权人的债权为限。债权人行使代位权的必要费用，由债务人负担。

以下为最高法院在再审期间就此问题发表的意见：

2012年12月27日汇丰支行（甲方）与兰格公司（乙方）签订《债权转让合同》，将121062665.29元贷款债权转让给兰格公司，其中包括（2009）滕商初字第522号民事判决确认的债权本金及相应利息。因无法通知到债务人雪淇公司，汇丰支行于2013年1月10日在山东法制报发布债权转让公告。可见，在滕州市人民法院（2009）滕商初字第522号民事判决生效数月之后，兰格公司受让本案债权一年多之前，城建公司作为拆迁人依据2011年7月13日签订的《房屋拆迁货币补偿合同》已将案涉抵押物的拆迁补偿款支付给了被拆迁人（即抵押物的所有权人）雪淇公司。也就是说，在兰格公司提起本案诉讼之时，抵押物的代位物（即拆迁补偿款）早已于一年多之前由拆迁人城建公司支付给被拆迁人雪淇公司，而兰格公司直到2012年12月27日才成为雪淇公司的债权人。抵押权是抵押权人对抵押物变卖、拍卖后所得享有优先受偿的权利，而非对抵押物的实际占有。在抵押权人未向补偿款给付人主张优先受偿的情况下，该补偿款给付人不存在将补偿款给付给抵押权人的义务。即便如兰格公司所主张的其享有代位物的优先受偿权，也并不意味着兰格公司对该拆迁补偿款自动获得给付方任何时候优先支付的权利。代位物优先受偿权的基础为抵押物，因此该权利应根据代位物的实际归属情况向相对人提出。依据本案已查明事实，该拆迁补偿款于2011年7月13日由城建公司支付于雪淇公司，代位物权属已发生转移。兰格公司不积极申请执行生效判决，从雪淇公司实现自己的债权，却主张城建公司应向其优先支付拆迁补偿款，缺乏法律依据和事实依据。二审法院驳回兰格公司的诉讼请求并无不当。本案不存在适用法律错误的问题。

案件来源

青岛北洋兰格投资顾问有限公司与滕州市城市建设综合开发公司、滕州市东方中石房地产开发有限公司抵押权纠纷申诉、申请再审民事裁定书［最高人民法院（2016）最高法民申2915号］

延伸阅读

抵押物毁损、灭失或者被征收后抵押权人行使物上代位权的判例：

一、物上代位权的行使必须以实际代位物支付给抵押人为前提

案例一：中国信达资产管理股份有限公司云南省分公司、云南五洲绿化有限公司金融借款合同纠纷二审民事判决书［云南省高级人民法院（2016）云民终707号］，该院认为："本院认为，《中华人民共和国物权法》第一百七十四条规定，担保期间，担保财产毁损、灭失或者被征收等，担保物权人可以就获得的保险金、赔偿金或者补偿金等优先受偿。《四方协议》及《补充协议》约定，官渡公司、五洋公司承诺收到官渡绿化广卫苗木基地补偿款后，向农行官渡支行归还贷款本息。根据一审法院向官渡区矣六街道城中村改造指挥部塔密分指挥部所做《询问笔录》，涉案广卫基地苗木所涉拆迁补偿款尚未发放，补偿标准、补偿金额等均未明确，二审中，信达云南分公司也未举证证实官渡公司或五洋公司已经收到了补偿款。信达云南分公司要求在本案中就广卫基地苗木所涉拆迁补偿款优先受偿尚不具备实现权利的前提条件，对于信达云南分公司的该项上诉请求，不予支持。待补偿款发放后，信达云南分公司可另案主张。"

二、抵押物被拆迁后所得补偿款由案外人领取的，应以案外人为物上代位权行使的被告

案例二：中国建设银行股份有限公司雅安分行与罗永芬、雅安市颖鑫车业有限责任公司保证合同纠纷案二审民事判决书［四川省高级人民法院（2015）川民终字第902号］，该院认为："在抵押关系存续期间，该抵押房屋因拆迁而灭失，其置换的房屋在本案审理过程中尚未修建。《中华人民共和国物权法》第一百七十四条规定‘担保期间，担保财产毁损、灭失或者被征收等，担保物权人可以就获得的保险金、赔偿金或者补偿金等财产优先受偿’。根据该规定，在担保物权的实体发生灭失时，如果存在担保物的价值变形物或代表物，则担保物权仍然可以于其上而存在，这是法律对担保物物上代位权的规定。因此，在抵押物被征收后，建行雅安分行依法享有抵押房产的物上代位权。但是，在本案实际履行中，由于罗永芬将其所享有的征收房屋安置补偿权益转让于其子女，由其子郭辉、其女罗浅溪与雨城区征收办签订《雅安市雨城区国有土地房屋征收安置补偿协议书》。而建行雅安分行在本案中对涉案抵押物主张优先受偿，涉及案外人郭辉、罗浅溪的民事权益。在本案中，建行雅安分行未将郭辉、罗浅溪等列为当事人，故本案在郭辉、罗浅溪等当事人缺位的情况下，对建行雅安分行请求的涉及案外人权益的抵押物优先受偿的主张不能直接进行审理，故对建行雅安分行在本案中的这一请求不予支持。原审判决虽然对建行雅安分行诉讼中涉及的此项请求予以驳回，但其依据的理由不当，本院对此进行纠正。另建行雅安分行对郭辉、罗浅溪是否应当获得征收安置补偿及其获得的补偿是否应当由建行雅安分行根据本案《最高额抵押合同》享有优先受偿权的纠纷，已另案起诉并由相关法院受理。因此，本院依据一事不再理的民事诉讼原则，对建行雅安分行在本案二审中关于案涉抵押物灭失后，原被抵押人罗永芬以产权调换方式尚未获得的商业用房及附属土地和相关补偿费享有优先受偿权的上诉请求亦不再审理。对其在本案中的重复请求予以驳回。”

第四节 抵押物转让

067［最高法院］银行同意抵押物转让到底有多危险？

> **银行同意转让抵押物，对抵押物不再享有抵押权**

裁判要旨

《物权法》第一百九十一条确立了抵押物需经“抵押权人同意方可转让”的基本原则，如果抵押权人同意转让抵押物，则不应由受让人代为清偿债务。抵押权人在抵押物的交换价值实现之日即丧失了对抵押物的抵押权，抵押权人仅得就转让价金优先受偿。

案情简介

一、2003 年 7 月 29 日，农行道外支行与中财开发公司签订了农银借字（2003）第 8810 号借款合同和农银借字（2003）第 8810 号抵押合同。哈尔滨市房产住宅局为案涉抵押的 9161.55 平方米在建工程出具了哈房权属证明字第 20 号《房屋在建工程权属证明》，并载明了权属范围。同时，还注明“此证仅供企业与农行道外支行办理抵押登记使用，有效期限自 2003 年 7 月 28 日至 2006 年 8 月 27 日止”。后双方办理了抵押登记，哈尔滨市房产住宅局于 2003 年 8 月 11 日为农行道外支行颁发了哈房他字第 20039003 号房屋他项权利证。

二、合同履行过程中，农行道外支行向中财开发公司出具《关于允许抵押人继续售房的函》，同意“中财开发公司所提供的抵押房产在抵押期间可以出售”。中财开发公司据此函陆续将抵押合同所涉 35 套房产出卖，且部分办理产权手续。

三、中财开发公司到期未还款，农行道外支行向哈尔滨中院起诉要求还本付息，并主张用拍卖、变卖案涉 35 套抵押房产所得价款优先受偿。哈尔滨中院一审判决中财开发公司还本付息，但认为农行道外支行对涉案房产抵押权已消灭，不能对涉案房产优先受偿。

四、农行道外支行不服，上诉至黑龙江高院，黑龙江高院判决驳回上诉，维持原判。农行道外支行不服，向最高院申请再审，最高院裁定驳回再审申请，农行道外支行对涉案房产不享有抵押权。

败诉原因

本案中农行道外支行的败诉原因在于，在未准确认识到同意抵押物转让的法律后果的情况下，致函抵押人同意抵押物转让。根据《物权法》第一百九十一条第二款的规定：“抵押期间，抵押人未经抵押权人同意，不得转让抵押财产，但受让人代为清偿债务消灭抵押权的除外。”最高院据此认为，只要抵押权人同意转让抵押物，在抵押人完成转让行为并取得价金后，抵押权人对抵押物的抵押权即行消灭。抵押权人仅能向抵押人主张就转让价金优先受偿，而不能基于抵押权的物上追及效力向抵押物的受让人主张对抵押物优先受偿。

败诉教训、经验总结

前事不忘，后事之师。为避免未来发生类似败诉，提出如下建议：

1. 设定抵押权是保障债权实现的重要手段，因抵押权多设立在高价值的不动产之上，故有“担保之王”的美誉。鉴于《物权法》第一百九十一条相关规定的存在，抵押权人切勿轻易同意抵押人转让抵押物的请求，否则将导致抵押权丧失，债权“脱保”的严重后果，造成不必要的经济损失。

2. 为保障抵押人正常的生产经营活动，确需同意抵押人转让抵押物的，可要求抵押人补充提供担保或者将转让所得提存，也可要求债务人提前清偿债务。

3. 抵押权人同意抵押人转让抵押物的，应对抵押物作出合理定价，防止抵押人低价转让抵押物损害自身利益。如抵押人低价转让抵押物的，抵押权人可根据《合同法》第七十四条第一款的规定向法院主张撤销转让抵押物的行为。

4. 购买房屋等不动产前，应到不动产登记管理部门查阅抵押担保状况。如果拟购买的不动产存在抵押权的，务必要求出卖人出具抵押权人同意转让的证明文件，并将出卖价款所得用于偿还债务以消灭抵押权，并及时办理抵押权注销手续。

相关法条

《物权法》

第一百七十七条 有下列情形之一的，担保物权消灭：

（一）主债权消灭；

（二）担保物权实现；

（三）债权人放弃担保物权；

（四）法律规定担保物权消灭的其他情形。

第一百九十一条 抵押期间，抵押人经抵押权人同意转让抵押财产的，应当将转让所得的价款向抵押权人提前清偿债务或者提存。转让的价款超过债权数额的部分归抵押人所有，不足部分由债务人清偿。

抵押期间，抵押人未经抵押权人同意，不得转让抵押财产，但受让人代为清偿债务消灭抵押权的除外。

以下为最高院在审查再审申请裁定书中“本院认为”部分对该问题的论述：

首先，《中华人民共和国物权法》第一百七十七条规定，债权人放弃担保物权的，担保物权消灭。对于债权人同意抵押人转让抵押物的情况下，能否认定抵押权已经消灭，结合《中华人民共和国物权法》第一百九十一条“抵押期间，抵押人经抵押权人同意转让抵押财产的，应当将转让所得的价款向抵押权人提前清偿债务或者提存”之规定，可以作出这样的理解，本条确立了“抵押权人同意方可转让”的基本原则，如果抵押权人同意转让抵押物的情况下，则不应由受让人代为清偿债务，在抵押物的交换价值实现之日即丧失了物上追及力，抵押权的效力仅及于转让价金。本案中，农行道外支行向哈尔滨市房地产交易中心出具了《关于允许抵押人继续售房的函》，同意转让抵押物，应视为放弃抵押权，此时农行道外支行对于在建房屋已不再享有抵押权，其只能对买受人支付的购房款行使价金代位权，而不能再追及于物上抵押权。至于农行道外支行因无法行使价金代位权而造成的损失，系农行道外支行与中财公司的债权债务关系，当事人应当另行主张。

其次，《中华人民共和国物权法》第一百七十条规定：“担保物权人在债务人不履行到期债务或者发生当事人约定的实现担保物权的情形，依法享有就担保财产优先受偿的权利”。从该条规定来看，担保物权的法律效力主要体现在享有优先受偿权。抵押权作为担保物权，其优先的内容在于抵押物的价值，而非取得抵押物的所有权，在抵押物已经转让的情况下，作为购买人取得的是抵押物的所有权，特别是在购房人已经支付对价，并且是善意的情况下，如果再将抵押权的负担转移给购房人，显然不利于保护购房者的所有权。

案件来源

哈尔滨中财房地产开发有限公司与中国农业银行股份有限公司哈尔滨道外支行借款合同纠纷申请再审民事裁定书［最高人民法院（2016）最高法民申887号］

延伸阅读

2017年2月18日，全国人大代表、中国社科院法学研究所教授孙宪忠就其本年度的人大代表议案向公众征求意见，议题为：《关于修改〈物权法〉第191条的议案》。孙宪忠教授认为：“抵押关系存续期间，抵押人是否可以转让抵押标的物，这一法律制度涉及抵押权人、抵押人、标的物的买受人三个方面当事人的法律利益安排，我国《物权法》第191条对此作出了明确的规定。该条的要求是，抵押标的物转让的，必须以转让价款提前清偿或提存；必须经抵押权人同意。这一做法不仅和世界上其他国家的做法不一样，而且也受到我国绝大多数法学家的批评。从司法实践的效果看，该条文的缺陷更是暴露无遗。所以在目前民法典编纂涉及《物权法》修正时，对于这样具有标志性价值的条文必须加以修改。”这一提案引起了我们的关注。

为此，除本案外，我们还整理了最高院及部分高院关于《物权法》第一百九十一条的 8 个案例，以飨读者。从这些判决中可以看出：（1）未经抵押权人同意转让抵押物的，转让合同有效（案例一、三、四、七、八）；（2）受让人可通过代债务人偿还债务的方式消除抵押权（案例二）；（3）未经抵押权人同意转让抵押物的，应将所得价款提存（案例五）；（4）未经抵押权人同意转让抵押物的，抵押权人的抵押权可对抗恶意买受人（案例六）。

案例一：重庆索特盐化股份有限公司与重庆新万基房地产开发有限公司土地使用权转让合同纠纷二审民事判决书［最高人民法院（2008）民一终字第 122 号］，最高院认为："根据《担保法》第四十九条的规定，抵押期间抵押人转让抵押物应当通知抵押权人，否则转让行为无效；《物权法》第一百九十一条亦规定抵押期间转让抵押物须经抵押权人同意。其立法目的是为了确保抵押权人的利益不受侵害。但《担保法司法解释》第六十七条和《物权法》第一百九十一条也规定，未经通知或者未经抵押权人同意转让抵押物的，如受让方代为清偿债务消灭抵押权的，转让有效。即受让人通过行使涤除权涤除转让标的物上的抵押权负担的，转让行为有效。上述法律和司法解释的规定体现了相关立法和司法解释的指导思想是要在抵押权人和抵押人、受让抵押标的物的第三人之间实现利益平衡，既充分保障抵押权不受侵害，又不过分妨碍财产的自由流转，充分发挥物的效益。本案双方当事人在《联合开发协议》中约定由索特公司在不影响开发进度的前提下办理解除抵押的相关手续，即以约定的方式将先行解除本案所涉土地上的抵押权负担的义务赋予了索特公司；该约定既保障了抵押权人的利益，也不妨害抵押人和受让土地的第三人的利益，与《担保法》《物权法》以及《担保法司法解释》保障各方当事人利益平衡的立法精神并不相悖，不违反法律规定。"

案例二：西安市未央区张家堡街道办事处南康村村民委员会与西安杰信房地产开发有限责任公司合资、合作开发房地产合同纠纷申请再审民事裁定书［最高人民法院（2016）最高法民申 424 号］，最高院认为："根据《中华人民共和国物权法》第一百九十一条第二款的规定，抵押期间，抵押人未经抵押权人同意，不得转让抵押财产，但受让人代为清偿债务消灭抵押权的除外。该条文中的'受让人代为清偿'，是指抵押财产的受让人替代抵押人偿还主债务。本案中，案涉酒店的房屋所有权证于 2012 年 7 月 2 日办理至杰信公司名下，杰信公司以该房产向西安市雁塔区农村信用合作联社沙井分社设定抵押并办理了抵押登记。由此，南康村村委会在本案中依据其与杰信公司签订的《合作开发合同书》请求杰信公司将案涉房产办理过户登记至其名下，可以通过替代杰信公司偿还债务的方式以消灭抵押权。但是，南康村村委会却在本案中请求人民法院判决杰信公司清偿对西安市雁塔区农村信用合作联社沙井分社的贷款债务以消灭抵押权。该主张显然不符合前述《中华人民共和国物权法》的规定，且该抵押权所担保的债权还涉及案外人西安市雁塔区农村信用合作联社沙井分社的债权利益，在主债务履行期限未到期的情况下，判令杰信公司偿还其借款以消灭抵押权，将影响到案外人的利益，在西安市雁塔区农村信用合作联社沙井分社未加入本案诉讼且亦未表示同意的前提下，人民法院不应判决杰信公司偿还借款以消灭抵押权并办理过户登记。一、二审法院认为南康村村委会可待案涉房产所设定的抵押权消灭后另行要求杰信公司履行过户义务的观点并无不当，南康村村委会的此项申请理由，不能成立。"

案例三：东莞市利成电子实业有限公司、河源市源城区宝源房地产发展有限公司与东莞市晶隆实业发展有限公司、东莞市大岭山镇房地产开发公司、东莞市大岭山镇颜屋村村民委员会及麦赞新、蔡月红项目转让合同纠纷再审民事判决书［最高人民法院（2012）民提字第 122 号］，最高院认为："《物权法》第一百九十一条第二款规定'抵押期间，抵押人未经抵押权人同意，不得转让抵押财产，但受让人代为清偿债务消灭抵押权的除外'，但相关抵押财产未经抵押权人同意只是不能办理转让登记，而并非针对抵押财产转让合同的效力性强制性规定，且双方调解协议也有关于清偿债务消灭抵押权的约定，故《转让合同书》及《调解协议》中涉及转让长新公司名下的 2 块土地使用权部分依法应认定为有效。"

案例四：湖南省岳阳中林置业投资有限公司与湖南省岳阳市汇辰房地产开发有限公司的土地使用权出让合同纠纷审判监督民事判决书［最高人民法院（2014）民提字第 104 号］，最高院认为："《中华人民共和国物权法》第一百九十一条第二款亦规定：'抵押期间抵押人未经抵押权人同意，不得转让抵押财产，但受让人代为清偿债务消灭抵押权的除外。'由此可知，禁止转让抵押物的目的是为了保护抵押权人的利益，并非一律无效，现汇辰公司欠抵押权人借款已经偿还，抵押权人的权利已经实现，抵押债权已清偿，故汇辰公司认为涉诉土地设置了抵押，未经抵押权人同意转让而无效的理由亦不能成立。"

案例五：海南昌茂润德房地产开发有限公司、海南昌茂企业（集团）有限公司等与海口鑫惠宝房地产开发有限公司等合资、合作开发房地产合同纠纷申请再审民事裁定书［最高人民法院（2015）民申字第 1026 号］，最高院认为："根据《中华人民共和国物权法》第一百九十一条第一款'抵押期间，抵押人经抵押权人同意转让抵押财产的，应当将转让所得的价款向抵押权人提前清偿债务或者提存。转让的价款超过债权数额的部分归抵押人所有，不足部分由债务人清偿'的规定，即使华融资产海南公司允许抵押房产销售，销售所得首先应当提前偿还贷款，这与鑫惠宝公司、状园公司销售房产获取利润的目的不符，抵押影响了鑫惠宝公司、状园公司对案涉房产的销售，自不待言。”

案例六：陈明楷与常州市鼎峰房产开发有限公司、中国工商银行股份有限公司常州分行商品房销售合同纠纷执行裁定书［江苏省高级人民法院（2016）苏执复字第 43 号］，该院认为：“根据《中华人民共和国物权法》第一百九十一条第二款规定：‘抵押期间，抵押人未经抵押权人同意，不得转让抵押财产，但受让人代为清偿债务消灭抵押权的除外。’本案中，鼎峰公司明知涉案房产已经设立抵押权，仍然向陈明楷出售房屋。而陈明楷在签订购房合同时，未对涉案房屋的权属状况进行全面调查，没有尽到应有的谨慎义务。此外，工行常州分行同意销售函在前，办理房屋抵押登记在后，应视为工行以其抵押登记限制了鼎峰公司的销售行为。故在受让人陈明楷代为清偿债务消灭抵押权之前，工行常州分行的抵押权具有对抗受让人的效力。”

案例七：中国民生银行股份有限公司天津分行与李浩等案外人异议纠纷申请再审民事裁定书［天津市高级人民法院（2015）津高民申字第 977 号］，该院认为：“李浩、霍汉祥与鑫亚通公司所订《买卖协议》系双方当事人的真实意思表示，且未违反法律、行政法规的强制性规定，协议合法有效。虽然《中华人民共和国物权法》第一百九十一条第二款规定‘抵押期间，抵押人未经抵押权人同意，不得转让抵押财产，但受让人代为清偿债务消灭抵押权的除外’，该条款系就抵押期间未经抵押权人同意，抵押财产能否进行物权变动问题作出的规定，并未涉及抵押财产转让合同的法律效力问题。天津民生银行关于涉案《买卖协议》无效的主张，缺乏法律依据，不能成立。”

案例八：浙江义乌豪顺拉链有限公司与义乌市香居房地产经纪服务部房屋买卖合同纠纷再审复查与审判监督民事裁定书［浙江省高级人民法院（2015）浙民申字第 2574 号］，该院认为：“依照《中华人民共和国物权法》第一百九十一条第二款规定，抵押期间，抵押人未经抵押权人同意，不得转让抵押财产，但受让人代为清偿债务消灭抵押权的除外。本案当事人签订房地产买卖合同时，标的物上虽然已经设定了抵押权，但合同中已对消灭该项抵押权作出明确安排，约定由受让人赵琴芳代出卖方豪顺公司向银行支付余贷 2460 万后，‘将产权证拿出配合乙方（赵琴芳）过户’，可见，代为清偿抵押担保的债务是赵琴芳的一项合同义务，该义务履行的必然结果就是消灭抵押权，现赵琴芳在未履行该义务的情况下，却以‘抵押物转让未经抵押权人同意’为由而主张转让无效，缺乏法律依据，无法予以支持。”

068［公报案例］未经抵押权人同意转让抵押物的合同是否有效?

未经抵押权人同意转让抵押物的合同有效

裁判要旨

《物权法》第一百九十一条以及《担保法司法解释》第六十七条还同时规定，未经通知或者未经抵押权人同意转让抵押物的，如受让方代为清偿债务消灭抵押权，转让有效。即受让方通过行使涤除权涤除转让标的物上的抵押权负担的，转让行为有效。上述法律、司法解释的规定，旨在实现抵押权人、抵押人和受让人之间的利益平衡，既充分保障抵押权不受侵害，又不过分妨碍财产的自由流转，充分发挥物的效益。

案情简介

一、索特公司在重庆市万州区观音岩1号拥有四块商服用地使用权，并将上述土地抵押给建行万州分行用于贷款担保，抵押期限自2005年至2011年。2005年12月1日，新万基公司与索特公司签订了《金三峡花园联合开发协议》（以下简称《联合开发协议》），在上述土地上联合开发金三峡花园。索特公司承诺，本项目所涉及的土地已办理的抵押手续应在不影响开发进度的前提下办理解除抵押的相关手续。后双方又就此签订了补充协议。

二、2006年3月6日，建行万州分行致函索特公司称，索特公司未经该行同意，擅自将抵押物与他人合作进行房地产开发，严重侵害了该行的抵押权，要求索特公司必须立即停止侵权行为。

三、索特公司2007年12月20日向重庆高院起诉称：新万基公司并未按照合同约定履行相应义务，致使联建工作无法进行，联合开发的目的无法实现。据此，请求法院判决：1. 解除双方签订的《联合开发协议》及《补充协议》；2. 新万基公司向索特公司支付违约金1000万元。新万基公司反诉称：在《联合开发协议》及《补充协议》签订后，新万基公司积极开展前期开发工作，并多次催促索特公司履行合同义务，但索特公司至今仍未履行合同主要义务。故请求法院判决：1. 索特公司向新万基公司支付违约金 6000 万元。

四、重庆高院一审判决：《联合开发协议》及《补充协议》无效，索特公司向新万基公司赔偿损失 79320.5 元。

五、新万基公司不服，上诉至最高法院，最高法院二审改判：《联合开发协议》及《补充协议》有效，解除《联合开发协议》及《补充协议》，索特公司向新万基公司支付违约金 4038 万元。

败诉原因

本案涉及的一个焦点性问题在于案涉的《联合开发协议》及《补充协议》是否有效。根据上述协议内容，新万基公司与索特公司签订的上述协议属于合作开发房地产的合同，为转让建设用地使用权的一种变形，而案涉的国有建设用地使用权已经抵押给建行万州分行。根据《物权法》第一百九十一条、《担保法司法解释》第六十七条的规定，未经抵押权人同意不得转让抵押物，未通知抵押权人转让抵押物的转让行为无效。故一审判决依据上述规定判决《联合开发协议》及《补充协议》无效。但最高法院根据上述法律规定及司法解释的立法目的认为，"上述法律、司法解释的规定，旨在实现抵押权人、抵押人和受让人之间的利益平衡，既充分保障抵押权不受侵害，又不过分妨碍财产的自由流转，充分发挥物的效益"，而并非让未经抵押权人同意转让抵押物的行为绝对无效。如果"受让方通过行使涤除权涤除转让标的物上的抵押权负担的，转让行为有效。"具体到本案而言，根据《联合开发协议》的约定，"索特公司承诺，本项目所涉及的土地已办理的抵押手续应在不影响开发进度的前提下办理解除抵押的相关手续"，也即抵押人负有涤除抵押权的义务。同时，最高法院认为，根据《物权法》第十五条的规定，"当事人之间订立有关设立、变更、转让和消灭不动产物权的合同，除法律另有规定或者合同另有约定外，自合同成立时生效；未办理物权登记的，不影响合同效力。该规定确定了不动产物权变动的原因与结果相区分的原则。物权转让行为不能成就，并不必然导致物权转让合同无效。"故最高法院最终认定，《联合开发协议》及《补充协议》有效。鉴于索特公司未履行合同项下的相关义务，在协议有效的情况下，应按约定承担违约责任。索特公司因此败诉。

败诉教训、经验总结

前事不忘，后事之师。为避免未来发生类似败诉，提出如下建议：

1. 未经抵押权人同意，并非绝对不能转让抵押物。

根据《物权法》第一百九十一条第二款的规定：未经抵押权人同意不得转让抵押物，但受让人代为清偿债务消灭抵押权的除外。故抵押人未经抵押权人同意转让抵押物的，并非绝对无效。虽然根据该条，似乎认为只有受让人代为清偿债务以消灭抵押权的，抵押人才能转让抵押物。但该条的立法目的是为了保证抵押权人的抵押权不因抵押物的转让行为受损，故只要有人代为清偿债权，即没有禁止抵押物转让的必要。因此，最高法院才认为，上述规定并非是为了禁止抵押物转让，而是要实现抵押权人、抵押人及抵押物受让人之间的利益平衡。在抵押权人的债权能够获得保障的情况下，禁止抵押物转让是没有道理的。故最高法院突破了《担保法司法解释》第六十七条的语义，认定本案设计抵押物转让的《联合开发协议》及《补充协议》有效。

2. 在交易中应注意区分不动产物权变动的原因和不动产物权变动的结果。

根据《物权法》第十五条的规定，当事人之间订立有关设立、变更、转让和消灭不动产物权的合同，除法律另有规定或者合同另有约定外，自合同成立时生效；未办理物权登记的，不影响合同效力。据此可知，我国《物权法》承认了不动产物权变动的原因和不动产物权变动结果相区分的原则。也即引起不动产物权变动的原因如买卖合同、赠与合同、互易合同、入伙合同的效力与不动产物权变动的效力（登记完成）相区分。不能以不动产物权最终未实际变动（未登记）而否定引起不动产物权变动的合同的效力。同时，根据《买卖合同司法解释》第三条的规定："当事人一方以出卖人在缔约时对标的物没有所有权或者处分权为由主张合同无效的，人民法院不予支持。"该条进一步区分了物权变动的原因和物权变动的结果，将无权处分他人之物的合同效力由此前的效力待定（《合同法》第五十一条）变更为有效。具体到本案而言，虽然抵押人索特公司未经抵押权人建行万州分行同意不得转让抵押物，即索特公司无权转让抵押物，但索特公司与新万基公司签订的《联合开发协议》及《补充协议》仅属于转让抵押物的合同，属于无权处分的合同，应参照适用《买卖合同司法解释》第三条的规定，认定该协议有效。

相关法条

《物权法》

第十五条 当事人之间订立有关设立、变更、转让和消灭不动产物权的合同，除法律另有规定或者合同另有约定外，自合同成立时生效；未办理物权登记的，不影响合同效力。

第一百九十一条 抵押期间，抵押人经抵押权人同意转让抵押财产的，应当将转让所得的价款向抵押权人提前清偿债务或者提存。转让的价款超过债权数额的部分归抵押人所有，不足部分由债务人清偿。

抵押期间，抵押人未经抵押权人同意，不得转让抵押财产，但受让人代为清偿债务消灭抵押权的除外。

《担保法》

第四十九条 抵押期间，抵押人转让已办理登记的抵押物的，应当通知抵押权人并告知受让人转让物已经抵押的情况；抵押人未通知抵押权人或者未告知受让人的，转让行为无效。

转让抵押物的价款明显低于其价值的，抵押权人可以要求抵押人提供相应的担保；抵押人不提供的，不得转让抵押物。

抵押人转让抵押物所得的价款，应当向抵押权人提前清偿所担保的债权或者向与抵押权人约定的第三人提存。超过债权数额的部分，归抵押人所有，不足部分由债务人清偿。

《担保法司法解释》

第六十七条 抵押权存续期间，抵押人转让抵押物未通知抵押权人或者未告知受让人的，如果抵押物已经登记的，抵押权人仍可以行使抵押权；取得抵押物所有权的受让人，可以代替债务人清偿其全部债务，使抵押权消灭。受让人清偿债务后可以向抵押人追偿。

如果抵押物未经登记的，抵押权不得对抗受让人，因此给抵押权人造成损失的，由抵押人承担赔偿责任。

《合同法》

第五十一条 无处分权的人处分他人财产，经权利人追认或者无处分权的人订立合同后取得处分权的，该合同有效。

《买卖合同司法解释》

第三条第一款 当事人一方以出卖人在缔约时对标的物没有所有权或者处分权为由主张合同无效的，人民法院不予支持。

以下为最高法院在二审判决书“本院认为”部分就此问题发表的意见：

（一）关于《联合开发协议》及其《补充协议》的效力问题。根据《担保法》第四十九条的规定，抵押期间抵押人转让抵押物应当通知抵押权人，否则转让行为无效；《物权法》第一百九十一条亦规定抵押期间转让抵押物须经抵押权人同意。其立法目的是为了确保抵押权人的利益不受侵害。但《担保法司法解释》第六十七条和《物权法》第一百九十一条也规定，未经通知或者未经抵押权人同意转让抵押物的，如受让方代为清偿债务消灭抵押权的，转让有效。即受让人通过行使涤除权涤除转让标的物上的抵押权负担的，转让行为有效。上述法律和司法解释的规定体现了相关立法和司法解释的指导思想是要在抵押权人和抵押人、受让抵押标的物的第三人之间实现利益平衡，既充分保障抵押权不受侵害，又不过分妨碍财产的自由流转，充分发挥物的效益。本案双方当事人在《联合开发协议》中约定由索特公司在不影响开发进度的前提下办理解除抵押的相关手续，即以约定的方式将先行解除本案所涉土地上的抵押权负担的义务赋予了索特公司；该约定既保障了抵押权人的利益，也不妨害抵押人和受让土地的第三人的利益，与《担保法》《物权法》以及《担保法司法解释》保障各方当事人利益平衡的立法精神并不相悖，不违反法律规定。从合同法的角度看，转让方对转让标的负有权利瑕疵担保责任，其主动告知转让土地上的权利负担，并承诺由其在不影响开发进度的前提下先行解除抵押，该承诺构成合同中的负担行为，即承担义务的行为，符合意思自治和合同自由原则，且确保了抵押权人的利益不受侵害，与《担保法》《物权法》和《担保法司法解释》的立法本意和制度设计不相抵触。因此，应当确认该《联合开发协议》及《补充协议》有效，双方应按照合同诚信履行，索特公司有义务根据双方商定的开发进度清偿银行债务，从而解除该转让土地上的抵押权负担。

其次，根据《物权法》第十五条的规定，当事人之间订立有关设立、变更、转让和消灭不动产物权的合同，除法律另有规定或者合同另有约定外，自合同成立时生效；未办理物权登记的，不影响合同效力。该规定确定了不动产物权变动的原因与结果相区分的原则。物权转让行为不能成就，并不必然导致物权转让的原因即债权合同无效。双方签订的《联合开发协议》及《补充协议》作为讼争土地使用权转让的原因行为，是一种债权形成行为，并非该块土地使用权转让的物权变动行为。相关法律关于未经通知抵押权人而导致物权转让行为无效的规定，其效力不应及于物权变动行为的原因行为。因为当事人可以在合同约定中完善物权转让的条件，使其转让行为符合法律规定。本案即属此种情形。

综上，双方当事人签订的《联合开发协议》未违反法律强制性规定，应为有效合同。一审判决对此问题的认定适用法律不当，应予纠正。

案件来源

重庆索特盐化股份有限公司与重庆新万基房地产开发有限公司土地使用权转让合同纠纷二审民事判决书［最高人民法院（2008）民一终字第122号，《中华人民

共和国最高人民法院公报》2009 年第 4 期（总第 150 期）]

延伸阅读

一、认定未经抵押权人同意转让抵押物的合同有效的判例

案件一：中国农业银行股份有限公司莱阳市支行与隋洪海民事其他纠纷再审民事判决书［最高人民法院（2014）民提字第 00073 号］，最高法院认为："莱阳农行上诉认为隋洪海与盛大公司之间签订的土地及房屋转让合同无效，主要理由是：依据法律规定，隋洪海与盛大公司签订房地产转让合同必须取得抵押权人芝罘工行的同意或在合同签订前涤除该抵押权，但隋洪海与盛大公司均没有履行相关义务，双方签订的合同因违反法律的强制性规定而无效，无效合同自始无效，一审法院认为事后行为可以弥补原无效合同的违法性错误。二审法院认为，莱阳农行的该上诉理由不成立。因为最高人民法院全国民事审判工作会议对于审理房地产纠纷案件时涉及抵押财产的转让有明确的处理原则，即《中华人民共和国物权法》（以下简称《物权法》）第一百九十一条第二款并非针对抵押财产转让合同的效力性强制性规定，当事人仅以转让抵押房地产未经抵押权人同意为由，请求确认转让合同无效的，不应予以支持。本案所涉房地产的抵押权人为案外人芝罘工行，其对于抵押人盛大公司转让抵押财产并没有提出异议，莱阳农行并非抵押合同法律关系的当事人，其以转让抵押财产未经抵押权人同意主张转让合同无效没有法律依据。"

案例二：上诉人王再兴、上诉人漳州市芗城鑫浦食品有限公司与广西桂果食品有限公司合同纠纷二审民事判决书［广西壮族自治区高级人民法院（2013）桂民四终字第 58 号］，该院认为："虽然《中华人民共和国物权法》第一百九十一条规定'抵押期间，抵押人未经抵押权人同意，不得转让抵押财产，但受让人代为清偿债务消灭抵押权的除外'，但该转让行为是否有效取决于受让人在知晓受让资产已经被抵押后是否仍认可该转让行为，如果受让人不反对该转让行为而继续履行义务，则不应当认定该转让行为自始无效；《中华人民共和国物权法》第一百九十一条并非针对抵押财产转让合同的效力性强制性规定，抵押权作为一种物权具有追及效力，抵押财产被转让并不必然损害抵押权人的权利，不能仅以转让抵押财产未经抵押权人同意为由，确认转让合同无效。况且该规定规范的是未经抵押权人同意的情形下的转让行为，而并未对未经受让人同意的转让行为作出规定。有权依据该规定诉请确定合同效力的应当是抵押权人而非受让人，本案中，受让人桂果公司亦无权以未经抵押权人同意为由而请求确认合同无效。"

案例三：西藏珠峰工业股份有限公司与四川国众投资有限公司确认合同无效纠纷申请再审民事裁定书［四川省高级人民法院（2013）川民申字第1398号］，该院认为：“本案争议的焦点是珠峰公司与国众公司签订《房屋买卖合同》时，未经涉案房屋抵押权人同意，该合同是否有效的问题。（一）双方于2009年11月10日签订《房屋买卖合同》时，物权法已施行，根据该法第一百七十八条规定，关于担保物权的规定，应适用物权法。1. 物权法第一百九十一条第二款规定：‘抵押期间，抵押人未经抵押权人同意，不得转让抵押财产，但受让人代为清偿债务消灭抵押权的除外’，该规定并非针对抵押财产转让合同的效力性强制性规定，故不能以未经抵押权人同意而否认《房屋买卖合同》的效力。2. 物权法第十五条规定‘当事人订立有关设立、变更、转让和消灭不动产物权的合同，除法律另有规定或者合同另有约定外，自合同成立时生效；未办理物权登记的，不影响合同效力’，该条规定了不动产物权合同包括债权关系和物权关系。上述《房屋买卖合同》约定珠峰公司将其拥有的涉案房产转让给国众公司，国众公司分期支付房屋价款，珠峰公司向国众公司提供涉案房屋房产证、土地使用权证，并由珠峰公司、国众公司及相关方共同办理过户手续等，上述约定不仅涉及珠峰公司与国众公司之间买卖涉案房产的债权关系，还涉及将涉案房产过户登记到国众公司名下的物权关系。珠峰公司与国众公司之间基于《房屋买卖合同》形成的债权关系，系双方真实意思表示，没有损害国家利益和社会公共利益及第三人利益，该债权关系合法有效。”

案例四：李春木等诉连云港市晶都房地产开发有限公司等案外人执行异议之诉二审民事判决书［江苏省高级人民法院（2014）苏民终字第0018号］，该院认为：“至于新明珠大酒店提出涉案房屋已抵押给相关银行，售房合同无效的问题，涉及《中华人民共和国物权法》第一百九十一条第二款的理解，该款规定‘抵押期间，抵押人未经抵押权人同意，不得转让抵押财产，但受让人代为清偿债务消灭抵押权的除外’，因该条款并非针对抵押财产转让合同的效力性强制性规定，因此，当事人仅以转让抵押房地产未经抵押权人同意主张转让合同无效的，不足成立。”

二、认定未经抵押权人同意且受让人未代为清偿债务的，转让抵押物的合同无效的判例

案例五：吉林省白城麻纺织股份有限公司等诉内蒙古江域经贸有限公司房屋买卖合同纠纷再审审查民事裁定书［吉林省高级人民法院（2016）吉民申214号］，该院认为：“根据《担保法》第四十九条的规定，抵押期间抵押人转让抵押物应当通知抵押权人，否则转让行为无效；《物权法》第一百九十一条亦规定抵押期间转让抵押物须经抵押权人同意。其立法目的是为了确保抵押权人的利益不受侵害。虽然《担保法司法解释》第六十七条和《物权法》第一百九十一条也规定，未经通知或者未经抵押权人同意转让抵押物的，如受让方代为清偿债务消灭抵押权的，转让有效。即受让人通过行使涤除权涤除转让标的物上的抵押权负担的，转让行为有效。本案中，王继光受让抵押物后，并没有将价款给付抵押权人或提存，没有因其支付对价的行为涤除抵押权负担，故其不能据此规定主张合同有效。如果认定王继光与纺织公司的合同有效，而王继光已经将价款支付给了纺织公司，纺织公司现在只有一个留守处，无人将此部分价款支付给抵押权人工行海明支行，则工行海明支行的权利受到侵害，这与担保法、物权法的立法宗旨相悖。”

069［最高法院］抵押物因调解书而发生所有权变动，新的所有权人能否对抗法院强制执行？

抵押物因调解书发生物权变动并不影响抵押权的效力

裁判要旨

导致抵押物物权变动的调解书只能在抵押人和新的物权人之间产生确定的拘束力，而不能产生对抗抵押权人依据现有抵押登记状况申请执行抵押财产并优先受偿的效力，也不能产生以此对抗执行法院对抵押物强制执行的效力。

案情简介

一、2004年12月14日，徐克亮与农行新华支行以及康泰公司签订《个人购房担保借款合同》，约定由徐克亮将已购买的、康泰公司出售的案涉房产抵押，向农行新华支行借款2460万元，并办理抵押登记。

二、徐克亮未依约还款，农行新华支行提起诉讼。贵州高院一审作出（2007）黔高民二初字第31号民事判决后，徐克亮提出上诉。最高法院于2009年11月23日作出（2009）民二终字第93号民事判决，判令：由徐克亮偿还农行新华支行借款本金2089.25万元及利息，农行新华支行在上述债权范围内对案涉抵押物享有优先受偿权。

三、在本案二审审理期间，康泰公司为与徐克亮房屋买卖合同纠纷一案诉至法院。2009年1月19日，贵阳市云岩区人民法院作出（2008）云民一初字第597号民事调解书确认：解除康泰公司与徐克亮之间关于案涉房屋的房屋买卖合同，康泰公司享有案涉房产所有权。

四、经农行新华支行申请，贵州高院于2010年1月28日对案涉房屋立案执行。康泰公司提出异议称抵押物归其所有，贵州高院应停止对案涉房产的拍卖。贵州高原一审裁定驳回康泰公司的异议。

五、康泰公司不服，向最高法院申请复议，最高法院二审裁定驳回其复议申请。

败诉原因

本案中康泰公司的败诉原因在于，其通过解除房屋买卖合同收回案涉房屋所有权时，该房屋已经抵押给农行新华支行。根据《物权法》第一百七十九条的规定，抵押人以不动产作为抵押物提供抵押担保不以转移占有为必要，但应根据《物权法》第一百八十七条的规定进行抵押登记。故抵押登记是抵押权的公示手段之一，根据《物权法》第十六条的规定，不动产登记簿上记载的不动产抵押权登记是判断抵押权权利归属及内容的根据。本案中，虽然案涉抵押物经法院调解书确认，在抵押期间发生了权利变动，但因为抵押登记并未因此而改变，故农行新华支行根据抵押登记享有的抵押权也未发生改变，且具有对抗后续物权人的效力。故最高法院最终认为："即使依据贵阳市云岩区人民法院（2008）云民一初字第597号民事调解书确认康泰公司享有中山大厦第二层房产所有权，并不影响本案抵押合同的效力和抵押物的性质，只能在徐克亮与康泰公司之间产生确定的拘束力，而不能产生对抗债权人依据现有抵押登记状况申请执行抵押财产包括中山大厦第二层房产并优先受偿的效力，不能产生以此对抗执行法院对抵押物强制执行的效力。"康泰公司因此败诉。

败诉教训、经验总结

前事不忘，后事之师。为避免未来发生类似败诉，提出如下建议：

1. 不动产抵押权为担保物权，不以转移对抵押物的占有为必要，但必须办理不动产抵押登记。不动产抵押登记不仅是抵押权设立的标志之一，更是抵押权人确定权利顺位的重要依据。此处所谓的权利顺位，不仅是指登记在先的抵押权人优先于登记在后的抵押权人，也指登记在先的抵押权人的抵押权优先于其后对抵押物取得物权的人。本案中，康泰公司虽然通过法院调解书取得了对抵押物的所有权，但因其所有权的取得在抵押权人办理抵押登记之后，故其对抵押财产的所有权劣后于农行新华支行的抵押权，其提出的执行异议也因此并未获得最高法院支持。

2. 因法律文书导致的物权变动，非经登记即可发生物权变动的效力。本案中，贵阳云岩区法院通过法院调解书的方式确认在房屋买卖合同解除后，案涉房产所有权归康泰公司所有。在该调解书关于物权变动的内容生效之日，康泰公司即取得案涉房产的所有权。关于法律文书的范围，《物权法》第二十八条并未予以明确，但《最高人民法院关于适用〈中华人民共和国物权法〉若干问题的解释（一）》第七条对此进行了明确："人民法院、仲裁委员会在分割共有不动产或者动产等案件中作出并依法生效的改变原有物权关系的判决书、裁决书、调解书，以及人民法院在执行程序中作出的拍卖成交裁定书、以物抵债裁定书，应当认定为物权法第二十八条所称导致物权设立、变更、转让或者消灭的人民法院、仲裁委员会的法律文书。"

3. 抵押权人并不能排除抵押物非基于法律行为的物权变动。《物权法》第一百九十一条对抵押期间抵押人转让抵押物的权利进行了限制。但该条所规定的转让仅为基于法律行为（如买卖、赠与、互易等）发生的抵押物所有权变动，而不包括《物权法》第二十八条至三十条规定的非基于法律行为的物权变动。虽然抵押人不能排除或者限制抵押期间抵押物非基于法律行为的物权变动，但在抵押物非基于法律行为而发生物权变动后，抵押权并不因此消灭，而是由抵押物新的所有权人继续承担抵押责任。

相关法条

《物权法》

第十六条 不动产登记簿是物权归属和内容的根据。不动产登记簿由登记机构管理。

第二十八条 因人民法院、仲裁委员会的法律文书或者人民政府的征收决定等，导致物权设立、变更、转让或者消灭的，自法律文书或者人民政府的征收决定等生效时发生效力。

第二十九条 因继承或者受遗赠取得物权的，自继承或者受遗赠开始时发生效力。

第三十条 因合法建造、拆除房屋等事实行为设立或者消灭物权的，自事实行为成就时发生效力。

第三十一条 依照本法第二十八条至第三十条规定享有不动产物权的，处分该物权时，依照法律规定需要办理登记的，未经登记，不发生物权效力。

第一百七十九条 为担保债务的履行，债务人或者第三人不转移财产的占有，将该财产抵押给债权人的，债务人不履行到期债务或者发生当事人约定的实现抵押权的情形，债权人有权就该财产优先受偿。

前款规定的债务人或者第三人为抵押人，债权人为抵押权人，提供担保的财产为抵押财产。

第一百八十七条 以本法第一百八十条第一款第一项至第三项规定的财产（不动产，笔者注）或者第五项规定的正在建造的建筑物抵押的，应当办理抵押登记。抵押权自登记时设立。

第一百九十一条 抵押期间，抵押人经抵押权人同意转让抵押财产的，应当将转让所得的价款向抵押权人提前清偿债务或者提存。转让的价款超过债权数额的部分归抵押人所有，不足部分由债务人清偿。

抵押期间，抵押人未经抵押权人同意，不得转让抵押财产，但受让人代为清偿债务消灭抵押权的除外。

《民事诉讼法》

第二百二十五条 当事人、利害关系人认为执行行为违反法律规定的，可以向负责执行的人民法院提出书面异议。当事人、利害关系人提出书面异议的，人民法院应当自收到书面异议之日起十五日内审查，理由成立的，裁定撤销或者改正；理由不成立的，裁定驳回。当事人、利害关系人对裁定不服的，可以自裁定送达之日起十日内向上一级人民法院申请复议。

第二百二十七条 执行过程中，案外人对执行标的提出书面异议的，人民法院应当自收到书面异议之日起十五日内审查，理由成立的，裁定中止对该标的的执行；理由不成立的，裁定驳回。案外人、当事人对裁定不服，认为原判决、裁定错误的，依照审判监督程序办理；与原判决、裁定无关的，可以自裁定送达之日起十五日内向人民法院提起诉讼。

《最高人民法院关于适用〈中华人民共和国民事诉讼法〉的解释》

第四百六十五条 案外人对执行标的提出的异议，经审查，按照下列情形分别处理：

（一）案外人对执行标的不享有足以排除强制执行的权益的，裁定驳回其异议；

（二）案外人对执行标的享有足以排除强制执行的权益的，裁定中止执行。

驳回案外人执行异议裁定送达案外人之日起十五日内，人民法院不得对执行标的进行处分。

以下为最高法院在复议期间就此问题发表的意见：

关于抵押物中山大厦第二层房产的权属确认能否产生阻止执行的效力问题，依据担保法的规定，抵押是指债务人或者第三人不转移财产的占有，将该财产作为债权的担保，在债务人不履行债务时，债权人以该财产折价或者以拍卖、变卖该财产的价款优先受偿。债务人或者第三人为抵押人。本案康泰公司自愿作为徐克亮银行贷款的担保人，与徐克亮共同办理了中山大厦第二、三、四层房产的贷款抵押登记，经本院（2009）民二终字第93号民事判决确认，本案抵押合同有效。徐克亮与康泰公司为抵押房产的共同抵押人，农行新华支行为抵押权人。在抵押权尚未解除的情况下，即使依据贵阳市云岩区人民法院（2008）云民一初字第597号民事调解书确认康泰公司享有中山大厦第二层房产所有权，并不影响本案抵押合同的效力和抵押物的性质，只能在徐克亮与康泰公司之间产生确定的拘束力，而不能产生对抗债权人依据现有抵押登记状况申请执行抵押财产包括中山大厦第二层房产并优先受偿的效力，不能产生以此对抗执行法院对抵押物强制执行的效力。

案件来源

贵州康泰房地产有限责任公司与中国农业银行贵阳市新华支行、徐克亮、刘永梅借款合同纠纷执行案复议裁定书［最高人民法院（2012）执复字第11号］

070［最高法院］起死回生：抵押土地的使用权证因置换被注销，债权人仍享有抵押权

置换财产后注销土地使用权证未涤除抵押权的，不影响抵押效力

裁判要旨

根据《物权法》第一百九十一条第二款关于“抵押期间，抵押人未经抵押权人同意，不得转让抵押财产，但受让人代为清偿债务消灭抵押权的除外”之规定，置换已抵押的土地使用权及嗣后注销土地使用权证的行为，不具有对抗抵押权人的效力，不影响抵押权人对已抵押的土地使用权抵押权的行使。

案情简介

一、建行分宜支行与江锂科技于2014年10月28日至2015年2月6日签订三份《人民币流动资金贷款合同》，借款10000万元。

二、为保证债务的履行，建行分宜支行与江锂科技于2013年3月29日签订《最高额抵押合同》，抵押物为三处土地使用权及其地上房屋，债权发生期间为2013年3月29日至2016年3月28日，最高限额1亿元。双方于2013年4月2日在分宜县房产交易所办理了房地产抵押登记手续，房屋他项权证载明土地证号，未单独办理土地使用权抵押登记。

三、上述合同签订后，建行分宜支行发放了贷款，共计10000万元。江锂科技仅支付部分利息。2015年10月29日，法院受理江锂科技破产重整申请。

四、2015年8月，建行分宜支行向江西高院起诉，请求判令江锂科技还本付息，建行分宜支行对抵押的房产及土地享有抵押权。一审法院判决江锂科技还本付息，建行对抵押房产享有抵押权，但对房屋占用土地使用权无权优先受偿。

五、建行分宜支行不服，上诉至最高法院。二审期间江锂科技提交其与案外人签订的《资产置换协议》《土地登记情况表》作为新的证据，证明案涉土地使用权未办理抵押登记，土地使用权证已经注销且已经置换至案外人名下。最高法院二审改判建行分宜支行对抵押房产及其所占用的土地享有优先受偿权。

败诉原因

本案中江锂科技败诉的原因有二：（1）房地分别抵押或仅抵押其中一项的，视为一并抵押；（2）未根据《物权法》第一百九十一条的规定涤除抵押权即置换已被法定抵押的土地使用权且注销土地使用权证的，不影响抵押权人行使抵押权。本案一审法院认定建行分宜支行对案涉土地使用权不享有抵押权的原因是案涉土地使用权未办理抵押登记。但最高法院从两个方面论证建行分宜支行对案涉土地使用权享有抵押权。第一，根据《担保法司法解释》第六十条，以不动产进行抵押而县级主管部门对登记部门未作统一规定的，“当事人在土地管理部门或者房产管理部门办理了抵押物登记手续，人民法院可以确认其登记的效力”。本案中建行分宜支行在办理房产抵押登记时注明了房产对应的土地使用权证号，最高法院据此认为案涉土地使用权已经办理了抵押登记。第二，根据《物权法》第一百八十二条的规定，房地分别抵押或者仅抵押其中一项的，另一项视为一并抵押。因此，即使本案中建行分宜支行仅办理了房屋抵押登记，其仍可根据上述规定对案涉土地使用权享有法定抵押权。在证明建行分宜支行对土地使用权享有抵押权的基础上，最高法院再根据《物权法》第一百九十一条的规定，认为江锂科技置换已抵押土地使用权的行为未经抵押权人同意并涤除抵押权，对抵押权人不发生效力。故虽然案涉土地使用权证已经被注销，仍不影响抵押权人行使抵押权。江锂科技因此败诉。

败诉教训、经验总结

前事不忘，后事之师。为避免未来发生类似败诉，提出如下建议：

1. 房地一致原则是不动产法律法规的一项基础性原则，其核心内涵在于土地使用权及其地上建筑物不得分别或单独处分，分别或者单独处分的视为一并处分。此处的处分不仅指买卖、互易等以发生所有权变动为目标的行为，也包括抵押行为。即房地分别抵押或仅抵押其中一项的，视为一并抵押。关于此问题，本书作者曾有多篇案例予以阐释说明，兹不赘述。

2. 除了房地一致原则以外，本案中另一个值得关注的点在于不动产登记机构未作统一规定时不动产抵押登记的效力问题。为最大限度地维护抵押权人的利益，最高法院将房地登记部门在房屋他项权利证上注明土地使用权编号的行为也认定为抵押登记，法律依据为《担保法司法解释》第六十条。根据该条规定，“以担保法第四十二条第（二）项规定的不动产抵押的，县级以上地方人民政府对登记部门未作规定，当事人在土地管理部门或者房产管理部门办理了抵押物登记手续，人民法院可以确认其登记的效力”。这一裁判观点，在未建立统一的不动产登记制度前有一定的参考价值，但在2014年年底国务院颁布《不动产登记暂行条例》，建立了统一的不动产登记制度。因此，此后非在国家统一确定的不动产登记机构办理不动产抵押登记的，不能发生抵押登记的效果，抵押权不能设定。

3. 根据《物权法》第一百九十一条第一款的规定，转让抵押物并涤除抵押权应经过以下程序：（1）征得抵押人同意；（2）将转让价款用以提前清偿债务或提存。同条第二款规定，虽未经抵押权人同意转让抵押物，但以抵押所得清偿债务的可涤除抵押权。因此，无论如何，涤除抵押物上的抵押权必须以清偿抵押物所担保的债权为前提。在本案中，江锂科技在案件审理期间将案涉土地使用权以资产置换的方式转让给了案外人并且注销了土地使用权证。在通常情况下，土地使用权证被注销（征收、自然灾害毁损等）后，抵押权已无所依附，抵押权人无法再行使抵押权。但最高法院认为，因为抵押物未涤除抵押权，故即使土地使用权证因置换被注销，仍不能对抗抵押权人，抵押权人对案涉土地使用权仍享有抵押权。对于债权人建行分宜支行而言，无异于起死回生。因此，对于抵押人而言，切勿以为注销了在先的不动产登记即免除抵押义务；对于抵押权人而言，也切莫以为没有了在先不动产登记就绝对丧失了抵押权。

相关法条

《物权法》

第一百八十二条 以建筑物抵押的，该建筑物占用范围内的建设用地使用权一并抵押。以建设用地使用权抵押的，该土地上的建筑物一并抵押。

抵押人未依照前款规定一并抵押的，未抵押的财产视为一并抵押。

第一百九十一条 抵押期间，抵押人经抵押权人同意转让抵押财产的，应当将转让所得的价款向抵押权人提前清偿债务或者提存。转让的价款超过债权数额的部分归抵押人所有，不足部分由债务人清偿。

抵押期间，抵押人未经抵押权人同意，不得转让抵押财产，但受让人代为清偿债务消灭抵押权的除外。

《担保法司法解释》

第六十条 以担保法第四十二条第（二）项规定的不动产抵押的，县级以上地方人民政府对登记部门未作规定，当事人在土地管理部门或者房产管理部门办理了抵押物登记手续，人民法院可以确认其登记的效力。

《不动产登记暂行条例》

第五条 下列不动产权利，依照本条例的规定办理登记：

（一）集体土地所有权；

（二）房屋等建筑物、构筑物所有权；

（三）森林、林木所有权；

（四）耕地、林地、草地等土地承包经营权；

（五）建设用地使用权；

（六）宅基地使用权；

（七）海域使用权；

（八）地役权；

（九）抵押权；

（十）法律规定需要登记的其他不动产权利。

第七条 不动产登记由不动产所在地的县级人民政府不动产登记机构办理；直辖市、设区的市人民政府可以确定本级不动产登记机构统一办理所属各区的不动产登记。

跨县级行政区域的不动产登记，由所跨县级行政区域的不动产登记机构分别办理。不能分别办理的，由所跨县级行政区域的不动产登记机构协商办理；协商不成的，由共同的上一级人民政府不动产登记主管部门指定办理。

国务院确定的重点国有林区的森林、林木和林地，国务院批准项目用海、用岛，中央国家机关使用的国有土地等不动产登记，由国务院国土资源主管部门会同有关部门规定。

以下为最高法院在二审判决书“本院认为”部分就此问题发表的意见：

本案二审争议焦点为，建行分宜支行对案涉土地使用权是否享有抵押权。

本案中，建行分宜支行与江锂科技于2013年3月29日签订的《最高额抵押合同》，系双方当事人真实意思表示，内容不违反法律、行政法规的强制性规定，应为合法有效。《最高额抵押合同》中约定的抵押物除案涉房屋外，还包括产权证号为分乡国用（2009）第028号，分乡国用（2013）第016号、第017号的土地使用权。协议签订后，双方于2013年4月2日在分宜县房产交易所办理了房地产抵押登记手续，建行分宜支行取得钤房他证分宜字第××号房屋他项权利证明书，该证明书内“附记”中除载明房权证号外，还对上述土地证号进行了记载。建行分宜支行上诉主张，根据分宜县当时关于房地产抵押登记的办公流程，对于附着有建筑物的土地，土地管理部门不负责办理抵押登记，而由房屋管理部门统一办理，出具抵押他项权证，在他项权证上载明土地使用权证号、收存抵押的房屋产权证和土地使用权证原件，即视为办理了土地使用权抵押登记。且即使未办理土地使用权抵押登记，但已依法办理了房屋抵押登记，根据《中华人民共和国物权法》第一百八十二条的规定，抵押的效力及于房屋占用范围内的土地使用权。江锂科技辩称，《中华人民共和国物权法》第一百八十二条虽规定“一并抵押”，但并未规定无须办理抵押登记，案涉土地使用权未办理抵押登记，不发生抵押效力，且该土地使用权证已因置换被注销，建行分宜支行对案涉土地使用权不享有抵押权。本院认为，《中华人民共和国物权法》第十条规定了不动产统一登记，但对不动产抵押登记机构未作明确规定。《中华人民共和国担保法》第四十二条规定：“办理抵押物登记的部门如下：（一）以无地上定着物的土地使用权抵押的，为核发土地使用权证书的土地管理部门；（二）以城市房地产或者乡（镇）、村企业的厂房等建筑物抵押的，为县级以上地方人民政府规定的部门……”二审庭审中，双方当事人均确认办理案涉土地使用权抵押登记时，当地县级以上人民政府未明确规定具有地上定着物的土地使用权抵押登记的办理部门。根据《最高人民法院关于适用〈中华人民共和国担保法〉若干问题的解释》第六十条“以担保法第四十二条第（二）项规定的不动产抵押的，县级以上地方人民政府对登记部门未作规定，当事人在土地管理部门或者房产管理部门办理了抵押物登记手续，人民法院可以确认其登记的效力”之规定，本案中，分宜县房产交易所在颁发的房屋他项权证上记载土地证号的行为，具有对该房屋占用范围内的土地使用权进行抵押登记的效力，足以产生公示的法律效果。

本案中，《最高额抵押合同》系双方当事人真实意思表示，其中约定的抵押物明确包括案涉土地使用权在内，双方当事人对该土地使用权作为抵押财产均有明确预期。即使案涉土地使用权未办理抵押登记，根据《中华人民共和国物权法》第一百八十二条“以建筑物抵押的，该建筑物占用范围内的建设用地使用权一并抵押。以建设用地使用权抵押的，该土地上的建筑物一并抵押。抵押人未依照前款规定一并抵押的，未抵押的财产视为一并抵押”之规定，建行分宜支行对案涉土地使用权亦享有抵押权。一审判决以未办理抵押登记为由，判令建行分宜支行对案涉土地使用权不享有优先受偿权，认定事实和适用法律均有不当，本院予以纠正。

就案涉土地使用权证已被注销是否影响建行分宜支行行使抵押权一节，根据本案已查明的事实，江锂科技与江西江锂新材料科技有限公司之间的《资产置换协议》，系 2016 年 10 月 14 日签订，发生在建行分宜支行的土地使用权抵押权设定之后，且该置换行为未经建行分宜支行同意，江西江锂新材料科技有限公司亦未代为清偿债务，根据《中华人民共和国物权法》第一百九十一条第二款“抵押期间，抵押人未经抵押权人同意，不得转让抵押财产，但受让人代为清偿债务消灭抵押权的除外”之规定，江锂科技置换案涉土地使用权及嗣后注销土地使用权证的行为，不具有对抗建行分宜支行的效力，不影响建行分宜支行对案涉土地使用权抵押权的行使。

案件来源

中国建设银行股份有限公司分宜支行、江西江锂科技有限公司金融借款合同纠纷二审民事判决书［最高人民法院（2017）最高法民终 40 号］

延伸阅读

划拨土地被国土部门注销土地使用权证后其上抵押权消灭的案例：

案例：中国东方资产管理公司南京办事处与无锡锡兴钢铁股份有限公司借款合同纠纷二审民事判决书［江苏省高级人民法院（2012）苏商终字第 0128 号］，该院认为："东方公司南京办对原829号土地证项下的土地使用权不享有优先受偿权。

1. 三星公司原829号土地证项下土地是国有划拨土地，三星公司只是享有相应的土地使用权。土地本身不存在法律上灭失的可能，但土地使用权系依据法律行为而设立，也会因为法律行为而消灭。2004年12月31日惠山国土局作出惠土资出（2004）67号《关于同意江苏锡兴集团有限公司申请受让国有土地使用权的通知》，明确原829号等土地证办理注销登记手续，其后惠山区政府、惠山国土局实际注销了829号等土地证，三星公司因政府管理部门的注销行为而不再享有该地块的土地使用权。其后，政府管理部门又将原829号土地证项下的土地使用权出让给他人，已形成一个新的土地使用权人。就权利的设立和消灭而言，三星公司对原829号土地证项下的土地使用权已经归于消灭，三星公司在丧失土地使用权过程中也未从中获取补偿。而抵押权是依赖对所抵押的财产本身及抵押物灭失后所得赔偿金行使优先受偿的权利。三星公司丧失土地使用权后未获得相应补偿金，东方公司南京办的抵押权已不具备行使的条件，因此依附于原829号土地证项下的抵押权也归于消灭。东方公司南京办要求对原829号土地证项下的土地使用权行使优先受偿权的理由缺乏相应的事实和法律依据。至于政府部门注销土地使用权证是否适当及是否损害东方公司南京办权益的问题，不属于本案审理的范围。

2. 锡兴集团公司取得包括原829号等土地证项下的土地是基于政府的出让行为，而非基于三星公司的转让行为，东方公司南京办对锡兴集团公司取得的土地使用权不能行使优先受偿权。因锡兴集团改制的原因，惠山区政府、惠山国土局注销了三星公司的土地使用权证，并将土地出让给锡兴集团公司，三星公司在该土地上的权益归于消灭。土地使用权出让方是惠山国土局，受益人是惠山国土局和惠山区政府，而非三星公司和锡兴集团公司，故东方公司南京办要求三星公司、锡兴集团公司对此承担民事责任缺乏事实和法律依据。"

071 ［北京高院］法院拍卖抵押物未通知顺位在后的抵押权人，拍卖行为应否被撤销？

法院拍卖抵押物未通知后位抵押权人不属于撤销拍卖行为的事由

裁判要旨

在评估、拍卖抵押物的过程中，未以书面或者其他能够确认收悉的适当方式通知顺位在后的抵押权人的，不足以构成严重违反拍卖程序，在没有证据证明损害了当事人或者竞买人的利益的情形下，不属于应当撤销拍卖行为的法定情形。

案情简介

一、2013 年 9 月 27 日，王芳付、张丽算将王芳付名下案涉房地产为欣华晨公司向中国进出口银行提供最高额 1 亿元的抵押。该抵押为第一顺位抵押权。2014 年 9 月 15 日，北京铁路中院作出民事判决，判决中国进出口银行有权对已办理抵押登记的抵押房屋折价、拍卖、变卖所得享有优先受偿权。

二、2015 年 3 月 5 日，厦门中院作出民事判决，确认交通银行厦门分行对案涉房地产享有第二顺位和第三顺位抵押权。

三、2015 年 5 月 20 日，依中国进出口银行的申请，北京四中院立案执行，2015 年 6 月 1 日，依法在淘宝网公开拍卖案涉抵押物。经两次拍卖后，以 6520 万元成交。四中院在评估、拍卖过程中，未通知第二、第三顺位抵押权人交通银行厦门分行，拍卖公告中也未说明该两套房产存在抵押权。

四、2016 年 2 月 7 日，交通银行厦门分行向北京四中院提出执行异议，请求解除对上述涉案房产的查封，终止案件执行，撤销该两套房产的拍卖。北京四中院一审判决驳回其执行异议。

五、交通银行厦门分行不服，向北京高院申请复议，北京高院裁定驳回复议申请。

败诉原因

本案中交通银行厦门分行败诉的原因在于，顺位在先的抵押权人申请拍卖抵押物并不必然构成对顺位在后的抵押权人权利的侵害。《最高人民法院关于人民法院民事执行中拍卖、变卖财产的规定》第十四条第一款规定：“人民法院应当在拍卖五日前以书面或者其他能够确认收悉的适当方式，通知当事人和已知的担保物权人、优先购买权人或者其他优先权人于拍卖日到场。”从本条的文义上来看，只要涉及拍卖财产，即应通知担保物权人。但不容忽视的是，该款的后段在设置兜底性条件时，使用了“其他优先权人”这一用语，且与此前列举的几类处于并列地位。

由此可知，拍卖财产时，并非所有的担保物权人都属于应被通知的对象，而是仅对执行申请人而言具有“优先权”的人才属于被通知的对象。其立法目的在于保护优先权人的优先受偿的利益不因不知拍卖行为而受损。抵押权为担保物权，抵押权人对抵押物享有优先受偿权。但抵押权人对抵押物的优先受偿权并不是绝对的，在同一抵押物上并存多个抵押权时，抵押权人内部也存在着谁得优先受偿的问题，此即抵押权顺位。根据《物权法》第一百九十九条的规定，顺位在先的抵押权优先于顺位在后的抵押权。本案中，作为第一顺位抵押权人的中国进出口银行申请拍卖抵押物，即可优先于顺位在后的交通银行厦门分行受偿。因此，对于第一顺位的抵押权人中国进出口银行而言，交通银行厦门分行并不是“优先权人”，故法院在拍卖过程中不通知交通银行厦门分行，不仅不属于严重违反拍卖程序，在某种意义上讲也不存在程序性瑕疵。交通银行厦门分行因此败诉。

败诉教训、经验总结

前事不忘，后事之师。为避免未来发生类似败诉，提出如下建议：

1. 抵押权为担保物权，其所担保的债权对于抵押物享有优先于其他普通债权受偿的效力，因此抵押权属于广义上的“优先权”的一种。但不容忽视的是，抵押权人享有的优先受偿权并非绝对，而是具有一定的相对性。如《中华人民共和国海商法》第二十一条规定的船舶优先权即优先于船舶抵押权，此时对于船舶优先权人而言，船舶抵押权人即不享有优先受偿权。同时，在抵押权内部，也存在抵押权人优先受偿权顺位的问题，顺位在先的抵押权人可优先于顺位在后的抵押权人而受偿，此时对于顺位在先的抵押权人而言，后位抵押权人即不享有优先受偿权。因此，对于有抵押担保的债权，不仅要关注抵押担保之有无，更要关注抵押担保的权利顺位。当顺位在先的抵押权人享有的债权大于或等于抵押物价值时，顺位在后的抵押权人的债权实际上处于“脱保”状态。但这并不代表，只要抵押物上存在在先顺位的抵押权，即不能接受其作为抵押物。在顺位在先的抵押权为不足额抵押或债务人信用状况较好时，接受已存在在先顺位抵押的抵押物作为担保可以起到一定的担保效果。即使抵押物对于顺位在先的抵押权人而言已经属于超额抵押，接受该抵押物作为抵押担保也比让债权“裸奔”更为有利，因为债务人的清偿能力处于不断变化之中，后位抵押权人有“捡漏”的可能。

2. 对于后位抵押权人而言，顺位在先的抵押权人申请拍卖抵押物以实现抵押权时，其不能提出执行异议，也不能以法院拍卖抵押物未通知其为由主张撤销拍卖行为。但法院为实现顺位在先的抵押权而拍卖抵押物后，抵押物上的抵押负担并非当然地全部清除，而是应根据具体情况分别判断。如果顺位在先的抵押权人拍卖抵押物不足以清偿全部债权或刚好清偿完毕全部时，抵押物上的抵押负担因拍卖行为全部消灭。如果抵押物在实现在先顺位的债权后仍有结余，法院应对结余款项进行提存，再根据后位的抵押权顺位，逐一按顺序进行分配，此时抵押物上的抵押负担也消灭。但如果顺位在先的抵押权人与抵押人达成以物抵债的协议，而以物抵债协议又属于低价处置抵押物时，则顺位在后的抵押权人可主张对抵押物进行拍卖，并以实际拍卖所得确定各债权人的清偿份额。因此，抵押权的权利顺位与抵押物的处理问题是一个专业技术性非常强的业务问题，当事人在处理该问题时经常可能落入陷阱或者提出错误主张，必须委托专业律师进行综合处理。

3. 对于法律条文的解释，在注重文义的同时，也要注重从体系中反观文义的“射程范围”。本案中，所涉及的法律条文为《最高人民法院关于人民法院民事执行中拍卖、变卖财产的规定》第十四条第一款关于“人民法院应当在拍卖五日前以书面或者其他能够确认收悉的适当方式，通知当事人和已知的担保物权人、优先购买权人或者其他优先权人于拍卖日到场”的规定。从文义上看，似乎可得出所有的担保权人都应当被通知的结论。但结合该条的体系来看，则可将顺位在后的担保物权人排除在受通知的范围之外。这就是体系解释在法律解释中的神奇所在。体系解释不仅可以为法律条文的理解提供更为清晰可辨的总体框架，也可以降低解释某一法律条文时的论证负担，发挥“居高临下，醍醐灌顶”的神奇效果，更容易说服法官或当事人。

相关法条

《物权法》

第一百九十九条 同一财产向两个以上债权人抵押的，拍卖、变卖抵押财产所得的价款依照下列规定清偿：

（一）抵押权已登记的，按照登记的先后顺序清偿；顺序相同的，按照债权比例清偿；

（二）抵押权已登记的先于未登记的受偿；

（三）抵押权未登记的，按照债权比例清偿。

《中华人民共和国海商法》

第二十五条 船舶优先权先于船舶留置权受偿，船舶抵押权后于船舶留置权受偿。

前款所称船舶留置权，是指造船人、修船人在合同另一方未履行合同时，可以留置所占有的船舶，以保证造船费用或者修船费用得以偿还的权利。船舶留置权在造船人、修船人不再占有所造或者所修的船舶时消灭。

《最高人民法院关于人民法院民事执行中拍卖、变卖财产的规定》

第十四条 人民法院应当在拍卖五日前以书面或者其他能够确认收悉的适当方式，通知当事人和已知的担保物权人、优先购买权人或者其他优先权人于拍卖日到场。

优先购买权人经通知未到场的，视为放弃优先购买权。

以下为北京高院在复议审查阶段就此问题发表的意见：

本院认为，利害关系人提出异议请求撤销拍卖，符合《最高人民法院关于人民法院办理执行异议和复议案件若干问题的规定》第二十一条第一款规定的情形之一的，人民法院应予支持。本案中，四中院在拍卖公告中未说明涉案房屋存在抵押权的情况，未违反法律、司法解释的禁止性规定，也没有证据证明对交通银行厦门分行的权益造成了损害。四中院在评估、拍卖中，未以书面或者其他能够确认收悉的适当方式通知作为第二、第三顺位抵押权人的复议申请人，程序存在瑕疵，但不足以构成严重违反拍卖程序，也没有证据证明损害了当事人或者竞买人的利益。因此，四中院对涉案房屋的拍卖行为，不存在应当撤销的法定情形。

案件来源

交通银行股份有限公司厦门分行等与王芳付执行异议裁定书［北京市高级人民法院（2016）京执复36号］

延伸阅读

相反裁判观点：

案例：刘桃元、中国光大银行股份有限公司扬州分行与扬州大清旅游用品有限公司、张荣清等金融借款合同纠纷执行裁定书［江苏省高级人民法院（2015）苏执复字第00026号］，该院认为："刘桃元系拍卖房产第二顺位的抵押权人，扬州中院处置该房产时应当通知刘桃元，扬州中院以执行程序终结为由驳回刘桃元执行异议，没有事实和法律依据。刘桃元于2012年6月7日对大清公司六套房产设定400万元抵押权，扬州中院于2013年6月25日立案执行，并评估拍卖该房产，扬州中院应当知晓刘桃元系第二顺位抵押权人。《最高人民法院关于人民法院民事执行中拍卖、变卖财产的规定》第十四条第一款规定：'人民法院应当在拍卖五日前以书面或者其他能够确认收悉的适当方式，通知当事人和已知的担保物权人、优先购买权人或者其他优先权人于拍卖日到场’，但扬州中院并未依法通知抵押权人刘桃元于拍卖当日到场。故因扬州中院怠于履行通知义务，导致刘桃元超过期限向扬州中院申请执行异议，扬州中院仍应依法审查该异议申请。”

072［辽宁高院］抵押财产已被另案强制执行，抵押权人是否丧失抵押权？

法院的强制执行行为并不影响抵押权人对抵押物的优先受偿权

裁判要旨

已办理抵押登记的抵押房产即使被法院执行，法院对抵押物的执行行为也并不影响抵押权人依法对抵押物行使优先受偿权，且法院的执行行为并不能导致优先受偿权丧失。

案情简介

一、1998 年 3 月 25 日，锦州市土产杂品总公司陶瓷分公司与中国工商银行锦州市分行签订《人民币短期借款合同》一份，借款 30 万元。土杂总公司以其名下的位于锦州市古塔区汉口街 64 号两处房产进行抵押，并办理了抵押登记。

二、2005 年 7 月 15 日，中国工商银行辽宁省分行与中国长城资产管理公司沈阳办事处就上述《人民币短期借款合同》中所涉债权签订了《债权转让协议》。后中国长城资产管理公司沈阳办事处又将上述债权转让给军丰物资公司。

三、2002 年 6 月 18 日，锦州中院就中国农业银行锦州市分行营业部诉土杂总公司借款合同纠纷一案作出了（2002）锦经初字第 36 号民事判决书。为执行该判决，2007 年 6 月 1 日，锦州中院作出了（2002）锦执字第 126 号民事裁定书，该裁定书裁定内容如下：被执行人土杂总公司所有的位于锦州市古塔区汉口街 64 号锦古国用（1998）字第 9801050 号土地使用权面积 35047. 41 平方米土地及地上建筑物 12795 平方米房产的所有权（含案涉两处抵押的房屋所有权）归买受人中国石油天然气集团公司锦州石油化工公司所有。

四、2001年4月20日，日杂分公司向中国工商银行锦州市分行出具了《承诺函》，承诺原债务人锦州市土产杂品总公司陶瓷分公司所欠中国工商银行锦州市分行凌河支行的贷款本息改由土杂总公司日杂分公司承担。

五、军丰物资公司向锦州中院起诉，请求法院判令土杂总公司和日杂分公司还本付息；军丰物资公司对抵押房产享有优先受偿权。锦州中院一审判决：土杂总公司还本付息，但未支持军丰物资公司主张对抵押房产享有优先受偿权的诉请。

六、军丰物资公司不服，上诉至辽宁高院。辽宁高院二审改判：土杂总公司还本付息，军丰物资公司对抵押房产享有优先受偿权。

败诉原因

在本案中，军丰物资公司上演了一场“虎口夺食”的好戏。本案中土杂总公司败诉的原因在于，法院的强制执行行为并不能影响抵押权人对抵押物的优先受偿权。本案争议的焦点在于，案涉两处抵押的房产已经被锦州中院在另案中强制执行，抵押权人对抵押物的优先受偿权是否就此消灭。锦州中院在一审中认为，抵押物因被另案强制执行，已经“不复存在”，故认定军丰物资公司对抵押物不再享有优先受偿权。但辽宁高院认为，抵押物被另案强制执行并不表示抵押物已经不复存在，且即使抵押物已经不复存在，抵押权人仍可依据《担保法司法解释》第八十条的规定，对抵押物毁损、灭失后所得的“保险金、赔偿金或补偿金等”优先受偿。同时，根据《担保法司法解释》第五十五条的规定，抵押物被法院采取强制措施的，不影响抵押权的效力。故辽宁高院认为：“已办理抵押登记的抵押房产虽被法院执行，但法院对抵押物的执行行为并不影响抵押权人依法对抵押物行使优先受偿权，且法院的执行行为并不能导致优先受偿权丧失。”因此，辽宁高院最终认定军丰物资公司对抵押物享有优先受偿权，土杂总公司因此败诉。

败诉教训、经验总结

前事不忘，后事之师。为避免未来发生类似败诉，提出如下建议：

1. 抵押权是价值权，具有物上代位性，抵押权不因抵押财产的灭失而当然灭失。根据《物权法》第一百七十四条、《担保法司法解释》第八十条的规定，抵押物毁损灭失的，抵押权人可就抵押物毁损灭失后所得的“保险金、赔偿金或补偿金等”优先受偿。此处得优先受偿的范围不以保险金、赔偿金或补偿金等金钱为限，其他因抵押物灭失所得的替代物，如拆迁补偿房、赔偿的替代物等，抵押权人均可以主张对其享有优先受偿权。

2. 法院对抵押物的执行行为并不影响抵押权人对抵押物的优先受偿权。根据《担保法司法解释》第五十五条的规定，法院对抵押财产采取的执行强制措施，不影响抵押权的效力。此处不影响抵押权的效力，不仅是指在采取强制措施阶段不影响抵押权的效力，而且也包括在抵押财产被最终执行时不影响抵押权的效力。如果抵押物在最终执行时未通知抵押权人或者未先行实现顺位在先的抵押权的，即使抵押物最终被强制执行完毕，抵押权人仍可主张对抵押物享有优先受偿权。

3. 通过司法拍卖等方式取得不动产时，不仅需关注法院的执行行为是否存在瑕疵，也要关注意欲取得的不动产上是否存在顺位在先的权利，具体包括租赁权、抵押权等。如果存在上述权利，应要求义务人对上述权利进行涤除，防止在取得不动产后，顺位在先的权利人对不动产主张权利。本案中，另案通过执行程序取得案涉抵押房产的中国石油天然气集团公司锦州石油化工公司就将面临所得房产被军丰物资公司主张抵押权的窘境。

相关法条

《物权法》

第一百七十四条　担保期间，担保财产毁损、灭失或者被征收等，担保物权人可以就获得的保险金、赔偿金或者补偿金等优先受偿。被担保债权的履行期未届满的，也可以提存该保险金、赔偿金或者补偿金等。

《担保法司法解释》

第五十五条　已经设定抵押的财产被采取查封、扣押等财产保全或者执行措施的，不影响抵押权的效力。

第八十条　在抵押物灭失、毁损或者被征用的情况下，抵押权人可以就该抵押物的保险金、赔偿金或者补偿金优先受偿。

抵押物灭失、毁损或者被征用的情况下，抵押权所担保的债权未届清偿期的，抵押权人可以请求人民法院对保险金、赔偿金或补偿金等采取保全措施。

以下为辽宁高院在判决书“本院认为”部分就此问题发表的意见：

原审中，土杂总公司虽提供证据证明已办理抵押登记的抵押物被法院执行，但并没有提供证据证明该抵押物已经灭失，其提供的民事判决书、执行裁定及资产评估报告，均不能证明抵押物已经灭失，且抵押物灭失亦不影响军丰物资公司对该抵押物享有优先受偿权。军丰物资公司对设定抵押的房产依法办理了抵押登记，根据《最高人民法院关于适用〈中华人民共和国担保法〉若干问题的解释》第五十五条规定：已经设定抵押的财产被采取查封、扣押等财产保全或者执行措施的，不影响抵押权的效力。第八十条：在抵押物灭失、毁损或者被征用的情况下，抵押权人可以就该抵押物的保险金、赔偿金或者补偿金优先受偿。抵押物灭失、毁损或者被征用的情况下，抵押权所担保的债权未届清偿期的，抵押权人可以请求人民法院对保险金、赔偿金或补偿金等采取保全措施。《中华人民共和国物权法》第一百七十四条规定：担保期间，担保财产毁损、灭失或者被征收等，担保物权人可以就获得的保险金、赔偿金或者补偿金等优先受偿。本案中，已办理抵押登记的抵押房产虽被法院执行，但法院对抵押物的执行行为并不影响抵押权人依法对抵押物行使优先受偿权，且法院的执行行为并不能导致优先受偿权丧失。

案件来源

辽宁军丰物资有限公司与锦州市土产杂品总公司日用杂品分公司、锦州市土产杂品总公司借款合同纠纷二审民事判决书［辽宁省高级人民法院（2014）辽民二终字第00066号］

第五节　抵押权与房地一致原则

073［最高法院］仅办理土地使用权抵押登记，对于地上房屋是否也享有优先受偿权？

抵押土地使用权的，抵押权人一并取得对地上房屋的抵押权

裁判要旨

只要土地使用权或地上建筑物之一项办理抵押登记，即使另外一项没有办理抵押登记，亦依法推定为两者一并抵押，抵押权人对二者均享有优先受偿权。

案情简介

一、2007年11月15日，中国银行股份有限公司海口龙珠支行（以下简称中行龙珠支行）与海南国托科技有限公司（以下简称国托公司）签订《人民币借款合同（中期）》，贷款金额2.1亿元。后双方又于2008年12月签订补充协议对贷款期限、利率等作出变更。

二、2007年12月10日，中行龙珠支行与国托公司签订一份《抵押合同》，约定：国托公司以其名下36414.02平方米土地为上述借款提供抵押担保，并办理了抵押权登记。后因贷款协议的变更，双方又就抵押问题签订补充协议，约定将上述土地使用权及地上建筑物全部抵押给中行龙珠支行。双方于2009年3月2日办理了土地使用权抵押权登记并取得他项权利证明书。但因地上建筑物为在建项目，未到房产管理部门办理抵押登记手续。

三、国托公司贷款到期后未全部还款，中行龙珠支行向海南省高院起诉，要求国托公司还本付息，并主张在债权范围内对土地使用权及其地上建筑物均享有优先受偿权。

四、海南省高院判决中行龙珠支行对国托公司名下36414.02平方米土地使用权在债权范围内享有优先受偿权。

五、中行龙珠支行不服，上诉至最高院。最高院判决中行龙珠支行对国托公司名下36414.02平方米土地使用权及其地上建筑物在债权范围内享有优先受偿权。

败诉原因

本案败诉的原因在于根据《物权法》第一百八十二条确定的房地产抵押中的“地随房走，房随地走”原则，即土地使用权及其地上建筑物必须一并抵押，未一并抵押的，未抵押的财产视为一并抵押。本案中，虽然国托公司仅就土地使用权向中行龙珠支行办理抵押登记，但因“地随房走，房随地走”原则的存在，该土地使用权上的房屋，即使未办理抵押登记，也被视为一并抵押。故中行龙珠支行取得地上房屋法定抵押权，对地上房屋享有优先受偿权。

败诉教训、经验总结

前事不忘，后事之师。为避免未来发生类似败诉，提出如下建议：

1. 作为土地与房屋的不动产往往因价值大而成为银行乐于接受的抵押物。但抵押人在提供房屋或土地使用权作为抵押物时，应充分考虑土地及房屋价值，防止因“地随房走，房随地走”原则导致抵押率过低，影响了土地及房屋作为优良资产的融资能力。

2. 为防止房地被一并抵押导致优良资产融资能力下降，建议可与抵押权人作如下特约：在先行抵押土地时，允许后续债权人对建筑物（包括在建工程）的抵押权顺位在先；在先行抵押建筑物时，允许后续债权人对土地的抵押权顺位在先，以此确保房地产项目的再融资能力。

3. 银行在接收土地使用权为抵押物时，不仅要查阅该土地使用权上是否存在顺位在先的抵押权或其他物权，也要查阅其地上建筑物是否存在顺位在先的抵押权或其他物权；反之，亦然。

4. 银行在接受在建工程抵押时，应充分考虑在建工程可能因土地已被抵押而存在隐藏的在先顺位抵押权。此时，可在接受在建工程抵押时，与抵押人同时签订建筑物抵押合同并办理预告登记，以确保建筑物建设完成后对建筑物享有第一顺位的抵押权。

相关法条

《物权法》

第一百八十二条 以建筑物抵押的，该建筑物占用范围内的建设用地使用权一并抵押。以建设用地使用权抵押的，该土地上的建筑物一并抵押。

抵押人未依照前款规定一并抵押的，未抵押的财产视为一并抵押。

以下为最高人民法院在判决书“本院认为”部分关于房地一并抵押问题的论述：

本院认为，在房地产抵押权设立的实践中，如何协调土地使用权抵押和地上建筑物之间的关系，我国物权法施行前的相关法律规定并不明确。为此，物权法第一百八十二条第一款规定：“以建筑物抵押的，该建筑物占用范围内的建设用地使用权一并抵押。以建设用地使用权抵押的，该土地上的建筑物一并抵押”。该条第二款进一步明确规定：“抵押人未依照前款规定一并抵押的，未抵押的财产视为一并抵押。”该规定遵循了房地产交易中“房随地走”和“地随房走”的双向统一原则，其立法旨意在于重申房地一体的原则，防止引发抵押权实现时的困境，使债权人的利益受到损害。依据该规定，当事人应对土地使用权及其地上建筑物一并抵押，如果当事人未按照该条第一款规定一并抵押时，则法律直接规定“视为一并抵押”。即只要土地使用权或地上建筑物之一项办理抵押登记，即使另外一项没有办理抵押登记，亦依法推定为两者一并抵押。另外，从市场交易的风险防范角度来看，物权法已经确立了房地应一并抵押的原则，并明确规定土地或者地上建筑物未一并抵押的也视为一并抵押，参与或从事房地产抵押实践的市场主体应当知悉该规定。其在设立土地抵押权时，对该土地上的建筑物是否已设定抵押权负有注意义务，并应积极向登记机关进行查询，以避免出现风险，反之亦然。市场主体如果因未尽到上述注意义务而遭受风险，则该损失应由其自行负担。

案件来源

中国银行股份有限公司海口龙珠支行与海南国托科技有限公司、海南美源房地产开发有限公司等金融借款合同纠纷二审民事判决书［最高人民法院（2015）民二终字第269号］

延伸阅读

关于房地一并抵押的问题，本书又梳理了最高院的六个案例及江苏、福建两省高院的案例，其裁判观点较为统一，均遵循了"地随房走，房随地走"原则。除此之外，最高院的判例有认为：对"房"或"地"抵押构成无处分权的，无处分权的部分抵押权不成立。

案例一：山东由尼机械电力设备有限公司与德州圣洁路桥工程材料有限公司侵权责任纠纷申请再审民事裁定书［最高人民法院（2014）民申字第1170号］，最高院认为："《物权法》第一百八十二条……第一款规定的实质是在我国目前房屋抵押登记和土地抵押登记分属不同部门办理的情况下，对房地产设定抵押权时的倡导性规范。第二款则是针对当事人未按照上述第一款规定一并抵押时的处理，即由法律直接规定为'视为一并抵押'。《物权法》第一百八十二条第二款的文义解释应是，只要在房地产之一的房屋（或者该房屋所占用的土地使用权）上已设立了抵押权，则与该房屋（或者土地使用权）相对应的土地使用权（或者土地使用权之上所附着的房屋）也一并设立了抵押权，而不论该抵押权是否已经办理了抵押登记手续。对于此种虽未依法登记但依据法律规定'视为一并抵押'的抵押权，其设立时间应与该房屋上设立抵押权的时间一致，即在该房屋上登记设立抵押权的同时，该房屋所占用的土地使用权上同时设立了法律规定的抵押权。"

案例二：蒙阴鲁华商贸有限公司、冯凤芝等与山东星光机械有限公司建设用地使用权纠纷申请再审民事裁定书［最高人民法院（2015）民申字第126号］，最高院认为："依据《中华人民共和国物权法》第一百八十二条关于'以建筑物抵押的，该建筑物占用范围内的建设用地使用权一并抵押。以建设用地使用权抵押的，该土地上的建筑物一并抵押。抵押人未依照前款规定一并抵押的，未抵押的财产视为一并抵押'的规定，鲁华商贸公司向二审法院及本院提交的2014年3月29日蒙阴县国土资源局出具的《证明材料》，仅说明在华夏银行股份有限公司杭州滨江支行的抵押不是单独以土地使用权抵押的，但不能由此认定星光机械公司的土地没有进行抵押，《证明材料》无法推翻二审判决认定的事实。”

案例三：中国农业银行股份有限公司海口海秀支行与海南鸿扬实业集团有限公司借款合同纠纷执行复议裁定书［最高人民法院（2012）执复字第29号］，最高院认为：“根据《物权法》第一百八十二条关于‘以建设用地使用权抵押的，该土地上的建筑物一并抵押’的规定，新疆高院所拍卖的其中六套房屋虽不是海秀支行的抵押物，但该房屋是建筑在所抵押的土地上，故对该部分房屋应视为海秀支行有优先受偿权。因此，异议裁定关于海秀支行对涉案财产享有优先受偿权的结论是正确的，信达海南分公司的复议理由不能成立。”

案例四：鄂尔多斯银行股份有限公司呼和浩特分行与王银祥、王洪玉案外人执行异议之诉申请再审民事裁定书［最高人民法院（2015）民申字第3429号］，最高院认为：“根据一审、二审法院查明的事实，鄂尔多斯银行呼市分行虽然与润鑫公司、王银祥等人签订《还款协议书》，约定以证号为蒙房权证磴口县字第104011101487号房屋一套，及证号为磴国用（2011）第10753号国有土地使用权作为抵押担保，但鄂尔多斯银行呼市分行只办理了上述房屋的抵押登记，而未办理土地使用权的抵押登记。故二审判决认定鄂尔多斯银行呼市分行对磴国用（2011）第10753号国有土地使用权，在巴彦淖尔市房他证字第104041301047号《房屋他项权证》记载的房屋抵押权7416.45平方米占用范围内的土地使用权享有优先受偿权，符合《中华人民共和国物权法》第一百八十二条、第一百八十七条之规定。”

案例五：中国信达资产管理公司西安办事处与陕西省粮油食品进出口公司西安中转冷库、陕西省粮油食品进出口公司借款担保合同纠纷二审民事判决书［最高人民法院（2007）民二终字第222号］，最高院认为：“虽然抵押登记只针对西未国用（2000）字第979号国有土地使用权，但应视为当事人约定土地使用权与地面建筑物所有权一并抵押。然而地上建筑物中职工住宅楼的所有权已经移转给购房职工所有，中转冷库并无权利处分。根据《中华人民共和国合同法》第五十一条之规定：‘无处分权的人处分他人财产，经权利人追认或者无处分权的人订立合同后取得处分权的，该合同有效’，该抵押合同未经地上建筑物所有权人购房职工追认；且西未国用（2000）字第979号土地使用权证书中已经标明该宗土地上存有地上建筑物，并标明为中转冷库的福利区，地上建筑物中职工住宅楼所有权已经登记移转至购房职工名下，而原债权银行却未查明地上建筑物实际权属即接受抵押，也存在过错，因此抵押合同无效，依据该合同设立的抵押权也相应无效。”

案例六：中信银行股份有限公司常州分行与江苏中鸿科技有限公司、江苏弘博新材料有限公司等金融借款合同纠纷二审民事判决书［江苏省高级人民法院（2015）苏商终字第00078号］，该院认为："《中华人民共和国物权法》第一百八十二条……该规定系基于建筑物与所占土地的不可分性而禁止抵押人分别抵押，'视为一并抵押'的含义为推定建筑物及其所占用范围内的建设用地使用权构成一个统一的抵押标的物，只要其中的建筑物或建设用地使用权一项通过抵押登记的方式设立抵押权，即应认定已设立土地及其上建筑物的一体抵押权。单独抵押设立的公示及公信效力及于一体抵押物中的其他部分。在债务人不能清偿被担保的债权时，抵押权人可一并要求拍卖或变卖抵押的地上建筑物及其占用范围内的建设用地使用权，并以拍卖或变卖金额担保债权的受偿。"

案例七：福建福州农村商业银行股份有限公司台江支行与福建省闽清三友针纺织品有限公司、福州三友贸易有限公司等金融借款合同纠纷二审民事判决书［福建省高级人民法院（2014）闽民终字第812号］，该院认为："根据《中华人民共和国物权法》第一百八十二条、一百八十三条之规定，以建筑物抵押的，该建筑物占用范围内的建设用地使用权一并抵押，抵押人未一并抵押的，未抵押的财产视为一并抵押。以乡镇、村企业的厂房等建筑物抵押的，其占用范围内的建设用地使用权一并抵押。本案中，三友被服厂所有的梅坂房字第××号、第××号房产已依法办理了抵押登记，该两处房产系定着于梅坂集建1997字第8600号土地上，故梅坂集建1997字第8600号土地在上述两处房产占用范围内（具体界限及确定标准，根据土地适用规则确定）的使用权亦一并抵押。"

074［海南高院］将房地先后分别抵押给同一债权人，可能会是多大一个坑？

将房地先后抵押给同一债权人，抵押权成立时间应分别根据房地抵押登记时间确定

裁判要旨

物权法第一百八十二条关于"房随地走，地随房走"的原则并非法律的禁止性规定，只是法律倡导的通常规则，目的是为避免因分别抵押所导致的权利冲突，在不存在权利冲突的情况下，以建设用地使用权抵押的，只有在地上建筑物未专门设立抵押的情况下，未抵押的建筑物才视为与建设用地使用权一并抵押，如果就地上建筑物专门签订抵押合同设立了抵押，那么，应视为地上建筑物与建设用地使用权分别抵押。房地的抵押权设定时间应分别确定。

案情简介

一、2013 年 2 月 4 日，定安农信联社、三亚农商银行、琼中农信联社（下称三金融机构）与兆祥公司签订《固定资产社团贷款合同》。兆祥公司向三金融机构借款人民币 2000 万元。同日，三金融机构与兆祥公司、案外人佳盛公司签订《抵押合同》。兆祥公司将上述房地占用的建设用地抵押用以担保上述债权，于同日办理抵押登记。

二、2013 年 5 月 23 日，夏燕琴与兆祥公司签订《商品房买卖合同》，约定夏燕琴购买位于定安县塔岭新区富民大道西侧公园一号 C 幢 1 单元 2 层 202 房。夏燕琴依约支付房款，兆祥公司依约将涉案房屋交付给夏燕琴。

三、2013 年 7 月 17 日，三金融机构与兆祥公司签订《社团抵押合同》。兆祥公司以在建工程为上述 2000 万元贷款提供抵押担保。该在建工程中包含夏燕琴购买的房屋，于次日办理了抵押登记。

四、因兆祥公司未履行《固定资产社团贷款合同》约定的义务，三金融机构向海南一中院起诉并提出诉前财产保全申请，查封了案涉抵押物。海南一中院判决：兆祥公司还本付息，三金融机构对抵押物享有优先受偿权。兆祥公司未履行义务，海南一中院依法立案执行。夏燕琴以一审法院查封的公园一号 C 幢 2 层 1 单元 202 房为其所有提出异议。一审法院经审查认为，夏燕琴具有《最高人民法院关于办理执行异议和复议案件若干问题的规定》中规定的排除执行之情形，故作出（2015）海南一中执异字第 63 号执行裁定中止对案涉房屋的执行。

五、三金融机构遂向海南一中院提起执行异议之诉，理由是其对该房屋的抵押权设定在先。海南一中院判决驳回了其诉请。三金融机构不服，上诉至海南高院，海南高院二审判决驳回上诉，维持原判。

败诉原因

本案中三金融机构的败诉原因在于，三金融机构在案涉房屋上设定的抵押权晚于夏燕琴签订房屋买卖合同的时间。本案是一个典型的弄巧成拙的案例。根据《物权法》第一百八十二条的规定，不动产抵押采取“地随房走，房随地走”的原则，即抵押房地中的任何一项，另一项即视为一并抵押，且二者抵押权成立的时间均为其中任何一项办理完毕抵押登记的时间。在本案中，三金融机构本来已于2013年2月4日取得了对涉案房屋及土地的抵押权。但三金融机构为确保借款万无一失，采取了一种表面上看似更为保险的“双保险”模式来为自己的债权设定担保。先是于2013年2月4日就案涉土地使用权签订了抵押合同办理了抵押登记，后又于2013年7月17就地上的在建工程也另行签订了抵押合同并于次日办理了抵押登记。但这种看似是“双保险”的抵押担保模式，不仅没有增加对债权的担保，反而弄巧成拙，将原本成立在先的抵押权变成了成立在后的抵押权。因为海南高院在二审中认为，物权法第一百八十二条的目的是为避免因分别抵押所导致的权利冲突，在不存在权利冲突的情况下，如果就房地分别签订抵押合同，应视为地上建筑物与建设用地使用权分别抵押，并分别认定抵押权的设定时间。基于此，海南高院二审认定三金融机构对案涉房屋的抵押权后于夏燕琴对房屋的物权期待权。三金融机构因此败诉。

败诉教训、经验总结

前事不忘，后事之师。为避免未来发生类似败诉，提出如下建议：

1. 根据《物权法》第一百八十二条的规定，我国的不动产抵押采用的是“地随房走，房随地走”的原则，抵押房地中的任何一项，另一项也视为一并抵押。此处的“视为一并抵押”是法律上的拟制，不允许通过反证推翻，视为一并抵押的房或地上成立的抵押权为法定抵押权。二者抵押权设定的时间相同。该条款设定的目的是为了防止房地分别抵押给不同的债权人时造成权利冲突，抵押权实现时出现房地各异其主的情形。但如果房地分别抵押不存在权利冲突时，则没有必要禁止抵押物房地分别抵押，在实现抵押权时债权人不存在不能将房地一并处分的障碍。故海南高院通过目的性限缩的方式，将房地分别抵押于同一人的情形排除在《物权法》第一百八十二条之外。

2. 担保是保障债权实现的重要手段之一，但因担保往往涉及三方法律关系，因此法律关系较为复杂，且存在着多种变形，各种担保手段也往往交叉重叠。因此为债权设定担保在某些情形下可能是一项非常复杂的专业技术性活动，必须委托专门的律师对相关交易结构进行审核，才能确保万无一失，否则可能弄巧成拙。在本案中，三金融机构的初衷是为了谋求一个“双保险”，但最终结果是“机关算尽太聪明，反误了卿卿性命”，让人嗟叹不已。因此，笔者建议，为重大的交易活动设定担保应委托专业律师对交易结构进行评审，防控法律风险。

3. 与动产不同，不动产上的权利义务关系往往极为复杂，多种权利同时存在于同一不动产上且相互冲突的情况大量存在。故不动产物权上的权利顺位则显得尤为重要，顺位在先的权利能够对抗顺位在后的权利。一般情况下，确定不动产上的权利顺位以不动产登记簿为准。因此，在进行不动产交易时，必须事先查阅不动产登记簿，并以此为基础对交易结构作出安排，防范相应的法律风险。

相关法条

《物权法》

第一百八十二条　以建筑物抵押的，该建筑物占用范围内的建设用地使用权一并抵押。以建设用地使用权抵押的，该土地上的建筑物一并抵押。

抵押人未依照前款规定一并抵押的，未抵押的财产视为一并抵押。

《最高人民法院关于办理执行异议和复议案件若干问题的规定》

第二十九条　金钱债权执行中，买受人对登记在被执行的房地产开发企业名下的商品房提出异议，符合下列情形且其权利能够排除执行的，人民法院应予支持：

（一）在人民法院查封之前已签订合法有效的书面买卖合同；

（二）所购商品房系用于居住且买受人名下无其他用于居住的房屋；

（三）已支付的价款超过合同约定总价款的百分之五十。

以下为海南高院在二审期间就此问题发表的意见：

关于涉案房屋抵押给上诉人定安农信联社、三亚农商银行、琼中农信联社的时间问题。上诉人定安农信联社、三亚农商银行、琼中农信联社主张其于2013年2月4日与兆祥公司签订了关于涉案房屋所在土地的《抵押合同》，并于当天办理了抵押登记。根据物权法第一百八十二条关于“以建设用地使用权抵押的，该土地上的建筑物一并抵押，未抵押的财产视为一并抵押”的规定，涉案房屋的抵押时间应为2013年2月4日。但是物权法第一百八十二条关于“房随地走，地随房走”的原则并非法律的禁止性规定，只是法律倡导的通常规则，目的是为避免因分别抵押所导致的权利冲突，在不存在权利冲突的情况下，以建设用地使用权抵押的，只有在地上建筑物未专门设立抵押的情况下，未抵押的建筑物才视为与建设用地使用权一并抵押，如果就地上建筑物专门签订抵押合同设立了抵押，那么，应视为地上建筑物与建设用地使用权分别抵押。这也属于当事人意思自治的表现。本案中，2013年7月17日，兆祥公司又与上诉人签订《社团抵押合同》，以包含涉案房屋在内的公园一号A、C栋130套住宅及8套商铺在建工程进行抵押，且同年7月18日，定安县住房保障与房产管理局为上述在建工程办理了抵押登记手续。因此，上诉人既是建设用地使用权的抵押权人又是地上在建工程所有权的抵押权人，不存在权利冲突。在此情形下，上诉人与兆祥公司不仅具有将建设用地使用权和在建工程所有权分别抵押的合意，而且已通过登记的方式予以公示，因此，建设用地使用权的抵押与在建工程所有权的抵押分别成立。根据物权法第一百八十七条关于“以本法第一百八十条第一款第一项至第三项规定的财产或者第五项规定的正在建造的建筑物抵押的，应当办理抵押登记。抵押权自登记时设立”的规定，以不动产抵押的，抵押权自登记时设立。本案中，2013年7月18日，定安县住房保障与房产管理局为包含涉案房屋在内的公园一号A、C栋130套住宅及8套商铺在建工程办理了抵押登记手续，所以上述在建工程所有权抵押成立的时间为2013年7月18日，即涉案房屋抵押给上诉人的时间应为2013年7月18日，该时间晚于夏燕琴与兆祥公司签订《房屋买卖合同》的时间。上诉人主张涉案房屋抵押给其的时间为2013年2月4日没有事实及法律依据，本院不予支持。

案件来源

定安县农村信用合作联社、三亚农村商业银行股份有限公司等与执行案外人执行异议之诉特殊程序民事判决书［海南省高级人民法院（2016）琼民终219号］

延伸阅读

房地分别抵押的法律效果：

一、房地分别抵押的视为一并抵押，抵押登记公示公信及于未登记的部分

案例一：中信银行股份有限公司常州分行与江苏中鸿科技有限公司、江苏弘博新材料有限公司等金融借款合同纠纷二审民事判决书［江苏省高级人民法院（2015）苏商终字第00078号］，该院认为：“中信银行行使抵押权的范围及于溧阳市团结路68号房屋占用范围内的土地使用权。《中华人民共和国物权法》第一百八十二条规定：‘以建筑物抵押的，该建筑物占用范围内的建设用地使用权一并抵押。以建设用地使用权抵押的，该土地上的建筑物一并抵押。抵押人未依照前款规定一并抵押的，未抵押的财产视为一并抵押。’该规定系基于建筑物与所占土地的不可分性而禁止抵押人分别抵押，‘视为一并抵押’的含义为推定建筑物及其所占用范围内的建设用地使用权构成一个统一的抵押标的物，只要其中的建筑物或建设用地使用权一项通过抵押登记的方式设立抵押权，即应认定已设立土地及其上建筑物的一体抵押权。单独抵押设立的公示及公信效力及于一体抵押物中的其他部分。在债务人不能清偿被担保的债权时，抵押权人可一并要求拍卖或变卖抵押的地上建筑物及其占用范围内的建设用地使用权，并以拍卖或变卖金额担保债权的受偿。”

二、房地先后分别抵押给不同主体，各抵押权人对房地一体的抵押权顺位根据抵押登记时间确定

案例二：甘肃秦安农村商业银行股份有限公司与天水冠源果业有限公司金融借款合同纠纷一审民事判决书［天水市中级人民法院（2016）甘05民初48号］，该院认为：“本案中，当事人之间抵押担保合同所涉抵押房产与对应的土地使用权虽然被分别抵押给原告及案外其他主体，但冠源公司与原告之间签订的抵押担保合同是双方真实意思表示，并已办理他项权证，依据前款法律规定，秦安商业银行对本案所涉抵押财产享有抵押权。证据显示冠源公司将其名下秦房产所字10999-5号房产分别抵押给了秦安商业银行及案外加其他主体，并分别办理了他项权证，且秦安商业银行抵押登记时间晚于案外人，依据《中华人民共和国物权法》第一百九十九条第一项‘同一财产向两个以上债权人抵押的，拍卖、变卖抵押财产所得的价款依照下列规定清偿：（一）抵押权已登记的，按照登记的先后顺序清偿；顺序相同的，按照债权比例清偿’的规定，秦安商业银行对于秦房产所字10999-5号房产的抵押权需依法按照登记先后顺序清偿。庭审中原、被告均称秦房产所字10999-5号房产不存在重复抵押的情况，但未提交相应证据，如秦房产所字10999-5号房产确实不存在重复抵押问题，则由抵押权人依法实现抵押权。”

第六节　抵押权的担保范围

075［最高法院］抵押物被查封后主债权产生的利息、罚息是否属于最高额抵押担保的范围？

抵押物被查封后主债权产生的利息、罚息属于最高额抵押担保的范围

裁判要旨

《担保法司法解释》第八十一条规定：“最高额抵押权所担保的债权范围，不包括抵押物因财产保全或者执行程序被查封后或者债务人、抵押人破产后发生的债权。”上述规定旨在确定主债权范围，并未将主债权确定后至实际清偿期间产生的利息等排除在抵押担保范围之外，主债权确定后产生的利息等均系基于主债权产生，应属抵押担保范围。

案情简介

一、2005年6月8日，交通银行股份有限公司佛山南海支行（下称南海交行）与佛山市友协国际贸易有限公司（下称佛山友协）签订《综合授信合同》。同日，岳阳友协置业有限公司（以下简称岳阳友协）与南海交行签订《最高额抵押合同》约定，岳阳友协以其在建工程为上述《综合授信合同》项下的债权作担保；担保范围为主合同项下的本金、利息、违约金、损害赔偿金和实现债权的诉讼费、律师费等费用。6月24日，岳阳友协依法办理了抵押登记手续。

二、《综合授信合同》签订后，南海交行为佛山友协垫付票款23644864元，发放贷款490万元。但还款期限届满，佛山友协尚有贷款本金4232820元未偿还。

三、南海交行向佛山中院起诉，要求判令：（1）佛山友协清偿银行承兑汇票垫付款本金及逾期利息（暂计至2011年7月21日），贷款本金及至实际清偿日止的利息、罚息、复利（暂计至2011年7月21日）；（2）南海交行就上述债权对岳阳友协提供的抵押物享有优先受偿权。

四、2006年8月7日，岳阳友协提供的抵押物被佛山中院裁定予以查封。

五、佛山中院一审判决：（1）佛山友协向南海交行清偿承兑汇票金额债务本金及逾期利息，偿还贷款本金及相应利息；（2）南海交行对岳阳友协提供的抵押物就上述债务，在不超过最高额抵押担保债权范围内享有优先受偿权。岳阳友协不服，上诉至广东高院，广东高院二审判决驳回上诉，维持原判。

六、岳阳友协向最高法院申请再审，理由之一为“最高额抵押所担保的债权范围，不包括抵押物因财产保全或者执行程序被查封后或者债务人、抵押人破产后发生的债权”，主张对2006年8月7日以后发生的逾期利息、罚息不承担担保责任。最高法院裁定驳岳阳友协再审申请。

败诉原因

本案中，岳阳友协败诉的原因在于，其对《担保法司法解释》第八十一条规定的“因财产保全或者执行程序被查封后或者债务人、抵押人破产后发生的债权”的理解存在偏差。岳阳友协认为，此处的“债权”包括抵押物被查封后或者债务人、抵押人破产后主债权的逾期利息、罚息，进而据此主张对本案中抵押物被查封后（2006 年 8 月 7 日后）的逾期利息、罚息不承担担保责任。但最高法院认为：“上述规定旨在确定主债权范围，并未将主债权确定后至实际清偿期间产生的利息等排除在抵押担保范围之外，主债权确定后产生的利息等均系基于主债权产生，应属抵押担保范围。”岳阳友协因此败诉。

败诉教训、经验总结

前事不忘，后事之师。为避免未来发生类似败诉，提出如下建议：

1. 最高额抵押人在提供担保后，应督促债务人及时还款，防止因债务人逾期还款导致利息增加进而承担更重担保责任。如果债务人到期未还款，导致抵押人风险增加，抵押人可要求债务人提供反担保以保障自身权益。

2. 最高额抵押人应清醒地认识到即使抵押物被查封、扣押，在此之前已确定的主债权的逾期利息，仍属最高额抵押所担保的债权范围。因此，在抵押物被查封、扣押后，而债务人明显无偿债能力时，应督促抵押权人及时实现抵押权，防止抵押权人恶意拖延实现抵押权的期限，攫取额外的利息收益。在最高额抵押的抵押物价值大大超过担保的债权额且借款利率较高时，此种风险更易发生。

3. 在抵押物被查封扣押后，最高额抵押人督促抵押权人实现抵押权，应考虑逾期利息对债务人未来偿债能力的影响，进而影响抵押人在承担担保责任后向债务人追偿的可能性。因此，抵押人应充分研判债务人的偿债能力，在债务人偿债能力明显不足时，切勿心存侥幸，拖延实现抵押权的期限，导致抵押人在承担担保责任后向债务人追偿的可能性大大降低。

4. 银行等债权人，也不要以为有最高额抵押权就进了保险箱，错误地认为逾期发生的利息一定都可以被最高额抵押权担保，只要本金加利息不超过抵押物价值。最高额抵押权有最高的担保限额，如果本金加利息超过最高担保限额，那么超过的部分即不属于最高额抵押权担保的债权范围，即使此时抵押物价值远高于债权总额也是如此。因此，银行等债权人也要积极实现最高额抵押权，一方面是为了降低资金风险，另一方面防止苦心“攒起来”的利息“打了水漂”。

相关法条

《物权法》

第一百七十三条 担保物权的担保范围包括主债权及其利息、违约金、损害赔偿金、保管担保财产和实现担保物权的费用。当事人另有约定的，按照约定。

第二百零三条　为担保债务的履行，债务人或者第三人对一定期间内将要连续发生的债权提供担保财产的，债务人不履行到期债务或者发生当事人约定的实现抵押权的情形，抵押权人有权在最高债权额限度内就该担保财产优先受偿。

最高额抵押权设立前已经存在的债权，经当事人同意，可以转入最高额抵押担保的债权范围。

第二百零六条　有下列情形之一的，抵押权人的债权确定：

（一）约定的债权确定期间届满；

（二）没有约定债权确定期间或者约定不明确，抵押权人或者抵押人自最高额抵押权设立之日起满二年后请求确定债权；

（三）新的债权不可能发生；

（四）抵押财产被查封、扣押；

（五）债务人、抵押人被宣告破产或者被撤销；

（六）法律规定债权确定的其他情形。

《担保法司法解释》

第八十一条　最高额抵押权所担保的债权范围，不包括抵押物因财产保全或者执行程序被查封后或债务人、抵押人破产后发生的债权。

以下为最高法院在裁定书“本院认为”部分就该问题发表的意见：

关于查封之后因主债权产生的利息、罚息是否属于最高额抵押担保范围问题。根据物权法第二百零六条第四项，抵押财产被查封、扣押的，抵押权人的债权确定。根据担保法司法解释第八十一条，最高额抵押权所担保的债权范围，不包括抵押物因财产保全或者执行程序被查封后或者债务人、抵押人破产后发生的债权。岳阳友协据此主张本案抵押物被查封后产生的债权，尤其是发回重审后增加的3000余万元逾期利息、罚息均在抵押权确定后发生，不能在抵押物的价值内优先受偿，本案判决岳阳友协对佛山友协2006年8月7日以后的债权仍承担担保责任属于适用法律错误。本院认为，上述规定旨在确定主债权范围，并未将主债权确定后至实际清偿期间产生的利息等排除在抵押担保范围之外，主债权确定后产生的利息等均系基于主债权产生，应属抵押担保范围，本案判决岳阳友协对于本案主债权及利息承担担保责任，适用法律并无不当，岳阳友协该项理由不能成立。

案件来源

岳阳友协置业有限公司与交通银行股份有限公司佛山南海支行及吴荣华，佛山

市友协国际贸易有限公司、常谦进、徐可明借款合同纠纷申请再审民事裁定书［最高人民法院（2012）民再申字第212号］

延伸阅读

因本金加利息总额超过最高抵押限额，导致对逾期利息“脱保”的判例：

案例：中国农业银行股份有限公司海口金贸支行与儋州华诺房地产开发有限公司、儋州惠安庄园开发有限公司金融借款合同纠纷二审民事判决书［海南省高级人民法院（2016）琼民终60号］，该院认为：“首先，关于最高额抵押，《中华人民共和国物权法》第二百零三条第一款规定：……该条中的‘债权’按其文义解释，理应包括主债权、利息及违约金等费用，只有前述各项金额合计在限额之内的，方享有优先受偿权。其次，庄园公司与农行儋州支行签订的（儋）农银高抵字（2002）第0001号及（儋）农银高抵字（2003）第0001号《最高额抵押合同》设定本金最高额分别为1500万元、1000万元，但并未就最高债权额限度作出明确约定，即对本金及最终产生的利息等相关费用没有一个最高限额，导致庄园公司的担保范围处于不确定状态，鉴于签订最高额抵押合同的目的是为了在订立合同时即通过担保期间和最高限额来限定担保责任范围，故庄园公司应以2500万元为限对其在两份最高额抵押合同项下的借款承担担保责任。在金贸支行与华诺公司、庄园公司三方签订《代替偿还债务协议书》《债务偿还协议书》后，华诺公司按照代偿协议约定向金贸支行偿还了借款本金2500万元及部分利息500万元。根据《最高人民法院关于适用〈中华人民共和国担保法〉若干问题的解释》第八十三条第二款‘抵押权人实现最高额抵押权时，如果实际发生的债权余额高于最高限额的，以最高限额为限，超过部分不具有优先受偿的效力；如果实际发生的债权余额低于最高限额的，以实际发生的债权余额为限对抵押物优先受偿’之规定，在华诺公司按照代偿协议已向金贸支行清偿借款本金2500万元的情况下，庄园公司在（儋）农银高抵字（2002）第0001号《最高额抵押合同》、（儋）农银高抵字（2003）第0001号《最高额抵押合同》中约定的抵押义务已经全部履行完毕。……其抵押责任已于华诺公司偿清2500万元借款本金之日起解除。因此，上诉人金贸支行以两份《最高额抵押合同》为依据，主张其对庄园公司四项财产继续享有优先受偿权，无法律依据，本院不予支持。”

076［上海高院］债权人仅履行部分借款义务时，其享有的抵押权是否应该被“打折”？

抵押权具有不可分性，仅履行部分借款义务的抵押权人仍可对整个抵押物行使抵押权

裁判要旨

抵押权具有不可分性，即使债权人未能根据借款合同的约定全额履行借款义务，作为抵押权人的债权人仍可就抵押物的全部行使优先受偿权。

案情简介

一、2013 年 12 月 13 日，李爱清与借款人郭震，居业房产公司、居运商贸公司作为抵押人、保证人，居业物业公司、郭家灿作为抵押人签订《借款协议》。约定：郭震向李爱清借款 21000 万元。郭震将其 12 间商铺抵押及其所持有的丙方 100%的股权质押为上述债权提供担保；居业房产公司、居运商贸公司提供连带责任保证。

二、2013 年 12 月 16 日，上述各方又签订《〈借款协议〉的补充协议一》，再次明确：主合同项下约定的首期借款为 8600 万元，并对应修改了关于抵押的补充协议。2013 年 12 月和 2014 年 1 月，李爱清分别向郭震个人账户分六次转账支付借款 4800 万元。

三、2014 年 4 月 3 日，李爱清向郭震、居业房产公司、居运商贸公司、居业物业公司、郭家灿共同发送《催款函》，向郭震催付利息。2014 年 7 月 7 日，郭震向李爱清寄送了《商函》，要求李爱清按照《借款协议》及补充协议的约定尽快履行借款款项的支付义务。2014 年 7 月 11 日，李爱清向郭震寄送《通知书》，以郭震未按期支付利息为由要求解除合同。

四、后双方就此协商未果，李爱清向上海浦东新区法院起诉，要求郭震还本付息，居业房产公司、居运商贸公司承担连带清偿责任，李爱清对全部抵押物享有优先受偿权。上海一中院判决支持李爱清诉请。郭震等不服，上诉至上海一中院，上海一中院二审判决驳回上诉，维持原判。

五、郭震等仍不服，向上海高院申请再审，再审理由为李爱清仅履行借款合同项下的部分借款义务，故仅应对抵押物享有相应比例的抵押权。上海高院裁定驳回再审申请。

败诉原因

本案再审中郭震等败诉的原因在于，其主张抵押权人应当“打折”行使抵押权的诉请与抵押权的不可分性有违，未获法院支持。抵押权为担保物权，具有不可分性。即使抵押所担保的债权仅部分实际发生，抵押权人仍可就抵押物的全部行使抵押权。在本案中，抵押物所担保的债权额本为2.1亿元，但最后实际发生的债权本金数额仅为4800万元。故郭震等认为，在李爱清债权仅部分成立的情况下，应仅能对抵押物主张对应比例的抵押权。但上海高院根据抵押权的不可分性，认为：“李爱清作为抵押权人，其有权为实现债权就抵押物的全部行使优先受偿权，因此郭震以李爱清占用抵押物及应在提供借款的范围内按比例行使抵押权的再审理由没有事实与法律依据。”郭震因此败诉。

败诉教训、经验总结

前事不忘，后事之师。为避免未来发生类似败诉，提出如下建议：

1. 担保物权具有不可分性，担保物权的不可分性主要体现在以下几个方面：(1) 抵押权所担保的债权被部分清偿时，抵押权人仍可对抵押物的全部行使抵押权；(2) 抵押权所担保的债权仅部分发生时，抵押权人仍可对抵押物的全部行使抵押权；(3) 抵押权所担保的债权被分割转让给多人时，任何享有部分债权的债权受让人均可对抵押物的全部行使抵押权；(4) 担保物被分割或者分别转让时，担保物权人可就分割或分别转让后的担保物行使担保物权。鉴于担保物权的不可分性，担保物权人在行使担保物权时，没有“打折”行使的可能。

2. 担保物权具有不可分性，仅代表担保物权人有权对担保物的全部行使担保物权，但并不代表担保物权人必须就所有的担保物行使担保物权。因此，在担保物可分且担保率较低的情况下，担保物权人可选择就容易变现的担保物行使担保物权以实现债权。但担保物权人选择对部分担保物行使担保物权时，并不代表其放弃了对其他担保物行使担保物权的权利。

3. 担保物权人应善于利用担保物权的不可分性保障自身权益，在担保人分割转让担保物时，可要求对担保物分割后的各个部分都享有担保物权。提供物的担保的担保人不要企图通过分割担保物的方式逃避担保责任，也不要以债权仅部分发生、债权已部分清偿、债权已分割转让为由，主张担保物权人对担保物仅享有相应比例的担保物权。

相关法条

《担保法司法解释》

第七十一条 主债权未受全部清偿的，抵押权人可以就抵押物的全部行使其抵押权。

抵押物被分割或者部分转让的，抵押权人可以就分割或者转让后的抵押物行使抵押权。

第七十二条 主债权被分割或者部分转让的，各债权人可以就其享有的债权份额行使抵押权。

主债务被分割或者部分转让的，抵押人仍以其抵押物担保数个债务人履行债务。但是，第三人提供抵押的，债权人许可债务人转让债务未经抵押人书面同意的，抵押人对未经其同意转让的债务，不再承担担保责任。

以下为上海高院在再审期间就此问题发表的意见：

本院经审查认为，本案争议焦点有二。第一，李爱清是否存在违反合同先履行义务的事实。第二，李爱清是否存在占用抵押物的事实及是否应在4800万元借款范围内按比例享受抵押物的优先受偿权。关于李爱清是否存在违反合同先履行义务的事实。首先，借款合同约定借款可以分批发放，李爱清在借款合同签订后，向郭震履行了发放第一批借款的义务；其次，郭震收款后，未按借款合同约定的用途使用借款，也未设立监管账户，其行为构成违约，因此李爱清有权基于借款人的违约事实停止或终止向其发放其余款项，故李爱清不构成违反先履行合同义务，本院对郭震等的该申请再审理由不予支持。关于李爱清是否存在占用抵押物及是否应按发放借款范围按比例行使抵押权问题。抵押权作为担保物权具有不可分性。鉴于郭震存在违约行为，故李爱清作为抵押权人，其有权为实现债权就抵押物的全部行使优先受偿权，因此郭震以李爱清占用抵押物及应在提供借款的范围内按比例行使抵押权的再审理由没有事实与法律依据。郭震非抵押物的所有人，其不能基于实际控制人或授权取得诉讼实施权，故郭震具有主张抵押物被占用损害赔偿的主体资格没有法律依据，本院无法支持。综上，再审申请人郭震、居业房产公司、居运商贸公司的再审申请不符合《中华人民共和国民事诉讼法》第二百条第二项、第六项规定的情形。

案件来源

郭震等与李爱清民间借贷纠纷再审申请民事裁定书［上海市高级人民法院（2016）沪民申 1909 号］

延伸阅读

关于担保物权不可分性的判例：

一、受让部分债权的受让人可以主张对全部抵押物行使抵押权

案例一：烟台丛林置业有限公司与烟台益丰灯芯绒有限公司企业借贷纠纷一审民事判决书［烟台市中级人民法院（2016）鲁 06 民初 11 号］，该院认为："鉴于抵押权的不可分性，在抵押权所担保的债权未全部受偿前，抵押权人有权就抵押物全部行使权利。由于本案工行西大街支行转让的债权仅是担保债权中的部分债权，依据《最高人民法院关于适用〈中华人民共和国担保法〉若干问题的解释》第七十二条第一款关于'主债权被分割或者部分转让的，各债权人可以就其享有的债权份额行使抵押权'、第七十一条第一款关于'主债权未受全部清偿的，抵押权人可以就抵押物的全部行使抵押权'的规定，原告可以就其享有的债权份额对本案所涉抵押物的全部行使抵押权。"

二、作为抵押物的房地产被部分转让时，抵押权人可对转让的部分行使抵押权

案例二：周宝强与王传海、安徽定远县大鹏科技发展有限公司等民间借贷纠纷二审民事判决书［无锡市中级人民法院（2015）锡民终字第 1149 号］，该院认为："《中华人民共和国物权法》第一百九十一条第二款规定，'抵押期间，抵押人未经抵押权人同意，不得转让抵押财产，但受让人代为清偿债务消灭抵押权的除外。'本案中，在土地使用权和房屋受让人为同一方即金林公司的情况下，金林公司在办理不动产过户中有条件知悉抵押事实，应知其受让的土地使用权和房屋上有抵押权。在金林公司未代为清偿债务的情况下，涉案抵押权不消灭。且根据《最高人民法院关于适用〈中华人民共和国担保法〉若干问题的解释》第七十一条第二款规定，'抵押物被分割或者部分转让的，抵押权人可以就分割或者转让后的抵押物行使抵押权。'因此，涉案不动产抵押物部分转让为第三人所有的，抵押权的行使不受影响。抵押权人仍可以就全部债权，对全部抵押物行使权利。综上，抵押权人周宝强有权就全部抵押财产，包括现登记在金林公司名下的部分涉案土地使用权及其上的办公楼（商业综合楼）等行使抵押权。金林公司对受到的损失，可以向出卖人主张违约责任。”

三、抵押物被分割时，抵押权人可就分割后的各个部分行使抵押权

案例三：新乡市经开投资担保有限公司对不予中止执行通知不服异议案件执行裁定书［郑州市中级人民法院（2014）郑执异字第70号］，该院认为：“《最高人民法院关于适用〈中华人民共和国担保法〉若干问题的解释》第七十一条规定：‘主债权未受全部清偿的，抵押权人可以就抵押物的全部行使抵押权。抵押物被分割或者部分转让的，抵押权人可以就分割或者转让后的抵押物行使抵押权。’本案中，抵押物国用（2007）第1540号一块土地已经分割为国用（2012）第0032号、0033号、0034号三块土地，如果异议人抵押权成立或有效，依法不影响其行使抵押权，也就是优先受偿权，可以就分割后的抵押物行使抵押权，行政诉讼的结果从根本上当然也不影响行使抵押权。”

077［最高法院］银行拖延行使抵押权，有何风险？

银行拖延行使抵押权，对于扩大的利息损失无权要求优先受偿

裁判要旨

贷款到期后，债权人迟延行使抵押权，造成债务人违约损失包括利息损失等的扩大部分，其无权要求债务人赔偿。

案情简介

一、2007年7月至2008年3月间，锦兴支行与玥宝公司签订五份总计8250万元短期流动资金借款合同。2007年12月7日，锦兴支行与玥宝公司签订128号最高额抵押合同，为上述借款提供担保。抵押物为190005平方米土地使用权及合计41158.272平方米的在建工程。

二、2008年6月29日，玥宝公司向锦兴支行发送了《关于锦州玥宝塑业有限公司用抵押物偿还农行贷款本息的意见》，主张愿以原抵押物一次性偿还农行8250万贷款本金及利息。同年7月2日，锦兴支行认定该企业信贷资产的风险性极大，控制化解风险已迫在眉睫，故特向市农行提交《关于锦州玥宝塑业有限公司8250

万元贷款的风险预警报告》。

三、上述借款合同到期后，玥宝公司除于 2008 年 7 月偿还本金 102200 元外，其余欠款均未予偿还。2011 年 2 月 11 日，锦兴支行诉至辽宁高院，请求判令：1. 玥宝公司依照合同约定偿还贷款本金 82397797.25 元及利息 29595725.69 元；2. 该行对抵押物行使优先受偿权。辽宁高院一审判决玥宝公司向锦兴支行给付所欠借款本金 82397797.25 元，不必支付利息，锦兴支行对抵押物享有优先受偿权。

四、一审判决作出后，玥宝公司、锦兴支行均不服，上诉至最高法院。最高法院改判玥宝公司向锦兴支行给付所欠借款本金 82397797.25 元及利息，并对抵押物享有优先受偿权。玥宝公司向最高法院申请再审，最高法院裁定驳回再审申请。

败诉原因

本案中锦兴支行看似赢了官司，但实际输了官司。因为不论是辽宁高院还是最高法院均认为锦兴支行对其未能及时行使抵押权而致违约损失扩大的部分，不能要求赔偿。根据《合同法》第一百一十九条的规定，当事人一方违约后，对方应当采取适当措施防止损失的扩大；没有采取适当措施致使损失扩大的，不得就扩大的损失要求赔偿。本案中，玥宝公司在 2008 年 6 月底已经表示要求以抵押物抵债，但锦兴支行直至 2011 年才起诉要求债务人偿本付息并行使抵押权，存在明显的以拖延行使抵押权的方式意图收取额外逾期利息的情形。故两审法院均认为通常情况下，锦兴支行对其未能及时行使抵押权而致违约损失扩大的部分，不能要求赔偿。只是鉴于抵押物价值在不断上涨，锦兴支行迟延行使抵押权在增加玥宝公司利息损失的同时也使玥宝公司因抵押物增值而受益。故最高法院根据损益相抵规则，通过利益衡量认为，对于 8250 万元到期后的利息，玥宝公司仍应承担给付责任。因此，如果不是抵押物价值上涨这一客观事实的存在，锦兴支行二审要求赔偿迟延利息的请求也不会得到法院支持。因此，笔者认为，虽然二审锦兴支行看似赢了官司，但实际输了官司。

败诉教训、经验总结

前事不忘，后事之师。为避免未来发生类似败诉，提出如下建议：

1. 在债权到期后，积极向债务人主张债权不仅是债权人的权利，在某种意义上而言也是债权人的义务。债权人如果故意采取拖延战术，意图收取额外的逾期利息有违诚实信用原则。同时，根据《合同法》第一百一十九条的规定，对于拖延后的利息损失，债权人有可能并不能从债务人处获得赔偿。

2. 债权人在债权到期后积极行使权利，不仅仅包括积极对债务人主张权利，也包括积极对担保人主张权利。债权人怠于行使担保权利导致债权损失（逾期利息）扩大的，对于扩大的部分也不能从担保人处获得赔偿。本案中，作为债权人的锦兴支行仗着抵押物行情看涨的趋势，拖延近三年才行使抵押权。如果不是最高法院采用利益衡量的方法，锦兴支行这个如意算盘最终的结局必然是“赔了夫人又折兵”。

3. 抵押权人在债务人拒不履行债务或者发生抵押权实现的情形时，应当积极要求债权人行使抵押权。这样不仅可以使抵押人尽早地从抵押的负担中解脱出来，增加抵押人的信用，同时也可以起到遏制债权人通过拖延战术收取额外利息的企图。本案中的抵押人玥宝公司就是通过积极要求债权人实现抵押权的方式，实现免除利息损失扩大部分责任的目标。

相关法条

《合同法》

第一百一十九条　当事人一方违约后，对方应当采取适当措施防止损失的扩大；没有采取适当措施致使损失扩大的，不得就扩大的损失要求赔偿。

当事人因防止损失扩大而支出的合理费用，由违约方承担。

以下为最高法院在二审判决书“本院认为”部分就此问题发表的意见：

关于玥宝公司应否承担给付锦兴支行所欠借款本金82397797.25元以及利息责任的问题。本案中，当事人双方于2007年7月至2008年3月间签订的五份借款合同，是双方当事人真实意思表示，且不违反法律、行政法规的禁止性规定，应认定有效。上述五份借款合同中约定的利率为在中国人民银行公布的同期人民币贷款利率上上浮30%。中国人民银行发布的银发（2004）251号《中国人民银行关于调整金融机构存、贷款利率的通知》规定，商业银行贷款利率上限放开。因此，商业银行有权自主决定贷款利息的上限。如前所述，锦兴支行向市农行报送的《关于锦州玥宝塑业有限公司9000万元建筑墙板项目贷款申请的调查报告》载明的内容表明，即使发放本案所涉国债贴息项目贷款9000万元，锦兴支行也拟按照长期贷款利率五年以上年息上浮30%的标准计收利息，而非按照中国人民银行同期基准利率收取。因此，锦兴支行按照合同约定利率收取合同期内利息符合法律、行政法规的规定和当事人约定，而且，锦兴支行不发放9000万元项目贷款并不构成违约，故玥宝公司并非因为不发放项目贷款造成额外的利息损失。原审判决关于该部分利息系属于玥宝公司因锦兴支行违约而承担的高息的认定没有事实依据，应予纠正。在本案所涉8250万元贷款到期前，玥宝公司于2008年6月29日向锦兴支行递交了《关于玥宝公司用抵押物尽快清偿贷款本息的意见》。同年7月2日，锦兴支行向市农行报送的《关于锦州玥宝塑业有限公司8250万元贷款的风险预警报告》载明，该行会同市行业务处于6月27日（周五）对企业进行现场调查，周日紧急约见该企业法人代表，该企业将来只能处置抵押物才能偿还全部贷款，控制化解风险已迫在眉睫。在原审庭审中，锦兴支行认可该风险预警报告的真实性。通过风险预警报告载明的内容可以认定，锦兴支行知晓玥宝公司只能通过处置抵押物偿还全部贷款的事实，玥宝公司以抵押物偿还贷款的意思表示已经到达锦兴支行。《中华人民共和国合同法》第一百一十九条规定："当事人一方违约后，对方应当采取适当措施防止损失的扩大；没有采取适当措施致使损失扩大的，不得就扩大的损失要求赔偿。"本案中，锦兴支行在上述款项到期之前，已经认识到玥宝公司到期不能清偿债务本息的风险，根据玥宝公司的请求，其可以在债务到期后通过及时行使抵押权避免玥宝公司利息损失扩大，但其直到2011年2月才诉请玥宝公司清偿债务和实现抵押权，故对于其未能及时行使抵押权而致违约损失扩大的部分，不能要求赔偿。但本案的特殊性在于，作为抵押物的房地产，在借款合同到期之后至今，一直处于升值状态，玥宝公司的实际损失并未增加。换言之，锦兴支行迟延行使抵押权在增加玥宝公司利息损失的同时也使玥宝公司因抵押物增值而受益。综上，根据损益相抵规则，本院通过利益衡量认为，对于8250万元到期后的利息，玥宝公司仍应承担给付责任。

案件来源

中国农业银行股份有限公司锦州锦兴支行与锦州玥宝塑业有限公司金融借款合同纠纷二审民事判决书［最高人民法院（2013）民二终字第57号］

延伸阅读

一、行使质押权不存在明显迟延的，不构成减损义务的违反

案例一：中国民生银行股份有限公司长春分行与远成物流股份有限公司合同纠纷一审民事判决书［长春市中级人民法院（2016）吉01民初269号］，该院认为："关于民生长春分行是否存在过错并因此减轻远成物流公司的违约责任问题。远成物流公司主张在监管过程中，其多次向民生长春分行发送电子邮件，提示风险，但民生长春分行既未采取措施保障质押财产安全，也未采取诉讼和执行措施，对其债权不能清偿存在过错。《中华人民共和国合同法》第一百一十九条规定：‘当事人一方违约后，对方应当采取适当措施防止损失的扩大；没有采取适当措施致使损失扩大的，不得就扩大的损失要求赔偿。’根据已查明的事实，虽然远成物流公司在监管过程中多次向民生长春分行提示风险，但截至2014年7月30日质押财产仍处于远成物流公司监管之下，质押财产价值仍高于民生长春分行要求的最低控制线，远成物流公司未提供证据证明其明确通知民生长春分行其终止监管并要求民生长春分行自行保管质押财产，且宝源公司和润田公司的借款尚未到期，两笔借款于2014年9月19日到期后，民生长春分行于2014年9月22日即向公证机关申请开具执行证书并进入执行程序，不存在明显迟延。因此，不能认定民生长春分行未采取适当措施防止损失的扩大，从而减轻远成物流公司的违约责任。”

二、典当行在“绝当”后迟延处理当物清偿债务的，无权向债务人主张逾期利息

案例二：玉溪鑫源典当有限责任公司与玉溪市基础工程公司典当纠纷一审民事判决书［玉溪市中级人民法院（2014）玉中民二初字第102号］，该院认为：“《中华人民共和国合同法》第一百一十九条规定，‘当事人一方违约后，对方应当采取适当措施防止损失的扩大，没有采取适当措施致使损失扩大的，不得就扩大的损失要求赔偿。’《典当管理办法》第四十三条第（一）项规定，典当行‘可以按照《中华人民共和国担保法》的有关规定处理，也可以双方事先约定绝当后由典当行委托拍卖行公开拍卖。拍卖收入在扣除拍卖费用及当金本息后，剩余部分应当退还当户，不足部分向当户追索。’从上述规定可看出，绝当后处置当物既是典当行的权利也是其义务，故典当行应当及时处置当物，而本案原告鑫源典当公司在绝当后长达四年的时间未处置当物，致使损失扩大，因此其不得就扩大的损失要求赔偿，对其损失本院酌情按中国人民银行同期贷款利率支持其从绝当期满后的资金占用损失。”

078［最高法院］受让部分主债权时，债权受让人能否对全部抵押物行使抵押权？

抵押权具有不可分性，部分债权的受让人可对全部抵押物行使抵押权

裁判要旨

抵押权为担保物权，具有不可分性。根据《担保法司法解释》第七十二条规定，“主债权被分割或者部分转让的，各债权人可以就其享有的债权份额行使抵押权”。

案情简介

一、1996 年至 2001 年间，亚洲贸易广场公司与建行省直支行签订十二份借款协议，借款未偿还本金累计为 28598 万元。亚洲贸易广场公司以三份最高额抵押合同为上述债权提供担保，抵押物为五处房产，建行省直支行共取得五个他项权利证书。

二、上述贷款到期后，亚洲贸易广场公司未履行还款义务。2003 年 4 月 16 日和 2004 年 4 月 6 日，建行省直支行两次向亚洲贸易广场公司发出催收。

三、2004 年 6 月 28 日，建行省直支行与信达公司武汉办事处签订债权转让协议，将其中 9 笔借款合同项下 19158 万元主债权及利息转让给信达公司武汉办事处并登报公告催收。2004 年 11 月 29 日，信达公司武汉办事处又将上述债权转让给东方公司武汉办事处并登报公告催收。2005 年 5 月，东方公司武汉办事处催收，亚洲贸易广场公司保证归还全部债务。

四、2005 年 8 月 19 日，东方公司武汉办事处向湖北高院提起诉讼，请求判令亚洲贸易广场公司偿付 19158 万元借款本金及利息，对全部抵押物享有优先受偿权。湖北高院一审判决亚洲贸易广场公司还本付息，东方公司武汉办事处对全部抵押物享有优先受偿权。

五、亚洲贸易广场公司不服，以东方公司武汉办事处仅受让部分债权，无权对全部抵押物行使抵押权为由上诉至最高法院。最高法院二审判决驳回上诉，维持原判。

败诉原因

本案中亚洲贸易广场公司败诉的原因在于抵押权作为担保物权，具有不可分性。抵押权的不可分性体现在两个方面：一方面抵押物被分割时，抵押权人可就分割后的抵押物行使抵押权；另一方面债权被分割或者部分转让时，在各部分债权未获全部清偿前，各债权人可以其享有的部分债权对全部抵押物行使抵押权。对此，

《担保法司法解释》第七十一条、第七十二条作了明确规定。本案中，建行省直支行对亚洲贸易广场公司共享有12笔有最高额抵押担保的债权，而建行省直支行仅将其中的9笔转让给了信达公司武汉办事处，信达公司武汉办事处又将其再次转让给了东方公司武汉办事处。其余三笔转让给了案外人。故东方公司武汉办事处仅取得了部分债权。此时，亚洲贸易广场公司在上诉时通过两个方面意欲论证东方公司武汉办事处不能对全部抵押物行使抵押权：（1）债权虽转让，但抵押权未转移登记；（2）抵押物在两个新的债权受让人之间未进行分割。对于第一个问题，最高法院从担保物权的从属性出发，直接认定抵押权随债权转让的，无需办理转移登记手续；对于第二个问题，最高法院认为，抵押权具有不可分性，在抵押权所担保的债权未受全部清偿前，抵押权人有权就抵押物的全部行使权利。就抵押物与被担保的债权的关系而言，就是抵押物的全部担保债权的各个部分。因此，最高法院根据《担保法司法解释》第七十一条、七十二条的规定，认定受让部分债权的东方公司武汉办事处对全部抵押物享有优先受偿权。

败诉教训、经验总结

前事不忘，后事之师。为避免未来发生类似败诉，提出如下建议：

1. 抵押权具有不可分性。具体是指在抵押权所担保的债权未受全部清偿前，抵押权人有权就抵押物的全部行使权利。就抵押物与被担保的债权的关系而言，就是抵押物的全部担保债权的各个部分。因此，抵押物的不可分性决定了抵押权不会在所担保的债权因清偿、转让、分割等原因“打折”时而对应地“打折”。只要主债权未清偿完毕，则不论主债权辗转于何人之手或被多少人所分别享有或是否已部分清偿，债权人都可以对全部抵押物行使抵押权。简言之，只要是债权人，在其债权未获清偿前就可以对抵押人主张行使抵押权，不论债权人取得债权的先后、多少。

2. 债权人在转让债权时，应注意抵押权的从属性和不可分性。抵押权的从属性决定了抵押权必须随主债权转让而转让，债权转让人不能仅转让债权而自己保留抵押权或将抵押权与债权分别转让给不同的主体。抵押权的不可分性决定了债权人在分别转让债权时不能在不同的债权受让人之间按比例分割抵押权或让部分债权受让人取得有抵押权担保的债权而另一部分债权受让人取得无担保的债权。以上个性化的债权转让设计方式不能发生预期的法律效果。这一点十分重要，如果债权人在转让债权时不明白这一点，则可能对转让债权的定价作出错误的判断，低估部分债权的转让价格；如果债权受让人不明白这一点，则可能在受让债权时高估债权受让的价格。

3. 抵押权的不可分性和从属性对于债权人而言十分有利，对于抵押人而言则负担十分沉重。因此，在第三人提供抵押担保的情况下，抵押人可与债权人约定，在债权人转让债权时，不再继续承担担保责任。如此，抵押人可仅对特定的债权人承担担保责任，而不必担心因债权转让特别是分割转让导致四面受敌的尴尬局面。

相关法条

《物权法》

第一百九十二条 抵押权不得与债权分离而单独转让或者作为其他债权的担保。债权转让的，担保该债权的抵押权一并转让，但法律另有规定或者当事人另有约定的除外。

《担保法司法解释》

第二十八条 保证期间，债权人依法将主债权转让给第三人的，保证债权同时转让，保证人在原保证担保的范围内对受让人承担保证责任。但是保证人与债权人事先约定仅对特定的债权人承担保证责任或者禁止债权转让的，保证人不再承担保证责任。

第七十一条 主债权未受全部清偿的，抵押权人可以就抵押物的全部行使其抵押权。

抵押物被分割或者部分转让的，抵押权人可以就分割或者转让后的抵押物行使抵押权。

第七十二条 主债权被分割或者部分转让的，各债权人可以就其享有的债权份额行使抵押权。

主债务被分割或者部分转让的，抵押人仍以其抵押物担保数个债务人履行债务。但是，第三人提供抵押的，债权人许可债务人转让债务未经抵押人书面同意的，抵押人对未经其同意转让的债务，不再承担担保责任。

以下为最高法院在二审判决书“本院认为”部分就此问题发表的意见：

抵押权的不可分性，是指在抵押权所担保的债权未受全部清偿前，抵押权人有权就抵押物的全部行使权利。就抵押物与被担保的债权的关系而言，就是抵押物全部担保债权的各个部分。依据《最高人民法院关于适用〈中华人民共和国担保法〉若干问题的解释》第七十二条第一款关于“主债权被分割或者部分转让的，各债权人可以就其享有的债权份额行使抵押权”、第七十一条第一款关于“主债权未受全部清偿的，抵押权人可以就抵押物的全部行使其抵押权”的规定，东方公司武汉办事处可以就其享有的债权份额对本案所涉抵押物的全部行使抵押权。1999 年 4 月 19 日签订的最高额抵押合同约定，亚洲贸易广场公司设定抵押的实际信贷金额应包括本合同生效之日前已发生的信贷余额本息及合同生效之日起至本合同规定的亚洲贸易广场公司提供抵押期限届满之日止新发生的信贷金额本息。亚洲贸易广场公司关于 1999 年 4 月 19 日签订的最高额抵押合同所担保的主债权只有一笔的上诉主张，没有事实依据，本院不予支持；关于东方公司武汉办事处对 1999 年 4 月 19 日签订的最高额抵押合同项下的抵押物即武房昌他字第 9900048 号房屋他项权证项下的房产不存在按债权份额享有优先受偿权问题的上诉主张，没有法律依据，本院亦不予支持。原审法院判决东方公司武汉办事处对武房昌他字第 9900048 号房屋他项权证项下的房产在其享有的债权份额内享有优先受偿权并无不当，本院予以维持。

武房昌他字第 9800014 号、第 200100170 号、第 200100171 号、第 200100172 号等四份他项权证项下的房产既是本案所涉九笔借款的抵押物，又是湖北省高级人民法院（2005）鄂民二初字第 38 号案所涉三笔借款的抵押物。建行省直支行在将前述十二笔借款所产生的债权分别转让给信达公司武汉办事处和湖北省财政厅时，并未对抵押物进行分割，故抵押物所担保的仍然是前述十二笔借款。亚洲贸易广场公司关于武房昌他字第 9800014 号、第 200100170 号、第 200100171 号、第 200100172 号等四份他项权证项下的抵押物中用于为湖北省财政厅的主债权担保的部分不属于抵押物的上诉主张，没有事实和法律依据，本院不予支持。原审法院判决东方公司武汉办事处对武房昌他字第 9800014 号、第 200100170 号、第 200100171 号、第 200100172 号等四份房屋他项权证项下的房产在其享有的债权份额内享有优先受偿权并无不当，本院予以维持。

案件来源

武汉市亚洲贸易广场股份有限公司与中国东方资产管理公司武汉办事处借款担保合同纠纷二审民事判决书［最高人民法院（2006）民二终字第 31 号］

延伸阅读

部分债权的受让人可对全部抵押物行使抵押权的判例：

案例一：烟台丛林置业有限公司与烟台益丰灯芯绒有限公司企业借贷纠纷一审民事判决书［烟台市中级人民法院（2016）鲁 06 民初 11 号］，该院认为："关于本案的抵押权，本院认为，因本案的债权转让行为合法有效，依据《中华人民共和国物权法》第一百九十二条‘抵押权不得与债权分离而单独转让或者作为其他债权的担保。债权转让的，担保该债权的抵押权一并转让，但法律另有规定或当事人另有约定的除外’之规定，本案工行西大街支行将所涉债权转让给原告时，其抵押权一并同时转让，原告对被告提供的抵押物，享有抵押权。鉴于抵押权的不可分性，在抵押权所担保的债权未全部受偿前，抵押权人有权就抵押物全部行使权利。由于本案工行西大街支行转让的债权仅是担保债权中的部分债权，依据《最高人民法院关于适用〈中华人民共和国担保法〉若干问题的解释》第七十二条第一款关于‘主债权被分割或者部分转让的，各债权人可以就其享有的债权份额行使抵押权’、第七十一条第一款关于‘主债权未受全部清偿的，抵押权人可以就抵押物的全部行使抵押权’的规定，原告可以就其享有的债权份额对本案所涉抵押物的全部行使抵押权。”

案例二：仙游县叶泰古典家具有限公司与薛正发、连慧凡、林钢波、陈秋萍金融借款合同纠纷一审民事判决书［莆田市中级人民法院（2014）莆民初字第448号］，该院认为：“《中华人民共和国合同法》第八十一条规定，债权人转让权利的，受让人取得与债权有关的从权利。《中华人民共和国物权法》第一百九十二条规定，抵押权不得与债权分离而单独转让或者作为其他债权的担保，担保该债权的抵押权一并转让。《最高人民法院关于适用〈中华人民共和国担保法〉若干问题的解释》第七十二条规定，主债权被分割或部分转让的，各债权人可以就其享有的债权份额行使抵押权。因而抵押权不能独立于债权，应当与主债权一并转让。被告林钢波、陈秋萍辩解的抵押担保只限对特定债权人履行的主张不能成立。原告在受让得第三人兴业银行仙游支行的债权后，依担保合同及借款合同约定的送达地址通过EMS邮寄给各被告，并在法制日报上进行公告，通知程序并无不当，故被告林钢波、陈秋萍的辩解理由不能成立。”

案例三：董希国与盐城凯圣来实业发展有限公司保证合同纠纷一审民事判决书［盐城市亭湖区人民法院（2013）亭商初字第1124号］，该院认为：“关于原告主张对被告向原借款人张石广抵押的房产享有优先受偿权问题。《最高人民法院关于适用〈中华人民共和国担保法〉若干问题的解释》第七十二条规定：主债权被分割或者部分转让的，各债权人可以就其享有的债权份额行使抵押权。本案中，原告履行担保责任后，原债权人张石广已将借条上200万元的债权转让给原告，并实际交付了借条，故原告已取得原借款人张石广对被告的债权，根据上述司法解释的规定及原告主张的担保债权的比例，原告可以在200万元限额内对抵押财产变卖、拍卖的价款享有优先受偿权。”

第七节 抵押担保的债权债务转让

079［最高法院］有不动产抵押权担保的债权转让后，抵押权未作变更登记的，债权受让人是否享有抵押权？

有不动产抵押权担保的债权转让后，即使未作抵押权变更登记，债权受让人也享有抵押权

裁判要旨

《物权法》第一百九十二条规定了抵押权处分的从属性，抵押权作为从权利应随债权转让而转让。债权受让人取得的抵押权系基于法律的明确规定，并非基于新的抵押合同重新设定抵押权，故不因受让人未及时办理抵押权变更登记手续而消灭。

案情简介

一、2012 年 9 月 20 日，农发行怀化分行与绿兴源签订《流动资金借款合同》，绿兴源向农发行怀化分行借款 2000 万元。双方还签订了《最高额抵押合同》，绿兴源用其名下的厂房、土地使用权和全部设备作为抵押，并办理了抵押登记。贷款到期后，绿兴源仅归还农发行怀化分行贷款本金 100 万元。

二、农发行怀化分行在告知绿兴源拟将所拥有的债权转让给城建投后，城建投与农发行怀化分行于 2013 年 11 月 21 日签订了《债权转让协议》，农发行怀化分行将其对绿兴源的前述贷款债权和抵押权转让给城建投，城建投没有重新办理抵押权登记。2013 年 12 月 4 日，城建投向绿兴源送达了《清偿到期债务通知书》，但绿兴源并没有在限定的期限内清偿债务。

三、城建投向怀化中院起诉，请求判决：1. 绿兴源还本付息；2. 城建投对绿兴源提供的抵押物享有优先受偿权。怀化中院一审判决支持城建投的诉讼请求。绿兴源不服，上诉至湖南高院，湖南高院二审判决驳回上诉，维持原判。

四、绿兴源仍不服，向最高法院申请再审，最高法院裁定驳回再审申请。

败诉原因

本案中，绿兴源败诉的原因在于，其认为城建投虽然通过债权转让协议取得了案涉债权，但未当然取得担保债权的抵押权。理由是，案涉的抵押权在债权转让后未办理抵押权变更登记，城建投公司依法不享有抵押物权。但最高法院认为，《物权法》第一百九十二条规定了抵押权处分的从属性，抵押权作为从权利应随债权转让而转让。债权受让人取得的抵押权系基于法律的明确规定，并非基于新的抵押合同重新设定抵押权，故不因受让人未及时办理抵押权变更登记手续而消灭。因此，最高法院最终认定，城建投对抵押物继续享有抵押权。绿兴源公司因此败诉。

败诉教训、经验总结

前事不忘，后事之师。为避免未来发生类似败诉，提出如下建议：

1. 担保人对于担保的从属性应有清醒准确的认识。担保的从属性体现在担保成立、效力、存续、转让、消灭五个方面。其中，存续上的从属性是指债权存续的，担保存续（经过保证期间的保证例外）；转让上的从属性是指债权转让的，担保随之转让。需特别注意的是，担保效力上的从属性是法律的强制性规定，一般当事人不得创设效力独立于债权之外的担保（独立担保）。虽然最高法院在 2016 年 11 月颁布了《最高人民法院关于审理独立保函纠纷案件若干问题的规定》，但对于独立保函开立的主体作了严格限定，仅限于“银行或非银行金融机构”，即其他主体不得设立效力独立于主债权之外的担保。

2. 担保之所以具有从属性，不仅是基于法律的直接规定，更是由担保的内在性质所决定的。担保是为债权的实现提供保障的一种手段，其设立的目的在于增强债权的效力，辅助债权的实现。可以说，担保是因债权而生，因债权而灭。因此，债权转让时，包括抵押权在内的债的担保一并转让，不仅是基于法律的直接规定，更是基于担保的内在性质，是《物权法》第九条中规定的“法律另有规定”的情形之一。故债权受让人即使未办理抵押权变更登记，也因为债权的受让当然继受取得抵押权。

3. 债权人在受让债权后虽然当然取得担保债权的不动产抵押权，未办理变更登记不影响抵押权的取得，但需特别注意的是，此时不动产登记簿上记载的抵押权人与实际抵押权人不一致，出现了登记错误。为了防止原抵押权人单独申请注销抵押权，导致担保受让债权的抵押权丧失，债权受让人还是应当积极要求原抵押权人及时办理抵押权变更登记手续，以防不测（详见案例五中的“悲剧”）。在原抵押权人拒绝办理变更登记时，应及时向不动产登记机关申请异议登记或者直接申请更正登记。

4. 抵押人在接到债权转让通知后，不要抱存未经变更登记即可不再承担担保责任的侥幸心理。根据担保物权的从属性，债权人转让债权既不需要抵押人同意，也不需要通知抵押人，抵押人不得以未接到通知、未经本人同意、未办理抵押权变更登记为由，主张不再承担担保责任。当然，抵押人可以在抵押合同中约定，债权人转让债权的，抵押人不再承担担保责任。

相关法条

《物权法》

第九条　不动产物权的设立、变更、转让和消灭，经依法登记，发生效力；未经登记，不发生效力，但法律另有规定的除外。

依法属于国家所有的自然资源，所有权可以不登记。

第一百九十二条　抵押权不得与债权分离而单独转让或者作为其他债权的担保。债权转让的，担保该债权的抵押权一并转让，但法律另有规定或者当事人另有约定的除外。

《担保法》

第五条　担保合同是主合同的从合同，主合同无效，担保合同无效。担保合同另有约定的，按照约定。

担保合同被确认无效后，债务人、担保人、债权人有过错的，应当根据其过错各自承担相应的民事责任。

第二十二条　保证期间，债权人依法将主债权转让给第三人的，保证人在原保证担保的范围内继续承担保证责任。保证合同另有约定的，按照约定。

《最高人民法院关于审理独立保函纠纷案件若干问题的规定》

第一条　本规定所称的独立保函，是指银行或非银行金融机构作为开立人，以书面形式向受益人出具的，同意在受益人请求付款并提交符合保函要求的单据时，向其支付特定款项或在保函最高金额内付款的承诺。

前款所称的单据，是指独立保函载明的受益人应提交的付款请求书、违约声明、第三方签发的文件、法院判决、仲裁裁决、汇票、发票等表明发生付款到期事件的书面文件。

独立保函可以依保函申请人的申请而开立，也可以依另一金融机构的指示而开立。开立人依指示开立独立保函的，可以要求指示人向其开立用以保障追偿权的独立保函。

以下为最高法院在再审裁定书“本院认为”部分就此问题发表的意见：

城建投公司对案涉抵押物是否享有抵押权。

物权法第一百九十二条规定：“抵押权不得与债权分离而单独转让或者作为其他债权的担保。债权转让的，担保该债权的抵押权一并转让，但法律另有规定或者当事人另有约定的除外”。本条系关于抵押权处分从属性的规定，抵押权作为从权利应随债权转让而转让。债权受让人取得的抵押权系基于法律的明确规定，并非基于新的抵押合同重新设定抵押权，故不因受让人未及时办理抵押权变更登记手续而消灭。本案中城建投公司受让农发行怀化分行对绿兴源公司享有的债权，依据法律规定有权受让与案涉债权相关的抵押权，一、二审法院据此判定抵押权继续有效，并无不当。

案件来源

湖南绿兴源糖业有限公司、丁兴耀等借款合同纠纷申请再审民事裁定书［最高人民法院（2015）民申字第2040号］

延伸阅读

关于债权转让，抵押权一并转让的五个判例：

案例一：浙江金华科技园开发有限公司与浙江省发展资产经营有限公司、金华市机电设备有限公司债权转让合同纠纷申请再审民事裁定书［最高人民法院（2014）民申字第1725号］，最高法院认为：“关于金融机构不良资产转让是否必须变更不动产抵押登记，受让人方能否取得不动产抵押权的问题。本案所涉的不动产抵押办理了抵押登记，抵押权已依法成立，根据《规定》第九条‘金融资产管理公司受让有抵押担保的债权后，可以依法取得对债权的抵押权，原抵押权登记继续有效’的规定，资产经营公司受让有抵押担保的债权后，即依法取得抵押权。《规定》对抵押权转移的规定，与《中华人民共和国物权法》第一百九十二条‘债权转让的，担保该债权的抵押权一并转让，但法律另有规定或者当事人另有约定的除外’的规定是一致的。二审判决适用法律并无不当，科技园公司关于资产经营公司因未办理抵押变更登记而不能取得抵押权的申请再审理由，本院不予支持。”

案例二：贵州省德江县人民政府、贵州省德江县房地产交易中心与贵州盈通资产管理有限公司房屋登记行政注销案行政判决书［贵州省高级人民法院（2015）黔高行终字第 59 号］，该院认为："关于盈通公司是否具有原告资格。本案中，长城公司贵阳办事处于 2005 年 7 月 20 日与中国工商银行贵州省分行签订了《债权转让协议》，约定于同日将银信实业公司欠云岩支行的十三笔贷款本金余额人民币 2320 万元债权和所欠利息转让给长城公司贵阳办事处。德江县人民政府于 2006 年 12 月 29 日作出德府发（2006）41 号文件《德江县人民政府关于对贵州银杏鹰实业有限公司陶丽的德江县彩印厂房屋所有权注销的决定》，决定将贵州银杏鹰超临界萃取德江县有限公司抵押给中国工商银行贵阳市云岩区支行的房屋他项权利证予以注销。2011 年 12 月 31 日，长城公司贵阳办事处与盈通公司签订了《债权转让协议》，又把上述债权本息及相应的抵押权利依法转让给了盈通公司。依据《中华人民共和国物权法》第一百九十二条'抵押权不得与债权分离而单独转让或者作为其他债权的担保。债权转让的，担保该债权的抵押权一并转让，但法律另有规定或者当事人另有约定的除外'之规定，盈通公司转让取得债权之时，亦取得相应的抵押权。因此，盈通公司作为抵押权人，与被诉抵押权注销行为具有直接的利害关系，其有权依据《中华人民共和国行政诉讼法》第二条'公民、法人或者其他组织认为行政机关和行政机关工作人员的具体行政行为侵犯其合法权益，有权依照本法向人民法院提起诉讼'之规定提起行政诉讼。上诉人所提'债权转让发生在注销行为之后，债权转移并不必然带来行政诉讼原告资格转移'之上诉理由，因本案所涉情形并非《中华人民共和国行政诉讼法》第二十五条'有权提起诉讼的公民死亡，其近亲属可以提起诉讼。有权提起诉讼的法人或者其他组织终止，承受其权利的法人或者其他组织可以提起诉讼'所规定的当事人资格转移，同时债权转让时间并不影响诉讼主体资格认定，故该理由本院不予采纳。"

案例三：四川发展资产管理有限公司与波鸿集团有限公司、四川绵阳波鸿机电有限公司、长春威斯汀汽车零部件制造有限公司、长春川吉房地产开发有限公司、四川波鸿实业有限公司、四川绵阳好圣汽车零部件制造有限公司、董平、熊薇借款合同纠纷一审民事判决书［四川省高级人民法院（2016）川民初 19 号］，该院认为："根据《中华人民共和国物权法》第一百九十二条'抵押权不得与债权分离而单独转让或者作为其他债权的担保。债权转让的，担保该债权的抵押权一并转让，但法律另有规定或者当事人另有约定的除外'、《中华人民共和国合同法》第八十一条'债权人转让权利的，受让人取得与债权有关的从权利，但该从权利专属于债权人自身的除外'之规定，抵押权作为从权利应随债权转让而转让，债权受让人取得的抵押权系基于法律的明确规定，并非基于新的抵押合同重新设定抵押权，故不因债权受让人未及时办理抵押权转移登记手续而消灭。截至目前，抵押权人仍登记为金谷信托，原告四川发展资产公司作为债权受让人未办理抵押权的转移登记，不影响其对案涉三份《抵押合同》所载抵押物享有优先受偿权。根据《抵押合同》约定，抵押担保范围为主合同项下的主债权、利息、罚息、复利、违约金等费用。因此，四川发展资产公司有权对波鸿机电、威斯汀汽车、川吉房地产提供的抵押物行使优先受偿权，波鸿机电、威斯汀汽车、川吉房地产承担责任的范围为本金16000万元+期内利息6417111.11元+按约定应承担的罚息和复利。波鸿机电、威斯汀汽车、川吉房地产承担担保责任后，有权向波鸿集团追偿。”

案例四：原告南宁市区农村信用合作联社与被告广西丰浩糖业集团有限公司、安徽恒天文化置业有限公司、芜湖首创房地产开发有限公司金融借款合同纠纷一审民事判决书［广西壮族自治区高级人民法院（2014）桂民二初字第2号］，该院认为：“2013年8月21日，渤海国际信托与南宁信用社、广西丰浩公司、安徽恒天公司、芜湖首创公司签订《信贷资产转让协议》，将渤海国际信托拥有的《信托贷款合同》项下的《抵押合同》的抵押权转让给南宁信用社。根据《中华人民共和国物权法》第一百九十二条‘抵押权不得与债权分离而单独转让或者作为其他债权的担保。债权转让的，担保该债权的抵押权一并转让，但法律另有规定或者当事人另有约定的除外’的规定，南宁信用社享有本案抵押权。安徽恒天公司、芜湖首创公司应当向南宁信用社承担抵押责任，即南宁信用社在本案本息范围内对用于抵押的安徽恒天公司芜国用（2010）第297号、芜国用（2010）第298号项下的土地使用权和芜湖首创公司芜国用（2006）第06070109893号项下的土地使用权在拍卖、变卖或其他处理方式所得款享有优先受偿权。南宁信用社在受让本案信托债权时未变更抵押登记不影响其行使抵押权。并且在债权转让时，渤海国际信托与南宁信用社、广西丰浩公司、安徽恒天公司、芜湖首创公司签订《信贷资产转让协议》，安徽恒天公司、芜湖首创公司已经知道债权转移的事实，本案抵押权转让对安徽恒天公司和芜湖首创公司都已产生效力，应当承担抵押担保责任。安徽恒天公司关于因本案抵押权转让未办理变更登记其不承担抵押责任的主张没有事实和法律依据，本院不予支持。”

案例五：张琳琳与陕县农村信用合作联社、陕县住房和城乡建设局侵犯抵押权赔偿责任纠纷民事申请再审裁定书［河南省高级人民法院（2015）豫法立二民申字第00323号］，该院认为：“物资公司因向中国农业银行三门峡支行营业部申请贷款80万元，将其所有的陕房证字第3861号产权证下房产抵押给了中国农业银行三门峡支行营业部，双方于1997年8月29日办理了陕新他字第27号房屋他项权证。

2005 年 9 月 21 日，张琳琳与上海江汇信息科技有限公司签订债权转让协议，取得了上述 80 万元贷款本息的债权，双方虽未就抵押权的转移签订抵押转让合同，但根据《物权法》第一百九十二条：'债权转让的，担保该债权的抵押权一并转让'的规定，若主债权转让，作为从属债权的抵押权也随之转移。在《担保法》及最高人民法院《关于适用〈中华人民共和国担保法〉若干问题的解释》以及《物权法》中，均没有受让后的债权人必须重新办理抵押登记手续或抵押权人变更手续后才有权享有和行使抵押权的规定，而建设部发布的《城市房地产抵押管理办法》适用范围为在城市规划区国有土地范围内从事房地产抵押活动，二审判决依据《城市房地产抵押管理办法》第三十七条'抵押权可以随债权转让。抵押权转让时，应当签订抵押权转让合同，并办理抵押权变更登记'的规定，认定张琳琳没有证据证明其取得了物资公司房屋抵押权利，适用法律有所不妥。在信用社诉物资公司另一借款合同纠纷案件中，信用社所诉借款并未办理抵押登记，但其依据一审法院生效的（1997）陕经二初字第 50 号经济调解书及（1997）陕法执字第 5 号民事裁定书取得了涉案房产，住建局依据一审法院作出的（1997）陕法执协字第 5 号协助执行通知书，对涉案房产办理了产权转移手续，履行的是行政机关法定的司法协助义务，张琳琳没有证据证明信用社在取得涉案房产、住建局在办理涉案房产的转移手续中存在过错，故其要求信用社、住建局承担侵权赔偿责任的诉求缺乏事实和法律依据，一、二审判决适用法律虽有不当，但实体处理正确。"

080 [最高法院] 未经抵押人同意，债务人因重组发生债务转移，抵押人能否主张免责？

未经抵押人同意，债务人因企业重组发生债务转移的，抵押人可主张免责

裁判要旨

在企业重组过程中，债务的责任承担主体发生了变化，构成债务转让。债务人的偿债能力发生了变化，严重影响抵押人作出担保责任时的判断。故担保人可主张免责。

案情简介

一、2003年7月16日，东晨药业在吉林银行处贷款900万元，山城公司以和平路118号综合楼为东晨药业提供抵押担保，现900万元贷款没有偿还。

二、2005年5月18日，东晨药业召开股东会并形成决议，同意东晨药业与金恺威药业合并重组。2006年3月15日，金恺威药业召开股东大会并形成决议，同意东晨药业与金恺威药业两公司合并重组，合并后成立通化金恺威药业有限公司。双方债务由合并后的通化金恺威药业有限公司承继。以上合并方案未经抵押人山城公司同意。

三、自2005年8月到2007年8月，金恺威药业偿还了东晨药业欠吉林银行的900万元贷款的利息，后期未还。截至2009年3月31日，尚欠利息1335916.83元。

四、2008年2月22日，吉林银行向通化中院起诉，请求判令东晨药业及山城公司立即偿还所欠贷款900万元整及利息1335916.83元。一审诉讼中吉林银行请求追加金恺威药业为被告。通化中院2009年8月一审判决东晨药业与金恺威药业还本付息，吉林银行对抵押物享有优先受偿权。

五、山城公司不服，向检察机关申诉，吉林省检察院于2011年11月向吉林高院提出抗诉，吉林高院于2012年5月裁定指令通化中院再审。通化中院再审一审判决维持2009年8月所作判决。山城公司不服，上诉至吉林高院，吉林高院二审判决驳回上诉，维持原判。

六、山城公司仍不服，向最高法院申请再审，最高法院再审改判支持了山城公司再审申请。山城公司得以免除担保责任。

败诉原因

本案对于山城公司而言，绝对是一件起死回生的案件。本案中吉林银行败诉的原因在于，案涉900万元债务在因企业重组合并发生转移时，未征得抵押人同意。根据《担保法司法解释》第七十二条第二款之规定，“第三人提供抵押的，债权人许可债务人转让债务未经抵押人书面同意的，抵押人对未经其同意转让的债务，不再承担担保责任”。本条的立法目的是为了保护抵押人利益不因债务转移而受损，因为债务人转让债务可能出现新的债务人偿债能力低于原债务人的情形。故《担保法司法解释》第七十二条要求债务人转让债务时需征得抵押人同意，由抵押人决定是否继续对债务承担担保责任。

但本案中发生的债务转移与一般意义上的债务转移略有不同，是发生在企业合并重组过程中的债务转移。在通常情形下，企业合并后偿债能力往往会有所提升，一般不会害及抵押人利益。故本案二审的吉林高院认为：“本案系因债务人发生合并重组情况而发生的债务承继，并未因此而损害债权人权利或增加债务人负担，不同于一般意义上的债务转移，不属于《最高人民法院关于适用〈中华人民共和国担保法〉若干问题的解释》第七十二条规定的情形，不需抵押担保人书面同意。”

但最高法院在再审中注意到了合并可能存在的例外情形，即合并不增加债务人负担只是通常情形，但两家均为负资产的企业合并时，则可能增加债务人负担，从而害及抵押人利益。故最高法院在再审中审慎认为，在企业重组过程中，债务的责任承担主体发生了变化，构成债务转让。债务人的偿债能力发生了变化，可能害及担保人利益，从而需要取得抵押人同意。故山城公司得以免责，吉林银行最终败诉。

败诉教训、经验总结

前事不忘，后事之师。为避免未来发生类似败诉，提出如下建议：

1. 有担保的债务的债务人转让债务时，不仅需征得债权人同意，还需要征得担保人同意。根据《担保法司法解释》第二十九条、第七十二条的规定，未经保证人、抵押人同意，债务人转让债务的，保证人、抵押人可不再继续承担担保责任。因此，债权人在同意债务人转让债务时，需特别注意，务必征得担保人同意，防止债权“脱保”。建议在未征得担保人同意之前，审慎同意债务人转让债务的请求。征得担保人同意债务转让，最好以书面形式为之，以保存相关证据。

2. 债务人因企业合并、分立过程中发生的债权债务转移虽然具有一定的特殊性，但仍属于债权债务转移的形式之一，应当按照《担保法司法解释》第二十九条、第七十二条的规定征得担保人同意。因为债务人在企业合并时并不会当然增加债务人偿债能力；在企业分立时，即使分立企业之间彼此承担连带责任，也不当然地不会降低偿分立企业债能力。

3. 担保人在面对债务人转移债务时，应审慎选择是否同意继续提供担保。如果通过完整的尽职调查证明债务的受让人偿债能力高于原债务人的，可同意继续提供担保。如果不能确定债务受让人偿债能力高低的，建议不同意继续提供担保。如果确需同意的，可要求债务人提供反担保，以确保自身利益。

相关法条

《担保法司法解释》

第二十九条 保证期间，债权人许可债务人转让部分债务未经保证人书面同意的，保证人对未经其同意转让部分的债务，不再承担保证责任。但是，保证人仍应当对未转让部分的债务承担保证责任。

第七十二条 主债权被分割或者部分转让的，各债权人可以就其享有的债权份额行使抵押权。

主债务被分割或者部分转让的，抵押人仍以其抵押物担保数个债务人履行债务。但是，第三人提供抵押的，债权人许可债务人转让债务未经抵押人书面同意的，抵押人对未经其同意转让的债务，不再承担担保责任。

以下为最高法院在再审判决书“本院认为”部分就此问题发表的意见：

担保人是基于对于债务人偿债能力的信任才作出担保，因此，《最高人民法院关于适用〈中华人民共和国担保法〉若干问题的解释》第七十二条规定，第三人提供抵押的，债权人许可债务人转让债务未经抵押人书面同意的，抵押人对未经其同意转让的债务，不再承担担保责任。本案中债务人东晨药业发生了企业重组。依据一审查明的事实，2005 年 8 月 2 日，威德药业与金恺威药业法人代表王平签订企业产权转让合同，其中约定欠吉林银行的 900 万元贷款及利息由王平负责偿还。不论最终该笔债务是由王平负责偿还，还是金恺威药业负责偿还，在企业重组过程中，涉案债务的责任承担主体发生了变化，构成债务转让。债务人的偿债能力发生了变化，这严重影响山城公司作出担保责任时的判断。而从 2006 年 6 月 5 日，通化市金信城市信用社向通化市中远资产评估有限责任公司作出的《关于同意东晨药业向金恺威药业投资函》的内容看，吉林银行作为债权人对于所发生的债务转让是知情并同意的，依据《最高人民法院关于适用〈中华人民共和国担保法〉若干问题的解释》第七十二条的规定，涉案债务的转让并未取得抵押人的书面同意，抵押人应不再承担担保责任。现吉林银行与金恺威药业均未提供证据证明山城公司书面同意债务转让，应当认定山城公司不再承担担保责任。

案件来源

通化市山城房屋开发有限公司与吉林银行股份有限公司通化分行、通化市金恺威药业有限公司、吉林通化东晨药业股份有限公司、王平借款合同纠纷审判监督民

事判决书［最高人民法院（2015）民提字第28号］

延伸阅读

相反观点：企业改制承继债务未经担保人同意的，担保人不得主张免责。

案例：中国农业银行股份有限公司宁县支行与宁县供电公司、原审第三人甘肃恒生源生物科技有限责任公司确认合同无效纠纷二审民事判决书［庆阳市中级人民法院（2014）庆中民终字第459号］，该院认为："关于宁县农行是否应返还宁县供电公司土地使用证的问题。2001年12月21日，宁县农行（甲方）与恒生源公司（乙方）签订协议，约定1996年11月13日宁县生物农药厂的贷款100万元，由乙方承接认债，本金挂账，暂不计息属实，但宁县农行转让涉案借款的行为是基于企业改制，并非宁县农行与宁县生物农药厂或者恒生源公司的协议转让，且恒生源公司整体受让宁县生物农药厂，其与宁县生物农药厂之间属债权债务的承继关系，即宁县农行与恒生源公司转让涉案借款不属于《最高人民法院关于适用〈中华人民共和国担保法〉若干问题的解释》第七十二条第二款规定的情形，宁县电力局仍应承担担保责任，故宁县农行要求取消其归还宁县供电公司土地使用权证书的上诉理由成立。"

第八节 最高额抵押

081［最高法院］最高额抵押权是否绝对不随主债权一并转让？

最高额抵押权担保的主债权特定化后，最高额抵押权可随主债权一并转让

裁判要旨

在最高额抵押合同没有达到约定的决算期或者通过其他方式对主合同债权予以确定时，最高额抵押权并不因为其所担保的其中一个或者数个债权的变化、消灭、转让而发生变化、消灭、转让，但最高额抵押权并非绝对不能随主债权一并转让。除当事人有特别约定外，最高额抵押权必须待其所担保的债权特定后方可随同一起转让，否则发生的主合同债权转让则成为脱离最高额抵押权担保的普通债权。

案情简介

一、2001 年 12 月 31 日，建行新华支行与建工集团签订合同编号为 2001-04 号《最高额抵押合同》，担保的债权是 2001 年 12 月 31 日至 2004 年 12 月 30 日期间因建行新华支行向建工集团连续发放贷款而形成的一系列债权，担保最高额为人民币 3400 万元整。建工集团以其土地及地上房产做抵押。

二、2002 年 9 月 25 日，建行新华支行又与建工集团签订了编号为 2002-01 号的《最高额抵押合同》，担保的债权是 2002 年 9 月 29 日至 2004 年 9 月 28 日期间因建行新华支行向建工集团连续发放贷款而形成的一系列债权，担保最高额为人民币 1050 万元整。建工集团以其土地及房产做抵押并办理了抵押登记手续。借款合同签订后，建行新华支行按约定发放了贷款。

三、2004 年 6 月 28 日，建行新华支行将上述贷款及从权利转让给中国信达资产管理公司石家庄办事处（以下简称信达石办），并登报通知了建工集团。2004 年 11 月 29 日，信达石办又将上述债权转让给东方石办，并登报通知了建工集团。

四、2007 年 4 月 28 日，东方石办向河北高院提起诉讼，请求判令：（1）建工集团偿还借款本金 3880 万元及利息；（2）确认东方石办对建工集团提供的抵押物享有优先受偿权。河北高院一审判决支持东方石办的诉请。

五、建工集团不服，上诉至最高法院，最高法院二审判决驳回上诉，维持原判。

败诉原因

本案中建工集团主张信达石办及东方石办受让的债权为未确定的债权，理由是：“本案所涉最高额抵押担保期限尚未届满，贷款数额尚未达到最高担保限额。”根据《担保法》第六十一条的规定，该最高额抵押担保不能转让，作为最终受让人的东方石办对于受让的债权也不享有抵押权。但最高法院认为：《担保法》第六十一条有关于“最高额抵押的主合同债权不得转让”的规定，从其立法本意看，强调的是主合同债权在不特定的情况下不能随同其最高额抵押权的全部或者部分一起转让的一般原则。这个不特定是指：“在最高额抵押合同没有达到约定的决算期或者通过其他方式对主合同债权予以确定时，在一定时间段内发生的债权总额可能始终是不确定的，是不断变化的。”因此，如无约定，最高额抵押权只有满足一个条件才能发生最高额抵押权随同主合同债权一同转让情形，即主合同债权发生特定化情形。因此，除非在当事人有特别约定的情况下，最高额抵押权必须待其所担保的债权特定后方可随同主债权一起转让，否则发生的主合同债权转让则成为脱离最高额抵押权担保的普通债权。本案最高额抵押合同项下的借款合同债权实际已经确定或特定，不可能发生新的债权，即使发生新的借贷关系也与本案最高额抵押合同无关，不属于其所担保的债权范围。故本案最高额抵押担保债权已经特定，本案债权可以依法转让，并对抵押物享有优先受偿权。建工集团因此败诉。

败诉教训、经验总结

前事不忘，后事之师。为避免未来发生类似败诉，提出如下建议：

1. 本案的最高额抵押合同签订在《物权法》颁布实施之前，故应适用《担保法》。根据《担保法》第六十一条的规定："最高额抵押的主合同债权不得转让。"如果从立法用语上来看，似乎可以得出，只要是最高额抵押担保的主合同债权都"不得转让"，本案中东方石办最终受让的债权就是由最高额抵押担保的债权，故建工集团据此认为债权转让行为无效。但最高法院认为，对于《担保法》第六十一条的理解，不能单纯从字面含义出发，而应从其"立法本意"出发。最高法院通过探求该条的立法本意，得出最高额抵押担保的主债权不能转让是在主债权未特定的情况下不能转让，在主债权已经特定或者当事人另有约定的情况下，可以转让，而且转让后抵押人不得据此主张免除担保责任。最高法院这一解释法律问题的方法，在民法方法论上被称之为"目的性限缩"的解释方法。

具体而言，本案中最高法院认为《担保法》第六十一条这一看似清晰无比的法律规定，实际上存在着一个隐藏其后的法律漏洞——适用范围过宽。这一适用范围过宽，将导致原本不应禁止主债权转让的情形（主债权特定化或当事人另有约定）也被列为禁止转让的情形，导致法律适用与立法目的相违背。故最高法院在正确揭示最高额抵押担保的主债权禁止转让的立法目的后，通过限缩《担保法》第六十一条的适用范围，填补这一隐藏在法条背后的立法漏洞。此即为目的性限缩的解释方法。与目的性限缩相对应的解释方法称为"目的性扩张"，其具体适用的情形与方法与目的性限缩正好相反。

在我们日常处理案件过程中，总会发现有些法律条文规定太过笼统，没有考虑到现实问题的特殊性，导致直接适用法律规定可能会发生明显不合常理的法律后果或者对于己方极不公正。此时，我们可以从相关法律规定的立法目的出发，主张对相关法条的字面含义进行适当的扩张与限缩，以达到维护自身权益的目的。

2. 2007 年颁布的《物权法》第二百零四条看到了《担保法》第六十一条规定

的不足，对条文的立法表述进行了调整，填补了这一法律漏洞。该条规定："最高额抵押担保的债权确定前，部分债权转让的，最高额抵押权不得转让，但当事人另有约定的除外。"从这一规定来看，最高额抵押担保的主债权在以下两种情形下可以转让，且受让人继续享有抵押权：（1）当事人另有约定；（2）最高额抵押担保的主债权已经确定。因此，在受让有最高额担保的债权时，应注意以下事项：（1）核实最高额抵押担保的主债权是否已经确定，如果是已确定的债权，可直接受让；（2）如最高额抵押担保的主债权尚未确定，则尽可能与最高额抵押人约定，抵押人对受让债权继续提供担保；（3）如受让的债权是未最终确定的主债权的一部分，且抵押人拒绝继续提供担保的，此时受让的债权为无抵押担保的债权，故应综合债务人的偿债能力、债权的其他担保情况等确定合理的债权受让价格。

3.《物权法》第二百零六条明确规定了五种最高额抵押主债权确定的情形，具体为："（一）约定的债权确定期间届满；（二）没有约定债权确定期间或者约定不明确，抵押权人或者抵押人自最高额抵押权设立之日起满二年后请求确定债权；（三）新的债权不可能发生；（四）抵押财产被查封、扣押；（五）债务人、抵押人被宣告破产或者被撤销"，并以"法律规定债权确定的其他情形"作为兜底。本案中，虽然约定的债权确定期间尚未届满，但最高法院还是基于以下两点理由认定东方石办受让的债权已经确定：（1）相关债权已达到最高额抵押所担保的债权限额，故新的债权已不可能再发生；（2）担保的四笔贷款中，三笔已界清偿期未获清偿，最高额抵押合同约定的实现抵押权的条件已经达到。

因此，作为债权人在接受最高额抵押担保时，最好明确约定担保债权确定的期间、条件及方式，防止发生不必要的纠纷。如果没有约定，应根据《物权法》第二百零六条规定的具体情形结合案件事实进行确定。

最高额抵押担保的债权在确定后，转化为相当于一般抵押权担保的债权。根据《物权法》第二百零七条的规定，其相关问题的解决应直接适用《物权法》第十六章第一节关于"一般抵押权"的规定。

相关法条

《担保法》

第六十一条 最高额抵押的主合同债权不得转让。（根据《物权法》第一百七十八条的规定，本条已为《物权法》第二百零四条所取代）

《物权法》

第二百零三条 为担保债务的履行，债务人或者第三人对一定期间内将要连续发生的债权提供担保财产的，债务人不履行到期债务或者发生当事人约定的实现抵押权的情形，抵押权人有权在最高债权额限度内就该担保财产优先受偿。

最高额抵押权设立前已经存在的债权，经当事人同意，可以转入最高额抵押担保的债权范围。

第二百零四条 最高额抵押担保的债权确定前，部分债权转让的，最高额抵押权不得转让，但当事人另有约定的除外。

第二百零六条 有下列情形之一的，抵押权人的债权确定：

（一）约定的债权确定期间届满；

（二）没有约定债权确定期间或者约定不明确，抵押权人或者抵押人自最高额抵押权设立之日起满二年后请求确定债权；

（三）新的债权不可能发生；

（四）抵押财产被查封、扣押；

（五）债务人、抵押人被宣告破产或者被撤销；

（六）法律规定债权确定的其他情形。

以下为最高法院在二审判决书“本院认为”部分就此问题发表的意见①：

本院认为，通过当事人的上诉和答辩，本案上诉争议焦点在于原贷款银行对本案所涉债权转让至资产管理公司的行为的效力，具体说，就是原贷款银行转让本案贷款债权之时，由于本案的借款合同的发生是在具有最高额抵押合同情形下进行的，主合同债权是否已经特定，转让行为本身是否违法从而影响转让行为的效力认定。

首先，我国担保法第六十一条有“最高额抵押的主合同债权不得转让”的规定，从其立法本意看，强调是主合同债权在不特定的情况下不能随同其最高额抵押权的全部或者部分一起转让的一般原则，这是最高额抵押权的本质属性决定的。最高额抵押权不同于普通抵押权的特殊性体现在最高额抵押权对其所担保的在一个最高债权额限度之内在一定期间内连续发生的债权具有不可分割性，最高额抵押权并非仅仅为其所担保范围内某一项特定具体的债权而设立，而是为一系列不特定债权设立。此处的“主合同债权”意指在最高额抵押权担保的情况下按照约定的最高债权额限度之内以抵押物担保的一定期间内连续发生的不特定债权的概括性总称，而并非指在具有最高额抵押权担保的情况下单笔或者多笔债权自由流动、变化、转让、消灭，不包括当事人在最高额抵押合同中特别约定当主合同债权不确定时发生

① 本书作者认为，本判例的相关裁判意见对于司法实务及理论研究都具有重大意义，值得仔细研读。

转让连同最高额抵押权全部或部分转让的情形，也不包括最高额抵押权担保的债权按照约定或者法定事由已经特定化之后发生转让的情形。在最高额抵押合同没有达到约定的决算期或者通过其他方式对主合同债权予以确定时，在一定时间段内发生的债权总额可能始终是不确定的，是不断变化的。最高额抵押权并不因为其所担保的其中一个或者数个债权的变化、消灭、转让而发生变化、消灭、转让，除非当事人早已在最高额抵押合同中有特别约定。最高额抵押权在如何随同其所担保的主合同债权发生转让的问题上，如果当事人在合同中没有约定，那么只有满足一个条件才能发生最高额抵押权随同主合同债权一同转让情形，即主合同债权发生特定化情形。《最高人民法院关于审理涉及金融资产管理公司收购、管理、处置国有银行不良贷款形成的资产的案件适用法律若干问题的规定》第八条关于“最高额抵押权所担保的不特定债权特定后，原债权银行转让主债权的，可以认定转让债权的行为有效”的规定正是体现了这样的思想。因此，除非当事人有特别约定，最高额抵押权必须待其所担保的债权特定后方可随同一起转让，否则发生的主合同债权转让则成为脱离最高额抵押权担保的普通债权。

其次，就本案而言，本案所涉两份最高额抵押合同并没有约定决算期，虽然其约定最高额抵押权的存续期为至被担保债权诉讼时效届满之日后的2年，也就是说，本案债权转让发生之日即由新华支行将本案四笔贷款及从权利转让给信达石办时，仍在本案最高额抵押合同的存续期间；本案所涉四笔借款合同虽然其中三笔贷款的履行期限已经届满，即三笔债务已达清偿期，但另有一笔即2003年12月26日金额为2440万元的2003-16号借款合同因其借款期限为2003年12月29日至2004年12月28日而未届清偿期。但是，判断最高额抵押合同项下的借款合同债权是否已经确定的标准并非完全在于上述因素，仍需要结合其他因素综合判断。鉴于本案四笔贷款合同金额已达最高额抵押合同约定的债权的最高额限度，事实上不可能发生新的债权；且本案四笔贷款合同是借新还旧的借款合同，是为到期的八笔旧贷进行的转贷而重新签订的四份借款合同；该四笔借款合同其中三笔贷款的履行期限已经届满，即三笔债务已达清偿期；同时，根据本案两份最高额抵押合同第十条抵押权实现关于“（一）主合同项下全部或部分债务本金或利息履行期限届满，乙方（指新华支行）未受清偿的，新华支行有权依法处分抵押物”的约定，应当认为新华支行于2004年6月28日将本案所涉的四笔借款债权及担保债权转让给信达石办时，本案最高额抵押合同项下的借款合同债权实际已经确定或特定，不可能发生新的债权，即使发生新的借贷关系也与本案最高额抵押合同无关，不属于其所担保的债权范围。本案最高额抵押担保债权已经特定，本案债权可以依法转让。本案债权作为不良资产进行转让符合有关法律政策，本案最高额抵押项下的债权变成具有普通抵押权的债权，并没有损害债务人的利益或加重债务人的责任。本案债权转让行为不违反法律、法规的强制性规定，应当认定有效。原审判决对此认定和处理正确，本院予以维持。建工集团上诉所称的本案债权转让无效及其理由不能成立，本院不予支持。

案件来源

石家庄建工集团有限公司与中国东方资产管理公司石家庄办事处最高额抵押借款合同纠纷二审民事判决书［最高人民法院（2007）民二终字第240号］

延伸阅读

关于转让最高额抵押担保的债权的合同效力的判例，裁判观点较为一致，均认为不论是《物权法》实施之前还是实施之后，特定化的最高额抵押担保的债权可以转让。

一、《物权法》实施后，最高额抵押担保的债权转让不再适用《担保法》

案例一：山东省方兴物流有限公司合同纠纷执行案裁定书［山东省高级人民法院（2014）鲁执复议字第26号］，该院认为："申请复议人方兴物流公司提出的其为涉案主债权设定了最高额抵押，根据《中华人民共和国担保法》第六十一条的规定，最高额抵押的主合同债权不得转让这一主张。本院认为，本案的债权转让行为发生在《中华人民共和国物权法》（下称《物权法》）实施之后，根据《物权法》第一百七十八条的规定，担保法与物权法的规定不一致的，应当适用物权法。《物权法》第二百零四条规定：'最高额抵押担保的债权确定前，部分债权转让的，最高额抵押权不得转让，但当事人另有约定的除外。'由此可见，《物权法》对最高额抵押所担保的主债权，不再禁止转让，只是在主债权确定前转让部分债权的，抵押权不随之转让。至于主债权确定之后再转让债权的，《物权法》没有作出限制性规定，本院认为，此种情况下，应按照普通债权的转让规则适用《物权法》第一百九十二条的规定。因此，申请复议人的上述主张不成立，本院不予支持。"

案例二：江苏皇珈置业有限公司与朱保飞、常州市巨业建设发展有限公司等借款合同纠纷二审民事判决书［江苏省高级人民法院（2015）苏商终字第00234号］，该院认为："二审期间，朱保飞还提出《中华人民共和国担保法》第六十一条规定，最高额抵押的主合同债权不得转让。本案中，皇珈公司系以其土地使用权提供最高额抵押担保，故案涉债权依法不能转让。对此，本院认为，《中华人民共和国物权法》第一百七十八条规定，担保法与本法的规定不一致的，适用本法。同时，该法第二百零四条规定，最高额抵押担保的债权确定前，部分债权转让的，最高额抵押权不得转让，但当事人另有约定的除外。据此，就最高额抵押担保的债权能否转让的问题，《中华人民共和国担保法》和《中华人民共和国物权法》作出了不同的规定，前者规定不能转让，后者并未规定不能转让，而是就债权确定前转让部分债权时抵押权是否一并转让作出了规定。故朱保飞主张最高额抵押担保的债权不得转让，与《中华人民共和国物权法》的规定不符，没有法律依据，本院依法不予支持。"

二、《物权法》实施前，最高额抵押担保的债权特定化后可以转让

案例三：上海产权集团有限公司与徐州畅通集团公司、徐州市云龙区骆驼山街道办事处、于传宝、徐州市电线电缆厂、宋立庄金融借款合同纠纷二审民事判决书［江苏省高级人民法院（2011）苏商终字第 0030 号］，该院认为："根据《中华人民共和国担保法》第六十一条'最高额抵押的主合同债权不得转让'的规定，最高额抵押的主债权禁止转让。《最高人民法院关于审理涉及金融资产管理公司收购、管理、处置国有银行不良贷款形成的资产的案件适用法律若干问题的规定》第八条规定'人民法院对最高额抵押所担保的不特定债权特定后，原债权银行转让主债权的，可以认定转让债权的行为有效'，进一步明确了针对特定受让主体（即资产管理公司），最高额抵押担保的主债权特定后转让可以认定有效的特定情形。因此，最高额抵押担保的主债权转让可以认定有效的特定情形必须符合以下条件：一是受让主体应为资产管理公司；二是最高额抵押所担保的不特定债权必须特定。"

案例四：绍兴市八字桥建设有限公司与徐阿娟、绍兴市搏钢贸易有限公司等债权转让合同纠纷再审民事裁定书［浙江省高级人民法院（2016）浙民申 2830 号］，该院认为："徐阿娟、搏钢公司主张，根据我国《担保法》第六十一条规定，最高额抵押的主合同债权不得转让。但本案债权转让时，最高额抵押期间已经届满，债权范围已经特定化，实际上已转化为普通抵押，八字桥公司与华夏银行绍兴分行之间的债权转让行为不受上述规定限制。"

案例五：杭州鑫海星石化有限公司与卢某某一案再审民事判决书［杭州市中级人民法院（2012）浙杭商再终字第 1 号］，该院认为："依据石化公司与民生银行杭州分行于 2008 年 10 月 23 日签订的《银行承兑协议》约定，四笔银行承兑汇票到期日均为 2009 年 4 月 23 日，到期后石化公司未向民生银行杭州分行还款，邓某某、詹某某也未履行保证责任，此时，民生银行杭州分行与卢某某签订的《个人最高额抵押合同》所涉的担保债权已经特定化。《中华人民共和国担保法》第六十一条规定的着眼点在于保持最高额抵押权的完整性和概括性，并关注最高额抵押权的决算期。本案中，卢某某作为最高额抵押合同的抵押担保方在担保债权特定化后所签订的债权转让合同，并未损害他人利益，也未产生不良后果，因此本案所涉最高额抵押的主合同债权转让当属有效。"

案例六：浙江万福商务服务有限公司与白爱花、叶剑飞等典当纠纷一审民事判决书［杭州市下城区人民法院（2012）杭下商初字第2016号］，该院认为："天业公司与被告白爱花、叶剑飞、欣悦公司签订的《借款合同》约定借款到期日为2012年8月19日，到期后白爱花、叶剑飞未向天业公司归还借款，欣悦公司也未履行担保责任，此时，天业公司与万福公司签订的《最高额抵押合同》所涉的担保债权已经特定化。《中华人民共和国担保法》第六十一条规定的着眼点在于保持最高额抵押权的完整性和概括性，并关注最高额抵押权的决算期。本案中，天业公司和万福公司在担保债权特定化后所签订的债权转让合同，并未损害他人利益，也未产生不良后果，因此本案所涉最高额抵押的主合同债权转让当属有效。天业公司将上述债权合法转让与原告万福公司后，同时万福公司也取得了与债权有关的从权利，故原告万福公司有权要求白爱花、叶剑飞偿还前述债务，并就抵押物享有优先受偿权、要求欣悦公司承担担保责任。"

082［湖北高院］最高额抵押是不是只能担保未发生的债权?

当事人可协议将已存在的债权纳入最高额抵押担保

裁判要旨

最高额抵押通常是对一定期间内将要连续发生的债权提供担保. 但最高额抵押权设立前已经存在的债权，经最高额抵押合同的当事人同意，可以转入最高额抵押担保的债权范围。

案情简介

一、2013年11月21日，建行宜昌西陵支行与旭升工贸公司签订《人民币流动资金贷款合同》，向其借款1500万元。2014年12月9日，建行宜昌西陵支行与华成矿业公司签订《最高额抵押合同》，最高额抵押担保期间为：2014 年 11 月 10 日至 2015 年 7 月 1 日，抵押物为华成矿业公司磷矿采矿权。最高额抵押合同第十二条约定，华成矿业公司同意以该采矿权同时为 2013 年 11 月 21 日签订的《人民币流动资金贷款合同》提供抵押担保。

二、2013 年 11 月 25 日，建行宜昌西陵支行依约向旭升工贸公司发放贷款本金 1500 万元。旭升工贸公司到期未还款，建行宜昌西陵支行向宜昌中院起诉，请求旭升工贸公司还本付息，并得以华成矿业公司提供的矿业权优先受偿。

三、宜昌中院一审判决旭升工贸公司还本付息，但建行宜昌西陵支行不得以矿业权优先受偿。

四、建行宜昌西陵支行不服，上诉至湖北高院。湖北高院二审改判建行宜昌西陵支行对华成矿业公司提供的矿业权享有优先受偿权。

败诉原因

本案中华成矿业公司败诉的原因在于，最高额抵押合同的当事人已经约定将业已存在的债权纳入到最高额抵押担保范围之内。根据《物权法》第二百零三条第一款规定，最高额抵押是债务人或者第三人以不转移抵押物占有的方式对一定期间内将要连续发生的债权提供担保。从该款规定的文义来看，最高额抵押是对将来发生的债权提供的担保。因此，与一般抵押不同，最高额抵押设立时，往往最高额抵押担保的债权尚未现实存在。故最高额抵押在一定程度上突破了抵押担保在担保成立上的从属性。这是最高额抵押最显著的特征，也是其最大的优势。虽然最高额抵押通常都是为将来发生的债权提供担保，但并不代表对于已发生的债权即不能纳入最高额抵押担保的范围之内。《物权法》第二百零三条第二款规定，经当事人同意，对于已存在的债权可以纳入最高额抵押担保的范围。本案所涉的《最高额抵押担保合同》约定的最高额抵押担保期间为：2014 年 11 月 10 日至 2015 年 7 月 1 日。但该合同又明确将 2013 年 11 月 21 日《人民币流动资金贷款合同》项下的借款纳入到最高额抵押担保之内，符合《物权法》第二百零三条第二款的规定。湖北高院二审据此改判建行宜昌西陵支行对华成矿业公司提供的矿业权享有优先受偿权，一审法院认定 2013 年 11 月 21 日《人民币流动资金贷款合同》项下的借款不属于最高额抵押担保的范围适用法律错误。华成矿业公司因此败诉。

败诉教训、经验总结

前事不忘，后事之师。为避免未来发生类似败诉，提出如下建议：

1. 最高额抵押与一般抵押最显著的不同在于最高额抵押设立时，最高额抵押担保的债权往往尚未实际发生。就此而言，最高额抵押突破了抵押担保在成立上的从属性。最高额抵押的这一特征，使其具有普通抵押无可比拟的优势。最高额抵押为存在密切经济往来的当事人提供了灵活、安全、高效的担保方式，免去了当事人就每一笔交易单独签订担保合同的负担，降低了交易成本。故对于当事人而言，可充分利用最高额抵押担保的这一特征优化交易模式，降低交易成本。

2. 虽然最高额抵押设立的初衷即是为了解决为将来连续发生的债权提供担保的问题，但最高额抵押并未将已经存在的债权排除在最高额抵押担保的范围之外。相反，《物权法》第二百零三条第二款规定，当事人可通过约定，将已经存在的债权纳入最高额抵押担保的范围之内。为避免争议，当事人意欲将业已存在的债权纳入到最高额抵押担保的范围内时，应当具体明确。应当注意的是，此处所谓的“当事人”并非主合同的当事人，而是最高额抵押担保合同的当事人。主合同的当事人通过约定将已存在的债权纳入最高额抵押担保范围，对于抵押人不发生效力。

3. 对于抵押人而言，在签订抵押合同时，应注意仔细审查抵押合同的内容，防止债权人将业已存在的债权纳入到最高额抵押担保的范围之内，进而导致承担更重的担保责任。对于债权人而言，可充分利用最高额抵押担保的这一灵活性，将业已存在的债权纳入到最高额抵押担保的范围，提高债权获得清偿的可能性。

相关法条

《物权法》

第一百七十九条　为担保债务的履行，债务人或者第三人不转移财产的占有，将该财产抵押给债权人的，债务人不履行到期债务或者发生当事人约定的实现抵押权的情形，债权人有权就该财产优先受偿。

前款规定的债务人或者第三人为抵押人，债权人为抵押权人，提供担保的财产为抵押财产。

第二百零三条　为担保债务的履行，债务人或者第三人对一定期间内将要连续发生的债权提供担保财产的，债务人不履行到期债务或者发生当事人约定的实现抵押权的情形，抵押权人有权在最高债权额限度内就该担保财产优先受偿。

最高额抵押权设立前已经存在的债权，经当事人同意，可以转入最高额抵押担保的债权范围。

以下为湖北高院在二审判决书“本院认为”部分就此问题发表的意见：

本案一审过程中，涉案《最高额抵押合同》《省国土资源厅关于宜昌华成矿业有限责任公司良田磷矿采矿权抵押备案的函》已经庭审质证，华成矿业公司对该证据并无异议。虽然本案建行宜昌西陵支行与旭升工贸公司的《人民币流动资金贷款合同》签订于2013年11月21日，且建行宜昌西陵支行与华成矿业公司的《最高额抵押合同》首部约定华成矿业公司为建行宜昌西陵支行与债务人在2014年11月10日至2015年7月1日期间所签订的主合同项下一系列债务提供最高额抵押担保，但该合同第十二条第（二）项还约定“华成矿业公司同意以该采矿权同时为宜昌市旭升工贸有限公司与中国建设银行股份有限公司西陵支行于2013年11月21日签订的LDZJDKHT-XL2013047号《人民币流动资金贷款合同》所列明的债权提供抵押担保”。《中华人民共和国物权法》第二百零三条第二款规定“最高额抵押权设立前已经存在的债权，经当事人同意，可以转入最高额抵押担保的债权范围”，即只要最终实际发生的债权总额不超过双方约定的最高债权额，即使该债权发生在最高额抵押权设立前，也应当被允许增补到最高额抵押所担保的债权范围内。是否将已经存在的债权转入最高额抵押担保的债权范围，系当事人自己的权利，只要双方协商同意，法律应当允许。故华成矿业公司与建行宜昌西陵支行协议约定将LDZJDKHT-XL2013047号《人民币流动资金贷款合同》项下债权纳入最高额抵押担保范围符合前述法律规定，建行宜昌西陵支行在债权到期后，有权在旭升工贸公司不履行债务时主张对华成矿业公司提供的抵押物优先受偿。一审法院关于涉案最高额抵押担保内容不包括LDZJDKHT-XL2013047的《人民币流动资金贷款合同》项下的债务的认定与事实不符，本院予以纠正。

案件来源

中国建设银行股份有限公司宜昌西陵支行与宜昌华成矿业有限责任公司、宜昌市旭升工贸有限公司金融借款合同纠纷二审民事判决书［湖北省高级人民法院（2016）鄂民终1168号］

延伸阅读

一、当事人可约定将已存在的债权纳入最高额抵押担保范围

案例一：中国银行股份有限公司武汉汉阳支行、武桥重工集团股份有限公司合同纠纷二审民事判决书［湖北省高级人民法院（2017）鄂民终56号］，该院认为：“《最高额抵押合同》第二条约定，在本合同生效前债务人与抵押权人之间已经发生的债权，构成本合同之主债权。《中华人民共和国物权法》第二百零三条第二款规定，最高额抵押权设立前已经存在的债权，经当事人同意，可以转入最高额抵押担保的债权范围。中国银行汉阳支行自泰瑞圣公司受让的对武桥公司的3600万元债权，虽产生于《最高额抵押合同》生效前，但依合同约定仍属《最高额抵押合同》项下被担保的主债权，中国银行汉阳支行有权就3600万元债权对案涉抵押物优先受偿。一审判决适用法律不当，本院予以纠正。”

二、最高额抵押担保的债权确定期间起算点可早于最高额抵押合同签订之日

案例二：中国建设银行股份有限公司顺德分行、佛山市奥腾贸易有限公司金融借款合同纠纷二审民事判决书［佛山市中级人民法院（2016）粤06民终2574号］，该院认为：“从本案查明的事实可知，2014年3月7日，建行顺德分行与邓竞池签订《最高额抵押合同》，约定邓竞池提供抵押物，为灏展公司在2013年9月18日至2018年12月31日期间向建行顺德分行借款形成的债务提供最高额抵押担保，担保的最高债权额度为667万元；同日，建行顺德分行与陈礼洪签订《最高额抵押合同》，约定陈礼洪提供抵押物，为洪伟公司在2013年9月18日至2018年12月31日期间向建行顺德分行借款形成的债务提供最高额抵押担保，担保的最高债权额度为667万元；同日，建行顺德分行与陈壁红签订《最高额抵押合同》，约定陈壁红提供抵押物，为腾骏公司在2013年9月18日至2018年12月31日期间向建行顺德分行借款形成的债务提供最高额抵押担保，担保的最高债权额度为667万元。邓竞池、陈礼洪、陈壁红为其各自提供的抵押物均已经办理了抵押登记，办理了《房地产他项权证》，抵押登记包括《最高额抵押合同》编号、担保的最高债权额、最高额抵押担保的债权确定期间等信息。其中，最高额抵押担保的债权确定期间是2013年9月18日至2018年12月31日。”

三、最高额保证也可将已存在的债权纳入到担保范围之内

案例三：中国工商银行股份有限公司广州第二支行与广东中外运久凌储运公司借款合同纠纷二审民事判决书［广州市中级人民法院（2015）穗中法金民终字第434号］，该院认为：“最高额保证是指保证人对一定期间内连续发生的不特定债权，在最高限额内承担保证责任的保证方式，‘不特定’的含义既包括时间上的不确定，也包括数额上的不确定。最高额保证担保的债权有可能已经发生，也有可能尚未发生，最高额保证的生效与被担保的债权是否发生没有关联。本案中君信公司、李树君签订《最高额保证合同》将已经存在的债权包含在最高额保证担保责任范围内，是其真实的意思表示，合法有效，理应按照合同约定承担连带保证责任。君信公司、李树君主张担保债权在签订《最高额保证合同》时已经确定，与最高额保证的本质特征不符的理由没有法律依据，本院不予支持。”

083 [浙江高院] 最高额抵押权抵押物被查封后，新增债权如何排除在最高额抵押担保的范围外?

债权人知晓最高额抵押权的抵押物被查封的事实的，主债权不再增加

裁判要旨

抵押权的目的在于保障债权的实现，属于担保物权，是绝对权、对世权，债权人为将来一定期间内发生的债权已经依法设立了最高额抵押权的，在债权人未收到抵押物被查封之通知时，债权人完全可以在约定的期间内，在最高额范围内向借款人发放贷款。债权人不知道抵押物被查封的，如认定其对在约定的决算期届至前发放的最高限额内的贷款不能行使抵押权，则有悖于担保法保障债权实现之初衷，亦会使最高额抵押权之功能退化，同时亦有悖于抵押权之绝对权属性。

案情简介

一、2000 年 10 月 27 日，金利公司、金利厂与南郊合作银行前身温州市郊南郊农村信用合作社（下称南郊信用社）签订了一份《最高额抵押借款合同》，三方约定金利厂以其所拥有的土地使用权作为抵押物为金利公司提供担保，担保债权发生期间为从 2000 年 10 月 27 日起至 2002 年 10 月 10 日止，最高额贷款限额 300 万元。

二、金利公司基于上述合同以购料为由，分别六次（2000 年 11 月 2 日、2000 年 12 月 1 日、2000 年 12 月 20 日、2001 年 2 月 27 日、2001 年 3 月 1 日、2001 年 3 月 6 日）向南郊信用社借款各 50 万元，共计 300 万元。上述借款到期后，金利公司未按期归还借款本金，仅按期内利率计算支付利息至 2005 年 6 月 20 日。

三、本案涉讼抵押物即金利厂提供抵押的土地使用权，该土地上的房屋已于 2001 年 2 月 6 日，由温州中院依据相关民事裁定书向温州市房产管理局办理了房产所有权查封手续，但未通知债权人。

四、2005 年 11 月 9 日，南郊合作银行向福州中院提起诉讼，请求：1. 金利公司还本付息；2. 本案抵押有效，南郊合作银行对抵押物变卖、拍卖价款享有优先受偿权。福州中院一审判决判决：金利公司还本付息；如金利公司未在确定的期限内履行还款义务（仅包括借款日期分别为 2000 年 11 月 2 日、2000 年 12 月 1 日、

2000 年 12 月 20 日的三笔借款)，则拍卖或变卖抵押物，在最高限额 150 万元内，由南郊合作银行优先受偿。

五、南郊合作银行不服，上诉至浙江高院，浙江高院二审改判：金利公司还本付息；如金利公司未在确定的期限内履行还款义务，则拍卖或变卖抵押物，在最高限额 300 万元内，由南郊合作银行优先受偿。

败诉原因

本案中金利厂、金利公司败诉的原因在于南郊合作银行对于最高额抵押权的抵押物被查封的事实并不知情，故在抵押物被查封后对金利公司的新增贷款属于最高额抵押所担保的债权。根据《最高人民法院关于人民法院民事执行中查封、扣押、冻结财产的规定》(以下简称《查封规定》) 第二十七条的规定："人民法院查封、扣押被执行人设定最高额抵押权的抵押物的，应当通知抵押权人。抵押权人受抵押担保的债权数额自收到人民法院通知时起不再增加。人民法院虽然没有通知抵押权人，但有证据证明抵押权人知道查封、扣押事实的，受抵押担保的债权数额从其知道该事实时起不再增加。" 而《担保法司法解释》第八十一条规定："最高额抵押权所担保的债权范围，不包括抵押物因财产保全或者执行程序被查封后或债务人、抵押人破产后发生的债权。" 针对上述两条的理解与适用，本案二审期间诉讼双方发生了一定的分歧。金利公司认为，《查封规定》第二十七条仅适用于案件执行阶段，本案尚未到执行阶段，故应适用《担保法司法解释》第八十一条的规定，该案债权在抵押物被查封之日起已经特定。但南郊合作银行则认为，其对抵押物被查封的事实并不知情，故债权在抵押物查封时尚未特定。最终，浙江高院认为："若债权人不知道抵押物被查封而认定其在约定的决算期届至前发放的最高限额内的贷款不能行使抵押权，则有悖于担保法保障债权实现之初衷，亦会使最高额抵押权之功能被退化，同时亦有悖于抵押权之绝对权属性。" 并认为，《查封规定》第二十七条是对《担保法司法解释》第八十一条的明确化和具体化，并不能以《担保法司法解释》第八十一条的规定排除《查封规定》第二十七条的适用。金利厂、金利公司因此败诉。

败诉教训、经验总结

前事不忘，后事之师。为避免未来发生类似败诉，提出如下建议：

1. 根据《担保法司法解释》第八十一条的规定，最高额抵押物被查封可能构成抵押物所担保的债权特定化的条件之一。但该条的规定较为原则，并未就债权人不知晓抵押物被查封的事实时所新增的债权是否也排除在最高额抵押担保的债权之外作出规定。为此，《查封规定》进行了细化，规定只有在债权人知晓或者应当知晓抵押物被查封的事实时，新增债权才不属于最高额抵押所担保的范围。因此，《查封规定》与《担保法司法解释》第八十一条彼此并不冲突，而是一般和特殊，具体和抽象的关系。

2. 最高额抵押人在得知抵押物被查封的事实后，为防止担保范围的进一步扩大，应当将抵押物被查封的事实以书面的形式告知债权人。根据《查封规定》第二十七条第二款的规定，有证据证明债权人知道最高额抵押权的抵押物被查封的事实的，此后新增债权即排除在最高额抵押所担保的债权范围之外。因此，抵押人可通过主动通知债权人并保存相关证据的方式，有效防止抵押担保的债权范围的扩大。

3. 根据《查封规定》第二十七条第一款的规定，最高额抵押权的抵押物被查封后，法院应当将抵押物被查封的事实通知债权人。债权人在接到法院通知后的新增债权即排除在最高额抵押所担保的债权范围之外。因此，最高额抵押人应当留意或向法院询问，是否已经将抵押物被查封事实告知给债权人。如未告知的，可请求法院及时告知，也可根据本文“经验总结”第 2 点的建议，在抵押物被查封时主动告知债权人。

4. 债权人是否知晓最高额抵押权的抵押物被查封的事实，不能通过债权人知晓抵押人的其他财产已被采取了其他执行强制措施而推定。

相关法条

《查封规定》

第二十七条 人民法院查封、扣押被执行人设定最高额抵押权的抵押物的，应当通知抵押权人。抵押权人受抵押担保的债权数额自收到人民法院通知时起不再增加。

人民法院虽然没有通知抵押权人，但有证据证明抵押权人知道查封、扣押事实的，受抵押担保的债权数额从其知道该事实时起不再增加。

《担保法司法解释》

第八十一条 最高额抵押权所担保的债权范围，不包括抵押物因财产保全或者执行程序被查封后或债务人、抵押人破产后发生的债权。

以下为浙江高院在本案二审判决书“本院认为”部分就此问题发表的意见：

虽然《担保法解释》第八十一条只规定查封事实系最高额抵押所担保的债权

特定化的法定事由之一，而未规定债权人不知道查封事实而对最高额抵押债权特定化的影响，但若从最高额抵押权的立法旨意来理解《担保法解释》第八十一条，亦同样可以得出《查封规定》第二十七条中的应有之义。因为法律规定抵押权的目的在于保障债权的实现，而且抵押权属于担保物权，物权又属于绝对权、对世权，在债权人为将来一定期间内发生的债权已经依法设立了最高额抵押权时，在债权人未受抵押物被查封之通知时，债权人南郊信用社完全可以在约定的期间内，在最高额范围内向借款人发放贷款。否则，若债权人不知道抵押物被查封而认定其在约定的决算期届至前发放的最高限额内的贷款不能行使抵押权，则有悖于担保法保障债权实现之初衷，亦会使最高额抵押权之功能被退化，同时亦有悖于抵押权之绝对权属性。虽然被上诉人金利厂提出“《查封规定》主要是针对执行程序中的规范性操作问题，不能涵盖《担保法解释》的适用范围”之抗辩意见，但由于《担保法解释》第八十一条规定执行措施（查封）对最高额抵押的影响，则《查封规定》作为执行程序中的司法解释，其规定查封通知的效力，系对《担保法解释》第八十一条的明确化和具体化。就本案而言，从现有证据看，并无充分证据证明上诉人在最高额抵押期间内发放贷款时已经知道本案抵押物被查封的事实，亦无证据证明原审法院查封抵押物后已经通知了上诉人。因此，根据《查封规定》第二十七条“人民法院查封、扣押被执行人设定最高额抵押权的抵押物的，应当通知抵押权人。抵押权人受抵押担保的债权数额自收到人民法院通知时起不再增加。人民法院虽然没有通知抵押权人，但有证据证明抵押权人知道查封、扣押事实的，受抵押担保的债权数额从其知道该事实时起不再增加”的规定，上诉人依法享有的最高额抵押权未受法定事由的阻却，其在本案最高额抵押期间内发生的最高额度内的300万元债权，对本案抵押物依法享有优先受偿权。虽然上诉人知道抵押人金利厂账户被原审法院冻结的事实，但查封、扣押、冻结均系人民法院可采取的执行措施，对人民法院采取何种执行措施，作为执行程序案外人的上诉人无从得知。故不能仅凭上诉人知道金利厂账户被冻结的事实就推定其知道本案抵押物被查封的事实。

案件来源

浙江温州鹿城农村合作银行南郊南行与温州金利装饰材料有限公司等借款合同纠纷二审民事判决书［浙江省高级人民法院（2006）浙民二终字第176号］

第九节 抵押权消灭

084［最高法院］银行将有抵押权的债权并入新的借款合同，到底有多大风险？

银行将有抵押权的债权并入新的借款合同后，抵押权消灭

裁判要旨

银行与债务人将原有的有抵押权担保的债权并入新的《综合授信合同》作为该合同项下的融资，本金也占用合同项下的授信额度，系双方就未获清偿部分债权所作的清结，即以新债权取代旧债权，原债权消灭，故相应的抵押权亦应归于消灭。在主债权更迭的情况下，相应的担保责任必然随之发生变化，故双方需另行签订抵押合同并办理抵押登记，抵押权顺位应按照新的抵押权登记完成的时间确定。

案情简介

一、2007年3月28日，中信厦门分行与三家乐公司签订授信额度为1500万元的《授信额度协议书》。同日，中信厦门分行与桥箱公司签订《授信额度抵押合同》，桥箱公司将其所有的面积为132710平方米的土地使用权抵押担保以上债权，2007年3月30日办理了抵押权登记。

二、2007年11月19日，中科智公司与桥箱公司签订一份《抵押（反担保）协议书》，约定桥箱公司以其所有的面积为132710平方米的土地使用权作为抵押，为保证人中科智公司提供反担保。2007年11月21日办理了抵押登记。后中科智公司作为保证人代三家乐公司向光大银行履行了债务。

三、2008年5月9日，三家乐公司与中信厦门分行签订《综合授信合同》，约定中信厦门分行与三家乐公司自上述授信额度使用期限开始日之前已将发生但尚未到期的融资业务项下三家乐公司应偿还或偿付给中信厦门分行的款项并入该合同，作为该合同项下的融资，其本金占用该合同项下的授信额度。同日，中信厦门分行与桥箱公司签订《最高额抵押合同》，约定桥箱公司以其所有的面积为 132710 平方米土地使用权作为上述综合授信合同的抵押。2008 年 5 月 9 日办理了抵押权登记。

四、中信厦门分行遂向厦门中院提起诉讼，请求判令三家乐公司立即支付中信厦门分行 1400 万元及利息，并请求判令中信厦门分行对抵押物享有优先受偿权。厦门中院支持了中信厦门分行的上述诉讼请求。判决生效后，三家乐公司未履行义务，中信厦门分行向厦门中院申请强制执行。厦门中院于 2011 年 1 月 21 日拍卖了桥箱公司的上述土地使用权，扣除实现债权的费用后余款为 12930376 元。2011 年 7 月 12 日，厦门中院作出《关于被执行人福建省桥箱机械工业有限公司所有的长泰县古农农场银塘工业区土地使用权拍卖款项的分配方案》，确定中信厦门分行为该土地的第一顺位抵押权人，中科智公司为该土地的第二顺位抵押权人。中科智公司随后向厦门中院对上述分配方案提出异议，中信厦门分行亦提出抗辩。

五、中科智公司遂向厦门中院提起执行异议之诉，请求判令：（1）撤销厦门中院《关于被执行人福建省桥箱机械工业有限公司所有的长泰县古农农场银塘工业区土地使用权拍卖款项的分配方案》；（2）中科智公司为第一顺位抵押权人。一、二审的厦门中院、福建高院均支持了中科智公司的诉请。

六、中信厦门分行仍不服，向最高法院申请再审，最高法院裁定驳回其再审申请。

败诉原因

本案中，中信厦门分行的败诉原因在于其对抵押物享有的抵押权顺位劣后于中科智公司。在再审申请中，中信厦门分行认为，中信厦门分行 2008 年办理的抵押权登记实为 2007 年 3 月抵押登记的连续登记，理应优先于中科智公司 2007 年 11 月取得的抵押权。但最高法院认为，中信厦门分行于 2008 年 5 月 9 日与三家乐公司签订的《综合授信合同》，将既往的债务并入至新的《综合授信合同》之下，构成对双方既往债权债务关系的“清结”，清结完成后双方原有的债权债务关系消灭，进而根据新签订的《综合授信合同》成立新的债权债务关系。在原债权债务关系消灭的前提下，作为既往债权担保的抵押权也理应消灭。因此，虽然新的《综合授信合同》的抵押物与既往债权的抵押物相同，根据新的抵押合同办理的抵押权登记也不能认定为是既往抵押权的连续登记。换言之，应根据新的抵押权登记的时间确定抵押权顺位，而不能根据原有的抵押权登记时间确定抵押权顺位。在本案中，中信厦门分行新的抵押权登记时间为 2008 年 5 月 9 日，而中科智公司抵押权登记的时间为 2007 年 11 月 21 日。故法院最终认定，中科智公司的抵押权顺位在先，中信厦门分行因此败诉。

败诉教训、经验总结

前事不忘，后事之师。为避免未来发生类似败诉，提出如下建议：

1. 应当区分借贷的展期与债务清结协议。

本案对于中信厦门分行的教训不可谓不惨痛、不深刻。中信厦门分行败诉的一个最为关键的原因即在于中信厦门分行没有准确把握 2008 年 5 月 9 日新签订的《综合授信合同》的法律内涵。

中信厦门分行以为，新签订的合同将既往借贷形成的债权纳入其中，构成对原借贷关系的展期，是原借贷关系的延续，故新办理的抵押权登记也构成对原抵押权登记的连续登记。但最高法院认为，新的《综合授信合同》构成对原债权债务关系的“清结”，即用新的合同对既往所有的债权债务关系进行了了结。这一“清结”，消灭了既往的债权债务关系，形成了全新的债权债务关系。其相应的法律后果是：消灭了原有的债权上的担保。清结协议最核心的特征在于，将既有的债权债务关系纳入新的债权债务关系中。纳入的方法有：（1）签订新的协议完全覆盖既往的债权债务关系；（2）协议中含有消灭既往债权债务关系，建立新的债权债务关系的内容；（3）协议中含有用新的债权债务关系替代原有的债权债务关系的内容。但应将清结协议与既往债权债务关系的确认协议区分开来。

在借贷关系的展期中，借贷双方仅仅是延长了债权债务关系的期限，债权债务关系不因展期而丧失同一性，在担保人同意继续提供担保的情况下，原担保关系自始继续有效。展期协议的核心特征在于仅仅延长了债权债务关系时间，除此之外的其他内容一概不发生变化。如果中信厦门分行与三家乐公司签订的《综合授信合同》不是“清结协议”，而是债务展期，那么中信厦门分行的抵押权登记时间即可从 2007 年 3 月 30 日开始起算。中信厦门分行不至于因此败诉。

因此，银行在与债务人签订涉及对既往债务的处理协议时，应严格区分展期协议与清结协议，防止将二者混淆，导致新的或者旧的债权“脱保”。对于有担保的既有债权，我们倾向于签订展期协议，以确保抵押权的优先顺位。

2. 应区分债务清结协议与借新还旧。

借新还旧与债务清结协议的共同点在于：协议签订后原有的债权债务关系即归于消灭。因此同清结协议一样，借新还旧协议签订后，旧的债权的担保也随之消灭，而不能当然延续至借新还旧协议。因此，为担保借新还旧协议，必须签订新的担保合同，涉及不动产抵押的还应重新办理抵押权登记。此时，新登记的抵押权应根据新登记的时间确定抵押权顺位，在存在顺位在先的抵押权时，存在一定的风险。

借新还旧与债务清结协议仍有以下不同：

（1）借新还旧是以新的贷款偿还旧的贷款的形式消灭原有的贷款；清结协议是以新的债权债务关系替代或消灭原有债权债务关系，内容和形式更为多样。

（2）借新还旧中，新贷数额往往与旧贷积欠的本息数额相等，而债务清结协议中新的债权额与旧的债权额则不一定完全相等，甚至有可能连给付内容都发生变化（如双方达成以提供新的劳务的方式结清既有的债权债务）。

因此，对于清结协议的认定，应根据协议的具体内容来确定，而不能仅根据协议的名称或者一方当事人的陈述来确定。不能因为清结协议给付的数额、给付的内容与原有的债权债务关系不同，即否定其消灭原债权债务关系的效力。

3. 应区分债务清结协议与代物清偿协议。

所谓的代物清偿协议，是指以其他种类的给付代替原合同约定的给付，从而消灭债权债务关系的协议。一般认为，代物清偿协议属于实践合同，即只有已实际履行的协议方能消灭原有的债权债务关系，否则债权人仍可要求债务人继续履行原债务。因此，代物清偿协议的签订并不当然消灭原有的债权债务关系，此点与清结协议则有所不同。

相关法条

《物权法》

第一百九十九条　同一财产向两个以上债权人抵押的，拍卖、变卖抵押财产所得的价款依照下列规定清偿：

（一）抵押权已登记的，按照登记的先后顺序清偿；顺序相同的，按照债权比例清偿；

（二）抵押权已登记的先于未登记的受偿；

（三）抵押权未登记的，按照债权比例清偿。

以下为最高法院在裁定书“本院认为”部分就此问题发表的意见：

本院认为，本案双方争议的焦点为中科智公司与中信厦门分行的抵押权顺位先后问题。依据我国物权法第一百九十九条之规定，在抵押权均经登记而有效设立的情况下，衡量同一抵押物上抵押权实现的顺序，应以抵押权登记的时间先后作为判断的依据。本案中中科智公司对案涉抵押物设立抵押权的时间为2007年11月21日，中信银行主张实现的抵押权则设立于2008年5月9日，显然迟于中科智公司抵押权的登记设立时间，因此中科智公司的抵押权顺位应优先于中信厦门分行。

中信厦门分行提出其于2008年5月9日设立的抵押登记实为2007年3月30日设立抵押权的续押，故其仍应为第一顺位抵押权人。本院认为中信厦门分行的主张不能成立，主要理由有三：

其一，案涉抵押物上于2007年3月30日与2008年5月9日设定的两次抵押权，系基于不同的主债权合同和相应的抵押合同，为担保不同的主债权而分别设定、独立登记，在形式上具有独立性。尽管中信厦门分行和厦门市三家乐工程机械有限公司（以下简称三家乐公司）在2008年所签订的《综合授信合同》中约定将2007年授信额度项下所发生的款项并入该合同，作为该合同项下的融资，本金也占用合同项下的授信额度，作为三家乐公司对中信厦门分行债务的组成部分，但在原合同一年履行期限届满的情形下，双方就未获清偿部分债权达成的合意系对2007年授信额度项下债务所作的清结，即以新债权取代旧债权，而非同一债权的展期。在主债权更迭的情况下，相应的担保责任必然随之发生变化，故双方需另行签订抵押合同并办理抵押登记。

其二，中信厦门分行在本案中行使抵押权所依附的债权均系在2008年的《综合授信合同》项下于2008年6月26日至11月20日期间发生的银行承兑汇票，而非基于2007年的协议。中信厦门分行作为专业的金融机构在授予中科智公司信用额度时即应对双方间的债务作出清理，并作为授信额度的发放依据。2008年授信协议中双方已就2007年额度项下未清偿部分债务并入后续协议达成了新的合意，后续实际发生的债权债务均产生于新的授信额度项下。即便中信厦门分行认为此前债务未得到清偿，其作为债权人却并未就2007年授信额度项下的未偿债务要求清偿，亦未就此行使抵押权，而是基于2008年实际发生的债务主张权利，故一、二审法院以该基础法律关系认定事实并无不当。

其三，设定抵押权的根本目的在于担保主债权的实现，抵押权依附于主债权而存续，主债权对抵押权人的担保责任具有重大影响。2007年的授信协议主债权因履行期限届满双方当事人的清结而消灭，故相应的抵押权亦已归于消灭，不存在连续登记的基础。本案中两次抵押登记基于不同的主债权，而非同一债权项下的分期登记或连续登记，故并不属于担保法解释第五十八条第二款所规制的针对同一笔债权的抵押期间，因登记部门原因致使抵押物连续登记的情形。因此中信厦门分行提出其2008年设立的抵押登记系2007年抵押权的连续登记的主张不能成立。

案件来源

中信银行股份有限公司厦门分行与福建省中科智担保投资有限公司其他合同纠

纷申请再审民事裁定书［最高人民法院（2014）民申字第 697 号］

085［最高法院］主债权丧失强制执行效力，抵押人能否要求解除抵押？

主债权因撤回强制执行申请而沦为自然之债的，抵押人可申请解除抵押权

裁判要旨

抵押权作为一种从权利，是为担保主债权的实现而设立，其效力状态应依附于主权利。如抵押担保的主债权被认定成为自然之债而丧失了法律强制力保护，从属于主债权的抵押权也丧失了法律强制力的保护。继续维持抵押登记的存在，就丧失其合法的依据，且影响抵押财产的效能发挥，故抵押权应当解除。

案情简介

一、1998 年至 1999 年，交通银行沈阳分行（以下简称沈阳交行）共借给花城公司 4 笔借款，共计人民币 4380 万元，花城公司以其自有的房屋及土地作担保，贷款到期后花城公司不能支付本息。2002 年 12 月 6 日，沈阳中院判决花城公司给付沈阳交行借款及利息。如未清偿，沈阳交行以抵押物变价后优先受偿。之后，沈阳交行向沈阳中院申请强制执行。

二、2003 年 9 月 1 日，沈阳交行与花城公司达成还款《协议书》。最高法院最终认定，该协议仅为履行法院判决的约定，并无创设新的债权债务关系的意图。沈阳交行向沈阳中院提出撤销对该案执行程序的申请，沈阳中院于 2004 年 1 月 11 日以（2003）沈法执字第 133 号民事（执行）裁定书，裁定终结该案的执行程序。

三、2004 年 6 月 7 日，沈阳交行将四笔债权转让给信达公司。此债权转让协议于 2004 年 8 月 2 日向花城公司送达，债权转让生效。信达公司向沈阳中院起诉，以还款《协议书》未履行为由，请求法院判决花城公司还本付息，并对抵押物享有抵押权。沈阳中院一审以债权丧失强制执行力沦为自然债务为由，驳回了信达公司诉请。信达公司不服，后辽宁高院二审、最高法院再审，均驳回了信达公司诉请。

四、花城公司向沈阳中院起诉，请求解除抵押物的抵押登记。沈阳中院、辽宁高院一、二审均支持了花城公司诉请。信达公司不服，向最高法院申请再审，最高法院裁定驳回再审申请。案涉抵押物抵押被解除。

败诉原因

本案中的信达公司不仅吃了哑巴亏，还被债务人以“反戈一击”的方式丧失了名存实亡的抵押权登记。本案中信达公司败诉的原因在于，其所受让的债权因债权转让人申请撤销强制执行而沦为不具有强制执行力的自然之债。本案的债权转让人沈阳交行在与花城公司达成还款协议后，即撤销了强制执行申请，沈阳中院作出了终结强制执行程序的裁定书。至此，沈阳交行与花城公司之间的4380万元的债权即丧失了在此申请法院强制执行的效力，沦为自然之债。故最高法院认为：“案涉抵押担保的主债权已经被认定成为自然之债，就丧失了法律强制力保护，虽然在法律上抵押权有其存在的独立价值，但就本案的抵押权而言，随着案涉抵押担保的主债权成为自然之债，客观上从属于主债权的抵押权也丧失了法律强制力的保护。综上，二审认定案涉的主债权和抵押权都不再受国家强制力的保护，继续维持抵押登记的存在，就丧失其合法的依据，且影响抵押财产的效能发挥。”故最高法院最终维持了二审法院关于解除抵押的判决事项。信达公司因此败诉。

败诉教训、经验总结

前事不忘，后事之师。为避免未来发生类似败诉，提出如下建议：

1. 自然之债不具有强制执行力。所谓的自然之债，是指债权人不能向法院申请强制执行，而只得由债务人自行履行的债务。如超过诉讼时效的债务、赌债、超过强制执行申请期限的债务等。故资产管理公司等债权受让人在受让他人债权时，不应仅关注所受让的债权是否已经超过诉讼时效，而需站在更广的层面从受让债务是否具有申请法院强制执行可能性的角度上，判断受让债务最终获得清偿的可能性。

2. 抵押等担保具有从属性。最高法院在本案中认为：“抵押权作为一种从权利，是为担保主债权的实现而设立，其效力状态应依附于主权利。”此处所言的效力上的从属性，不仅仅指主债权不成立、无效或者被撤销时，抵押权亦不复存在，还应包括抵押权担保的效力范围以主债权的效力为限。主债权沦为自然之债而丧失强制执行效力的，抵押权也丧失了继续存在的基础。故最高法院最终认定该案中抵押权登记基础存在丧失了合法依据，应予撤销。

3. 在债务人不履行生效判决时，债权人不仅应及时向法院申请强制执行以维护自身权益，更为重要的是在强制执行阶段应慎重撤回强制执行申请。尤其是要防止债务人通过签订所谓“还款协议书”的方式诱骗债权人撤回强制执行申请。因为如果撤回强制执行申请后被法院裁定终结执行，而又未在法定期间内再次提出的，则可能判决所确认的给付义务即沦为自然之债，丧失申请法院强制执行的效力，对债权人的权益影响甚为巨大，不得不引起高度重视。因此，在执行阶段切莫以为“判决在手，天下我有”。否则稍有不慎，即可能“赔了夫人又折兵”。

相关法条

《民事诉讼法》

第二百三十九条 申请执行的期间为二年。申请执行时效的中止、中断，适用法律有关诉讼时效中止、中断的规定。

前款规定的期间，从法律文书规定履行期间的最后一日起计算；法律文书规定分期履行的，从规定的每次履行期间的最后一日起计算；法律文书未规定履行期间的，从法律文书生效之日起计算。

第二百五十七条 有下列情形之一的，人民法院裁定终结执行：

（一）申请人撤销申请的；

（二）据以执行的法律文书被撤销的；

（三）作为被执行人的公民死亡，无遗产可供执行，又无义务承担人的；

（四）追索赡养费、扶养费、抚育费案件的权利人死亡的；

（五）作为被执行人的公民因生活困难无力偿还借款，无收入来源，又丧失劳动能力的；

（六）人民法院认为应当终结执行的其他情形。

以下为最高法院在再审期间就此问题发表的意见：

关于案涉抵押权是否应予解除的问题。抵押权作为一种从权利，是为担保主债权的实现而设立，其效力状态应依附于主权利。本案中，案涉抵押担保的主债权已经被认定成为自然之债，就丧失了法律强制力保护，虽然在法律上抵押权有其存在的独立价值，但就本案的抵押权而言，随着案涉抵押担保的主债权成为自然之债，客观上从属于主债权的抵押权也丧失了法律强制力的保护。综上，二审认定案涉的主债权和抵押权都不再受国家强制力的保护，继续维持抵押登记的存在，就丧失其合法的依据，且影响抵押财产的效能发挥，该认定并无不当，本院予以维持。

案件来源

中国信达资产管理股份有限公司辽宁省分公司、交通银行股份有限公司辽宁省分行抵押合同纠纷申诉、申请再审民事裁定书［最高人民法院（2017）最高法民申 1355 号］

中国信达资产管理股份公司辽宁省分公司与沈阳（中国北方花城）有限公司不良债权追偿纠纷再审民事判决书［最高人民法院（2013）民提字第 57 号］

延伸阅读

关于债权沦为自然之债后抵押权效力的判例：

一、支持主债权因诉讼时效而沦为自然之债的，抵押权消灭的判例

案例一：招商银行股份有限公司上海分行与陈某某商品房预售合同纠纷一案二审民事判决书［上海市第二中级人民法院（2011）沪二中民二（民）再终字第 26 号］，该院认为："本院二审认为，本案的争议焦点在于招行上海分行在陈某某方购买的房屋上所设定的抵押权是否可以存续。根据查明的事实，大联诚公司在将本案涉讼房屋出售给陈某某方后，为向招行上海分行借款人民币 1000 万元又将包括本案涉讼房屋在内的 17 套房屋抵押给了该行，但由于招行上海分行在 1999 年 9 月 10 日后未再向大联诚公司主张归还上述借款，一审法院据此认定招行上海分行与大联诚公司间的债务已经成为自然之债并无不当。同时，一审法院依据查明的事实，结合相关法律规定认定招行上海分行因未在法律规定的两年时间内行使抵押权，故本案涉讼房屋的抵押权已经超过除斥期间而被消灭，亦无不妥，对一审法院依据上述认定和据此作出的判决，本院可予维持。"

二、不支持主债权因诉讼时效而沦为自然之债的，抵押权消灭的判例

案例二：上诉人张胜福与被上诉人中国农业发展银行英德市支行、英德市储备粮管理公司及原审第三人英德市望龙建材供销公司抵押合同纠纷二审民事判决书［清远市中级人民法院（2013）清中法民三终字第 160 号］，该院认为："关于上诉人主张的抵押权是否符合消灭的法定情形的问题。经本院审查认为，借款因超过诉讼时效不受人民法院保护，只是丧失了诉讼的胜诉权，借款成了自然之债，但其债权仍然存在，根据《中华人民共和国担保法》第五十二条'抵押权与其担保的债权同时存在，债权消灭的，抵押权也消灭'的规定，债权存在的，其抵押权也同时存在。此外，《中华人民共和国物权法》第一百七十七条规定：有下列情形之一的，担保物权消灭：（一）主债权消灭；（二）担保物权实现；（三）债权人放弃担保物权；（四）法律规定担保物权消灭的其他情形。而上诉人未能提供证据证明其主张符合上述规定的情形，因此，上诉人请求确认抵押权消灭的上诉请求依据不足、理由不充分，本院不予采纳。因上诉人要求确认抵押权消灭的请求不成立，其请求注销抵押登记的请求也理据不足，且本院（2011）清中法民三终字第 111 号民事判决已告知上诉人对于土地使用权抵押登记问题，可持本院（2011）清中法民三终字第 110 号民事判决向相关部门请求处理，因此，上诉人的上诉请求依据不足，本院予以驳回。”

三、债权未在法定期间内申请强制执行而沦为自然之债的，抵押人可申请解除抵押权

案例三：西南技术进出口公司诉中国银行股份有限公司重庆市分行等建筑物和其他土地附着物抵押权纠纷案［重庆市第五中级人民法院（2008）渝五中民初字第 408 号］，该院认为：“本案查明的事实还表明，为担保 598XB0414、598XB0415 两个信用证项下债权而成立的抵押权，与该两个信用证项下的主债权都已经过人民法院生效判决的确认。但由于权利人（既是主债权人也是抵押权人）未在法定期限申请恢复强制执行，丧失了请求法院强制执行保护其合法权益的权利。其直接的法律后果就是 598XB0414、598XB0415 两个信用证项下的主债权成为自然之债，也就是丧失了国家强制力的保障。抵押权作为一种从权利，是为担保主债权的实现而设立，其效力状态应依附于主权利。在被终结执行的重庆市高级人民法院（1999）渝高法经二初第 1 号民事判决书中，债权人对涉案房屋的优先受偿权也包含其中。这就意味着权利人也丧失了请求法院强制执行抵押物，以实现其优先受偿权的权利。在这样的状态下，抵押物上所负担的抵押登记，对原抵押权人来讲因已经丧失了国家强制力的保障而变得毫无意义。但对抵押物所有人而言，继续维持抵押登记势必影响抵押物的正常使用和流转，尤其会影响抵押物交换价值的实现，妨害抵押物所有人所有权的行使。抵押担保本来是合法设置在抵押物上的负担，它在担保主债权实现的同时，妨碍了所有权的行使。在抵押权合法存在的时候，这样的妨碍是正当的。由于本案的主债权和抵押权都不再受国家强制力的保护，继续维持抵押登记的存在，就丧失了合法的依据。尽管本案争执的抵押权没有法定的消灭情形，但基于前述原因，为物尽其用，本院对原告要求解除抵押登记的诉请予以支持。”

086［江苏高院］债务人与他人虚构债务并设定抵押的，其他债权人应当怎么办？

债务人与他人虚构债务并设定抵押的，其他债权人可主张撤销抵押权

裁判要旨

《担保法司法解释》第六十九条的规定虽系在债务人存在多个普通债权人的情形下，禁止债务人与其中一个债权人恶意串通，将全部或部分财产设定抵押，但如果存在债务人与他人恶意串通虚构债权进而设定抵押损害其他债权人利益的行为，则更应为法律所禁止，应依据前述司法解释的规定撤销该抵押行为。

案情简介

一、2013 年 7 月 5 日，李金林与长盛公司、孙先杉、张慧签订编号为 20130705 的借款合同 1 份，李金林向长盛公司提供数额为 1000 万元的借款。孙先杉、张慧为长盛公司向李金林提供连带责任担保。2013 年 8 月 9 日，长盛公司与李金林签订房地产抵押担保合同 1 份，以其名下的两套房产为上述借款提供担保，并办理抵押登记。

二、长盛公司向李金林归还借款利息至 2013 年 9 月 26 日，本金未归还。李金林于 2013 年 12 月 26 日诉至南京中院，南京中院于 2014 年 3 月 27 日作出（2014）宁商初字第 5 号民事判决：长盛公司还本付息，孙先杉、张慧承担连带保证责任，李金林对抵押房产享有优先受偿权。上述判决生效后，李金林申请强制执行。

三、2014 年 9 月 17 日，南京中院发布（2014）宁执字第 285 号公告，对抵押房产进行评估、拍卖。后因抵押房产的国有土地使用权已抵押给孙仙鹤，致该房产的评估、拍卖未能继续进行。李金林以长盛公司与孙仙鹤恶意串通虚构 456 万元民间借贷债务并设定抵押为由向原审法院提出执行异议，但被裁定驳回。

四、李金林向南京中院提起执行异议之诉，请求撤销孙仙鹤的抵押权。南京中院查明，孙仙鹤、长盛公司签订案涉房地产抵押借款合同，实质是将孙先杉对孙仙鹤的个人债务转化为长盛公司对孙仙鹤的借款，并由长盛公司提供案涉国有土地使用权进行担保。遂一审判决支持支持李金林诉请。

五、孙仙鹤不服，上诉至江苏省高院，江苏省高院二审判决驳回上诉，维持原判。

败诉原因

本案中孙仙鹤败诉的原因在于其对抵押房产国有土地使用权的抵押权是通过与长盛公司虚构债务的方式取得的。孙仙鹤与长盛公司的债权债务关系实质是由孙先杉对孙仙鹤的个人债务转化而来，由长盛公司提供国有土地使用权进行担保。因此，长盛公司承担了本不应该由其承担的虚假债务，并为该虚假的债务提供了抵押担保。本案案情本不符合《担保法司法解释》第六十九条规定的构成要件，但江苏高院在适用法律时采用了“举轻以明重”的方法，认为《担保法司法解释》第六十九条虽系在债务人存在多个普通债权人的情形下，禁止债务人与其中一个债权人恶意串通，将全部或部分财产设定抵押，但如果存在债务人与他人恶意串通虚构债权进而设定抵押损害其他债权人利益的行为，则更应为法律所禁止，应依据前述司法解释的规定撤销该抵押行为。

败诉教训、经验总结

前事不忘，后事之师。为避免未来发生类似败诉，提出如下建议：

1. 根据《担保法司法解释》第六十九条的规定，债务人有多个普通债权人的，在清偿债务时，债务人与其中一个债权人恶意串通，将其全部或者部分财产抵押给该债权人，因此丧失了履行其他债务的能力，损害了其他债权人的合法权益，受损害的其他债权人可以请求人民法院撤销该抵押行为。本条的规定实际上是《合同法》第七十四条关于债权人撤销权的具体应用。根据《合同法》第七十四条的规定，“债务人以明显不合理的低价转让财产，对债权人造成损害，并且受让人知道该情形的，债权人也可以请求人民法院撤销债务人的行为”。如果债务人在资不抵债的情况下为个别债权人设定抵押，实际上是一种变相的“以不合理的抵押转让财产”的行为，故其他债权人可主张撤销。只是《担保法司法解释》第六十九条对此规定了更为严格的适用条件，即不仅要求债权人在资不抵债时为其他债权人设定了抵押，而且还要求债务人与其他债权人之间存在恶意串通的事实。

2. 在法律适用的过程中，要善于运用法律漏洞填补的解释方法。本案的相关案情本不符合《担保法司法解释》第六十九条的规定，因为该条的适用情形为债务人在资不抵债的情况下，为个别债权人以自己的财产设定抵押。即要求个别债权人与债务人之间存在真实的债权债务关系，而本案中长盛公司与孙仙鹤之间并不存在真实的债权债务关系。但江苏高院在适用法律时，并未拘泥于该条的文义，而是采用了“举轻以明重”的解释学方法，填补了这一法律漏洞。基本的裁判思路是，既然存在真实债务时为个别债权人设定抵押都为法所不许，那么为不存在真实债务的债权人设定抵押更应为法所不许。“举轻以明重”的解释方法是在确定一方当事人责任时常采用的填补漏洞的解释学方法，操作思路为：既然较轻 A 情形都要承担责任或不得主张权利，那么比 A 情形更重的 B 情形则更要承担责任或不得主张权利。

3. 债权人在维护自身权利时，不仅应当关注债务人是否具有偿债能力，而且要关注债务人在资不抵债的情形下的财产行为。尤其需关注债务人与个别债权人达成的以物抵债协议、抵押担保协议、抵消协议，与非债权人之间的财产转让协议、抵押协议、以物抵债协议等。如果发现上述协议可能存在低价甚至无偿转让财产的情形，债权人均可根据《合同法》第七十四条的规定或者《担保法司法解释》第六十九条的规定，主张撤销上述协议。

相关法条

《合同法》

第七十四条 因债务人放弃其到期债权或者无偿转让财产，对债权人造成损害的，债权人可以请求人民法院撤销债务人的行为。债务人以明显不合理的低价转让财产，对债权人造成损害，并且受让人知道该情形的，债权人也可以请求人民法院撤销债务人的行为。

撤销权的行使范围以债权人的债权为限。债权人行使撤销权的必要费用，由债务人负担。

《担保法司法解释》

第六十九条 债务人有多个普通债权人的，在清偿债务时，债务人与其中一个债权人恶意串通，将其全部或者部分财产抵押给该债权人，因此丧失了履行其他债务的能力，损害了其他债权人的合法权益，受损害的其他债权人可以请求人民法院撤销该抵押行为。

以下为江苏高院在判决书“本院认为”部分就此问题发表的意见：

最高人民法院《关于适用〈中华人民共和国担保法〉若干问题的解释》第六十九条的规定虽系在债务人存在多个普通债权人的情形下，禁止债务人与其中一个债权人恶意串通，将全部或部分财产设定抵押，但如果存在债务人与他人恶意串通虚构债权进而设定抵押损害其他债权人利益的行为，则更应为法律所禁止，应依据前述司法解释的规定撤销该抵押行为。本案中，孙仙鹤无充分证据证明其与长盛公司之间的债权债务关系成立，但长盛公司却以其土地使用权为该债权设定抵押，该抵押行为因损害债权人李金林的债权，应予撤销。

案件来源

孙仙鹤、李金林等申请执行人执行异议之诉民事判决书［江苏省高级人民法院（2015）苏商终字第00605号］

延伸阅读

关于债务人在资不抵债时“恶意串通”为个别债权人设定抵押的效力的判例：

一、不能证明债务人与个别债权人恶意串通的，其他债权人不得主张撤销抵押权

案例一：周成祥与宁波鑫瑞工业发展有限公司、中国银行股份有限公司宁波市鄞州支行债权人撤销权纠纷二审民事判决书［浙江省高级人民法院（2011）浙商外终字第60号］，该院认为：“周成祥主张其法律依据为最高人民法院《关于适用〈中华人民共和国担保法〉若干问题的解释》第六十九条规定……该条规定对于本案情形确具针对性，但其适用前提中的关键之处即债务人与抵押权人恶意串通的情节仍不能认定，理由在于：第一，虽然鑫瑞公司于2008年12月15日将全部土地及在建工程抵押时，确已存在包括周成祥在内的多个债权；基于同日签订的6000万元借款合同而办理的抵押担保范围包括此前已经发生的四个合同的借款，对于该四笔借款而言，也可认为系事后抵押，但周成祥并无证据证明中行鄞州支行在办理抵押时知道其他债权人的存在，且因鑫瑞公司的其他债务包括周成祥的在内，基本属于担保债务，中行鄞州支行称，无法从企业的征信系统查到这些债务，应是实情，就算鑫瑞公司自己在其他债权人起诉前，也难以确定有多少或然债务的债权人。第二，从原审法院（2010）浙甬商外初字第89号民事判决业已查明的鑫瑞公司工程进度情况看，中行鄞州支行与鑫瑞公司借款发生时，在建工程显然还不具备办理抵押的条件，故先将已具备抵押条件的土地办理了抵押手续，而后待在建工程基本成形时随即办理了抵押手续，并非是在建工程早已完工而拖延至遇险时突击抵押，本案事后抵押完全受鑫瑞公司工程进度所限制。第三，早在鑫瑞公司厂房等工程开工前，也是在中行鄞州支行向鑫瑞公司发放首笔贷款前的2006年5月11日，鑫瑞公司即向中行鄞州支行出具了《承诺函》，鑫瑞公司在该函中明确写明‘待厂房等后续抵押物形成并取得相关权证后及时办理抵押、保险手续，将贷款转入抵押项下’。虽然，周成祥认为该函不可能形成于函中落款日期即2006年5月11日而否认该函真实性，但其未能提供相反证据，故其提出仍需中行鄞州支行承担证明形成日期的举证责任的上诉理由，缺乏相应依据，原审法院认定该函真实性并无不当。尽管周成祥还认为，即使认定《承诺函》真实有效，《承诺函》也只针对2006年的贷款，不针对2008年的贷款，2008年贷款所对应部分的抵押仍属恶意抵押，但是，由于《承诺函》出具时，所有贷款尚未发生，函中写明的‘将贷款转入抵押项下’，应理解为全部贷款，如果仅指部分贷款，反而没有指向性，不合逻辑；其次，2008年12月15日的最高额抵押合同中明确注明的担保范围包括原先发生的贷款，并列明了相应贷款合同，可以印证《承诺函》中‘将贷款转入抵押项下’的含义就是为中行鄞州支行向鑫瑞公司发放的全部贷款提供担保，而《承诺函》中所述用于抵押的财产正与事后办理抵押的资产一致，故该《承诺函》足以表明鑫瑞公司向中行鄞州支行借款前达成的将相应资产予以抵押的合意，这种事先存在的合意是不存在事后恶意的明证。因此，中行鄞州支行在事先有抵押合意，又待抵押条件基本完备且又不知其他债权人存在的情况下，与鑫瑞公司办理的抵押手续，无法认定其存在恶意串通的情形。本案抵押行为因不存在最高人民法院《关于适用〈中华人民共和国担保法〉若干问题的解释》第六十九条规定的可撤销情形，原审法院未支持周成祥主张撤销抵押行为的请求正确，应予维持。”

二、个别债权人知晓债务人财务状况恶化仍接受其担保的，可认定为“恶意串通”

案例二：黄铁岩、黄铁英债权人撤销权纠纷二审民事判决书［青岛市中级人民法院（2017）鲁02民终165号］，该院认为：“本案为债权人撤销权纠纷，被上诉人起诉要求撤销二上诉人之间办理的房屋抵押。根据《最高人民法院关于适用〈中华人民共和国担保法〉若干问题的解释》第六十九条规定……就本案而言，本院认为二上诉人之间构成了恶意串通，上诉人黄铁岩将其财产抵押给其中上诉人黄铁英，损害被上诉人合法权益的情形。理由如下：（1）关于黄铁岩履行能力的问题，上诉人主张黄铁岩有大量债权已进入执行，不存在无财产执行的情况。对此，被上诉人提出抗辩，称经其查询，上诉人所主张的黄铁岩作为债权人的执行案件中相关债权均已执行终结，提供给被上诉人的相关抵押房产也已过户给他人等，黄铁岩并无财产可供执行，而且黄铁岩因逃避执行已经被黄岛区人民法院下达了协查通知。上诉人并未就其主张的仍有财产可供执行以及其债务人提供的抵押财产是否已经过户给他人或另行处理的情况提供证据，不能证明其还有其他可供执行财产，故，本院依法采信被上诉人的抗辩，对上诉人的主张不予采信。(2) 关于二上诉人是否构成恶意串通的问题，本院认为，上诉人黄铁英主张本案中与抵押房产相关的债权并无其与黄铁岩之间的资金往来全部明细予以核对和确认，无法确认该笔债权的真实性。即使该债权真实发生于 2014 年 12 月至 2015 年 1 月，上诉人黄铁英在诉讼中称其与上诉人黄铁岩有大量借款，每年都对账，上诉人黄铁英应当清楚上诉人黄铁岩的经济状况，而且上诉人黄铁英在诉讼中自认知道上诉人黄铁岩当时资金链出现问题，在此情形下，二上诉人在本案讼争房产抵押之前几天将黄铁岩名下的另一房产转至黄铁英名下，继而又将本案讼争房产抵押给黄铁英，而除此之外，黄铁岩再无其他有效财产可供执行，二上诉人的抵押行为明显构成恶意串通损害其他债权人利益。因此，一审法院判令撤销二上诉人之间的抵押行为符合法律规定。”

三、对于是否存在“恶意串通”的情形，应综合多种因素认定

案例三：郝意与华南商业银行股份有限公司深圳分行确认合同无效纠纷二审民事判决书［深圳市中级人民法院（2014）深中法房终字第 1027 号］，该院认为：“华南银行深圳分行对晶英达公司的第一笔债权于 2012 年 5 月 25 日到期，陈其良在此后的 2012 年 7 月 17 日将涉案房产抵押登记给郝意，而郝意对陈其良的债权已于 2010 年 3 月转化为借款，陈其良为郝意设定的抵押在郝意、陈其良的债务形成后两年，为事后抵押；双方办理抵押登记时，陈其良对郝意的债务尚未到期；郝意在接到华南银行深圳分行起诉郝意、陈其良的应诉通知后起诉陈其良要求其偿还借款本金人民币 240 万元，但未同时要求确认其对涉案房产享有抵押优先受偿权。原审判决综合以上事实认定郝意、陈其良的抵押行为存在恶意串通的情形，是正确的。并且陈其良所举证据不能证明其在将涉案房产抵押给郝意后仍有履行债务的能力，故原审法院认定陈其良因设定涉案房产的抵押而丧失了履行债务的能力正确。最高人民法院《关于适用〈中华人民共和国担保法〉若干问题的解释》第六十九条规定：……郝意、陈其良的抵押行为符合最高人民法院《关于适用〈中华人民共和国担保法〉若干问题的解释》第六十九条规定的债权人可以行使撤销权的构成要件，郝意上诉主张其与陈其良的抵押行为不存在最高人民法院《关于适用〈中华人民共和国担保法〉若干问题的解释》第六十九条规定的可撤销情形的理由不成立。”

087［公报案例］主债权超过诉讼时效，抵押权是什么状态？

抵押权人未在主债权诉讼时效期间内行使抵押权的，抵押权消灭

裁判要旨

抵押权人在主债权诉讼时效期间未行使抵押权将导致抵押权消灭，而非胜诉权的丧失。抵押权消灭后，抵押人要求解除抵押权登记的，人民法院应当支持。

案情简介

一、2009年8月11日，王军（甲方）与李睿（乙方）签订协议书，约定，甲方从乙方处借款50万元，期限自2009年8月11日至2009年9月10日。期满一次性偿还全部借款。为保证乙方的权益，甲方将位于北京市通州区A房屋抵押于乙方处。同日，从李睿的银行卡号向另一账户转款49.72万元。王军向李睿出具收条，写明："今收到李睿现金人民币伍拾万元整。"

二、2009年8月12日，王军和李睿在北京市通州区建设委员会办理了关于涉案房屋的抵押登记手续，2009年9月2日，李睿被登记为上述房屋的他项权利人，取得A房屋他项权利证书，其上记载房屋所有权人为王军，债权数额为人民币50万元。

三、后李睿未在诉讼时效期间内向王军主张债权及抵押权，该债权罹于诉讼时效。原告王军诉至法院，请求判令：李睿协助王军办理注销通州区A房屋的抵押登记手续。通州法院一审判决支持原告诉请。

四、李睿不服，上诉至北京三中院，三中院二审判决驳回上诉，维持原判。

败诉原因

本案中抵押权人李睿的败诉原因在于其未在主债权诉讼时效的期间内向抵押人王军主张行使抵押权。根据《物权法》第二百零二条的规定："抵押权人应当在主债权诉讼时效期间行使抵押权；未行使的，人民法院不予保护。"对于此处的"人民法院不予保护"的内涵，存在不同理解。有法院认为，应参照《民法通则》第一百三十五条的规定，将其理解为抵押权人的"胜诉权消灭"，而非抵押权本身消灭，如果抵押人自愿履行担保义务的，应予准许。但也有观点认为，应理解为抵押权的权利本体消灭，即只要抵押权人未在主债权诉讼时效期间内行使抵押权，抵押权本身就因期间的经过而灭失。本案的两审法院均采纳了第二种裁判观点。其中，二审法院更是从诉讼时效、抵押权、权利分类三个角度充分论证了这一观点。结合本案的实际，李睿作为抵押权人未在主债权期间内行使抵押权导致抵押权消灭，即应配合抵押人注销抵押登记。李睿因此败诉。

败诉教训、经验总结

前事不忘，后事之师。为避免未来发生类似败诉，提出如下建议：

1. 抵押权作为担保物权，具有从属性，其体现之一即为效力上的从属性。具体而言，主债权的成立和生效是抵押权成立和生效的前提，主债权消灭抵押权亦随之消灭。由于抵押权所担保的实际上是债权人请求债务人履行债务的请求权，因此抵押权实际上是依附于债权请求权能之上的权利。诉讼时效经过后，主债权中的请求权能即已经消灭，抵押权无所依附。因此，主债权诉讼时效经过后，具有从属性质的抵押权的效力即行消灭。

2. 有抵押担保的债权人不能因为有抵押权的存在而有恃无恐。理论上，抵押权为担保物权，除非存在《物权法》第一百七十七条规定的情形，担保物权不因其他事由而消灭。但该条第四项有一个兜底性条款，规定“法律规定担保物权消灭的其他情形”也可导致抵押权消灭，而《物权法》第二百零二条即为该类规定之一。因此，债权人不仅要在诉讼时效期间内积极主张债权，而且要在主张债权的同时积极主张抵押权。防止抵押权因诉讼时效经过而归于消灭。

3. 抵押权因债权人未在诉讼时效期间内行使导致抵押权消灭的，抵押人可要求抵押权人协助办理抵押权注销登记手续。如果抵押权消灭后，抵押权人仍保有抵押权利登记，基于抵押登记的公示公信效力，将导致抵押人对于抵押物的再行处分面临一定的困难，对抵押人而言甚为不利。因此，抵押人可请求抵押权人在抵押权消灭后协助注销抵押登记，如抵押权人拒不配合的，抵押人可通过诉讼的方式获得相应生效法律文书后，单方面向不动产登记机关申请注销抵押登记。

相关法条

《物权法》

第一百七十七条　有下列情形之一的，担保物权消灭：

（一）主债权消灭；

（二）担保物权实现；

（三）债权人放弃担保物权；

（四）法律规定担保物权消灭的其他情形。

第二百零二条 抵押权人应当在主债权诉讼时效期间行使抵押权；未行使的，人民法院不予保护。

以下为北京三中院在二审期间就此问题发表的论述：（清华大学法学院教授程啸博士对该论述给予了极高的评价）

关于争议焦点三，在主债权已过诉讼时效的前提下，本院认为李睿的抵押权已消灭，抵押人王军主张解除抵押登记的请求应予支持。然需特别指出的是，由于该争议焦点的本质涉及对《中华人民共和国物权法》（以下简称《物权法》）第二百零二条的理解，且与当事人的诉求和抗辩直接相关，故本院以法理为基，以规范为据，对于作出如上认定的理由阐释如下：

《物权法》第二百零二条规定："抵押权人应当在主债权诉讼时效期间行使抵押权，未行使的，人民法院不予保护"，该条款中"不予保护"含义的明确依赖于对诉讼时效和抵押权性质的分析。

首先，就诉讼时效而言，其以请求权人怠于行使权利持续至法定期间的状态为规制对象，目的在于让罹于时效的请求权人承受不利益，以起到促其及时行使权利之作用，依民法理论通说，其适用范围限于债权请求权。而就抵押权而言，其属于支配权，并非请求权的范围，更非债权请求权的范围，如将抵押权纳入诉讼时效的规制范围，无疑有违民法原理。

其次，就抵押权而言，其目的在于担保债务的履行，以确保抵押权人对抵押物的价值享有优先受偿的权利。为实现上述目的，抵押权对物之本身必将产生权能上的限制，对物的使用和转让均会发生影响。故，若对抵押权人行使抵押权的期限不进行限制，将使抵押财产的归属长期处于不稳定状态，不仅不利于保护当事人的合法权益，亦不利于物之使用和流通效能的发挥。此外，如果允许抵押权人在任何时候均可行使抵押权，则意味着在主债权经过诉讼时效且债务人因此取得抗辩权之后，债权人依然可从抵押人处获得利益，进而将抵押人和债务人之间的追偿和抗辩置于困境，换言之，也意味着抵押人将长期处于一种不利益的状态，其义务也具有不确定性，若如此，对于抵押人来说未免过于苛刻亦有失公允。

再次，从权利分类角度分析，在数项权利并存时，依据权利的相互依赖关系，有主权利与从权利之分，凡可以独立存在、不依赖于其他权利者，为主权利；必须依附于其他权利、不能独立存在的则为从权利。举例而言，在债权与为担保债的履行的抵押权并存时，债权是主权利，抵押权为从权利。在主权利已经丧失国家强制力保护的状态下，抵押物上所负担的抵押权也应消灭方能更好地发挥物的效用，亦符合《物权法》之担保物权体系的内在逻辑。故《物权法》第二百零二条规定抵押权行使期间的重要目的之一当在于促使抵押权人积极地行使抵押权，迅速了结债权债务关系，维系社会经济秩序的稳定。综合上述分析，应当认定在法律已设定行使期限后，抵押权人仍长期怠于行使权利时，法律对之也无特别加以保护的必要，应使抵押权消灭。具体到本案中，因李睿在主债权诉讼时效期间并未向王军主张行使抵押权，故对李睿的抵押权，人民法院不予保护，该抵押权消灭，王军请求解除抵押登记的请求应予支持。

案件来源

李睿诉王军抵押合同纠纷上诉案［北京市第三中级人民法院（2016）京 03 民终 8680 号，《中华人民共和国最高人民法院公报》2017 年第 7 期］

延伸阅读

关于主债权诉讼时效经过导致抵押权消灭的判例：

案例一：伊春农村商业银行股份有限公司林城支行与陈兆山合同纠纷民事裁定书［黑龙江省高级人民法院（2016）黑民申 535 号］，该院认为：“本院认为，陈兆山对于李云飞向伊春农商行贷款提供了两种担保方式，一是同伊春农商行签订《抵押担保借款合同》，陈兆山用其房屋作为抵押物，借款、抵押期间为 2005 年 4 月 15 日至 2006 年 4 月 15 日；二是出具《承诺书》，作为连带责任保证人提供担保，担保期限为 2005 年 4 月 15 日起至还清贷款本息为止。伊春农商行应当在借款合同履行期限届满后两年内向借款人李云飞主张权利，但伊春农商行在上述期间内并未主张过权利，且没有发生诉讼时效中止、中断或者延长的法定情形，故伊春农商行对李云飞的债权已经超出诉讼时效期间。依据《中华人民共和国物权法》第二百零二条‘抵押权人应当在主债权诉讼时效期间行使抵押权；未行使的，人民法院不予保护’的规定，伊春农商行因怠于行使权利已丧失要求法院保护其抵押权的胜诉权，陈兆山又以其行为明示不再进行抵押，故陈兆山与伊春农商行之间的抵押合同已终止，但因双方未办理解除抵押登记，影响陈兆山对抵押物的支配权，故一、二审法院判决解除《抵押担保借款合同》符合实际情况，伊春农商行认为不应解除合同的申请理由不能成立。……《中华人民共和国担保法》第五十二条规定：‘抵押权与其担保的债权同时存在，债权消灭的，抵押权也消灭’，但不能依据该项法律规定即推定‘只要债权未消灭，抵押权即存在’的理论，且亦受诉讼时效的限制，故伊春农商行以上述法律规定主张其仍享有抵押权的申请理由本院不予支持。”

案例二：邓章容与中国建设银行股份有限公司重庆市分行、中国建设银行股份有限公司重庆北碚支行抵押合同纠纷二审民事判决书［重庆市第一中级人民法院（2013）渝一中法民终字第04305号］，该院认为：“本案中，邓章容向建设银行北碚支行借款7万元，并以其房屋提供担保，办理了抵押登记。然而，根据已生效的重庆市北碚区人民法院作出的（2009）碚法民初字第869号民事判决，建设银行北碚支行、建设银行重庆分行对邓章容享有的贷款主债权已成为自然之债，丧失了国家强制力的保障。建设银行北碚支行对邓章容所享有的抵押权，作为一项从权利，是为担保贷款主债权的实现而设立，其效力状态应依附于主权利，在该抵押权不再受人民法院保护的情形下，抵押物上所负担的抵押登记，对抵押权人来讲因已丧失了国家强制力的保障而变得缺乏意义，但对抵押人而言，继续维持抵押登记势必影响抵押物的正常使用和流转，尤其会影响抵押物交换价值的实现，妨害抵押人所有权的行使。抵押担保本来是合法设置在抵押物上的负担，它在担保主债权实现的同时，妨碍了所有权的行使。在抵押权合法存在的时候，这样的妨碍是正当的。本案主债权和抵押权现都不再受国家强制力保护，继续维持抵押登记的存在，就丧失了合法的依据。同时，重庆市高级人民法院于2009年6月发布了规范性文件《审理金融债权及担保纠纷案件研讨会会议纪要》，其中第二条第（三）项载明：‘抵押权人在主债权诉讼时效期间届满后行使抵押权的法律后果，即《中华人民共和国物权法》第二百零二条“抵押权人应当在主债权诉讼时效期间行使抵押权；未行使的，人民法院不予保护”之规定的理解问题。会议认为，该规定是对抵押权存续期限的规定，超过该期限未行使抵押权的，抵押权消灭。’可见，根据该意见，《中华人民共和国物权法》第二百零二条中‘人民法院不予以保护’是指未行使的抵押权，因主债权诉讼时效的经过而消灭，而非丧失的仅是抵押权受人民法院保护的权利。因此，涉诉的抵押权业已消灭。综上，基于前述原因，为物尽其用，定纷止争，应支持邓章容要求解除抵押登记、返还房屋产权证的诉讼请求。因在目前的抵押登记记载中，建设银行北碚支行还是抵押权人，其也收取了邓章容房屋产权证，建设银行北碚支行负有当然的办理解除该抵押登记和返还房屋产权证的义务，必要时建设银行重庆分行也应予以协助。因此，一审判决驳回邓章容的诉讼请求，属于适用法律错误，本院予以纠正。”

案例三：上诉人中国农业银行股份有限公司佳木斯分行与被上诉人刘继贤、王洪梅、刘维宗、刘乐贤抵押合同纠纷二审民事判决书［佳木斯市中级人民法院（2014）佳商终字第9号］，该院认为："抵押权设立的目的是担保主债务的履行及债权的实现，而债权的实现除了债务人主动履行义务，更多的是依靠债权人积极主张债权。本案主因是上诉人没有在诉讼时效届满前，主张到期债权和行使抵押权而丧失胜诉权，被法院判决驳回诉讼请求。被上诉人要求上诉人出具解除抵押登记手续，上诉人以享有'自然权利'为由拒绝出具解除抵押登记手续。上诉人怠于行使权利，导致主债权超过诉讼时效期间，抵押权无法实现。如果任凭这种状态持续，则不利于抵押物的有序流转和价值实现。因此，应认定抵押权消灭，这符合法治精神，也有利于最大限度发挥财产的效能。本案被上诉人刘继贤、王洪梅、刘维宗、刘乐贤为刘继贤、王洪梅与上诉人借贷提供抵押担保过程中已履行了义务，但由于上诉人不在法定的期间内主张权利，致使自身丧失胜诉权，进而无法实现债权，其抵押权由于自身不作为而消灭。抵押权消灭后，抵押人有权要求抵押权人办理解除抵押登记手续。原审判决并无不当，上诉人的上诉主张缺乏事实和法律依据，本院不予支持。"

第十节　其他问题

088［最高法院］抵押权能否善意取得，如何善意取得？

抵押权为担保物权，可参照适用善意取得制度

裁判要旨

抵押权属于担保物权，属于《物权法》第一百零六条第三款规定的"其他物权"范围，故可根据物权登记公示公信原则，善意取得抵押权。

案情简介

一、2013年1月14日，张树锦与时任菊隆高科公司董事长、法定代表人的谢瑞鸿签订《借款协议书》，约定由张树锦向谢瑞鸿提供1920万元借款。施翼作为借款的担保人，以其名下土地和房屋（为夫妻共同财产，但仅登记在施翼名下）提供抵押担保，并办理了抵押登记。菊隆高科公司作为本次借款的连带责任保证人，由法定代表人谢瑞鸿签字并盖章。张树锦与施翼并不熟识。

二、借款到期后，谢瑞鸿并未如约归还借款亦未支付利息，张树锦多次追索均未果，故诉至赣州中院，请求：谢瑞鸿、菊隆高科公司、施翼连带还本付息，并对抵押物享有优先受偿权。施翼提出反诉，请求：撤销施翼2013年1月14日为谢瑞鸿向张树锦借款本金1920万元设定的房屋和土地抵押担保。赣州中院一审判决谢瑞鸿、菊隆高科公司、施翼连带还本付息，但驳回了其主张对抵押物享有优先受偿权的诉请。

三、张树锦不服，上诉至江西高院，江西高院二审改判支持张树锦对抵押物享有优先受偿权。

四、施翼不服，向最高法院申请再审，最高法院裁定驳回再审申请。张树锦对抵押物的优先受偿权得以确认。

败诉原因

本案中施翼的败诉原因在于抵押权可以善意取得。根据已查明的事实，案涉抵押的土地和房屋属于夫妻共同财产，施翼在签订抵押合同及办理抵押登记时，均未取得过其妻子的同意。但上述房屋及土地仅登记在施翼个人名下，不动产登记簿上并无其妻子作为共有人的记载。根据《物权法》第一百零六条第三款的规定，作为担保物权的抵押权，可参照适用善意取得制度。因此，江西高院认为："信丰县房产管理局登记权利人仅为施翼，张树锦可根据物权登记公示原则，信赖施翼对该房屋具有完全处分权，除非有证据证明张树锦事先明知登记错误，信丰县房产管理局为张树锦办理了他项权利证书，张树锦善意取得本案抵押房产的抵押权。"最高法院在再审本案时也认为："抵押权属于担保物权，属于《物权法》第一百零六条第三款规定的'其他物权'范围。因此，二审法院适用该条认定张树锦根据物权登记公示原则，信赖施翼对案涉抵押房产具有完全处分权，适用法律并无不当。"故张树锦通过善意取得的方式取得了案涉抵押物的抵押权，施翼因此败诉。

败诉教训、经验总结

前事不忘，后事之师。为避免未来发生类似败诉，提出如下建议：

1. 抵押权为担保物权，可适用善意取得制度。《物权法》第一百零六条第三款规定："当事人善意取得其他物权的，参照前两款规定。"抵押权为担保物权，为本款所称“其他物权”之一种，故可参照适用《物权法》第一百零六条的善意取得制度。

2. 根据《物权法》第一百零六条的规定，对于不动产抵押权的善意取得应满足以下构成要件：（1）抵押物物权（所有权、用益物权）存在登记错误，导致名义登记人并非真实的权利人或者完全的权利人；（2）接受抵押的债权人对抵押物物权登记存在登记错误并不知情；（3）存在真实的担保债权；（4）已经办理了抵押登记。由于提供抵押在抵押人和抵押权人之间，是一种无偿行为，故《物权法》第一百零六条规定的“支付合理对价”的要求，并非抵押权善意取得的构成要件之一，但鉴于抵押权具有从属性，故要求抵押所担保的债权必须真实存在。结合本案的具体情况来看，作为抵押权人的张树锦与作为抵押人的施翼并不熟识，张树锦无从判断登记在施翼名下的房屋是否为夫妻共同财产，是否存在其他共有人，故张树锦对于抵押物物权登记存在登记错误的情形并不知情且无重大过失，应认定为善意。故江西高院及最高法院均认为张树锦通过善意取得的方式取得了案涉抵押物的抵押权。

3. 不动产物权登记存在登记错误对于真实权利人而言，存在一定的风险。不动产物权登记的登记错误主要有几种形态：（1）登记的权利主体错误；（2）应登记的权利人或者权利未登记；（3）已经消灭的物权登记未注销；（4）已经实际发生物权变动的不动产物权未变更登记；（5）权利顺位登记错误。在出现登记错误时，真实权利人或者利害关系人可根据《物权法》第三十三条的规定请求人民法院确认其权利；也可直接根据《物权法》第十九条的规定，向不动产登记机关申请更正登记；在登记的权利人不同意更正而不动产物权又面临被无权处分的风险时，可申请异议登记，并在异议登记完成后及时提起不动产物权确权之诉。

相关法条

《物权法》

第十九条 权利人、利害关系人认为不动产登记簿记载的事项错误的，可以申请更正登记。不动产登记簿记载的权利人书面同意更正或者有证据证明登记确有错误的，登记机构应当予以更正。

不动产登记簿记载的权利人不同意更正的，利害关系人可以申请异议登记。登记机构予以异议登记的，申请人在异议登记之日起十五日内不起诉，异议登记失效。异议登记不当，造成权利人损害的，权利人可以向申请人请求损害赔偿。

第三十三条 因物权的归属、内容发生争议的，利害关系人可以请求确认权利。

第一百零六条 无处分权人将不动产或者动产转让给受让人的，所有权人有权追回；除法律另有规定外，符合下列情形的，受让人取得该不动产或者动产的所有权：

（一）受让人受让该不动产或者动产时是善意的；

（二）以合理的价格转让；

（三）转让的不动产或者动产依照法律规定应当登记的已经登记，不需要登记的已经交付给受让人。

受让人依照前款规定取得不动产或者动产的所有权的，原所有权人有权向无处分权人请求赔偿损失。

当事人善意取得其他物权的，参照前两款规定。

《最高人民法院关于适用〈中华人民共和国物权法〉若干问题的解释（一）》

第一条 因不动产物权的归属，以及作为不动产物权登记基础的买卖、赠与、抵押等产生争议，当事人提起民事诉讼的，应当依法受理。当事人已经在行政诉讼中申请一并解决上述民事争议，且人民法院一并审理的除外。

第二条 当事人有证据证明不动产登记簿的记载与真实权利状态不符、其为该不动产物权的真实权利人，请求确认其享有物权的，应予支持。

第三条 异议登记因物权法第十九条第二款规定的事由失效后，当事人提起民事诉讼，请求确认物权归属的，应当依法受理。异议登记失效不影响人民法院对案件的实体审理。

第十六条 具有下列情形之一的，应当认定不动产受让人知道转让人无处分权：

（一）登记簿上存在有效的异议登记；

（二）预告登记有效期内，未经预告登记的权利人同意；

（三）登记簿上已经记载司法机关或者行政机关依法裁定、决定查封或者以其他形式限制不动产权利的有关事项；

（四）受让人知道登记簿上记载的权利主体错误；

（五）受让人知道他人已经依法享有不动产物权。

真实权利人有证据证明不动产受让人应当知道转让人无处分权的，应当认定受让人具有重大过失。

以下为最高法院在再审期间就抵押权善意取得问题发表的意见：

施翼申请再审主张原审判决对以下问题适用法律错误……二是施翼设定抵押未取得配偶同意，抵押无效，二审法院错误适用《物权法》第一百零六条之善意取得制度。对此，《物权法》第一百零六条第一款、第二款规定了所有权的善意取得制度，但第三款同时还规定："当事人善意取得其他物权的，参照前两款规定"，因此其他物权可以参照该条前两款关于所有权善意取得的规定处理。《物权法》第二条第三款规定："本法所称物权，是指权利人依法对特定的物享有直接支配和排他的权利，包括所有权、用益物权和担保物权。"抵押权属于担保物权，属于《物权法》第一百零六条第三款规定的"其他物权"范围。因此，二审法院适用该条认定张树锦根据物权登记公示原则，信赖施翼对案涉抵押房产具有完全处分权，适用法律并无不当。施翼该项申请再审理由亦不能成立。

案件来源

再审申请人施翼因与被申请人张树锦、谢瑞鸿、赣州菊隆高科技实业有限公司民间借贷纠纷案再审裁定书［最高人民法院（2015）民申字第3063号］

延伸阅读

关于抵押权善意取得的三个裁判观点：

一、动产抵押权可适用善意取得

案例一：唐友良与陕西海通嘉豪融资担保有限责任公司担保物权纠纷申请再审民事裁定书［最高人民法院（2013）民申字第103号］，最高法院认为："《中华人民共和国物权法》第一百零六条第三款规定：'当事人善意取得其他物权的，参照前两款规定。'一、二审法院已查明的事实为，惠通公司于2009年2月27日向咸阳市秦都区农村信用合作联社借款90万元，海通公司为惠通公司提供了担保。惠通公司与海通公司签订了抵押合同，约定将惠通公司所有的印染设备抵押给海通公司，并于2009年3月11日在咸阳市工商行政管理局办理了动产抵押登记手续。后海通公司于2010年1月12日代惠通公司偿还贷款本息共计913806元。同时，海通公司在一、二审中提交的《抵押合同》《动产抵押登记书》《反担保保证合同》《陕西惠通印染有限公司股东会决议》《股东个人财产情况说明与承诺》等证据亦表明惠通公司为涉案印染设备设定抵押的事实。唐友良提供的证据不足以证明海通公司取得涉案设备的抵押权具有恶意，海通公司为善意抵押权人，依法取得了涉案设备的抵押权。二审判决对此认定并无不当。"

二、抵押权善意取得时抵押权人不需要支付合理对价，但担保债权必须真实

案例二：兴业银行股份有限公司潍坊分行、刘炳新城乡建设行政管理：房屋登记管理（房屋登记）纠纷再审行政判决书［山东省高级人民法院（2017）鲁行再6号］，该院认为："关于申请人是否善意取得涉案房产抵押权的问题。《中华人民共和国物权法》（下称《物权法》）第一百零六条第一款规定，构成善意取得必须同时具备三个条件：'（一）受让人受让该不动产或者动产时是善意的；（二）以合理的价格转让；（三）转让的不动产或者动产依照法律规定应当登记的已经登记，不需要登记的已经交付给受让人。'第三款规定：'当事人善意取得其他物权的，参照前两款规定'。据此规定，申请人可以善意取得房屋抵押权，但必须满足上述三个条件。本案中，申请人在与刘炳新设立抵押权时，对其与陈秀玲仍处于婚姻关系存续期间的情况并不知情。刘炳新提供给申请人的离婚证、离婚协议、婚姻登记记录证明材料在形式上没有明显瑕疵，且涉案抵押担保在经过行政机关审查后也办理了登记。刘炳新的真实婚姻状况必须经过查询民政部门登记才能知晓，如若将此全部归属于担保债权人的审查义务范围，未免过于严苛，亦有违合同法、担保法等保护交易安全的立法初衷。因此，申请人有理由相信刘炳新提供的证明材料的真实性。在此情况下，其接受担保行为过程中的审查义务已经完成。申请人基于房产证显示涉案房产系刘炳新'单独所有'，基于对刘炳新提供的婚姻状况证明材料的信赖，完全有理由相信涉案房屋系刘炳新的个人财产。因此，申请人在接受刘炳新提供担保的过程中，已经尽到了合理的审查义务，主观上构成善意。根据《物权法》的上述规定，善意取得还应当符合'以合理的价格进行转让'，但基于抵押权作为担保物权的特殊性质，显然不存在'合理的转让价格'，故本院认为仅需给付合理的对价即可。本案中，申请人已向孙光奎、付春红支付了300万元贷款，符合给付合理对价的条件。综上，申请人符合善意取得法定条件，能够善意取得涉案房屋抵押权。"

三、法院确权的裁判文书具有排除他人根据不动产登记簿记载善意取得抵押权的效力（本裁判观点值得商榷）

案例三：贵阳农商行执行异议之诉案民事判决书［贵州省高级人民法院（2014）黔高民终字第12号］，该院认为："农商行小河支行取得对案涉房屋抵押权不属于善意取得。农商行小河支行虽然根据争议房产的产权证登记情况办理了抵押贷款手续，但本案争议房产办理产权登记和抵押登记之前，本院（1997）黔高法执字第21-4号生效民事裁定已将争议房产权利确定给了振华公司，该裁定书作为生效法律文书，具有公示公信力和执行力，应视为农商行小河支行依法应当知道振华公司取得了争议房产权属的事实。同时，本案案涉房产早在2000年就已经交由振华公司占有使用，农商行小河支行在取得抵押登记过程中也并未进行任何现场核实工作，没有尽到合理的注意义务，故其抵押权的取得不属于善意取得。”

089［最高法院］债权人协议交换抵押物是否构成单独转让抵押权？

对同一债务人享有债权的数个债权人协议交换抵押物，不属于单独转让抵押权

裁判要旨

数个债权人与同一个债务人约定对原合同设定抵押权的抵押物进行交换，并非单独进行抵押权转让，该变更协议应有效。

案情简介

一、1996 年 5 月 6 日，水产公司与稼润公司签订了分房方案，将环球广场 10～14 层分给了水产公司。水产公司同意以上述房屋为稼润公司向华夏公司的贷款提供抵押担保。

二、1997 年 10 月 27 日，信用联社与稼润公司签订了抵押借款合同和抵押合同，约定：信用联社向稼润公司发放贷款 2000 万元。稼润公司以环球广场 24～27 层房屋作为抵押担保。

三、2000 年 1 月 8 日，信用联社、稼润公司、华夏公司签订一份变更抵押物协议。华夏公司与信用联社在解除原抵押的基础上协议交换了抵押物，并重新办理了抵押登记。

四、2003 年 2 月 21 日，信用联社向重庆高院提起诉讼，请求判令稼润公司偿还借款本金及其利息；华夏公司承担连带赔偿责任；信用联社对环球广场 10～14 层房产享有优先受偿权。稼润公司反诉称，信用联社未按约定的期限提供贷款，应承担违约责任。水产公司作为有独立请求权的第三人，请求法院判决确认信用联社对环球广场 10～14 层房屋不享有抵押权。

五、重庆高院一审判决稼润公司还本付息；信用联社对环球广场 10～14 层房产享有优先受偿权。驳回了稼润公司的反诉。

六、水产公司不服，以债权人间抵押物交换构成脱离债权的抵押权转让，故抵押物交换应属无效为由向最高法院提起上诉。最高法院判决驳回上诉，维持原判。

败诉原因

本案中水产公司的败诉原因在于债务人与数个债权人之间达成的关于交换抵押物协议的行为，并不属于单独转移抵押权的行为，而是在解除原抵押后重新设定抵押担保的行为。担保物权具有从属性，其权利存在的目的即在于担保特定的债权。担保物权从属性的重要内容之一即为转移上的从属性，即担保物权不能脱离于债权单独转让，而只能与其所担保的债权一并转让。即使当事人未对一并转让作出约定的，也视为一并转让。《担保法》第五十条的规定："抵押权不得与债权分离而单独转让或者作为其他债权的担保。"《物权法》第一百九十二条也有相同的规定。因此，如果抵押权脱离于其所担保的债权而单独转让，并不能发生抵押权转让的法律效果。在本案中，华夏公司、信用联社与稼润公司达成了交换抵押物的协议，但其交换的程序设计则是通过解除原抵押而重新设定新的抵押来实现的。因此，可认定各方已重新达成了抵押担保的协议。故最高法院未认定本案中协议交换抵押物的行为构成了脱离担保债权单独转移抵押权。水产公司因此败诉。

败诉教训、经验总结

前事不忘，后事之师。为避免未来发生类似败诉，提出如下建议：

1. 根据《担保法》第五十条、《物权法》第一百九十二条的规定，抵押权为担保物权，具有从属性，不能脱离于其所担保的债权而单独转让。如果当事人约定单独转让抵押权的，不发生抵押权转移的法律效果。抵押权不能单独转让不仅体现为抵押权不能脱离于担保的债权而转让，也表现为担保某一债权的抵押权不能通过转让而担保另一债权，还表现为债权人不能仅转让债权而自己单独保留抵押权。

2. 不同债权人对同一债务人享有债权时，各方协议交换抵押物，如果处理得当，并不属于脱离担保的债权单独转让抵押物的行为。具体的操作路径为：(1) 债权人、抵押人及债务人各方达成变更抵押物的协议；(2) 各方共同申请将原有的抵押物解押；(3) 各方根据交换后的抵押物情况重新办理抵押登记。

3. 对于交易结构的设计，不仅要满足各方当事人的现实需求，更要符合法律相关规定。本案中，正是因为各方当事人对交换抵押物这一事项设计了良好的交易结构，才使得各债权人交换抵押物的交易免于被认定为单独转让抵押权的行为。如果在此过程中交易结构设计不当，导致法院认定交易行为构成单独转让抵押权，则各债权人都将面临“脱保”的巨大风险。因此，对于重大的交易行为，建议委托律师对交易结构进行设计、审查，确保交易行为合法有效，充分维护各方利益

相关法条

《担保法》

第五十条 抵押权不得与债权分离而单独转让或者作为其他债权的担保。

《物权法》

第一百九十二条 抵押权不得与债权分离而单独转让或者作为其他债权的担保。债权转让的，担保该债权的抵押权一并转让，但法律另有规定或者当事人另有约定的除外。

以下为最高法院在二审判决书中“本院认为”部分就此问题发表的意见：

信用联社、华夏公司、稼润公司三方签订变更抵押物协议及进行抵押物交换的行为，是否违反了《担保法》关于抵押权不得与债权分离单独转让的禁止性规定。2000年1月8日信用联社、华夏公司、稼润公司三方签订的变更抵押物协议，是信用联社和华夏公司作为债权人与同一个债务人稼润公司协商一致后，对原合同中设定的抵押物进行交换的行为，并非单独进行抵押权转让。该协议的履行表明，三方当事人是通过分别解除原抵押之后重新设定抵押，不属于抵押权与债权分离单独转让的情形，也未超越委托书的授权范围。该变更抵押物协议，是三方当事人真实意思表示，不违反法律禁止性规定。在该变更抵押物协议签订后，当事人各自办理了解除抵押和重新抵押的手续，并经有关部门核准登记。因此，原审法院确认变更抵押物协议有效，是正确的，本院应当予以维持。上诉人关于变更抵押物协议内容违反《担保法》禁止性规定，应当确认无效的主张，于法无据，本院不予支持。

案件来源

重庆市水产集团公司与重庆市江北区农村信用合作社联合社等借款抵押合同纠纷二审民事判决书［最高人民法院（2004）民二终字第52号］

090［公报案例］抵押人用假房产证抵押诈骗贷款，房管局要“背锅”

抵押人用假房产证抵押诈骗贷款，房管局应予赔偿

裁判要旨

房管部门在履行抵押登记职责时，未尽到必要的注意义务，造成行政相对人损失的，应承担相应的国家赔偿责任。

案情简介

一、1995 年 4 月 17 日，信托公司与天龙公司签订了 700 万元的《借款合同》。天龙公司以其房屋作为抵押担保。同年 4 月 26 日，南昌市房交所作出《房屋抵押贷款通知书》，认定抵押物产权人为天龙公司，产权证号为 005518，抵押权人为信托公司。

二、1995 年 6 月 13 日，南昌市房管局函告信托公司，发现颜桂龙（天龙公司法定代表人）未在市房屋产权监理处办理房屋产权证书，即用假产权证办理了房产抵押贷款手续。1995 年 6 月 16 日，江西省南昌市公安局对颜桂龙利用假房产证诈骗贷款一案立案侦查。2000 年 10 月 20 日，南昌中院判决颜桂龙构成诈骗罪，判处无期徒刑。

三、1996 年 5 月 7 日，信托公司以南昌市房管局为赔偿义务机关向其提出行政赔偿申请。南昌市房管局在法定期限内未作出是否赔偿的决定。同年 8 月 28 日，信托公司向江西高院提起行政赔偿诉讼。诉讼中，信托公司注销企业法人登记，其债权债务由中国银行江西省分行承担。

四、江西高院一审判决由南昌市房管局赔偿中国银行江西省分行贷款损失 4505000 元的 60%，即 2703000 元。

五、南昌市房管局不服，上诉至最高法院，最高法院二审判决由南昌市房管局赔偿中国银行江西省分行人民币 2477750 元及利息。

败诉原因

本案中，南昌市房管局败诉的原因在于，其作为不动产登记机关，在作出不动产抵押登记时，未尽必要的审查注意义务。本案虽然发生在《物权法》实施之前，但根据建设部《城市房屋产权产籍管理暂行办法》[①] 第四条第二款、第十条和建设部、中国人民银行《关于加强与银行贷款业务相关的房地产抵押和评估管理工作的通知》[②] 第一条，以及建设部、国家物价局、国家工商行政管理局《关于加强房地产交易市场管理的通知》[③] 第三条的规定，南昌市房管局是南昌市范围内办理房产产权登记及抵押登记的行政主管部门。其在办理包括抵押登记在内的不动产登记时，应当通过查阅不动产登记簿的方式对拟登记的不动产的权利状况进行审查。如果当事人持有假的不动产权利证书（包括所有权证书、他项权利证书）办理不动产登记，不动产登记机关可以识别。但遗憾的是，在本案中南昌市房管局违反职业规范，未尽必要的注意义务，为持有假房产证实施诈骗的天龙公司办理抵押登记手续，并明示信托公司可以办理贷款，最终导致信托公司相应的损失。故最高法院最终认定，南昌市房管局应承担相应的损害赔偿责任。南昌市房管局故而败诉。

败诉教训、经验总结

前事不忘，后事之师。为避免未来发生类似败诉，提出如下建议：

1. 根据《物权法》第十二条的规定，当事人申请不动产登记时，不动产登记机关应当“查验申请人提供的权属证明和其他必要材料”。国土资源部制定的《不动产登记操作规范（试行）》第 3. 3. 2. 2 条规定：“不动产登记机构应当查验不动产权证书或者不动产登记证明是否真实、有效。”此处所谓的“查验”，不仅包括形式上检查，也包括实质上的验证。故不动产登记机关对于申请人提供的关于权属证明的材料有通过不动产登记簿进行核验的义务。如果申请人提供虚假的权属证明材料骗取不动产登记机关登记进而导致第三人损害的，不动产登记机关应根据《物权法》第二十一条的规定承担损害赔偿责任。因此，不动产登记机关在进行不动产登记时，应当严格审查，必要时应根据《物权法》第十二条第二款的规定，实地查勘不动产。

---

① 现已失效。

② 现已失效。

③ 现已失效。

2. 抵押人在进行不动产抵押登记申请时，一定要提供真实有效的证明材料，切勿企图通过提供虚假的证明材料蒙混过关。因为通过虚假的证明材料申请抵押登记，可能构成贷款诈骗罪，法律风险极大。

3. 银行等债权人，如果碰到债务人、抵押人提供虚假的证明材料办理抵押登记时，不仅可以根据抵押合同的约定直接追究抵押人、债务人的违约责任，而且还可以根据《物权法》的相关规定要求不动产登记机关承担一定的损害赔偿责任。但银行作为专业的金融机构，根据《中华人民共和国商业银行法》（以下简称《商业银行法》）第三十六条的规定，负有严格审查抵押物、质物的权属和价值的义务。故在抵押人通过欺诈手段骗取抵押登记时，银行并不能通过向不动产登记机关申请损害赔偿的方式全部转移经营风险。

相关法条

《物权法》

第十二条 登记机构应当履行下列职责：

（一）查验申请人提供的权属证明和其他必要材料；

（二）就有关登记事项询问申请人；

（三）如实、及时登记有关事项；

（四）法律、行政法规规定的其他职责。

申请登记的不动产的有关情况需要进一步证明的，登记机构可以要求申请人补充材料，必要时可以实地查看。

第二十一条 当事人提供虚假材料申请登记，给他人造成损害的，应当承担赔偿责任。

因登记错误，给他人造成损害的，登记机构应当承担赔偿责任。登记机构赔偿后，可以向造成登记错误的人追偿。

《商业银行法》

第三十六条 商业银行贷款，借款人应当提供担保。商业银行应当对保证人的偿还能力，抵押物、质物的权属和价值以及实现抵押权、质权的可行性进行严格审查。

经商业银行审查、评估，确认借款人资信良好，确能偿还贷款的，可以不提供担保。

《中华人民共和国国家赔偿法》

第四条 行政机关及其工作人员在行使行政职权时有下列侵犯财产权情形之一

的，受害人有取得赔偿的权利：

（一）违法实施罚款、吊销许可证和执照、责令停产停业、没收财物等行政处罚的；

（二）违法对财产采取查封、扣押、冻结等行政强制措施的；

（三）违法征收、征用财产的；

（四）造成财产损害的其他违法行为。

《不动产登记操作规范（试行）》

3.3.2 查验申请材料是否符合法定形式

3.3.2.1 不动产登记机构应当查验申请人的其他申请材料规格是否符合本规范第1.8节的要求；有关材料是否由有权部门出具，是否在规定的有效期限内，签字和盖章是否符合规定。

3.3.2.2 不动产登记机构应当查验不动产权证书或者不动产登记证明是否真实、有效。对提交伪造、变造、无效的不动产权证书或不动产登记证明的，不动产登记机构应当依法予以收缴。属于伪造、变造的，不动产登记机构还应及时通知公安部门。

以下为最高法院在二审判决书“本院认为”部分就此问题发表的意见：

本院认为，根据建设部《城市房屋产权产籍管理暂行办法》第四条第二款、第十条和建设部、中国人民银行《关于加强与银行贷款业务相关的房地产抵押和评估管理工作的通知》第一条，以及建设部、国家物价局、国家工商行政管理局《关于加强房地产交易市场管理的通知》第三条的规定，南昌市房管局是南昌市范围内办理房产抵押登记的行政主管部门。南昌市房交所和南昌市房产评估所作为其下属单位，所实施的有关房地产抵押登记的行政行为，应视为是受其委托所实施的行为。

根据《中华人民共和国城市房地产管理法》和《中华人民共和国担保法》的有关规定，办理房地产抵押登记是抵押合同生效的前提条件。南昌市房管局作为负责办理房产抵押登记的行政主管部门，在办理房产抵押登记过程中，对当事人的申请应当以高度负责的态度认真履行必要的注意义务，对于抵押房产及其权属证书的真伪有条件加以核对与识别。然而，南昌市房管局在本案中违反职业规范，未尽必要的注意义务，为持有假房产证实施诈骗的天龙公司办理抵押登记手续，并明示信托公司可以办理贷款。信托公司基于对房产登记机关所办抵押登记行为的信赖，为天龙公司发放贷款，致使信托公司遭受了财产损失。虽然本案贷款人天龙公司是造成信托公司财产损失的直接责任人，但是南昌市房管局的违法行为客观上为天龙公司骗取贷款提供了条件，其违法出具他项权利证明的行为与信托公司财产损失之间存在法律上的利害关系和因果关系。根据《中华人民共和国国家赔偿法》第四条第（四）项、第七条第四款、第二十八条第（七）项和《最高人民法院关于审理行政赔偿案件若干问题的规定》第二十九条的规定，南昌市房管局对其违法办理抵押登记而酿成信托公司财产损失的后果，在天龙公司无法偿还贷款的情况下，应当承担相应的过失赔偿责任。一审判决认定南昌市房管局应当承担补充赔偿责任不当，应予纠正。南昌市房管局承担行政赔偿责任后，有权就其承担的数额向天龙公司行使追偿权。

案件来源

中国银行江西分行诉南昌市房管局违法办理抵押登记二审行政赔偿判决书［最高人民法院（2002）行终字第6号，《中华人民共和国最高人民法院公报》2004年第2期（总第88期）］

延伸阅读

因抵押权登记错误，不动产登记机关承担赔偿责任的判例：

案例一：王红鹰与黑龙江省农垦红兴隆管理局住房和城乡建设局，第三人杨继伟、马静房屋行政登记及行政赔偿二审行政判决书［黑龙江省农垦中级人民法院（2016）黑81行终5号］，该院认为："关于住建局行政赔偿责任如何确认问题。虽然本案没有直接证据证实住建局工作人员张海涛、王书明与第三人存在恶意串通行为，但是张海涛、王书明作为住建局工作人员在明知未经审批无权为王红鹰颁发房屋他项权证的前提下，还以黑龙江省江川农场房产管理所的名义违法为王红鹰颁发房屋他项权证。同时，在明知第三人杨继伟提供的名字为王爱民的假他项权证，未经抵押权人王红鹰同意的前提下，又为杨继伟替换了用以设定抵押的假房证（S2000068），并用替换出来的假房证对应的房屋为杨继伟进行了重复抵押登记。住建局的工作人员张海涛、王书明故意违反法定程序和行业管理程序的规定，违法作出行政行为的行为，已经受到刑事责任追究。《中华人民共和国物权法》第二十一条规定：'当事人提供虚假材料申请登记，给他人造成损害的，应当承担赔偿责任。因登记错误，给他人造成损害的，登记机构应当承担赔偿责任。登记机构赔偿后，可以向造成登记错误的人追偿。'上述内容是针对在不动产登记过程中，登记申请人及登记机构因其自身过错给他人造成损害应当如何承担责任作出的规定。住建局的工作人员张海涛、王书明故意违反法定程序和行业管理程序的规定，错误地为原告王红鹰及第三人杨继伟、马静办理房屋抵押登记，并为原告王红鹰颁发房他证红江房字第××号房屋他项权证的行为，给原告王红鹰的抵押物权造成了损害，住建局依法应承担赔偿责任。住建局在承担赔偿责任后，有权就其承担的赔偿数额向造成登记错误的第三人杨继伟、马静及案外人张海涛、王书明追偿。”

案例二：严成进与广西壮族自治区东兴市房产管理局城乡建设行政管理二审行政判决书［防城港市中级人民法院（2015）防市行终字第26号］，该院认为：“国家赔偿法第四条第（四）项规定，行政机关及其工作人员在行使职权时有造成财产损害的违法行为的，受害人有取得赔偿的权利。物权法第二十一条第二款规定，因登记错误，给他人造成损害的，登记机构应当承担赔偿责任。登记机构赔偿后，可以向造成登记错误的人追偿。《最高人民法院关于审理房屋登记案件若干问题的规定》第十二条规定，申请人提供虚假材料办理房屋登记，给原告造成损害，房屋登记机构未尽合理审慎职责的，应当根据其过错程度及其在损害发生中所起作用承担相应的赔偿责任。本案中，东兴市房产管理局及其工作人员在进行房屋抵押登记过程中，违反房屋登记的相关规定，未尽到审慎查验、核实义务，其行为构成违法，并致使罪犯王德志等人利用伪造的材料得以办理房屋他项权证，导致严成进被骗取20万元之后，无法有效地行使抵押权以救济其损失，严成进20万元的损失与东兴市房产管理局及其工作人员怠于行使职权具有因果关系。且根据生效的判决书和裁定书，王德志已被以合同诈骗罪判处有期徒刑十二年，责令其退赔严成进经济损失20万元，但王德志现正在监狱服刑中，无财产可供执行。据此，一审判决东兴市房产管理局办理东房他证东兴市字第2011-2506号房屋他项权证的行为违法并赔偿严成进的损失有事实和法律依据。上诉人提出严成进遭受的损失与上诉人的行政行为没有因果关系，严成进没有提供向直接侵权人追索无果的证据，就直接向上诉人提起行政赔偿诉讼于法无据的上诉意见，与本案查明的事实不符，本院不予支持。但本案中，严成进被骗取、损失20万元，存在复合原因，其中罪犯王德志等人故意骗取财物，是造成严成进财产损失的主要原因，东兴市房产管理局及其工作人员怠于履行职责是次要原因，严成进由于轻信犯罪分子，应对交易风险不足，也是造成财产损失的原因之一。本院结合实际综合考虑，确定王德志等人的过错责任为主要责任，该责任不少于50%；根据东兴市房产管理局的过错程度及其在损害发生中所起作用，确定其承担次要的赔偿责任，为40%；确定严成进自行承担10%的责任。故此，确定东兴市房产管理局应赔偿给严成进8万元（20万元×40%＝8万元）。一审判决没有全面审查本案中造成严成进财产损失存在多因一果的事实，所确定的行政赔偿责任错误，应予以纠正。”

案例三：广州银行股份有限公司森保支行与从化市国土资源和房屋管理局行政赔偿二审行政判决书［广州市中级人民法院（2015）穗中法行终字第15号］，该院认为：“被上诉人应否承担行政赔偿责任的问题。《中华人民共和国物权法》第二十一条第二款规定……《最高人民法院关于审理房屋登记案件若干问题的规定》第十三条规定：‘房屋登记机构工作人员与第三人恶意串通违法登记，侵犯原告合法权益的，房屋登记机构与第三人承担连带赔偿责任。’已经生效的（2012）穗从法刑初字第304号和（2012）穗从法刑初字第302号刑事判决已认定邓明辉、胡志芳系受国家机关委托代表国家机关行使房地产登记职权的从化市房地产管理局产权科、房地产交易所的工作人员，其因玩忽职守，违法向从化市温泉竹馨山庄颁发了房产证及房地产他项权证。从生效的刑事判决及原审法院查明的事实看，上诉人广州银行股份有限公司森保支行向借款人广州市永鹏经济开发有限公司发放贷款，是基于对被上诉人从化市国土资源和房屋管理局颁发的涉案房产证及房地产他项权证的信赖。因涉案房地产登记行为违法，后经被上诉人纠正，导致上诉人据以发放贷款的涉案房产证及房地产他项权证被撤销，进而致上诉人不能实现抵押权，故被上诉人违法颁发涉案房产证及他项权证的行政行为与上诉人的损失有直接的因果关系，根据上述规定，被上诉人理应对上诉人的损失予以赔偿。因《中华人民共和国物权法》已经明确规定登记机构登记错误造成他人损害的应当承担赔偿责任，登记机构赔偿后可以向造成登记错误的人追偿，且现有法律、法规、规章均未规定上诉人应穷尽其他一切司法救济途径进行债务追偿不能方可提起行政赔偿之诉，行政相对人对其采用何种司法救济途径拥有自主选择权，故原审法院以此为由驳回上诉人的行政赔偿请求错误，应予以纠正。被上诉人赔偿后可向相关责任人员予以追偿”。

091［最高法院］房产抵押后的新装电梯，是否属于抵押财产？

房产抵押后新增的附属设施为抵押房产之一部分，属于抵押财产

裁判要旨

电梯在安装完成后因附合行为已成为抵押房产的重要组成部分，丧失独立存在的意义，抵押权的效力及于安装完成的电梯。故不论在房产抵押时电梯是否已经安装完毕，只要电梯安装完成即属于抵押物的一部分。

案情简介

一、1999年1月江头工行与厦门金龙签订《借款合同》，借款8000万元；借期为10年。同日，山东金龙与江头工行签订《抵押协议》《房地产抵押契约》，山东金龙以其自有房产为上述借款提供抵押担保。后抵押房产新装了电梯等设施设备。

二、自2000年3月起，厦门金龙对应支付的到期利息及借款均未偿付。江头工行多次催告厦门金龙未果。江头工行于2004年1月通知解除《借款合同》，并要求厦门金龙立即偿还全部借款本息。

三、2004年2月4日，江头工行向福建高院提起诉讼，请求判决：确认《借款合同》已经解除；厦门金龙立即还本付息并得拍卖抵押物优先受偿。福建高院一审判决支持了江头工行的诉请，且认定新增电梯属于抵押财产。

四、山东金龙不服，上诉至最高法院，以电梯等设施设备系抵押合同签订后新增，不属于抵押财产为由主张江头工行对电梯等设备不享有抵押权。最高法院二审判决驳回上诉，维持原判。

败诉原因

本案中山东金龙的败诉原因在于，抵押合同签订后新增的电梯等设备在安装完成后已成为抵押房产的重要组成部分而丧失其独立性，属于抵押房产的附合物，应属抵押财产。根据《担保法司法解释》第六十二条的规定，抵押物所有人为附合物、混合物或者加工物的所有人的，抵押权的效力及于附合物、混合物或者加工物。本案系争电梯为抵押合同签订后在抵押房产上新增的设施设备，在新增完成后就成为了抵押房产的重要组成部分。物的重要组成部分不具有独立存在的意义，而仅为物的一部分。因此，根据一物一权原则，物的重要组成部分不能独立成为物权的客体。故江头工行的抵押权效力及于已成为抵押房产之组成部分的新增电梯。山东金龙因此败诉。

败诉教训、经验总结

前事不忘，后事之师。为避免未来发生类似败诉，提出如下建议：

1. 根据《担保法司法解释》第六十二条的规定，抵押物所有人为附合物、混合物或者加工物的所有人的，抵押权的效力及于附合物、混合物或者加工物。故抵押权人可基于附合、混合及加工行为，取得对附合物、混合物和加工物的抵押权。因此，对于抵押人而言，在对抵押物进行附合（如装修、扩建）或加工（如将抵押玉石雕刻为工艺品）时，应谨防“送羊入虎口”。因附合事实、加工行为等原因导致抵押物增值的，抵押权人并非仅能在原抵押物价值的范围内主张抵押权，而是可以对附合、加工后的抵押物整体主张抵押权。抵押人不能以附合、加工行为发生在抵押之后，主张抵押权人对新增附合部分或加工增值部分不享有抵押权。

2. 应区分物的成分与从物。所谓从物是指独立于主物之外，而又必须与主物结合使用才能发挥其使用价值的物，如电视遥控器。主物与从物都是独立的物，只是因从物结合主物使用可发挥更大的价值而产生密切联系。但物之成分并非独立的物，其是物的一部分。因此，《物权法》第一百一十五条规定：“主物转让的，从物随主物转让，但当事人另有约定的除外。”《担保法司法解释》第六十三条也规定：“抵押权设定前为抵押物的从物的，抵押权的效力及于抵押物的从物。”本案中，最高法院在法律适用上同时适用《担保法司法解释》第六十二条、第六十三条，说明最高法院在安装完成的电梯是抵押房产的从物还是抵押房产的成分的问题上缺乏清晰的判断。因为最高法院一方面正确地指出了安装完成的电梯是抵押房产的重要组成部分，且不具有独立存在的意义；另一方面又将安装完成的电梯定位为从物。论证过程与论证结论未尽一致。虽然最高法院最终判决结果正确，但在论证说理上存在一定的瑕疵。我们认为，安装完成的电梯属于建筑物的组成部分，并非独立的物，因此为建筑物的成分而非建筑物的从物。故最高法院应仅适用《担保法司法解释》第六十二条，而不必援引该解释第六十三条。

3. 虽然根据《担保法司法解释》第六十三条的规定，主物抵押权的效力一般及于从物，但该条的适用具有以下前提条件：（1）必须在主物设定抵押前已经存在从物；（2）必须主物与从物的所有权人为同一人；（3）当事人无相反约定。本案中，如果将电梯认定为抵押房产的从物，而该从物又为抵押合同签订之后才出现的，则根据《担保法司法解释》第六十三条的规定，应排除在抵押财产之外。这也再次印证最高法院在本案论证的说理上存在一定的不足。最高法院关于“‘无论在抵押权设定前后’，从物均为主物抵押权效力所及之范围”的观点值得商榷。

相关法条

《物权法》

第一百一十五条 主物转让的，从物随主物转让，但当事人另有约定的除外。

《担保法司法解释》

第六十二条 抵押物因附合、混合或者加工使抵押物的所有权为第三人所有的，抵押权的效力及于补偿金；抵押物所有人为附合物、混合物或者加工物的所有人的，抵押权的效力及于附合物、混合物或者加工物；第三人与抵押物所有人为附合物、混合物或者加工物的共有人的，抵押权的效力及于抵押人对共有物享有的份额。

第六十三条 抵押权设定前为抵押物的从物的，抵押权的效力及于抵押物的从物。但是，抵押物与其从物为两个以上的人分别所有时，抵押权的效力不及于抵押物的从物。

以下为最高法院在二审判决书“本院认为”部分就此问题发表的意见：

关于本案抵押担保的财产范围。抵押合同当事人双方对抵押物在建项目金龙大厦中电梯的权属存在争议。鉴于抵押合同双方在合同中对电梯部分并未作出特别约定，同时，根据本院二审查明事实，可作为独立物存在的电梯，至今未作新的产权确定。虽然电梯可以作为独立的权利客体存在，但作为建筑物重要组成部分的电梯，一旦与建筑物本身脱离，其将失去独立存在的意义。因此，原审法院依据担保法解释第六十二条、六十三条之规定，将在建项目中的电梯部分认定为抵押物金龙大厦的从物是正确的。虽然在抵押设定时，电梯并未安装，但至今上诉人也没有证据证明该电梯的所有权属于另外一个主体。因此，无论在抵押权设定前后，除非当事人之间有特别约定，电梯应当视为抵押房产的组成部分之一，即大厦的从物。故本案抵押物的财产范围应当包括电梯部分。上诉人山东金龙关于金龙大厦中的电梯部分不属于抵押范围的上诉理由没有法律依据，应当予以驳回。

案件来源

山东金龙地产有限公司与中国华融资产管理公司福州办事处借款合同纠纷二审民事判决书［最高人民法院（2005）民二终字第73号］

延伸阅读

正确区分抵押物附合物和从物的判例：

案例一：中国金融租赁有限公司、兴业国际信托有限公司等案外人执行异议之诉民事判决书［浙江省高级人民法院（2016）浙民终9号］，该院认为：“涉案异议财产清单项下的去渍台、厨房设备（可移动的厨房设备除外）、桑拿设备、泳池设备、操作台、海鲜池，在浙江保罗大酒店将三门县海游镇滨海大道18号大楼抵押给兴业公司之前，已通过安装、固定等方式添附于该大楼，成为该大楼的附合物。涉案吸水性地毯垫、红色迎宾地毯虽与前述大楼在物理上可相互分离，但是因该些地毯分布于酒店各个楼层，不仅与酒店各楼层地面尺寸匹配，且已相对固定使用较长时间，若使其继续留在原位，在功能上将有助于酒店发挥经济效益，而如果予以拆分或搬离，不仅不能充分发挥其经济效益，还可能极大减损其使用价值。原判将吸水性地毯垫、红色迎宾地毯认定为前述大楼的从物，符合该物的特性。原审法院拍卖公告中已经明确，拍卖的财产不包含前述大楼内可移动拆卸的设备、设施，因此，原审法院未将可移动的厨房设备纳入需要审查的异议财产范围并作出相应的处理，亦无不妥。中金租公司上诉提出的原判对事实查明不清的主张，不能成立。"

案例二：陈家升与中国农业银行股份有限公司澄江县支行案外人执行异议之诉特殊程序民事判决书［云南省高级人民法院（2015）云高民一终字第462号］，该院认为："首先，陈家升主张转租涉案大棚占有的土地后，在鑫荣公司原有大棚钢架基础上，自行增加投入了塑料薄膜、供水设施、滴灌、遮荫网等。本院认为，陈家升在他人享有所有权的大棚基础上的增加投入，构成添附（附合），该添附物的所有权应归属于原有大棚（主物）的所有人鑫荣公司，陈家升不享有所有权。其次，澂江县人民法院作出的（2012）澂法执字第137号民事裁定书载明：'该土地上的建筑物及设施交由陈家升保管使用，修缮、维护及其所产生的费用由陈家升负责'，由此可见，对于大棚的修缮、维护是陈家升为了提升大棚的使用效能而应当履行的义务，其对大棚的投入与大棚本身融为一体，构成对大棚的添附，这些添附物应当归大棚所有权人所有。第三，2006年，鑫荣公司将自有大棚作为抵押物，向农行澄江支行取得贷款，并办理了抵押登记，农行澄江支行系大棚的抵押权人。依据最高人民法院《关于适用〈中华人民共和国担保法〉若干问题的解释》第六十二条关于'……抵押物所有人为附合物、混合物或者加工物的所有人的，抵押权的效力及于附合物、混合物或者加工物；……'的规定，本案中，因作为抵押物所有人的鑫荣公司为附合物（大棚）的所有人，故农行澄江支行享有抵押权的效力及于附合物（大棚），农行澄江支行有权以陈家升添附形成的大棚主张抵押权。又因添附物（大棚）被拆除并获得补偿，故依照《中华人民共和国担保法》第五十八条的规定，大棚的补偿款3426192元应当作为抵押财产，农行澄江支行享有优先受偿权。"

案例三：抚宁县农村信用联社股份有限公司与王景成、李红卫金融借款合同纠纷再审民事判决书［秦皇岛市中级人民法院（2015）秦民再终字第10号］，该院认为："抚宁信用社按约发放贷款后，李红卫应按约定期限还本付息，未偿还应承担民事责任，王景成亦应按合同约定承担抵押担保责任。虽然王景成对其提供担保的房屋进行了改扩建，现今也无法区分改扩建后的房屋是否还有原物的存在、存在多少且也无法分割，依据法律规定，抵押物所有人为附合物、混合物或者加工物的所有人的，抵押权的效力及于附合物、混合物或者加工物，故王景成改扩建后的房屋应视为一并抵押。综上，王景成上诉理由理据不足，本院不予支持。原审判决认定事实清楚、适用法律正确，判决结果并无不当。"

092［重庆高院］登记的担保期间对担保物权的存续是否具有约束力？

登记的担保期间对担保物权存续不具有约束力

裁判要旨

担保物权为物权，当事人约定的或者登记部门要求登记的担保期间，对担保物权的存续不具有法律约束力。担保物权人得在主债权诉讼时效期间内随时向担保人主张权利。

案情简介

一、冉全儒、陈仕蓉系夫妻关系。2009年8月24日，冉全儒作为同意抵押人、陈仕蓉作为财产共有人在同意抵押承诺书上签字表示愿意成为杨伟的担保人，以其房产作为抵押物为杨伟在农商行酉阳支行的中长期借款提供抵押担保。

二、2009年8月26日，农商行酉阳支行与冉全儒签订重庆市房地产抵押合同。同日办理抵押登记，抵押权设定日期自2009年8月26日至2012年8月26日。2009年8月30日，农商行酉阳支行作为贷款人、杨伟作为借款人、冉全儒作为抵押人签订个人贷款合同。合同约定：贷款金额为人民币80万元。

三、2013年5月，杨伟未按期还款，农商行酉阳支行向酉阳法院起诉，请求判令：杨伟还本付息，农商行酉阳支行有权对抵押物所得的价款优先受偿。一审法院判决支持了农商行酉阳支行的诉请。

四、冉全儒、陈仕蓉不服，上诉至重庆四中院，重庆四中院二审判决驳回上诉、维持原判。

五、冉全儒、陈仕蓉仍不服，以抵押权超过抵押期限为由向重庆高院申请再审，重庆高院再审裁定驳回再审申请。

败诉原因

本案中冉全儒、陈仕蓉的败诉原因在于担保物权为物权，其存续期间具有法定性，抵押登记记载的担保期间对于担保物权的存续不具有约束力。担保物权与保证的一个重要的不同点在于保证具有保证期间，不管是基于当事人的约定还是基于法律的直接规定，而担保物权却并无担保期间，其担保的期限是基于法律的明确规定。根据我国《物权法》第二百零二条的规定，“抵押权人应当在主债权诉讼时效期间行使抵押权；未行使的，人民法院不予保护”。因此，只要抵押权人的主债权未超过诉讼时效，其抵押权就不会消灭。这一法律规定属于法律的强制性规定，不允许当事人通过约定的方式予以变更或者排除，也不允许不动产登记部门予以限制和排除。关于抵押权存续期间的强制性规定，不仅适用于抵押权，也可类推适用于质权。因此，虽然本案中“抵押权设定日期自 2009 年 8 月 26 日至 2012 年 8 月 26 日”，但该设定日期对于抵押权的存续不具有任何意义。农商行酉阳支行在主债权的期限内向抵押人主张抵押权，抵押人即应承担担保责任。冉全儒、陈仕蓉因此败诉。

败诉教训、经验总结

前事不忘，后事之师。为避免未来发生类似败诉，提出如下建议：

1. 对抵押权约定存续期间没有任何意义。《物权法》第二百零二条关于抵押权存续期间的规定是强制性规定，不允许当事人变更、限制或者排除。当事人通过抵押合同、借款合同等对上述期间作出变更、限制或排除的，不能产生任何法律效力。因此，抵押人不得以抵押权人未在约定的抵押期间内行使抵押权而主张免除担保责任。同样的，登记机关要求登记的抵押权的存续期间、抵押权设定期间等对于抵押权的存续也不具有约束力。

2. 抵押权的存续期间具有从属性。抵押权作为担保物权，具有从属性。抵押权从属性的体现之一即为效力和存续上的从属性。当主债权超过诉讼时效时，债务人即取得对抗债权人请求履行债务的抗辩权，此时债权的效力已严重减损。此时，从属于主债权的抵押权的效力也应当对应地减损，其法律后果是抵押权本身的灭失。

3. 抵押权人应在主债权诉讼时效的期间内向抵押人主张权利并不代表抵押权受诉讼时效期间的限制。抵押人不得以债权人仅向债务人主张过债权而未向其主张过抵押权为由，主张抵押权的诉讼时效未中断，进而单独以抵押权的诉讼时效经过为由主张免责。因此，判断抵押权人是否享有抵押权，应以主债权是否超过诉讼时效为依据，不必也不得单独计算所谓的抵押权的诉讼时效。

相关法条

《担保法司法解释》

第十二条 当事人约定的或者登记部门要求登记的担保期间，对担保物权的存续不具有法律约束力。

担保物权所担保的债权的诉讼时效结束后，担保权人在诉讼时效结束后的二年内行使担保物权的，人民法院应当予以支持。(本项已被《物权法》第二百零二条所取代)

《物权法》

第二百零二条 抵押权人应当在主债权诉讼时效期间行使抵押权；未行使的，人民法院不予保护。

以下为重庆高院在再审裁定书“本院认为”部分就此问题发表的意见：

关于涉案抵押权的行使期间问题。经审查，2009 年 8 月 26 日，农商行酉阳支行与冉全儒签订《重庆市房地产抵押合同》，约定冉全儒以夫妻共有的房屋设定抵押权，作为杨伟向农商行酉阳支行偿还 80 万元借款的担保。在该合同签订之日，农商行酉阳支行与冉全儒按照合同约定进行房屋抵押登记，办理了《重庆市房地产权证（抵押专用）》，该证载明抵押权设定日期自 2009 年 8 月 26 日至 2012 年 8 月 26 日。冉全儒、陈仕蓉申请再审称农商行酉阳支行提起本案诉讼时涉案抵押权的行使期间已过，其不应承担抵押担保责任。本案中，农商行酉阳支行的起诉时间为 2013 年 5 月，虽然该时间不在上述《重庆市房地产权证（抵押专用）》载明的抵押权设定期间内，但《中华人民共和国物权法》第二百零二条规定：“抵押权人应当在主债权诉讼时效期间行使抵押权；未行使的，人民法院不予保护。”《最高人民法院关于适用〈中华人民共和国担保法〉若干问题的解释》第十二条第一款规定：“当事人约定的或者登记部门要求登记的担保期间，对担保物权的存续不具有法律约束力。”根据上述规定，农商行酉阳支行行使抵押权的时间不受当事人约定的或登记部门要求登记的担保期间的约束，其在主债权的诉讼时效期间行使抵押权的主张应予以支持，故冉全儒、陈仕蓉的上述申请再审理由不成立，本院不予支持。

案件来源

陈仕蓉、冉全儒与杨伟、重庆农村商业银行股份有限公司酉阳支行借款合同纠纷再审审查民事裁定书［重庆市高级人民法院（2015）渝高法民申字第00696号］

延伸阅读

关于抵押权存续期间不得约定、限制或排除的判例：

一、当事人约定抵押权期限，对抵押权存续没有约束力

案例一：华商财务有限公司与张威、新国际（广州）房地产有限公司行政纠纷二审民事判决书［最高人民法院（2001）民四终字第6号］，最高法院认为：“抵押合同的当事人在合同中约定抵押权的期限为三年，华商公司持有的他项权证记载的登记有效期从1995年7月6日起，存续期限三年，至1998年7月6日已经截止。华商公司1998年9月18日向原审法院起诉。但本院《关于适用〈中华人民共和国担保法〉若干问题的解释》第十二条明确规定：‘当事人约定的或者登记部门要求登记的担保期间，对担保物权的存续不具有法律约束力。担保物权所担保的债权的诉讼时效结束后，担保权人在诉讼时效结束后的二年内行使担保物权的，人民法院应当予以支持。’根据上述规定，二被上诉人主张的华商公司起诉时其抵押权已因期满而终止的理由不能成立，本院不予支持。”

案例二：上诉人衡阳立达房地产开发有限公司与被上诉人衡阳市商业银行衡州支行、原审被告衡阳市中信实业发展有限公司、谢芸鸿、罗霓、罗人恺借款合同纠纷二审民事判决书［湖南省高级人民法院（2010）湘高法民二终字第19号］，该院认为：“根据《中华人民共和国担保法》第五十二条‘抵押权与其担保的债权同时存在，债权消灭的，抵押权也消灭’之规定，因本案立达公司1998年所借60万元、355万元一直没有实际清偿，旧的债权债务关系并没有消灭，因此建立在其上的抵押权也没有消灭。本案490万元款项所涉及的借款合同中以立达公司西城大厦的二层、四层的房产设立的抵押担保是有效担保。根据《最高人民法院关于适用〈中华人民共和国担保法〉若干问题的解释》第十二条‘当事人约定或登记部门要求登记的担保期间，对担保物权的存续不具有法律约束力’之规定，本案抵押物所登记的担保期限对抵押权的存续不具有法律约束力，故立达公司上诉提出‘该抵押权已过抵押期限’的上诉理由，本院不予支持。”

案例三：上海新启投资有限公司与浪都实业国际贸易（上海）有限公司抵押合同纠纷一案二审民事判决书［上海市高级人民法院（2009）沪高民一（民）终字第49号］，该院认为：“关于新启公司主张王康玲的抵押权因为王康玲和浪都公司约定了抵押期限而到期失效，且当时浪都中心被查封、续展抵押无法登记，而导致抵押权实际不存在等，根据《最高人民法院关于适用〈中华人民共和国担保法〉若干问题的解释》第十二条的规定，当事人约定的或者登记部门要求登记的担保期间，对担保物权的存续不具有法律约束力，故王康玲对浪都中心的抵押权并未因双方约定了存续期间而期间届满失效，新启公司关于抵押权到期失效的主张没有法律依据，原审法院对其主张不予支持，并无不当，本院予以维持。”

二、抵押人不得以保证期间经过为由主张不承担抵押担保责任

案例四：凌治国等与徽商银行淮南国庆路支行借款合同纠纷二审民事判决书［安徽省高级人民法院（2009）皖民二终字第0123号］，该院认为：“关于上窑商场是否应承担抵押保证责任的问题。最高人民法院《关于适用〈中华人民共和国担保法〉若干问题的解释》第十二条规定：‘当事人约定的或者登记部门要求登记的担保期间，对担保物权的存续不具有法律约束力。担保物权所担保的债权的诉讼时效结束后，担保权人在诉讼时效结束后的二年内行使担保物权的，人民法院应当予以支持。’据此，当事人即便约定担保期间，对担保物权的存续也不具有法律约束力。本案所涉63万元借款期限于2004年12月18日届满，主债权担保的担保物权的存续期间为自主债权受到侵害之日起四年。徽行国庆路支行于2008年12月11日向法院提起诉讼要求行使担保物权并未超过上述担保物权的存续期间。徽行国庆路支行在还款期限届满后向凌治国催要借款时，在《催款通知书》中载明要求凌治国限期还款的内容，是徽行国庆路支行在凌治国未能如期还款的情况下催促其尽快还款的行为，而不能视为其单方面变更借款合同关于还款期限的约定。上窑商场主张徽行国庆路支行未能在还款期限届满后6个月内提起诉讼及徽行国庆路支行单方变更还款期限，其不承担抵押担保责任的上诉理由，因缺乏事实和法律依据，本院不予支持。”

三、权利证书上记载的抵押权期限对抵押权存续不具有约束力

案例五：华夏银行股份有限公司重庆大渡口支行与重庆美帆金属材料有限公司、张国伟等金融借款合同纠纷一审民事判决书［重庆市高级人民法院（2016）渝民初17号］，该院认为：“根据《中华人民共和国物权法》第一百八十七条之规定，抵押权自登记时设立。本案抵押权经依法登记，已经设立。《最高人民法院关于适用〈中华人民共和国担保法〉若干问题的解释》第十二条规定：当事人约定的或者登记部门要求登记的担保期间，对担保物权的存续不具有法律约束力。抵押权属法定的担保性物权，依据物权法定原则，其设立、变更、消灭均由法律规定，不得以当事人约定或登记机关的意志限制或排除。虽然本案《土地他项权利证书》上记载的抵押期限为1年，但依据前述规定，该项记载有违担保物权基本属性，并不具有法律效力，不影响抵押权的存续。因此，重庆美帆公司、美顺铝业公司、江陵美帆公司、鼎浩再生资源公司、张国伟认为登记的抵押期限已过则无优先受偿权的辩解理由不能成立，本院不予支持。主债务人重庆美帆公司未按约偿还贷款本息，华夏银行大渡口支行对鼎浩再生资源公司所有的江陵县沿江产业园荆监一级公路239178平方米国有建设用地使用权享有优先受偿权。”

第四章　其他担保形式

第一节　质押

093［最高法院］对租金的应收账款质权与抵押权的权利顺位如何确定?

抵押物已被扣押后，抵押权人对抵押物的租金可优先于租金应收账款质权人受偿

裁判要旨

法院通过查封对抵押财产施加以公权力之后，抵押人收取孳息的权利即被剥夺，不论抵押权人是否通知法定孳息的清偿义务人，抵押权效力已经及于孳息。从物权法第一百九十七条第一款规定的立法目的及抵押权的性质来看，对法定孳息清偿义务人的通知，并非抵押权效力及于法定孳息的生效要件，而系对抗要件。

案情简介

一、2012 年 11 月 15 日，民生银行深圳分行、深圳九策公司、案外人长安国际信托股份有限公司签订《贷款合同》，各贷款人同意向借款人提供总计本金额不超过人民币 2 亿元整的中长期贷款。

二、2013 年 2 月 5 日，民生银行深圳分行与天津隆侨公司签订《应收账款最高额质押合同》，天津隆侨公司将其九处房产出租所产生的所有租金对应的应收账款全部质押给民生银行深圳分行并办理登记。

三、民生银行深圳分行放款后，深圳九策公司未能按期偿还本息。截至 2015

年3月20日，深圳九策公司尚欠借款本金2亿元，欠利息共计32647123.23元。

四、民生银行深圳分行向广东高院起诉，请求判令解除借款合同，深圳九策公司还本付息，赔偿损失，并对天津隆侨公司案涉九处房屋租金享有优先受偿权。广东高院一审判决支持了其诉请。

五、天津隆侨公司向最高法院提出上诉，认为民生银行深圳分行对案涉九处房产租金无优先受偿权。最高法院二审查明：2011年7月，国联公司向中技公司发放信托贷款7亿元，天津隆侨公司以案涉九处房产提供抵押担保。2012年4月16日，国联公司起诉要求天津隆侨公司承担抵押担保责任。2012年4月17日江苏高院裁定查封案涉九处房产；2013年8月12日，江苏高院向天津远东百货发出协助执行通知书，要求自2013年8月14日起暂停支付租赁合同项下租金。2015年8月5日，江苏高院作出执行裁定书，将案涉九处房产作价8.04亿元抵偿给国联公司的债权受让人。

六、最高法院二审改判民生银行深圳分行对九处房产租金收益享有优先受偿权，但劣后于国联公司。

败诉原因

本案中民生银行深圳分行对案涉九处房产租金应收账款质权劣后于国联公司对案涉九处房产抵押权的原因在于，抵押物在设定租金应收账款质押时已经被另案查封。根据《物权法》第一百九十七条第一款之规定，债务人不履行到期债务或者发生当事人约定的实现抵押权的情形，致使抵押财产被人民法院依法扣押的，自扣押之日起抵押权人有权收取该抵押财产的天然孳息或者法定孳息，但抵押权人未通知应当清偿法定孳息的义务人的除外。在本案中，虽然2012年4月17日案涉九处房产已经被抵押权人申请查封，但迟至2013年8月14日，江苏高院才将查封事实告诉承租人，即《物权法》第一百九十七条规定之“清偿法定孳息的义务人”。如果严格按照该条文义，抵押权人在通知清偿义务人后才能取得收取天然孳息和法定孳息的权利，则作为抵押权人的国联公司应自2013年8月14日后，才能取得收取案涉九栋房屋租金的权利。故一审法院判决，在此之前抵押权的效力不及于租金。但最高法院则从立法目的的角度展开论述，得出了通知清偿法定孳息的义务人并非抵押权及于法定孳息的生效要件，而是对抗要件的结论：（1）一方面，从抵押权效力及于孳息的立法目的看，抵押权人行使抵押权致使抵押财产被法院扣押，此时剥夺抵押人收取孳息的权利有利于抵押权的实现。法院通过查封对抵押财产施加以公权力之后，抵押人收取孳息的权利即被剥夺，抵押权人是否通知法定孳息的清偿义务人，并不影响该立法目的实现。(2) 从法律规定的通知之目的看，物权法第一百九十七条规定的对法定孳息清偿义务人的通知，具有防止发生债务人为错误给付之目的，未经通知对该法定孳息清偿义务人不发生抵押权效力及于孳息之法律效果。但抵押财产被法院扣押后，即使抵押权人怠于通知，抵押权效力已经及于孳息。因此，最高法院再次通过目的性限缩的方式，将《物权法》第一百九十七条关于通知法定孳息清偿义务人的规定限缩解释为对抗要件而非生效要件，诚值赞同。也正是基于此，最高法院才得出民生银行深圳分行对案涉抵押物租金的优先受偿权劣后于国联公司的结论。

败诉教训、经验总结

前事不忘，后事之师。为避免未来发生类似败诉，提出如下建议：

1. 抵押权并非对抵押物进行直接占有并支配的权利，而是对抵押物的交换价值在特定条件下进行优先支配的权利。因此，在设定抵押后，抵押人仍可对抵押物进行使用收益，抵押人有收取抵押物孳息的权利。但如果抵押物被扣押，则意味着抵押权人已经进入了抵押权的实现程序，此时允许抵押人收取孳息将不利于抵押权的实现。正是基于此点，《物权法》第一百九十七条第一款才规定，抵押物被扣押后，抵押权人有权收取孳息，即抵押权的效力及于抵押物之孳息。因此，抵押权人在请求查封、扣押抵押物时，应同时要求抵押人报告抵押物出租的情况，以便及时收取孳息，提高抵押担保债权获得清偿的可能性。

2. 根据《物权法》第一百九十七条第一款的规定，在抵押权人未通知应当清偿法定孳息的义务人时，抵押权人无权收取孳息。此处无权收取孳息，并不代表抵押权人的抵押权效力并未及于抵押物之法定孳息，而是不能够产生对抗法定孳息清偿义务人的效果。这一规定目的是在于保护法定孳息的清偿义务人，防止法定孳息清偿义务人因孳息收取权的转移而发生非债清偿的法律后果。因此，最高法院在本案中对于《物权法》第一百九十七条第一款规定的解释，除采用了目的性限缩的解释学方法外，还采用了类比推理的解释方法，即将《物权法》第一百九十七条的规定与《合同法》第八十条的规定进行类比，并作相同的解释与处理。这一解释方法，不仅增强了本判决的说服力，也为未来司法实践适用类比推理填补法律漏洞提供了样本，值得司法实务工作者借鉴学习。

3. 虽然抵押权人通知法定孳息的清偿义务人并非抵押权效力及于法定孳息的生效要件，但仍为对抗要件。在抵押权人未通知法定孳息的清偿义务人时，抵押权人可能面临如下的法律风险：原有的法定孳息收取权利人（通常为抵押人）继续收取法定孳息，并沦为抵押人的一般责任财产。此时如果抵押人资不抵债，则对于抵押权人而言其本应获得的更多清偿可能即不复存在，债权将可能有所折损。因此，对于抵押权人而言，在申请法院扣押抵押物后，应及时通知清偿法定孳息的义务人，以提高债权获得全部清偿的可能性。

相关法条

《物权法》

第一百九十七条 债务人不履行到期债务或者发生当事人约定的实现抵押权的情形，致使抵押财产被人民法院依法扣押的，自扣押之日起抵押权人有权收取该抵押财产的天然孳息或者法定孳息，但抵押权人未通知应当清偿法定孳息的义务人的除外。

前款规定的孳息应当先充抵收取孳息的费用。

《合同法》

第八十条 债权人转让权利的，应当通知债务人。未经通知，该转让对债务人不发生效力。

债权人转让权利的通知不得撤销，但经受让人同意的除外。

以下为最高法院在二审判决书“本院认为”部分就此问题发表的意见：

三、关于民生银行深圳分行对案涉九处房产自2013年2月5日至2016年2月5日期间出租所产生的租金收益是否享有优先受偿权的问题

本案天津隆桥公司以其九处房产的租金收益向民生银行深圳分行设立应收账款质押，并办理了质押登记，原判决认定该质押有效设立并无不当，通常情况下民生银行深圳分行作为质权人可对该租金收益享有优先受偿权。但是，根据二审查明的事实，本案所涉的九处房产抵押给了另案债权人国联公司，国联公司在实现抵押权时将案涉租金收益作为抵押权标的通过法院予以强制执行。由此产生的主要法律问题是，国联公司在另案中的抵押权效力是否及于案涉租金收益？如果及于，何时及于？对该问题的回答，关系到究竟是民生银行深圳分行还是国联公司对案涉租金享有优先受偿权的问题，对此具体分析如下：

物权法第一百九十七条第一款规定：“债务人不履行到期债务或者发生当事人约定的实现抵押权的情形，致使抵押财产被人民法院依法扣押的，自扣押之日起抵押权人有权收取该抵押财产的天然孳息或者法定孳息，但抵押权人未通知应当清偿法定孳息的义务人的除外。”租金属于法定孳息的范畴，故判断另案抵押权的效力是否及于案涉租金，亦当依据物权法的该款规定进行。从本案一、二审查明的事实

看，另案中天津隆侨公司于2011年7月22日为国联公司的债权设立抵押权，2012年4月18日江苏高院查封案涉九处房产，2013年8月12日江苏高院通知天津远东百货暂停支付租赁合同项下租金。而本案中应收账款质权系于2013年2月6日经登记设立。显然，本案应收账款质权设立之时，抵押财产即案涉九处房产已被江苏高院另案查封，但尚未通知法定孳息即案涉租金的清偿义务人天津远东百货。在此情况下，另案抵押权的效力是否应当及于法定孳息，关键在于对物权法第一百九十七条第一款关于通知的法律后果如何判断。若该通知行为系抵押权的效力及于法定孳息的生效要件，则本案质权设立时国联公司的抵押权尚不及于案涉租金，本案质权当优先于另案抵押权受偿。若该通知行为系抵押权的效力及于法定孳息的对抗要件，即未通知的效果只是不得主张清偿义务人所为之清偿无效，则国联公司的抵押权自2012年4月18日江苏高院查封之日起已经及于案涉租金，早于本案质权设立时间，另案抵押权人当优先于本案质权人受偿。

对此，一方面，从抵押权效力及于孳息的立法目的看，抵押权系非占有性担保物权，抵押权设立后，抵押财产的占有权、使用权和收益权仍由抵押人行使，因抵押财产的使用而产生的孳息亦当由抵押人所有。但是，当债务人不履行到期债务或者发生约定的实现抵押权之情形，因抵押权人行使抵押权致使抵押财产被法院扣押，就意味着抵押权进入实现程序。如果此时抵押财产的孳息仍为抵押人收取，就会使抵押人为收取孳息而拖延处理抵押物，此时剥夺抵押人收取孳息的权利有利于抵押权的实现，这应是物权法第一百九十七条第一款规定抵押权效力自扣押之日起及于孳息的立法目的之所在。法院通过查封对抵押财产施加以公权力之后，抵押人收取孳息的权利即被剥夺，抵押权人是否通知法定孳息的清偿义务人，并不影响该立法目的实现。另一方面，从法律规定的通知之目的看，法定孳息系由抵押关系当事人之外的第三人负责清偿。物权法第一百九十七条规定的对法定孳息清偿义务人的通知与合同法第八十条规定的债权让与时对债务人的通知，均具有防止发生债务人为错误给付之目的。合同法第八十条明确规定："未经通知，该转让对债务人不发生效力。"参照该规定，对法定孳息清偿义务人之通知亦当解释为，未经通知对该法定孳息清偿义务人不发生抵押权效力及于孳息之法律效果。进而言之，抵押财产被法院扣押后，即使抵押权人怠于通知，抵押权效力已经及于孳息，但清偿义务人因不知抵押财产被扣押的情况而将法定孳息支付给抵押人的，仍产生清偿的效力，抵押权人不得主张清偿无效，即不得对抗清偿义务人。

由此可见，物权法第一百九十七条规定的对法定孳息清偿义务人的通知，并非抵押权效力及于法定孳息的生效要件，而系对抗要件。因此，虽然江苏高院于2013

年8月12日才通知天津远东百货暂停支付租赁合同项下租金，但应认定国联公司的抵押权效力自2012年4月18日江苏高院查封之日起已及于案涉租金。因本案应收账款质权设立在后，民生银行深圳分行对案涉九处房产租金收益相对于另案抵押权人不应当优先受偿。

另应指出的是，本案应收账款质权虽然劣后于另案抵押权，但民生银行深圳分行较之于无担保之普通债权人就案涉租金仍具有优先受偿的权利。若另案抵押权人国联公司的债权受清偿后上述租金仍有剩余，则民生银行深圳分行就该剩余部分之租金可主张优先受偿。根据本院二审查明的事实，2015年11月30日江苏高院另案裁定，终结本次执行程序。据此可知，另案抵押权人国联公司的债权尚未得到全部清偿。

在另案抵押债权尚未得到全部清偿的情况下，民生银行深圳分行对案涉租金不得行使优先受偿权。更何况，当事人并未提供证据证明在案涉租赁合同解除后，案涉九处房产之上又形成新的租赁关系。故在案涉租赁合同解除后，由于案涉质权的标的即收取租金的债权已经终止，民生银行深圳分行亦无从行使其优先受偿权。

根据上述分析可以认定，本案应收账款质权虽有效设立，但另案抵押权及于法定孳息即租金的效力优先于本案应收账款质权的效力。故，相对于另案抵押权人国联公司而言，民生银行深圳分行对案涉九处房产租金收益不具有优先受偿的权利。

综上所述，深圳九策公司、天津九策高科技公司的上诉请求和理由不能成立，应予驳回；原判决认定事实及适用法律基本正确，仅第六项判令民生银行深圳分行对案涉九处房产租金收益享有优先受偿权有欠妥当，应予纠正。

案件来源

中国民生银行股份有限公司深圳分行与深圳市九策投资有限公司、天津市九策高科技产业园有限公司等金融借款合同纠纷二审民事判决书［最高人民法院（2016）最高法民终543号］

延伸阅读

关于抵押物被扣押后抵押权人收取法定孳息的判例：

一、抵押物被扣押后，抵押权人可收取法定孳息

案例一：苏伟钊、刘文瑞借款合同纠纷执行审查类执行裁定书［福建省高级人民法院（2017）闽执复1号］，该院认为："本案租赁合同签订时间均为抵押权设立之后，根据《中华人民共和国物权法》第一百九十条，该租赁关系不得对抗已登记的抵押权。同时，漳州中院 2016 年 3 月 7 日依法查封案涉房屋时，抵押权已经开始实现，根据《中华人民共和国物权法》第一百九十七条，债务人不履行到期债务或者发生当事人约定的实现抵押权的情形，致使抵押财产被人民法院依法扣押的，自扣押之日起抵押权人有权收取该抵押财产的天然孳息或者法定孳息。因此，漳州中院向邱永福送达协助执行通知书，并要求其协助 4 月 1 日以后的租金于法有据。”

二、抵押物被扣押前抵押权的效力不及于法定孳息

案例二：中信银行股份有限公司长沙分行、湖南四达建设开发有限公司等执行异议之诉民事判决书［湖南省高级人民法院（2015）湘高法民二初字第 19 号］，该院认为：“本案中，四达公司以其所有的涉案 301 房屋为下欠姜国良的债务设定抵押担保，并依法办理了抵押登记，故姜国良对该房屋依法享有抵押权。《中华人民共和国物权法》第一百九十七条规定：‘债务人不履行到期债务或者发生当事人约定的实现抵押权的情形，致使抵押财产被人民法院依法扣押的，自扣押之日起抵押权人有权收取该抵押财产的天然孳息或者法定孳息，但抵押权人未通知应当清偿法定孳息的义务人的除外’。根据上述规定，不动产抵押的抵押标的物是不动产本身，在抵押权实现之前，抵押权的效力原则上仅及于不动产本身，并不及于因该不动产产生的租金收益等孳息。因此，四达公司将涉案 301 房屋抵押给姜国良后，在姜国良实现抵押权之前，又将基于该房屋所产生的租金收益、物业管理费等应收账款出质给中信银行长沙分行并不违反法律的强制性规定。本院（2014）湘高法民二初字第 20 号民事判决在中信银行长沙分行与四达公司签订《最高额权利质押合同》并依法办理了应收账款质押登记的情形下，认定中信银行长沙分行对四达公司提供质押的租金收入以及物业管理费在最高债权额 2.5 亿元的范围内享有优先受偿权正确。”

三、抵押权人申请扣押抵押物租金不属于《物权法》第一百九十七条规定的情形

案例三：中国建设银行股份有限公司顺德分行、东亚银行（中国）有限公司珠海分行与佛山市炬雄金属制品有限公司、佛山市卡莱迪贸易有限公司、徐俭雄、李宝娴执行复议案件执行复议裁定书［珠海市中级人民法院（2014）珠中法执复字第 40 号］，该院认为：“根据《中华人民共和国物权法》第一百七十九条的规定，抵押权是一种物的价值权担保，并不转移抵押财产的占有。抵押期间，抵押财产的所有人和占有人，对抵押财产仍享有占有、使用、收益的权利。抵押权人对抵押财产享有的优先受偿权并不当然及于抵押财产的孳息。《中华人民共和国物权法》第一百九十七条规定了抵押权人收取孳息的条件有二：一是债务人不履行到期债务，或当事人约定的实现抵押权的情形已经发生，抵押权行使的条件已经成就；二是抵押权人依法向人民法院行使抵押权，申请人民法院拍卖、变卖抵押财产，人民法院因此扣押了抵押财产。而在本案中，执行法院是基于东亚银行珠海分行的申请，依法冻结了顺联公司应支付给卡莱迪公司 01 铺的租金，与抵押权人建行顺德分行行使抵押权无关，故不符合适用《中华人民共和国物权法》第一百九十七条规定的条件，建行顺德分行据此主张对抵押财产的孳息享有优先受偿权并不成立。”

094［江西高院］同一动产上质押和已登记的抵押并存时，权利顺位如何确定？

同一动产上存在登记的抵押权和质权时，抵押权人优先于质权人受偿

裁判要旨

同一财产上抵押权与质权并存时，如果抵押权已登记的，抵押权人优先于质权人受偿。(有争议)

案情简介

一、农行安源支行与赣西电煤公司、天宇集团公司、天翊公司等借款合同纠纷一案，江西高院于 2015 年 7 月 9 日作出（2015）赣民二初字第 28 号民事判决：农行安源支行对拍卖、变卖抵押物（天宇集团公司、天翊公司共同所有的 43.16 万吨原煤、天宇集团公司单独所有 16.1096 万吨原煤，已办理抵押登记）所得价款优先受偿。

二、判决后双方当事人均未上诉。农行安源支行申请执行。后江西高院委托江西银海拍卖有限公司拍卖抵押物。

三、江西银行萍乡分行与天宇集团公司等金融借款合同纠纷一案，萍乡中院于 2014 年 8 月 19 日作出（2014）萍民二初字第 15 号民事调解书：被告天宇集团公司向江西银行萍乡分行还本付息后解除对出质物 13 万吨原煤（由第三方监管）的查封。该出质物与上述抵押物存在重叠。

四、江西银行萍乡分行得知江西高院委托江西银海拍卖有限公司拍卖抵押物后，向江西高院提起执行异议之诉，主张对出质物 13 万吨原煤享有优先受偿权。江西高院裁定驳回其执行异议。

败诉原因

本案中江西银行萍乡分行败诉的原因在于，农行安源支行对原煤享有的已登记的抵押权优先于其对原煤的质押权。根据《物权法》第一百八十一条的规定，企业、个体工商户、农业生产经营者可以将现有的以及将有的生产设备、原材料、半成品、产品等动产进行抵押。同时，根据《物权法》第二百零八条的规定，当事人还可以交付的方式在动产上设定质押。因此，动产不仅可以设定质押，在一定条件下也可以设定抵押。但二者的不同之处在于，抵押不以占有为必要即可设定，而质押必须以转移占有的方式才能设定。同时，根据《物权法》第一百八十八条、第一百八十九条的规定，以动产设定抵押的，虽不经登记即可设定，但非经登记不得对抗善意第三人。在本案中，在同一原煤上同时存在江西银行萍乡分行的质押权和农行安源支行的抵押权，且农行安源支行的抵押权已经登记。根据《担保法司法解释》第七十九条关于"同一财产法定登记的抵押权与质权并存时，抵押权人优先于质权人受偿"的规定，农行安源支行已登记的抵押权权利顺位优先于江西银行萍乡支行的质押权。江西银行萍乡支行因此败诉。

败诉教训、经验总结

前事不忘，后事之师。为避免未来发生类似败诉，提出如下建议：

1. 动产不仅可以设定质押，还可以设定抵押。但动产质押和动产抵押成立的要件和效力并不相同。动产抵押无需交付即可设定，办理登记仅为对抗第三人的要件；动产质押交付完成才能设定，是否登记对于质押的效力不生影响。因此，债权人在选择动产作为担保物时，应当综合考量抵押和质押的优势和劣势。动产抵押在未登记的情形下，没有相应的权利外观，故对于抵押权人而言风险较大。建议抵押权人在接受动产抵押时，务必办理抵押登记，以防不测。

2. 根据《担保法司法解释》第七十九条第一款的规定："同一财产法定登记的抵押权与质权并存时，抵押权人优先于质权人受偿。"同时，根据《物权法》第一百九十九条规定，已登记的抵押权优先于未登记的抵押权，未登记的抵押权平等清偿。根据上述规定可以得出，动产抵押办理登记不仅可以取得对抗第三人的法律效果，而且还可以起到保全权利顺位的作用。即动产抵押登记可以取得绝对对抗质押权的法律效力，也可以取得对抗后位抵押权人的法律效力。因此，动产抵押权人办理抵押登记，意义重大。

3. 在进行大型的动产（机动车、船舶、航空器、成批原材料）交易（买卖、设定质押）时，不仅要考虑交易的标的物是否为对方当事人所有或占有，更要考虑动产上是否可能存在已登记的抵押权或者已经被登记在第三人名下。因此，建议在进行大型动产交易时，应当对动产的权属情况进行必要的调查，以防交易发生不测。

相关法条

《物权法》

第一百八十一条 经当事人书面协议，企业、个体工商户、农业生产经营者可以将现有的以及将有的生产设备、原材料、半成品、产品抵押，债务人不履行到期债务或者发生当事人约定的实现抵押权的情形，债权人有权就实现抵押权时的动产优先受偿。

第一百八十八条 以本法第一百八十条第一款第四项、第六项规定的财产或者第五项规定的正在建造的船舶、航空器抵押的，抵押权自抵押合同生效时设立；未经登记，不得对抗善意第三人。

第一百八十九条 企业、个体工商户、农业生产经营者以本法第一百八十一条规定的动产抵押的，应当向抵押人住所地的工商行政管理部门办理登记。抵押权自抵押合同生效时设立；未经登记，不得对抗善意第三人。

依照本法第一百八十一条规定抵押的，不得对抗正常经营活动中已支付合理价款并取得抵押财产的买受人。

第一百九十九条 同一财产向两个以上债权人抵押的，拍卖、变卖抵押财产所得的价款依照下列规定清偿：

（一）抵押权已登记的，按照登记的先后顺序清偿；顺序相同的，按照债权比例清偿；

（二）抵押权已登记的先于未登记的受偿；

（三）抵押权未登记的，按照债权比例清偿。

第二百零八条 为担保债务的履行，债务人或者第三人将其动产出质给债权人占有的，债务人不履行到期债务或者发生当事人约定的实现质权的情形，债权人有权就该动产优先受偿。

前款规定的债务人或者第三人为出质人，债权人为质权人，交付的动产为质押财产。

《担保法司法解释》

第七十九条　同一财产法定登记的抵押权与质权并存时，抵押权人优先于质权人受偿。

同一财产抵押权与留置权并存时，留置权人优先于抵押权人受偿。

以下为江西高院在执行裁定书“本院认为”部分就此问题发表的意见：

本院认为，依据《中华人民共和国担保法》第五十四条第（二）项规定，抵押物已登记的先于未登记的受偿。依照《最高人民法院关于适用〈中华人民共和国担保法〉若干问题的解释》第七十九条第一款规定，同一财产法定登记的抵押权与质权并存时，抵押权人优先于质权人受偿。因此，同一财产抵押权与质权并存时，如果抵押权已登记的，抵押权人优先于质权人受偿。本案中，根据上述查明的事实和证据，萍乡市湘东区下埠镇灯芯桥货场共有四个储煤区（四堆原煤），经测算储量截至2016年3月16日堆积煤炭资源储量为19.46006万吨，赣西电煤公司和天翊公司先后两次就该货场原煤向农行安源支行提供动产抵押担保，其中萍安工商抵字2012第028号抵押登记原煤为16万余吨，加上萍安工商抵字2009第21号抵押登记的部分原煤，初步推算该货场所储存的四堆原煤均为本案赣西电煤公司、天翊公司向农行安源支行提供的抵押担保物。另外，天宇集团公司基于其与江西银行萍乡分行签订的《最高额质押合同》，向江西银行萍乡分行提供的位于萍乡市湘东区下埠镇灯芯桥货场储煤场C区13万吨原煤，处于该货场四个储煤场之间。因此，灯芯桥货场储煤场C区作为天宇集团公司向江西银行萍乡分行提供的质押物13万吨原煤，与赣西电煤公司向农行安源支行提供的抵押物该货场中的部分原煤之间，在同一财产上可能存在两个担保物权竞合。由于赣西电煤公司向农行安源支行提供的担保物已进行动产抵押登记，抵押权人农行安源支行依法应当优先于质权人江西银行萍乡分行受偿。另外，江西银行萍乡分行请求对位于萍乡市湘东区下埠镇灯芯桥货场储煤场C区的13万吨原煤优先受偿，实际上系对本案执行标的提出的书面异议，上述原煤上设立的抵押权和质押权虽均已分别为生效判决书、调解书确定，但是灯芯桥货场储煤场C区储存的13万吨原煤上同时存在的质押权和抵押权何者优先受偿的顺位并未被生效法律文书确定，该异议请求与原生效判决、裁定无关。综上所述，江西银行萍乡分行异议理由不能成立，本院不予支持。

案件来源

江西银行股份有限公司萍乡分行、中国农业银行股份有限公司萍乡安源支行等与江西赣西电煤储运有限公司、江西天宇燃料集团有限公司金融借款合同纠纷执行裁定书［江西省高级人民法院（2016）赣执异7号］

延伸阅读

关于抵押权与质押权并存时权利顺位的判例：

一、同一不动产上租赁收益权质押的质权人权利劣后于已登记的不动产抵押权人

案例一：中信银行股份有限公司长沙分行、湖南四达建设开发有限公司等执行异议之诉民事判决书［湖南省高级人民法院（2015）湘高法民二初字第19号］，该院认为："《最高人民法院关于适用〈中华人民共和国担保法〉若干问题的解释》第七十九条规定：'同一财产法定登记的抵押权与质权并存时，抵押权人优先于质权人受偿。同一财产抵押权与留置权并存时，留置权人优先于抵押权人受偿'。根据该规定，在本案存在戴湘的抵押权与中信银行长沙分行的应收账款质押权并存，二者之间发生竞合的情形下，成立在后的应收账款质押权不得对抗成立在先的抵押权，故戴湘成立在前的抵押权应优先于中信银行长沙分行的应收账款质押权受偿。自戴湘通过行使抵押权取得涉案401房屋的所有权时起，即取得了该房屋包括收益权在内的完整的所有权，在该房屋上设定的其他担保权利因此归于消灭，中信银行长沙分行无权就该房屋的租金收益及物业管理费行使优先受偿权，但并不影响中信银行长沙分行就戴湘取得该房屋所有权之前的租金收益及物业管理费享有优先受偿的权利。综上所述，本院（2015）湘高法执异字第2号执行裁定书解除本院（2014）湘高法民保字第22-4号协助执行通知书对长沙市开福区芙蓉中路一段161号新时代商务广场401房屋租金所采取的指定交付措施正确。中信银行长沙分行提出本院（2015）湘高法执异字第2号执行裁定书错误，应予撤销的诉讼请求于法无据，本院不予支持。"

二、认为仅以登记为生效要件的抵押权在登记后才可能优先于质权

案例二：中国工商银行股份有限公司响水支行与盐城晔丰热镀锌有限责任公司、顾祥花等撤销生效调解之诉二审民事裁定书［江苏省高级人民法院（2015）苏民撤终字第00007号］，该院认为："2012年2月20日，晔丰公司通过股东会决议，将公司的动产机械设备、原材料抵押给顾祥花，并已在响水工商局办理了抵押登记手续。故根据《中华人民共和国物权法》第一百七十九条、第一百八十条第一款第（四）项、第一百八十八条的规定，顾祥花对案涉抵押物享有优先受偿权。因此，晔丰公司与顾祥花之间签订的上述民事调解书，不违反法律的规定，并未损害响水工行的合法权益。再次，2012 年 7 月 25 日，晔丰公司与响水工行签订一份《商品融资合同》和《商品融资质押监管协议》，约定晔丰公司向响水工行贷款 1000 万元，并以该公司的 1180 吨锌锭作为质押物，由中海华东物流有限公司进行监管。在《商品融资质押监管协议》的附件《质物种类、价格、最低要求通知书》中已列明质押物锌锭在库。故响水工行所称的质押物应只限于晔丰公司仓库内存放的锌锭，因响水工行与晔丰公司在所签《商品融资质押监管协议》中对质押物约定为动态质押，也即晔丰公司为生产需要可以随时取用处于中海华东物流有限公司监管状态下的锌锭作为生产原料，而晔丰公司也有义务保证在监管期间，无论提货或换货，库存质押物锌锭都应符合《质物种类、价格、最低要求通知书》列明的要求，即晔丰公司应随时补充因取用而减少的锌锭。因此，晔丰公司因生产需要而从监管仓库内取用熔化在车间锌锅内的锌，虽来源于响水工行的质押物锌锭，但已不属于响水工行所称的质押物。最后，即使晔丰公司车间锌锅内的锌与仓库内的锌锭为同一物，也因顾祥花所设定的抵押在先，且已办理了抵押登记手续，根据《中华人民共和国物权法》第一百八十八条规定，动产抵押采登记对抗主义，即抵押权登记后可对抗第三人，因此，当然可以对抗后设定的质权人，该情况下动产抵押权优先于质权，故响水工行上诉认为对晔丰公司车间内锌锅里的锌享有优先受偿权的理由，缺乏事实和法律依据，不能成立。综上所述，原审法院（2012）盐民初字第 0194 号民事调解书没有损害响水工行的合法权益。响水工行上诉要求撤销该民事调解书的诉讼请求不符合案外人撤销之诉的立案受理条件，原审法院未予支持，并无不当。需要说明的是，《最高人民法院关于适用〈中华人民共和国担保法〉若干问题的解释》第七十九条第一款关于同一财产法定登记的抵押权与质权并存时，抵押权人优先于质权人受偿的规定，只适用于登记生效的抵押，不适用本案，一审引用该条款属于适用法律有误，本院予以纠正。原审法院裁定认定事实清楚，处理结果恰当，应予维持。”

三、未登记的动产抵押权权利顺位劣后于质押权

案例三：刘志军与咸阳金泰投资担保有限公司、咸阳迅达汽车服务有限公司侵权责任纠纷二审民事判决书［咸阳市中级人民法院（2016）陕 04 民终 689 号］，该院认为：“上诉人认为本案争议标的物陕 D×××××思域车车主张航艳一车二抵属诈骗行为，本案应先刑后民，因公安机关对此并未立案，故本案不涉及先刑后民问题。《最高人民法院关于适用〈中华人民共和国担保法〉若干问题的解释》第七十九条规定，同一财产法定登记的抵押权与质权并存时，抵押权人优先于质权人受偿，本案上诉人虽对争议车辆享有抵押权，但其抵押权未经登记，被上诉人与张航艳以书面形式签订质押协议并将车辆交付，质押期限届满后，张航艳未偿还借款，被上诉人继续留置质物，符合法律规定，故上诉人的抵押权不能对抗被上诉人对争议车辆享有的质押权。”

095［宁夏高院］机动车合格证能否质押贷款？

机动车合格证为禁止流通物，不得设定质押

裁判要旨

机动车合格证是汽车生产厂家随车配发的证明整车合格的法定文件，该合格证上明确注明此证明仅供向公安机关办理车辆牌照使用，不作买卖、抵押等其他用途使用，为禁止流通物。根据《担保法司法解释》第五条的规定，机动车合格证不能成为质押权标的。

案情简介

一、2013 年 7 月 31 日，德晟小贷公司（贷款人）与游海军（借款人）、诺得公司（担保人）签订《个人借款合同》一份，约定：游海军向德晟小贷公司借款 800 万元。约定本合同项下借款的担保方式为质押，同意以诺得公司经销的“雷诺”牌机动车合格证提供担保，抵押物为 30 辆“科雷傲”不同型号的机动车合格证。同日，德晟小贷公司与诺得公司签订《权利质押合同》，上有诺得公司的盖章及法定代表人游海军的签名。

二、后游海军和诺得公司未全额履行还款义务，故德晟小贷公司诉至银川中院，请求：1. 游海军还本付息；2. 诺得公司承担连带担保责任。银川中院一审认为，案涉汽车合格证质押名为质押实为连带责任保证，故判决支持了原告得晟小贷公司的诉请。

三、诺得公司不服，上诉至宁夏高院，宁夏高院二审改判案涉质押合同无效，游海军还本付息，诺得承担不超过游海军不能清偿部分二分之一的赔偿责任。

败诉原因

本案中得晟小贷公司败诉的原因在于机动车合格证为禁止流通物，不得抵押、质押。在本案中，宁夏高院认为，机动车合格证是“汽车生产厂家随车配发的证明整车合格的法定文件，该合格证上明确注明此证明仅供向公安机关办理车辆牌照使用，不作抵押等其他用途使用”。因为机动车合格证与特定的机动车相联系，一车只有一个特定的合格证，不能脱离于机动车倒卖、质押或抵押，为禁止流通物，只能用于向公安机关申请办理行驶牌照使用。本案中得晟小贷公司接受诺得公司提供的汽车合格证作为质押物，违反了《担保法司法解释》第五条的禁止性规定。故宁夏高院最终认定案涉质押合同无效。得晟小贷公司因此败诉。

败诉教训、经验总结

前事不忘，后事之师。为避免未来发生类似败诉，提出如下建议：

1. 不仅机动车的合格证不得质押贷款，机动车的行驶证、年审合格证等与特定的机动车状况相联系的证件，均属于禁止流通物，不得倒卖、抵押、质押。同理，与特定当事人身份相联系的证明文件，也属于禁止流通物，如个人公民身份证、企业资质证书、企业营业执照、机动车驾驶证、个人资质证书等，都属于不得倒卖、抵押、质押的物品。债权人在接受抵押、质押时，切莫错误地以为以上物品是企业或者个人的“命根子”，接受以上物品抵押能够更有效地保证债权实现。实际上，接受以上物品作为担保，只会导致担保合同无效，最终“竹篮打水一场空”。

2. 近年来，部分汽车经销店采用机动车合格证抵押（质押）的方式，为购车用户办理购车贷款或者直接将经销的机动车合格证抵押（质押）给银行获取经营资金。根据相关判例，以上操作方式并不能真正取得担保的法律效果，不仅购车的当事人可以起诉银行返还机动车合格证，贷款融资的经销商也可以起诉银行返还机动车合格证。因此，银行在接受担保物时，应当加强合规性审查，切莫接受不能流通或者限制流通的物品作为担保物，最终导致债权脱保或者影响了担保物权的实现。

3. 虽然以机动车合格证等禁止流通物担保，最终会导致担保合同无效。但担保合同无效并非代表担保人不必承担担保责任。实际上担保人提供禁止流通物担保，是导致担保合同无效的重要原因之一，因此担保人对于担保合同无效存在过错，需根据《担保法司法解释》第七条的规定承担债务人不能清偿部分二分之一的损害赔偿责任。

相关法条

《担保法司法解释》

第五条 以法律、法规禁止流通的财产或者不可转让的财产设定担保的，担保合同无效。

以法律、法规限制流通的财产设定担保的，在实现债权时，人民法院应当按照有关法律、法规的规定对该财产进行处理。

以下为宁夏高院在二审判决书“本院认为”部分就此问题发表的意见：

诺得公司以机动车合格证提供担保的效力问题。如前所述，诺得公司是以其经销的“雷诺”机动车合格证提供质押担保。而机动车合格证（货物进口证明书）是汽车生产厂家随车配发的证明整车合格的法定文件（格式化证明），该合格证上明确注明此证明仅供向公安机关办理车辆牌照使用，不作抵押等其他用途使用。《中华人民共和国物权法》第二百二十三条和《中华人民共和国担保法》第七十五条明确规定了可以出质的权利，机动车合格证不属于财产权利凭证，不能够变价处分，不属于法定的可以出质的权利种类。德晟小贷公司与诺得公司虽签订《权利质押合同》设定质押，但依据上述规定以及《最高人民法院关于适用〈中华人民共和国担保法〉若干问题的解释》第五条“以法律、法规禁止流通的财产或者不可转让的财产设定担保的，担保合同无效”之规定，诺得公司提供的机动车合格证不属于法定的可以出质的权利种类，不能成为质押权标的，故《权利质押合同》属无效合同。庭审中，德晟小贷公司主张诺得公司名为以机动车合格证提供质押，实际是以合格证所载车辆提供质押。但经查，德晟小贷公司与诺得公司签订的是《权利质押合同》，合同明确约定是以诺得公司经销的“雷诺”机动车合格证提供质押担保，且实际交付德晟小贷公司保管的也是机动车合格证，诺得公司并未将车辆本身或是车辆所有权凭证交付德晟小贷公司占有。根据《中华人民共和国物权法》第二百一十二条之规定，质权自出质人交付质押财产时设立。德晟小贷公司主张诺得公司是以机动车合格证所载汽车提供质押担保没有事实和法律依据，不能成立。上诉人诺得公司提出《权利质押合同》属无效合同的上诉理由成立，予以支持。

案件来源

宁夏奥立升诺得汽车销售服务有限公司与宁夏贺兰县德晟小额贷款有限公司小额借款合同纠纷二审民事判决书［宁夏回族自治区高级人民法院（2016）宁民终198号］

延伸阅读

关于机动车合格证质押问题的判例：

一、机动车合格证质押侵害了车辆购买人的所有权

案例一：重庆长安汽车股份有限公司、交通银行股份有限公司重庆江北支行物权保护纠纷二审民事判决书［厦门市中级人民法院（2016）闽02民终5136号］，该院认为："本案郭辉以物权保护为由提起诉讼，案由应为物权保护纠纷。汽车作为特殊的商品，国家也出台专门的管理办法，长安汽车公司作为生产商应保障所生产和出售汽车的车辆和合格证的完整性。长安汽车公司、交行重庆江北支行、菱宝公司签订三方协议，将讼争车辆的合格证及钥匙进行与车辆分离质押监管，在汽车经销商菱宝公司违约时，使郭辉无法获得机动车合格证，进而无法登记和正常使用，共同侵害了郭辉对所购汽车享有的所有权和使用权的法定权利，一审判决长安汽车公司、交行重庆江北支行、菱宝公司连带交付郭辉讼争车辆合格证并无不当。综上，长安汽车公司和交行重庆江北支行的上诉请求均不能成立，应予驳回。一审判决认定事实清楚，适用法律正确，应予维持。"

二、经销商将机动车合格证质押给第三人的，应承担违约责任

案例二：王瑞与许昌怡通汽车销售服务有限公司买卖合同纠纷一审民事判决书［许昌市魏都区人民法院（2016）豫1002民初3714号］，该院认为："机动车整车出厂合格证是机动车生产企业印制并随车配发的证明机动车整车合格的法定文件，是办理机动车注册登记必须提交的法定证明文件之一。本案中，原告向被告购买帕萨特牌轿车并支付了全部购车款，原、被告之间的买卖合同依法成立、合法有效，应受法律保护，双方应当按照约定全面履行自己的义务。被告向原告交付机动车的同时未将机动车有关单证和资料之一的机动车整车出厂合格证一起交付原告，其行为已构成违约，应承担继续履行的违约责任。原告要求被告交付所购帕萨特轿车机动车整车出厂合格证的诉讼请求，合法有据，本院予以支持。原告诉请第三人交付所购帕萨特轿车机动车整车出厂合格证无事实根据，对该项诉讼请求，本院不予支持。原告要求被告协助原告办理机动车号牌的诉讼请求，于法无据，本院不予支持。原告要求被告赔偿因不及时提供合格证而造成的车辆购置税滞纳金6860元，因原告未提供相关证据予以佐证，故对该项诉讼请求，本院不予支持。被告辩称，原告的机动车合格证现在第三人处质押，无法交付原告；被告已将机动车合格证复印件交付原告。因被告未提供证据予以佐证，故对被告的辩解理由，本院不予采纳。”

三、机动车购买人可直接要求金融机构返还经销商向其“质押”的机动车合格证

案例三：宋红豫与平顶山市怡通汽车销售服务有限公司、河南省助业投资担保股份有限公司返还原物纠纷一审民事判决书［平顶山市卫东区人民法院（2016）豫0403民初2660号］，该院认为：“原告宋红豫与被告怡通公司签订的汽车购销合同，系双方真实意思表示，依法成立并生效，受法律保护。怡通公司至今未能提供合格证的行为，构成违约，应当承担继续履行的违约责任。汽车合格证系本案所涉车辆的有关单证和资料之一，应随车辆同时交付买受人宋红豫。汽车合格证作为随车单证资料，与汽车之间是主物与从物的关系，主物转让的，从物随主物转让。宋红豫支付全部车款，怡通公司将车辆交付宋红豫，宋红豫取得该车所有权。宋红豫可行使物权请求权以排除物权圆满状态被妨害。但目前合格证由助业公司实际控制，损害了宋红豫的合法权益。宋红豫在购买汽车时并不知晓也无从知晓助业公司占有合格证，怡通公司在宋红豫购买汽车时亦未披露该事实，宋红豫已尽到一般消费者应尽的合理的注意义务。因此宋红豫起诉返还合格证，理由正当、充分，本院予以支持。至于怡通公司与助业公司的债权债务关系，可另行处理。助业公司辩称其取得合格证是依法取得，不是非法占有，无义务向原告返还合格证。虽然助业公司与怡通公司签订了质押反担保合同，但助业公司仅将汽车合格证占有，未占有相应的汽车。助业公司占有合格证本质上属于担保范畴。助业公司占有合格证不属于现行法律规定的担保类型，其设定的担保权利未经公示程序，不能产生担保物权的法律效力。因此助业公司的辩称本院不予采信。”

096［最高法院］因出质人的原因导致股权质押未有效设立，出质人能否免责？

股权质押未有效设立，出质人应根据质押合同承担违约责任

裁判要旨

因出质人的原因导致股权质押未有效设立，不影响质押合同的效力，故质押人应当承担未能履行设立股权质押义务的违约责任。承担责任的范围，相当于出质人因违约而逃避的责任以及质权人丧失的权益。

案情简介

一、2011年8月12日，金桥公司与金汇公司、长城宁夏公司签订《借款合同》，金汇公司向金桥公司借款人民币1.2亿元。长城宁夏公司将其合法持有的金汇公司80%股权及法定孳息（包括质押股权应得红利和其他收益）质押给金桥公司，作为金桥公司向金汇公司提供上述贷款的担保。但该股权质押因长城宁夏公司的原因，一直未能按规定完成质押登记手续。

二、金汇公司到期未还款，金桥公司向北京高院起诉，诉请：金汇公司还本付息，长城宁夏公司对上述款项承担连带给付责任。北京高院一审判决金汇公司还本付息，长城宁夏公司在案涉质押股权价值的范围内对上述款项承担赔偿责任。

三、长城宁夏公司不服，上诉至最高院，最高院二审判决驳回上诉、维持原判。

败诉原因

本案中长城宁夏公司败诉的原因在于虽然股权质押未能有效设立，但质押担保条款仍然有效，长城宁夏公司对于股权出质未能成功办理登记事宜存在过错，应承担违约责任。根据《物权法》第二百二十六条的规定，以股权出质的，应当到工商行政主管部门办理登记，质权自办理出质登记时设立。在本案中，出质人为长城宁夏公司，其负有按照本条之规定办理股权质押登记的义务。但长城宁夏公司囿于自身原因，未能办理相应的股权质押登记，导致涉案股权质押未能有效设立。最高法院认为，虽然案涉股权质押未能有效设立，但股权质押条款仍然有效，且出质人对于未能办理股权质押登记事宜存在过错，故应按照《合同法》第一百零七条的规定承担违约责任，违约责任的范围相当于“出质人因违约而逃避的责任以及质权人丧失的权益”。长城宁夏公司因此败诉。

败诉教训、经验总结

前事不忘，后事之师。为避免未来发生类似败诉，提出如下建议：

1. 以股权出质的，应当按规定办理股权质押登记手续。根据《物权法》第二百二十六条之规定，以在证券登记结算机构登记的股权出质的，质权自证券登记结算机构办理出质登记时设立；以其他股权出质的，质权自工商行政管理部门办理出质登记时设立。股权质权是权利质权，必须办理质押登记，且质权自质押登记时取得。本案中金桥公司因为质押股权未办理质押登记而未能取得质押股权的质权。对于股权质押的登记义务，如无特别规定，应由出质人负担，理由是出质人负有使质权人取得质权的义务，而股权质押取得质权的方法即为登记。

2. 以股权进行质押的，并不属于《公司法》第十六条规定的以公司财产对外提供担保的情形，不需要公司股东会或者董事会作出相应的决议。因为股东是股权的权利人，故此时的担保人是股东，而不是公司。所以，以公司的股权出质的，不属于公司对外提供担保，不受《公司法》第十六条的约束，只需要作为出质人的股东本人同意即可。

3. 股权质押因未办理登记而未能有效设立时，出质人并不能因此免责。根据《物权法》第二百二十六条的规定，股权质权自登记完成时设立，未经登记的质权人不能取得质权。但股权出质未能办理质押登记，并不影响质押合同的效力。在质押合同仍然有效的情况下，债权人可根据质押合同要求出质人根据《合同法》第一百零七条的规定承担违约责任，赔偿因质权未能有效设立所遭受的损失。这一损失的计算，应受双重限制：（1）以债权人要求债务人履行债务时的股权价值为限；（2）以债权人主债权未获清偿的部分为限。在实际适用时，应以二者中低者为限。

相关法条

《物权法》

第二百二十六条 以基金份额、股权出质的，当事人应当订立书面合同。以基金份额、证券登记结算机构登记的股权出质的，质权自证券登记结算机构办理出质登记时设立；以其他股权出质的，质权自工商行政管理部门办理出质登记时设立。

基金份额、股权出质后，不得转让，但经出质人与质权人协商同意的除外。出质人转让基金份额、股权所得的价款，应当向质权人提前清偿债务或者提存。

《工商行政管理机关股权出质登记办法》

第四条　股权出质登记事项包括：

（一）出质人和质权人的姓名或名称；

（二）出质股权所在公司的名称；

（三）出质股权的数额。

第五条　申请出质登记的股权应当是依法可以转让和出质的股权。对于已经被人民法院冻结的股权，在解除冻结之前，不得申请办理股权出质登记。

第六条　申请股权出质设立登记、变更登记和注销登记，应当由出质人和质权人共同提出。申请股权出质撤销登记，可以由出质人或者质权人单方提出。

申请人应当对申请材料的真实性、质权合同的合法性有效性、出质股权权能的完整性承担法律责任。

第七条　申请股权出质设立登记，应当提交下列材料：

（一）申请人签字或者盖章的《股权出质设立登记申请书》；

（二）记载有出质人姓名（名称）及其出资额的有限责任公司股东名册复印件或者出质人持有的股份公司股票复印件（均需加盖公司印章）；

（三）质权合同；

（四）出质人、质权人的主体资格证明或者自然人身份证明复印件（出质人、质权人属于自然人的由本人签名，属于法人的加盖法人印章，下同）；

（五）国家工商行政管理总局要求提交的其他材料。

指定代表或者共同委托代理人办理的，还应当提交申请人指定代表或者共同委托代理人的证明。

以下为最高法院在判决书“本院认为”部分就此问题发表的意见：

关于长城宁夏公司是否应承担未能办理股权质押登记的法律责任及承担何种责任形式问题。……长城宁夏公司囿于其自身原因未能如约办理相应的股权质押登记，导致涉案股权质押并未有效设立。虽然因长城宁夏公司的原因导致股权质押未有效设立，但是并不影响《借款合同》中有关质押担保条款的效力。因此，在质押担保条款有效的前提下，依据《中华人民共和国合同法》第一百零七条关于“当事人一方不履行合同义务或者履行合同义务不符合约定的，应当承担继续履行、采取补救措施或者赔偿损失等违约责任”的规定，长城宁夏公司应当承担未能履行设立股权质押义务的违约责任。对于违约责任的具体形式，鉴于长城宁夏公司的违约行为导致其不当逃避了质押担保责任，致使金桥公司丧失在涉案股权及法定孳息范围内的质押权利，亦失去了收回涉案借款的物权保障，因此，长城宁夏公司因违约而逃避的责任以及金桥公司丧失的权益即应视为金桥公司的损失。依据《借款合同》第七条的约定，长城宁夏公司将合法持有的金汇公司的80%的股权以及法定孳息（包括质押股权应得红利）质押给金桥公司，作为金桥公司向金汇公司提供贷款的担保。在法定担保期间内，如未经金桥公司同意，金汇公司未按合同约定如期偿还本息，则金桥公司有权依法定方式，通过处理长城宁夏公司质押的股权及其法定孳息所得款项及权益优先受偿。长城宁夏公司依法应当在其持有金汇公司80%的股权价值以及法定孳息，包括质押股权应得红利范围内承担赔偿责任。一审法院判决长城宁夏公司在涉案质押股权价值范围内对金汇公司的借款本息承担赔偿责任符合法律规定，本院予以维持。至于长城宁夏公司提及的涉案股权价值不确定的问题，属于执行阶段解决的事项，并不影响本案裁判。长城宁夏公司的此项上诉请求及理由缺乏事实和法律依据，本院不予支持。

案件来源

北京金桥国盛投资有限公司与长城（宁夏）资产经营有限公司、北京金汇联合投资有限公司企业借贷纠纷二审民事判决书［最高人民法院（2015）民二终字第70号］

097［最高法院］质押人瞒天过海，银行是否应该担责?

金融机构对担保物真实性的审查为法定义务，不能通过协议转移

裁判要旨

金融机构对借款人的资信，保证人的偿还能力，抵押物、质物的权属和价值以及实现抵押权、质权的可行性承担的审查义务属于法定义务，不能通过协议全部转移给他人。金融机构违反该义务导致借款不能收回的，应承担相应责任。

案情简介

一、2004年4月27日，招行宝山支行与宏飞公司签订银行承兑协议一份，约定：宏飞公司申请招行宝山支行承兑商业汇票3张，金额共计2000万元，宏飞公司存入保证金600万元，焦玉明为上述债务提供连带责任保证。后招行宝山支行于2004年6月11日实际承兑并付款。

二、同日，招行宝山支行与宏飞公司还签订质押合同，约定宏飞公司以自有的热卷钢材为质物为上述债务提供质押担保。招行宝山支行、宏飞公司、招商物流公司三方签订质物监管协议一份：三方声明自出质通知送达招商物流公司时，视为质物移交招行宝山支行占有；招商物流公司声明，承兑协议项下的质物已验收完毕。

三、2004年4月，宝铁公司仓单附仓单明细、出质背书各一份。仓单明细记载了4种规格的热卷，合计7469.704吨。2004年6月至8月，宝铁公司、招商物流公司先后四次共同向招行宝山支行填发仓单明细，每次仓单明细均载明：货主名称宏飞公司、品名热轧钢卷、规格混规格、数量7522.427吨。同年9月9日，宝铁公司致函招行宝山支行称，经8月31日仓库清盘，泓瑞公司、宏飞公司两家单位在其仓库的库存量为零。

四、2004年9月15日，招行宝山支行曾以宏飞公司未能清偿上述承兑协议项下的债务、质物灭失等为由，向上海市第二中级人民法院提起诉讼。上海二中院一审判决宏飞公司偿付招行宝山支行1400万元及利息；焦玉明承担连带责任，宝铁公司承担补充赔偿责任；招商物流公司对宝铁公司不能清偿的部分承担赔偿责任。招行宝山支行、招商物流公司均不服，上诉至上海高院，上海高院判决驳回上诉，维持原判。

五、招商物流公司不服，向上海高院申请再审，上海高院裁定驳回其再审申请。招商物流公司仍不服，以招行宝山支行负有审核质物权属的法定义为由向最高法院申请再审。最高法院改判：招行宝山支行应自行部分承担责任，招商物流公司仅需对宝铁公司不能清偿的部分承担70%赔偿责任。

败诉原因

本案中招行宝山支行的败诉原因在于其不能通过协议的方式转移法定的审查贷款担保物真实存在与否的义务。本案招行宝山支行所采用的担保方式为动产质押担保，根据《物权法》第二百零八条的规定，动产质押以实际交付质物为质权成立的前提条件。故只有当招行宝山支行直接占有或者控制质物时，质押才能成立。但一般银行并无存放大型质物的条件，故招行宝山支行委托第三方监管质物，并未直接实际核验过质物是否真实存在。招行宝山支行不仅通过协议委托第三方监管了质物，还通过该协议将保证并核验质物真实存在的义务转移给了作为监管方的招商物流公司。质物的实际存放单位宝铁公司开具的仓单均是在未经真实核验的基础上开具的，最后证实质物自始即存在严重短缺。最高法院认为，招行宝山支行负有《商业银行法》规定的对质物权属真实性进行核查的法定义务，该义务不能通过协议的方式转移给第三方。故认定招行宝山支行对于质物实际不存在有一定的过错，应自行承担相应的责任。招行宝山支行因此败诉。

败诉教训、经验总结

前事不忘，后事之师。为避免未来发生类似败诉，提出如下建议：

1. 银行作为专业的金融机构，在从事信贷业务时负有比一般民事主体更高的注意义务和审查核验义务。根据《商业银行法》第三十六条的规定：“商业银行贷款，借款人应当提供担保。商业银行应当对保证人的偿还能力，抵押物、质物的权属和价值以及实现抵押权、质权的可行性进行严格审查。”该项义务是《商业银行法》对银行规定的法定义务。如果银行在贷款过程中未履行相应义务导致相应损失，应自行承担部分责任。同时由于该项审查义务的法定性，银行不能通过协议等方式将该项义务转移给第三方，银行也不能因为第三方未履行审查义务导致相应损失而主张自己无需承担任何责任。

2. 对于大型的动产质押，不仅一般的商业银行并不具有直接保管质物的条件，而且银行直接保管质物的成本往往较高。因此，银行为节约成本往往会通过质物监管协议的方式委托第三方对质物进行监管。但这样的监管委托并非一劳永逸，银行应随时通过包括但不限于实体查看的方式关注质物的真实状况及其变化，防范并及时处理可能出现的风险。这不仅是银行降低信贷风险的有效措施，更是商业银行的法定义务之一。

3. 虽然《物权法》第二百零八条规定，质押以质物的交付为成立要件，但此处的交付并不以实际交付为限。质押人不仅可以通过直接占有质物的方式取得质权，而且可以通过委托第三人占有的方式取得质权。此处的第三方只能是出质人以外的人而不能为出质人本人。

相关法条

《物权法》

第二百零八条 为担保债务的履行，债务人或者第三人将其动产出质给债权人占有的，债务人不履行到期债务或者发生当事人约定的实现质权的情形，债权人有权就该动产优先受偿。

前款规定的债务人或者第三人为出质人，债权人为质权人，交付的动产为质押财产。

《商业银行法》

第三十五条 商业银行贷款，应当对借款人的借款用途、偿还能力、还款方式等情况进行严格审查。

商业银行贷款，应当实行审贷分离、分级审批的制度。

第三十六条 商业银行贷款，借款人应当提供担保。商业银行应当对保证人的偿还能力，抵押物、质物的权属和价值以及实现抵押权、质权的可行性进行严格审查。

经商业银行审查、评估，确认借款人资信良好，确能偿还贷款的，可以不提供担保。

以下为最高法院在本案再审判决中就此问题发表的意见：

关于招行宝山支行对损失的产生是否存在过错。根据商业银行法第三十五条、第三十六条规定，招行宝山支行在审贷过程中对质物的权属具有法定的审查义务。招行宝山支行认为，其对质物权属的审查以及质物的监管义务已经通过质物监管协议委托给了招商物流公司。但是，在招行宝山支行与招商物流公司签订质物监管协议之前，招行宝山支行就已经接受了宝铁公司出具的仓单附仓单明细，并办理了出质背书手续。而招行宝山支行在此过程中并没有对宏飞公司提供的仓单项下的质物是否存在尽到审查义务，没有能够发现仓单项下的钢材不存在的事实。在质物虚假的情况下，根据招行上海分行2004年4月26日批准的宏飞公司的承兑申请，招行宝山支行与宏飞公司签订银行承兑协议，并于同日将并不存在的质物交由招商物流公司办理质物移交手续并实施监管。因此，招行宝山支行对于因质物虚假造成的损失，存在一定过错，应承担相应的责任。原审判决对招行宝山支行对于损失的发生没有过错认定不当，本院予以纠正。

案件来源

招商局物流集团上海有限公司与招商银行股份有限公司上海宝山支行、上海宏飞实业有限公司、上海宝铁储运有限公司、焦玉明合同、侵权纠纷再审民事判决书［最高人民法院（2009）民提字第40号］

延伸阅读

银行未核验质物真实性，应自担损失的案例：

案例一：中国工商银行股份有限公司乌苏支行与中国邮政速递物流股份有限公司新疆维吾尔自治区分公司委托合同纠纷申诉、申请再审民事裁定书［最高人民法院（2016）最高法民申3304号］，最高法院认为："《中华人民共和国商业银行法》第三十六条、《贷款通则》第十条均规定，贷款人应当对质物的权属、价值以及实现质权的可行性进行严格审查。本案中，工行乌苏支行并未对质物进行严格审查。根据新疆维吾尔自治区乌苏市人民法院（2015）乌刑初字第27号生效刑事判决认定的事实，鑫海公司从2011年开始以燃料油作为质物先后数次向工行乌苏支行贷款。2012年，鑫海公司生产经营亏损，为了获取贷款，该公司联系会计事务所作出虚假的审计报告，组织财务人员提交虚假财务报表，同时安排工作人员向质押的燃料油罐体注水，将'燃料油'虚增至24253.94吨。后经司法鉴定，用于质押贷款的燃料油实际仅有1650.6吨，鑫海公司存放少量燃料油的目的是为了伪装整个油罐均为燃料油的假象。为了达到燃料油的质量标准、虚增价值，鑫海公司趁银行监督人员不备，将抽取的水油混合物样品替换成燃料油样品以获取合格的检验报告，由此核算质押的'燃料油'价值为12286万元。通过上述手段，鑫海公司获得了工行乌苏支行的案涉8500万元贷款。工行乌苏支行负责案涉贷款业务的工作人员赵树海接受公安机关询问时称，工行乌苏支行没有聘请有资格的专业机构对质物的真实性进行检验，鑫海公司当时给银行提交了中石油独山子鉴定中心出具的油品检验报告，银行是以该油品检验报告为依据放贷的，该报告中不包括油品的数量；其虽然参与了提取样品的过程，但样品是鑫海公司派人提取的，其没有参与送检，检验报告是鑫海公司派人取来送到银行的。2013年8月26日，工行乌苏支行作出《中国工商银行抵（质）押核实书》《关于乌苏鑫海化工有限公司押品核实确认书》《评估现场调查表》等文件，载明：该行指派2位调查人员前往鑫海公司实地核查，确认该公司提供的押品名为燃料油，通过对该公司提供的购进燃料油发票核实，认定燃料油重量为24253.94吨，银行核查意见为：‘押品真实存在、足值有效’。邮政物流新疆分公司在二审上诉时称，其是在上一家监管单位原铅封未动的情况下原样接收质物后再次铅封，工行乌苏支行对此没有异议。可见，案涉质物的实际价值远远低于工行乌苏支行放贷时认定的价值，并非由于邮政物流新疆分公司在监管质物期间未尽监管责任导致质物毁损灭失或变质、短少、受污染所致，而是因为质物移转占有之前、工行乌苏支行审批贷款时，未尽对质物价值的谨慎注意义务，未自行委托专业机构进行质物价值鉴定，未严格监督取样和送检过程，轻信了鑫海公司送来的检验报告。鑫海公司及其主管人员构成骗取贷款罪，已被依法判处刑罚。邮政物流新疆分公司并无违约行为，对于工行乌苏支行的贷款被鑫海公司骗取没有过错，工行乌苏支行要求邮政物流新疆分公司赔偿其未能收回的贷款本息损失，缺乏事实和法律依据，二审法院未予支持，并无不当。”

案例二：广发银行股份有限公司哈尔滨长江路支行与中国物流有限公司、哈尔滨商德实业有限公司等金融借款合同纠纷二审民事判决书［最高人民法院（2016）最高法民终266号］，最高法院认为：“对于广发银行而言，根据《中华人民共和国物权法》第二百一十五条规定可知，质权人负有妥善保管质押财产的义务。根据《中华人民共和国商业银行法》第三十六条规定可知，商业银行贷款借款人应当提供担保。商业银行应当对保证人的偿还能力、抵押物、质押物的权属和价值以及实现抵押权、质权的可行性进行严格审查。本案广发银行作为贷款人和质权人，具有审查保管质押财产的法定义务，应当对债务人商德公司交付的质押财产数量进行严格测量。但广发银行未履行相应义务，而是将该义务通过《动产监管合同》全部委托哈尔滨物流公司履行。在广发银行明知商德公司将质押钢材交付哈尔滨物流公司时未进行实际测量的情况下，其既不组织三方实际测量，也不督促哈尔滨物流公司按照监管合同约定进行测量，仅仅依据商德公司的库存表即在《押品清单》上填写质押财产数量并加盖公章，该行为表明其不仅怠于履行其法定质物审查义务，在明知质押钢材可能不足的情况下随意放贷，而且对自己债权的实现疏于管理并听任债权不能实现的风险放大，存在明显过错，对造成的己方损失，也应承担相应责任。”

第二节 定金

098［四川高院］履约保证金能不能在对方违约时不退？

不符合定金性质的履约保证金不能适用定金罚则

裁判要旨

当事人交付留置金、担保金、保证金、订约金、押金或者订金等，但没有约定定金性质的，当事人主张定金权利的，人民法院不予支持。

案情简介

一、中胜公司（持股99%）、南瑞公司（持股1%）系坤鼎车业公司股东。2014年4月4日，中胜公司、南瑞公司与神通公司签订了《股权转让协议》，约定中胜公司、南瑞公司将所持有坤鼎车业公司100%股权转让给神通公司。2014年7月10日，三方签订《补充协议》约定按照神通公司占80%，中胜公司占19%，南瑞公司占1%的股权比例运作新的坤鼎车业公司。该《补充协议》签订后的当日，以坤鼎车业公司与神通公司为当事人签订《资产租赁经营合同》。

二、在《租赁经营合同》签订后，中胜公司、南瑞公司将坤鼎车业公司移交给神通公司经营，但《股权转让协议》及《补充协议》所约定的相关内容没有履行。2014年9月，中胜公司、南瑞公司要求神通公司搬出租赁经营场地。神通公司于2014年9月10日支付300万元。中胜公司出具收据，该收据载明："收购坤鼎车业公司履约保证金头笔款"。

三、2014年11月12日，中胜公司、南瑞公司再次致函神通公司，要求其履行2014年4月4日签订的《股权转让协议》，支付股权转让价款，但神通公司仍未履行。

2014年12月5日，中胜公司、南瑞公司向神通公司发出解除《股权转让协议》通知书。2014年12月15日，坤鼎车业公司向神通公司发出通知要求神通公司搬离租赁经营场地。

四、2014年12月18日，中胜公司、南瑞公司向遂宁中院起诉，提出解除《股权转让协议》和《补充协议》，神通公司支付未付股权转让款的利息损失及违约金。神通公司同意解除《股权转让协议》及《补充协议》，要求中胜公司、南瑞公司退还收取的300万元。遂宁中院一审判决相关协议解除，中胜公司退回300万元“履约保证金”。

五、中胜公司不服，上诉至四川高院，认为神通公司违约，不应退还300万元的“履约保证金”。四川高院判决驳回上诉，维持原判。

败诉原因

本案中中胜公司的败诉原因在于：履约保证金不是定金，不能适用定金罚则。根据《担保法》第八十九条的规定，定金是担保合同履行的方式之一。给付定金的一方不履行约定的债务的，无权要求返还定金；收受定金的一方不履行约定的债务的，应当双倍返还定金。此即定金罚则。但司法上对于定金的认定较为严格，如果合同约定了所谓的“留置金、担保金、保证金、订约金、押金或者订金等”，又没有约定以上交付的金钱适用定金罚则的，则不能将其认定为定金，也不能适用定金罚则。本案中神通公司向中胜公司交付的履约保证金即属其中之一。因为神通公司在向中胜公司交付300万元时，中胜公司仅在收据中说明其为“履约保证金”，并未约定相应的罚则，故该笔交付的金钱不符合定金的性质。在相关合同已经解除的情况下，收受履约保证金的一方即不能以交付履约保证金的一方违约为由主张不予返还。中胜公司因此败诉。

败诉教训、经验总结

前事不忘，后事之师。为避免未来发生类似败诉，提出如下建议：

1. 定金是担保合同履行的方式之一。根据《担保法》第八十九条的规定，当事人可以约定一方向对方给付定金作为债权的担保。债务人履行债务后，定金应当抵作价款或者收回。给付定金的一方不履行约定的债务的，无权要求返还定金；收受定金的一方不履行约定的债务的，应当双倍返还定金。对于交付定金的一方而言，定金罚则的存在能够督促其履行债务以避免定金被不予退还；对于接受定金的一方而言，定金罚则的存在也能够督促其履行债务以避免定金被要求双倍返还。因此定金担保与其他担保不同，其具有双向担保的性质。

2. 定金合同为要物合同、要式合同。定金的成立必须以实际交付一定数额的金钱为要件，且约定定金必须以书面形式为之。当交付的金额与约定的金额不一致时，以实际交付的金额作为定金数额。如双方虽在合同中约定了定金条款，但定金未实际交付的，该定金条款并不成立，此后也不能适用定金罚则。

3. 定金与违约金都是对未来违约一方损害赔偿的预先约定。因此当一方当事人违约而合同又同时对此违约行为约定了定金和违约金时，根据《合同法》第一百一十六条的规定，守约的一方只能选择其中一种作为违约损害赔偿的方法。

4. 由于定金罚则的存在，定金这一担保形式实际上带有一定的惩罚性色彩。因此，《担保法》第九十一条规定定金的数额不能超过合同标的额的百分之二十。同时，在司法上对于定金的认定也较为严格。根据《担保法司法解释》第一百一十八条的规定，除非明确约定为定金或者约定了定金罚则，否则“留置金、担保金、保证金、订约金、押金或者订金等”都不能适用定金罚则。因此，日常交易中广泛运用的各类保证金、押金等，虽然在一定程度上能够起到担保合同履行的法律效果，但无法像定金一样适用定金罚则。当事人在合同起草、审查的过程中一定要慎之又慎，谨慎选择、设计确保合同能够履行的交易条款。

相关法条

《合同法》

第一百一十五条 当事人可以依照《中华人民共和国担保法》约定一方向对方给付定金作为债权的担保。债务人履行债务后，定金应当抵作价款或者收回。给付定金的一方不履行约定的债务的，无权要求返还定金；收受定金的一方不履行约定的债务的，应当双倍返还定金。

第一百一十六条 当事人既约定违约金，又约定定金的，一方违约时，对方可以选择适用违约金或者定金条款。

《担保法》

第八十九条 当事人可以约定一方向对方给付定金作为债权的担保。债务人履行债务后，定金应当抵作价款或者收回。给付定金的一方不履行约定的债务的，无权要求返还定金；收受定金的一方不履行约定的债务的，应当双倍返还定金。

第九十条 定金应当以书面形式约定。当事人在定金合同中应当约定交付定金的期限。定金合同从实际交付定金之日起生效。

第九十一条 定金的数额由当事人约定，但不得超过主合同标的额的百分之二十。

《担保法司法解释》

第一百一十八条 当事人交付留置金、担保金、保证金、订约金、押金或者订金等，但没有约定定金性质的，当事人主张定金权利的，人民法院不予支持。

以下为四川高院在二审期间就此问题发表的意见：

关于神通公司所支付的300万元的性质问题。本院认为，根据《补充协议》中关于“……签订补充协议后，神通公司在最短的时间内以履约的方式支付中胜公司、南瑞房产公司2000万元。以上1-3条实现后全额退还给神通电动公司……”的约定，结合神通公司于2014年9月10日支付300万元，中胜公司出具收据载明“收购坤鼎车业公司履约保证金头笔款”，且神通公司并未提出异议的事实来看，神通公司所支付的案涉300万元的性质应当是基于《补充协议》的约定，而支付的履约保证金。案涉《补充协议》关于该履约保证金的约定，并未明确其具有定金的性质，根据《最高人民法院关于适用〈中华人民共和国担保法〉若干问题的解释》第一百一十八条关于“当事人交付留置金、担保金、保证金、订约金、押金或者订金等，但没有约定定金性质的，当事人主张定金权利的，人民法院不予支持”的规定，案涉300万元履约保证金不具有定金的性质，中胜公司不能基于神通公司未履行合同约定直接扣除全部履约保证金。履约保证金是合同当事人一方为担保合同的履行，而给付另一方当事人一定的金钱作为债权的担保，其功能在于为合同履行提供一种担保，根据债的担保的性质，履约保证金的性质为补偿性，即当缴纳履约保证金的一方当事人未履行合同约定的义务时，收取履约保证金的一方当事人可以从该保证金中扣除因对方未履行合同约定而给己方所造成的损失。如果在扣除违约损害赔偿后履约保证金还有剩余，应当在合同履行完毕或合同解除后，将剩余的履约保证金退还给对方当事人。本案中，当神通公司与中胜公司、南瑞公司同意解除《股权转让协议》及《补充协议》时，案涉《股权转让协议》和《补充协议》即告解除。神通公司并未履行《补充协议》所约定的各项义务，也并未获得坤鼎车业公司的股权，但《补充协议》并未就违约责任进行约定，此时神通公司所承担的违约损害赔偿责任应当以实际损失为基础。而中胜公司、南瑞公司在本案中并未提交证据证明神通公司未履行《补充协议》的约定给其造成的实际损失。故根据本案现有证据，中胜公司应当将案涉300万元履约保证金退还给神通公司。如果中胜公司有新的证据能够证明神通公司未履行《补充协议》的约定而给自己所造成的实际损失，可以另行向神通公司主张。

案件来源

四川中胜实业集团有限公司、四川南瑞房地产开发有限公司股权转让纠纷二审民事判决书［四川省高级人民法院（2016）川民终1156号］

延伸阅读

关于不符合定金性质的保证金等不能适用定金罚则的判例：

一、未约定定金罚则的保证金、承诺金，不属于定金担保

案例一：北京爱丽华物业管理有限公司与北京市海淀区环境卫生服务中心、北京海润房地产开发有限公司合资、合作开发房地产合同纠纷申请再审民事裁定书［最高人民法院（2013）民申字第1618号］，最高法院认为："双方当事人并未就保证金的性质作出明确的约定，环卫中心主张因爱丽华公司违约保证金归其所有，这实际上属于定金罚则的适用，根据《最高人民法院关于适用〈中华人民共和国担保法〉若干问题的解释》第一百一十八条规定：'当事人交付留置金、担保金、保证金、订约金、押金或者订金等，但没有约定定金性质的，当事人主张定金权利的，人民法院不予支持。'故环卫中心主张200万元保证金归其所有不予退还缺乏事实和法律依据。在双方约定不明的情况下，二审法院酌情处理，确定依据2008年的相关标准进行折抵并无不当。"

案例二：陈楠与大庆旭生房地产开发有限公司合同纠纷一案再审民事裁定书［黑龙江省高级人民法院（2016）黑民申165号］，该院认为："陈楠因欲购买旭生公司开发的房屋，分别于2013年3月24日、2013年4月2日向旭生公司交付要约承诺金共计307431元，后因双方未能签订购房合同，陈楠要求退款，旭生公司于2014年10月16日将全部承诺金退给陈楠，但陈楠认为其交纳的承诺金具有定金性质，旭生公司应双倍返还，故诉至法院。因陈楠与旭生公司签订的《房屋要约协议书》及《房屋要约书》中均无定金字样，亦无体现定金性质的约定，《中华人民共和国担保法》第九十条规定，定金应当以书面形式约定，现陈楠未提交其他证据，无法证明该承诺金即为定金或具有定金性质，根据《最高人民法院关于适用〈中华人民共和国担保法〉若干问题的解释》第一百一十八条'当事人交付留置金、担保金、保证金、订约金、押金或者订金等，但没有约定定金性质的，当事人主张定金权利的，人民法院不予支持'的规定，原一、二审法院对陈楠的诉讼请求未予支持正确，陈楠主张承诺金具有定金性质的再审申请理由不能成立。"

二、仅约定一方适用定金罚则的保证金不能认定为定金担保

案例三：福建蓝桥建设有限公司与德州瑞华房地产开发有限公司建设工程施工合同纠纷二审民事判决书［山东省高级人民法院（2016）鲁民终1488号］，该院认为："瑞华公司是否应当返还保证金100万元？根据《中华人民共和国担保法》第二条关于'债权人为担保其债权实现，需依担保法的规定设定担保，其方式为保证、抵押、质押、留置和定金’之规定，案中所涉‘保证金’明显不属上述前四种方式，只与‘定金’方式相近。根据《中华人民共和国合同法》第一百一十五条的规定，当事人约定以‘定金’方式担保的，需符合担保法关于定金的规定，而本案中的所谓‘保证金’显然不符合法律关于‘定金’的规定。最高人民法院《关于适用〈中华人民共和国担保法〉若干问题的解释》第一百一十八条规定：‘当事人交付留置金、担保金、保证金、订约金、押金或者订金等，但没有约定定金性质的，当事人主张定金权利的，人民法院不予支持。’本案中，关于保证金的约定为确保蓝桥公司能履行本合同双方约定的各项条款，在第一次拨款时无息退回50%，其余保证金在工程装修第一段拨款时将剩余保证金无息全额退还蓝桥公司，如因蓝桥公司原因中途停工退场，造成解除本合同，本保证金不予退还。该约定，仅对瑞华公司有利时适用‘定金罚则’，并未约定如果对瑞华公司不利时，应适用双倍返还的‘定金罚则’，故其依据此种约定的主张均不应支持。该‘保证金’应依抵销原理抵冲有关损失后，余下的返还蓝桥公司。因此，100万元应予退还。”

三、占有他人不适用定金罚则的资金拒不返还的，应赔偿他人的利息损失

案例四：中国泛海控股集团有限公司与山东省高新技术投资有限公司股权转让纠纷一审民事判决书［山东省高级人民法院（2010）鲁商初字第2号］，该院认为：“关于原告泛海公司支付的2000万元的性质及双方《协议书》解除后的责任承担问题。本院认为，根据双方《协议书》第七条的约定：甲乙双方承诺并同意，甲方最迟于5月30日前向乙方支付2000万元人民币作为甲乙双方签订正式股权（指乙方所持有的股权）转让协议的保证金。《协议书》生效后，2004年9月1日，原告泛海公司经民生银行向被告高新投公司电汇2000万元整，汇款用途为往来款。从双方《协议书》约定及付款的履行情况来看，足以认定原告泛海公司付给被告高新投公司的2000万元是保证金。根据最高人民法院《关于适用〈中华人民共和国担保法〉若干问题的解释》第一百一十八条的规定：‘当事人交付留置金、担保金、保证金、订约金、押金或者订金等，但没有约定定金性质的，当事人主张定金权利的，人民法院不予支持。’因此，原告泛海公司和被告高新投公司虽然在来往的信函中和诉讼中都有按定金罚则追究对方责任的主张，但均没有合同依据和法律依据，本院不予支持。因原、被告双方订立的《协议书》并未对违约金作出约定，《协议书》解除后，被告高新投公司也未主张实际损失，在其长期占用原告泛海公司2000万元保证金的情况下，按公平原则，应当返还原告泛海公司支付的2000万元保证金及占用资金期间的利息。”

图书在版编目（CIP）数据

担保纠纷疑难问题及胜诉实战指南：典型案件办案思路和实务要点解析 / 李舒，唐青林，李元元编著 . —北京：中国法制出版社，2019. 7

ISBN 978-7-5216-0349-1

Ⅰ. ①担… Ⅱ. ①李…②唐…③李… Ⅲ. ①担保—经济纠纷—案例—中国 Ⅳ. ①D923. 25

中国版本图书馆 CIP 数据核字（2019）第 136840 号

责任编辑 赵 燕 封面设计 杨泽江

担保纠纷疑难问题及胜诉实战指南：典型案件办案思路和实务要点解析

DANBAO JIUFEN YINAN WENTI JI SHENGSU SHIZHAN ZHINAN：DIANXING ANJIAN BAN'AN SILU HE SHIWU YAODIAN JIEXI

编著/李 舒 唐青林 李元元

经销/新华书店

印刷/三河市国英印务有限公司

开本/710 毫米×1000 毫米 16 开 印张/ 32. 75 字数/ 603 千

版次/2019 年 7 月第 1 版 2019 年 7 月第 1 次印刷

中国法制出版社出版

书号 ISBN 978-7-5216-0349-1 定价：128. 00 元

北京西单横二条 2 号 值班电话：66026508

邮政编码：100031 传真：66031119

网址：http：//www. zgfzs. com 编辑部电话：66066627

市场营销部电话：66033393 邮购部电话：66033288

（如有印装质量问题，请与本社印务部联系调换。电话：010-66032926）